厦门大学会计系列精品教材 / 总主编 杜兴强 刘峰

新时代高等学校会计学、财务管理专业基础课程精品系列
国家级一流本科专业配套教材

# 中级财务会计

## （第四版）（新形态教材）

主　编　杜兴强　蔡　宁
副主编　章永奎　陈守德　曾　泉　徐玉霞

高等教育出版社·北京

内容简介

本教材以我国现行企业会计准则为主要依据，同时参考现行注册会计师全国统一考试的要求，按照中级财务会计课程的常见体例编写。内容上以财务会计目标为导向，以生成对外报告的会计信息为主线，按照会计要素阐述公司制企业基本业务的会计处理和财务报告。理论解释与实务举例并重，内容阐释深入浅出，各章节融会贯通，形成一个知识整体。

教材以一学年为教学周期进行设计，一共二十章，各高校也可以根据课程的教学学时需要选择相应内容进行讲解。通过本书的学习，读者可以对公司制企业的常见经济业务及其会计处理有一个全面系统的了解和掌握。

本书适合作为高等院校会计类、财务类和审计类专业本科生、研究生学习使用，也适合 MPAcc、MBA 等专业硕士学习使用，同时可供企事业单位的管理人员，特别是会计人员培训使用。

图书在版编目（CIP）数据

中级财务会计 / 杜兴强，蔡宁主编. --4 版. -- 北京：高等教育出版社，2022.4（2024.12重印）
ISBN 978-7-04-057909-3

Ⅰ. ①中… Ⅱ. ①杜… ②蔡… Ⅲ. ①财务会计－高等学校－教材 Ⅳ. ①F234.4

中国版本图书馆CIP数据核字（2022）第013364号

Zhongji Caiwu Kuaiji

策划编辑 于 明 王 琼　责任编辑 王 琼　封面设计 张 楠　版式设计 杨 树
插图绘制 黄云燕　责任校对 吕红颖　责任印制 刁 毅

| | | | |
|---|---|---|---|
| 出版发行 | 高等教育出版社 | 网　　址 | http://www.hep.edu.cn |
| 社　　址 | 北京市西城区德外大街 4 号 | | http://www.hep.com.cn |
| 邮政编码 | 100120 | 网上订购 | http://www.hepmall.com.cn |
| 印　　刷 | 涿州市京南印刷厂 | | http://www.hepmall.com |
| 开　　本 | 787 mm×1092 mm　1/16 | | http://www.hepmall.cn |
| 印　　张 | 41.25 | 版　　次 | 1994 年 10 月第 1 版 |
| 字　　数 | 950 千字 | | 2022 年 4 月第 4 版 |
| 购书热线 | 010-58581118 | 印　　次 | 2024 年 12 月第 3 次印刷 |
| 咨询电话 | 400-810-0598 | 定　　价 | 85.00 元 |



物 料 号　57909-00

# 厦门大学会计系列教材编委会



厦门大学　　厦门大学管理学院

# 总　序

中世纪后期的意大利，由于同时满足了书写艺术（*the art of writing*）、算术（*arithmetic*）、私有财产（*private property*）、货币（*money*）、信用（*credit*）、商业 / 贸易（*commerce*）和资本（*capital*）七项前置条件（*antecedents*），再加上较为发达的商业合伙和委托代理关系，复式簿记思想得以在威尼斯、佛罗伦萨、热那亚等地萌芽和发展[①]。1494 年，卢卡·巴其阿勒（又译帕乔利）通过《算术、几何、比及比例概要》（*Summa de Arithmetica, Geometria, Proportioni et Proportionalita*）的"计算与记录详论"（*Particularis de Computis et Scripturis*）一章[②]，对复式簿记进行了理论上的总结。巴其阿勒的著作出版后近 400 年间，复式簿记思想随着军事、海上贸易以及文化交流在欧洲各个国家之间（如荷兰、西班牙、葡萄牙）广为流传，后来又传入德国、英国、法国与美国[③]。

复式簿记思想和理论总结并未使会计学科在人类知识的殿堂里获得应有的地位。哈特菲尔德（Hatfield）教授 1923 年 12 月 19 日在美国大学会计教师联合会（The American Association of University Instructors in Accounting）的一次会议上，做了题为"簿记的历史辩护"的演讲（后发

---

① Littleton, A C. *Accounting Evolution to 1900* [M]. American Institute Publishing Co., 1933, p.12; Littleton, A.C.*Accounting Evolution to 1900* (2nd edition)[M]. Russell & Russell, 1966, p.12.

② Brown, R. G. & Johnston, K.S., *Paciolo on Accounting* [M]. Garland Publishing, Inc, 1984.

③ Peragallo. E. *Origin and Evolution of Double Entry Bookkeeping: A Study of Italian Practice from the Fourteenth Century* [M]. American Institute Publishing Co., 1938 ; Merino, B.& Previts, G. *A History of Accountancy in the United States: The Cultural Significance of Accounting* [M].Columbus: The Ohio State University Press, 1998.（亦可参阅：美国会计史——会计的文化意义 . 杜兴强，等，译 . 中国人民大学出版社，2006）

表于1924年的 *Journal of Accountancy* 杂志[①]),并指出,在大学里讲授会计学的我们,正经受着同事含蓄的蔑视,他们不欢迎会计学科、认为会计学科与学术殿堂的纯洁性不符[②]。哈特菲尔德教授的演讲激励了所有会计学者励精图治、理论化会计学的知识体系,最终会计学科得以名正言顺地进入美国的商学院,且在美国资本市场、企业内部管理、审计市场中发挥着日益重要的角色[③]。

在中国,改革开放,特别是20世纪90年代以来,会计在资本市场中的地位也日益提高。目前,几乎所有高校都设置有会计学系(院),且会计学系的学生人数应是目前中国高校各个专业中最多的。面对人数众多的会计本科生,一套体系完整、内容前沿、贴合中国资本市场制度环境现实的教材就显得十分必要了,因为她有利于夯实学生的会计基础,培养学生学习会计知识的兴趣,带领学生深入思考会计学科的重要理论和现实问题,甚至能激发学生的研究兴趣,最终走向教学科研的道路。

实际上,厦门大学会计学科的奠基人葛家澍教授、余绪缨教授与常勋教授很早就注意到高质量教材对会计学本科教育的重要性。早在20世纪60年代初,葛家澍教授就应邀担任当时教育部组织的文科统编教材《会计学基础》的主编,这也是当时整套教材体系中唯一的一本会计学教材;他还同时作为主要合作者,参与完成财政部统编教材《会计原理》的编写任务。改革开放后,厦门大学接连出版多本教育部统编教材如《会计学基础》《会计学》《管理会计》《国际会计》《经济核算与经济效果》等。1992年11月《企业会计准则》与《企业财务通则》颁布后,葛家澍教授与余绪缨教授两位老先生筹划和总编了“厦门大学会计系列教材”,由辽宁人民出版社于1994—1995年期间进行出版[④],第一次将厦门大学会计教材系列化、系统化;1997年开始,我国陆续颁布《企业会计准则——具体准则》,两位老先生根据环境变化和教学需要,规划和总编了第二版的“厦门大学会计系列教材”,由辽宁人民出版社于2000年全部出版完毕;2006年2月,财政部一次性颁布了1项基本准则与38项具体准则,以及48项注册会计师执业准则,“厦门大学会计

① Hatfield, H.R.A Historical Defense of Bookkeeping [J]. *Journal of Accountancy*, 1924, 37(4): 241-253.

② 原文为:*I am sure that all of us who teach accounting in the universities suffer from the implied contempt of our colleagues, who look upon accounting an intruder, a saul among the prophets, a parish whose very presence detracts somewhat from the sanctity of the academic halls*。

③ 尽管每一次的经济危机或资本市场震动,社会各界都将矛头指向“会计行业(职业)”,但每次危机过后,会计的重要性不仅被再次确认,而且经济危机往往促进会计获得下一次的长足发展。这实际上也促使我们进一步思考“会计在人类社会中的不可替代的角色及其对会计学科定位的影响”这一重大现实问题。本次的系列教材,也试图将关于会计的这种“big picture”融入其中。

④ 在1994年的“厦门大学会计系列教材”之前,葛家澍教授与余绪缨教授两位老先生就在各自的教学领域内主编了影响几代人的教材。这些教材包括:葛家澍教授主编的《会计学原理》(上海财经出版社,1962年),《会计基础知识》(教育部组织的、新中国第一批统编教材,中国财政经济出版社,1964年),《会计学基础》(高等学校文科教材,中国财政经济出版社,1980年);余绪缨教授主编的《管理会计》(中国财政经济出版社,1983年)。

系列教材”第三版(仍由葛家澍教授与余绪缨教授担任总编)出版。此后,由于种种原因,最近10余年,厦门大学会计学科未大规模地组织“厦门大学会计系列教材”的修订或重编。

回顾21世纪的前20年,国际与国内的资本市场、会计环境、企业内部治理及外部独立审计市场都经历了较大的变化。国际方面,2000年证券委员会国际组织(IOSCO)认可了修订后的30份国际会计准则为核心准则(*core standards*);2001年的安然事件几乎摧毁了资本市场对会计信息披露质量和独立审计的信心;2002年的萨班斯-奥克斯利法案敦促会计界反思会计准则制定的原则导向或规则导向的问题;2004年启动的、美国财务会计准则委员会(FASB)和国际会计准则理事会(IASB)的联合概念框架项目及随后的阶段性成果让会计界充满期待;2008年美国的次贷危机使会计(特别是公允价值)再次站在了风口浪尖,一定程度上成为“贪婪华尔街”的“替罪羊”;持续不断的会计准则的国际化趋同给全球资本市场带来了深刻的变革;2018年,FASB时隔18年颁布的第8号概念框架及IASB自1989年后时隔29年颁布的“财务报告概念框架”都值得吸收和借鉴(与FASB联合发布)。

国内方面,2000年以来,会计准则和会计制度也面临多重变化,如2000年新修订发布《企业会计制度》;2006年发布“企业会计准则体系”(含1项基本准则与38项具体准则)、注册会计师执业准则体系;2008年,财政部、证监会、审计署、银监会、保监会联合发布《企业内部控制基本规范》;2010年财政部颁布的《中国企业会计准则与国际财务报告准则持续趋同路线图》;2014年以来《企业会计准则》体系的持续修订;2015年新《预算法》的实施与2016年的预算会计改革;2016年财政部发布的《管理会计基本指引》;等等。这些会计准则(制度)的改革进程都对中国资本市场信息披露、审计独立性与审计质量、管理会计、政府及非营利组织的实践产生了重要的影响。

值得指出的是,近年来,移动互联网、大数据、人工智能等技术(以下统称“AI技术”)在全世界范围内迅猛发展,不仅正在重塑社会秩序与重新界定话语权,而且也冲击到会计这个最为古老的学科。AI时代,新科技与新知识持续不断地定义新秩序,而我们固化了的知识与技能,正在经受着被迅速“迭代”的风险。会计学科向何处去,是整个会计界乃至整个社会都广泛关注的核心话题。上述背景呼唤一套新的“厦门大学会计系列教材”,以适应新形势下的会计学教学和人才培养。

“厦门大学会计系列教材”由杜兴强教授与刘峰教授担任总主编,曲晓辉教授与李建发教授担任学术顾问。总主编负责和高等教育出版社保持联系和沟通,勾勒“厦门大学会计系列教材”的框架,建议各本教材的主编,以及协调各教材之间的内容分工、避免过多的交叉和重复。各位主编各司其职,对相应的教材负责,包括编写人员的组织、内容框架的初步拟定及督促教材内容的编写。

“厦门大学会计系列教材”第一批共计划出版10本，包括《会计学原理》《中级财务会计》《成本会计》《高级财务会计》《管理会计》《财务管理》《审计学》《财务会计理论》《商业伦理与公司治理》与《会计学》(非会计专业)；各本教材的第一主编分别为刘峰教授、杜兴强教授、张国清教授、杨绮副教授、郭晓梅教授、林涛教授、严晖副教授、杜兴强教授(财务会计理论)、张扬助理教授及杜兴强教授与林涛教授(会计学)。

“厦门大学会计系列教材”的编写，在内容上紧扣中国会计改革的动态(如企业会计准则体系的改革与完善、注册会计师执业准则体系的完善、管理会计基本指引的颁布等)，并力争能够反映国际范围内的会计发展动态。在编写方式上，不仅有利于授课教师传授基本的会计学知识，而且能够启发学生针对所学内容进行深入思考。“厦门大学会计系列教材”的所有教材，在每一章开篇都明确指出了学习目标，并设置了与章节内容相关的导读案例，引导学生带着问题和明确的目标学习和思考相关章节的内容；在每章结束后，都有本章的小结；在多数章节的内容安排上，除了讲解基本的知识点，还附有若干“二维码”的知识拓展及“二维码”的随堂测试。概括起来，开篇明确学习目标，章后进行总结，并辅之以案例导读、知识拓展与即测即评，“厦门大学会计系列教材”将一改以往“传统”，将以生动、立体的形式呈现在一线师生面前。

考虑外部环境变化的冲击，我们亦在部分教材(如《会计学原理》《管理会计》等)中尝试内容更新，反映AI技术等新兴科技对会计学教学内容与教材体系的冲击。考虑会计学专业的特点，以及会计的社会性，我们亦在部分教材(如《财务会计理论》)中尝试嵌入中国文化与伦理因素，进行教学内容方面的改革。值得指出的是，“厦门大学会计系列教材”中的部分教材(如《管理会计》)开发和提供了数字课程资源(包括在线开放课程、教学视频、在线实验等)，并已入选国家级一流本科课程立项。

在与高等教育出版社商洽出版“厦门大学会计系列教材”之后，厦门大学会计学科成立了编委会①，尽最大可能广泛吸收现任教师参与本套教材的编写。在确定主编人选时，我们不唯学历、不唯资历，秉持让“教学第一线”的教师承担各本教材主编和副主编的原则。因此，编委会里既有知名的中青年教授、博导，又有年富力强、一直站在教学第一线、教学效果备受好评的副教授，甚至是助理教授。此外，本着厦门大学会计学科“传帮带”的优良传统，部分教材设置了不止一位主编。我们认为，虽然让年轻、不具有教授职称的教师承担主编角色存在一定的风险，但在一定程度上也体现了厦门大学会计学科勇于突破、锐意改革的决心。

值得指出的是，“厦门大学会计系列教材”将呈现开放式的结构，允许根据教

① 最终的编委会由第一批各本教材的主编及副主编组成，按照姓氏拼音排序。

学改革的需求不断纳入新的教材。目前已在计划中、后期可能陆续纳入的教材，包括《财务报表分析》《政府会计》《会计思想史》《资本市场会计》《大数据与会计信息系统》等。我们相信，未来的“厦门大学会计系列教材”将会是一套体系完整、能够体现厦门大学会计学科教学改革特色的教材。

“厦门大学会计系列教材”在一定程度上反映了目前厦门大学会计学科的教学特点，亦是厦门大学会计学科承担的福建省本科高校重大教育教学改革研究项目①(*FBJG20190184*)与国家自然科学基金重大项目课题(71790602)的重要成果之一。

感谢高等教育出版社的厚爱，使得厦门大学会计学科在10余年后再次推出“厦门大学会计系列教材”。2018年10月，“教育部高等学校工商管理专业教学指导委员会会计学专业教学指导分委员会”在江苏苏州召开会议。会间，杜兴强教授与高等教育出版社的于明主任就重新组织编写“厦门大学会计系列教材”达成了初步意见。感谢于明主任与王琼编辑一直和两位总主编及各本教材的主编保持密切联系，共同推动“厦门大学会计系列教材”的编写和出版。

由于编著者的知识结构、时间、精力与水平所限，“厦门大学会计系列教材”难免存在错漏、不完善之处。为此，我们非常欢迎一线师生将您在使用“厦门大学会计系列教材”过程中发现的错漏和问题反馈给两位总主编(总主编:*xmdxdxq@xmu.edu.cn*，杜兴强；*cnliufeng@gmail.com*，刘峰)或各本教材的主编，以便我们再版时逐一进行修订、改进并致谢。

杜兴强、刘　峰

2020年11月8日

① “会计学教材体系与教学模式改革:AI技术冲击、中国文化嵌入与伦理关注”(负责人为杜兴强教授)。

# 前 言

随着书写艺术(the art of writing)、算术(arithmetic)、私有财产(private property)、货币(money)、信用(credit)、商业/贸易(commerce)和资本(capital)七项前置条件(antecedents)的满足,以及较为发达的商业合伙和委托代理关系,复式簿记思想逐渐在意大利的热那亚、佛罗伦萨与威尼斯等地得以萌芽和发展。1494年,卢卡·巴其阿勒(又译帕乔利)出版了《算术、几何、比及比例概要》(*Summa de Arithmetica, Geometria, Proportioni et Proportionalita*, 1494),在"计算与记录详论"(Particularis de Computis et Scripturis)一章[①],对复式簿记进行了理论上的总结。此后,从15世纪末期到19世纪,复式簿记在欧洲乃至全世界得以传播和不断完善。

1929年美国经济危机使会计进入了全面管制时代,公认会计原则(generally accepted accounting principles, GAAP)应运而生。历经会计程序委员会(Committee on Accounting Procedure, CAP; 1938—1959)、会计原则委员会(Accounting Principles Board, APB; 1959—1973)和财务会计准则委员会(Financial Accounting Standards Board, FASB, 1973—　),美国的公认会计原则体系日益完善,财务会计内容也日益丰富。

21世纪以来,国内外资本市场的发展日新月异,约束财务会计确认、计量和报告的公认会计原则和会计标准(包括会计准则和会计制度)不断地发展与完善。

(1) 国际方面。2000年,证券委员会国际组织(International Organization of Securities Commissions, IOSCO) 认

---

① Brown, R. G. & Johnston, K.S.. *Paciolo on Accounting* [M]. Garland Publishing, Inc., 1984.

可了国际会计准则委员会(IASC)修订后的30份国际会计准则为核心准则(core standards),规定其作为公司跨国上市和国际融资应当呈报的财务报告的规范,这直接加快了会计准则的国际趋同化进程。2001年,安然、世界通讯等上市公司的财务丑闻震惊了全球的资本市场,投资者的信心受到前所未有的打击。正如诺贝尔经济学奖获得者克鲁格曼所言,"9·11什么都没有改变,而安然改变了一切!"它揭示了美国上市公司一系列的财务欺诈对美国投资者信心和美国资本市场的打击要比9·11恐怖袭击造成的后果严重得多。为此,美国国会经过酝酿,以前所未有的效率颁布了萨班斯—奥克斯利法案(即2002年公众公司会计改革和投资者保护法案)。此后,国际范围内的准则制定机构开始寻求转向以原则为基础的会计准则制定模式。2008年,美国次贷危机爆发,会计再次成为"替罪羊",公允价值计量处于风口浪尖。2010年9月,IASB(International Accounting Standards Board)与FASB发布了联合概念框架项目的第一章"通用财务报告的目标"和第三章"有用财务信息的质量特征"①。2010年,时隔21年,IASB颁布了"财务报告概念框架"(The Conceptual Framework for Financial Reporting)。2018年3月,IASB颁布了新的"财务报告概念框架"(Conceptual Framework for Financial Reporting),共包括通用财务报告的目标、有用财务信息的定性特征、财务报表和报告主体、财务报表要素、确认和终止确认、计量、列报和披露、资本和资本保全概念8章。2018年8月,大约时隔18年,FASB颁布了财务会计概念框架第8号"财务报表附注"。

(2) 国内方面。2000年,我国颁布了《企业会计制度》,要求从2001年开始在股份有限公司中执行。企业会计制度初步建立了"八项减值准备"的理念,在一些准则中体现了实质重于形式的原则,在一定程度上促进了会计信息披露的透明化。2006年2月15日我国颁布和初步建立了一整套会计准则体系,内含1项基本准则与38项具体会计准则,要求从2007年1月1日开始在上市公司中实施。该准则体系实现了与国际会计准则的实质性趋同,并基本上覆盖了我国企业当时绝大部分的经济业务确认和计量的需要,也能够胜任规范上市公司财务报表列报的需要,甚至包括对一些特殊行业的会计处理进行约束和规范。2006年会计准则体系的颁布和实施,对于提高我国上市公司会计信息质量、促使资源的趋利性流动和优化社会资源配置,起到重大的推动作用。2010年我国财政部颁布的《中国企业会计准则与国际财务报告准则持续趋同路线图》,使得中国的会计准则体系逐渐与国际会计准则趋同。2014年以来企业会计准则体系的持续修订,对中国资本市场信息披露的实践产生了重要的影响。

---

① 2002年9月,IASB和FASB正式同意致力于全球会计准则的趋同合作。2004年10月,IASB与FASB召开联合会议,正式启动"联合概念框架项目"(Conceptual Framework–Joint Project of IASB and FASB),共同制定联合概念框架,全称"财务会计和报告的概念框架"(Conceptual Framework for Financial Accounting and Reporting)。

鉴于上述背景，我们重新编写了厦门大学会计系列教材的《中级财务会计》。编写的基本目标，依然秉承葛家澍教授为《中级财务会计》拟订的基本原则：立足中国，放眼世界，侧重当前，注视未来。

《中级财务会计》共20章，包括“财务会计概念框架与会计准则”“货币资金”“存货”“金融资产”“长期股权投资与合营安排”“固定资产”“无形资产”“投资性房地产”“资产减值”“流动负债”“非流动负债”“所有者权益”“收入、费用与利润”“政府补助”“非货币性资产交换”“债务重组”“财务报告及其分析”“资产负债表日后事项”“持有待售的非流动资产、处置组和终止经营”“会计政策、会计估计变更和差错更正”。

《中级财务会计》是一本具有悠久历史、光荣传统和获得国内同行广泛认可的教材。《中级财务会计》之前版本由我国著名会计学泰斗葛家澍教授任主编，曾先后获得1995年国家教委普通高校优秀教材一等奖、2002年教育部普通高校优秀教材一等奖、2005年国家级教学成果二等奖和2005年福建省教学成果一等奖等荣誉。

厦门大学会计学系的“中级财务会计”有两个版本：一为《中级财务会计》，由辽宁人民出版社予以出版；二为《中级财务会计学》，由中国人民大学出版社出版。《中级财务会计》第一、二版的主编均为葛家澍教授（分别于1994年与2000年出版），第三版主编为杜兴强教授与桑士俊教授（2009年出版）。《中级财务会计学》第一版主编为葛家澍教授（1999年出版）；第二版主编亦为葛家澍教授，副主编为杜兴强与桑士俊副教授（2003年出版）；第三版主编为葛家澍教授与杜兴强教授（2007年出版）。

以上两个版本均出版至第三版，迄今已有十余年未曾进行系统的修订。作为两本教材（第三版）的主编之一，多年来不断收到出版社希望更新版本的请求，国内兄弟院校一线师生也时而发邮件询问何时更新版本。由于种种原因，一拖再拖，直到2018年年末与高等教育出版社联系，决定重新出版“厦门大学会计系列教材”。

本次《中级财务会计》（第四版）的编写，力图反映我国企业会计准则体系的主要精神，并适度考虑国际会计惯例的发展动态。此外，本次《中级财务会计》（第四版）编写的参与人员发生了很大的变动，除了杜兴强教授、章永奎副教授、陈守德副教授参与过以前版本《中级财务会计》的编写外，蔡宁教授、徐玉霞副教授、曾泉副教授和常莹莹助理教授等均为新加入的编写者。

《中级财务会计》由杜兴强和蔡宁担任主编，章永奎、陈守德、曾泉与徐玉霞担任副主编。杜兴强、蔡宁与章永奎对整本教材内容进行了系统的审读与增删。教材各章的具体分工如下：

| | |
|---|---|
| 杜兴强 | 第一、十七章 |
| 蔡宁 | 第四、十二、十八章 |
| 章永奎 | 第二、六、七、十四、十五章 |
| 陈守德 | 第五、十、十三章 |
| 曾泉 | 第九、十一、十六、十九章 |
| 徐玉霞 | 第三、八、二十章 |
| 常莹莹 | 第十七章(与杜兴强合写) |

我们要感谢曾参与过厦门大学会计系列教材《中级财务会计》的各位作者——厦门大学文科资深教授、我国著名会计学家葛家澍教授(丛书总编及《中级财务会计》主编)、厦门国家会计学院院长黄世忠教授、厦门大学会计发展研究中心主任刘峰教授、陈少华教授,以及现正从事会计实务工作的陈玮博士、陈箭深博士、方荣义博士、程春晖博士、胡振超博士、刘维博士等,正是他们的努力,使得《中级财务会计》教材获得了良好的社会声誉。

厦门大学会计学系《中级财务会计》教材的光荣历史给本次的编写带来了很大的挑战,因为我们既要继续发扬其优点,又必须适应市场经济、资本市场和会计准则的变化而进行发展,还必须考虑读者或使用者的需要,从体例、内容和语言风格上进行改进。

由于受到编者时间、精力和知识结构的制约,本书可能存在这样或那样的缺点,甚至是错漏。衷心期望读者能够给予及时的批评和指正,以便我们在再版时进行修正。

杜兴强 蔡宁

2022年1月27日

# 目　录

# 二维码数字资源目录

# 第一章 财务会计概念框架与会计准则

## 学习目标

通过本章学习，应能够了解会计信息的需求，熟悉财务会计的基本概念，掌握财务会计的基本特征；了解会计准则的作用以及准则制定的历程和发展趋势；了解财务会计概念框架的概念，理解财务会计概念框架的作用。

## 导读案例

### 国际财务报告准则基金会宣布成立国际可持续准则理事会

2021年11月1日，第26届联合国气候变化大会(COP26)在英国格拉斯哥召开，各国领导人围绕气候变化问题的重要性和紧迫性进行了讨论。11月3日，国际财务报告准则基金会(IFRS Foundation，以下简称基金会)宣布成立国际可持续准则理事会(ISSB)。基金会受托人围绕为全球金融市场提供与气候及其他可持续问题相关的高质量披露，宣布了三项重大决议：

一是成立ISSB。从公众利益角度出发，制定一套综合性的全球高质量可持续信息披露基准性标准，以满足投资者的信息需求。

二是承诺将聚焦于投资者的可持续披露机构并入ISSB。基金会将于2022年6月前，完成对气候披露准则理事会(CDSB，由碳信息披露项目提议成立)以及价值报告基金会(VRF，其中包含综合报告框架和可持续发展会计准则)的整合。

三是发布由技术准备工作小组(TRWG，以下简称工作小组)制定的气候相关披露准则样稿和一般披露要求样稿。该工作小组由基金会受托人组建，负责为ISSB的组建及未来工作做好准备。两份准则样稿中，一份是关于气候相关披露要求，该披露要求以气候相关财务信息披露工作组(TCFD)的建议框架为基础，包含了特定行业的披露要求；另一份是关于可持续信息披露的一般要求。

ISSB将与IASB紧密配合，确保国际财务报告会计准则与国际财务报告可持续披露准则之间保持连通性和兼容性。为保障公共的合法利益，两个理事会都将由受托人进行监督。ISSB与IASB各自独立，两套准则相互补充，旨在为投资者提供全面的信息。

国际财务报告准则基金会为什么要规范与可持续发展相关的信息供给？为什么需要对会计信息进行管制？财务会计的本质是什么？会计准则具有哪些功能，其在财务会计活动中发挥着何种作用？会计准则的制定经历了怎样的变革？带着这些问题，请开始本章内容的学习。

资料来源：会计准则委员会．国际财务报告准则基金会宣布成立国际可持续准则理事会．国际会计动态，2020(11).

# 第一节 会计信息与财务会计

## 一、公司治理、监督和激励与会计信息

当企业管理层并不向自己企业投入100%的财务资本时，就存在代理问题(agency problem)。代理成本的存在意味着管理层仅承担任何非金钱收益的一部分成本，那么管理层就可能以牺牲股东的利益为代价追求更多个人效用。随着管理层对企业财务资本投入的降低，他们对企业产出的权利要求部分也降低了，这将促使管理层以额外津贴(perquisites)的形式占用为数巨大的公司资源(Jensen and Meckling, 1976)。由此，管理层逐渐失去了勇于开拓、富于冒险以及甘于奉献而进行创造性活动的激情，最终管理层的效用函数将与“企业价值最大化”或“股东财富最大化”的企业目标冲突(Jensen and Meckling, 1976)，甚至完全背离。为此，应该对管理层进行监督。但是对管理层进行监督只在一定范围内才是可行的。这说明监督之外还需要激励，这可以从两个角度得到解释：①由于管理层的努力程度难以观察和测度，单纯的监督并不能够一定保证管理层与委托方的利益趋于一致。为此，需要对管理层进行激励，如设置补偿方案，允许管理层持有部分股权，促使管理层的行为尽可能与委托方的利益趋同。②当股权十分分散时，由于“理智的冷漠”和搭便车心理，可能没有股东愿意对管理层进行监督，此时，激励就显得更为重要了。

交易成本的存在决定了契约的不完备性，而契约的不完备性必然等价于剩余索取权(有权获得超额利润或有责任承担损失)的存在性，但这并不排斥剩余索取权可以分享的机制(张维迎，1999)[①]。最终，当不确定性情况得以验证时，必须由拥有剩余索取权的一方来进行解决(实际承担损失或占有超额利润)，此即剩余控制权。反之亦然，即拥有剩余控制权的一方必然拥有剩余索取权。也就是说，剩余索取权和剩余控制权应该相互匹配。否则，如果只拥有剩余索取权而无剩余控制权，那么意味着只承担风险而无权获取剩余收益，剩余索取权将有名无实；若只有剩余控制权而无剩余索取权，那么就容易引发“廉价

① 这个可以通过“$R=R_1+R_2+\cdots+R_n$”逻辑来解释，其中$R$代表企业总收益，$R_1$，$R_2$，…，$R_n$代表作为契约的企业缔约各方的收益。不确定性(uncertainty)客观存在，所以$R$是个变量，$R$是变量可以推知：(1) $R_1$、$R_2$、…、$R_n$全部是变量；(2) 至少有一个是变量。推论(1)属于推论(2)的子集合，所以我们有结论，契约不完备性和不确定性的存在决定了剩余索取权的必然存在性。

投票权”。

股东拥有的剩余索取权是股东自我获得监督动力的源泉，但股东对管理层的监督效率是与股东（在正常状态下）拥有的剩余控制权相关的，而对管理层的激励意味着管理层分享了部分剩余索取权。之所以如此，是因为监督需要权威（authority），而监督的权威来自剩余控制权（张维迎，1999，p.103）。如果对管理层进行激励，如允许管理层拥有股票期权，那么就意味着剩余索取权的分享（sharing），即激励与剩余索取权对应。管理层在拥有剩余索取权后，遵循剩余索取权和剩余控制权对应的逻辑，管理层同时也应拥有剩余控制权。如此通过使剩余索取权和剩余控制权相匹配，来实现管理层和股东效用趋于一致的目的。

由于股权过度分散，股东仅拥有法律意义上的终极控制权，其实已经失去了实质上的控制权，因此对管理层进行监督是十分困难的。相对应的，管理层因股东“理智的冷漠”和“搭便车”的心理已经拥有了实质上的剩余控制权，因此，应该赋予管理层相应比例的剩余索取权。如果听任管理层只拥有剩余控制权而不赋予管理层相应可匹配的剩余索取权，那么管理层手中掌握的剩余控制权将成为“廉价投票权”。

无论是按照剩余控制权的分享机制进行投票直接对管理层进行监督，还是在资本市场上完全行使自己100%的剩余控制权（投票权），最终监督都离不开信息，尤其是会计信息。监督需要成本，对管理层进行监督的有效性取决于两项因素，即信息和激励（张维迎，1999，p.132）。监督也需要信息，尤其是关于一个企业的会计信息——这里的原因是委托方往往是货币利益的追求者。信息不对称，使得信息的搜寻是高成本的，甚至不符合成本效益原则，所以需要激励，因为激励可以促使管理层提供信息。

概括起来，上面的论述可以用下列前后联系紧凑的逻辑表述为：

（1）企业的契约性质；

（2）契约的不完备性；

（3）企业所有权（剩余索取权和剩余控制权）的重要性；

（4）保证企业效率要求剩余索取权和剩余控制权的匹配性；

（5）现代股份有限公司在股权高度分散的情况下，管理层拥有天然的、实质的控制权，股东往往放弃直接监督转而寻求间接监督；

（6）为了使剩余控制权和剩余索取权相匹配，管理层应该拥有剩余索取权；

（7）剩余索取权是股东进行监督的动力源泉，然而监督的效率如何则取决于剩余控制权；

（8）监督需要知悉信息，特别是会计信息，且监督的有效性取决于信息和激励的程度，激励可以促使管理层披露会计信息；

（9）会计信息位于剩余索取权和剩余控制权、监督和激励的中心环节；

（10）会计信息是重要的，是企业治理结构的一种机制。

根据上述内容可知，会计信息位于“剩余控制权和剩余索取权”“监督和激励”的中心环节（见图1-1），那么会计信息就是保证剩余索取权和剩余控制权匹配、确保监督和激励相容的一种机制，是企业治理结构的一种重要机制。

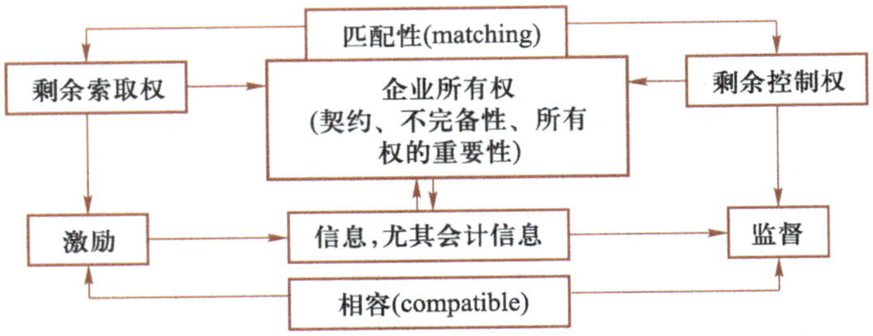


图 1-1 会计信息、监督和激励及剩余索取权和剩余控制权关系

## 二、财务会计及其基本特征

会计、企业与社会：前管制时期财务会计在美国的发展

### （一）财务会计的定义

财务会计是在对传统会计进行继承的基础上发展起来的，本质上是一个以提供财务信息为主的经济信息系统。财务会计信息系统着重按外部会计信息使用者的需要（评估企业的经营业绩和做出各种决策），以各国（地区）的会计准则或公认会计准则（GAAP）为指导，运用确认、计量、记录、报告等程序，最终提供关于一家企业特定时点的财务状况、特定期间的经营成果、特定期间的现金流量的财务报表，以及有助于使用者做出决策的其他报告。

20 世纪 30 年代初，适应资本市场的需要，现代企业会计逐步分化为对内加强效率、提高效益的管理会计和对外适应筹资和融资的财务会计两个分支。早期的财务会计，主要提供财务报表对外传递加工后的信息，由确认、计量、记录和呈报报表四个元素（环节或程序）组成。其后，为了提高财务报表的可理解性和透明度，又增加了报表附注，从数据处理到加工列入报表中的信息都属于广义的确认，而报表附注则增加了会计信息系统的一个新元素——披露。20 世纪 70 年代，FASB 将财务会计的信息传递终端从财务报表扩展为财务报告。但财务报表是财务报告的主体，财务报告还包括报表附注与其他财务报告等。所有这些部分的信息表述都应属于披露的范畴。财务会计作为一个信息系统应该包括确认、计量、记录、报告和披露等程序。

### （二）财务会计的特征①

(1) 财务会计立足于构成会计主体的企业，反映该企业整体的财务状况、经营业绩和现金流量，并把这些信息传递给企业外部的投资人、债权人和其他信息使用者，以利于进行投资、信贷等决策和考核经理层受托责任履行情况。

(2) 财务报告是财务会计的最终“产品”。财务报告的中心部分是财务报表，主要提供一个企业的财务信息。

(3) 为了连续、全面地反映企业的经营活动及其成果，财务会计把市场风险和不确定性加以抽象，在理论上必须假设企业是持续经营的。

(4) 包括财务信息在内的任何信息，及时性是其有用的前提，而且信息的加工与交换也要有一个时间界限。于是把企业连续的经营活动划分为一系列期限相等的时期间隔，

① 葛家澍，杜兴强．财务会计的基本概念、基本特征与基本程序[J]. 财会通讯，2003(7)–2004(4).

分期处理，生成并报告财务信息。

(5) 财务会计从数据处理开始，主要处理企业已发生的、过去交易和事项中能用货币量化的方面，是对企业经营活动的历史记载。

(6) 财务会计是一个从数据处理开始，到生成对经济决策有用的财务信息和有关的非财务信息的经济信息系统。数据处理的第一步，是初始确认，即必须解决以下三个问题：该数据应否由会计系统来处理，即应否在会计中正式记录？何时予以记录？如何进行记录？

如何记录还应当遵循一个重要原则，那就是要反映交易和事项的经济实质，而不能只看法律形式。如果说，初始确认是财务会计进行数据处理的一个重要特征，那么，这个特征又是由四个不可缺少的部分构成的：

第一，符合基本的确认标准(如可定义性、可用货币计量性、相关性和可靠性)，这是决定交易或事项应否由财务会计处理的基本依据。

第二，以权责发生制(应计制)作为记录各项要素及其所属账户的时间基础；对于收入要素，必须考虑已赚得、已实现或至少可实现。

第三，记录的方式为复式记账，并应组成会计分录与账户体系有机结合、能自行调节、在金额上可自成勾稽与平衡的复式簿记系统。

第四，记录经济实质是初次确认的一条重要原则。

(7) 在初次确认的基础上，对账户中的数据按照财务报表中资产、负债、所有者权益、收入、费用和利润等要素及其在报表应列示的各要素的所属项目，加工整理再确认为基本的财务报表。再确认是从记录转化为报表的另一个重要程序。它也要解决三个主要问题：应否报告？何时报告？如何报告？

(8) 确认不论是为了记录或为了报告(即编制财务报告)，都不能离开计量(货币计量)。计量要注意三个问题：计量单位，计量属性和计量客体。财务会计通常是以法定的名义货币为计量单位，以历史成本、公允价值、现行成本、可实现净值等为计量属性。计量属性的采用，应符合计量客体(项目)的具体特点。

(9) 在基本的财务报表中，资产负债表、利润表和所有者权益变动表是以权责发生制为时间确认的基础；现金流量表则以收付实现制为时间确认基础，但它只是在编表时才由权责发生制转化为收付实现制。因此，财务报表的要素，日常记录的所属账户，列示于报表中的所属项目，一般只受权责发生制的影响。权责发生制为了相对准确地确定分期收入和费用，从而分期确定损益，提供对决策有用的经营业绩，通常要采用4个特殊的会计加工程序：①应计(accrual)；②分配(allocation)；③摊销(amortization)；④递延(deferral)。

(10) 由于不确定性的存在，财务会计允许会计人员进行合理的估计与判断。在整个数据转化为信息的过程中，尽管处理的是历史的且已经发生并可以从客观证据中进行查核的数据，但估计(approximations)与判断(judgment)的存在，使得财务会计信息，包括财务报表的表内信息的可靠性并非绝对的，从而使财务会计的信息(或计量)呈现出一定的近似性，甚至是模糊性。

(11) 初始确认和再确认的财务信息，只构成财务报表的内容，而不涉及其他财务报告。当前，财务会计的信息加工和传递，实际上已发展为财务报表、报表附注、其他财务报告等若干部分。除财务报表的表内信息需要确认外，附注及其他财务报告都属于披露。披露可以不直接以会计记录为信息源，可以只是定性表述，而无须同时进行定量描述，也可以是非财务的和非历史的信息。一些重要的软资产如无形资产、智力与技术资源等日益成为财务报告披露的新特征。

(12) 现代企业制度的两权分离，导致了财务报告的编报与使用者的分离。这意味着一家企业经营状况、经营业绩、现金流量和有关的其他信息，在管理层和投资人(包括债权人)之间产生严重的不对称。资本市场的一个主要任务，就是通过公平、公正、平等互利的一些制度安排，不断提高投资人的信心并不断增加管理当局传递信息的诚信。所以，财务会计必须遵守相关的会计标准，力求所提供的财务信息的真实、公允，努力提高企业经营活动的透明度。美国的公认会计原则(GAAP)、英国的财务报告准则(FRS)、国际会计准则委员会的国际会计准则(IAS)和国际财务报告准则(IFRS)，以及我国的企业会计准则、企业会计制度都属于规范财务会计与财务报表的标准。

## 第二节　企业会计准则

### 一、会计准则的作用①

#### (一) 作为财务会计和报表的技术规范

财务会计和财务报表的信息必须真实与公允。财务报表是一个由数据处理到信息加工生成的系统工程，往往备选方案的存在使得管理层拥有一定的自由裁量权。财务会计的基本任务，是把企业每天发生的具有财务性质(即可用货币表现)的交易和事项，经过确认、计量，进行记录、整理、分类并汇总为一套财务报表。会计准则好比“技术操作指南”，告诉会计人员面对不同的交易和事项，如何处理数据、加工信息，以便最终能从财务方面概括、完整地反映该企业经济活动的整个面貌。不同的财务报表，可以分别表述企业的财务状况、经营业绩和现金流动情况，在数字上能做到彼此勾稽。

#### (二) 作为资本市场准入的一项重要规则

企业会计准则往往以上市公司为主体，规范其应向市场传递的财务报表和其他有关信息。因此，各国(地区)或国际组织制定的证券市场法律或法规均指出，遵守企业会计准则并经注册会计师审计的财务报表是企业证券准入市场公开交易的一个必要条件。“会计师是我们金融市场的守门员，没有会计师保证财务信息的质量和信息的完善，资本市场必然会大大缺乏效率，资本的成本要高得多，我们的生活水准将会下降。会计职业界从事的职能向社会承诺了许多利益，包括较低的市场风险和较优的资源分配。反之，会计师也得到了法定的，可强制的特权——没有会计师的鉴证，公司不得进入公开的(证券)市场。我衷心地承认会计师在我们社会中所起的重要作用”(Wallman，1996)。

若将会计师比喻为资本市场的“守门员”，那么企业进入资本市场的“门票”之一则应是企业按会计准则的要求编报的真实与公允的财务报表和其他财务信息。

---

① 主要参考了葛家澍，杜兴强．中级财务会计学[M]．北京：中国人民大学出版社，2007.

### （三）作为协调经济利益的机制

在市场经济中，会计准则主要属性体现为一项纯技术的规范。尽管如此，会计准则的制定可能在某些情况下需要考虑企业外部各利害关系集团、企业本身和社会（国家）的利益，并进行必要的权衡。譬如，一项支出，从会计技术来看，计作资产或费用似乎都可以，但其经济后果可能迥异。计作资产，当期的利润就会虚增。美国世界通讯的案例充分说明了这一点，其在短短几个会计期间内就通过将本应直接计入管理费用的支出进行摊销（一部分摊销，另一部分作为一项资产），导致利润巨额虚增，从而被界定为财务欺诈。

所以，“准则”通常要提出“基准处理”（benchmark treatment）和“允许的备选处理”（allowed alternative treatment），来指导会计人员究竟哪种会计处理是应当优先予以考虑的。

## 二、美国会计准则制定的历程

### （一）美国制定公认会计原则（GAAP）历程的简要回顾

尽管美国早期曾多次试图对会计实务进行规范，但会计准则的制定则起源于 1929 年的经济危机。经济危机之后，混乱的会计实务被认为是罪魁祸首，为此美国相继于 1933 年和 1934 年颁布了《证券法》，要求上市公司必须提供统一的会计信息，并责成证券交易委员会（SEC）负责制定统一的会计准则。但是，SEC 的 5 位专职委员以 3∶2 的投票结果，否决了由 SEC 亲自制定会计准则的议案，而将会计准则的制定权下放给了美国会计师协会（即后来的 AICPA），而 SEC 则保留有最终的否决权。另一种说法是，SEC 只将制定确认和计量（recognition and measurement）规则的权力下放给了民间组织，而自己保留的则是关于制定披露（disclosure）规则的权力。可以看出，美国早期会计准则制定过程中，民间机构明显地存在着权威性受到挑战的局面。美国从会计准则制定之初到目前，其会计准则制定机构经历了数次更迭：

1. 会计程序委员会

会计程序委员会（Committee on Accounting Procedure，CAP）的存续期间是 1938 年到 1959 年，其制定的具有公认会计原则性质的公告称为“会计研究公报”（Accounting Research Bulletin，ARB）。CAP 共制定了 51 份会计研究公报。在 CAP 阶段，美国的会计准则制定的基本模式是对当时现存的会计实务进行归纳与概括，因此留下了备选方案过多和缺乏逻辑一致性的缺陷，最终遭到了会计实务界和理论界的强烈抵制，于 1959 年完成了其历史使命。

2. 会计原则委员会

会计原则委员会（Accounting Principles Board，APB）吸取了 CAP 被取代的经验教训，专门组成一个会计研究部（Accounting Research Division，ARD）研究重大理论问题，最终的研究成果以“会计研究论文系列”（Accounting Research Studies，ARS）的名称统一结集出版。由于 ARS 整体过于具有前瞻性，APB 还专门发表了 4 份 APB Statements，借以表明其对一些会计基本问题的看法，其中最为有名的是 APB Statements No. 4 “财务报表的基本概念与会计原则”、ARS No.1 “会计基本假设”与 ARS No.3 “试论企业广泛适用的会计原则”。

APB 颁布的、可归类于公认会计原则的是“会计原则委员会意见书”（APB Opinions），前后 31 份。如果说 CAP 的工作导向属于“就事论事”（problem by problem）的话，那么 APB 的工作方式就是救火式的。其根本原因在于，虽然 APB 意识到，但未能够及早解决 CAP 缺乏理论和逻辑一致性的缺陷，因此往往无法对经济环境的变化做出迅速的反应策略，也无法抵御利益集团的压力，其结果在存续了 14 年左右后为 FASB（财务会计准则委员会）所替代。

3. 财务会计准则委员会

财务会计准则委员会（Financial Accounting Standards Board，FASB，1973— ）的成立，摆脱了 CAP 和 APB 隶属于美国会计师协会（AIA）或美国注册会计师协会（AICPA）的局面，而是由具有广泛代表性的、独立的专职委员所构成，从而具有了自己的基金会——财务会计基金会可以提供独立的资金来源（见图 1-2），且其委员不再像 CAP 和 APB 时期一样属于兼职，这至少从形式上确保了 FASB 具有独立性。

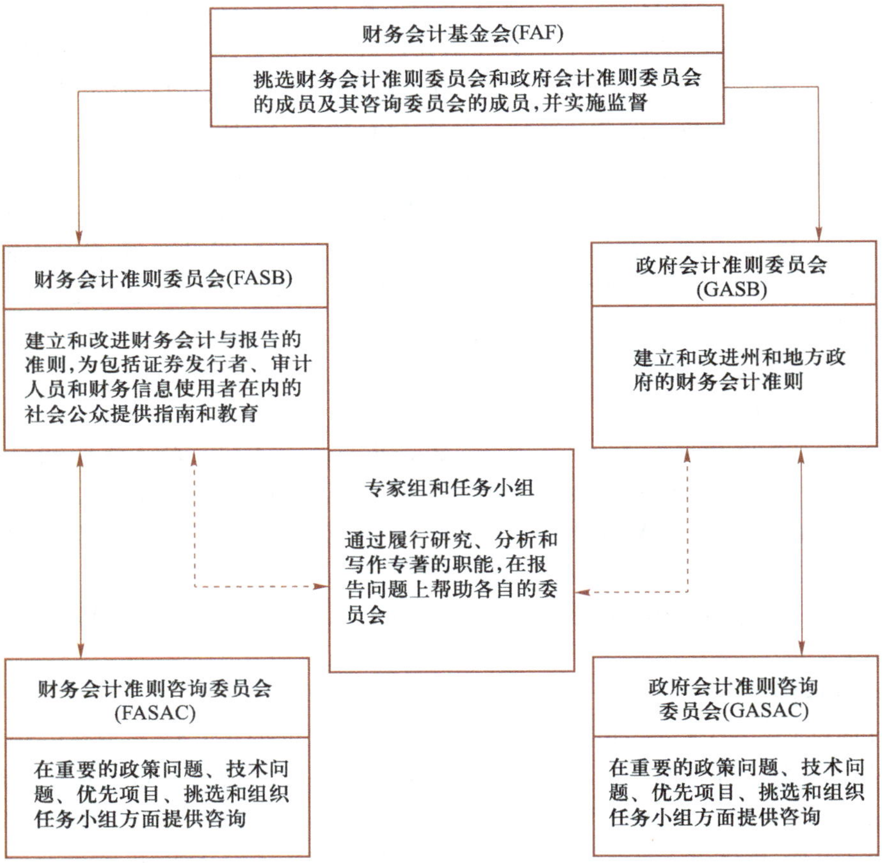


图 1-2 美国制定会计准则的组织架构

FASB 成立至今，制定了一系列的财务会计准则（Statements of Financial Accounting Standards，SFAS）。FASB 之所以能够得以存续至今原因如下[①]：

第一，FASB 获得了 SEC 明确的权威支持，并与 SEC 保持密切联系，避免了被否决的尴尬境况。

第二，FASB 制定了财务会计概念框架，在理论上使得会计准则的制定相对具有前后的逻辑一致性，可以部分抵御外来集团的压力。FASB 成立之初，就集中精力在《特鲁伯鲁特报告》（Trueblood Reports）的基础上制定财务会计概念框架，以此作为借口抵御外来利益集团的压力。迄今，美国总共制定了 8 份财务会计概念公告。

第三，FASB 制定会计准则的程序，体现了相对的充分性与透明度。FASB 制定会计准则的过程大致要经过 8 个步骤（见表 1–1）。

**表 1–1 FASB 制定会计准则的程序**

| 步骤 | 说 明 |
| --- | --- |
| ① 识别问题 | 紧急问题工作组识别一个计量或报告问题，加入财务会计准则委员会的日程表 |
| ② 工作组 | 任命一个由 15 位有丰富知识的人员组成的工作组，就各种问题向委员会提出建议 |
| ③ 研究与分析 | 财务会计准则委员会的技术人员调查该问题 |
| ④ 讨论备忘录（DM） | 撰写讨论备忘录，散发给利益集团；讨论备忘录对该问题进行详细分析，并提出可供选择的解决方法 |
| ⑤ 公众反应 | 举办听证会讨论该问题，反馈信件寄往财务会计准则委员会，然后财务会计准则委员会对这些反馈进行分析 |
| ⑥ 征求意见稿（ED） | 发布建议准则的草案初稿，称为征求意见稿；征求意见稿详细阐述对该问题的建议处理方法 |
| ⑦ 公众反应 | 收到征求意见稿的书面反馈并进行分析；依据委员会的分析，如有必要的话，对征求意见稿做出修改 |
| ⑧ 准则发布 | 如果财务会计准则委员会的七位成员中有四位支持修改后的征求意见稿，那么就发布一个财务会计准则公告 |

第四，FASB 不断地改进其制定会计准则的方式，譬如成立“紧急问题工作组”（Emerging Issues Task Force，EITF），用来处理缺乏会计准则的新问题（如当年处理衍生金融工具等）和解决会计实务界对会计准则具体技术性问题的抱怨（如准则过载等）。

### （二）美国会计准则制定的转变[②]：安然事件与 the Sarbanes-Oxley Act 的影响

2001 年安然事件与 2002 年知名国际会计师事务所安达信的被迫解散，严重动摇了美国资本市场，会计职业界本身和美国公司的可信性受到了质疑。迫于压力，美国国会迅速做出反应，通过了“2002 年公众公司会计改革和投资者保护法案”（The Sarbanes-Oxley

① 为了避免由民间机构制定的会计准则的权威性不受尊重，SEC 特意在 ARS No.150“关于制定与改进会计原则与会计准则的政策申明”中确立了民间准则制定机构颁布的会计准则的权威性。

② 转引自 Keiso，等．中级会计学[M]. 12 版．杜兴强，等，译．北京：中国人民大学出版社，2008：第 1 章．

2002 年公众公司会计改革和投资者保护法案的重要规定

Act of 2002)。该法案全面包含财务报告过程中的各关键方，提出关于审计师的管理规定以及审计师可以向客户提供的服务种类，增加公司高管人员的会计责任，指出证券分析师所面临的利益冲突，并且规定违反者将受到严厉的刑事处罚。

关于会计准则制定导向的文章摘录

FASB 制定会计准则的模式曾一度是全世界效仿的对象，美国国内也一直自诩其具有最完善的会计审计制度，然而安然等一系列美国上市公司的财务丑闻事件使 FASB 面临着尴尬的局面。安然事件后，美国国内开始对其制定会计准则的方式进行反思，最典型的莫过于 The Sarbanes-Oxley Act of 2002 要求对会计准则制定的原则导向征求意见，决定是否应该转变会计准则的制定方式。FASB 迅速对此做出反应，通过“美国会计准则制定的原则方法”研究报告，探讨之前会计准则制定的得失，试图由规则导向的会计准则转向原则导向的会计准则。

## 三、国际会计准则委员会（理事会）的会计准则制定

### （一）国际会计准则理事会的基本架构

国际会计准则委员会（IASC）于 1973 年由澳大利亚、加拿大、法国、德国、日本、墨西哥、荷兰、爱尔兰、英国 9 个国家的会计职业团体共同发起组成。国际会计准则委员会在改组之前的英文名称为 International Accounting Standards Committee（IASC），其颁布的会计准则称为国际会计准则（International Accounting Standards，IAS）；改组之后的英文名称为 International Accounting Standards Board（IASB），其颁布的会计准则称为“国际财务报告准则”（International Financial Reporting Standards，IFRS）。

20 世纪 80 年代以来，IASC 开始了其寻求全球会计可比性的艰难历程。1989 年，IASC 颁布了 ED32，针对此前颁布的 29 项国际会计准则（IAS）所给予自由选择的会计事项进行修改，其中最主要的是减少每份国际会计准则中备选方案（alternative accounting methods）的数目，目的是强化基准会计处理方法，达到“相同或相似的经济交易，不论在全球的任何地方发生，都能够按照相同或相似的会计处理方法进行处理”的目的，最终通过会计准则的国际可比性来达到会计的国际化。为了达到这个终极的目的，国际会计准则委员会付出了艰辛的努力，甚至在 2001 年进行了改组。改组后的国际会计准则委员会的组织结构图如图 1–3 所示。

IFRS 基金会监督委员会（IFRS Foundation Monitoring Board）现任成员分别来自国际证监会组织（IOSCO）理事会和增长与新兴市场委员会（Growth and Emerging Markets Committee）、欧盟委员会（EC）、日本金融服务局（JFSA）、美国证券交易委员会（SEC）、巴西证券委员会（CVM）、韩国金融服务委员会（FSC）和中国财政部。巴塞尔银行监管委员会则作为观察员参与 IFRS 基金会监督委员会。

为保证广泛的国际基础，IFRS 基金会（IFRS Foundation）受托人中，6 位来自北美、6 位来自欧洲、6 位来自亚太地区、1 位来自非洲，最多 3 位在保持地区平衡的情况下不限制地区。这些受托人主要由证券市场监管机构、作为投资者代表的公司、国际审计网络、报告编制者、使用者、学者和为公共利益服务的政府官员中具有全球经验的高级别

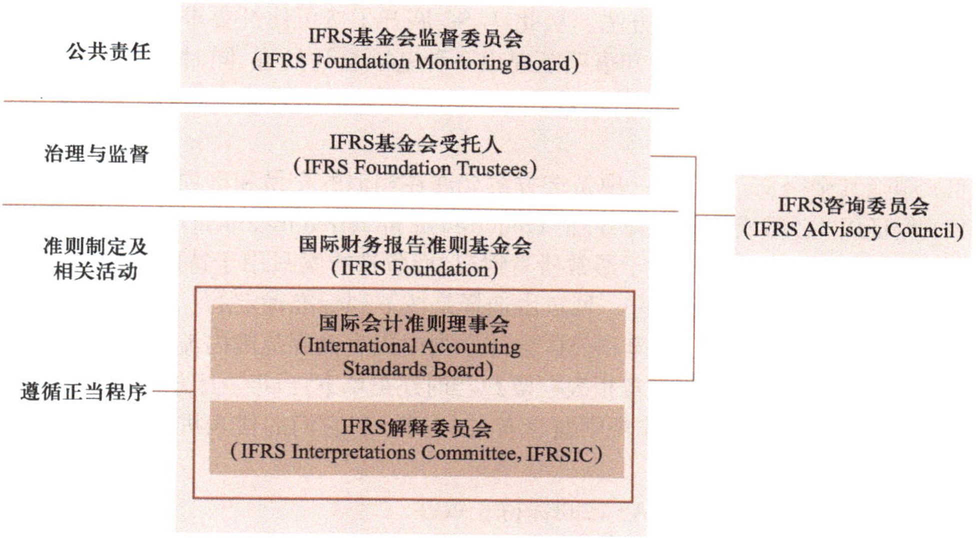


图 1–3 IFRS Foundation 组织架构图

人士组成。

国际会计准则理事会(International Accounting Standards Board)成员共有 14 人,其中兼职人员不超过 3 人,其余均为全职;4 位来自北美、4 位来自欧洲、4 位来自亚太地区、1 位来自非洲,1 位在保持地区平衡的情况下不限制地区。国际会计准则理事会成员须满足如下条件:①经证明的财务会计与报告方面的技术胜任能力和知识;②分析能力;③交流的技能;④公正决策;⑤知晓财务报告环境;⑥合作共事的能力;⑦正直、客观和遵守纪律;⑧承诺对国际会计准则委员会的使命和公众利益负责。因此,这些成员往往具备技术专长和多元的国际业务和市场经验,如具有执业审计师的背景、从事财务报表编制的背景、财务报表使用者的背景、学术背景、市场 / 金融监管者的背景。国际财务报告准则、征求意见稿及解释公告的颁布,至少应取得 14 位成员中的 9 人同意或者 13 位成员(或更少)中的 8 人同意。

国际财务报告准则解释委员会(IFRS Interpretations Committee)的成员有 14 名,这些成员必须在实际应用国际财务报告准则、分析根据国际财务报告准则编制的财务报表等方面具有技术专长和丰富的经验。国际财务报告解释公告的草案和最终公告的通过,应要求不超过 4 名表决成员投反对票。

国际财务报告准则咨询委员会(IFRS Advisory Council)的成员至少包括 30 位,一年至少召开 2 次会议。其目标包括:①就国际会计准则理事会工作的优先项目和议程决定向国际会计准则理事会提供建议;②向国际会计准则理事会通告咨询委员会中的机构和个人对重大的准则制定项目的观点和看法;③向国际会计准则理事会、受托人提供其他建议。

### (二) 20 世纪 90 年代以来的国际会计准则制定

20 世纪 80 年代末 90 年代初,经济全球化的加快与国际货币的流动需要遵循可比性、高质量的国际会计准则。为此,IASC 于 1989 年推出了“财务报表的可比性”计划,删除了大部分任意选用的会计处理方法。从此，IASC 展开了按可比性要求修订几乎已公布的全部 IAS，其特点是对同类交易和事项既提出一种基准会计处理，同时允许一种备选的处理方法。在提高可比性的前提下，把规范要求和必要灵活结合起来（这项工作从 1993 年开始，至 2000 年基本完成）[①]：

(1) 删除其余全部，只保留一项备选方案允许在相似的交易和事项中选用。

(2) 保证以“必需或优选会计处理”（required or preferred treatment）（后改为“基准会计处理”）作为恰当的会计方案用于通常所有情况，而备选方案只用于特殊而类似的情况。

基准的会计处理和至多允许一种自由选择是按下列标准确定的：

(1) 在各国的会计准则、法律和公认会计原则中代表世界范围内流行的实务；

(2) 对 IASC 制定的《编报财务报表框架》（当时还是草案，当年 7 月方正式批准）的遵守；

(3) 充分考虑资本市场运作规则监管者（制定者）和它们的代表机构——如证券委员会国际组织（IOSCO）的意见；

(4) 在同一份 IAS 和多份 IAS 之间保持一致性。

2000 年 5 月 17 日，IOSCO 正式宣布 IASC 的 30 个核心准则项目已通过了评估。从此，IASC 提升了自己的地位和作用。它正以一个有可能成为全球公认会计准则制定者的形象出现在国际会计领域。

国际财务报告准则基金会（IFRS Foundation）于 2018 年 4 月 25 日在其网站上更新了关于国际财务报告准则在全球各司法管辖区内的应用概况，介绍了包括全球二十国集团（G20）在内的 166 个司法管辖区采用国际财务报告准则的情况。

这 166 个司法管辖区遍布世界各地：44 个来自欧洲（27%）、38 个来自非洲（23%）、13 个来自中东地区（8%）、34 个来自亚洲和大洋洲（20%）、37 个来自美洲（22%）。

根据概况所提供的信息，在全球范围内国际财务报告准则的采用情况如下：

(1) 几乎所有的司法管辖区（166 个司法管辖区中的 156 个）均公开承诺支持单一一套高质量的全球会计准则。未公开表态的司法管辖区有阿尔巴尼亚、伯利兹、百慕大群岛、开曼群岛、埃及、中国澳门、巴拉圭、苏里南、瑞士和越南。

(2) 几乎所有的司法管辖区（166 个司法管辖区中的 158 个）均公开承诺支持 IFRS 标准为单一一套的全球会计准则，除了伯利兹、百慕大群岛、开曼群岛、埃及、中国澳门、苏里南、瑞士和越南。虽然没有公开的声明，但在伯利兹、百慕大群岛、开曼群岛和瑞士的公众公司（上市公司和金融机构）也通常采用国际财务报告准则。

(3) 全球 144 个司法管辖区（87%）要求其国内资本市场的全部或大部分公众公司（上市公司和金融机构）采用国际财务报告准则，并且绝大多数已经开始采用，不丹则承诺将在 2021 年开始采用。在未采用国际财务报告准则的其余 22 个司法管辖区中：

① 允许但不强制要求采用 IFRS 标准的司法管辖区（12 个）：百慕大群岛、开曼群岛、危地马拉、洪都拉斯、日本、马达加斯加、尼加拉瓜、巴拿马、巴拉圭、苏里南、瑞士、东帝汶；

---

① 主要参考和引自葛家澍，杜兴强．财务会计概念框架与会计准则问题研究[M]．北京：中国财政经济出版社，2003.

② 仅要求金融机构(不包括上市公司)采用 IFRS 标准的司法管辖区(1 个):乌兹别克斯坦;

③ 处于全面采用 IFRS 标准进程中的司法管辖区(1 个):泰国;

④ 国内准则与 IFRS 标准基本(但不完全)趋同的司法管辖区(1 个):印度尼西亚;

⑤ 采用国家或地区会计标准的司法管辖区(7 个):玻利维亚、中国内地、埃及、印度、中国澳门、美国、越南。

## 四、中国的会计准则制定及与国际会计准则的趋同

我国制定会计准则的机构为中华人民共和国财政部会计准则委员会(简称财政部会计准则委员会),其主要成员的构成包括政府有关部门、理论界、会计职业团体、中介机构和企业实务界等,初步具有了广泛的代表性。除了会计准则委员会各位委员之外,财政部还聘请了一大批会计准则咨询专家,成立了咨询专家组。

我国会计准则制定的一般程序包括:①立项阶段;②起草阶段;③公开征求意见;④发布阶段;⑤根据环境变化进行的修订。其中公开征求意见阶段是重中之重。以我国财政部会计准则委员会制定会计准则时的工作程序为例。会计司通过向各省、自治区、直辖市和计划单列市财政厅(局)以及国务院有关业务主管部门印发征求意见稿、在会计准则委员会网站和其他主要媒体上公布、召开座谈会、研讨会等形式,向社会公开征求意见。这既可以看作会计准则制定实施民主、充分和公允程序的体现,同时这个过程本身也是一项公共选择的过程(财政部会计准则委员会,2003)。

从 2005 年年初开始,为了适应会计准则的国际化趋同,中华人民共和国财政部在此前十多年制定会计准则和会计制度经验的基础上,借鉴国际财务报告准则,全面启动了中国会计准则体系的制定、修订和完善的工作。2006 年 2 月 15 日,颁布了 1 项基本准则和 38 项具体会计准则,要求上市公司从 2007 年 1 月 1 日起执行,并鼓励其他企业执行。新的会计准则体系可以划分为两大类:一类为基本准则;另一类为具体会计准则。其中具体会计准则大致又可以分为三小类:第一,确认与计量的准则;第二,列报与披露的准则;第三,特殊行业的准则。

2005 年 11 月 8 日,中国财政部与国际会计准则理事会签署联合声明,确认了中国的企业会计准则与国际财务报告准则实现了实质性的趋同,并强调了如下三点:

第一,中国将趋同作为会计准则制定工作的目标之一,旨在使企业按照中国会计准则编制的财务报表与按照国际财务报告准则编制的财务报表相同,且趋同的方式由中国确定;

第二,中国会计准则与国际财务报告准则只在关联方披露、资产减值是否允许转回等少数方面存在差异,其余方面则实现了趋同;

第三,国际会计准则理事会确认了中国特殊的资本市场和环境下产生的会计问题,诸如同一控制下的企业合并、公允价值、关联方披露,可以为国际会计准则理事会寻求高质量的国际财务报告准则提供非常有用的帮助。

但是,财政部同时指出,趋同是一个过程,由于资本市场和环境因素的制约,允许差异存在,一味追求会计准则的简单趋同,则难以实现真正的趋同;趋同是一种互动,需要会计

准则制定机构之间相互沟通、相互借鉴、相互认可。

## 第三节 财务会计概念框架

财务会计概念框架(Conceptual Framework for Financial Accounting,CFFA;Statements of Finiancial Accounting Concepts,SFAC)这一术语最早由美国财务会计准则委员会(Financial Accounting Standards Board,FASB)提出,时间大概在FASB替代APB(Accounting Principle Board)之后。不同的国家、地区或国际组织对财务会计概念框架性质公告的名称也不尽一致。英国的会计准则委员会(Accounting Standards Board,ASB)制定的概念框架性质的文献称为“财务报告原则公告”(Statement of Principles for Financial Reporting),国际会计准则委员会早期制定的具有概念框架性质的文件称为“编报财务报表的原则公告”(Framework for the Preparation and Presentation of Financial Statements),后来的国际会计准则理事会亦曾制定了“财务报告概念框架”(Conceptual Framework for Financial Reporting),澳大利亚的类似文件称为“会计概念公告”(Statement of Accounting Concepts,SAC),加拿大特许会计师协会(CICA)制定的具有财务会计概念框架性质的文件称为“会计概念报告”等。不论名称是否相同,财务会计概念框架被认为是一部章程、一套目标与基本原理组成的、互相关联的内在逻辑体系。这个体系能够导致前后一贯的会计准则,并指出财务会计和财务报表的性质、作用与局限性。目标是辨明会计的目的与意图;基本原理指会计的基本概念。它们指引应予以进行会计处理的事项的选择,各项事项的计量以及汇总并使之传递给利害关系集团的手段。由这类概念派生的其他概念,在制定、解释和应用会计与报告准则时又必须反复引用他们。从这个意义上讲,这类概念是最基本的(FASB,1978,第2页)。

财务会计概念框架是当代会计理论的重要组成部分。每一个国家、地区或国际组织的财务会计概念框架或类似文献(公告,下同),均在一定程度上体现着准则制定机构、学术界、实务界协同努力的结果。实际上,学术界对财务会计概念框架的研究,在很大程度上体现了继承与发展。

综观国际范围内会计、会计准则及概念框架的形成与发展,一般存在两种典型的模式:第一,会计准则制定在先,且当会计准则制定面临内部逻辑不一致、经受外部利益集团指责和游说之后,转而制定财务会计概念框架。美国、英国等诸多国家都是该模式的典型代表。第二,先制定和颁布财务会计概念框架或具有类似功能的公告,然后再以此为依据,制定或修订会计准则。中华人民共和国的会计准则及概念框架可以看作这一模式的典型代表。

### 一、财务会计概念框架的发展

历史地考察,国际范围内对财务会计概念框架的研究迄今为止大致经历了如下几个典型的阶段①:

① 前5个阶段的划分参考了Peasnell(1982)以及葛家澍和杜兴强(2003)。

### （一）APB“会计研究论文集”第 1 号（ARS NO.1）和第 3 号（ARS NO.3）

前车之鉴，后事之师。会计原则委员会成立后，为了避免重蹈会计程序委员会的覆辙，在会计准则的制定之外，非常重视会计基本理论研究，成立了会计研究部（ARD），通过理论研究来提高 APB opinions 的内在一致性。根据 AICPA 的建议，ARD 应以基本假设(basic postulates）研究为逻辑起点，进而研究建立在基本假设之上的“公允的、一系列广泛的、同样重要的会计原则”。在该目标指引下，Moonitz（1961）的 ARS No.1《会计的基本假设》(The Basic Postulates of Accounting）及 Sprouse 和 Moonitz（1962）的 ARS No.3《试论企业广泛适用的会计原则》（A Tentative Set of Broad Accounting Principles for Business Enterprises）相继出台，这是继 1940 年 Paton 和 Littleton 合著的《公司会计准则导论》后，试图应用于准则制定的重要基础理论成果，也被视为美国会计准则制定机构开展财务会计概念框架研究的发轫（葛家澍和杜兴强，2003）。

尽管 ARS No.1 与 ARS No.3 被 APB 否决，但它们的创新意义是影响深远的[①]。ARS No.1 和 ARS No.3 以会计基本假设为起点，而 FASB 的财务会计概念框架以会计目标为起点，且当时就未被 APB 所接受。值得指出的是，ARS No.1 和 ARS No.3 均采用规范—演绎法，一些创新思想在几十年后被 FASB 和其他国家、地区、国际组织的财务会计概念框架在不同程度上参考。

Moonitz（1961）的 ARS No.1 在财务会计概念框架方面的贡献是建立了内在一致的会计基本假设体系。在提出基本假设之前，Moonitz（1961）深入地分析了当时的经济、政治和社会环境及其对会计的影响，把基本会计假设分为由环境所衍生的假设、深入分析环境和现实会计存在的补充假设及为使会计实现其职能的必要假设三类（见表 1–2）。

**表 1–2 Moonitz 的会计基本假设体系**

| A 类（由经济、政治环境衍生） | B 类（环境与会计的联系） | C 类（为保证会计信息有用而必需的） |
| --- | --- | --- |
| A1：数量化（quantification）<br>A2：交换（exchange）<br>A3：主体（entities）<br>A4：时间分期（time period）<br>A5：计量单位（unit of measure） | B1：财务报表（financial statements）<br>B2：市场价格（market price）<br>B3：主体（entities）<br>B4：暂时性（tentativeness） | C1：连续性（continuity）<br>C2：客观性（objectivity）<br>C3：一致性（consistency）<br>C4：稳定单位（stable unite）<br>C5：披露（disclosure） |

Sprouse 和 Moonitz（1962）的 ARS No.3 尝试建立一套基于会计基本假设的会计原则，主要贡献在于：

第一，ARS No.3 提出了资产的定义，认为资产代表预期的未来经济利益和权利，这些权利是企业通过某种现在或过去交易的结果而已经取得的（Assets represent expected future economic benefits，rights to which have been acquired by the enterprise as a result of some

① APB Statement No.1 认为，ARS No.1 与 ARS No.3 为解决重大会计问题“部分具有纯理论和探索性质”（in part of a speculative and attentive nature），因而对会计思想是一种有价值的贡献。不过，ARS No.1 与 ARS No.3 过于激进，与当时的公认会计原则差异太大，因此被 APB 搁置，实际上被否定。

current or past transaction)。这个定义今天看来，在极大程度上影响了 FASB 的 SFAC No.6 中的资产定义。

第二，Sprouse 和 Moonitz(1962) 的 ARS No.3 的另一创新在于它对会计计量属性的讨论，包括：①过去的交换价格(past exchange price)，如取得资产的成本或其他初始计价基础；若采取过去的交换价格，在资产销售或处置前，不应确认任何损益。②现在的交换价格(current price)，如重置成本。采用现在的交换价格，既要确认重置成本与原始成本的差额(即持有损益)，又要确认销售价格与重置成本的差额。③未来的交换价格(future exchange price)，如预计销售价格。如采用未来的交换价格，一切损益均已予以确认。

### (二) APB 第 4 号公告

ARS No.1 和 No.3 后，格雷·保罗(Grady Paul)采用规范—归纳法把企业中流行的会计惯例与规则汇总为一份 GAAP 的文献，即 ARS No.7 "企业公认会计原则汇总"(Inventory of General Accepted Accounting Principles for Business Enterprises，1965)。但是，这份得到 APB 支持的研究论文集，只是汇总当时的会计实务，几乎没有什么新意。为此，APB 再次做了研究财务会计概念框架的努力，并于 1970 年 10 月形成了 APB Statement No.4 "企业财务报表的基本概念和会计原则"。APB Statement No.4 既对当时的会计实务做了描述与概括，又对若干基本概念(尤其是会计的目标)以及公认会计原则的各个层次做了分析，列举了财务会计的 13 项基本特征：

(1) 会计主体(accounting entity)；
(2) 持续经营(going concern)；
(3) 经济资源与义务的计量(measurement of economic resources and obligations)；
(4) 时间分期(time periods)；
(5) 按货币计量(measurement in terms of money)；
(6) 应计(accrual)；
(7) 交换价格(exchange price)；
(8) 近似值(approximation)；
(9) 判断(judgment)；
(10) 通用的财务信息(general-purpose financial information)；
(11) 基本相关的财务报表(fundamentally related financial statements)；
(12) 实质重于形式(substance over form)；
(13) 重要性(materiality)。

APB Statement No.4 第一次明确地概括了财务会计的 13 项基本特征。这些特征都是环境的产物。例如，在商品经济中，货币是最重要的交换媒介，于是形成了"货币计量"这个特征。现代市场经济中，经济活动的复杂性和不确定性是"估算"和"判断"两个特征的基础(APB，1970，pars.114–129)。

APB Statement No.4 把公认会计原则分为普遍性原则(pervasive principles)、广泛适用原则(broad operating principles)和详细会计原则(detailed accounting principles)三个层次。普遍性原则是用来确认和计量影响企业财务状况和经营成果的各种事项的原则，它分为普遍计量原则和修正性惯例。普遍计量原则涉及资产负债初始记录、收益的决定、收入的实现、费用的确认和计量单位等问题，其中收入实现和费用确认成为其最为重要的贡献之一。广泛适用的原则是比普遍原则更为具体，但又不如详细会计原则的操作性强的一般化原则。广泛适用原则旨在指引财务会计事项的选择、计量及报告，包括选择事项、分析事项、计量影响、分类计量影响、记录计量影响、汇总计量影响、调整记录和传递所处理的信息八大指引适用（操作）的原则。这八大原则可以进一步区分为：①选择与计量原则；②财务报表表述原则。

APB Statement No.4 第一次提出了财务会计的基本特征、一般目标和质的目标，描写了构成详细原则（当时的 GAAP）的两个基础性的会计原则（普遍原则和广泛适用原则），并为确认（尤其是收入与费用的确认）、计量和报告提供了一些基本指南。为此，APB Statement No.4 是美国财务会计概念框架研究过程中的重要文献。

### （三）Trueblood 报告对 CF 的贡献

1971 年 1 月，AICPA 的理事会召集了代表 21 个主要会计师事务所的 35 位著名会计师研讨会计准则的制定，最终成立两个委员会：以 Francis M. Wheat 为首的会计准则建立委员会和以 Robert M. Trueblood 为首的财务会计目标委员会。Wheat 委员会最终的研究结论是组建独立、超然的 FASB 取代完全由 AICPA 控制的 APB；Trueblood 委员会则于 1973 年 10 月发表著名的特鲁伯鲁特报告（Trueblood Report）——财务报表的目标。Trueblood 报告回答了如下关键问题：①谁需要财务报表？②他们需要什么信息？③会计师能够提供他所需要的信息是多少？④要提供所需要的信息应建立什么框架？

Trueblood 委员会委员包括来自学术界、实务界的专家，先后共举行超过 50 次面谈，召开了 35 次会议，并在纽约举行三天公开听证会，共听取了超过 5 000 家公司和其他组织的意见。

Trueblood 报告共提出 12 项目标。其中，基本目标是决策有用性，即用于做出决策；第二类的 4 个目标涉及财务报表的使用者和用途，包括一般使用者、用途、政府和非营利组织、社会；第三类的目标是指使用者需要的信息，包括盈利能力和受托责任；第四类目标是描述信息的特征，即真实的和解释性的；第五类目标是指提供上述信息应编制的 4 类财务报表，包括资产负债表、收益表、财务活动表、财务预测表。

Trueblood 报告还提出对后来 FASB 制定 CF 有参考价值的 7 项财务报告的质量特征：①相关性和重要性；②实质重于形式；③可靠性；④不偏不倚（中立性）；⑤可比性；⑥一致性；⑦可理解性。

### （四）ASC 的《公司报告》对 CF 的贡献

除了美国，英国亦围绕财务会计概念框架进行过不懈努力，即 ASC（Accounting Standards Committee）颁布的、题为“公司报告”的讨论稿（1975）。这份报告在目标、确认、计量，特别是应发展的新的财务报表和报告等方面均有新意。这份报告对传统的会计与报告模式提出了猛烈的抨击，坚决主张用现行成本取代历史成本。ASC 的《公司报告》中的诸多观点，直接影响日后 ASB 制定的具有财务会计概念框架性质的公告“公司财务报告的原则公告”。

该报告指出，公司报告的基本宗旨主要包括谁应该向谁报告什么（who should report what to whom）、公共责任、公司报告的使用者等。使用者主要包括使用者群体的辨别、权益投资者集团、雇员集团、债权人集团、分析咨询者(analyst-adviser)集团、企业契约集团、政府、公众。公司报告的目标包括基本目标、特征及披露限制等,以及对财务报告现状的评论,包括传统的观点、公司报告的特征、公司以外其他主体的财务报告、公司法、私有部分主体、地方政府、中央政府、其他公共组织、社会及行业发展部门、企业目标、额外需要的业绩指标等。

此外,ASC 的《公司报告》对计量与方法进行了较为深入的探讨,包括信息交流、公开、频率和传播,公司报告的范围与内容——现行报告实务的缺陷、需要的其他报表、增值表、雇员报告、与政府之间的货币互换报表、外币交易报表、未来发展前景报表、公司目标表述、社会会计、披露及分解、其他报表等,财务报表中的概念与计量——含基本报表、收益表、财务状况表、资金流动表、利润概念、计量基础、历史成本、现行购买力(current purchasing power,CPP)基础、重置成本、可变现净值、企业价值等。

### (五) FASB 的财务会计概念公告第 1~6 号

美国财务会计准则委员会(FASB)成立后,对财务会计概念框架进行了深入研究,形成了财务会计概念公告第 1~6 号:

SFAC No.1:企业财务报告的目标(Objectives of Financial Reporting by Business Enterprise,1978.12);

SFAC No.2:会计信息的质量特征(Qualitative Characteristics of Accounting Information,1980.5);

SFAC No.3:企业财务报表的要素(Elements of Financial Statements of Business Enterprises,1980.12);

SFAC No.4:非营利组织的财务报告目标(Objectives of Financial Reporting by Nonbusiness Organizations,1980.12);

SFAC No.5:企业财务报表的确认与计量(Recognition and Measurement in Financial Statements of Business Enterprises,1984.12);

SFAC No.6:财务报表的要素(替代 SFAC No.3,Elements of Financial Statements,1985.12)。

除了上述的 6 份财务概念公告之外,FASB 还试图进行其他概念框架的研究。这些努力与尝试有的已经流产,有的最终颁布了会计准则[①]。

### (六) CICA 的努力

第六次尝试研究则是 Edward Stamp 的研究报告,它得到了加拿大的特许会计师协会的支持(CICA,1980)。1988 年 10 月,CICA 在它的手册(第 1 000 节)中增加了"财务报表概念"(Financial Statements Concepts,FSC)。

### (七) IASC 的框架

1989 年 7 月,IASC 公布了《编报财务报表的框架》(Framework for the Preparation and

---

① 从中可透析财务会计概念框架和会计准则的区别:(1)计量——价格变动计量(1973.4),最终分别于 1979 年和 1986 年颁布了 SFAS No.33 和 SFAS No.89。(2)价格变动——特定资产项目处理(1978.12),最后于 1980 年颁布了 SFAS No.39–41。(3)盈利报告(1977.12),最终颁布了"盈利报告"(discussion memo,DM);现金流动与流动性(1978.12),预定于 1982 年颁布 DM,但仅在 1981 年颁布了草案"企业收益、现金流动和财务状况",此后 1987 年颁布了 SFAS No.95"现金流量表"。(4)"财务报告形式与其他手段"(1978.12),于 1980 年 5 月公布了 DM。

Presentation of Financial Statements)，同时，IASC 颁布的《财务报表的可比性》的征求意见稿(如 1989 年 9 月)和次年由 IASC 理事会作为批准 ED32 的文件——《财务报表的可比性的意向书》，这两份文件都起了与概念框架相似的作用；1995 年 IASC 着重研究《财务报表表述》(Presentation of Financial Statements)，以指导 IAS1(1997 年已由 IASC 理事会正式通过为一项准则，将取代 IAS1)、IAS5 和 IAS13 的改革，并完善、充实了《编报财务报表的框架》中未曾涉及的财务报表"表述"的基本概念。①

### (八) 英国 ASB 的"财务报告原则公告"

1999 年，英国 ASB 在经过 4 年的充分酝酿和征求意见之后，重新发表了很具特色的、完整的《财务报告原则公告》(Statement of Principles for Financial Reporting)，即英国的《概念框架》。该原则公告不仅包括了各国和 IASC 概念框架中所有已包括的内容，并有自己的独特见解，而且它还增加了"财务报表表述"和"报告主体"两个新的部分。

### (九) FASB 的第 7 号财务会计概念公告

第 6 份财务会计概念公告后，时隔 16 年的 2000 年，美国财务会计准则委员会颁布了第 7 份财务会计概念公告《在会计计量中利用现值技术》，为衍生金融工具等新问题的确认和计量提供了坚实的指导作用，既为从 1990 年开始的、对现值计量孜孜不倦的探索和研究画上了一个"逗号"，也纠正了之前财务会计概念公告(SFAC No.5)中将现值(未来现金流量贴现值)当作一种计量属性的观点。

### (十) IASB 与 FASB 的联合概念框架

2002 年 9 月，IASB 和 FASB 正式同意致力于全球会计准则的趋同合作；2004 年 4 月，IASB 和 FASB 把概念框架列入双方的联合研究项目。联合概念框架原计划分八个阶段，意图在"报告主体""财务报告的列报与披露包括财务报告的边界以及框架的目标"及其"在 GAAP 中的层次和地位"等方面取得突破。2004 年 10 月，IASB 与 FASB 召开联合会议，正式启动"联合概念框架项目"(Conceptual Framework-Joint Project of IASB and FASB)，共同制定联合概念框架，全称《财务会计和报告的概念框架》(Conceptual Framework for Financial Accounting and Reporting)。2010 年 9 月，IASB 与 FASB 发布了联合概念框架的第一章"通用财务报告的目标"和第三章"有用财务信息的质量特征"。

### (十一) IASB 的财务报告概念框架(2010)

2010 年 3 月，IASB 对之前的《编报财务报表的框架》(Framework for the Preparation and Presentation of Financial Statements，1989)进行了修订，在"通用目的财务报告的目标"(the objective of general purpose financial reporting)、"报告主体"(the reporting entity)、"有用财务信息的质量特征"(qualitative characteristics of useful financial information)及"1989 年框架保留部分"(The Framework(1989)：the remaining text)等进行了拓展分析。

### (十二) FASB 第 8 号财务会计概念公告的第 1 章和第 3 章

2010 年 9 月，FASB 颁布了第 8 号概念框架(SFAC No.8)第 1 章与第 3 章，分别题为"通用财务报告的目标"与"有用财务信息的质量特征"，取代了之前的 SFAC No. 1 与 No. 2。

---

① 参阅 IASC 在 1995 年 3 月由财务报表的表述筹划委员会发表的《原则说明初稿》(Draft Statement of Principles)和 1997 年的修订稿。

### （十三）IASB 的财务报告概念框架

2018 年 3 月，IASB 颁布了新的《财务报告概念框架》（Conceptual Framework for Financial Reporting），包括通用财务报告的目标、有用财务信息的定性特征、财务报告主体及其边界、财务报表要素、确认和终止确认、计量、列报和披露、资本和资本保全概念 8 章。

英国财务会计概念框架的发展

### （十四）FASB 第 8 号财务会计概念公告的第 8 章

2018 年 8 月，FASB 颁布了第 8 号概念框架第 8 章(SFAC No.8；Chapter 8）即“财务报表附注”，讨论了应被纳入财务报表附注的信息，从而使美国的财务会计概念框架体系进一步发展与完善。

## 二、财务会计概念框架的作用

### （一）评估并据以修订既有的会计准则

财务会计概念框架的评估作用体现在，它可以用来定期对业已制定的会计准则的质量进行评估，看其是否与财务会计概念框架的逻辑相一致。1996 年，在美国 AAA 和 FASB 召开的研讨会上，评估者还借鉴财务会计概念框架评估出“最好”和“最差”的会计准则各 5 份。以被评估为最好的会计准则之一的 FASB Statement 95 为例，其之所以被评估为“最好”，是基于以下理由：①提供了报告现金流量信息的标准方法，从而使现金流量信息更加协调一致和更加可比；②所提供的新信息在财务报表的其他地方没有报告；③有合理的概念基础（财务会计准则委员会的概念公告要求报告现金流量信息）；④对投资者提供有用的基本信息；⑤国际上普遍认可该准则（各国包括国际会计准则委员会也都建立此项准则）；⑥现金流量表信息比财务状况表提供的信息更相关、更有用和更好理解。

### （二）指导会计准则制定机构发展新的会计准则

由于会计准则具有一定的经济后果，所以会计准则的制定势必招致各个利益集团的批评乃至指责，以至于会计准则制定过程需要面对不同利益集团的游说。在这一点上，财务会计概念框架可以为某个领域内的会计准则制定提供依据和指南，借以帮助会计准则制定机构抵御不同利益集团的游说和压力。

（1）20 世纪 80 年代以来，对财务报表的相关性降低，尤其是对收益表缺乏信息含量的指责此起彼伏。为此，SFAC No. 5 的“一整套报告应包括报告期间内的全面收益”（SFAC No.5，Par.13），则为此后 FASB 制定“报告全面收益”（SFAS No.130）、编制“全面收益表”（comprehensive income statement）提供了概念基础和依据。

（2）FASB 的 SFAC No.1 将财务报表概念扩展到财务报告，以及关于“其他财务报告”的表述，为 FASB 随后颁布的 SFAS No.33 “财务报告与物价变动”提供了直接的依据与指南；FASB 的 SFAC No.5 关于企业财务报表体系的表述为 FASB 最终将财务状况变动表发展为“现金流量表”，为颁布 SFAS No. 95 提供了指导作用。

### （三）在缺乏会计准则的领域内起到基本的规范作用

财务会计概念框架的第三个作用是它在缺乏公认会计准则的领域，可以起到对会计实务的基本规范作用。1992 年，AICPA 发表“SAS No.69”，第一次把 GAAP 分为五个不同层次构成的框架：

（1）财务会计准则委员会的准则公告和解释（SFAS and FIN），会计原则委员会意见书

（APB Opinions），AICPA 的会计研究公报（ARB）。这三类权威性最高，优先采用。

（2）财务会计准则委员会业务公报（FASB Technical Bulletins），AICPA 的行业审计与会计指南（AICPA Industry Audit and Accounting guide），AICPA 的立场公告（AICPA Statements of Position）。

（3）财务会计准则委员会紧急问题工作组的一致意见（Consensus Positions of the FASB Emerging Issues Task Force），AICPA 的实务公报（AICPA Practice Bulletins）。

（4）AICPA 的会计解释（Accounting Interpretations），FASB 发布的执行指南（Implementation Guides，“Qs and As”）以及被广泛认可和相关的行业实务。

（5）其他会计文献，包括财务会计准则委员会的概念公告，会计原则委员会报告，AICPA 专题论文，国际会计准则，政府会计委员会准则公告、解释和业务公报，其他专业协会或监管机构的公告，AICPA 技术实务指引（AICPA Technical Practice Aid），针对技术信息服务的询盘与回复，会计教科书、手册和文献等。

Keiso《中级会计学》中对 GAAP 层级的概括

GAAP 的五个层次的权威性并不相同，因此凡其中存在矛盾和差异的：

第一，若所有文献中都涉及的情况问题和规定一律以（1）为准。

第二，如果（1）未涉及，而（2）（3）（4）虽有涉及但略显矛盾和差异，则依次遵照（2）（3）（4）的规定。

第三，只有当（1）（2）（3）（4）都未规定的新问题才应当用（5）去解决。

2008 年 5 月颁布的 SFAS No.162——“GAAP 的层级”（the hierarchy of generally accepted accounting principles）对 GAAP 的层级界定如下：

美国“公认会计原则”（GAAP）总的层次——Stevin Rubin（1984）的观点

第一层次，FASB 的公告 SFAS（Statements of Financial Accounting Standards）及解释，SFAS No.133 的执行问题，FASB 立场公告，以及未被 FASB 宣布失效的 AICPA 会计研究公报和 APB 的 APB Opinions。

第二层次，FASB 技术公报，AICPA 的行业审计和会计指南及立场报告。

第三层次，AICPA 会计准则执行委员会的实务公告，FASB 紧急问题工作组的一致意见等。

第四层次，FASB 公布的执行指南，AICPA 的会计解释，未被 FASB 认可的 AICPA 会计研究公报和立场公告，广为确认和流行的行业实务处理等。

企业处理交易或事项时，应该依照第一至第四层次的顺序，依次寻找相应的公告或权威文件支持。除了上述四个层级之外，其他补充的、可以作为替代的参考文献还包括：FASB 的财务会计概念框架、AICPA 的研究论文、国际财务报告准则（IFRSs）等。但是，SFAS No.162 明确指出，在补充性的文献中，FASB 的概念公告并不比其他来源的文献更具有优势和影响力。综合上述，从 GAAP 层级可以看出，财务会计概念框架基本上只是作为权威公告文献的补充部分，也再次明确了财务会计概念框架的定位——理论而非准则。

## 三、财务会计概念框架的主要内容

### （一）会计基本假设、会计目标与会计对象

1. 会计基本假设

著名的经济学家 Ronald Coase 在其获得诺贝尔奖的经济学论文《企业的性质》中说

过，“过去经济理论一直未曾清楚地陈述其假设”。经济学家在建立一种新的理论时，常常忽视对理论赖以建立的基础的考察。会计基本假设的研究，到20世纪60年代达到辉煌的顶点。尽管如此，会计基本假设在财务会计概念框架中仍然具有重要的地位，它不仅影响财务会计目标，而且影响会计要素的定义、确认和计量的原则，也影响报告主体概念地界定和财务报告地提供。

(1) 会计主体。把会计建立在每一个经营主体(主要指企业)的基础上，要求会计只反映涉及该主体的资产、负债、业主权益、收入、费用和盈利(或亏损)的交易或事项，要把该主体的经济活动与其他主体的经济活动，把企业的经济活动与企业所有者的私人经济活动严格分开。这是关于会计主体内涵的最为常见的描述。

(2) 持续经营。主体假设中的“主体”的主要代表——企业，与现实世界中的企业有所不同，它把那些随时可能破产、关闭、改组及可能合并的具体企业排除在外，而认为在市场上寻求生存、获利、发展即参与市场竞争的大量企业将会长期持续经营。持续经营假设把企业经营中的不确定性转化为确定性。这种人为的假定符合多数企业的实际，而且反映了财务会计的要求。因为有了持续经营这个会计假设，企业才会有长期控制、使用并能带来未来经济利益的资源——资产，企业也才能承担在未来时期向其他主体支付资源或提供服务的义务——负债。此外一个主体的收入，不是某一天的资源流入，而是长期资源流入的积累；同样，一家企业的费用，也不是某一天的资源流出，而是长期资源流出之和。这里所谓的“长期”“未来期间”都是以企业持续经营为基本前提的。持续经营假设是会计能在一个主体内发挥反映和控制生产的作用，把分散的经营数据，通过连续、系统地确认、计量、记录和报告，如实地陈述各该主体持续经营的状况和业绩的必要前提。

(3) 会计分期。持续经营在理论上包含无限的、可分割的时间段。会计分期或时间分期则把企业无限连续的经营活动划分为若干个据以总结工作并报告经营业绩的期间。这当然也是人为的假设，但会计分期假设对财务会计来说同样是一个必要的假设。把持续经营和会计分期两个假设联系起来看，前者是假定企业能够无限期经营下去，而后者假定这一连续的经营过程能够按照一定的时间间隔(如年、半年、季度、月份)加以分割。所以会计分期成为财务会计的第三个基本假设。在一家持续经营的企业中所发生的交易和事项，必然是具有连续性的，而会计的确认、计量和报告，特别是以财务报表为主要形式和核心的财务报告，则总是反映某一特定会计时点的财务状况和各该会计期间的经营成果以及现金流量情况。这样，收入与费用不可避免地会出现跨期分配，由此产生了权责发生制的确认基础，运用了应计、递延、分配和摊销等专门的会计程序。

持续经营与会计分期的关系之辨

(4) 货币计量。如果说财务会计的第一个基本特征是在企业范围内以它的正常经营活动为对象，那么以货币为计量单位则进一步界定了会计的对象是企业经营活动中能够以货币作为计量单位加以量化的那些方面。这也决定了会计信息主要是财务信息。但货币也是一种商品，在市场经济中，货币的价值(反映为货币对其他商品的购买力即价格或各国货币之间的比率即外汇汇率)是不稳定的。价格、汇率等方面的波动使各国的货币价值带有人所共知的不确定性。这种不确定性必然会损害货币作为会计计量尺度的功能，于是这里就需要一个补充的假设：用作计量单位的货币，通常指各国(各地区)法定的名义货币,并假定货币的价值稳定不变。

2. 会计目标

财务会计本质上属于对外报告会计的范畴。会计作为一个人造的信息系统,应该通过一套财务报告体系向企业的利益相关者传递决策有用的信息,因此财务会计目标又可以表述为财务报告的目标。

FASB 在 SFAC No. 8 中指出,通用目的财务报告的目标是向现存和潜在的投资者、贷款人及其他债权人提供关于报告主体的财务信息,这些信息对于他们向该主体提供资源的决策是有用的。这些决策包括购买、出售或持有权益和债务工具,提供或处置贷款和其他形式的信用。

2018 年 3 月,IASB 的《财务报告概念框架》指出,“通用目的财务报告的目标是提供关于报告主体的、有助于现有和潜在投资者、贷款人和其他债权人作出关于向主体提供资源的决策的财务信息。相关决策包括买卖或持有权益和债务工具、提供或清偿贷款及其他形式的信贷,或对管理层影响主体经济资源的行动行使表决权或施加影响”。

可见,关于会计目标主要有两种观点:受托责任观和决策有用观。FASB 强调决策有用观,而 IASB 则将受托责任观与决策有用观并提。受托责任观可以理解为狭义的决策有用观,两者并非是矛盾的或排斥的,相反两者之间具有某些交集。受托责任观下,根据代理人提供的财务报告决定是否继续聘任或就此解聘本身就是一项决策;而决策有用观下通过股票市场持有或抛售特定公司的股票本身也可以看作一种受托责任决策,一种间接行使受托责任关系权利的体现。如果以一种更为广义的角度去理解受托责任概念或受托责任观,我们发现,两者不仅并不矛盾或排斥,而且决策有用观往往体现为受托责任发展到一个特定历史横截面上的特例。可以说,受托责任始终是公司治理和公司财务报告的根基。

3. 会计对象

作为一个以提供财务信息为主的经济信息系统,会计对象包括:①反映和控制对象;②会计处理对象。

假若你有一架相机,在拍摄照片的过程中,面对的是广袤无边的草原。你的朋友站在了草原上,你将相机对准了你的朋友和风景进行照相。那么,你能够将多大的风景纳入相机或最终的相片范围,这取决于你的相机的技术参数。通常具有广角镜的相机摄入的风景范围更大。

这里,广袤无边的草原就好比会计反映和控制的对象,而能够纳入镜头范围的就好比会计处理对象。所以,受到会计技术、特征、程序的制约,并非所有会计反映和控制的对象,都能够进入会计信息系统、最终体现在财务报表上。当然,正如相机越来越先进、摄像的图片越来越广、越来越清晰一样,随着会计计量技术的改进和发展,财务会计能够处理的交易或事项越来越多、越来越庞杂。原本 20 世纪七八十年代难以进入财务会计信息系统的交易或事项,如衍生金融工具等,由于估值技术的应用和发展,目前已在财务报表表内予以确认与计量了。同理,我们可以推测,也许随着计量技术的改进,人力资源和智力资本等最终也将进入财务会计信息系统。

### (二) 会计信息质量特征

1. 主要的会计信息质量特征:相关性与如实反映(基本定性特征)

FASB 的 SFAC No.8 指出，有用财务信息基础的质量特征是相关性和如实反映。“如果财务信息要成为有用信息，它必须是相关的，并如实反映其所意欲反映的对象。如果具有可比性、可验证性、及时性、可理解性，财务信息的有用性就会有所增进。”关于相关性，SFAC No.8 指出，“相关的财务信息能够在使用者的决策中有所影响。即使有一些使用者选择不采用或已经从其他来源得到某信息，该信息还是可能在决策中有所影响”。关于“如实反映”，SFAC No.8 强调，“财务报告用文字和数字来反映经济现象。要成为有用信息，财务信息不仅必须反映相关现象，还必须如实反映其所意欲反映的现象，即完整、中立、无差错”。

与 FASB 的 SFAC No.8 类似（主要是因为 FASB 与 IASB 联合概念框架的前期工作与沟通），国际会计准则理事会（IASB）在《财务报告概念框架》中指出，财务信息的基本定性特征是相关性和如实反映，有用的财务信息必须具有相关性并且如实反映其旨在反映的内容。具有相关性的财务信息能够对使用者的决策产生重要影响。有用的财务信息必须不仅能够反映相关现象，而且能够如实反映其旨在反映的现象的实质。

2. 次要的质量特征

(1) 与相关性有关的次要质量特征。与相关性有关的次要质量特征包括预测价值与确证价值。如果财务信息能够被使用者在其预测未来结果的过程中作为参数，则该财务信息具有预测价值。尽管如此，具有预测价值的财务信息本身不一定是预测性信息（历史信息有时也具有一定的预测作用），具有预测价值的财务信息是能够被使用者用于做出其自身预测的信息。如果财务信息提供关于之前评估的反馈（证实或更改），则该财务信息具有确证价值。

财务信息的预测价值和确证价值是相互关联的。具有预测价值的财务信息通常具有确证价值。例如，本年度的收入信息，可用来作为预测未来年度收入的基础，也可用来与过往年度预测的本年度收入进行对比。这些对比的结果可帮助使用者修正及改善之前用以做出预测的过程。

如果省略或误报某信息，会影响通用目的财务报告主要使用者，基于这些提供特定报告主体财务信息的报告所作出的决策，则该信息就具有重要性。重要性包括金额、比例与性质三个维度（或兼而有之），但重要性往往是就特定主体而言的相关性的一个方面。

(2) 如实反映有关的次要质量特征。如实反映有关的次要质量特征包括完整描述、中立描述与无误描述。

完整描述应包含使用者理解所描述现象所必需的所有信息，包括所有必要的说明和解释。例如，对一组资产的完整描述至少应包括关于这组资产性质的描述，所有资产的量化描述以及量化描述所反映内容（如历史成本或公允价值）的说明。

中立描述是指以不带偏见的方式选择和列报财务信息。中立描述不具有倾向性，并未通过权衡轻重、片面强调、故意弱化或其他方式操纵以提高使用者乐于或不乐于接受财务信息的可能性。

无误描述是指对现象的描述不存在错误或遗漏，以及用于生成所报告信息的流程在选择和应用的过程中没有发生差错。在这样的情况下，无误描述不是指在所有方面都完全精确。

(3) 提升相关性与如实反映的次要质量特征。可比性、可验证性、及时性和可理解性能够提升相关性和如实反映的定性特征。

使用者的决策涉及在各个可选方案之间进行选择，因此可比性是能够令使用者识别和理解多个项目之间的相似性和差异的定性特征。一致性尽管与可比性有关，但却不同于可比性。一致性是指同一报告主体在不同报告期间或者不同的主体在同一报告期间针对相同的项目使用相同的处理方法。

可验证性有助于使用者确信有关信息如实反映了其旨在反映的经济现象。可验证性意味着不同的知情者及独立的观察者尽管其意见不一定完全一致，但能够就某一特定描述是否如实反映达成共识。

及时性意味着为决策者及时提供能够影响其决策的信息。通常而言，信息越陈旧就越缺乏有用性。然而，某些信息在报告期间结束后一段相当长的时间内仍具有及时性，究其原因，其中一个例子是因为有些使用者可能需要识别和评估趋势。

清晰和简明地对信息进行分类、界定其特征和列报，使信息具有可理解性。

(4) 成本效益原则。对于可以通过财务报告来提供的信息而言，成本效益的权衡是一种普遍的约束条件。报告财务信息要耗费成本，因此信息提供要确保收益可以超过成本。

3. 我国《企业会计准则——基本准则》中论及的会计信息质量特征

我国《企业会计准则——基本准则》第二章（共 8 条）论及了“会计信息质量要求”，但并未就主要与次要的特征进行明确的区分：

第十二条：企业应当以实际发生的交易或者事项为依据进行会计确认、计量和报告，如实反映符合确认和计量要求的各项会计要素及其他相关信息，保证会计信息真实可靠、内容完整（如实反映）。

第十三条：企业提供的会计信息应当与财务会计报告使用者的经济决策需要相关，有助于财务会计报告使用者对企业过去、现在或者未来的情况作出评价或者预测（相关性）。

第十四条：企业提供的会计信息应当清晰明了，便于财务会计报告使用者理解和使用（可理解性）。

第十五条：企业提供的会计信息应当具有可比性。同一企业不同时期发生的相同或者相似的交易或者事项，应当采用一致的会计政策，不得随意变更。确需变更的，应当在附注中说明。不同企业发生的相同或者相似的交易或者事项，应当采用规定的会计政策，确保会计信息口径一致、相互可比（可比性）。

第十六条：企业应当按照交易或者事项的经济实质进行会计确认、计量和报告，不应仅以交易或者事项的法律形式为依据（实质重于形式）。

第十七条：企业提供的会计信息应当反映与企业财务状况、经营成果和现金流量等有关的所有重要交易或者事项（重要性）。

第十八条：企业对交易或者事项进行会计确认、计量和报告应当保持应有的谨慎，不应高估资产或者收益、低估负债或者费用（谨慎性）。

第十九条：企业对于已经发生的交易或者事项，应当及时进行会计确认、计量和报告，不得提前或者延后（及时性）。

### (三)财务报表要素

1. 财务报表要素的设置

我国《企业会计准则——基本准则》第10条指出,“企业应当按照交易或者事项的经济特征确定会计要素。会计要素包括资产、负债、所有者权益、收入、费用和利润”。FASB的SFAC No. 6涉及的要素包括10个,分别为资产、负债、所有者权益、收入、费用、利得、损失、业主提款、业主投资、全面收益;IASB的《财务报告概念框架》仅提及资产、负债、所有者权益、收益、费用;而英国的会计准则委员会(ASB)为财务报表设置了7项要素,分别为资产、负债、所有者权益、利得、损失、业主提款及业主投资。

传统的观点认为,会计要素可以看作会计对象的具体化。但各个国家财务报表要素设置的不一致性揭示,会计基本假设、会计对象与会计目标共同影响着会计要素的设置。

2. 资产的定义

IASB的《财务报告概念框架》将资产定义为资产是由于过去事项而由主体控制的现时经济资源且经济资源指有可能产生经济利益的权利。

有可能产生经济利益的权利形式多样,包括与另一方的义务相关的权利和与另一方的义务无关的权利。与另一方的义务相关的权利包括收取现金的权利、接受商品或服务的权利,以优惠条款与另一方交换经济资源的权利(此类权利包括以当前优惠的条款购买经济资源的远期合同,或购买经济资源的期权),以及如果发生指定的不确定未来事项,从另一方转移经济资源的义务中获益的权利。与另一方的义务无关的权利包括:①对不动产、厂房和设备或存货等实物对象的权利;②使用知识产权的权利。

我国的《企业会计准则——基本准则》指出,资产是指企业过去的交易或者事项形成的、由企业拥有或者控制的、预期会给企业带来经济利益的资源。企业过去的交易或者事项包括购买、生产、建造行为或其他交易或者事项。预期在未来发生的交易或者事项不形成资产。由企业拥有或者控制,是指企业享有某项资源的所有权,或者虽然不享有某项资源的所有权,但该资源能被企业所控制。预期会给企业带来经济利益,是指直接或者间接导致现金和现金等价物流入企业的潜力。

### (四)财务报表要素的确认

1. 会计确认的内涵

确认是将某一项目,作为一项资产、负债、收入、费用之类正式地记录或列入某一主体财务报表的程序(过程)。它包括同时用文字和数字描述某一项目,其金额则包括在报表总计之中。对于一项资产或负债,确认不仅要记录该项目的取得和发生,还要记录其后发生的变动,包括从财务报表中予以取消的变动(FASB SFAC No.5, par.6)。一个会计要素要在财务报表中进行确认,必须在成本效益和重大性两个惯例的制约下,符合以下四项基本条件:①符合要素的定义;②可计量性;③相关性;④可靠性。

符合要素的定义是会计确认的“门槛”。但是,符合要素的定义又是收入确认的必要而充分条件——一个要素要想进入财务报表进行确认,必须能够符合某一特定要素的定义,然而,符合要素的定义并不意味着其一定能够进入财务报表进行确认。譬如,人力资源、智力资本等因素符合资产的定义,但由于难以用货币进行计量,所以至今一般仍被排除在财务报表之外。

可以用货币计量是财务会计的重要特征之一，这是与财务会计被界定为“一个以提供财务信息为主的经济信息系统”密不可分的。相当一批项目，正是因为难以用货币进行相对可靠的计量，所以被排除在财务报表之外，而只能够在表外进行披露，或者甚至无法进入财务报告系统（如团队精神等）。此外，可计量性还意味着能够低成本地选择合适的计量属性对特定的项目进行计量。譬如衍生金融工具，在相当长的一段时期内无法进入财务报表进行确认，究其主要原因，是因为难以选择合适的计量属性进行计量（当时，利用现值技术搜寻公允价值的计量技术还不甚完善），而后来之所以能够在财务报表中进行确认和列报，正是因为相对较好地解决了计量属性的问题。

关于会计确认的第三项和第四项条件，则要求财务报表进行确认的项目，其提供的会计信息能够与投资者的决策相关，且信息反映是真实的、可稽核的和不偏不倚的。

2. 确认的时间基础：权责发生制和收付实现制

权责发生制是与收付实现制相对应的一个概念。权责发生制，其核心是根据权责关系实际发生的时间来确认收入和费用，根据权责发生制来进行收入、费用的确认，可以更加客观地反映特定会计时点的真实财务状况和特定会计期间的经营成果。具体讲，权责发生制是指收入和费用的确认应该以收入和费用的实际发生与否作为确认的标准，而不考虑款项是否已经收付。换言之，凡是当期已经实现的收入和已经发生的费用，无论款项是否收付，都应该确认为企业的收入或费用；而凡是不属于当期的收入和费用，即使款项已经收付，也不能够确认为当期的收入或费用。

权责发生制的内容和作用在于[①]：①完整的权责发生制可以有效地用于判别、甄别应该进入会计信息系统的经济业务，其标准：对企业经济资源和义务确实产生了影响——这种影响以权利或责任的发生与否为标志。②经过筛选、准予进入会计信息系统的交易或事项，在输入会计信息系统时，按照其实际影响的权利和责任的情况决定何时应该记入何种要素：资产、负债、所有者权益、收入、费用和利润。③权责发生制不仅是对收入和费用的确认，还能够广泛应用于全部的会计要素。当然，作为权责发生制基础的一部分，收入和费用一直是现代会计关注的重心。

收付实现制，是指直接以款项的收付为标准确认收入和费用。凡是收到款项，立即确认收入；凡是发生支出，立即确认费用。收付实现制的特征在于：①收付实现制作为会计确认的基础之一，一般只能够用来确认收入和费用。②按照收付实现制，所收到的现金，全部当作当期的收入，所有的现金支出，都作为当期的费用，最后的利润就是当期的收支净额。③在纯粹的收付实现制下，会计只确认与现金收支相关的交易或事项。

应该明确指出，权责发生制和收付实现制作为会计确认的时间性基础，各自存在着不同的特点，有些特点可以相互补充。所以切不可将权责发生制和收付实现制进行绝对的对立，两者之间其实是一种互补的关系。譬如资产负债表和利润表的确认基础是权责发生制，而现金流量表的确认基础则是收付实现制。

3. 初次确认与再确认

初次确认有三项原则：第一，进入会计程序的数据；第二，做出分录的时点；第三，通常

---

① 葛家澍. 市场经济下会计基本理论与方法问题研究[M]. 北京：中国财政经济出版社，1996.

要予以记录的金额。这三项原则都是初次记录确认的原则。第一项原则解决反映企业可能发生财务影响的经济事项应否都进入会计信息系统，通过会计程序来处理。第二项原则要解决的问题非常明确，那就是记录和确认的时点，即何时确认？这一点，对于收入和费用，尤其是收入的确认是极为重要的。何时，是指具体的会计期间。凡是本期购买的资产、承担的负债、发生的收入、应付的费用均必须在本期进行记录，既不能提前，也不应推迟。否则，都会扭曲当期的财务状况和经营业绩。

在初次确认的基础上，按照财务报告的目标把账户记录转化（加工、整理、分类和归并）为报表要素与项目，成为对报表使用者有用的信息，所有金额均计入报表的合计。这一程序属于再确认。再确认有四个特点：第一，数据（信息）来自日常的记录；第二，它在财务报表表内既用文字表述为财务报表的要素（报表大类）、项目（要素的分类），又用数字（金额）描绘为要素和所属项目的数量，并求出各类合计和报表的总计；第三，把日常记录转化为报表的要素与项目有一个挑选、分类、汇总或细化的加工过程；第四，在报表中的表述，资产负债表和利润表是以权责发生制为基础，而现金流量表是以收付实现制为基础。

4. 初始确认、后续确认与终止确认

这里，需要注意"初次确认（first-step recognition）和再确认（second-step recognition）"以及"初始确认（initial recognition）和后续确认（subsequent recognition）"的区别。

"初次确认和再确认"指交易和事项发生后应予确认的项目都先在账簿（或其他记录手段）上记录（初次确认），然后再记入财务报表的两个步骤（再确认）。

对大多数交易和事项而言，会计确认（记录和报告）可以一次性完成[①]。但是，对于一些交易和事项的确认，已记录和已报告的项目若在此后发生变动，则需要后续确认，包括不再符合确认标准而需要终止确认。

"初始确认和后续确认"则指特定的项目可能由于计量上的变动，通过不同的事项修改原先确认的金额。换言之，初始确认与后续确认均对应着财务报表表内的"再确认"，而与初次确认并无直接的关系。终止确认是再确认的特例，是指"一项资产或负债应该终止进行确认，当且仅当存在着充分的证据表明其并不能为主体带来未来的经济利益或主体已经不再承担转移经济利益的义务"。

假若企业购买了一项固定资产，那么企业将买价、加上相关的税费，作为初始入账价值在财务报表中予以确认（表内的表述），可以看作初始确认（包括了在账簿中的初次确认与在财务报表中的再确认）。但是，市场环境等因素的变化，使得固定资产出现了减值迹象，企业按照"成本与可回收额孰低"的原则进行计价，并计提固定资产减值准备，这属于后续确认；随后，企业决定把此项固定资产进行处置，这属于终止确认。值得指出的是，固定资产的折旧仅属于固定资产价值的系统性摊销，不属于后续确认。

5. 收入实现

"实现是指将非现金的资源和权利转化为货币的过程。在财务会计和财务报告里，实现这一术语的最确切用法是指将资产出售并获得现金或现金要求权"（SFAC No.6，Par.

① 由于确认涉及记录和报告两个程序，所以特定的交易和事项都要经过初次确认做成记录，然后通过再确认（第二步确认）予以报告。

143)。收入的确认首先必须符合确认的基本标准。而实现则是确认标准对确认收入这一特定要素的具体运用。

确认涉及的是在何种情况下进行会计记录的问题,而实现可以体现为一个时点,如销售时直接收到了现金;收入实现更多体现为一个过程,一个索取现金要求权(claims to cash)的过程,实现是指在确认时(记录)可以记录为现金或一项债权的增加。可见,实现原则是收入确认情况下的重要补充。

一般而言,“实现”原则和“已赚得”是收入确认的两项重要惯例。实现概念包括“已实现”(realized)和“可实现”(realizable)。“已实现”指商品及其他资产已经转换为现金或收取现金的要求;“可实现”指收入或持有的商品不难转换为已知的现金数额或收取现金要求。不难转换,则指该资产有互换的组成单位;在交易活跃的市场上有公开的标价且该资产进入市场后,不致严重地影响价格。“已赚得”指已完成取得收入所必要的生产、销售等活动,已完成了营利活动的赚取过程。已赚得是用来规范应予确认的收入性质的标准。只有通过企业的经营活动并完成了营利的赚取过程,收入才算已赚得。

### (五) 财务报表要素的计量

1. 计量单位

作为计量单位的货币,通常指某国、某地区法定的货币。但在恶性通货膨胀的条件下,就应当按资产负债表日的计量单位(即资产负债表日的货币购买力),重新表述以受到恶性通货膨胀影响的法定货币所编报的所有的企业财务报表。1979 年 9 月,美国 FASB 颁布的 SFAS No.33《财务报告与物价变动》就要求在财务报表以外补充披露在不变购买力(不变价格美元)下的有关财务报告和有关现行成本的信息(SFAS No.33 现已由 1985 年 12 月的 SFAS No.87 所取代)。国际会计准则 29 号《恶性通货膨胀经济中的财务报告》则要求“以恶性通货膨胀经济货币报告的企业财务报表不论是以历史成本法,还是现行成本法为基础编制的都应是按资产负债表日的计量单位表述”(Par.8)①,这里“资产负债表,的计量单位”即指以资产负债表日的购买力为不变购买力。

我国是社会主义国家,宏观调控使得我国不可能出现恶性通货膨胀,为此我国并无类似于 FASB 与 IASB 的相关会计准则。

2. 计量属性

《企业会计准则——基本准则》指出,会计计量属性主要包括:

(1) 历史成本。在历史成本计量下,资产按照购置时支付的现金或者现金等价物的金额,或者按照购置资产时所付出的代价的公允价值计量。负债按照因承担现时义务而实际收到的款项或者资产的金额,或者承担现时义务的合同金额,或者按照日常活动中为偿还负债预期需要支付的现金或者现金等价物的金额计量。

(2) 重置成本。在重置成本计量下,资产按照现在购买相同或者相似资产所需支付的现金或者现金等价物的金额计量。负债按照现在偿付该项债务所需支付的现金或者现金等价物的金额计量。

(3) 可变现净值。在可变现净值计量下,资产按照其正常对外销售所能收到现金或者

① 引自 IAS NO.29. Financial Reporting in Hyperinflationary Economies. 1990, Par.8.

现金等价物的金额扣减该资产至完工时估计将要发生的成本、估计的销售费用以及相关税费后的金额计量。

(4) 现值[①]。在现值计量下，资产按照预计从其持续使用和最终处置中所产生的未来净现金流入量的折现金额计量。负债按照预计期限内需要偿还的未来净现金流出量的折现金额计量。

(5) 公允价值。在公允价值计量下，资产和负债按照市场参与者在计量日发生的有序交易中，出售资产所能收到或者转移负债所需支付的价格计量。

### (六) 财务报告体系

现行财务会计与报告体系可以用图 1–4 进行表述[②]：

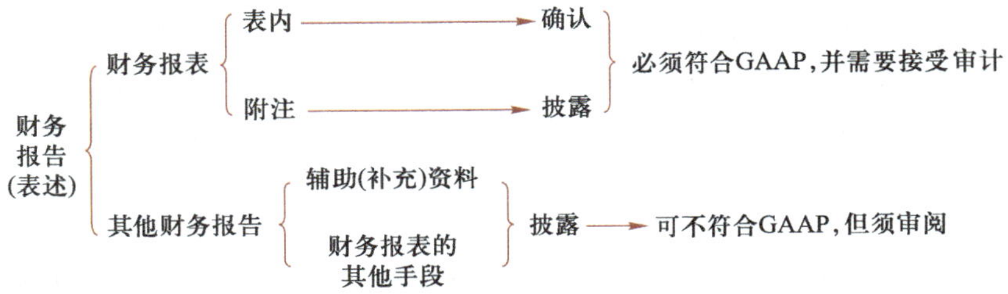


图 1–4 财务报告体系及其构成

财务报表的表内确认、附注披露、其他财务报告披露之间必须明确进行区分：

(1) 当财务报表扩展到财务报告之后，财务报告体系包括财务报表与其他财务报告两大部分，其中财务报表又可以区分为表内（face）与附注（notes）两个部分。对于财务报告整体而言对应着“表述”（presentation）这一术语。

(2) 确认（recognition）仅针对财务报表的表内（face）；与之相对应，由于财务报表扩展到财务报告，财务报表附注与其他财务报告则属于披露（disclosure）的范畴。

(3) 财务报表的表内确认与财务报表附注的披露都需要符合会计准则（公认会计原则；GAAP），并需要接受审计。但是，表内是主体，附注只起支持和补充作用。接受审计意味着三种责任。管理层与会计人员需要承担会计责任，审计师需要承担审计责任，管理层与审计师需要承担连带责任。

财务报表的确认（表内表述）必须：①遵守公认会计原则（GAAP）、会计准则或会计制度；②力求保持公允地进行表述；③用文字说明和数字描述相结合的方式；④在报表中进行再确认的基本任务是力求使报表最大限度地达到财务会计的目标，保证使用者易于理解和使用；⑤经过注册会计师的审核，出具无保留意见的审计报告。

附注表述与表内表述的区别在于：①附注既可用文字说明和数字描述，也可只用文字说明（如披露所采用的会计政策；资产负债表日后重大事项；某些尚难确定其金额的或有负债、风险和不确定性等）；②附注往往用来解释或补充说明表内确认的资料，但不可以用

① 从严格意义上讲，现值并非一种计量属性，只不过是一种寻求公允价值的计量技术而已。

② 引自葛家澍，杜兴强．中级财务会计学（下）[M]．北京：中国人民大学出版社，2003.

来更正表内确认的错误。在附注中应披露的信息通常包括两个部分：一是法规、准则或制度的要求；二是企业管理层的自愿。

(4) 其他财务报告的披露，因为涉及盈余预测等未来的事项与信息，可以不严格地遵从会计准则或 GAAP，但是须经过专家审阅。

(5) 财务报表是财务报告的核心。虽然财务报表与财务报告基本上具有相同的目标，但某些有用的信息最好通过财务报表提供；如果因为不满足确认的条件，有些信息则要由或只能由报表附注、辅助资料或财务报告的其他手段提供。

## 本章小结

会计信息就是保证剩余索取权和剩余控制权匹配、确保监督和激励相容的一种机制，是企业治理结构的一种重要机制。财务会计是在对传统会计进行继承的基础上发展起来的，它本质上是一个以提供财务信息为主的经济信息系统。会计准则的作用在于提供技术参考、规范市场主体行为以及协调经济利益。财务会计概念框架是当代会计理论的重要组成部分，其发展经历若干重要的历史阶段，主要内容包括会计基本假设、会计目标、会计对象、会计信息质量特征、财务报表要素以及要素的确认和计量、财务报告体系等。

## 复习思考题

1. 为什么需要会计信息？会计信息与公司治理有何关系？
2. 财务会计的本质是什么？其基本特征包括哪些？
3. 会计准则有何作用？
4. 财务会计概念框架的作用是什么？包含了哪些重要的内容？

## 即测即评

请扫描右侧二维码，进行随堂测试。

# 第二章　货币资金

## 学习目标

通过本章学习，应能够：熟悉货币资金的管理与控制；掌握货币资金的会计处理；了解货币资金的列报要求。

## 导读案例

### 康美药业货币资金造假

康美药业2018年年报显示，公司2017年年报中20余项会计科目发生变更，299亿元货币资金离奇消失。康美药业在公告中称，由于公司采购付款、工程款支付以及确认业务款项时的会计处理存在错误，造成公司应收账款少计6.41亿元，存货少计195.46亿元，在建工程少计6.32亿元，由于公司核算账户资金时存在错误，造成货币资金多计299.44亿元。

针对这一事件，公司董事长马兴田对媒体表示，“财务差错和财务造假是两件事”。言下之意，这些是财务差错而不是造假。若果真如马董事长所说，299亿元货币资金的失踪是会计人员的“差错”造成的，那康美药业的货币资金管理水平及会计人员的素质真的是太令人担忧了！会计人员居然不知道自己公司在银行里有多少钱！银行里的钱比公司账上少了299亿元，公司的货币资金管理系统一点警示也没有发出！

事件的发展果然不出所料。2019年5月17日，证监会新闻发言人表示，康美药业2016—2018年的年报存在重大造假：一是使用虚假银行单据虚增存款；二是通过伪造业务凭证进行收入造假；三是部分资金转入关联方账户买卖本公司股票。

通常，企业会对货币资金进行严格的管理和控制，若货币资金发生异常，往往是有人蓄意为之，而不是差错造成的。那么，货币资金包括哪些项目，如何进行管理和控制，怎样进行会计处理和列报等，让我们进入本章的学习。

资料来源：编者整理。

# 第一节 货币资金概述

## 一、货币资金的含义

货币资金是指企业经营过程中以货币形态存在的资产,具体包括库存现金、银行存款和其他货币资金。其中,库存现金是指企业存放在财务部门,由出纳人员管理,作为日常零星开支的货币资金;银行存款是指企业存入银行或其他金融机构的各种款项;其他货币资金是指企业的外埠存款、银行本票存款、银行汇票存款、信用卡存款、信用证保证金存款、存出投资款等货币资金。

货币资金又被称为广义的现金(狭义的现金是指库存现金),是企业从事生产经营活动的前提,又是流动性最强的资产。可以说,企业经营过程中时刻离不开货币资金,比如企业购买原材料和商品、购建固定资产、发放员工薪酬、支付各种费用、缴纳税款、偿还债务等。货币资金的流转在企业资金循环周转中起着纽带作用,企业应时刻保持货币资金流转的畅通,否则可能发生经营困难,严重者甚至破产清算。货币资金一方面对企业生产经营至关重要;另一方面它又是各种资产中相对最容易被贪污、挪用、盗窃或发生其他各种损失的资产。因此,对货币资金进行严格的管理和控制具有重要的经济意义。

## 二、货币资金的管理

### (一) 货币资金管理的目标

为了保证生产经营活动的正常进行,企业必须保持一定量的货币资金储备,加强货币资金的管理。为此,企业货币资金管理应达到以下四个目标:

第一,货币资金的安全完整性。即通过良好的货币资金管理和控制,确保货币资金安全,预防被盗窃、诈骗或挪用。确保收到的货币资金已经全部入账,预防私设"小金库"等侵占企业收入的行为。

第二,货币资金的合法性。即确保货币资金的取得、使用符合国家各项法规规定,手续齐备。

第三,货币资金记录的真实可靠性。即按照会计准则和其他会计法规的要求,设置货币资金的收支凭证和核算账表,以如实反映货币资金的各项收支活动,确保货币资金信息的真实可靠性。

第四,货币资金的效益性。即确保企业有一定量的货币资金储备,既不能短缺对生产经营造成影响,又不能造成太多机会成本损失。同时,企业也应合理调度货币资金,使其尽可能发挥最大的经济效益。

### (二) 货币资金管理的要点

第一,实行岗位分工制度。即企业应当建立货币资金业务的岗位责任制,明确相关部门和岗位的职责权限,确保办理货币资金业务的不相容岗位相互分离、制约和监督。企业应当配备合格的人员办理货币资金业务,并结合企业实际情况,对办理货币资金业务的人员定期进行岗位轮换。

第二，坚持预算控制制度。编制资金预算控制旨在对企业一定时期货币资金的流入和流出进行统筹安排。资金预算编制是否准确直接影响到企业货币资金流转是否畅通，影响到货币资金的利用效益，乃至企业的生产经营。因此，要加强货币资金预算的可靠性控制，避免或减少预算编制的主观性和随意性。

某民营企业被盗 1 900 余万元

第三，实行授权审批制度。即企业应当建立货币资金授权制度和审核批准制度，明确审批人对货币资金业务的授权批准方式、权限、程序、责任和相关控制措施，规定经办人员办理货币资金业务的职责范围和工作要求，并按照规定的权限和程序办理货币资金支付业务。

## 第二节 库 存 现 金

### 一、库存现金的管理与控制

由于其的高度流动性，库存现金可以直接流通作为交换媒介，为保证库存现金的安全、完整，必须对其进行严格的管理和控制。按照我国 1988 年颁布的《现金管理暂行条例》(2011 年颁布的“国务院令第 588 号”对其进行了部分修订）及货币资金管理的一般要求，库存现金的管理与控制包括以下要点：

第一，除以下情况可以使用库存现金外，企业之间的经济往来必须通过银行进行转账结算：职工工资、各种工资性津贴；个人劳务报酬，包括稿费和讲课费及其他专门工作报酬；支付给个人的各种奖金，包括根据国家规定颁发给个人的各种科学技术、文化艺术、体育等各种奖金；各种劳保、福利费用以及国家规定的对个人的其他现金支出；收购单位向个人收购农副产品和其他物资支付的价款；出差人员必须随身携带的差旅费；结算起点以下的零星支出；确实需要现金支付的其他支出。

第二，各开户单位的库存现金都要核定限额。开户银行根据实际需要，原则上以开户单位 3~5 天的日常零星开支所需核定库存现金限额。边远地区和交通不发达地区的开户单位的库存现金限额可以适当放宽，但最多不得超过 15 天的日常零星开支。各开户单位的库存现金限额，由于生产或业务变化，需要增加或减少时，应向开户银行提出申请，经批准后再行调整。

第三，严格现金收支管理：开户单位收入现金应于当日送存开户银行，当日送存确有困难的，由开户银行确定送存时间；开户单位支付现金，可以从本单位库存现金中支付或者从开户银行提取，不得从本单位的现金收入中直接支付（即坐支）；开户单位必须建立健全库存现金账目，逐笔记载现金收付，账目要日清月结，做到账款相符。

第四，明确现金收支业务的岗位责任制，分离不相容的职能。不相容的职能包括授权批准、业务经办、会计记录、财产保管、稽核检查等。对于不相容的职能，应当指定不同人员负责。比如，现金收付及保管只能由经批准授权的出纳来处理，其他岗位人员不得接触支付前的任何现金，且出纳人员不得兼任稽核、会计档案保管和收入、支出、费用、债权债务账目的登记工作。即“管钱的不管账，管账的不管钱”。

第五，建立严格的授权批准制度，现金业务人员定期进行岗位轮换。

## 二、库存现金的会计处理

库存现金的处理相对简单，当库存现金增加或减少时，借记或贷记“库存现金”账户即可。这里介绍库存现金的清查及定额备用金的会计处理。

【例 2-1】 敬贤公司在进行库存现金清查时发现现金短缺 1 500 元。经查，其中 1 000 元是由于出纳人员工作疏忽导致，责成出纳人员赔偿；另外 500 元无法查明原因，经批准作为管理费用处理。该公司会计分录如下：

发现现金短缺时：

借：待处理财产损溢——待处理流动资产损溢 1 500

　　贷：库存现金 1 500

查明原因处理短缺时：

借：其他应收款——出纳 1 000

　　管理费用 500

　　贷：待处理财产损溢——待处理流动资产损溢 1 500

【例 2-2】 敬贤公司在进行库存现金清查时发现现金溢余 1 000 元。经查原因不明，批准作为营业外收入处理。

发现现金溢余时：

借：库存现金 1 000

　　贷：待处理财产损溢——待处理流动资产损溢 1 000

处理现金溢余时：

借：待处理财产损溢——待处理流动资产损溢 1 000

　　贷：营业外收入 1 000

【例 2-3】 2×20 年 1 月 1 日，敬贤公司财务部门动用银行存款为其行政部门设置了 2 000 元定额备用金，备用金已由行政部门保管人员领走。

本题涉及备用金及其会计处理问题。备用金又称业务周转金，是指企业、机关、事业单位拨付给非独立核算的内部单位或工作人员备作差旅费、零星采购、零星开支等用的款项。备用金一般采用定额管理，且须专人负责保管。定额备用金的办理程序如下：需要使用定额备用金的部门或工作人员按核定的定额填写借款凭证，一次性领出全部定额；使用后凭发票等有关凭证报销，出纳人员将报销金额补充原定额，从而保证该部门或工作人员经常保持核定的现金定额；只有等到撤销定额备用金或调换经办人时才全部交回备用金。

本题中，备用金保管人向财务部门领取备用金时，相当于向企业借了一笔款项，因此，企业应对备用金采用“其他应收款”核算，也可专设“备用金”账户。该企业的会计分录如下：

借：备用金——行政部门 2 000

　　贷：银行存款 2 000

【例 2-4】 2×20 年 1—2 月，敬贤公司行政部门发生与备用金有关的支出如下：李某预支差旅费 1 000 元，行政人员报销办公用品费 500 元，王总经理报销交通费 200 元。2 月 28 日，备用金保管人员根据相关支出凭证向出纳报销。

借：其他应收款——李某　　1 000
　　管理费用——办公用品费　　500
　　　　　　——交通费　　200
　　贷：库存现金　　1 700

【例 2-5】 2×20 年 3 月 1 日，敬贤公司决定将行政部门备用金定额提高到 3 000 元。

借：备用金——行政部门　　1 000
　　贷：银行存款　　1 000

【例 2-6】 2×20 年 12 月 31 日，敬贤公司决定撤销行政部门的定额备用金，行政部门备用金保管人员交回全部备用金 3 000 元。

借：库存现金　　3 000
　　贷：备用金——行政部门　　3 000

## 第三节 银行存款

### 一、银行账户开设及银行结算方式

根据中国人民银行 2003 年颁布的《人民币银行结算账户管理办法》规定，企业可以开设的银行结算账户包括基本存款账户、一般存款账户、专用存款账户、临时存款账户。

其中，基本存款账户是存款人因办理日常转账结算和现金收付需要开立的银行结算账户。该账户是存款人的主办账户，存款人日常经营活动的资金收付及其工资、奖金和现金的支取，应通过该账户办理。一般存款账户是存款人因借款或其他结算需要，在基本存款账户开户银行以外的银行营业机构开立的银行结算账户。该账户用于办理存款人借款转存、借款归还和其他结算的资金收付。该账户可以办理现金缴存，但不得办理现金支取；专用存款账户是存款人按照法律、行政法规和规章，对其特定用途资金进行专项管理和使用而开立的银行结算账户，如为基本建设资金、更新改造资金、财政预算外资金、证券交易结算资金等开设的银行结算账户。临时存款账户是存款人因设立临时机构、异地临时经营活动等临时需要并在规定期限内使用而开立的银行结算账户。

在开立了银行账户后，企业在日常经济活动中发生的货币收支，除了少数可以直接采用现金收支的情况外，一般必须通过银行账户办理转账结算。根据中国人民银行 2004 年发布的《支付结算办法》的规定，银行转账结算方式主要有支票、银行本票、银行汇票、商业汇票、汇兑、托收承付、委托收款、信用卡等。以下简述各种结算方式。

#### (一) 支票

支票结算是由付款单位签发支票，通知银行从其存款中支付款项的一种结算方式。支票结算方式是同城结算中应用比较广泛的一种结算方式，单位和个人的同一票据交换区域的各种款项结算，均可以使用支票。支票分为现金支票和转账支票。现金支票只能提现而不能转账，转账支票只可转账不能提现。支票的结算起点为 100 元，付款有效期限为 10 天。支票一律记名，在经过批准的地区可以背书转让。对企业签发的空头支票或印鉴不符的支票，银行除退票以外，还要给予相应的经济处罚。

### （二）银行本票

银行本票结算是申请人将款项缴存银行，由银行签发本票，并据以办理转账结算或支取现金的结算方式。银行本票由银行签发并保证兑付，而且见票即付，具有信誉高、支付功能强等特点。其适用于同城范围内的商品交易、劳务供应及其他款项的结算。银行本票分为定额本票和不定额本票两种，一律记名，只能在票据交换区域内使用和背书转让。

### （三）银行汇票

银行汇票结算是汇款人将款项交存银行，由银行签发汇票交汇款人据以办理转账结算或支取现金的一种结算方式。该方式适用于单位、个体经济户和个人向异地支付的各种款项，具有应用范围广、使用灵活的特点。银行汇票采用记名方式，可以据以进行转账，也可以支取现金。银行汇票的付款期限为 1 个月，在有效期内可分次支付或转汇，也可背书转让。

### （四）商业汇票

商业汇票是由出票人签发的，委托付款人在指定日期无条件支付确定款项给收款人或持票人的票据。商业汇票结算方式不论是同城还是异地均可采用，一律记名，可以背书转让，符合条件的商业汇票还可以贴现。商业汇票的付款期限由交易双方商定，最长不得超过 6 个月。商业汇票按其承兑人的不同，分为商业承兑汇票和银行承兑汇票两种。其中承兑人为付款人的称为商业承兑汇票，承兑人为银行的称为银行承兑汇票。与前述几种结算方式相比较，商业汇票为延期票据，而其他结算方式所使用的票据为即期票据。

### （五）汇兑

汇兑结算是汇款人委托银行将款项汇给外地收款人的结算方式。汇兑分为信汇和电汇两种，通常适用于异地间资金调拨、企业之间清理结算尾欠和先款后货的交易款项。

### （六）托收承付

异地托收承付结算是购销双方根据经济合同的约定，由收款人发货后委托银行向异地付款人收取款项，由付款人向银行承认付款的一种结算方式。它适用于异地企业之间大额商品交易及与商品交易相联系的劳务供应款项的结算。异地托收承付的结算金额起点为每笔 10 000 元。按托收款项划回的方法不同分为邮划和电划两种方式。

采用异地托收承付方式结算，购销双方必须签有购销合同，并在合同上订明使用托收承付结算方式。只有销货方依合同规定发运商品，提交发票、运单等单证的条件下，银行方可接受委托收款，办理托收手续。

异地托收承付的付款期分验单承付和验货承付两种。验单付款是购货企业根据经济合同对银行转来的托收结算凭证、发票账单及代垫运杂费等进行审查无误后，即可承认付款，承付期为 3 天。验货付款是购货企业等到货物运达企业，对其进行检验与合同完全相符后才承认付款，承付期为 10 天。

### （七）委托收款

委托收款结算是收款人委托银行向付款人收取款项的一种结算方式。委托收款结算的款项划回分邮划和电划两种方式。委托收款和异地托收承付都是由收款单位主动收款的结算方式，区别在于委托收款结算更加灵活、简便。它不仅适用于异地而且也适用于同城结算，不但能够用于商品交易和劳务供应，同时也能够用于一切在银行或金融部门开立账户的单位各种款项的结算。

银行转账各种结算方式的原始凭证

### （八）信用卡

信用卡是指商业银行向个人和单位发行的，凭以向特约单位购物、消费和向银行存取现金，且具有消费信用的特制载体卡片。信用卡按使用对象分为单位卡和个人卡；按信誉等级分为金卡和普通卡。单位卡账户的资金一律从其基本存款账户转账存入，不得交存现金，不得将销货收入的款项存入其账户。

## 二、银行存款余额调节表的编制

为了保证银行存款的安全完整，企业必须至少每个月对银行存款进行一次核对。不同于库存现金，银行存款无法进行实地盘点，但银行会定期给企业寄送银行对账单，企业可以把自身的银行存款日记账与银行对账单进行逐笔核对，以确定银行存款是否账实相符。

如果核对中发现企业银行存款日记账与银行对账单金额不一致，则可能有两个原因：第一，企业或银行记账错误；第二，存在未达账项。未达账项是指由于结算凭证在企业与银行之间或收付款银行之间的传递需要时间，而导致企业或银行一方已经入账，而另一方尚未入账的款项。未达账项可以分为四种情况：第一，企业已记录收款，银行尚未记录收款；第二，企业已记录付款，银行尚未记录付款；第三，银行已记录收款，企业尚未记录收款；第四，银行已记录付款，企业尚未记录付款。

企业在进行银行存款核对之前，应首先检查本单位的银行存款日记账，尽量做到准确无误。然后把银行存款日记账与银行对账单进行逐笔核对，如发现错账漏账，应及时查明原因并更正。如发现未达账项，则应在查明原因后编制银行存款余额调节表，以检查双方账目是否相符。下面举例说明银行存款的核对。

**【例 2-7】** 2×20 年 12 月 31 日敬贤公司银行存款日记账的余额为 98 000 元，银行对账单的余额为 110 000 元，经核对，发现双方不一致的原因如下：

(1) 销售一笔商品给勤业公司，价款 10 000 元，收到对方开出的转账支票，敬贤公司已记录这笔销售收入所导致的银行存款增加，但相关转账支票尚未送交银行办理入账手续。

(2) 购买一批原材料，货款 20 000 元，敬贤公司已开出转账支票，但相关记账凭证的会计分录如下（忽略增值税）：

| | | |
|---|---|---|
| 借：原材料 | 2 000 | |
| 　　贷：银行存款 | | 2 000 |

该笔业务银行尚未办理入账。

(3) 敬贤公司委托银行代收凌云公司货款 30 000 元，银行已经收款并入账，但收款通知尚未到达敬贤公司。

(4) 银行划付敬贤公司本月水电费、电话费共 10 000 元，结算单据尚未送达敬贤公司。

本例中，首先更正错账，即对业务(2)中的错账应补充会计分录如下：

借：原材料　　18 000

　　贷：银行存款　　18 000

更正过错账后需要针对错账和未达账项编制银行存款余额调节表。银行存款余额调节表的编制有两种方法：第一，视同与未达账项有关的经济业务尚未发生，即在企业银行存款日记账余额与银行对账单余额的基础上，各自分别减记本单位已记账而对方未记账的账项金额；第二，视同与未达账项有关的经济业务已经发生，即在企业银行存款日记账余额与银行对账单余额的基础上，各自分别补记对方已记账而本单位未记账的账项金额。由于与未达账项有关的经济业务事实上已经发生，只是相关单据在企业与银行之间或收付款银行之间传递需要时间，而导致一方已经入账，另一方尚未入账。因此，从理论上看第二种方法更为合理，实际工作中也主要采用第二种方法编制银行存款余额调节表。本例采用第二种方法编制的银行存款余额调节如表 2–1 所示。

**表 2–1　银行存款余额调节**

2×20 年 12 月 31 日　　单位：元

| 项目 | 金额 | 项目 | 金额 |
|---|---|---|---|
| 企业银行存款日记账余额 | 98 000 | 银行对账单余额 | 110 000 |
| 加：银行已收，企业未收<br>　委托银行收款 | 30 000 | 加：企业已收，银行未收<br>　银行未入账转账支票收款 | 10 000 |
| 减：银行已付，企业未付<br>　划付水电费、电话费<br>减：少记的购买原材料款 | 10 000<br>18 000 | 减：企业已付，银行未付<br>　银行未入账转账支票付款 | 20 000 |
| 调节后余额 | 100 000 | 调节后余额 | 100 000 |

从表 2–1 看出，企业银行存款日记账与银行对账单的调节后余额一致，表明在更正错账后银行存款账实相符。调节后的余额 100 000 元也是截至 2×20 年 12 月 31 日银行存款的真实金额。

按照我国现行会计制度规定，银行存款余额调节表只能作为检查银行存款是否账实相符的一个工具，但不作为原始凭证，不能据以调整企业银行存款日记账，企业只有等到相关单据到达企业后才能调账。我国这一规定与国际惯例存在差异，国际惯例是将银行存款余额调节表作为原始凭证，并据以调账。从理论上看，似乎国际惯例的做法更为合理。如前所述，由于与未达账项有关的经济业务已经发生，因此银行存款余额调节表中的调节后余额是银行存款的真实金额，如果不根据银行存款余额调节表调账，则资产负债表上反映的银行存款并非其真实金额，这将在一定程度上扭曲企业的财务状况。

最后需要指出的是，基于货币资金管理中“实行岗位分工制度”的要求，银行对账单的领取、账面银行存款余额的核实以及银行存款余额调节表的编制等工作应由出纳以外的人员负责。

**专栏 2-1**

**利安达对九好集团银行存款的审计失败**

2017 年 9 月 20 日，证监会对涉及九好集团“忽悠式”重组的利安达会计师事务所做出行政处罚，没收利安达业务收入 150 万元，并处以 750 万元罚款。对项目签字注册会计师蒋淑霞、李杰给予警告，并分别处以 10 万元罚款。

经查明，九好集团 2013 年、2014 年和 2015 年分别虚增收入 1 726.91 万元、8 755.66 万元、16 064.67 万元。2015 年虚构 3 亿元银行存款。2016 年 4 月 21 日，利安达出具审计报告，对九好集团 2013 年至 2015 年度财务报表发表了标准无保留意见。利安达合计收取审计服务费 150 万元，签字注册会计师为蒋淑霞和李杰。证监会认定，利安达对九好集团 2013 年至 2015 年度财务报表审计时，未勤勉尽责，出具的审计报告存在虚假记载。

其中，在对银行存款审计程序方面，利安达对九好集团在兴业银行杭州分行 3 亿元定期存款的审计中，实施了函证程序，截至 2016 年 4 月 21 日审计报告出具日未收到回函。在浙江证监局提示过关注 3 亿元定期存单的情况下，利安达未执行有效审计程序，审计结论仍为“未见异常情况”，未能发现虚增 3 亿元银行存款的事实。

资料来源：编者整理。

## 第四节 其他货币资金

某公司出纳贪污公司款项案

其他货币资金是指企业除库存现金、银行存款以外的货币资金，如外埠存款、银行本票存款、银行汇票存款、信用卡存款、信用证保证金存款、存出投资款等。其他货币资金的主要特点是承诺了专门用途，不能像结算户存款那样随便安排使用，因此要专设“其他货币资金”账户进行核算。在其他货币资金总账账户下，应根据其他货币资金的种类分别设置“外埠存款”“银行本票存款”“银行汇票存款”“信用卡存款”“信用证保证金存款”“存出投资款”等明细分类账户。

### 一、外埠存款

外埠存款是指企业到外地进行临时或零星采购时，汇往采购地银行开立采购专户的款项。企业汇出款项时，须填写汇款委托书，加盖“采购资金”字样，汇入银行对汇入的采购款项，以汇款单位名义开设采购专户，该账户只付不收，付完清户。采购专户资金不计利息，除采购员差旅费可以支取少量现金外，一律转账。

**【例 2-8】** 敬贤公司采购员将到外地采购原材料，为此公司 5 月 10 日委托当地开户银行汇款 70 000 元到采购地银行开设采购专户。6 月 10 日采购员完成原材料采购回到公司，其交给会计部门的有关凭证显示：5 月 28 日采购员在采购地采购了原材料 50 000

元(不含增值税,增值税税率为 13%);6 月 4 日采购员从采购专户中支取现金 3 000 元作为差旅费,实际使用 2 500 元,余款 500 元已交回。6 月 18 日收到当地开户银行收账通知,该采购专户的结余款已转回。

(1) 开设采购专户时:

借:其他货币资金——外埠存款　　70 000
　　贷:银行存款　　70 000

(2) 采购原材料:

借:材料采购　　50 000
　　应交税费——应交增值税(进项税额)　　6 500
　　贷:其他货币资金——外埠存款　　56 500

(3) 支取现金 3 000 元:

借:其他应收款——采购员　　3 000
　　贷:其他货币资金——外埠存款　　3 000

(4) 采购员交回余款 500 元:

借:材料采购　　2 500
　　库存现金　　500
　　贷:其他应收款——采购员　　3 000

(5) 采购专户余款转回:

借:银行存款　　10 500
　　贷:其他货币资金——外埠存款　　10 500

## 二、银行本票存款

银行本票存款是指企业为取得银行本票而存入银行的款项。企业向银行申请银行本票时,须填制“银行本票申请书”,银行受理后向企业签发银行本票。银行本票结算程序如图 2–1 所示。

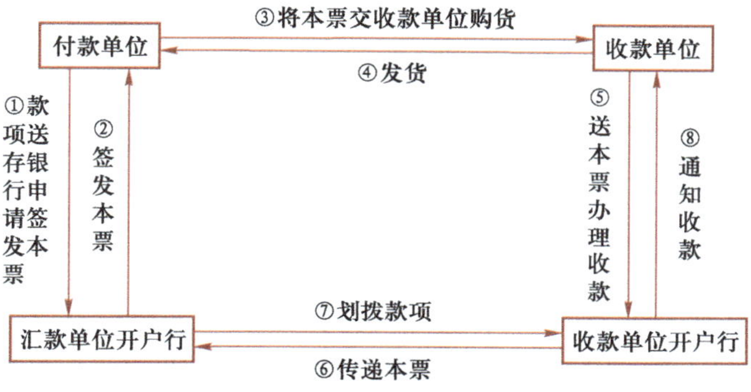


图 2–1 银行本票的结算程序

**【例 2–9】** 7 月 2 日,敬贤公司向开户行提交银行本票申请书,并将款项存入银行,取得银行本票 40 000 元。7 月 21 日,企业用该银行本票购买一批原材料 30 000 元(不含增值税，增值税税率为 13%），对于银行本票款高于材料款的余额部分，收款单位以现金形式退回余款。

（1）取得银行本票时：

借：其他货币资金——银行本票存款 40 000

　贷：银行存款 40 000

（2）购买原材料时：

借：材料采购 30 000

　应交税费——应交增值税（进项税额） 3 900

　库存现金 6 100

　贷：其他货币资金——银行本票存款 40 000

银行本票的付款期限一般为自出票日起两个月时间，逾期银行将不予受理，但可以由申请单位到签发本票的银行办理退款手续。本例中假定敬贤公司在付款期限内没有使用本票，公司把本票送交银行申请退款，银行已受理。则会计分录为：

借：银行存款 40 000

　贷：其他货币资金——银行本票存款 40 000

## 三、银行汇票存款等

银行汇票存款是指企业为取得银行汇票而存入银行的款项。企业向银行申请银行汇票时，须填制“银行汇票申请书”，银行同意后向企业签发银行汇票。银行汇票结算程序如图 2–2 所示。

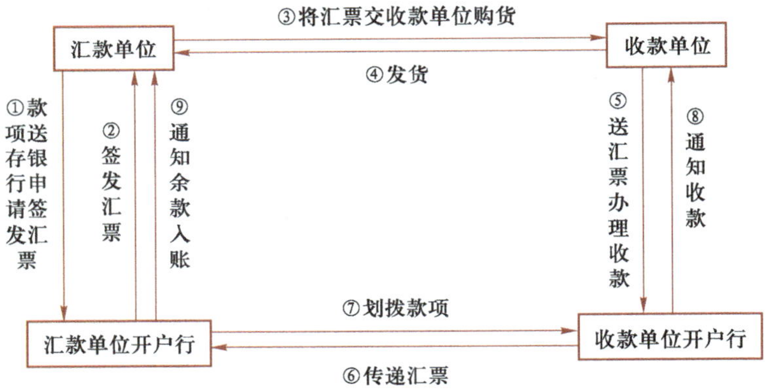


图 2–2　银行汇票的结算程序

**【例 2–10】** 9 月 6 日，敬贤公司向开户行提交银行汇票申请书，并将款项存入银行，取得银行汇票 30 000 元。10 月 2 日，企业用该银行汇票购买一批原材料 20 000 元（不含增值税，增值税税率为 13%）。10 月 20 日，收到开户行银行汇票余款转回收账通知。

（1）取得银行汇票时：

借：其他货币资金——银行汇票存款 30 000

　贷：银行存款 30 000

（2）购买原材料时：

借：材料采购　　20 000

　　应交税费——应交增值税（进项税额）　　2 600

　　贷：其他货币资金——银行汇票存款　　22 600

（3）余款转回时：

借：银行存款　　7 400

　　贷：其他货币资金——银行汇票存款　　7 400

除外埠存款、银行本票存款、银行汇票存款外，还有一些其他货币资金，如信用卡存款是指企业为取得信用卡，按照规定存入银行的款项。信用证保证金存款是指企业为取得信用证，按照规定存入银行的保证金。存出投资款是指企业存入证券公司但尚未进行投资的资金。这些其他货币资金的会计核算与以上会计核算基本类似，这里不再赘述。

## 第五节　货币资金列报

按照财政部发布的《企业会计准则第 30 号——财务报表列报（2014）》及证监会发布的《公开发行证券的公司信息披露编报规则第 15 号——财务报告的一般规定（2014 年修订）》的相关规定，货币资金项目应在资产负债表表内单独列示，其金额按照库存现金、银行存款、其他货币资金三个总账科目余额合计填列。在表外附注中，应按库存现金、银行存款、其他货币资金等分类列示货币资金的期初余额、期末余额。同时应披露因抵押、质押或冻结等对使用有限制的款项，以及存放在境外的款项总额。也应单独披露存放在境外且资金汇回受到限制的款项。

### 专栏 2-2

#### 贵州茅台与格力电器的货币资金列报

贵州茅台（公司代码 600519）2018 年年报中的资产负债表显示，其货币资金期初余额为 87 868 869 913.34 元，期末余额为 112 074 791 420.06 元。格力电器（公司代码 000651）2018 年年报中的资产负债表显示，其货币资金期初余额为 99 610 976 256.82 元，期末余额为 113 079 030 368.11 元。两公司报表附注中披露的货币资金情况如表 2-2~ 表 2-4 所示。

表 2-2　贵州茅台货币资金明细情况

单位：元

| 项目 | 期末余额 | 期初余额 |
|---|---|---|
| 库存现金 | 10 553.44 | 45 548.70 |
| 银行存款 | 112 074 780 866.62 | 87 836 625 462.40 |

续表

| 项目 | 期末余额 | 期初余额 |
| --- | --- | --- |
| 其中:存放中央银行法定存款准备金 | 6 631 503 120.52 | 5 410 789 162.76 |
| 存放中央银行超额存款准备金 | 185 879 436.35 | 308 449 265.76 |
| 其他货币资金 | | 32 198 902.24 |
| 合计 | 112 074 791 420.06 | 87 868 869 913.34 |
| 其中:存放在境外的款项总额 | 6 058 518.72 | 642 217.07 |

**表 2-3 贵州茅台使用受到限制的货币资金**

单位:元

| 项目 | 期末数 | 期初数 |
| --- | --- | --- |
| 存放中央银行法定存款准备金 | 6 631 503 120.52 | 5 410 789 162.76 |
| 不能随时支取的定期银行存款 | 7 200 000 000.00 | 7 500 000 000.00 |
| 银行承兑汇票保证金 | | 30 000 000.00 |

**表 2-4 格力电器货币资金明细情况**

单位:元

| 项目 | 期末余额 | 期初余额 |
| --- | --- | --- |
| 库存现金 | 1 678 449.67 | 3 058 609.51 |
| 银行存款 | 64 418 416 813.66 | 59 171 362 507.13 |
| 其他货币资金【注 1】 | 3 608 319 521.92 | 8 631 465 941.28 |
| 存放中央银行款项【注 2】 | 3 047 519 040.61 | 2 942 963 734.68 |
| 存放同业款项 | 42 003 096 542.25 | 28 862 125 464.22 |
| 合计 | 113 079 030 368.11 | 99 610 976 256.82 |
| 其中:存放在境外的款项总额 | 819 859 100.33 | 2 450 291 618.07 |

【注 1】 其他货币资金期末余额主要为银行承兑汇票保证金、保函保证金、信用证保证金存款等,其中受限制资金为 2 960 352 192.82 元。

【注 2】 公司存放中央银行款项中法定存款准备金为 3 045 424 177.23 元,其使用受到限制。

除上述情况外,货币资金期末余额中无其他因抵押、质押或冻结等对使用有限制、有潜在回收风险的款项。

从两公司报表附注中对货币资金的披露情况看,我们可以得出以下结论:第一,两公司都按照规定分别披露了库存现金、银行存款和其他货币资金的期初、期末情况,只不过格力电器把银行存款中比较特殊的存放中央银行款项及存放同业款项单独进行了分类;第二,两公司都按照规定披露了受限制货币资金情况。其中,贵州茅台的受限制货币资金为存放中央银行法定存款准备金、不能随时支取的定期银行存款和银行承兑汇票保证金;格力电器的受限制货币资金为保证金存款、存放中央银行法定存款准备金;第三,两公司都按照规定披露了存放在境外的款项总额;第四,两公司都没有存放在境外且资金汇回受到限制的款项。

必须指出的是，货币资金即广义的现金，但我国现行资产负债表中的货币资金与我国现金流量表中的“现金”概念并不一致，而我国现金流量表中的“现金”概念与国际惯例中的货币资金概念是一致的。我国《企业会计准则第31号——现金流量表(2006)》把现金定义为“企业库存现金以及可以随时用于支付的存款”，按照这个定义，不能随时支取的定期银行存款、受限制的存款及限定用途的存款不属于广义的现金概念。同时，国际惯例中的货币资金概念也不包括这些项目。

以上不属于国际惯例中的货币资金概念(或不属于我国现金流量表的现金概念)的存款项目，理论上应根据其性质分别进行归类：第一，不能随时支取的定期银行存款实质上属于债权投资，应根据其到期日的远近分别归类为流动资产或非流动资产。第二，受限制的存款是指由于某些原因而使支付受到限制的存款，如被抵押、质押或冻结的存款及存放在境外且资金汇回受到限制的存款、保证金存款、贷款协议规定的最低存款、存放中央银行法定存款准备金等。对于这些存款，应根据其受限制的期限分别归类为流动资产或非流动资产。第三，限定用途存款是指只能用于指定用途支付的存款，如偿债基金、房屋维修基金、职工购房基金等，这些限定用途存款同样需要根据其支付期的长短分别归类为流动资产或非流动资产。

由于我国现行资产负债表的货币资金包括了不能随时支取的定期银行存款、受限制的存款和限定用途的存款，将造成以下问题：第一，资产负债表中的货币资金与现金流量表中现金的勾稽关系被破坏。第二，容易造成信息使用者对货币资金的误解。因此，现行的货币资金概念有待进一步修订和完善。

## 本章小结

货币资金是指企业经营过程中以货币形态存在的资产，具体包括库存现金、银行存款和其他货币资金。货币资金管理的要点包括实行岗位分工制度、坚持预算控制制度、实行授权审批制度。除少数情况可以使用库存现金外，企业之间的经济往来必须通过银行进行转账结算，并且各开户单位的库存现金都要核定限额。备用金又称业务周转金，是指企业、机关、事业单位拨付给非独立核算的内部单位或工作人员备作差旅费、零星采购、零星开支等用的款项。备用金一般采用定额管理，且需专人负责保管。企业可以开设的银行结算账户包括基本存款账户、一般存款账户、专用存款账户、临时存款账户。银行转账结算方式主要有支票、银行本票、银行汇票、商业汇票、汇兑、托收承付、委托收款、信用卡等。为了保证银行存款的安全、完整，企业必须至少每个月对银行存款进行一次核对，并编制银行存款余额调节表。其他货币资金是指企业除库存现金、银行存款以外的货币资金，如外埠存款、银行本票存款、银行汇票存款、信用卡存款、信用证保证金存款、存出投资款等。货币资金项目应在资产负债表表内单独列示，并在表外附注中披露相关重要信息。

## 复习思考题

1. 什么是货币资金，货币资金管理的目标和要点是什么？

2. 简述库存现金管理与控制的主要内容。

3. 简述银行转账结算的各种方式。

4. 何谓未达账项？未达账项包括哪四种类型？在我国，银行存款余额调节表是否属于原始凭证？

5. 简述其他货币资金的主要内容。

## 即测即评

请扫描右侧二维码，进行随堂测试。

# 第三章　存货

## 学习目标

通过本章学习，应能够：了解存货的定义、特征以及存货的确认条件，明确存货的范围；掌握不同来源存货初始计量的成本构成，以及存货取得、发出、结存的会计处理；掌握期末存货计量及跌价准备的计提方法；了解存货清查的意义，并掌握存货盘盈、盘亏的会计处理。

## 导读案例

### 拉夏贝尔的“至暗时刻”
### ——流动资产存货管理的重要性

2019年8月6日，拉夏贝尔（国内首家A+H股上市服装公司）大股东股权质押“爆仓”，拉夏贝尔盘中价跌至4.96元，为历史最低位。

2017年11月及12月，实控人邢加兴分别将3 500万股和4 000万股质押给海通证券，原因是出于个人资金需要。彼时，拉夏贝尔上市不过两个月、百亿市值，而如今市值仅剩30.56亿元。拉夏贝尔招股书中曾提到，IPO所募集来的资金用于零售网络扩展与新零售信息系统建设，未来三年将新增3 000个网点，也就是2020年将突破1万家。2017年，拉夏贝尔的门店数量达到峰值，为9 448家，眼看目标即将实现。但激进的扩张策略不仅占用了拉夏贝尔大量的资金，也造成其存货积压，直接影响到公司的销量及定价计划，增加了公司存货跌价准备的计提与流动资金占用的风险。

从这一年开始，拉夏贝尔出现流动性危机，“关店潮”初现。2019年上半年拉夏贝尔营收净利大幅下滑。营收下滑9.78%至39.51亿元，亏损5.71亿元。半年报显示，截至2019年6月末，拉夏贝尔境内零售网点数量只有6 799个，较2018年12月底9 269个门店网点数量下降26.65%，报告期内关闭零售网点2 470个。数据显示，其销售毛利额同比减少11.15亿元。拉夏贝尔主要采取直营的销售模式，公司称上半年大批量关店，主要是关闭低效店铺。

从该案例中可知,存货作为企业流动资产中不可或缺的一部分,对企业的资金周转以及长期持续发展有着至关重要的作用。为了使企业能降低经营成本,稳定生产经营和提高自身竞争力,企业的存货管理显得非常必要。通过高效的存货管理,企业的存货周转率以及经济效率等都能得到显著提升。同样,存货会计信息的披露对投资者决策及公司管理也十分重要。本章将详细介绍存货会计处理相关问题。通过本章的学习,应熟练掌握存货会计信息加工处理方法,以便提供真实可靠相关的存货会计信息,更好地帮助信息使用者做出有效的决策。

资料来源:中国版ZARA的"至暗时刻"。中国证券报,2019-9-18。

# 第一节 存货概述

## 一、存货的性质

### (一)存货的概念

存货,是指企业在日常活动中持有的以备出售的产成品或商品、处在生产过程中的在产品、在生产过程或提供劳务过程中耗用的材料和物料等。

### (二)存货的特征

判断一项资产是否属于存货,主要取决于企业持有该项资产的目的,而非资产本身的性质。例如,对于生产和销售机器设备的企业来说,机器设备属于存货,而对于使用机器设备进行产品生产的企业来说,机器设备则属于固定资产;软件开发企业若将其开发的软件用于销售,则该软件属于存货,若为自用,则该软件属于无形资产。存货主要有以下特征:

1. 存货是具有物质实体的有形资产

由存货定义可知,存货是企业为出售(商品、产成品等)或耗用(原材料、周转材料等)而储存的有形物资。该特征使得存货区别于金融资产、无形资产等没有物质实体的资产。

2. 有较强的流动性

存货通常都将在一年或超过一年的一个营业周期内被销售或耗用,具有较强的变现能力和流动性,因而属于一项流动资产。该特征使得存货区别于固定资产、在建工程等非流动资产。

3. 存货是企业为出售或耗用而持有的

企业持有存货的最终目的是出售,这是存货区别于固定资产、无形资产等非流动资产的最基本的特征。不论是可供直接销售(如企业的产成品、商品等),还是须经过进一步加工后才能出售(如原材料等),或者是在生产过程或提供劳务过程中被耗用的存货,如周转材料等,都是为出售或耗用而持有。

4. 存货具有时效性和发生潜在损失的可能性

在企业的生产经营活动中,存货能够规律地转换为货币资金或其他资产,但长期不能耗用或销售的存货有可能变成积压物资或者需要降价销售,这将给企业带来一定的损失。

## 二、存货的分类

存货分布于企业生产经营的各个环节,而且种类繁多、用途各异。为了加强存货的管理,提供相关、可靠的会计信息,一般来说,存货可以按照以下三种标准进行分类。

### (一)按经济用途分类

不同行业的企业,由于经济业务的具体内容各不相同,因而存货的构成也不尽相同。例如,服务性企业的主要业务是提供劳务,其存货以办公用品、家具用具以及消耗性的物料用品为主;商业企业的主要业务是商品购销,其存货以待销售的商品为主,也包括少量的周转材料和其他物料用品;工业企业的主要业务是生产和销售产品,其存货构成比较复杂,不仅包括各种将在生产经营过程中耗用的原材料、周转材料,也包括仍然处于生产过程中的在产品,还包括准备出售的产成品。一般而言,存货按其经济用途可以分为销售用存货、生产用存货和其他存货三类。

(1)销售用存货。销售用存货是指企业以对外销售为目的而持有的已完工产成品,或以转让销售为目的而持有的商品,主要包括工业企业的产成品和商品流通企业的库存商品等。

(2)生产用存货。生产用存货是指企业为生产、加工产品而持有的各种存货,主要包括原材料、在产品和自制半成品等。

(3)其他存货。其他存货是指除上述存货外,供企业一般耗用的用品和为生产经营服务的辅助性物品。如周转材料,包括包装物、低值易耗品等。

### (二)按存放地点分类

存货按其存放地点,可分为库存存货和库外存货两类。

(1)库存存货。库存存货是指已经验收入库的各种货物,包括已经运到企业,并已经验收入库的各种材料、商品和耗用性物资,以及已验收入库的半成品和产成品等。

(2)库外存货。库外存货是指企业拥有所有权,但未存放于企业仓库内的各项存货,包括货款已支付但尚未验收入库、正在运输途中的各种在途物资,委托外单位加工或代销的各种材料、半成品、产成品和商品等。

### (三)按来源分类

存货按不同的取得来源,主要分为外购存货、自制存货和委托外单位加工存货这三类。

(1)外购存货。外购存货是指企业从外部购入的存货,如商品流通企业的外购商品、工业企业的外购材料、外购零部件等。

(2)自制存货。自制存货是指由企业制造的存货,如工业企业的自制材料、在产品、半成品和产成品等。

(3)委托外单位加工存货。委托外单位加工存货是指企业将外购或自制的材料、通过支付加工费的方式委托外单位进行加工生产的存货,如工业企业的委托加工材料、商品流通企业的委托加工商品等。

此外，企业的存货中还可能有投资者投入的存货、以非货币性资产交换取得的存货、通过债务重组取得的存货、通过企业合并取得的存货、盘盈的存货等。

## 三、存货的范围

存货范围的确定标准是企业是否对该项资产拥有法定所有权。凡是在盘存日法定所有权属于企业的一切商品和货物，不论其存放在何处或处于何种状态，都应视为企业的存货；而对于所有权不属于本企业的物品，即使存放在本企业，也不属于本企业存货。为此，应注意以下五种情况下存货归属的判断：

### （一）在途商品

凡依照销售合同已经确认售出，但尚未发运或尚未运抵购货方的在途商品，应作为购货方的存货而不应再作为销货方的存货。

### （二）代销商品

委托代销有视同买断和支付手续费两种方式。因此，代销商品的所有权应区分不同代销方式加以判断：

视同买断方式下，一般可以认为交付商品后控制权即随之转移；但若合同明确标明受托方将来可以退回未售出商品等条款的，则发出的委托代销商品所有权仍归委托方，属于委托方的存货。

支付手续费方式下，代销商品在受托方售出之前，所有权应属于委托方，应作为委托方的存货，而不应视为受托方的存货。

### （三）委托加工商品

委托加工应区别于作价加工，委托加工商品的所有权应归属于委托方，因此委托加工商品应作为委托方的存货，尽管在加工完成之前其实物还保留在受托方。

### （四）购货约定

由于购货约定不构成实际上的购买行为，没有实现物权转移，因此不能把购货约定所涉及的拟购商品确认为企业的存货。

### （五）所有权转移与价格条件

在货品买卖时，所有权是否转移往往由成交的价格条件而定。若价格条件是“起运地交货”，则货品发运时所有权就已经转移给购买方，运输途中的货品应属于购买方所有，因而货物应界定为购买方的存货；若价格条件是“目的地交货”，则货品到达后所有权才转移给购买方，运输途中的货品应属于销售方所有，因而应界定为销售方的存货。

可见，企业的存货一般包括库存待售的存货，生产经营过程中耗用以及处在加工过程中的存货，购入的正在运输途中和已运到但尚未办理入库手续的存货，以及委托其他单位加工、代销的存货。农、林、牧企业还包括消耗性生物资产，如生长中的大田作物、蔬菜、用材林以及存栏待售的牲畜等，但不包括依照合同开出发票账单但客户尚未提取的存货、接受其他单位委托代销和委托加工的存货，以及约定未来购入的存货。

# 第二节　存货的确认与初始计量

## 一、存货的确认

企业在确认存货时，除了要判断其是否符合存货的概念，还需判断其是否同时满足资产确认的两个条件，即：

(1) 与该存货有关的经济利益很可能流入企业。

(2) 该存货的成本能够可靠计量。

企业在确认存货时，必须有可靠、确凿、可验证的证据，否则不能予以确认。

## 二、存货的初始计量

存货的初始计量，是指企业在取得存货时，对其入账价值的确定。《企业会计准则第1号——存货》规定，存货应当按照成本进行初始计量。存货成本包括采购成本、加工成本和其他成本。然而存货成本的确定与存货的来源有着密切联系，不同取得方式下的存货，其成本构成不同。因此，存货的入账价值应结合存货的取得方式来分别确定。

### (一) 外购存货

1. 外购存货的成本

外购存货的成本是指存货从采购到入库前所发生的全部支出，即采购成本。采购成本通常包括购买价款、相关税费、运输费、装卸费、保险费以及其他可归属于存货采购成本的费用。

存货的购买价款，是指企业购入材料或商品发票账单上列明的价款，但不包括按规定可以抵扣的增值税额。存货的相关税费，是指企业购买、自制或委托加工存货发生的进口关税、消费税以及不能抵扣的增值税进项税额等应计入存货采购成本的税费。其他可归属于存货采购成本的费用，是指采购成本中除上述各项以外的可归属于存货采购成本的费用，如在存货采购过程中发生的仓储费、包装费、运输途中的合理损耗、入库前的挑选整理费用等。这些费用能分清负担对象的，应直接计入存货的采购成本；不能分清负担对象的，应选择合理的分配方法，分配计入有关存货的采购成本。分配方法通常按所购存货的数量或采购价格比例进行分配。

需要注意的是：①采购人员的差旅费、采购部门的经费、零星货物的运杂费一般不计入存货的采购成本。②从供货单位、外部运输机构等收回的物资短缺或其他赔款，应冲减所购物资的采购成本。③因遭受意外灾害发生的损失和尚待查明原因的途中损耗，暂作为待处理财产损溢进行核算，查明原因后再作处理。④商品流通企业在采购过程中发生的运输费、装卸费、保险费以及其他可归属于存货采购成本的费用等进货费用，应当计入存货采购成本，也可以先进行归集，期末根据所购商品的存销情况进行分摊。对于已售商品的进货费用，计入当期主营业务成本；对于未售商品的进货费用，计入期末存货成本。商品流通企业采购商品的进货费用金额较小的，可以在发生时直接计入当期损益。

2. 外购存货的会计处理

在实际业务中，企业外购存货的方式包括现购方式、预付款购货方式和赊购方式三种。在不同的购货方式下，其会计处理有所不同。因此，企业通过外购方式取得存货时，应根据具体的购货方式，分别进行会计处理。

(1) 现购方式。采用现购方式购入存货时，实际业务中，由于货款结算方式、验收入库政策等因素不同，可能导致存货验收入库和货款结算并不总是同时发生。具体包括以下三种情况：

一是存货验收入库和存货结算同时完成。在这种情况下，企业应在支付货款或开出、承兑商业汇票，并且存货验收入库后，按发票账单等结算凭证确定的存货成本，借记"原材料""周转材料""库存商品"等存货科目；按增值税专用发票上注明的增值税进项税额，借记"应交税费——应交增值税（进项税额）"科目；按实际支付的款项或票据面值，贷记"银行存款"或"应付票据"等科目。

**【例 3-1】** 2×19 年 1 月 3 日，南强公司购入一批原材料，增值税专用发票上注明的材料价款为 80 000 元，增值税进项税额为 10 400 元。该批原材料的运输费、保险费都由销货方承担。当日，货物验收合格入库，货款通过银行转账付讫。

| | | |
|---|---|---|
| 借：原材料 | 80 000 | |
| 　应交税费——应交增值税（进项税额） | 10 400 | |
| 　贷：银行存款 | | 90 400 |

二是货款已结算，但存货尚在运输途中。在已经支付货款或开出、承兑商业汇票，但存货尚在运输途中或虽已运达但尚未验收入库的情况下，企业应在支付货款或开出、承兑商业汇票时，按发票账单等结算凭证确定的存货成本，借记"在途物资"科目，按增值税专用发票上注明的增值税进项税额，借记"应交税费——应交增值税（进项税额）"科目，按实际支付的款项或应付票据面值，贷记"银行存款""应付票据"等科目。当货物运达企业并验收合格入库后，再根据验收凭证，借记"原材料""周转材料""库存商品"等科目，贷记"在途物资"科目。

**【例 3-2】** 2×19 年 1 月 6 日，南强公司购入一批原材料，增值税专用发票注明的材料价款为 50 000 元，增值税进项税额为 6 500 元。该批原材料的运输费 3 270 元由销货方代垫，其中可抵扣的增值税税额为 270 元。当日，收到销货方发票，上述货款以及代垫的运输费通过银行转账付讫，但货物尚在运输途中。

支付货款时，材料尚在运输途中。

增值税进项税额 =6 500+270=6 770（元）

原材料采购成本 =50 000+（3 270−270）=53 000（元）

因此进行以下会计处理：

| | | |
|---|---|---|
| 借：在途物资 | 53 000 | |
| 　应交税费——应交增值税（进项税额） | 6 770 | |
| 　贷：银行存款 | | 59 770 |

1 月 10 日，该批原材料到达，验收合格后入库。

借:原材料　　53 000

　　贷:在途物资　　53 000

三是存货已验收入库,但货款尚未结算。在这种情况下,存货已运达企业并验收入库,但由于发票账单等结算凭证尚未收到,企业尚未结算货款,在收到存货时可先不进行会计处理。若在当月内,结算发票能够到达企业,则企业应当在结算货款时,按发票账单等结算凭证确定存货成本,借记"原材料""周转材料""库存商品"等存货科目;按增值税专用发票上注明的增值税进项税额,借记"应交税费——应交增值税(进项税额)"科目;按实际支付的款项或应付票据面值,贷记"银行存款""应付票据"等科目。若月末结算凭证仍未到达,为了全面反映企业资产及负债情况,应对已收到的存货按暂估价值入账,借记"原材料""周转材料""库存商品"等存货科目,贷记"应付账款——暂估应付账款"科目,下月初,再编制红字记账凭证予以冲回。待结算凭证到达企业完成货款结算后,按发票账单等结算凭证确定存货成本,借记"原材料""周转材料""库存商品"等存货科目;按增值税专用发票上注明的增值税进项税额,借记"应交税费——应交增值税(进项税额)"科目;按实际支付的款项或应付票据面值,贷记"银行存款""应付票据"等科目。

**【例 3–3】** 2×19 年 1 月 29 日,南强公司购入一批原材料,该批材料已到达并验收入库,但尚未收到销货方的发票账单。1 月 31 日时,南强公司仍未收到该批货物的结算凭证,因此对该批原材料价值进行暂估,以 55 000 元入账。2 月 3 日,南强公司收到增值税专用发票等结算凭证,发票上注明的原材料价款为 50 000 元,增值税进项税额为 6 500 元,当日通过银行转账结清了货款。

1 月 29 日收到原材料并验收入库时,暂不作会计处理。

1 月 31 日,结算凭证仍未到达,对该批原材料按暂估价值入账:

借:原材料　　55 000

　　贷:应付账款——暂估应付账款　　55 000

2 月 1 日,编制红字记账凭证,冲回暂估入账凭证:

借:原材料　　55 000(红字)

　　贷:应付账款——暂估应付账款　　55 000(红字)

2 月 3 日,收到发票并支付货款时:

借:原材料　　50 000

　　应交税费——应交增值税(进项税额)　　6 500

　　贷:银行存款　　56 500

(2) 预付款购货方式。在这种情况下,企业应当在预付货款时,按照实际预付的金额,借记"预付账款"科目,贷记"银行存款"科目;当购入的存货验收入库时,按发票账单等结算凭证的金额确定存货的采购成本,并借记"原材料""周转材料""库存商品"等存货科目,按增值税专用发票上注明的增值税进项税额,借记"应交税费——应交增值税(进项税额)"科目,按存货成本与增值税进项税额之和,贷记"预付账款"科目。预付款不足、须补付货款时,按照补付的金额,借记"预付账款"科目,贷记"银行存款"科目;预付款超出、销货方退回货款时,借记"银行存款"科目,贷记"预付账款"科目。

**【例 3-4】** 2×19 年 1 月 26 日，南强公司通过银行转账预付 50 000 元货款，向乙公司采购一批原材料。乙公司于 2 月 5 日将该批原材料送抵南强公司，同时开具增值税专用发票，原材料价款为 45 000 元，增值税进项税额为 5 850 元。南强公司在验收入库后，于 2 月 6 日通过银行转账将货款差额补齐。南强公司会计处理如下：

1 月 26 日，预付货款时：

| | | |
|---|---|---|
| 借：预付账款——乙公司 | 50 000 | |
| 　贷：银行存款 | | 50 000 |

2 月 5 日，收到发票，验收入库：

| | | |
|---|---|---|
| 借：原材料 | 45 000 | |
| 　应交税费——应交增值税（进项税额） | 5 850 | |
| 　贷：预付账款——乙公司 | | 50 850 |

2 月 6 日，补付货款：

| | | |
|---|---|---|
| 借：预付账款——乙公司 | 850 | |
| 　贷：银行存款 | | 850 |

(3) 赊购方式。在这种情况下，企业按照合同约定先收到存货，然后在一定信用期内完成货款支付（与存货已入库但货款未结算情况不同）。企业应在存货验收入库后，按发票账单等结算凭证的金额确定存货的采购成本，借记“原材料”“周转材料”“库存商品”等存货科目，按增值税专用发票上注明的增值税进项税额，借记“应交税费——应交增值税（进项税额）”科目，按应付未付的货款，贷记“应付账款”科目。结算货款之后，根据实际支付的货款金额或应付票据面值，借记“应付账款”科目，贷记“银行存款”“应付票据”等科目。

**【例 3-5】** 南强公司与丙公司签订协议，采用赊购的方式从丙公司采购原材料，信用期为 30 天。2×19 年 1 月 28 日，南强公司从丙公司采购的一批价款为 60 000 元的原材料到货，验收合格后入库，同时送达的增值税专用发票上注明的增值税进项税额为 7 800 元。2 月 27 日，南强公司开出商业承兑汇票，用以结算货款。

1 月 28 日，赊购的原材料验收入库：

| | | |
|---|---|---|
| 借：原材料 | 60 000 | |
| 　应交税费——应交增值税（进项税额） | 7 800 | |
| 　贷：应付账款——丙公司 | | 67 800 |

2 月 27 日，开出商业承兑汇票：

| | | |
|---|---|---|
| 借：应付账款——丙公司 | 67 800 | |
| 　贷：应付票据 | | 67 800 |

如果赊购协议中附有现金折扣条款，则需要按总价法或净价法对现金折扣进行处理。在总价法下，应付账款按实际交易金额入账，如果购货方在现金折扣期限内付款，则将取得的现金折扣作为购货价格的扣减，调减购货成本；在净价法下，应付账款按实际交易金额扣除现金折扣后的净额入账，如果购货方超过现金折扣期限付款，则丧失的现金折扣视为购货价格的增加，调增购货成本。

【例 3-6】 南强公司与丙公司签订协议，采用赊购的方式从丙公司采购原材料，信用期为 30 天。同时，协议还约定现金折扣条件：如果南强公司能在 10 日内付款，可按原材料价款（不含增值税）的 2% 享受现金折扣；如果南强公司超过 10 日能在 20 日内付款，可按原材料价款（不含增值税）的 1% 享受现金折扣；如果超过 20 日付款，则须按交易价全额付款。2×19 年 1 月 28 日，南强公司从丙公司采购的一批价款为 60 000 元的原材料到货，验收合格后入库，同时送达的增值税专用发票上注明的增值税进项税额为 7 800 元。

假定南强公司采用总价法，其会计处理如下：

1 月 28 日，赊购的原材料验收入库时：

| | | |
|---|---|---|
| 借：原材料 | 60 000 | |
| 　应交税费——应交增值税（进项税额） | 7 800 | |
| 　贷：应付账款——丙公司 | | 67 800 |

支付货款时。

若南强公司 2 月 7 日之前付款，则：

现金折扣 =60 000×2%=1 200（元）

实际付款金额 = 67 800−1 200=66 600（元）

作如下会计分录：

| | | |
|---|---|---|
| 借：应付账款——乙公司 | 67 800 | |
| 　贷：银行存款 | | 66 600 |
| 　　原材料 | | 1 200 |

若南强公司 2 月 17 日之前付款，则：

现金折扣 =60 000×1%=600（元）

实际付款金额 = 67 800−600 =67 200（元）

作如下会计分录：

| | | |
|---|---|---|
| 借：应付账款——乙公司 | 67 800 | |
| 　贷：银行存款 | | 67 200 |
| 　　原材料 | | 600 |

若南强公司 2 月 26 日付款，则未获得现金折扣：

| | | |
|---|---|---|
| 借：应付账款——乙公司 | 67 800 | |
| 　贷：银行存款 | | 67 800 |

假定南强公司采用净价法，其会计处理如下：

1 月 28 日，赊购的原材料验收入库时：

现金折扣 =60 000×2%=1 200（元）

购货净额 =60 000−1 200=58 800（元）

应付账款 =67 800−1 200=66 600（元）

| | | |
|---|---|---|
| 借：原材料 | 58 800 | |
| 　应交税费——应交增值税（进项税额） | 7 800 | |

贷:应付账款——丙公司 66 600

支付货款时。

若南强公司 2 月 7 日之前付款,则:

借:应付账款 66 600

贷:银行存款 66 600

若南强公司 2 月 17 日之前付款,则:

借:应付账款 66 600

原材料 600

贷:银行存款 67 200

若南强公司 2 月 26 日付款,则:

借:应付账款 66 600

原材料 1 200

贷:银行存款 67 800

除了按正常信用条件支付赊购款,企业赊购也会发生超过正常信用条件延期支付货款、合同中存在重大融资成分的情况,这时该业务就具有了融资性质。例如,企业采用分期付款方式购买存货,合同规定的付款期限较长(一般是一年以上),超出了正常的信用条件,这时该笔分期付款购买存货就具有了融资性质,即合同中存在重大融资成分。因此,企业不能直接按合同价款确认采购成本,而应按合同价款的现值确定采购成本,并将合同价款与其现值之间的差额作为融资费用,在合同约定的分期付款期限内采用实际利率法进行摊销,计入各期财务费用。在计算合同价款现值时,应当选择能够反映当前市场货币时间价值和延期付款债务特定风险的利率作为折现率,该折现率实质上是供货企业的必要报酬率,也是购货企业摊销融资费用的实际利率。企业在购入存货时,应按合同价款的现值,借记“原材料”“周转材料”“库存商品”等存货科目,按合同价款与其现值的差额,借记“未确认融资费用”科目,按合同价款,贷记“长期应付款”科目;分期支付合同价款时,按本期支付的金额,借记“长期应付款”科目,贷记“银行存款”等科目;分期摊销融资费用时,按本期摊销的金额,借记“财务费用”科目,贷记“未确认融资费用”科目。

**【例 3-7】** 2×19 年 1 月 1 日,南强公司与丁公司签订采购合同,采用分期付款的方式从丁公司购入一批原材料,合同价款 100 万元,增值税进项税额 13 万元,全部价款(包括增值税)分 5 年等额付清,每年年末支付,并取得相应的增值税专用发票。该项赊购存在重大融资成分。已知实际利率为 6%,应按合同价款的现值确定原材料的入账成本,并选择 6% 作为折现率。

合同价款现值 =(1 000 000÷5)×($P/A$,6%,5)=842 473(元)

融资费用 =1 000 000− 842 473=157 527(元)

每年应付增值税进项税额 =130 000÷5=26 000(元)

融资费用分摊表见表 3-1。

**表 3-1　融资费用分摊表**

（实际利率法）

单位：元

| 日期 | 分期应付款 | 应分摊融资费用 | 应付本金减少额 | 应付本金余额 |
|---|---|---|---|---|
| ① | ② | ③=期初⑤×6% | ④=②-③ | 期末⑤=期初⑤-④ |
| 2×19 年 1 月 1 日 | | | | 842 473 |
| 2×19 年 12 月 31 日 | 200 000 | 50 548 | 149 452 | 693 021 |
| 2×20 年 12 月 31 日 | 200 000 | 41 581 | 158 419 | 534 602 |
| 2×21 年 12 月 31 日 | 200 000 | 32 076 | 167 924 | 366 678 |
| 2×22 年 12 月 31 日 | 200 000 | 22 001 | 177 999 | 188 679 |
| 2×23 年 12 月 31 日 | 200 000 | 11 321* | 188 679 | 0 |
| 合计 | 1 000 000 | 157 527 | 842 473 | |

* 尾数调整。

根据融资费用分摊表，编制相关分录：

2×19 年 1 月 1 日，购进原材料时。

借：原材料　　842 473

　　未确认融资费用　　157 527

　　贷：长期应付款——丁公司　　1 000 000

2×19 年 12 月 31 日，支付第一年分期款并分摊融资费用。

借：长期应付款——丁公司　　200 000

　　应交税费——应交增值税（进项税额）　　26 000

　　贷：银行存款　　226 000

借：财务费用　　50 548

　　贷：未确认融资费用　　50 548

2×20 年 12 月 31 日，支付第二年分期款并分摊融资费用。

借：长期应付款——丁公司　　200 000

　　应交税费——应交增值税（进项税额）　　26 000

　　贷：银行存款　　226 000

借：财务费用　　41 581

　　贷：未确认融资费用　　41 581

2×21 年 12 月 31 日，支付第三年分期款并分摊融资费用。

借：长期应付款——丁公司　　200 000

　　应交税费——应交增值税（进项税额）　　26 000

　　贷：银行存款　　226 000

借：财务费用　　32 076

贷:未确认融资费用　　　　32 076

2×22 年 12 月 31 日,支付第四年分期款并分摊融资费用。

借:长期应付款——丁公司　　　　200 000

应交税费——应交增值税(进项税额)　　　　26 000

贷:银行存款　　　　226 000

借:财务费用　　　　22 001

贷:未确认融资费用　　　　22 001

2×23 年 12 月 31 日,支付第五年分期款并分摊融资费用。

借:长期应付款——丁公司　　　　200 000

应交税费——应交增值税(进项税额)　　　　26 000

贷:银行存款　　　　226 000

借:财务费用　　　　11 321

贷:未确认融资费用　　　　11 321

3. 外购存货发生短缺的会计处理

企业在外购存货过程中,可能会发生存货短缺、损耗等情况,应根据不同原因分别进行会计处理。

(1) 属于运输途中的合理损耗,应计入有关存货的采购成本;

(2) 属于供货单位或运输单位过失造成的存货短缺或损失,应由责任方补足存货或赔偿货款,不计入存货的采购成本;

(3) 属于自然灾害或意外事故造成的存货短缺或损失,报经批准处理后,将扣除保险公司及过失人赔偿后的净损失计入营业外支出;

(4) 短缺或损失原因尚待查明的,先将其相关成本转入"待处理财产损溢"科目,待查明原因后,再分别进行会计处理。

【例 3-8】 南强公司从戊公司采购一批原材料 100 吨,单价 5 000 元。1 月 15 日,原材料仍在途中,但增值税专用发票已收到,发票注明的增值税税额为 65 000 元,相关款项当日通过银行转账支付。1 月 17 日,原材料运达南强公司,但验收时发现短缺 5 吨,原因待查。1 月 20 日,查明有 1 吨短缺为途中正常损耗,2 吨为戊公司少发货,2 吨为运输单位责任导致。经协调,少发货部分由戊公司补足,运输单位责任导致的短缺由其全额赔偿。

1 月 15 日支付货款时:

借:在途物资　　　　500 000

应交税费——应交增值税(进项税额)　　　　65 000

贷:银行存款　　　　565 000

1 月 17 日验收时:

借:原材料　　　　475 000

待处理财产损溢　　　　25 000

贷:在途物资　　　　500 000

1 月 20 日,查明原因并报批处理:

借:原材料 5 000

应付账款——戊公司 10 000

其他应收款——×× 运输单位 11 300

贷:待处理财产损溢 25 000

应交税费——应交增值税(进项税额转出) 1 300

收到补发的原材料及运输单位赔款时:

借:原材料 10 000

贷:应付账款——戊公司 10 000

借:银行存款 11 300

贷:其他应收款——×× 运输单位 11 300

### (二) 自制存货

1. 自制存货的成本

企业自制取得的存货成本主要包括采购成本、加工成本和其他成本。自制存货的采购成本是由加工过程中所使用或消耗原材料的采购成本转移而来的。自制存货的加工成本是由直接人工以及按照一定方法分配的制造费用构成,其实质是企业在进一步加工存货的过程中追加发生的生产成本。其中,直接人工是指企业在生产产品过程中,向直接从事产品生产的工人支付的职工薪酬;制造费用是指企业为生产产品而发生的各项间接费用,包括企业生产部门(如生产车间)管理人员的职工薪酬、折旧费、办公费、水电费、机物料消耗、劳动保护费、车间固定资产的修理费用、季节性和修理期间的停工损失等。自制存货的其他成本是指除采购成本、加工成本以外,使存货达到目前场所和状态所发生的其他支出。例如,为特定客户设计产品所发生的、可直接认定的设计费用;可直接归属于符合资本化条件的存货、应当予以资本化的借款费用等。

企业在确定自制存货的成本时,应当注意,以下支出须于发生时直接计入当期损益,不应计入存货成本:

(1) 非正常消耗的直接材料、直接人工和制造费用。例如,企业超定额的废品损失,自然灾害导致的直接材料、直接人工、制造费用损失等。这些损失的发生无助于使该存货达到目前场所和状态,因此不应当计入存货成本,而应将其净损失计入营业外支出。

(2) 存货入库后的一般性仓储费用。存货入库后在加工和销售环节产生的一般性仓储费用应当于发生时直接计入当期损益。但是,生产过程中为使存货达到下一个生产阶段所必需的仓储费用,应计入存货成本,例如,酿酒企业为了使产品达到一定品质,需要足够的存储过程,这部分仓储费用是使产品达到规定标准的必要支出,应当计入存货成本。

(3) 其他不能归属于使存货达到目前场所和状态的支出,例如,企业发生的一般产品设计费用、不符合资本化条件的借款费用等。

(4) 企业采购用于广告营销活动的特定商品,向客户预付货款未取得商品时,应作为预付账款进行会计处理,待取得相关商品时计入当期损益(销售费用)。

2. 自制存货的会计处理

企业按计算确定的实际成本对自制并验收入库的存货进行会计处理,借记“周转材料”“库存商品”等存货科目，贷记“生产成本”科目。

【例 3–9】 南强公司 1 月份完成一批产成品的生产，其中领料一批，原材料成本 400 000 元，分摊到该批产成品的直接人工支出为 200 000 元，分摊到该批产成品的制造费用为 50 000 元。1 月 31 日，该批产成品验收合格后入库。

(1) 领用材料、分摊加工成本：

| | | |
|---|---|---|
| 借：生产成本——基本生产成本 | 650 000 | |
| 贷：原材料 | | 400 000 |
| 应付职工薪酬 | | 200 000 |
| 制造费用 | | 50 000 |

(2) 产品验收入库时：

| | | |
|---|---|---|
| 借：库存商品 | 650 000 | |
| 贷：生产成本——基本生产成本 | | 650 000 |

### (三) 委托加工存货

委托外单位加工完成的存货的实际成本，一般包括加工过程中实际耗用的原材料或半成品成本、加工费、运输费、装卸费、保险费等及按规定应计入加工成本的税金。

企业发生委托加工业务时，按发出材料物资的实际成本，借记“委托加工物资”科目，贷记“原材料”“库存商品”等科目；支付加工费、相关税金和往返运杂费时，借记“委托加工物资”科目，贷记“银行存款”科目；应由受托加工方代收代缴的增值税，借记“应交税费——应交增值税（进项税额）”科目，贷记“银行存款”“应付账款”等科目。

如果委托加工物资属于消费税应税项目，由受托方代收代缴的消费税，应根据委托加工物资收回后，分为直接销售和继续进行加工两种情况进行会计处理：

(1) 委托加工存货收回后直接用于销售，由受托方代收代缴的消费税应计入委托加工存货成本，借记“委托加工物资”科目，贷记“银行存款”“应付账款”等科目，销售委托加工存货时，不需要再交纳消费税。

(2) 委托加工存货收回后用于连续生产应税消费品，由受托方代收代缴的消费税，按规定准予抵扣的，借记“应交税费——应交消费税”科目，贷记“银行存款”“应付账款”等科目，待连续生产的应税消费品生产完成并销售时，从生产完成的应税消费品应纳消费税额中抵扣。

委托加工的存货加工完成验收入库时，按计算的委托加工存货实际成本，借记“原材料”“周转材料”“库存商品”等科目，贷记“委托加工物资”科目。

【例 3–10】 南强公司于 2 月 13 日委托乙公司将一批 A 材料加工成 B 材料（属于应税消费品），发出 A 材料的实际成本为 30 000 元，支付加工费和往返运杂费 20 000 元，支付由乙公司代收代缴的增值税 2 340 元、消费税 4 000 元。委托加工的 B 材料收回后用于连续生产应税消费品。2 月 25 日，南强公司收到加工完成的 B 材料并验收入库。

2 月 13 日发出委托加工的 A 材料：

| | | |
|---|---|---|
| 借：委托加工物资 | 30 000 | |
| 贷：原材料——A 材料 | | 30 000 |

支付加工费和往返运杂费：

借：委托加工物资　　20 000

　　贷：银行存款　　20 000

支付增值税和消费税：

借：应交税费——应交增值税（进项税额）　　2 340

　　贷：银行存款　　2 340

借：应交税费——应交消费税　　4 000

　　贷：银行存款　　4 000

2 月 25 日收到 B 材料并验收入库：

借：原材料——B 材料　　50 000

　　贷：委托加工物资　　50 000

### （四）投资者投入存货

投资者投入存货的成本，应当按照投资合同或协议约定的价值确定，但合同或协议约定价值不公允的除外。在投资合同或协议约定价值不公允的情况下，按照该项存货的公允价值作为其入账价值。

接受投资者投入的存货时，应按照投资合同或协议约定的存货价值，借记"原材料""周转材料""库存商品"等科目，按增值税专用发票上注明的增值税进项税额，借记"应交税费——应交增值税（进项税额）"科目，按投资者在注册资本中应占有的份额，贷记"实收资本"或"股本"科目，按其差额，贷记"资本公积"科目。

**【例 3–11】** 南强公司收到甲股东作为资本金投入的一批原材料，增值税专用发票上注明的原材料价款为 50 000 元，增值税进项税额为 6 500 元。经投资各方确认，甲股东投入的资本按发票金额确定，可折换成南强公司普通股（面值 1 元）股票 30 000 股。

甲股东将原材料作为资本金投入时，作以下会计处理：

借：原材料　　50 000

　　应交税费——应交增值税（进项税额）　　6 500

　　贷：股本——甲股东　　30 000

　　　　资本公积——股本溢价　　26 500

### （五）其他方式取得的存货

以非货币性资产交换和债务重组方式取得存货的核算，将在相关章节进行专门介绍。

## 第三节　存货发出的计量

存货发出的计量是指对发出的存货和剩余结存存货价值的计算。企业生产经营过程中，由于市场价格的变动，存货的采购成本也将发生变动，即使同一种存货，由于取得时间和途径不同，其单位成本也存在差别。因此，如何选择合理的单位成本来核算发出存货的成本，成为会计核算中的一个重要问题。因为单位成本的不同将直接影响发出存货总成本和期末存货成本，也将导致销售成本、销售利润产生差异，这些差异不但会影响资产负债表，还会影响利润表。

## 一、存货成本流转假设

存货是具有实物形态的流动资产。在企业的日常经营中，存货随着生产和销售等环节的进行，存货通常处于不断流入、流出企业的变动状态。从实物形态看，存货的流入或流出表明存货的实体进入或离开企业的仓库，称为存货的实物流转。从价值形态看，存货的流入或流出表明存货的成本增加或减少账面价值，称为存货的成本流转。因此，存货流转包括实物流转和成本流转两个方面。理论上，存货的成本流转应当与实物流转相一致。但由于以下两个方面的原因，使得存货的实物流转与成本流转很难保证完全一致：①因为在持续经营条件下，企业通常会保持一定的期末存货，从而本期可供使用的存货并不会全部发出；②由于市场价格的波动，企业不同批次购入的存货的价格也可能存在差异。对此，会计上可行的处理方法是对存货的成本流转做出某种合理的假设，按照一个假定的成本流转方式来确定发出存货和期末结存存货的成本，这就是存货流转假设。根据对存货成本流动的不同假设，产生了多种不同的存货计价方法，主要有先进先出法、月末一次加权平均法、移动加权平均法和个别计价法。

## 二、发出存货的计价方法

我国《企业会计准则第 1 号——存货》规定，企业应当采用先进先出法、加权平均法（包括月末一次加权平均法和移动加权平均法）或者个别计价法确定发出存货的实际成本。对于性质和用途相似的存货，企业应当采用相同的成本计算方法确定发出存货的成本。对于不能替代使用的存货，为特定项目专门购入或制造的存货，企业通常采用个别计价法确定发出存货的成本。存货计价方法一旦选定，前后各期应当保持一致，并在会计报表附注中予以披露。

### （一）先进先出法

先进先出法是以“先入库的存货先发出去”的存货成本流转假设为前提，对先发出的存货按先入库的存货单位成本计价，后发出的存货按后入库的存货单位成本计价，据以确定本期发出存货和期末结存存货成本的一种方法。

**【例 3–12】** 南强公司 2×19 年 3 月份 A 材料的购进、发出和结存资料如表 3–2 所示，南强公司采用先进先出法计算 A 材料发出和结存的成本。

**表 3–2 存货明细账**

存货类别：原材料　　　　计量单位：元 / 件
存货编号：×××　　　　最高存量：
存货名称及规格：A 材料　　　　最低存量：

| 2×19 年 | | 凭证编号 | 摘要 | 购入 | | | 发出 | | | 结存 | | |
|---|---|---|---|---|---|---|---|---|---|---|---|---|
| 月 | 日 | | | 数量 | 单价 | 金额 | 数量 | 单价 | 金额 | 数量 | 单价 | 金额 |
| 3 | 1 | | 期初结存 | | | | | | | 200 | 60 | 12 000 |
| | 6 | | 购入 | 500 | 64 | | | | | 700 | | |
| | 8 | | 发出 | | | | 400 | | | 300 | | |

续表

| 2×19年 | | 凭证编号 | 摘要 | 购入 | | | 发出 | | | 结存 | | |
|---|---|---|---|---|---|---|---|---|---|---|---|---|
| 月 | 日 | | | 数量 | 单价 | 金额 | 数量 | 单价 | 金额 | 数量 | 单价 | 金额 |
| | 15 | | 购入 | 400 | 60 | | | | | 700 | | |
| | 20 | | 发出 | | | | 700 | | | 0 | | |
| | 24 | | 购入 | 600 | 62 | | | | | 600 | | |
| | 27 | | 发出 | | | | 500 | | | 100 | | |
| | 31 | | 合计 | 1 500 | | | 1 600 | | | 100 | | |

3 月 8 日发出 A 材料的总成本 =60×200+64×200=24 800（元）

3 月 20 日发出 A 材料的总成本 =64×300+60×400=43 200（元）

3 月 27 日发出 A 材料的总成本 = 62×500=31 000（元）

3 月末结存 A 材料总成本 = 62×100=6 200（元）

因此，3 月份 A 材料的收、发、存情况如表 3–3 所示。

**表 3–3 存货明细账（先进先出法）**

存货类别：原材料　　　　计量单位：元 / 件

存货编号：×××　　　　最高存量：

存货名称及规格：A 材料　　　　最低存量：

| 2×19年 | | 凭证编号 | 摘要 | 购入 | | | 发出 | | | 结存 | | |
|---|---|---|---|---|---|---|---|---|---|---|---|---|
| 月 | 日 | | | 数量 | 单价 | 金额 | 数量 | 单价 | 金额 | 数量 | 单价 | 金额 |
| 3 | 1 | | 期初结存 | | | | | | | 200 | 60 | 12 000 |
| | 6 | | 购入 | 500 | 64 | 32 000 | | | | 700 | | 44 000 |
| | 8 | | 发出 | | | | 400 | | 24 800 | 300 | | 19 200 |
| | 15 | | 购入 | 400 | 60 | 24 000 | | | | 700 | | 43 200 |
| | 20 | | 发出 | | | | 700 | | 43 200 | 0 | | 0 |
| | 24 | | 购入 | 600 | 62 | 37 200 | | | | 600 | | 37 200 |
| | 27 | | 发出 | | | | 500 | | 31 000 | 100 | | 6 200 |
| | 31 | | 合计 | 1 500 | | 93 200 | 1 600 | | 99 000 | 100 | 62 | 6 200 |

采用先进先出法进行存货计价，可以随时确定发出存货成本，及时反映存货的资金占用情况，保证成本计算的及时性；同时期末存货成本按最近购货成本确定，比较接近该存货的现行市价，真实地反映了企业期末资产状况。但采用该方法计价，计算工作量大，尤

其是存货进出频繁的企业。此外，当物价上涨时，会高估企业当期利润和库存存货价值；反之，会低估企业存货价值和当期利润。

### （二）移动加权平均法

移动加权平均法是指以每次进货的成本与原有库存存货的成本之和，除以每次进货数量与原有库存存货的数量之和，据以计算加权平均单位成本，作为下次进货前计算发出存货成本的依据。

移动加权平均成本 =（本次进货前结存成本 + 本次进货实际成本）÷（本次进货前结存数量 + 本次进货数量）

本次发出存货成本 = 本次发出存货数量 × 最近一次移动加权平均成本

月末结存存货成本 = 月末结存存货数量 × 最后一次移动加权平均成本

**【例 3–13】** 南强公司 2×19 年 3 月份 A 材料的购进、发出和结存资料如表 3–4 所示，南强公司采用移动加权平均法计算 A 材料发出和结存的成本。

3 月 6 日购入 A 材料后，A 材料加权平均单位成本 =（12 000+38 400）÷（200+600）= 63（元 / 件）

3 月 8 日发出 A 材料的成本 =63×400=25 200（元）

结存 A 材料的成本 =63×400=25 200（元）

3 月 15 日购入 A 材料后，A 材料加权平均单位成本 =（25 200+24 000）÷（400+400）= 61.5（元 / 件）

3 月 20 日发出 A 材料的成本 =61.5×800=49 200（元）

结存 A 材料的成本 =0（元）

3 月 24 日购入 A 材料后，A 材料加权平均单位成本 =（37 200+0）÷（600+0）=62（元 / 件）

3 月 27 日发出 A 材料的成本 =62×500=31 000（元）

结存 A 材料的成本 = 62×100=6 200（元）

3 月末结存 A 材料的成本 =6 200（元）

**表 3–4　存货明细账（移动加权平均法）**

存货类别：原材料　　　　计量单位：元 / 件

存货编号：× × ×　　　　最高存量：

存货名称及规格：A 材料　　　　最低存量：

| 2×19 年 | | 凭证编号 | 摘要 | 购入 | | | 发出 | | | 结存 | | |
|---|---|---|---|---|---|---|---|---|---|---|---|---|
| 月 | 日 | | | 数量 | 单价 | 金额 | 数量 | 单价 | 金额 | 数量 | 单价 | 金额 |
| 3 | 1 | | 期初结存 | | | | | | | 200 | 60 | 12 000 |
| | 6 | | 购入 | 600 | 64 | 38 400 | | | | 800 | 63 | 50 400 |
| | 8 | | 发出 | | | | 400 | 63 | 25 200 | 400 | 63 | 25 200 |
| | 15 | | 购入 | 400 | 60 | 24 000 | | | | 800 | 61.5 | 49 200 |
| | 20 | | 发出 | | | | 800 | 61.5 | 49 200 | 0 | 61.5 | 0 |

续表

| 2×19年 | | 凭证编号 | 摘要 | 购入 | | | 发出 | | | 结存 | | |
|---|---|---|---|---|---|---|---|---|---|---|---|---|
| 月 | 日 | | | 数量 | 单价 | 金额 | 数量 | 单价 | 金额 | 数量 | 单价 | 金额 |
| | 24 | | 购入 | 600 | 62 | 37 200 | | | | 600 | 62 | 37 200 |
| | 27 | | 发出 | | | | 500 | 62 | 31 000 | 100 | 62 | 6 200 |
| | 31 | | 合计 | 1 600 | | 99 600 | 1 700 | | 105 400 | 100 | 62 | 6 200 |

和月末一次加权平均法相比，移动加权平均法的特点是将存货的计价和明细账的登记分散在平时进行，从而可以随时掌握发出存货的成本和结存存货的成本，为存货管理及时提供所需信息。但采用这种方法，每次收到存货都要计算一次加权平均单位成本，计算工作量较大。对于那些收发货业务频繁的企业，不适合采用移动加权平均法。

### （三）月末一次加权平均法

月末一次加权平均法是指以当月全部进货数量加上月初存货数量作为权数，计算本月存货的加权平均单位成本，并以此为基础计算当月发出存货的成本和期末存货的成本的一种方法。

月末加权平均成本 =(月初结存存货成本 + 本月收入存货成本)÷(月初结存存货数量 + 本月收入存货数量)

本月发出存货成本 = 本月发出存货数量 × 月末加权平均成本

月末库存存货成本 = 月末结存存货数量 × 月末加权平均成本

考虑计算出的月末加权平均成本不一定是整数，为了保证月末结存存货的数量、单位成本与总成本的一致性，往往采用倒轧法计算本期发出存货的成本。

月末结存存货成本 = 月末结存存货数量 × 月末加权平均成本

本月发出存货成本 =(月初结存存货成本 + 本月收入存货成本) - 月末结存存货成本

**【例 3–14】** 南强公司 2×19 年 3 月份 A 材料的购进、发出和结存资料如表 3–5 所示，南强公司采用月末一次加权平均法计算 A 材料发出和结存的成本。

3 月 A 材料加权平均成本 =(12 000+ 32 000+24 000+37 200)÷(200+500+400+600) = 61.88(元 / 件)

本月结存 A 材料的成本 =61.88×100=6 188(元)

3 月发出 A 材料的成本 =(12 000+93 200)–6 188= 99 012(元)

**表 3–5 存货明细账(月末一次加权平均法)**

存货类别:原材料　　　　计量单位:元 / 件
存货编号:× × ×　　　　最高存量:
存货名称及规格:A 材料　　　　最低存量:

| 2×19年 | | 凭证编号 | 摘要 | 购入 | | | 发出 | | | 结存 | | |
|---|---|---|---|---|---|---|---|---|---|---|---|---|
| 月 | 日 | | | 数量 | 单价 | 金额 | 数量 | 单价 | 金额 | 数量 | 单价 | 金额 |
| 3 | 1 | | 期初结存 | | | | | | | 200 | 60 | 12 000 |

续表

| 2×19年 | | 凭证编号 | 摘要 | 购入 | | | 发出 | | | 结存 | | |
|---|---|---|---|---|---|---|---|---|---|---|---|---|
| 月 | 日 | | | 数量 | 单价 | 金额 | 数量 | 单价 | 金额 | 数量 | 单价 | 金额 |
| | 6 | | 购入 | 500 | 64 | 32 000 | | | | 700 | | |
| | 8 | | 发出 | | | | 400 | | | 300 | | |
| | 15 | | 购入 | 400 | 60 | 24 000 | | | | 700 | | |
| | 20 | | 发出 | | | | 700 | | | 0 | | |
| | 24 | | 购入 | 600 | 62 | 37 200 | | | | 600 | | |
| | 27 | | 发出 | | | | 500 | | | 100 | | |
| | 31 | | 合计 | 1 500 | | 93 200 | 1 600 | | 99 008 | 100 | 61.88 | 6 188 |

采用月末一次加权平均法，只在月末一次计算加权平均单位成本并结转发出存货成本即可，平时不对发出存货计价，因而日常核算工作量较小，简便易行，适用于存货收发比较频繁的企业。但也正因为存货计价集中在月末进行，所以平时无法提供发出存货和结存存货的单价及金额，不利于存货的管理。

### （四）个别计价法

个别计价法亦称个别认定法、具体辨认法或分批实际法，是指按其购入或生产时所确定的单位成本计算各批发出存货和期末存货的成本。其特征是注重所发出存货具体项目的实物流转与成本流转之间的联系，逐一辨认各批发出存货和期末存货所属的购进批次或生产批次。该方法把每一种存货的实际成本作为计算发出存货成本和期末存货成本的基础。

**【例 3-15】** 南强公司 2×19 年 3 月份 A 材料的购进、发出和结存资料如表 3-6 所示，月初 A 材料的结存余额为 200 件，单位成本为每件 60 元，南强公司采用个别计价法计算 A 材料发出和结存的成本。

表 3-6 存货明细账（个别计价法）

存货类别：原材料　　计量单位：元 / 件
存货编号：× × ×　　最高存量：
存货名称及规格：A 材料　　最低存量：

| 2×19年 | | 凭证编号 | 摘要 | 购入 | | | 发出 | | | 结存 | | |
|---|---|---|---|---|---|---|---|---|---|---|---|---|
| 月 | 日 | | | 数量 | 单价 | 金额 | 数量 | 单价 | 金额 | 数量 | 单价 | 金额 |
| 3 | 1 | | 期初结存 | | | | | | | 200 | 60 | 12 000 |
| | 6 | | 购入 | 500 | 64 | 32 000 | | | | 700 | | |
| | 8 | | 发出 | | | | 400 | | | 300 | | |

续表

| 2×19 年 | | 凭证编号 | 摘要 | 购入 | | | 发出 | | | 结存 | | |
|---|---|---|---|---|---|---|---|---|---|---|---|---|
| 月 | 日 | | | 数量 | 单价 | 金额 | 数量 | 单价 | 金额 | 数量 | 单价 | 金额 |
| | 15 | | 购入 | 400 | 60 | 24 000 | | | | 700 | | |
| | 20 | | 发出 | | | | 700 | | | 0 | | |
| | 24 | | 购入 | 600 | 62 | 37 200 | | | | 600 | | |
| | 27 | | 发出 | | | | 500 | | | 100 | | |
| | 31 | | 合计 | 1 500 | | 93 200 | | | | 100 | | |

假设经过具体辨认，8 日发出的 400 件中，200 件是期初存货，200 件是 6 日新购入的；20 日发出的 700 件中，300 件是 6 日购入的，400 件是 15 日购入的；27 日发出的 500 件是 24 日购入的。

依照个别计价法确定的南强公司 3 月份 A 材料的发出成本和期末存货成本计算如下（见表 3–7）：

发出存货成本 =(200×60+200×64)+(300×64+400×60)+500×62=99 000（元）

期末存货成本 =100×62=6 200（元）

**表 3–7 存货明细账（个别计价法）**

存货类别：原材料　　计量单位：元 / 件

存货编号：× × ×　　最高存量：

存货名称及规格：A 材料　　最低存量：

| 2×19 年 | | 凭证编号 | 摘要 | 购入 | | | 发出 | | | 结存 | | |
|---|---|---|---|---|---|---|---|---|---|---|---|---|
| 月 | 日 | | | 数量 | 单价 | 金额 | 数量 | 单价 | 金额 | 数量 | 单价 | 金额 |
| 3 | 1 | | 期初结存 | | | | | | | 200 | 60 | 12 000 |
| | 6 | | 购入 | 500 | 64 | 32 000 | | | | 700 | | 44 000 |
| | 8 | | 发出 | | | | 400 | | 24 800 | 300 | | 19 200 |
| | 15 | | 购入 | 400 | 60 | 24 000 | | | | 700 | | 43 200 |
| | 20 | | 发出 | | | | 700 | | 43 200 | 0 | | 0 |
| | 24 | | 购入 | 600 | 62 | 37 200 | | | | 600 | | 37 200 |
| | 27 | | 发出 | | | | 500 | | 31 000 | 100 | | 6 200 |
| | 31 | | 合计 | 1 500 | | 93 200 | | | | 100 | | 6 200 |

个别计价法的特点是存货的成本流转与实物流转完全一致,因而能准确地反映本期发出存货和期末结存存货的成本。但采用该方法必须具备详细的存货收、发、存记录,日常核算非常烦琐,存货实物流转的操作程序也相当复杂。一般来说,个别计价法只适用于不能替代使用的存货或为特定项目专门购入或制造的存货的计价,以及品种数量不多、单位价值较高或体积较大、容易辨认的存货的计价,如房产、船舶、飞机以及珠宝、名画等。

随着计算机信息系统的运用,使得在手工操作下具有明显局限性的计价方法,也可以广泛应用于发出存货的计价。

## 三、发出存货的会计处理

存货是为了满足企业生产经营的各种需要而取得的,其用途各不相同。企业应当根据各类存货的特点及用途,对发出存货进行相应的会计处理。

### (一) 发出原材料

1. 生产领用原材料

原材料在生产经营过程中领用后,其原有实物形态会发生改变乃至消失,其成本也随之形成相关资产成本或直接转化为费用。根据原材料的消耗特点,企业应按发出原材料的用途,将其成本直接计入相关资产成本或当期费用。领用原材料时,按计算确定的实际成本,借记“生产成本”“制造费用”“委托加工物资”“在建工程”“销售费用”和“管理费用”等科目,贷记“原材料”科目。

【例 3-16】 南强公司 3 月领用一批 B 材料,实际成本为 300 000 元。其中基本生产领用 200 000 元,辅助生产领用 50 000 元,车间一般性耗用 20 000 元,在建工程领用 20 000 元,销售部门领用 10 000 元。

| | | |
|---|---|---|
| 借:生产成本——基本生产成本 | 200 000 | |
| ——辅助生产成本 | 50 000 | |
| 制造费用 | 20 000 | |
| 在建工程 | 20 000 | |
| 销售费用 | 10 000 | |
| 贷:原材料——B 材料 | | 300 000 |

2. 销售的原材料

企业对外销售的原材料,取得的销售收入构成其他业务收入,相应的存货成本应计入其他业务成本。销售时,按从购货方已收或应收的全部合同或协议价款,借记“银行存款”“应收账款”等科目,按实现的营业收入,贷记“其他业务收入”科目,按增值税销项税额,贷记“应交税费——应交增值税(销项税额)”科目;同时,按发出存货的账面价值结转销售成本,借记“其他业务成本”科目,贷记“原材料”等科目,原材料若有计提跌价准备的,也应一并结转。

【例 3-17】 南强公司 4 月 5 日销售一批原材料 C,合同价款 10 000 元,增值税销项税额 1 300 元,价款暂时未收到。该批原材料 C 的账面价值为 8 000 元。4 月 20 日,南强公司通过银行转账收到购货方货款。

(1) 4 月 5 日,销售该批原材料 C 时:

借:应收账款　　11 300

　　贷:其他业务收入　　10 000

　　　　应交税费——应交增值税(销项税额)　　1 300

借:其他业务成本　　8 000

　　贷:原材料——原材料 C　　8 000

(2) 4 月 20 日,收到货款时:

借:银行存款　　11 300

　　贷:应收账款　　11 300

### (二) 发出周转材料

周转材料是指企业能够多次使用、逐渐转移其价值但仍保持原有形态的,不确认为固定资产的材料,比如,包装物和低值易耗品。周转材料根据不同用途进行不同的会计处理:①生产部门日常生产领用的,按其账面价值直接计入产品生产成本;②车间一般性消耗的,按账面价值计入制造费用;③管理部门领用的,按账面价值计入管理费用;④若随商品出售且不单独计价的,按账面价值计入销售费用;⑤若随商品出售且单独计价,则视同销售,取得的收入计入其他业务收入,其账面价值计入其他业务成本。

企业一般设置"周转材料"一级科目,核算各种周转材料的成本,也可分别设置"包装物"和"低值易耗品"科目进行核算。企业应根据周转材料的消耗方式、价值大小、耐用程度等,选择适当的摊销方法,将其账面价值一次或分次计入有关成本费用。常用的周转材料摊销方法有一次转销法、五五摊销法、分次摊销法等。

1. 一次转销法

一次转销法是指在领用周转材料时,将其账面价值全部计入相关成本费用的一种方法。

在一次转销法下,领用周转材料时,应按其账面价值,借记"生产成本""制造费用""其他业务成本""销售费用""管理费用"等科目,贷记"周转材料"科目(以"包装物"和"低值易耗品"作为一级科目核算的,贷记"包装物"或"低值易耗品"科目);周转材料报废时,如有残值,应将其冲减有关成本费用,借记"原材料""银行存款"等科目,贷记"生产成本""制造费用""其他业务成本""销售费用""管理费用"等科目。

**【例 3-18】** 南强公司 3 月份领用一批包装物,账面价值为 2 000 元。其中,生产部门领用 1 000 元用于辅助生产;管理部门领用 500 元用于日常消耗;销售部门领用 500 元用于包装对外销售的产品,领用的包装物不单独计价。南强公司对该批包装物采用一次转销法摊销。当月,报废一批管理用低值易耗品,收回残料作价 100 元,作为原材料入库。

(1) 领用包装物时:

借:生产成本——辅助生产成本　　1 000

　　管理费用　　500

　　销售费用　　500

　　贷:周转材料　　2 000

(2) 报废低值易耗品,收回残值时:

借:原材料　　100

贷:管理费用 100

一次转销法通常适用于价值较低或极易损坏的管理用具和小型工具、卡具,以及在单件小批生产方式下为制造某批订货所用的专用工具等低值易耗品、生产领用的包装物和随同商品出售的包装物;数量不多、金额较小且业务不频繁的出租或出借包装物,也可以采用一次转销法结转包装物的成本,但在以后收回使用过的出租和出借包装物时,应加强实物管理,并在备查簿上进行登记。

2. 五五摊销法

五五摊销法是指在领用或出租、出借周转材料时先摊销其成本的一半,在报废时再摊销其成本的另一半。

采用五五摊销法,企业应对周转材料设置“在库”“在用”和“摊销”进行明细核算。在领用周转材料时,按其账面价值,借记“周转材料——在用”科目,贷记“周转材料——在库”科目;同时,摊销其账面价值的一半,借记“制造费用”“其他业务成本”“管理费用”“销售费用”等科目,贷记“周转材料——摊销”科目。周转材料报废时,摊销剩下的一半账面价值,借记“制造费用”“其他业务成本”“管理费用”“销售费用”等科目,贷记“周转材料——摊销”科目;同时,转销周转材料全部已计提摊销额,借记“周转材料——摊销”科目,贷记“周转材料——在用”科目。周转材料报废时,应按其收回的残料价值冲减有关成本费用,借记“原材料”“银行存款”等科目,贷记“制造费用”“其他业务成本”“销售费用”“管理费用”等科目。

【例 3-19】 南强公司管理部门 3 月份领用一批全新的包装物,账面价值为 2 000 元。南强公司对该批包装物采用五五摊销法摊销。该批包装物报废时,收回残料作价 200 元,作为原材料入库。

(1) 领用包装物并摊销其账面价值的一半。

借:周转材料——在用 2 000

贷:周转材料——在库 2 000

借:管理费用 1 000

贷:周转材料——摊销 1 000

(2) 包装物报废,摊销剩余一半的账面价值并转销全部已计提摊销额。

借:管理费用 1 000

贷:周转材料——摊销 1 000

借:周转材料——摊销 2 000

贷:周转材料——在用 2 000

(3) 报废包装物,收回残料。

借:原材料 200

贷:管理费用 200

【例 3-20】 南强公司为一般纳税人,3 月份领用一批全新的包装物出租给客户使用,并收取押金 11 300 元。该批包装物账面价值为 8 000 元,南强公司对该批包装物采用五五摊销法摊销,应向客户收取的租金于客户退还包装物时,按实际使用时间计算并从押金中扣除。假定客户于 4 月底退还包装物。

(1) 领用包装物并摊销其账面价值的一半。

借:周转材料——在用　　8 000

　　贷:周转材料——在库　　8 000

借:其他业务成本　　4 000

　　贷:周转材料——摊销　　4 000

(2) 收取包装物押金。

借:银行存款　　11 300

　　贷:其他应付款　　11 300

(3) 客户退还包装物,计算应收取租金 2 260 元,从收取的押金中扣除,并退还剩余押金。

增值税销项税额 =2 260÷(1+13%)×13%=260(元)

借:其他应付款　　11 300

　　贷:其他业务收入　　2 000

　　　　应交税费——应交增值税(销项税额)　　260

　　　　银行存款　　9 040

如果客户逾期未退还出租或出借的包装物,企业应按合同规定没收其押金。企业没收押金时,应根据没收的押金数额,借记“其他应付款”科目,根据其中所含的增值税,贷记“应交税费——应交增值税(销项税额)”,根据全部押金扣除增值税后的金额贷记“其他业务收入”;同时,摊销该包装物剩余一半的账面价值。

**【例 3–21】** 接【例 3–20】 假定客户逾期未退还包装物,南强公司按合同规定没收押金。

(1) 确认没收押金取得的收入。

增值税销项税额 =11 300÷(1+13%)×13%=1 300(元)

其他业务收入 =11 300–1 300=10 000(元)

借:其他应付款　　11 300

　　贷:其他业务收入　　10 000

　　　　应交税费——应交增值税(销项税额)　　1 300

(2) 摊销该包装物剩余一半的账面价值。

借:其他业务成本　　4 000

　　贷:周转材料——摊销　　4 000

借:周转材料——摊销　　8 000

　　贷:周转材料——在用　　8 000

五五摊销法下,由于在报废前始终有 50% 的价值保留在账面上,有利于加强周转材料的管理和核算。五五摊销法适用于领用数量多、金额大的周转材料的摊销。

3. 分次摊销法

分次摊销法是指将周转材料的成本,按照使用次数分次摊入相关的成本费用的一种摊销方法。各期周转材料摊销额的计算公式如下:

某期周转材料摊销额 =(周转材料账面价值 ÷ 预计使用次数)× 该期实际使用次数

采用分次摊销法时,其核算原理与五五摊销法是一致的,不同的是分次摊销法下周转材料的价值是分若干次进行摊销的，而五五摊销法是在领用和报废时分别摊销一半。

**【例 3-22】** 南强公司某车间 3 月份领用专用工具一批，实际成本为 5 000 元，预计可使用 5 次，采用分次摊销法进行摊销。领用当月，实际使用 2 次；次月，实际使用 2 次；第三个月，该批工具报废，将残料售出，收取价款 500 元存入银行。

（1）领用专用工具。

借：周转材料——在用　　5 000

　　贷：周转材料——在库　　5 000

（2）领用当月，按使用次数摊销专用工具账面价值。

当月摊销额 =（5 000÷5）×2=2 000（元）

借：制造费用　　2 000

　　贷：周转材料——摊销　　2 000

（3）领用次月，按使用次数摊销专用工具账面价值。

当月摊销额 =（5 000÷5）×2=2 000（元）

借：制造费用　　2 000

　　贷：周转材料——摊销　　2 000

（4）领用第三个月，工具报废。

剩余账面价值 =5 000-2 000-2 000=1 000（元）

借：制造费用　　1 000

　　贷：周转材料——摊销　　1 000

借：周转材料——摊销　　5 000

　　贷：周转材料——在用　　5 000

（5）收到残料价款。

借：银行存款　　500

　　贷：制造费用　　500

一般而言，建造承包商的钢模板、木模板、脚手架等周转材料使用分次摊销法进行摊销。

### （三）发出库存商品

企业对外销售的商品、产成品、自制半成品等存货，取得的销售收入构成其主营业务收入，相应的存货成本应计入主营业务成本。销售存货时，按从购货方已收或应收的全部合同或协议价款，借记“银行存款”“应收账款”等科目，按实现的营业收入，贷记“主营业务收入”科目，按增值税销项税额，贷记“应交税费——应交增值税（销项税额）”科目；同时，按发出存货的账面价值结转销售成本，借记“主营业务成本”科目，贷记“库存商品”等科目。

**【例 3-23】** 南强公司 4 月 14 日销售一批 E 产品，售价 20 000 元，增值税销项税额 2 600 元，价款尚未收到，该批 E 产品的账面价值为 15 000 元。4 月 25 日，收到购货方开出的商业承兑汇票。

（1）4 月 14 日销售 E 产品时：

借：应收账款　　22 600

　　贷：主营业务收入　　20 000

应交税费——应交增值税（销项税额）　　2 600

借：主营业务成本　　15 000

　贷：库存商品　　15 000

（2）4 月 25 日，收到商业承兑汇票时：

借：应收票据　　22 600

　贷：应收账款　　22 600

## 四、存货的计划成本法

### （一）计划成本法的基本内容

计划成本法是指存货的日常收入、发出和结存均按预先制定的计划成本计价；同时设置“材料成本差异”科目核算实际成本与计划成本之间的差异。存货按计划成本核算时，要求存货的总分类账和明细分类账均按计划成本计价。对于存货品种、规格、数量繁多，收发频繁的企业而言，采用计划成本法对存货的收入、发出及结存进行日常核算，有助于简化日常核算工作量，降低核算成本，提高会计信息的及时性。

存货按计划成本进行日常核算时，应设置“材料采购”“原材料”和“材料成本差异”等科目。取得存货时先按实际成本记入“材料采购”科目，验收入库和发出材料时均按计划成本登记；存货的实际成本与计划成本之间的差额，通过“材料成本差异”科目核算，实际成本高于计划成本的超支差异，在该科目的借方登记，实际成本低于计划成本的节约差异，在该科目的贷方登记。月末，通过分配材料成本差异，将发出材料的计划成本和结存存货的计划成本调整为实际成本。

企业的产成品要用计划成本法核算的，应单独设置“产品成本差异”科目进行核算。

### （二）存货取得和成本差异的形成

1. 外购的存货

采用计划成本法进行核算时，外购的存货，不论是否验收入库，都必须先通过“材料采购”科目核算存货的实际采购成本，借记“材料采购”，按增值税专用发票上注明的增值税进项税额，借记“应交税费——应交增值税（进项税额）”科目，按已付或未付的款项，贷记“银行存款”“应付票据”“应付账款”等科目。已购进的存货验收入库时，按其计划成本，借记“原材料”“周转材料”等存货科目，贷记“材料采购”科目；实际成本大于计划成本的超支差额，借记“材料成本差异”科目，贷记“材料采购”科目，或实际成本小于计划成本的节约差额，借记“材料采购”科目，贷记“材料成本差异”科目。

**【例 3–24】** 南强公司是增值税一般纳税人，采用计划成本法核算存货，2×19 年 3 月份，发生与材料采购相关的下列业务。

（1）3 月 10 日购入一批 A 材料，材料已验收入库，其计划成本为 6 500 元。取得有关发票等结算凭证并用银行存款支付货款，增值税专用发票上注明的价款为 6 000 元，增值税税额为 780 元。

借：材料采购　　6 000

　应交税费——应交增值税（进项税额）　　780

　贷：银行存款　　6 780

| | | |
|---|---|---|
| 借:原材料 | 6 500 | |
| 　　贷:材料采购 | | 6 500 |
| 借:材料采购 | 500 | |
| 　　贷:材料成本差异——原材料 | | 500 |

(2) 3 月 15 购入一批 B 材料,取得有关发票等结算凭证,并用银行存款支付货款,增值税专用发票上注明的价款为 5 000 元,增值税税额为 650 元。材料尚在运输途中。

| | | |
|---|---|---|
| 借:材料采购 | 5 000 | |
| 　　应交税费——应交增值税(进项税额) | 650 | |
| 　　贷:银行存款 | | 5 650 |

(3) 3 月 18 日又购入一批 A 材料,发票等有关结算凭证尚未收到,款项尚未支付,材料已经运达企业并验收入库。

暂不做会计处理。

(4) 3 月 20 日,15 日购进的 B 材料运达企业并验收入库。该批原材料的计划成本为 4 500 元。

| | | |
|---|---|---|
| 借:原材料 | 4 500 | |
| 　　贷:材料采购 | | 4 500 |
| 借:材料成本差异——原材料 | 500 | |
| 　　贷:材料采购 | | 500 |

(5) 3 月 25 日,收到 18 日购进的 A 材料的发票,增值税专用发票上注明的材料价款为 8 000 元,增值税进项税额为 1 040 元,相关款项已用银行存款支付。该批原材料的计划成本为 9 000 元。

| | | |
|---|---|---|
| 借:材料采购 | 8 000 | |
| 　　应交税费——应交增值税(进项税额) | 1 040 | |
| 　　贷:银行存款 | | 9 040 |
| 借:原材料 | 9 000 | |
| 　　贷:材料采购 | | 9 000 |
| 借:材料采购 | 1 000 | |
| 　　贷:材料成本差异——原材料 | | 1 000 |

月末,对已验收入库但尚未收到发票账单的存货,按计划成本暂估入账,借记“原材料”等科目,贷记“应付账款——暂估应付账款”科目,下月初再用红字做相同的会计分录予以冲回;待收到发票账单并结算时,按正常程序进行会计处理。

**【例 3-25】** 南强公司是增值税一般纳税人,2×19 年 3 月中旬购入一批 A 材料,材料已验收入库,但结算凭证未到,货款尚未支付,计划成本为 8 000 元。4 月收到有关发票等结算凭证,并用银行存款支付货款。增值税专用发票上注明的价款为 7 200 元,增值税税额为 936 元。

(1) 3 月末按计划成本暂估入账。

| | | |
|---|---|---|
| 借:原材料 | 8 000 | |
| 　　贷:应付账款——暂估应付账款 | | 8 000 |

(2) 4 月月初红字冲回时。

借:原材料　　8 000(红字)

　　贷:应付账款——暂估应付账款　　8 000(红字)

(3) 4 月收到有关发票等结算凭证。

借:材料采购　　7 200

　　应交税费——应交增值税(进项税额)　　936

　　贷:银行存款　　8 136

(4) 结转入库材料的计划成本。

借:原材料　　8 000

　　贷:材料采购　　8 000

(5) 结转入库材料的节约差异。

借:材料采购　　800

　　贷:材料成本差异　　800

在实际核算中,为了简化手续,企业可以将已入库并付款的存货计划成本及成本差异的结转工作放到月末汇总进行。即企业在平时收到存货时,可以先不记录存货的增加,也不对形成的存货成本差异进行结转;月末,再将本月已支付货款并验收入库的存货,按实际成本和计划成本分别汇总,一次登记本月存货的增加,并计算和结转本月存货成本差异。

**【例 3-26】** 接【例 3-24】,南强公司是增值税一般纳税人,采用计划成本法进行存货核算。为简化核算手续,南强公司选择在月末汇总登记收到的存货,并计算结转存货成本差异,有关会计处理如下:

(1) 3 月 10 日购入一批 A 材料,材料已验收入库,其计划成本为 6 500 元。取得有关发票等结算凭证,并用银行存款支付货款,增值税专用发票上注明的价款为 6 000 元,增值税税额为 780 元。

借:材料采购　　6 000

　　应交税费——应交增值税(进项税额)　　780

　　贷:银行存款　　6 780

(2) 3 月 15 日购入一批 B 材料,取得有关发票等结算凭证,并用银行存款支付货款,增值税专用发票上注明的价款为 5 000 元,增值税税额为 650 元。材料尚在运输途中。

借:材料采购　　5 000

　　应交税费——应交增值税(进项税额)　　650

　　贷:银行存款　　5 650

(3) 3 月 18 日又购入一批 A 材料,发票等有关结算凭证尚未收到,款项未支付,材料已经运达企业并验收入库。

暂不做会计处理。

(4) 3 月 20 日,15 日购进的 B 材料运达企业并验收入库。该批原材料的计划成本为 4 500 元。

暂不做会计处理。

(5) 3月25日，收到18日已入库A材料的发票等结算凭证，增值税专用发票上注明的材料价款为8 000元，增值税进项税额为1 040元，相关款项已用银行存款支付。该批原材料的计划成本为9 000元。

借：材料采购　8 000

　应交税费——应交增值税（进项税额）　1 040

　贷：银行存款　9 040

(6) 3月31日，汇总本月已付款并已验收入库的原材料实际成本和计划成本，登记本月存货的增加，并计算和结转本月存货成本差异。

原材料实际成本 =6 000+5 000+8 000=19 000（元）

原材料计划成本 =6 500+4 500+9 000=20 000（元）

原材料成本差异 =19 000−20 000=−1 000（元）

借：原材料　20 000

　贷：材料采购　20 000

借：材料采购　1 000

　贷：材料成本差异——原材料　1 000

2. 其他方式取得的存货

企业通过外购以外的方式取得的存货，直接按取得存货的计划成本，借记“原材料”“周转材料”“库存商品”等存货科目；涉及增值税的，按增值税专用发票上注明的增值税进项税额，借记“应交税费——应交增值税（进项税额）”科目；按确定的实际成本，贷记“生产成本”“委托加工物资”等相关科目，按实际成本与计划成本的差额，借记或贷记“材料成本差异”等科目；而不需要通过“材料采购”科目进行核算。

**【例3-27】** 2×19年3月中旬，南强公司某一生产车间制造完成一批产成品，该批产品的计划成本为70 000元，已验收入库。经计算，该批产品的实际成本为80 000元。

借：库存商品　70 000

　产品成本差异　10 000

　贷：生产成本　80 000

### （三）存货发出及成本差异的分摊

采用计划成本法对存货进行日常核算，平时发出存货时先按计划成本计价，即按发出存货的计划成本，借记“生产成本”“制造费用”“销售费用”“管理费用”等相关成本费用科目，贷记“原材料”“库存商品”等存货科目；月末，将月初结存存货的成本差异和本月取得存货形成的成本差异，在本月发出存货和月末结存存货之间进行分配，将发出存货和期末结存存货的成本由计划成本调整为实际成本。

调整的基本公式如下：

实际成本 = 计划成本 + 超支差异（或：计划成本 − 节约差异）

为了便于存货成本差异的分摊，企业应当计算出材料成本差异率，据以分配当月形成的存货成本差异。企业应当分别原材料、周转材料等，按照类别或品种对存货成本差异进行明细核算，并计算相应的材料成本差异率，不能使用一个综合差异率。当期材料成本差异的计算公式如下：

$$本月材料成本差异率=\frac{月初结存材料的成本差异+本月验收入库材料的成本差异}{月初结存材料的计划成本+本月验收入库材料的计划成本}\times100\%$$

本月发出存货应分摊的成本差异 = 发出存货的计划成本 × 材料成本差异率

本月发出存货实际成本 = 发出存货的计划成本 + 发出存货应分摊的成本差异(超支差异:+;节约差异:-)

材料成本差异的分配除采用本月材料成本差异率外,还可以采用月初材料成本差异率,其计算公式为:

$$月初材料成本差异率=\frac{月初结存材料的成本差异}{月初结存材料的计划成本}\times100\%$$

除委托外部加工发出的存货采用月初材料成本差异率外,其他情况发出的存货通常应采用本月材料成本差异率进行差异的分配。

本月发出存货应分配的成本差异通过“材料成本差异”科目转出之后,该科目的余额即为月末结存存货应负担的成本差异。在编制资产负债表时,月末结存存货应当以考虑了材料成本差异后的实际成本列示。

**【例 3-28】** 南强公司的存货采用计划成本核算。2019 年 1 月“原材料”科目的期初余额为 30 000 元,“材料成本差异——原材料”科目的借方余额为 3 000 元。3 月份的材料采购业务如下:

(1) 3 月 10 日购入一批 A 材料,材料已验收入库,其计划成本为 6 500 元。取得有关发票等结算凭证,并用银行存款支付货款,增值税专用发票上注明的价款为 6 000 元,增值税税额为 780 元。

(2) 3 月 15 日购入一批 B 材料,计划成本为 4 500 元,材料已验收入库,取得有关发票等结算凭证,并用银行存款支付货款,增值税专用发票上注明的价款为 5 000 元,增值税税额为 650 元。

(3) 3 月 18 日又购入一批 A 材料,增值税专用发票上注明的材料价款为 8 000 元,增值税税额为 1 040 元,相关款项已用银行存款支付。该批原材料的计划成本为 9 000 元,材料已验收入库。

月末经汇总,原材料实际成本为 19 000 元,计划成本 20 000 元,材料成本差异为节约 1 000 元。3 月领用原材料的计划成本为 25 000 元,其中,产品生产领用 15 000 元,车间消耗领用 5 000 元,管理部门领用 5 000 元。

(1) 按计划成本发出原材料。

| | | |
|---|---|---|
| 借:生产成本 | 15 000 | |
| 　制造费用 | 5 000 | |
| 　管理费用 | 5 000 | |
| 　贷:原材料 | | 25 000 |

(2) 计算本月材料成本差异率。

$$本月材料成本差异率=\frac{3\ 000-1\ 000}{30\ 000+20\ 000}\times100\%=4\%$$

(3) 分摊材料成本差异。

生产成本 =15 000×4%=600(元)

制造费用 =5 000×4%=200(元)

管理费用 =5 000×4%=200(元)

| | | |
|---|---|---|
| 借:生产成本 | 600 | |
| 制造费用 | 200 | |
| 管理费用 | 200 | |
| 贷:材料成本差异——原材料 | | 1 000 |

(4) 月末,计算结存存货的实际成本。

“原材料”科目余额为 25 000(30 000+20 000−25 000)元。

“材料成本差异”科目余额为 1 000(3 000−1 000−1 000)元。

结存原材料的实际成本为 26 000(25 000+1 000)元。

月末编制资产负债表时,存货项目中的原材料,应当按结存原材料的实际成本 26 000 元列示。

**(四) 计划成本法的特点**

(1) 企业采用计划成本法对存货进行日常核算,有助于简化日常核算工作量、降低核算成本。在计划成本法下,同一种存货只有一个单位计划成本,因此,存货明细账可以只记收入、发出、结存的数量,对于存货收入、发出、结存的金额,只需要将该存货的单位计划成本乘以相应数量便可以随时获取。

因此,计划成本法主要应用于制造行业。制造业材料种类繁多、收发频繁,使用计划成本法简化了日常发出存货计价等核算手续。但在存货的价格变动较频繁、变动起伏较大的情况下,会加大对计划成本进行修正的难度和工作量。

(2) 有助于考核采购部门的业绩。在设定了合理的计划成本后,可以通过存货采购的实际成本与计划成本的比较,得出实际成本与计划成本的差异,从而对采购部门工作业绩进行考核,促使其降低采购成本;还可以对造成差异的原因进行分析,从而找到节约成本的有效方法。

信息化环境下,企业采用实际成本法已不再是难事,但计划成本法的特点不仅仅是简化了核算,它更重要的作用在于管理。随着计算机、网络等信息技术在会计中的广泛应用,一些传统的核对、计算、存储等内部会计控制方式被计算机轻而易举地替代,但一些企业内部会计控制制度(如拟订物资采购计划、业务程序控制等)仍将有效地发挥积极的作用,帮助企业更加有效地应用信息,它们都需要计划成本信息的支持。

## 第四节 存货的期末计量

### 一、期末存货计量的原则

为了更客观、合理、准确地反映期末存货的实际价值,《企业会计准则第 1 号——存货》规定,资产负债表日,存货应当按照成本与可变现净值孰低计量。存货成本高于其可变现净值的，按照存货成本高于可变现净值的差额计提存货跌价准备，计入当期损益。

成本与可变现净值孰低法，是指按照存货的成本与可变现净值两者之中的较低者对期末存货进行计量的一种方法。采用成本与可变现净值孰低法对期末存货进行计量，当某项存货的可变现净值跌至成本以下时，表明该项存货为企业带来的未来经济利益将低于账面成本，企业应按可变现净值低于成本的差额确认存货跌价损失，并将其从存货价值中扣除；而当可变现净值高于成本时，企业则不能按可变现净值高于成本的金额确认这种尚未实现的存货增值收益。因此，成本与可变现净值孰低法体现了谨慎性会计原则的要求。

这里的"成本"是指期末存货的历史成本或实际成本，即采用先进先出法、加权平均法等存货计价方法，对发出存货（或期末存货）进行计量所确定的期末存货账面成本。

可变现净值，是指在日常活动中，存货的估计售价减去至完工时估计将要发生的成本、估计的销售费用以及相关税费后的金额。在日常经营过程中，为使存货达到预定可销售状态，企业可能需要进一步加工存货；销售时，也会发生销售费用和相关税费。这些加工成本、销售费用、相关税费，均构成销售存货产生的现金流入的抵减项目。扣除了这些现金流出后，就能确定存货的可变现净值。因此，存货可变现净值由存货的估计售价、至完工时将要发生的成本、估计的销售费用和估计的相关税费等内容构成，是指存货的预计未来净现金流入量，而不是指存货的估计售价或合同价。

## 二、存货可变现净值的确定

企业确定存货的可变现净值，应当以取得的确凿证据为基础，并且考虑持有存货的目的、资产负债表日后事项的影响等因素。为生产而持有的材料等，当用其生产的产成品的可变现净值高于成本时，该材料仍然应当按照成本计量；当材料价格的下降导致用其生产的产成品的可变现净值低于成本时，该材料应当按照可变现净值计量。

### （一）确定存货可变现净值应当考虑的主要因素

1. 确定存货的可变现净值应以取得的确凿证据为基础

存货可变现净值的确凿证据是指对确定存货的可变现净值有直接影响的确凿证明，如产成品或商品的市场销售价格、与产成品或商品相同或类似商品的市场销售价格、销货方提供的有关资料和生产成本资料等。

2. 确定存货的可变现净值应考虑持有存货的目的

由于企业持有存货的目的不同，确定存货可变现净值的计算方法也不同。例如，用于出售的存货和用于继续加工的存货，其可变现净值的计算就不同。因此，企业在确定存货的可变现净值时，应考虑持有存货的目的。企业持有存货的目的通常可以分为：①持有以备出售，如商品、产成品等。这类存货又分为有合同约定的存货和没有合同约定的存货。②将在生产过程或提供劳务过程中耗用的存货，如材料等。

3. 确定存货的可变现净值应考虑资产负债表日后事项的影响

确定存货的可变现净值，不仅要以资产负债表日能够取得的最可靠的证据为基础，还应当考虑资产负债表日至财务报告批准报出日之间存货的价格变动对存货在资产负债表日存在状况的影响。如果有确凿证据表明该期间存货价格的变动对资产负债表日存货已经存在的状况提供了新的或进一步的证据，则在确定存货可变现净值时应当予以考虑。

### （二）存货估计售价的确定

存货的可变现净值由存货的估计售价、至完工时将要发生的成本、估计的销售费用和估计的相关税费等内容构成。因此在确定存货的可变现净值时，应合理确定估计售价、至完工将要发生的成本、估计的销售费用和相关税费。而对于企业持有的各类存货，在确定其可变现净值时，最关键的问题是确定估计售价，因为其他各项都可以从企业的历史成本资料或者以往的营业经验获取。具体来看，企业应当根据存货是否有约定销售的合同，区别以下情况确定存货的估计售价：

(1) 为执行销售合同或者劳务合同而持有的存货，通常应当以产成品或商品的合同价格作为其可变现净值的计算基础。当企业持有存货的数量等于或少于销售合同（或劳务合同）订购的数量，应以合同所规定的价格作为可变现净值的计算基础。如果企业销售合同或劳务合同所规定的标的物还没生产出来，但持有专门用于生产该标的物的原材料，则该原材料的可变现净值也应当以合同价格作为计算基础。当企业持有存货的数量多于销售合同或劳务合同订购数量，超出部分的存货可变现净值应当以产成品或商品的一般销售价格（即市场销售价格）作为计算基础。

**【例 3-29】** 2×18 年 12 月 5 日，南强公司与乙公司签订了一份不可撤销的销售合同。双方约定，2×19 年南强公司按每件 200 元的价格（不包括增值税）向乙公司提供 A 产品 3 500 件。2×18 年 12 月 31 日，南强公司库存 A 产品 1 500 件，每件单位成本 120 元，总成本为 180 000 元；库存用于生产 A 产品的甲材料总成本为 120 000 元，可以生产 2 000 件 A 产品。南强公司将甲材料生产成 A 产品，每件估计尚需投入人工及制造费用 48 元；销售 A 产品，估计每件会发生销售费用以及相关税费 12 元。2×18 年 12 月 31 日，A 产品的市场销售价格为每件 190 元。

由于南强公司与乙公司签订了不可撤销的合同，并约定了价格，对于库存的 A 产品来说，其持有数量少于合同订购数量，可变现净值应以合同价为基础计算；对于甲材料来说，是为生产 A 产品而持有，且数量在合同订购范围内，其可变现净值也是以其产成品的合同价为基础计算，即：

A 产品的可变现净值 = 200 × 1 500−12 × 1 500=282 000（元）

甲材料可变现净值 =200 × 2 000−48 × 2 000−12 × 2 000=280 000（元）

(2) 没有销售合同或者劳务合同约定的存货（不包括用于出售的原材料、半成品等存货），其可变现净值应当以产成品或商品的市场销售价格作为计算基础。

**【例 3-30】** 按【例 3-29】资料，假定南强公司没有与乙公司签订针对 A 产品的销售合同，其他条件不变。

在这种情况下，由于南强公司没有就 A 产品签订任何销售合同，所以 A 产品与甲材料的可变现净值均应以市场销售价格作为计算基础来确定，即：

A 产品的可变现净值 =190 × 1 500−12 × 1 500=267 000（元）

甲材料可变现净值 =190×2 000−48×2 000−12×2 000=260 000（元）

(3) 用于出售的原材料、半成品等存货，通常以该原材料或半成品的市场销售价格作为其可变现净值的计算基础。如果用于出售的原材料或半成品存在销售合同约定，应按合同价格作为其可变现净值的计算基础。

【例 3-31】 2×19 年 12 月，南强公司根据市场需求的变化，决定停止生产 B 产品。为减少不必要的损失，公司决定将专门用于生产 B 产品的原材料乙全部出售。2×19 年 12 月 31 日其账面成本为 100 000 元，市场售价为 80 000 元，销售乙材料预计将发生销售费用及相关税费共计 2 500 元。

在本例中，由于企业已决定不再生产 B 产品，因此，该批乙材料的可变现净值不能再以 B 产品的销售价格作为计算基础，而应按乙材料的市场价格作为计算基础。

乙材料的可变现净值 =80 000−2 500=77 500（元）

## 三、材料存货的期末计量

对于企业持有主要用于继续生产产品的材料存货，包括原材料、在产品、委托加工物资等，在运用成本与可变现净值孰低法进行期末计量时，应当以该材料存货所生产的产成品是否减值，即以产成品的可变现净值与成本的比较为基础，区分以下两种情况进行处理：

（1）如果该材料所生产的产品的可变现净值预计高于生产成本，即该材料所生产的产品没有发生减值，则应当按照成本计量。

【例 3-32】 2×19 年 12 月 31 日，南强公司持有的用于生产 A 产品的原材料 B 账面成本为 50 000 元，市场售价为 40 000 元；将 B 材料加工为 A 产品，尚需投入成本 30 000 元。A 产品的市场售价为 100 000 元，销售 A 产品预计将发生销售费用及相关税费 10 000 元。

根据上述资料可知，用 B 材料生产的 A 产品的可变现净值为 100 000−10 000=90 000（元），用 B 材料生产 A 产品的成本为 50 000+30 000=80 000（元），A 产品的可变现净值高于生产成本，即 A 产品没有发生减值，表明 B 材料也没有发生减值。在这种情况下，即使 B 材料的市场售价低于账面成本，但 B 材料仍应按照成本 50 000 元进行计量。

（2）如果该材料的价格下降，导致其所生产产品的可变现净值预计低于生产成本，则该材料应按照可变现净值计量，并计提跌价准备。

【例 3-33】 2×19 年 12 月 31 日，南强公司持有的用于生产 A 产品的原材料 B 账面成本为 50 000 元，市场售价为 38 000 元；将 B 材料加工为 A 产品，尚需投入成本 30 000 元。A 产品的市场售价为 80 000 元，销售 A 产品预计将发生销售费用及相关税费 10 000 元。

根据上述资料可知，用 B 材料生产的 A 产品的可变现净值为 80 000−10 000=70 000（元），用 B 材料生产 A 产品的成本为 50 000+30 000=80 000（元），A 产品的可变现净值低于生产成本，A 产品发生了减值；同时表明 B 材料的可变现净值也低于其成本，并发生了减值。此情况下，B 材料应按可变现净值计量，相应地计提跌价准备。计算如下：

B 材料的可变现净值 =80 000−30 000−10 000=40 000（元）

B 材料计提的存货跌价准备 =50 000−40 000=10 000（元）

## 四、存货跌价准备的会计处理

资产负债表日，存货应当按照成本与可变现净值孰低计量。对于可变现净值低于其成本的存货，企业应按可变现净值低于成本的部分，计提存货跌价准备。

### (一) 判断存货减值的主要迹象

期末,企业应当对存货进行全面检查,对由于存货毁损、陈旧过时或销售价格低于成本等原因,使存货可变现净值低于其成本的,应按可变现净值低于成本的部分,计提存货跌价准备;当可变现净值为零时,应将存货账面价值全部转销。

(1) 存货存在下列情形之一的,通常表明存货的可变现净值低于成本,应当计提存货跌价准备:

① 该存货的市场价格持续下跌,并且在可预见的未来无回升的希望。

② 企业使用该项原材料生产的产品的成本高于产品的销售价格。

③ 企业因产品更新换代,原有库存原材料已不适应新产品的需要,而该原材料的市场价格又低于其账面成本。

④ 因企业所提供的商品或劳务过时或消费者偏好改变而使市场的需求发生变化,导致市场价格逐渐下跌。

⑤ 其他足以证明该项存货实质上已经发生减值的情形。

(2) 当存货存在下列情形之一的,表明存货的可变现净值为零,应当将其账面价值全部转入当期损益:

① 已霉烂变质的存货。

② 已过期且无转让价值的存货。

③ 生产中已不再需要,并且已无使用价值和转让价值的存货。

④ 其他足以证明已无使用价值和转让价值的存货。

### (二) 计提存货跌价准备的基础

1. 以单项存货为基础计提存货跌价准备

企业通常应当以单个存货项目为基础计提存货跌价准备。在这种方式下,企业应当将每个存货项目的成本与其可变现净值逐一进行比较,按较低者计量存货,并且按成本高于可变现净值的差额计提存货跌价准备。这就要求企业应当根据管理要求和存货的特点,明确规定存货项目的确定标准。例如,将某一型号和规格的材料作为一个存货项目,将某一品牌和规格的商品作为一个存货项目等。

2. 以存货类别为基础计提存货跌价准备

如果某一类存货的数量繁多并且单价较低,则企业可以按存货类别计量成本与可变现净值,即将各类别存货的成本与其相应的可变现净值进行比较,按每个存货类别可变现净值与成本的较低者确定存货期末价值,对于可变现净值低于成本的存货类别,应按其差额计提存货跌价准备。

3. 以合并存货为基础计提存货跌价准备

对于与在同一地区生产和销售的产品系列相关、具有相同或类似最终用途或目的,且难以与其他项目分开来计量的存货,因其所处的经济环境、法律环境、市场环境等相同,具有类似的风险和报酬,在这种情况下,可以按该产品系列合并计提存货跌价准备。

需要注意的是,如果同一项存货中一部分有合同约定的价格,其他部分没有合同约定的价格,则应当按有合同约定价格的存货和没有合同约定价格的存货分别确定可变现净值,并将各自的可变现净值与相对应的成本进行比较,分别确定应计提或转回的存货跌价准备金额，由此计提的存货跌价准备不得相互抵销。

### （三）存货跌价准备的账务处理

1. 存货跌价准备的计提

企业在每一个资产负债表日都应当确定存货的可变现净值，将存货可变现净值与其成本进行比较，确定本期存货可变现净值低于成本的差额，并与“存货跌价准备”科目已有余额进行对比，如果二者一致，则表明存货价值未发生变动，不需要计提存货跌价准备；如果本期存货可变现净值低于成本的差额大于“存货跌价准备”科目已有贷方余额，则表明存货价格进一步降低，应补提跌价准备并确认跌价损失，按二者之差，借记“资产减值损失”科目，贷记“存货跌价准备”科目；如果本期存货可变现净值低于成本的差额小于“存货跌价准备”科目已有贷方余额，表明存货价值有所回升，应转回已计提的存货跌价准备，按二者之差，借记“存货跌价准备”科目，贷记“资产减值损失”科目。

**【例 3-34】** 南强公司对期末结存存货按成本与可变现净值孰低计量。2×16 年至 2×19 年，有关 A 商品期末计量的资料及相应的会计处理如下：

（1）2×16 年 12 月 31 日，A 商品的账面成本为 40 000 元，可变现净值为 35 000 元。

可变现净值低于成本的差额 =40 000−35 000=5 000（元）

借：资产减值损失　　5 000

　　贷：存货跌价准备——A 商品　　5 000

在 2×16 年 12 月 31 日的资产负债表中，A 商品应按可变现净值 35 000 元列示其价值。

（2）2×17 年度，在转出 A 商品时，相应地结转存货跌价准备 4 000 元。2×17 年 12 月 31 日，A 商品账面成本 50 000 元，可变现净值 45 000 元；计提存货跌价准备之前，“存货跌价准备”科目贷方余额为 1 000（5 000−4 000）元。

可变现净值低于成本的差额 =50 000−45 000=5 000（元）

应计提的存货跌价准备 =5 000−1 000=4 000（元）

借：资产减值损失　　4 000

　　贷：存货跌价准备——A 商品　　4 000

本年计提存货跌价准备之后，“存货跌价准备”科目贷方余额为 5 000 元；在 2×17 年 12 月 31 日的资产负债表中，A 商品应按可变现净值 45 000 元列示其价值。

（3）2×18 年度，在转出 A 商品时，相应地结转存货跌价准备 2 000 元。2×18 年 12 月 31 日，A 商品账面成本 61 000 元，可变现净值 59 000 元；计提存货跌价准备之前，“存货跌价准备”科目贷方余额为 3 000（5 000−2 000）元。

可变现净值低于成本的差额 =61 000−59 000=2 000（元）

应计提的存货跌价准备 =2 000−3 000=−1000（元）

上列计算结果为负数，表明 A 商品价值有所回升，且回升的金额小于已计提的存货跌价准备，因此，本年应转回的存货跌价准备金额为 1 000 元。

借：存货跌价准备——A 商品　　1 000

　　贷：资产减值损失　　1 000

本年转回存货跌价准备之后，“存货跌价准备”科目贷方余额为 2 000 元；在 2×18 年 12 月 31 日的资产负债表中，A 商品应按可变现净值 59 000 元列示其价值。

2. 存货跌价准备的转回

存货跌价准备转回的条件，是以前减记存货价值的影响因素已经消失，而不是在当期造成存货可变现净值高于成本的其他影响因素。当存货跌价准备符合转回条件时，应在原已计提的存货跌价准备金额内转回，转回的金额以将存货跌价准备科目余额冲减至零为限。

【例 3-35】 2×18 年 12 月 31 日，南强公司 A 产品的账面成本为 500 000 元，但由于 A 产品的市场价格下跌，预计可变现净值为 400 000 元，由此计提存货跌价准备 100 000 元。

(1) 2×19 年 6 月 30 日，A 产品的账面成本仍为 500 000 元，但由于 A 产品市场价格有所上升，使得 A 产品的预计可变现净值变为 470 000 元。

(2) 2×19 年 12 月 31 日，A 产品的账面成本仍为 500 000 元，由于 A 产品的市场价格进一步上升，预计其可变现净值为 550 000 元。

南强公司针对 A 产品的会计处理如下：

(1) 2×19 年 6 月 30 日，由于市场价格上升，A 产品的可变现净值有所恢复，应计提的存货跌价准备为 30 000(500 000–470 000) 元，则当期应冲减已计提的存货跌价准备 70 000(100 000–30 000) 元，且小于已计提的存货跌价准备 100 000 元，因此，应转回的存货跌价准备为 70 000 元。

| | | |
|---|---|---|
| 借：存货跌价准备 | 70 000 | |
| 　贷：资产减值损失——存货减值损失 | | 70 000 |

(2) 2×19 年 12 月 31 日，A 产品的可变现净值又有所恢复，超过其账面成本 50 000 (500 000–550 000) 元，但是对 A 产品已计提的存货跌价准备余额为 30 000 元，因此，当期应转回的存货跌价准备为 30 000 元(即以 A 产品已计提的“存货跌价准备”余额冲减至零为限)。

| | | |
|---|---|---|
| 借：存货跌价准备 | 30 000 | |
| 　贷：资产减值损失——存货减值损失 | | 30 000 |

3. 存货跌价准备的结转

企业计提了存货跌价准备，如果其中有部分存货已经销售，则企业在结转销售成本时，应同时结转其已计提的存货跌价准备。对于因债务重组、非货币性资产交换转出的存货，也应同时结转已计提的存货跌价准备。如果存货是按类别计提跌价准备的，应当按照发生销售、债务重组、非货币性资产交换等而转出存货的成本占转出前该类别存货全部成本的比例，结转相应的存货跌价准备。

结转存货跌价准备时，借记“存货跌价准备”科目，贷记“主营业务成本”“其他业务成本”“其他收益”等科目。

## 第五节　存货的清查

### 一、存货清查的意义和方法

#### (一) 存货清查的意义

存货是企业重要的流动资产，随着生产和销售环节的进行而处于不断流入、流出的变动状态。为了加强对存货的控制，维护存货的安全、完整，落实存货的保管责任，企业应当定期或不定期对存货的实物进行盘点和抽查，以确定存货的实有数量，并与账面记录进行核对，确保存货账实相符。

#### （二）存货清查的方法

企业至少应当在编制年度财务报告之前，对存货进行一次全面的清查盘点。存货清查采用实地盘点、账实核对的方法。在进行清查盘点前，应将已经收发的存货数量全部登记入账。盘点后，对于账实不符的存货，应查明原因，分清责任，并根据清查结果编制“存货盘存报告单”，作为存货清查的原始凭证。在进行存货清查盘点时，如果发现存货盘盈或盘亏，应于期末前查明原因，并根据企业的管理权限，报经股东大会，或董事会或经理（厂长）会议或类似机构批准后，在期末结账前处理完毕。

### 二、存货清查的会计处理

#### （一）存货盘盈

存货盘盈，是指存货的实存数量超过账面结存数量的差额。存货发生盘盈，应按其重置成本作为入账价值，借记“原材料”“周转材料”“库存商品”等存货科目，贷记“待处理财产损溢——待处理流动资产损溢”科目；待查明原因，按管理权限报经批准处理后，冲减当期管理费用。

【例3-36】 南强公司在存货清查中发现盘盈一批B材料，重置成本为3 500元。

（1）发现盘盈，原因待查时：

| | | |
|---|---|---|
| 借：原材料——B材料 | 3 500 | |
| 　　贷：待处理财产损溢——待处理流动资产损溢 | | 3 500 |

（2）查明原因，报经批准处理后：

| | | |
|---|---|---|
| 借：待处理财产损溢——待处理流动资产损溢 | 3 500 | |
| 　　贷：管理费用 | | 3 500 |

#### （二）存货盘亏

存货盘亏，是指存货的实存数量少于账面结存数量的差额。存货发生盘亏，应将其账面价值及时转销，借记“待处理财产损溢——待处理流动资产损溢”科目，贷记“原材料”“周转材料”“库存商品”等存货科目；盘亏存货涉及增值税的，还应进行相应处理。待查明原因，按管理权限报经批准处理后，根据造成盘亏的原因，分别以下情况进行会计处理：

（1）属于定额内自然损耗的存货短缺，计入管理费用；

（2）属于收发计量差错和管理不善等原因造成的短缺或毁损，应扣除残料价值、可收回的保险赔偿和过失人赔偿，将净损失计入管理费用；

（3）属于自然灾害等非常原因造成的存货毁损，应扣除处置收入（如残料价值）、可收回的保险赔偿和过失人赔偿，将净损失计入营业外支出。

【例3-37】 南强公司在存货清查中发现盘亏一批C材料，账面成本为5 000元。

（1）发现盘亏，原因待查时：

| | | |
|---|---|---|
| 借：待处理财产损溢——待处理流动资产损溢 | 5 000 | |

贷:原材料——C材料 5 000

(2) 查明原因,报经批准处理后:

① 假如属于收发计量差错造成的短缺,应作以下会计处理:

借:管理费用 5 000

贷:待处理财产损溢——待处理流动资产损溢 5 000

② 假如属于管理不善造成存货霉烂变质,由过失人赔偿部分损失2 500元,应作以下会计处理:

借:银行存款 2 500

管理费用 3 150

贷:待处理财产损溢——待处理流动资产损溢 5 000

应交税费——应交增值税(进项税额转出) 650

存货信息披露对资本市场的影响

③ 假如属于自然灾害造成的毁损,应收保险公司赔款3 800元,应作以下会计处理:

借:其他应收款——保险赔款 3 800

营业外支出 1 200

贷:待处理财产损溢——待处理流动资产损溢 5 000

如果盘盈或盘亏的存货在期末结账前尚未得到批准,则对外提供财务报告时,应先按上述方法进行会计处理,并在会计报表附注中做出说明。如果其后批准处理的方法、金额与已处理的不一致,应当调整当期会计报表相关项目的年初数。

## 本章小结

存货是指企业在日常活动中持有的以备出售的产成品或商品、处在生产过程中的在产品、在生产过程或提供劳务过程中耗用的材料和物料等。存货范围的确定标准是企业是否对该项资产拥有法定所有权。

我国会计准则与国际会计准则的比较分析——存货

企业在确认存货时,除了要判断其是否符合存货的概念,还需判断其是否同时满足资产确认的两个条件:①与该存货有关的经济利益很可能流入企业;②该存货的成本能够可靠计量。企业在取得存货时,应当按照使存货达到目前场所和状态所发生的成本进行初始计量,确认其入账价值。存货成本根据取得存货的方式不同,分为采购成本、加工成本和其他成本。不同的存货成本流转假设对应不同的存货计价方法,企业应当根据实际情况,综合考虑存货的性质、实物流转方式和管理的要求,选择适当的存货计价方法,合理确定发出存货的实际成本。企业应当在资产负债表日按照成本与可变现净值孰低法计量存货。存货可变现净值低于其成本的,应按可变现净值低于成本的部分,计提存货跌价准备。

消耗性生物资产的会计核算问题

企业的盘存制度有定期盘存和永续盘存两种。在进行存货清查盘点时,如果发现存货盘盈或盘亏,应于期末前查明原因,并根据企业的管理权限,报经股东大会或董事会,或经理(厂长)会议或类似机构批准后,在期末结账前处理完毕。

## 复习思考题

1. 企业拥有的各类物品中哪些属于存货？应该如何界定？
2. 如何确定外购存货的采购成本？
3. 发出存货有几种计价方法？不同的计价方法对会计信息有何影响？
4. 什么是周转材料？领用原材料和领用周转材料的会计处理有何区别？
5. 成本与可变现净值孰低法的基本原理是什么？该原则如何应用？
6. 材料存货的期末计量有何特点？
7. 转回存货跌价准备的条件是什么？转回的金额范围是怎样规定的？
8. 存货清查有何意义？如何进行存货盘盈、盘亏的会计处理？

## 即测即评

请扫描右侧二维码，进行随堂测试。

# 第四章　金融资产

## 学习目标

通过本章学习，应能够掌握金融工具的分类；掌握对以摊余成本计量的金融资产、以公允价值计量且其变动计入其他综合收益的金融资产、以公允价值计量且其变动计入当期损益的金融资产的会计处理；掌握金融资产减值的会计处理；掌握金融资产的重分类及其会计处理。

### 导读案例

**无锡银行 2019 年年报**

2020 年 3 月 27 日，无锡银行公布 2019 年年报。根据年报，2019 年无锡银行营业收入同比增长 10.89%，归属于上市公司股东净利润同比增长 14.07%。具体来看，无锡银行 2019 年营业收入增长主要受非息收入的增长带动，该行 2019 年利息净收入仍然在营业收入中占比最高，为 83.19%，但利息净收入 2019 年同比下降 1.49%，而非利息净收入同比大增 192.92%。

非利息净收入的增长主要源自投资收益的增长。2018 年无锡银行投资收益为 5 146.8 万元，2019 年激增至 4.47 亿元，暴增 768%。投资收益中贡献最大的是处置交易性金融资产取得的投资收益，2018 年这一数据为 0，2019 年为 2.97 亿元；其次是对联营及合营企业的投资收益，2018 年该项投资收益为 5 146.8 万元，2019 年升至 1.05 亿元。从无锡银行交易性金融资产 2019 年年末余额来看，各项比重从高到低排序分别是公募基金、债券、券商资管产品和银行理财产品。

什么是交易性金融资产？除了交易性金融资产，金融资产还包括哪些项目？不同金融资产如何进行相应会计处理？对公司的报表将产生怎样的影响？这一系列问题都有待通过本章学习予以解答。

资料来源：编者整理。

# 第一节 金融资产及其分类

## 一、金融资产的概念

金融工具是指形成一方的金融资产,并形成另一方的金融负债或者权益工具的合同。合同的形式多种多样,可以采取书面形式,也可以不采取书面形式。实务中的金融工具合同通常采用书面形式。非合同的资产和负债不属于金融工具,例如,应交所得税是企业按照税收法规规定承担的义务,不是以合同为基础的义务,因此不符合金融工具定义。一般来说,金融工具包括金融资产、金融负债和权益工具,也可能包括一些尚未确认的项目。

金融资产指的是企业持有的现金、其他方的权益工具,以及符合下列条件之一的资产:

(1) 从其他方收取现金或其他金融资产的合同权利。例如,企业的银行存款、应收账款、应收票据和发放的贷款等均属于金融资产。而预付账款不是金融资产,因其产生的未来经济利益是商品或者服务,不是收取现金或其他金融资产的权利。

(2) 在潜在有利条件下,与其他方交换金融资产或金融负债的合同权利。例如,企业购入的看涨期权或看跌期权等衍生工具。

【例 4–1】 2×18 年 1 月 31 日,丙上市公司的股票价格为 120 元。甲企业与乙企业签订 6 个月后结算的期权合同。合同规定:甲企业以每股 5 元的期权费买入 6 个月后执行价格为 123 元的丙公司股票看涨期权。2×18 年 7 月 31 日,如果丙公司股票的价格高于 123 元,则行权对甲企业有利,甲企业将选择执行该期权。

该例中,甲企业享有在潜在有利条件下,与乙企业交换金融资产的合同权利,应当确认一项衍生金融资产。

(3) 将来须用或可用企业自身权益工具进行结算的非衍生工具合同,且企业根据该合同将收到可变数量的自身权益工具。

【例 4–2】 2×18 年 4 月 1 日,甲公司为上市公司,为回购其普通股股份,与乙企业签定合同,并向其支付 200 万元现金。根据合同,乙企业将于 2×18 年 8 月 30 日向甲公司交付与 200 万元等值的甲公司普通股。甲公司可获取的普通股的具体数量以 2×18 年 8 月 30 日甲公司的股价确定。

该例中,甲公司收到的自身普通股的数量随着其普通股市场价格的变动而变动。在这种情况下,甲公司应当确认一项金融资产。

(4) 将来须用或可用企业自身权益工具进行结算的衍生工具合同,但以固定数量的自身权益工具交换固定金额的现金或其他金融资产的衍生工具合同除外。

新金融工具准则相对原准则的主要变动

【例 4–3】 甲公司于 2×18 年 2 月 1 日向乙企业支付 5 000 元购入以自身普通股为标的看涨期权。根据该期权合同,甲公司有权以每股 100 元的价格向乙企业购入甲公司普通股 1 000 股,行权日为 2×18 年 6 月 30 日。在行权日,期权将以甲公司普通股净额计算。假设行权日甲公司普通股的每股市价为 125 元，则期权的公允价值为 25 000 元[(125−100)×1 000]，这家企业会收到 200 股(25 000÷125)自身股票对看涨期权进行净额结算。

该例中，期权合同属于将来须用企业自身权益工具进行结算的衍生工具合同，由于合同约定以甲公司普通股净额结算期权的公允价值，而非按照每股 100 元的价格全额结算 1 000 股甲公司股票，因此不属于"以固定数量的自身权益工具交换固定金额的现金"。在这种情况下，甲公司应当将该看涨期权确认为一项衍生金融资产。

## 二、金融资产分类

根据《企业会计准则第 22 号——金融工具确认和计量》(2017)的规定，企业应当根据其管理金融资产的业务模式和金融资产的合同现金流量特征，将金融资产划分为三类：①以摊余成本计量的金融资产；②以公允价值计量且其变动计入其他综合收益的金融资产；③以公允价值计量且其变动计入当期损益的金融资产。

### (一) 企业管理金融资产的业务模式

1. 业务模式评估

企业管理金融资产的业务模式指的是，企业如何管理其金融资产从而产生现金流量。业务模式决定了企业所管理金融资产现金流量的来源是收取合同现金流量、出售金融资产，还是两者兼而有之。

企业确定其管理金融资产的业务模式时，应当注意以下方面：

(1) 企业应当在金融资产组合的层次上确定管理金融资产的业务模式，而不必按照单个金融资产逐项确定业务模式。金融资产组合的层次应当反映企业管理该金融资产的层次。有些情况下，企业可能将金融资产组合分拆成更小的组合，以合理反映企业管理该金融资产的层次。

(2) 一家企业可能采取多个业务模式管理其金融资产。例如，企业持有一组以收取合同现金流量为目标的投资组合，同时还持有另一组既以收取合同现金流量为目标又以出售该金融资产为目标的投资组合。

(3) 企业应该以关键管理人员决定的对金融资产进行管理的特定业务目标为基础，确定管理金融资产的业务模式。

(4) 企业的业务模式并非企业自愿制定，而是一种客观事实，通常可以从企业为实现其目标而开展的特定活动中得以反映。企业应当考虑在业务模式评估日可获得的所有相关证据，包括企业评价和向关键管理人员报告金融资产业绩的方式、影响金融资产业绩的风险及其管理方式，以及相关业务管理人员获取报酬的方式(例如，报酬是基于所管理资产的公允价值还是所收取的合同现金流量)等。

(5) 企业不得以按照合理预期不会发生的情形为基础，确定管理金融资产的业务模式。例如，对于某金融资产组合，如果企业预期仅会在压力情形下将其出售，且企业合理预期该压力情形不会发生，则该压力情形不得影响企业对该类金融资产的业务模式的评估。

2. 以收取合同现金流量为目标的业务模式

在以收取合同现金流量为目标的业务模式下，企业管理金融资产旨在通过在金融资产存续期内收取合同付款来实现现金流量，而不是通过持有并出售金融资产产生整体回报。

尽管企业持有金融资产是以收取合同现金流量为目标，但是企业无须将所有此类金融资产持有至到期。因此，即使企业出售金融资产或者预计未来会出售金融资产，此类金融资产的业务模式仍然可能是以收取合同现金流量为目标。企业在评估金融资产是否属于该业务模式时，应当考虑此前出售此类资产的原因、时间、频率和出售的价值，以及对未来出售的预期。但是，此前出售资产的事实只是为企业提供相关依据，而不能决定业务模式。

在以收取合同现金流量为目标的业务模式下，金融资产的信用质量影响着企业收取合同现金流量的能力。为减少因信用恶化所导致的潜在信用损失而进行的风险管理活动与以收取合同现金流量为目标的业务模式并不矛盾。因此，即使企业在金融资产的信用风险增加时为减少信用损失而将其出售，金融资产的业务模式仍然可能是以收取合同现金流量为目标的业务模式。

3. 以收取合同现金流量和出售金融资产为目标的业务模式

在以收取合同现金流量和出售金融资产为目标的业务模式下，企业既在金融资产存续期内收取合同现金流量，又通过出售金融资产获取整体回报。

企业的关键管理人员认为收取合同现金流量和出售金融资产对于实现其管理目标而言都是不可或缺的。例如，企业对金融资产的管理目标既考虑满足企业日常流动性需求，同时又希望维持特定收益率，或者将金融资产的存续期与特定负债的存续期进行了匹配。

与以收取合同现金流量为目标的业务模式相比，此业务模式涉及的出售频率通常更高、金额更大。因为出售金融资产是此业务模式的目标之一，在该业务模式下不存在出售金融资产的频率或者价值的明确界限。

4. 其他业务模式

如果企业管理金融资产的业务模式既不是以收取合同现金流量为目标，也不是以收取合同现金流量和出售金融资产为目标，则该企业管理金融资产的业务模式是其他业务模式。例如，企业持有金融资产的目的是交易性的或者基于金融资产的公允价值作出决策并对其进行管理。在这种情况下，企业管理金融资产的目标是通过出售金融资产以实现现金流量。即使企业在持有金融资产的过程中会收取合同现金流量，企业管理金融资产的业务模式也不是以收取合同现金流量和出售金融资产为目标，因为收取合同现金流量对实现该业务模式目标来说只是附带性质的活动。

### （二）金融资产的合同现金流特征

金融资产的合同现金流量特征指的是，金融工具合同约定的、反映金融资产经济特征的现金流量属性。分类为以摊余成本计量的金融资产和以公允价值计量且其变动计入其他综合收益的金融资产，在特定日期产生的合同现金流量为对本金和以未偿付本金金额为基础的利息的支付，即本金加利息的合同现金流量特征。

### （三）金融资产的具体分类

1. 以摊余成本计量的金融资产

金融资产同时符合下列条件时，应当分类为以摊余成本计量的金融资产：①企业管理该金融资产的业务模式是以收取合同现金流量为目标。②该金融资产的合同条款规定，在特定日期产生的现金流量，仅为对本金和以未偿付的本金金额为基础的利息的支付。

例如，银行向客户发放的固定利率的贷款，该贷款的合同现金流量一般情况下仅包括本金和以未偿付本金金额为基础的利息。如果银行管理该贷款的业务模式是以收取合同现金流为目标，则该贷款应该分类为以摊余成本计量的金融资产。再如，企业在正常商业往来中形成的具有一定期限的应收账款，如果企业计划根据应收账款的合同现金流收取现金，且不打算提前处置应收账款，则该应收账款可以分类为以摊余成本计量的金融资产。

企业一般应当设置“贷款”“应收账款”“应收票据”“债权投资”等会计科目核算以摊余成本计量的金融资产。

2. 以公允价值计量且其变动计入其他综合收益的金融资产

金融资产同时符合下列条件时，应当分类为以公允价值计量且其变动计入其他综合收益的金融资产：①企业管理该金融资产的业务模式既以收取合同现金流量为目标，又以出售该金融资产为目标。②该金融资产的合同条款规定，在特定日期产生的现金流量，仅为对本金和以未偿付的本金金额为基础的利息的支付。

例如，企业在销售中通常会给客户一定期限的信用期。为加强应收账款管理，提高资金使用效率，企业与银行签订了应收账款无追索权保理总协议。规定银行一次性向企业授信一定额度的人民币，企业可以在需要时在额度范围内随时向银行出售应收账款。本例中，应收账款的业务模式符合“既以收取合同现金流为目标，又以出售该金融资产为目标”，且应收账款符合本金加利息的合同现金流量特征，因此应当分类为以公允价值计量且其变动计入其他综合收益的金融资产。

企业应当设置“其他债权投资”等科目核算以公允价值计量且其变动计入其他综合收益的金融资产。

3. 以公允价值计量且其变动计入当期损益的金融资产

按照上述 1 和 2 分类为以摊余成本计量的金融资产和以公允价值计量且其变动计入其他综合收益的金融资产之外的金融资产，企业应当将其分类为以公允价值计量且其变动计入当期损益的金融资产。

例如，企业通常将股票、基金、可转换债券等投资产品分类为以公允价值计量且其变动计入当期损益的金融资产。此外，在初始确认时，如果将金融资产指定为以公允价值计量且其变动计入当期损益的金融资产，能够消除或显著减少会计错配，那么企业应当对该项金融资产做此分类。但是该指定一经做出，不得撤销。

企业应当设置“交易性金融资产”科目核算以公允价值计量且其变动计入当期损益的金融资产。

直接指定为以公允价值计量且其变动计入当期损益的金融资产，企业可在“交易性金融资产”科目下单设“指定类”明细科目核算。

4. 金融工具分类的特殊规定

权益工具投资由于不符合本金加利息的合同现金流量特征，因此通常被分类为以公允价值计量且其变动计入当期损益的金融资产。但在初始确认时，企业可以将非交易性权益工具投资指定为以公允价值计量且其变动计入其他综合收益的金融资产，并按照规定确认股利收入。该指定一经做出，不得撤销。企业投资其他上市公司股票或者非上市公司股权的，都可能属于这种情况。

# 第二节 交易性金融资产

## 一、交易性金融资产概述

根据企业会计准则的规定，除以摊余成本计量的金融资产和以公允价值计量且其变动计入其他综合收益的金融资产之外的其他金融资产，应当分类为以公允价值计量且其变动计入当期损益的金融资产。主要包括以交易为目的的股票、基金、可转换债券等，企业应设置“交易性金融资产”科目进行核算。

1. 股票

股票的合同现金流量源自收取被投资企业未来股利分配以及其清算时获得剩余收益的权利。由于股利及获得剩余收益的权利均不符合有关金融资产本金和利息的定义，因此，股票不符合本金加利息的合同现金流量特征。在不考虑按照相关规定进行特殊指定的情况下，企业持有的股票应当类为以公允价值计量且其变动计入当期损益的金融资产。

2. 基金

常见的股票型基金、债券型基金、货币基金或混合基金，通常投资于动态管理的资产组合，投资者从该类投资中所取得的现金流量既包括投资期间基础资产产生的合同现金流量，也包括处置基础资产的现金流量。基金一般情况下不符合本金加利息的合同现金流量特征。企业持有的基金通常应当分类为以公允价值计量且其变动计入当期损益的金融资产。

3. 可转换债券

可转换债券除按一般债权类投资的特性到期收回本金、获取约定利息或收益外，还嵌入了一项转股权。通过嵌入衍生工具，企业获得的收益在基本借贷安排的基础上，会产生基于其他因素变动的不确定性。企业持有的可转换债券按规定不进行转股权单独分拆，而是将可转换债券作为一个整体进行评估。由于可转换债券不符合本金加利息的合同现金流量特征，企业持有的可转换债券投资应当分类为以公允价值计量且其变动计入当期损益的金融资产。

## 二、交易性金融资产的初始计量

交易性金融资产应当按照取得时的公允价值作为初始入账金额，公允价值通常为金融资产的交易价格。相关交易费用在发生时直接计入当期损益，交易费用指的是可直接归属于购买、发行或处置相关金融资产所发生的增量费用。增量费用是指企业没有发生购买、发行或处置相关金融资产就不会发生的费用，包括支付给代理机构、咨询公司、券商、证券交易所、政府有关部门等的手续费、佣金、相关税费以及其他必要支出，不包括债券溢价、折价、融资费用、内部管理成本和持有成本等与交易不直接相关的费用。

以公允价值计量且其变动计入当期损益的金融资产的交易价格中可能包括已宣告发放但尚未支取的利息或者现金股利，这部分利息或股利应单独确认为应收项目（如应收利息、应收股利等），不作为交易性金融资产的入账金额。

在会计处理上，企业应在“交易性金融资产”总账科目下设置“成本”和“公允价值变动”明细科目进行核算。

企业取得此类金融资产时，按其公允价值，借记“交易性金融资产——成本”科目；将发生的交易费用作为当期损益借记“投资收益”科目，贷记“银行存款”等科目。

如果购入时购买价格中包括已到付息期但尚未领取的利息、或已宣告但尚未发放的现金股利，从性质上看，企业获得了一项单独的短期债权，应当借记“应收利息”或“应收股利”科目。

【例4-4】 2×18年5月6日，甲公司支付价款2 032万元购入乙公司发行的股票400万股，含交易费用2万元和已宣告发放的现金股利30万元，占乙公司有表决权股份的0.5%。甲公司根据其管理乙公司股票的业务模式和乙公司股票的合同现金流量特征，将乙公司股票分类为以公允价值计量且其变动计入当期损益的金融资产。甲公司账务处理如下：

2×18年5月6日，购入股票，入账价值为2 000万元(2 032-2-30=2 000万元)，每股价格5元(2 000÷400=5元)。

| | | |
|---|---|---|
| 借：交易性金融资产——成本 | 20 000 000 | |
| 　　投资收益 | 20 000 | |
| 　　应收股利 | 300 000 | |
| 　　贷：银行存款 | | 20 320 000 |

## 三、交易性金融资产持有收益的确认

企业在持有交易性金融资产期间所获得的现金股利或债券利息，应当确认为投资收益。企业只有在同时符合下列条件时，才能确认股利收入并计入当期损益：①企业收取股利的权利已经确立，如发行股票的公司已经宣告发放的现金股利；②与股利相关的经济利益很可能流入企业，即该股利很可能收到；③股利的金额能够可靠计量，即股利具有确定的金额。企业持有上市公司的股份，应在上市公司宣告发放股利时，根据股利分配方案确定本企业应收的股利金额。持有期间企业获得的股票股利，不需要进行账务处理，但需要在除权日注明所增加的股份数，以反映股份变动及实际持有的股份情况。

企业持有此类金融资产期间，应当在被投资方宣告发放现金股利或在资产负债表日按债券票面利率计算利息时，借记“应收股利”或“应收利息”科目，贷记“投资收益”科目。收到现金股利或债券利息时，借记“银行存款”等科目，贷记“应收股利”或“应收利息”科目。

【例4-5】 承【例4-4】，2×19年5月10日，甲公司收到乙公司发放的现金股利30万元。

2×19年5月10日，收到现金股利。甲公司账务处理如下：

| | | |
|---|---|---|
| 借：银行存款 | 300 000 | |
| 　　贷：应收股利 | | 300 000 |

【例4-6】 2×19年5月9日，乙公司宣告发放股利8 000万元。2×19年5月13日，甲公司收到乙公司发放的现金股利。甲公司账务处理如下：

（1）2×19 年 5 月 9 日，宣告发放股利。

借：应收股利　　80 000 000

　　贷：投资收益　　80 000 000

（2）2×19 年 5 月 13 日，收到现金股利。

借：银行存款　　80 000 000

　　贷：应收股利　　80 000 000

## 四、交易性金融资产的期末计量

在资产负债表日，企业应当按照当日各项交易性金融资产的公允价值对其账面价值进行调整。因为交易性金融资产以公允价值为计量属性，资产负债表日的账面价值为其取得时或者上一个资产负债表日的公允价值，与当前的公允价值存在差异，因此需要进行调整。

在资产负债表日，如果交易性金融资产的公允价值高于其账面价值，则两者之间的差额一方面要调增金融资产的账面价值，即借记“交易性金融资产——公允价值变动”科目；另一方面要确认公允价值变动收益，即贷记“公允价值变动损益”科目。如果公允价值低于账面价值，则两者之间的差额一方面要调减金融资产的账面价值；另一方面也要确认公允价值变动损失，做相反的会计分录。

【例 4–7】　承【例 4–1】　2×18 年 12 月 31 日乙公司股票市价为每股 4.8 元。甲公司 5 月 6 日购入时买价为每股 5 元，购入的 400 万股应调低股票账面价值 80 万元[(5–4.8)×400 万股 =80 万元]。

借：公允价值变动损益　　800 000

　　贷：交易性金融资产——公允价值变动　　800 000

## 五、交易性金融资产的处置

企业出售交易性金融资产时，一方面需要转销出售的金融资产的账面价值；另一方面将出售金融资产实际收到的金额与账面价值之间的差额确认为投资收益。

出售时，根据实际收到的金额借记“银行存款”等科目，根据出售的金融资产的成本，贷记“交易性金融资产——成本”科目，根据出售的金融资产所分配的公允价值变动，借记或者贷记“交易性金融资产——公允价值变动”科目，借贷方差额借记或者贷记“投资收益”科目。

“两面针”出售交易性金融资产避免亏损退市

【例 4–8】　承【例 4–4】　2×19 年 5 月 20 日，甲公司决定不再持有乙公司股票，以每股 4.9 元的价格将股票全部转让。转让时甲公司记录的持有乙公司 400 万股份的账面价值如下：

借方余额：交易性金融资产——成本，2 000 万元；

贷方余额：交易性金融资产——公允价值变动，80 万元；

账面价值：1 920 万元。

2×19 年 5 月 20 日，出售股票。

借:银行存款　　19 600 000
　交易性金融资产——公允价值变动　　800 000
　贷:交易性金融资产——成本　　20 000 000
　　投资收益　　400 000

## 第三节 应收款项

根据企业会计准则,金融资产同时满足下列条件时,应当分类为以摊余成本计量的金融资产:①企业对其管理的业务模式仅以收取合同现金流量为目标;②合同条款规定,该金融资产在特定日期产生的现金流量仅为对本金和以未偿付的本金为基础的利息的支付。例如,当持有债券或发放贷款主要是以收取合同现金流量为目标,并且在特定日期产生的合同现金流量仅为对本金和以未偿付的本金为基础的利息的支付,那么该债券或贷款应当划分为以摊余成本计量的金融资产。

以摊余成本计量的金融资产包括贷款、应收款项、持有至到期的债权投资等。本部分主要介绍应收款项的会计处理,应收款项包括应收账款、应收票据、预付账款以及其他应收款。债权投资的会计处理详见第四节。

### 一、应收账款

#### (一) 应收账款概述

应收账款指的是企业在正常生产经营活动中,由于销售商品或提供劳务等,而应向购货或接受劳务单位收取的款项,主要包括由于出售商品、材料、提供劳务等应向有关债务人收取的价款、增值税销项税额以及代垫的运杂费等。

应收账款应于企业取得无条件收取合同对价的权利时确认,应该按照实际发生额记账。应收账款的入账价值包括:销售商品或提供劳务的价款、增值税销项税额,以及代垫的包装费、运杂费等。在确认入账价值时,应当考虑有关折扣。

1. 商业折扣

商业折扣指的是企业为促进销售而在商品标价上给予的折扣。商业折扣一般用百分比来表示,如为促销而规定购买 10 件以上商品者给予 10% 的折扣,也可以用金额表示。商业折扣仅仅是确定实际销售价格的一种手段,不需要在买卖双方任何一方的账面上反映。因此,在存在商业折扣的情况下,应收账款的入账金额应该按照扣除商业折扣之后的实际售价确定。

【例 4-9】 甲企业销售 A 商品,商品价目单中所列价格(不含增值税)为 200 元 / 件,现销售 40 件,并给予购货方 3% 的商业折扣,则该企业销售 A 商品的实际销售单价为 194 元 / 件[ 200×(1–3%)=194 ],销售 40 件的价款共计 7 760 元(194×40=7 760)。应收的增值税销项税额为 1 008.80 元,合计 8 768.80 元。

(1) 销售商品时。

借:应收账款　　8 768.80
　贷:主营业务收入　　7 760

应交税费——应交增值税（销项税额） 1 008.80

（2）实际收到货款时。

借：银行存款 8 768.80

贷：应收账款 8 768.80

2. 现金折扣

现金折扣指的是，债权人为鼓励债务人在规定期限内付款，向债务人提供的债务扣除。现金折扣通常发生在以赊销方式销售商品以及提供劳务的交易中。企业为了鼓励债务人提前偿付货款，通常会承诺，债务人在不同期限内付款，可享受不同比例的折扣。现金折扣一般用“折扣 / 付款期限”的方式表示。例如，“2/10”表示买方在 10 天内付款可以按售价给予 2% 的折扣；“*n*/30”表示买方在 30 天内付款则不给予折扣。

在存在现金折扣的情况下，销售合同中约定的对价金额是可变的。如果客户在折扣期内付款，企业收回的应收账款金额就会小于合同约定的对价金额；如果客户超过折扣期付款，企业收回的应收账款金额就会等于合同约定的对价金额。企业应当在应收账款发生时，对之后可能收回的金额即可变对价进行估计，并按照最可能发生的金额确认应收账款。

### （二）应收账款的核算

企业应当设置“应收账款”科目进行核算，借方登记应收账款的增加，贷方登记应收账款的收回及确认的坏账损失。期末余额一般在借方，反映企业尚未收回的应收账款；如果期末余额在贷方，则反映企业预收的账款。

**【例 4–10】** 甲公司 2×19 年 6 月 22 日向乙公司销售商品一批，销售价格为 60 000 元，增值税税额为 7 800 元(60 000×13%)，款项尚未收到，合同规定的付款条件为“2/10，*n*/30”。甲公司估计乙公司能够在 10 天内付款并取得现金折扣 1 200 元（60 000×2%），甲公司由此取得的销售商品收入金额为 58 800 元（60 000–1 200）。甲公司应编制如下会计分录：

借：应收账款 66 600

贷：主营业务收入 58 800

应交税费——应交增值税（销项税额） 7 800

企业应当在现金折扣期内对客户偿付款项的可能性进行评估。当客户偿付款项的可能性发生变化时，应当调整之前确认的应收账款的金额，并相应调整收入的金额。

**【例 4–11】** 甲公司 2×19 年 6 月 30 日对乙公司是否能够在现金折扣期内偿付款项进行重新评估，认为乙公司已经不可能在现金折扣期内偿付款项。因此，甲公司对之前确认的应收账款金额进行调整，增加应收账款金额 1 200 元。甲公司应编制如下会计分录；

借：应收账款 1 200

贷：主营业务收入 1 200

### （三）应收账款的减值

1. 应收账款减值概述

企业应当在期末检查应收账款的可收回性。当有证据表明应收账款预期无法收回时，则表明应收账款发生了减值。企业无法收回的应收账款称为坏账。一般符合下列条件之一，即可认为发生了坏账：

(1) 债务人被依法宣告破产、撤销，其剩余财产确实不足清偿的应收款项；

(2) 债务人死亡或依法被宣告死亡、失踪，其财产或遗产确实不足清偿的应收款项；

(3) 债务人遭受重大自然灾害或意外事故，损失巨大，以其财产(包括保险赔偿)确实无法清偿的应收款项；

(4) 债务人逾期未履行偿债义务，经法院裁决，确实无法清偿的应收款项；

(5) 超过法定年限(一般为3年)仍未收回的应收款项；

(6) 法定机构批准可核销的应收款项。

2. 应收账款减值的核算

企业因应收账款减值而发生的损失称为坏账损失，对应收款项估计的坏账损失称为坏账准备，在会计上有两种核算方法：一是直接转销法；二是备抵法。

(1) 直接转销法。直接转销法是在实际发生坏账时直接冲销有关的应收款项，并确认坏账损失，借记“信用减值损失”科目，贷记“应收账款”科目。

在直接转销法下，若已经确认的坏账因债务人经济状况好转或其他原因又全部或部分收回时，为了通过应收账款等账簿记录反映债务人的偿债信誉，应首先按收回的金额冲销原确认坏账的会计分录，然后再反映应收款项的收回。即借记“应收账款”等科目，贷记“信用减值损失”科目；同时借记“银行存款”等科目，贷记“应收账款”等科目。

**【例4-12】** 甲公司对坏账损失采取直接转销法进行核算。

① 应收乙公司的账款共计70 000元，已确认无法收回。

| | | |
|---|---|---|
| 借：信用减值损失 | 70 000 | |
| 　　贷：应收账款 | | 70 000 |

② 已经确认为坏账的乙公司账款中，又收到4 000元。

| | | |
|---|---|---|
| 借：应收账款 | 4 000 | |
| 　　贷：信用减值损失 | | 4 000 |

同时，

| | | |
|---|---|---|
| 借：银行存款 | 4 000 | |
| 　　贷：应收账款 | | 4 000 |

采用直接转销法对坏账进行核算，只有在实际发生坏账时才作为损失计入当期损益，并冲减应收款项，其核算手续比较简单。但采用这种方法，由于在实际发生坏账时才确认坏账损失，从而导致日常核算的应收账款价值虚增、利润虚列，既不符合权责发生制、收入与费用的配比原则，又不符合谨慎性原则。在资产负债表上，只能提供应收账款的账面余额，无法提供关于应收账款可收回金额的会计信息，歪曲了企业期末的财务状况。除非企业发生的坏账损失极小，对企业财务状况和经营成果的影响极小，否则一般不采用直接转销法核算坏账。

(2) 备抵法。备抵法是根据应收款项可收回金额按期估计坏账损失并形成坏账准备，在实际发生坏账时再冲销坏账准备的方法。按照《企业会计准则第22号——金融工具确认和计量》(2017)的相关要求，企业对于《企业会计准则第14号——收入》(2017)所规定的、不含重大融资成分(包括不考虑不超过一年的合同中融资成分的情况)的应收款项，应当始终按照整个存续期间内预期的信用损失的金额计量其损失准备。采用备抵法核算坏账,每期估计的坏账损失直接计入当期损益,体现了稳健性原则的要求。在资产负债表上能如实反映应收账款的净额,使报表使用者能够了解企业应收账款的可变现金额。同时,在利润表上也避免了因应收账款价值虚列而造成的利润虚增,避免了企业明盈实亏。我国企业会计准则规定企业应采用备抵法核算各应收款项的坏账。

按期估计坏账损失时,借记"信用减值损失"科目,贷记"坏账准备"科目;实际发生坏账时,借记"坏账准备"科目,贷记"应收账款"等科目。在资产负债表上,各应收款项按该应收款项余额减去提取的坏账准备后的净额反映。

采用备抵法核算各应收款项的坏账,应采用一定的方法合理估计各会计期间的坏账损失。按期估计坏账损失的方法主要有两种,即余额百分比法和账龄分析法。

1）余额百分比法。余额百分比法是按应收款项余额的一定比例估计该应收款项的坏账损失。每期所估计的坏账损失,应根据坏账损失占应收款项余额的经验比例和该应收款项的余额确定。具体方法包括:

① 企业首次计提坏账准备时,应收款项余额和确定的坏账比例相乘得到的会计期末估计坏账准备,即为当期应计提的坏账准备,借记"信用减值损失"科目,贷记"坏账准备"科目。

② 发生坏账时,按实际发生的坏账金额,借记"坏账准备"科目,贷记"应收账款""应收票据""其他应收款"等科目。

③ 已经确认的坏账又收回时,根据收回数额,借记"应收账款""应收票据""其他应收款"等科目,贷记"坏账准备"科目;同时借记"银行存款"等科目,贷记"应收账款""应收票据""其他应收款"等科目。

④ 后续期间调整坏账准备余额时,应收款项余额和确定的坏账比例相乘得到会计期末估计坏账准备,将该估计金额与调整前的"坏账准备"科目余额比较,确定当期应计提的坏账准备,具体有三种情况:

第一种情况:调整前的"坏账准备"科目为借方余额时,该余额表明本期实际发生的坏账大于上期估计的坏账准备的差额。这时应按本期估计的坏账加上调整前"坏账准备"科目的借方余额之和作为计提坏账准备的数额,借记"信用减值损失"科目,贷记"坏账准备"科目。

第二种情况:调整前的"坏账准备"科目为贷方余额,而且该贷方余额小于本期估计的坏账准备数额。这时应按"坏账准备"科目贷方余额小于本期估计坏账准备数额的差额作为计提坏账准备的数额,借记"信用减值损失"科目,贷记"坏账准备"科目。

第三种情况:调整前的"坏账准备"科目为贷方余额,而且该贷方余额大于本期估计的坏账准备数额。这时应按"坏账准备"科目贷方余额大于本期估计的坏账数额的差额冲减坏账准备,借记"坏账准备"科目,贷记"信用减值损失"科目。

下面以应收账款为例说明按余额百分比法计提坏账准备的会计处理方法。

**【例 4–13】** 甲公司按应收账款余额的 4% 计提坏账准备,根据发生的有关经济业务,编制甲公司的相关会计分录。

① 2×17 年 12 月 31 日,首次计提坏账准备时,应收账款的年末余额为 400 000 元。

估计坏账损失 =400 000×4%=16 000(元)

借:信用减值损失 16 000

　　贷:坏账准备 16 000

2×17 年 12 月 31 日,应收账款净额为 384 000(400 000−16 000)元。

② 2×18 年实际发生坏账 12 000 元。

借:坏账准备 12 000

　　贷:应收账款 12 000

③ 2×18 年已经确认为坏账的 12 000 元又收回了 8 000 元。

借:应收账款 8 000

　　贷:坏账准备 8 000

借:银行存款 8 000

　　贷:应收账款 8 000

④ 2×18 年 12 月 31 日,应收账款余额为 120 000 元,估计的坏账准备为 4 800(120 000×4%)元,应冲销多余的坏账准备 7 200(12 000−4 800)元。应收账款净额为 115 200(120 000−4 800)元。

借:坏账准备 7 200

　　贷:信用减值损失 7 200

⑤ 如果 2×18 年发生坏账 24 000 元,后又收回其中的 8 000 元,则收回已经确认为坏账的 8 000 元应收账款后,“坏账准备”贷方余额为 0(16 000−24 000+8 000)元,2×18 年 12 月 31 日应补提坏账准备 4 800(4 800−0)元。

借:信用减值损失 4 800

　　贷:坏账准备 4 800

⑥ 如果 2×18 年发生坏账 30 000 元,后又收回其中的 2 000 元,则“坏账准备”为借方余额 12 000(16 000−30 000+2 000)元,2×18 年 12 月 31 日应补提坏账准备 16 800(4 800+12 000)元。

借:信用减值损失 16 800

　　贷:坏账准备 16 800

2) 账龄分析法。账龄分析法按各应收款项账龄的长短,根据以往经验确定坏账准备百分比,并据以估计坏账准备。账龄是指客户所欠账款的时间。虽然应收款项能否收回及其收回的程度与应收款项过期长短并无直接联系,但一般来说,账龄越长,账款不能收回的可能性就越大,因此企业可以按应收款项的账龄估计坏账准备。账龄分析法下的应收账款账龄分析及坏账准备的计算见表 4−1 和表 4−2。

**表 4−1 账龄分析表**

2×19 年 12 月 31 日

| 账龄 | 2×19 年 12 月 31 日 | | 2×18 年 12 月 31 日 | |
|---|---|---|---|---|
| | 应收账款金额(元) | 百分比(%) | 应收账款金额(元) | 百分比(%) |
| 未到期 | 60 000 | 30.00 | 70 000 | 38.89 |
| 过期 1 个月 | 50 000 | 25.00 | 52 000 | 28.89 |

续表

| 账龄 | 2×19 年 12 月 31 日 | | 2×18 年 12 月 31 日 | |
|---|---|---|---|---|
| | 应收账款金额(元) | 百分比(%) | 应收账款金额(元) | 百分比(%) |
| 过期 2 个月 | 40 000 | 20.00 | 22 000 | 12.22 |
| 过期 3 个月 | 20 000 | 10.00 | 16 000 | 8.89 |
| 过期 4 个月 | 16 000 | 8.00 | 12 000 | 6.67 |
| 过期 5 个月 | 10 000 | 5.00 | 6 000 | 3.33 |
| 破产或追诉中 | 4 000 | 2.00 | 2 000 | 1.11 |
| 合计 | 200 000 | 100.00 | 180 000 | 100.00 |

**表 4–2　坏账准备计算表**

2×19 年 12 月 31 日

| 账龄 | 应收账款金额(元) | 估计损失百分比(%) | 估计损失金额(元) |
|---|---|---|---|
| 未到期 | 60 000 | 1 | 600 |
| 过期 1 个月 | 50 000 | 3 | 1 500 |
| 过期 2 个月 | 40 000 | 5 | 2 000 |
| 过期 3 个月 | 20 000 | 7 | 1 400 |
| 过期 4 个月 | 16 000 | 20 | 3 200 |
| 过期 5 个月 | 10 000 | 50 | 5 000 |
| 破产或追诉中 | 4 000 | 80 | 3 200 |
| 合计 | 200 000 | | 16 900 |

采用账龄分析法，各期估计的坏账准备应与账面上原有的坏账准备进行比较，并调整“坏账准备”科目余额，调整后的“坏账准备”科目余额应与估计的坏账准备数额一致，其核算原理与余额百分比法下的调整方法相同。

**【例 4–14】** 甲公司采用账龄分析法估计坏账准备，2×18 年年末“坏账准备”科目的贷方余额为 11 480 元，2×19 年实际发生坏账损失 5 000 元。

借：坏账准备　　5 000

　　贷：应收账款　　5 000

2×19 年年末采用账龄分析法估计的坏账准备为 16 900 元，应当补提坏账准备 10 420 [ 16 900–(11 480–5 000)]元。

借：信用减值损失　　10 420

　　贷：坏账准备　　10 420

### (四) 应收账款保理

应收账款保理指的是，以债权人转让其应收账款为前提，集对应收账款的催收、管理、坏账担保以及融资于一体的综合性金融服务。根据我国《商业银行保理业务管理暂行办法》(2014) 的规定，债权人将拥有的应收账款转让给商业银行，由商业银行向其提供下列服务中至少一项的，即构成应收账款的保理业务：

(1) 应收账款催收：商业银行根据应收账款账期，主动或应债权人要求，采取电话、函件、上门等方式或运用法律手段等对债务人进行催收。

(2) 应收账款管理：商业银行根据债权人的要求，定期或不定期向其提供关于应收账款的回收情况、逾期账款情况、对账单等财务和统计报表，协助其进行应收账款管理。

(3) 坏账担保：商业银行与债权人签订保理协议后，为债务人核定信用额度，并在核准额度内，对债权人无商业纠纷的应收账款，提供约定的付款担保。

(4) 保理融资：以应收账款合法、有效转让为前提的银行融资服务。

以应收账款为质押的贷款，不属于保理业务范围。

应收账款的转让可以进一步区分为不具有追索权的应收账款转让、具有追索权的应收账款转让。

1. 不具有追索权的应收账款转让

对于不具有追索权的应收账款转让，企业（转出方）在转让应收账款所有权的同时也将应收账款到期不能收回的风险一并转给了第三方（转入方），企业对应收账款到期无法收回的金额不承担连带责任，应当将应收账款终止确认。因此，对于不具有追索权的应收账款转让，企业应按实际收到的转让金额借记“银行存款”科目，按应收账款的账面金额贷记“应收账款”科目，实际收到的转让金额与应收账款的账面金额的差额，借记或贷记“财务费用”科目。

**【例 4-15】** 2×20 年 6 月 21 日，甲公司销售一批商品给乙公司，开出的增值税专用发票上注明的销售价款为 150 000 元，增值税销项税额为 19 500 元，款项尚未收到。双方约定，乙公司应于 2×20 年 12 月 30 日付款。

2×20 年 9 月 3 日，甲公司因临时资金需求，将应收乙公司的账款出售给银行，价款为 143 225 元。并且，在应收乙公司账款到期无法收回时，银行不能向甲公司追偿。甲公司销售的该商品不可退回，同时不考虑其他因素。

甲公司与应收债权出售有关的账务处理如下：

| | | |
|---|---|---|
| 借：银行存款 | 143 225 | |
| 财务费用 | 26 275 | |
| 贷：应收账款 | | 169 500 |

2. 具有追索权的应收账款转让

对具有追索权的应收账款转让，企业并未转让应收账款到期不能收回的风险，因此对转让的应收账款在法律上负有连带清偿的经济责任。若付款人到期无力支付全部或部分应收账款，企业（转出方）须向转入方偿还这一债务，即将未支付的应收账款金额付给转入方。因此，对于具有追索权的应收账款转让，应继续确认全部或部分应收账款。

### （五）应收账款质押

应收账款质押，或称应收账款出质，是指为担保债务的履行，企业（债务人或者第三方）将其合法拥有的应收账款出质给债权人（质权人）。如果债务人无法履行到期债务或者发生了当事人约定的实现质权的情形，质权人有权就该应收账款及其收益优先受偿。

应收账款质押与应收账款保理不同，两者的根本区别在于是否转移债权。在应收账款质押中，并不转移债权，因为质押是一种从属法律关系。质押成立的前提是，存在一个其所担保的应由债务人向债权人偿还的主债务。而在应收账款保理交易中，债权发生了转移。银行或商业保理机构按一定的比率向融资方支付交易对价以购买融资方的应收账款，并通过直接收取应收账款的方式收回其支付的交易对价。

企业以应收账款作抵押取得借款，可只将应收账款作抵押，也可在将应收账款作抵押的同时以开具有关票据的方式做出还款承诺。无论采用哪种方式，取得的借款只是以应收账款作担保。应收账款抵借后并不改变应收账款的所有权，不需要通知赊购方，在会计上也不符合金融资产终止确认的条件，因此不需要冲减应收账款。待企业收到应收账款后再将取得的借款归还，并支付一定的利息。取得借款时，按借款额，借记“银行存款”科目，贷记“短期借款”或“应付票据”科目；收到应收账款时，借记“银行存款”科目，贷记“应收账款”科目；按归还金融机构的借款本金，借记“短期借款”或“应付票据”科目；按支付的利息，借记“财务费用”科目；按支付的本息合计，贷记“银行存款”科目。资产负债表日，需要将用于抵借的应收账款进行表外披露。

**【例 4–16】** 2×18 年 1 月 20 日，甲公司以应收账款 25 000 元作为抵押，向银行借款 20 000 元。

借：银行存款　　20 000
　　贷：短期借款　　20 000

如果甲公司同时开出票据对借款的归还做出承诺，则：

借：银行存款　　20 000
　　贷：应付票据　　20 000

2×18 年 5 月 13 日收回应收账款 25 000 元。

借：银行存款　　25 000
　　贷：应收账款　　25 000

2×18 年 4 月 15 日归还银行借款 20 000 元，并按日利率 0.3‰支付利息。

利息 =20 000×85×0.3‰ =510（元）

借：短期借款　　20 000
　　财务费用　　510
　　贷：银行存款　　20 510

## 二、应收票据

### （一）应收票据及其分类

应收票据指的是企业持有的、尚未到期和兑现的商业汇票。商业汇票是由出票人签发的，委托付款人在指定日期无条件支付确定金额给收款人或持票人的票据。在我国，商业汇票的付款期限，最长不超过 6 个月。符合条件的商业汇票的持票人，可以持未到期的商业汇票连同贴现凭证向银行申请贴现。

商业汇票必须经过承兑方能生效。承兑是指汇票付款人承诺在汇票到期日支付汇票金额的行为。根据承兑人不同，可以分为商业承兑汇票和银行承兑汇票。商业承兑汇票指的是由付款人签发并承兑的汇票；银行承兑汇票指的是由承兑申请人开户银行承兑的汇票。

商业汇票根据是否带有追索权，可以分为带追索权的商业汇票和不带追索权的商业汇票。追索权指的是企业转让商业汇票后，在商业汇票遭受拒付或逾期未付时，持票人可向该商业汇票转让方索取应收金额的权利。附有追索权的商业票据背书转让时，持票人可以对背书人、出票人和票据的其他债务人行使追索权。

商业汇票根据是否计息可分为不带息商业汇票和带息商业汇票。不带息商业汇票指的是商业汇票到期时，承兑人只按照票据面值向收款人或被背书人支付款项的票据，票据面值即为票据到期值。带息商业票据指的是商业汇票到期时，承兑人必须按票面金额加上应计利息向承兑人或被背书人支付票款的票据，即票据到期值为票面面值加上票据利息。

### （二）应收票据确认和计量

企业应设置“应收票据”科目进行核算，借方登记取得的应收票据的面值和应计利息，贷方登记到期收回票款或到期前向银行贴现的应收票据的面值和应计利息。期末余额在借方，反映企业持有的商业汇票的票面金额和应计利息。

1. 应收票据的取得

企业收到承兑的商业汇票时，应按票面金额借记“应收票据”科目，并根据不同的业务内容分别贷记“主营业务收入”“应交税费”“应收账款”等科目。

**【例 4–17】** 甲公司向乙公司销售产品一批，价款 90 000 元，增值税税额 11 700 元，收到由乙公司承兑的商业承兑汇票一张，金额共计 101 700 元。甲公司的会计分录如下：

| | | |
|---|---|---|
| 借：应收票据 | 101 700 | |
| 贷：主营业务收入 | | 90 000 |
| 应交税费——应交增值税（销项税额） | | 11 700 |

甲公司向丙公司销售产品应收货款共计 84 750 元（其中，产品价款 75 000 元，增值税销项税额 9 750 元），经双方协商，同意将应收账款改用商业汇票方式结算，并收到银行承兑汇票一张。

| | | |
|---|---|---|
| 借：应收票据 | 84 750 | |
| 贷：应收账款 | | 84 750 |

2. 应收票据持有期间的利息

带息票据到期时，除收回票面款外，还收取一定的利息。带息商业汇票到期之前，尽管利息尚未实际收到，但企业已经取得收取票据利息的权利。在会计核算上，应按权责发生制原则于会计期末反映这部分利息收入；同时将应收而未实际收到的利息作为应收债权记录，借记“应收票据”科目，贷记“财务费用”（或“利息收入”）科目。

企业于月末、季末或者年末还可能根据会计政策，对持有的应收票据计提票据利息。如果应收票据的利息金额较大，对企业财务成果有较大影响，应按月计提利息；如果应收票据的利息金额不大，对企业财务成果的影响较小，可以于季末或年末计提应收票据的利息。但企业至少应于会计年末计提持有商业汇票的利息，以便正确计算企业的财务成果，除非应计利息金额极小。

3. 应收票据到期日的确定

票据期限分为按月表示和按日表示两种，其中，按月表示的汇票付款期限自出票日起按月计算，按日表示的汇票付款期限自出票日起按日计算。

票据期限按月表示时，票据期限不考虑各月份实际天数多少，统一按照次月对应日为整月计算。例如，1 月 31 日签发兑现的期限为 1 个月、2 个月、3 个月和 6 个月的商业汇票，到期日分别为 2 月 28 日（闰年为 2 月 29 日）、3 月 31 日、4 月 30 日、7 月 31 日。

票据期限按日表示时，票据的期限不考虑月数，统一按照票据的实际天数计算。在票据承兑日和票据到期日这两天中，只计算其中一天。例如，1 月 31 日（当年 2 月为 28 天）签发承兑的期限为 30 天、60 天、90 天和 180 天的商业汇票，到期日分别为 3 月 2 日、4 月 1 日、5 月 1 日和 7 月 30 日。

**【例 4–18】** 甲公司 2×18 年 9 月 1 日采用商业汇票结算方式销售产品一批，发票上注明的销售价款为 100 000 元，增值税税额为 13 000 元，公司当即收到带息商业承兑汇票一张，期限为 6 个月，到期日为 2×19 年 3 月 1 日，票面利率为 4%。按会计政策规定，公司于年末计提应收票据的利息。

甲公司应编制有关会计分录如下：

（1）2×18 年 9 月 1 日收到商业承兑汇票时。

| | | |
|---|---|---|
| 借：应收票据 | 113 000 | |
| 　贷：主营业务收入 | | 100 000 |
| 　　应交税费——应交增值税（销项税额） | | 13 000 |

（2）2×18 年 12 月 31 日计提应收票据利息 1 507 元（113 000×4%×4÷12）。

| | | |
|---|---|---|
| 借：应收票据 | 1 507 | |
| 　贷：财务费用 | | 1 507 |

4. 应收票据到期

商业汇票到期值是指票据到期应收的票款额，对于不带息票据来说，到期值就是票据面值；对于带息票据来说，其到期值是票据面值与应收票据到期利息的合计金额。计算应收票据到期利息的公式如下：

应收票据利息 = 应收票据面值 × 利率 × 时期

其中，应收票据面值是指商业汇票票面记载的金额；时期是指票据的有效期限；利率是指票据所规定的利率（一般以年利率表示）。

当商业汇票的期限按月数表示时，应收票据到期利息的计算公式如下：

$$应收票据利息 = 应收票据面值 \times 利率 \times \frac{时期（月数）}{12}$$

当商业汇票的期限按天数表示时，应收票据到期利息的计算公式如下：

$$应收票据利息 = 应收票据面值 \times 利率 \times \frac{时期（天数）}{360}$$

**【例 4–19】** 甲公司持有一张面值为 120 000 元的商业汇票，年利率为 9.6%，票据的出票日（承兑生效日）为 3 月 31 日，票据期限为 4 个月，到期日为 7 月 31 日，则商业汇票的到期值为多少？

商业汇票的到期值 =120 000+120 000×9.6%×4÷12=123 840（元）

**【例 4–20】** 甲公司持有一张面值为 35 000 元的商业汇票，年利率为 4.2%，出票日（承兑生效日)为 1 月 31 日,期限为 90 天,到期日为 5 月 1 日,则该商业汇票的到期值为多少?

商业汇票的到期值 =35 000+35 000×4.2%×90÷360=35 367.5(元)

应收票据到期时,如果因付款人无力支付票款,而收到由银行退回的商业承兑汇票、委托收款凭证、未付票款通知书或拒绝付款证明等单证,应将应收票据的账面价值转入"应收账款"科目,并将应收票据到期值中尚未计提的利息借记"应收账款"科目,贷记"财务费用"科目。

**【例 4–21】** 甲公司对某票据利息收入采用会计期末和票据到期分别确认的处理方法。

(1) 甲公司于 10 月 1 日向乙公司销售商品 500 000 元(其中,价款 442 478 元,增值税税款 57 522 元),乙公司于当日签发承兑日为 10 月 1 日、面值为 500 000 元、利率为 6%、期限为 6 个月、到期日为第二年 4 月 1 日的银行承兑汇票。甲公司收到银行承兑汇票时做如下分录:

借:应收票据　　500 000

　贷:主营业务收入　　442 478

　　应交税费——应交增值税(销项税额)　　57 522

(2) 年末计提商业汇票的应计利息 7 500 元。

$$当年应计利息 =500\ 000\times 6\%\times \frac{3}{12}= 7\ 500(元)$$

借:应收票据　　7 500

　贷:财务费用　　7 500

(3) 第二年 4 月 1 日,上述票据到期,票款全部收妥入账,共计 515 000 元。

借:银行存款　　515 000

　贷:应收票据　　507 500

　　财务费用　　7 500

如果该票据为商业承兑汇票,票据到期时,付款人账户资金不足,由银行退票,则应编制如下会计分录:

借:应收账款　　515 000

　贷:应收票据　　507 500

　　财务费用　　7 500

5. 应收票据的转让

企业可将持有的应收票据进行背书转让,用以购买所需物资或偿还债务。企业将持有的应收票据背书转让,如为带息票据,可以先将未计提的票据利息借记"应收票据",贷记"财务费用"科目,再将应收票据金额作为转让金额,也可以将应计未计的利息作为转让应收票据价值的一部分,直接计入接受资产的价值。

取得所购材料物资时,按取得物资的价格,借记"材料采购""原材料""库存商品"等科目;按应收票据的账面余额,贷记"应收票据"科目;按收到或补付的价差款,借记或贷记"银行存款"等科目。

**【例 4–22】** 甲公司采购一批 A 材料,货款总计 16 950 元,其中材料价款 15 000 元,增值税税款 1 950 元。公司将票据金额为 18 000 元的不带息商业承兑汇票背书转让,以支付该批材料的货款，同时收到差额款 1 050 元存入银行。

借：原材料　　15 000
　　应交税费——应交增值税（进项税额）　　1 950
　　银行存款　　1 050
　　贷：应收票据　　18 000

甲公司采购一批 B 材料，货款总计 271 200 元，其中材料价款 240 000 元，增值税税款 31 200 元。公司将票据金额为 270 000 元的带息商业承兑汇票背书转让，以支付该批材料的货款。至转让日，该应收票据应计利息总额为 360 元，其中上月末已经计提的利息为 336 元，尚未入账的应计利息为 24 元。同时以银行存款补足差额款 840 元。

借：应收票据　　24
　　贷：财务费用　　24

借：原材料　　240 000
　　应交税费——应交增值税（进项税额）　　31 200
　　贷：应收票据　　270 360
　　　　银行存款　　840

当应收票据的背书转让企业承担因付款方不能到期支付票款的连带责任时，应收票据不符合金融资产终止确认条件。此时，转让应收票据实际上具有抵押的性质，应收票据不能终止确认。因转让应收票据而购入的材料视为负债处理，通过“应付账款”科目进行核算。

6. 应收票据的贴现

应收票据贴现指的是持票人因资金需求，将未到期的商业汇票背书后转让给银行，银行在扣除根据贴现率计算确定的贴现息后，将余额支付给贴现企业的业务活动。

贴现款 = 票据到期值 − 贴现息

贴现息 = 票据到期值 × 贴现率 × 贴现天数 ÷360

贴现天数是指自贴现日起至票据到期前一日止的实际天数，贴现日和票据到期日只计算其中一天。如果 2 月 10 日将 1 月 31 日(当年 2 月为 28 天)签发承兑的期限为 30 天、60 天、90 天(到期日分别为 3 月 2 日、4 月 1 日、5 月 1 日)的商业汇票贴现，则其贴现天数分别为 20 天、50 天、80 天。在实务中，无论商业汇票的到期日按日表示还是按月表示，贴现期一般均按实际贴现天数计算。

商业汇票贴现分为带追索权贴现、不带追索权贴现两种情况。追索权指的是企业在转让应收票据时，应收票据的接受方在未来应收票据遭到拒付或逾期未付时，可向该应收票据的转让方索取应收金额的权利。企业应该根据贴现的商业汇票是否带有追索权，分别采用不同方法进行会计处理。

(1) 不带追索权的应收票据贴现。将不带追索权的应收票据进行贴现时，企业在转让票据所有权的同时，也将票据到期不能收回票款的风险一并转移给了贴现银行，企业对票据到期无法收回票款不承担连带责任，即符合金融资产终止确认的条件。因此，将不带追索权的应收票据贴现时，企业应按照实际收到的贴现款，借记“银行存款”科目；按贴现票据的账面金额，贷记“应收票据”；实际收到的贴现款与贴现的商业汇票的账面金额的差额，借记或贷记“财务费用”科目。

在我国，企业将银行承兑汇票贴现基本上不存在到期不能收回票款的风险，通常将银行承兑汇票贴现视为不带追索权的商业汇票贴现业务，按金融资产终止确认的原则处理。

**【例 4–23】** 甲公司于 2 月 10 日（当年 2 月份为 28 天）持签发承兑日为 1 月 31 日、期限为 90 天、面值为 40 000 元、利率为 4.8%、到期日为 5 月 1 日的银行承兑汇票到银行申请贴现，银行规定的月贴现率为 4.2‰。假定票据到期确认利息收入。

票据到期利息总额 $=40\ 000\times4.8\%\times\frac{90}{360}=480$（元）

票据到期值 =40 000+480=40 480（元）

贴现天数 =80（天）

贴现息 $=40\ 480\times4.2‰\times\frac{80}{30}=453.4$（元）

贴现款 =40 480−453.4= 40 026.6（元）

| | | |
|---|---|---|
| 借：银行存款 | 40 026.6 | |
| 贷：应收票据 | | 40 000 |
| 财务费用 | | 26.6 |

(2) 带追索权的应收票据贴现。将带追索权的应收票据进行贴现，企业并未转移到期无法收回票据款的风险，企业因背书而在法律上负有连带偿还责任。企业所承担的这种连带偿还责任是企业的一项或有负债，该负债直至贴现银行收到票据款后方可解除。因此，将带追索权的商业汇票贴现，不符合金融资产终止确认的条件，不应冲销“应收票据”账户。应根据实际收到的贴现款借记“银行存款”科目，贷记“短期借款”科目。

**【例 4–24】** 承【例 4–23】，假设贴现的汇票为带追索权的商业承兑汇票，则该企业应编制如下会计分录：

| | | |
|---|---|---|
| 借：银行存款 | 40 026.6 | |
| 贷：短期借款 | | 40 026.6 |

(3) 贴现票据到期。票据到期日，无论票据付款人是否足额向贴现银行支付了票款，贴现的票据均满足金融资产终止确认的条件，会计上应终止确认应收票据。

票据付款人于汇票到期日将票款足额支付给贴现银行，企业未收到有关追索债务的通知，则企业因票据贴现而产生的负债责任解除。这时应作为偿还短期借款对待，企业应当按照短期借款的账面价值，借记“短期借款”科目；按照应收票据的账面价值，贷记“应收票据”科目；两者差额借记或贷记“财务费用”科目。

如果票据的付款人于汇票到期日未能向贴现银行足额支付票款，企业则成为实际的债务人。贴现票据的企业能够向贴现银行支付票款的，企业收到银行有关偿债通知后，应当按照票据的到期值，借记“应收账款”科目；按照票据的账面价值，贷记“应收票据”科目；差额借记或贷记“财务费用”科目。同时按照短期借款账面价值，借记“短期借款”科目；按照票据的到期值，贷记“银行存款”科目；按照两者的差额，借记“财务费用”科目。贴现票据的企业若无力偿还票款，贴现银行将对无法偿还的票款做逾期贷款处理。

【例 4-25】 承【例 4-24】,票据到期时,票据付款人已足额向贴现银行支付票款,则到期日应编制如下会计分录:

借:短期借款　　40 026.6
　贷:应收票据　　40 000
　　财务费用　　26.6

若票据到期时,票据付款人无法向贴现银行支付票款,而该企业能够偿还票据款,则应编制如下会计分录:

借:应收账款　　40 480
　贷:应收票据　　40 000
　　财务费用　　480
借:短期借款　　40 026.6
　财务费用　　453.4
　贷:银行存款　　40 480

如果票据到期时,票据付款人无法向贴现银行支付票款,而该企业也无力偿还票据款,则应编制如下会计分录:

借:应收账款　　40 480
　贷:应收票据　　40 000
　　财务费用　　480
借:短期借款　　40 026.6
　财务费用　　453.4
　贷:短期借款——逾期贷款　　40 480

7. 应收票据备查簿

企业应当设置应收票据备查簿,逐笔记录每一应收票据的种类、号数和出票日期、票面金额、票面利率、交易合同和付款人、承兑人、背书人姓名或单位名称、到期日、背书转让日、贴现日期、贴现率和贴现净额、未计提的利息,以及收款日期和收回金额、退票情况等资料。应收票据到期结清票款或退票后,应在应收票据备查簿内逐笔注销。

## 三、预付账款

预付账款是指企业按照购货合同规定预付给供应单位的款项。预付账款是企业暂时被供货单位占用的资金。企业预付货款后,有权要求对方按照购货合同规定发货。预付账款必须以购销双方签订的购货合同为条件,按照规定的程序和方法进行核算。

为了反映和监督预付账款的增减变动情况,企业应当设置“预付账款”科目进行核算。期末余额一般在借方,反映企业实际预付的款项。

企业因购货而预付款项时,借记“预付账款”科目,贷记“银行存款”科目;收到所购货物时,按应计入物资采购成本的金额,借记“材料采购”或“原材料”“库存商品”等科目,按增值税专用发票注明的增值税税款,借记“应交税费——应交增值税(进项税额)”科目,按发票账单注明的应付金额,贷记“预付账款”科目;补付款项时,借记“预付账款”科目,贷记“银行存款”科目;收到退回的款项时,借记“银行存款”科目,贷记“预付账款”

科目。

【例 4–26】 甲公司发生以下有关预付账款的经济业务：

(1) 预付购买商品的货款 40 000 元。

借：预付账款　　40 000
　　贷：银行存款　　40 000

(2) 收到商品的价款为 42 000 元，增值税税款为 5 460 元，共计 47 460 元。

借：在途物资　　42 000
　　应交税费——应交增值税（进项税额）　　5 460
　　贷：预付账款　　47 460
借：库存商品　　42 000
　　贷：在途物资　　42 000

(3) 补付商品款 7 460 元。

借：预付账款　　7 460
　　贷：银行存款　　7 460

## 四、其他应收款

其他应收款指的是企业除应收票据、应收账款、预付账款、应收股利、应收利息、长期应收款、存出保证金等以外的各种应收及暂付款项，包括各种应收赔款、备用金、应收包装物租金、应收的各种赔款、罚款、应向职工收取的各种垫付款项等。

【例 4–27】 某职工预借差旅费 1 000 元，以现金支付。出差回来后报销差旅费 1 120 元，以现金补付 120 元。该企业做会计分录如下：

(1) 预借差旅费时：

借：其他应收款　　1 000
　　贷：库存现金　　1 000

(2) 报销差旅费时：

借：管理费用　　1 120
　　贷：其他应收款　　1 000
　　　　库存现金　　120

【例 4–28】 公司借入外单位包装物，支付押金 12 000 元。可做会计分录如下：

借：其他应收款　　12 000
　　贷：银行存款　　12 000

# 第四节　债权投资

## 一、债权投资概述

债权投资属于以摊余成本计量的金融资产。债权投资从企业管理金融资产的业务模式看，由于管理者的意图是持有至到期，不准备随时出售，因而主要收益是合同现金流量。债权投资的合同现金流特征是，在到期日收取的合同现金流量仅为本金，以及以未偿付本金金额为基础的利息的支付。本金指的是金融资产在初始确认时的公允价值，本金金额可能因提前还款等原因在金融资产的存续期内发生变动；利息包括货币的时间价值、与特定时期未偿付本金金额相关的信用风险、其他基本借贷风险、成本和利润的对价。

## 二、债权投资的取得

债权投资的取得成本包括购买价格和交易费用。企业购入准备持有至到期的债券，可能以债券面值购入；可能以高于债券面值的价格购入，即溢价购入；也可能以低于债券面值的价格购入，即折价购入。债券的溢价、折价发行，主要是由金融市场利率与债券票面利率不一致造成的。

当债券票面利率高于市场利率时，债券发行者按债券票面利率会多付利息，投资者需要支付比面值更高的价格来购买债券，从而导致债券溢价发行。这部分溢价差额，属于债券购买者由于日后多获利息而给予债券发行者的利息返还。当债券票面利率低于市场利率时，债券发行者按债券票面利率会少付利息，只有支付比面值更低的价格，投资者才会购买债券从而导致债券折价发行，这部分折价差额，属于债券发行者由于日后少付利息而给予债券购买者的利息补偿。

为取得债权投资而支付的交易费用，现行准则要求作为债权投资成本的一部分，计入取得成本。债权投资应当按照取得时的公允价值与相关交易费用之和作为初始入账金额。如果实际支付的价款中包含已到付息期但尚未领取的利息，应单独确认为应收项目，不构成债权投资的初始入账金额。

企业应当设置"债权投资"科目对各项债券投资进行核算，并在"债权投资"总账科目下设置"成本""利息调整""应计利息"等明细科目。"成本"明细科目反映债券的面值；"利息调整"明细科目反映债券的初始入账金额与面值之间的差额，以及后续按照实际利率法分期摊销后该差额的摊余金额；"应计利息"明细科目反映企业计提的到期一次还本付息债券的应计未付利息。

企业取得债权投资时，应当按照债券的面值，借记"债权投资——成本"科目；按照支付的价款中包含的已到付息期但尚未领取的利息，借记"应收利息"科目；按照实际支付的金额，贷记"银行存款"等科目；借贷方差额借记或者贷记"债权投资——利息调整"科目。

【例 4-29】 2×13 年 1 月 1 日，甲公司按每份 1 040 元的价格购入乙公司同日发行的 5 年期公司债券 2 万份，另支付交易费用 6.54 万元，债券票面价值总额为 2 000 万元，票面年利率为 6%，于年末支付本年度债券利息 120 万元，到期时一次性偿还本金并付最后一次利息。甲公司根据其管理该债券的业务模式和该债券的合同现金流量特征，将该债券分类为以摊余成本计量的金融资产。假定该债券不属于购入或源生的已发生信用减值的金融资产。

2×13 年 1 月 1 日，购入乙公司债券，甲公司应编制如下会计分录：

债权投资的入账金额 =1 040×2+6.54=2 086.54（万元）

应确认的利息调整借差 =2 086.54–2 000=86.54（万元）

借：债权投资——成本　　20 000 000

　　　　——利息调整　　865 400

　贷：银行存款　　20 865 400

【例 4–30】 2×13 年 1 月 1 日，甲公司按每份 955 元的价格购入乙公司同日发行的 5 年期公司债券 2 万份，另支付交易费用 3.36 万元，债券票面价值总额为 2 000 万元，票面年利率为 4%，于年末支付本年度债券利息 80 万元，到期时一次性偿还本金并付最后一次利息。甲公司根据其管理该债券的业务模式和该债券的合同现金流量特征，将该债券分类为以摊余成本计量的金融资产。假定该债券不属于购入或源生的已发生信用减值的金融资产。

2×13 年 1 月 1 日，购入乙公司债券，甲公司应编制如下会计分录：

债权投资的入账金额 =955×2+3.36=1913.36（万元）

应确认的利息调整借差 =2 000–1 913.36=86.64（万元）

借：债权投资——成本　　20 000 000

　贷：银行存款　　19 133 600

　　债权投资——利息调整　　866 400

【例 4–31】 2×13 年 1 月 1 日，甲公司按每份 955 元的价格购入乙公司同日发行的 5 年期公司债券 2 万份，另支付交易费用 3.36 万元，债券票面价值总额为 2 000 万元，票面年利率为 4%。债券利息按照单利计算，于债券到期时一次支付。甲公司根据其管理该债券的业务模式和该债券的合同现金流量特征，将该债券分类为以摊余成本计量的金融资产。假定该债券不属于购入或源生的已发生信用减值的金融资产。

2×13 年 1 月 1 日，购入乙公司债券，甲公司应编制如下会计分录：

债权投资的入账金额 =955×2+3.36=1 913.36（万元）

应确认的利息调整借差 =2 000–1 913.36=86.64（万元）

借：债权投资——成本　　20 000 000

　贷：银行存款　　19 133 600

　　债权投资——利息调整　　866 400

## 三、债权投资的摊余成本与投资收益的确认

### （一）债权投资的摊余成本与实际利率法[①]

债权投资应当按照摊余成本进行后续计量，并根据摊余成本和实际利率计算确认投资收益。金融资产的摊余成本指的是，金融资产的初始入账金额经下列调整后的结果：(1) 扣除已偿还的本金；(2) 加上或减去累计摊销额，累计摊销额为初始入账金额与到期日

---

① 债权投资账面价值的确定，即利息调整的摊销有两种方法：直线法和实际利率法。直线法指的是，在金融资产预计存续期内，将其利息调整金额（包括溢折价和交易费用）平均摊销以计算摊余成本和确定各期利息收入的方法。直线法的特点是各期的摊销额和投资收益固定不变，但由于随着利息调整额摊销，债券投资的账面价值不断变化，因而各期的投资收益率也在变化，这导致不能正确反映各期的经营业绩。我国《企业会计准则第 22 号——金融工具确认和计量》(2017) 不允许采用直线法进行摊销。

金额之间的差额进行摊销形成的累计金额；(3)扣减已计提的累计信用减值准备。

实际利率指的是，将金融资产在预期存续期间内估计的未来现金流量折现为该金融资产账面余额所采用的利率。例如，企业购入债券作为债权投资，实际利率就是债券未来收到的利息和本金的折现金额正好等于债券初始入账金额时采用的折现率。其中，金融资产账面余额不考虑减值。在确定实际利率时，应当在考虑金融资产所有合同条款的基础上估计预期现金流量，但不应考虑预期信用损失。金融资产的所有合同条款包括提前还款、展期、看涨期权或其他类似期权等。企业通常能够可靠估计金融资产的现金流量和预计存续期。

实际利率法指的是，根据摊余成本和实际利率计算确认利息收入并确定期末摊余成本的方法。即以债权投资的期初摊余成本乘以实际利率作为当期利息收入，以面值乘以票面利率作为当期应收利息。利息收入与应收利息之间的差额作为当期利息调整摊销额，以期初摊余成本加上或减去当期利息调整摊销额作为期末摊余成本。在实际利率法下，利息收入、应收利息、利息调整摊销额之间的关系如下：

利息收入 = 摊余成本[①] × 实际利率

应收利息 = 债券面值 × 票面利率

利息调整摊销额 = | 利息收入 − 应收利息 |

### （二）分期付息债券投资收益的确认

债权投资如为分期付息、一次还本的债券，企业应当于资产负债表日计提债券利息，同时确认投资收益。企业应当按照债券面值和票面利率计算确定应收利息，借记“应收利息”科目；按照债券摊余成本和实际利率计算确定利息收入，贷记“投资收益”科目；按照利息收入与应收利息之间的差额，借记或贷记“债权投资——利息调整”科目。收到上述应计未收的利息时，借记“银行存款”等科目，贷记“应收利息”科目。

**【例 4–32】**　承【例 4–29】，2×13 年 12 月 31 日、2×14 年 12 月 31 日、2×15 年 12 月 31 日、2×16 年 12 月 31 日、2×17 年 12 月 31 日，确认乙公司债券实际利息收入、收到债券利息。

在债券分期付息的情况下，债券面值在到期时一次收回，其现值应根据债券面值乘以复利现值系数计算；债券票面利息分期等额收回，其现值应根据各期债券票面利息乘以年金现值系数计算。其计算公式为：

债券初始入账价值 = 债券面值 × $(P/F,i,n)$ + 债券票面利息 × $(P/A,i,n)$

用插值法即可计算出债券实际利率 $i$。

设实际利率为 $i$，则有

$2\,086.54=2\,000\times(P/F,i,5)+120\times(P/A,i,5)$

采用插值法确定债券实际利率为 5%。

甲公司购买债券后采用实际利率法确定债权投资的摊余成本，为了方便各期的账务处理，可以编制债券的投资收益和摊余成本计算表，详见表 4–3。

① 当金融资产未计提信用减值准备时，摊余成本与账面余额相等。当金融资产已经计提了减值准备时，应当根据本章第七节“金融资产减值”的有关规定，采用摊余成本或者账面余额作为计算利息收入的基础。

表 4-3 债券的投资收益和摊余成本计算表

单位:万元[①]

| 日期 | (1)<br>应收利息 =<br>面值 ×6% | (2)<br>投资收益 =<br>期初(4)×5% | (3)<br>利息调整<br>借差摊销 =<br>(1)-(2) | (4)<br>摊余成本 =<br>期初(4)-(3) |
|---|---|---|---|---|
| 2×13 年 1 月 1 日 | | | | 2 086.54 |
| 2×13 年 12 月 31 日 | 120 | 104.33 | 15.67 | 2 070.87 |
| 2×14 年 12 月 31 日 | 120 | 103.54 | 16.46 | 2 054.41 |
| 2×15 年 12 月 31 日 | 120 | 102.72 | 17.28 | 2 037.13 |
| 2×16 年 12 月 31 日 | 120 | 101.86 | 18.14 | 2 018.99 |
| 2×17 年 12 月 31 日 | 120 | 101.01* | 18.99 | 2 000 |

* 尾数调整 120-(2 018.99-2 000)=101.01。

根据表 4-3 中的数据,甲公司的有关账务处理如下:

① 2×13 年 12 月 31 日,确认乙公司债券实际利息收入、收到债券利息。

借:应收利息　　1 200 000

　贷:债权投资——利息调整　　156 700

　　投资收益　　1 043 300

借:银行存款　　1 200 000

　贷:应收利息　　1 200 000

② 2×14 年 12 月 31 日,确认乙公司债券实际利息收入、收到债券利息。

借:应收利息　　1 200 000

　贷:债权投资——利息调整　　164 600

　　投资收益　　1 035 400

借:银行存款　　1 200 000

　贷:应收利息　　1 200 000

③ 2×15 年 12 月 31 日,确认乙公司债券实际利息收入、收到债券利息。

借:应收利息　　1 200 000

　贷:债权投资——利息调整　　172 800

　　投资收益　　1 027 200

借:银行存款　　1 200 000

　贷:应收利息　　1 200 000

④ 2×16 年 12 月 31 日,确认乙公司债券实际利息收入、收到债券利息。

借:应收利息　　1 200 000

　贷:债权投资——利息调整　　181 400

① 以万元为单位,保留两位小数,表 4-3 至表 4-9 做同样数据处理。

投资收益　　1 018 600

借:银行存款　　1 200 000

贷:应收利息　　1 200 000

⑤ 2×17 年 12 月 31 日,确认乙公司债券实际利息收入、收到债券利息。

借:应收利息　　1 200 000

贷:债权投资——利息调整　　189 900

投资收益　　1 010 100

借:银行存款　　1 200 000

贷:应收利息　　1 200 000

**【例4-33】** 承【例4-30】,2×13年12月31日、2×14年12月31日、2×15年12月31日、2×16 年 12 月 31 日、2×17 年 12 月 31 日,确认乙公司债券实际利息收入、收到债券利息。

在债券分期付息的情况下,债券面值在到期时一次收回,其现值应根据债券面值乘以复利现值系数计算;债券票面利息分期等额收回,其现值应根据各期债券票面利息乘以年金现值系数计算。其计算公式为:

债券初始入账价值 = 债券面值 ×$(P/F,i,n)$+ 债券票面利息 ×$(P/A,i,n)$

用插值法即可计算出债券实际利率 $i$。

设实际利率为 $i$,则有

1 913.36=2 000×$(P/F,i,5)$+80×$(P/A,i,5)$

采用插值法确定债券实际利率为 5%。

甲公司购买债券后采用实际利率法确定债权投资的摊余成本,为了方便各期的账务处理,可以编制债券的投资收益和摊余成本计算表,详见表 4-4。

**表 4-4　债券的投资收益和摊余成本计算表**

单位:万元

| 日期 | (1)<br>应收利息 =<br>面值 ×4% | (2)<br>投资收益 =<br>期初(4)×5% | (3)<br>利息调整<br>贷差摊销 =<br>(2)-(1) | (4)<br>摊余成本 =<br>期初(4)+(3) |
|---|---|---|---|---|
| 2×13 年 1 月 1 日 | | | | 1 913.36 |
| 2×13 年 12 月 31 日 | 80 | 95.67 | 15.67 | 1 929.03 |
| 2×14 年 12 月 31 日 | 80 | 96.45 | 16.45 | 1 945.48 |
| 2×15 年 12 月 31 日 | 80 | 97.27 | 17.27 | 1 962.75 |
| 2×16 年 12 月 31 日 | 80 | 98.14 | 18.14 | 1 980.89 |
| 2×17 年 12 月 31 日 | 80 | 99.11* | 19.11 | 2 000 |

* 尾数调整 80+(2 000-1 980.89)=99.11。

根据表 4-4 中的数据,甲公司的有关账务处理如下:

① 2×13 年 12 月 31 日,确认乙公司债券实际利息收入、收到债券利息。

借:应收利息　　800 000
　债权投资——利息调整　　156 700
　贷:投资收益　　956 700
借:银行存款　　800 000
　贷:应收利息　　800 000
② 2×14 年 12 月 31 日,确认乙公司债券实际利息收入、收到债券利息。
借:应收利息　　800 000
　债权投资——利息调整　　164 500
　贷:投资收益　　964 500
借:银行存款　　800 000
　贷:应收利息　　800 000
③ 2×15 年 12 月 31 日,确认乙公司债券实际利息收入、收到债券利息。
借:应收利息　　800 000
　债权投资——利息调整　　172 700
　贷:投资收益　　972 700
借:银行存款　　800 000
　贷:应收利息　　800 000
④ 2×16 年 12 月 31 日,确认乙公司债券实际利息收入、收到债券利息。
借:应收利息　　800 000
　债权投资——利息调整　　181 400
　贷:投资收益　　981 400
借:银行存款　　800 000
　贷:应收利息　　800 000
⑤ 2×17 年 12 月 31 日,确认乙公司债券实际利息收入、收到债券利息。
借:应收利息　　800 000
　债权投资——利息调整　　191 100
　贷:投资收益　　991 100
借:银行存款　　800 000
　贷:应收利息　　800 000

### (三) 到期一次还本付息债券投资收益的确认

债权投资如为到期一次还本付息债券,企业应当于资产负债表日计提债券利息,同时确认投资收益。企业应当按照债券面值和票面利率计算确定应收利息,借记“债权投资——应计利息”科目;按照债券摊余成本和实际利率计算确定利息收入,贷记“投资收益”科目;按照利息收入与应收利息之间的差额,借记或贷记“债权投资——利息调整”科目。

**【例 4-34】** 承【例 4-31】,2×13 年 12 月 31 日、2×14 年 12 月 31 日、2×15 年 12 月 31 日、2×16 年 12 月 31 日、2×17 年 12 月 31 日,确认乙公司债券实际利息收入。

在债券到期一次还本付息的情况下,债券面值和债券各期票面利息在到期时一次收回，其现值应根据债券面值与债券各期票面利息总额之和乘以复利现值系数计算。其计算公式为：

债券初始入账价值 =（债券面值 + 债券各期票面利息总额）×（$P/F,i,n$）

用插值法即可计算出债券实际利率 $i$。

设实际利率为 $i$，则有

1 913.36=（2 000+80×5）×（$P/F,i,5$）

采用插值法确定债券实际利率为 4.64%。

甲公司购买债券后采用实际利率法确定债权投资的摊余成本，为了方便各期的账务处理，可以编制债券的投资收益和摊余成本计算表，详见表 4–5。

**表 4–5　债券的投资收益和摊余成本计算表**

单位：万元

| 日期 | (1)<br>应收利息 =<br>面值 ×4% | (2)<br>投资收益 =<br>期初 (4)×4.64% | (3)<br>利息调整<br>贷差摊销 =<br>(2)－(1) | (4)<br>摊余成本 =<br>期初 (4)+<br>(3)+(1) |
|---|---|---|---|---|
| 2×13 年 1 月 1 日 | | | | 1 913.36 |
| 2×13 年 12 月 31 日 | 80 | 88.78 | 8.78 | 2 002.14 |
| 2×14 年 12 月 31 日 | 80 | 92.90 | 12.90 | 2 095.04 |
| 2×15 年 12 月 31 日 | 80 | 97.21 | 17.21 | 2 192.25 |
| 2×16 年 12 月 31 日 | 80 | 101.72 | 21.72 | 2 293.97 |
| 2×17 年 12 月 31 日 | 80 | 106.03* | 26.03 | 2 400 |

* 尾数调整 80+（2 400–2 293.97–80）=106.03。

根据表 4–5 中的数据，甲公司的有关账务处理如下：

① 2×13 年 12 月 31 日，确认乙公司债券实际利息收入。

借：债权投资——利息调整　　87 800
　　　　　　——应计利息　　800 000
　贷：投资收益　　887 800

② 2×14 年 12 月 31 日，确认乙公司债券实际利息收入。

借：债权投资——利息调整　　129 000
　　　　　　——应计利息　　800 000
　贷：投资收益　　929 000

③ 2×15 年 12 月 31 日，确认乙公司债券实际利息收入。

借：债权投资——利息调整　　172 100
　　　　　　——应计利息　　800 000
　贷：投资收益　　972 100

④ 2×16 年 12 月 31 日，确认乙公司债券实际利息收入。

借：债权投资——利息调整　　217 200

——应计利息 800 000

贷：投资收益 1 017 200

⑤ 2×17 年 12 月 31 日，确认乙公司债券实际利息收入。

借：债权投资——利息调整 260 300

——应计利息 800 000

贷：投资收益 1 060 300

### 四、债权投资的到期兑付

债权投资的到期兑付指的是，在债权投资的期限届满时，企业按照面值收回投资以及应收未收的利息。如果是分期付息的债券，到期时企业可收回债券的面值；如果是一次还本付息的债券，到期时企业可收回债券面值和利息。收回债券面值和利息时，应借记“银行存款”科目，贷记“债权投资”相关科目。

【例 4-35】 承【例 4-32】，2×17 年 12 月 31 日，甲公司确认收回乙公司的债券本金。

借：银行存款 20 000 000

贷：债权投资——成本 20 000 000

【例 4-36】 承【例 4-33】，2×17 年 12 月 31 日，甲公司确认收回乙公司的债券本金。

借：银行存款 20 000 000

贷：债权投资——成本 20 000 000

【例 4-37】 承【例 4-34】，2×17 年 12 月 31 日，甲公司确认收回乙公司的债券本金和票面利息。

借：银行存款 24 000 000

贷：债权投资——成本 20 000 000

——应计利息 4 000 000

## 第五节 其他债权投资

### 一、其他债权投资概述

根据企业会计准则，金融资产同时满足下列条件时，应当分类为以公允价值计量且其变动计入其他综合收益的金融资产：①企业对其管理的业务模式既以收取合同现金流量为目标，又以出售该金融资产为目标；②该金融资产的合同条款规定，在特定日期产生的合同现金流量，仅为对本金和以未偿付的本金为基础的利息的支付。

企业取得既以收取合同现金流为目标，又以出售该金融资产为目标的债券投资或与债券类似的投资时，应将其划分为以公允价值计量且其变动计入其他综合收益的金融资产，并设置“其他债权投资”科目进行核算。在初始确认时，除了其他债权投资外，企业还可以将非交易性权益工具投资指定为以公允价值计量且其变动计入其他综合收益的金融资产，并设置“其他权益工具投资”科目进行核算。

其他债权投资采用实际利率法计算的利息应当计入当期损益，其他债权投资由于公允价值变动产生的所有利得或损失，应当计入其他综合收益；其他债权投资发生的减值损失或利得，应计入当期损益；其他债权投资终止确认时，之前计入其他综合收益的累计利得或者损失，应当从其他综合收益中转出，计入当期损益。

企业应当设置“其他债权投资”科目，并设置“成本”“利息调整”“应计利息”“公允价值变动”等明细科目，反映其他债权投资的取得、处置、公允价值变动等情况。

## 二、其他债权投资的取得

企业取得债券如果划分为其他债权投资，应以债券的公允价值与相关交易费用之和作为该债券的入账价值，如果实际支付的价款中包含已到付息期但尚未领取的利息，应单独确认为应收项目，不构成其他债权投资的初始入账金额。

企业取得其他债权投资时，应当按照债券的面值，借记“其他债权投资——成本”科目，按支付的价款中包含的已到付息期但尚未领取的利息，借记“其他债权投资——应计利息”“应收利息”科目，按照实际支付的金额，贷记“银行存款”等科目，借贷方差额借记或者贷记“其他债权投资——利息调整”科目。

【例 4–38】 2×13 年 1 月 1 日，甲公司按每份 1 040 元的价格购入乙公司同日发行的 5 年期公司债券 2 万份，另支付交易费用 6.54 万元，债券票面价值总额为 2 000 万元，票面年利率为 6%，于年末支付本年度债券利息 120 万元，到期时一次性偿还本金并付最后一次利息。甲公司根据其管理该债券的业务模式和该债券的合同现金流量特征，将该债券分类为以公允价值计量且其变动计入其他综合收益的金融资产。假定该债券不属于购入或源生的已发生信用减值的金融资产。

2×13 年 1 月 1 日，购入乙公司债券，甲公司应编制如下会计分录：

其他债权投资的入账金额 =1 040×2+6.54=2 086.54（万元）

应确认的利息调整借差 =2 086.54–2 000=86.54（万元）

| | | |
|---|---|---|
| 借：其他债权投资——成本 | 20 000 000 | |
| 　　　　　　　——利息调整 | 865 400 | |
| 　贷：银行存款 | | 20 865 400 |

## 三、其他债权投资的摊余成本和投资收益的确认

企业将债券划分为其他债权投资，应当按照债券面值乘以票面利率作为当期应收利息，借记“其他债权投资——应计利息”“应收利息”等科目，按照其他债权投资的期初摊余成本乘以初始确认的实际利率作为当期利息收入，贷记“投资收益”科目，借贷方差额借记或贷记“其他债权投资——利息调整”科目。

【例 4–39】 承【例 4–38】，2×13 年 12 月 31 日、2×14 年 12 月 31 日、2×15 年 12 月 31 日、2×16 年 12 月 31 日、2×17 年 12 月 31 日，确认乙公司债券实际利息收入、收到债券利息。

在债券分期付息的情况下，债券面值在到期时一次收回，其现值应根据债券面值乘以复利现值系数计算；债券票面利息分期等额收回，其现值应根据各期债券票面利息乘以年金现值系数计算。其计算公式为：

债券初始入账价值 = 债券面值 $\times (P/F, i, n)$ + 债券票面利息 $\times (P/A, i, n)$

用插值法即可计算出债券实际利率 $i$。

设实际利率为 $i$，则有

$$2\ 086.54=2\ 000\times(P/F,i,5)+120\times(P/A,i,5)$$

采用插值法确定债券实际利率为 5%。

甲公司购买债券后采用实际利率法确定债权投资的摊余成本，为了方便各期的账务处理，可以编制债券的投资收益和摊余成本计算表，详见表 4–6：

**表 4–6 债券的投资收益和摊余成本计算表**

单位：万元

| 日期 | (1)<br>应收利息 =<br>面值 ×6% | (2)<br>投资收益 =<br>期初 (4) ×5% | (3)<br>利息调整<br>借差摊销 =<br>(1) – (2) | (4)<br>摊余成本 =<br>期初 (4) – (3) |
|---|---|---|---|---|
| 2×13 年 1 月 1 日 | | | | 2 086.54 |
| 2×13 年 12 月 31 日 | 120 | 104.33 | 15.67 | 2 070.87 |
| 2×14 年 12 月 31 日 | 120 | 103.54 | 16.46 | 2 054.41 |
| 2×15 年 12 月 31 日 | 120 | 102.72 | 17.28 | 2 037.13 |
| 2×16 年 12 月 31 日 | 120 | 101.86 | 18.14 | 2 018.99 |
| 2×17 年 12 月 31 日 | 120 | 101.01* | 18.99 | 2 000 |

* 尾数调整 120–(2 018.99–2 000)=101.01。

根据表 4–6 中的数据，甲公司的有关账务处理如下：

① 2×13 年 12 月 31 日，确认乙公司债券实际利息收入、收到债券利息。

借：应收利息　　1 200 000

　贷：其他债权投资——利息调整　　156 700

　　投资收益　　1 043 300

借：银行存款　　1 200 000

　贷：应收利息　　1 200 000

② 2×14 年 12 月 31 日，确认乙公司债券实际利息收入、收到债券利息。

借：应收利息　　1 200 000

　贷：其他债权投资——利息调整　　164 600

　　投资收益　　1 035 400

借：银行存款　　1 200 000

　贷：应收利息　　1 200 000

③ 2×15 年 12 月 31 日，确认乙公司债券实际利息收入、收到债券利息。

借：应收利息　　1 200 000

　贷：其他债权投资——利息调整　　172 800

　　投资收益　　1 027 200

借:银行存款　　1 200 000

　贷:应收利息　　1 200 000

④ 2×16 年 12 月 31 日,确认乙公司债券实际利息收入、收到债券利息。

借:应收利息　　1 200 000

　贷:其他债权投资——利息调整　　181 400

　　投资收益　　1 018 600

借:银行存款　　1 200 000

　贷:应收利息　　1 200 000

⑤ 2×17 年 12 月 31 日,确认乙公司债券实际利息收入、收到债券利息。

借:应收利息　　1 200 000

　贷:其他债权投资——利息调整　　189 900

　　投资收益　　1 010 100

借:银行存款　　1 200 000

　贷:应收利息　　1 200 000

## 四、其他债权投资的期末计价

资产负债表日,企业应当按照当日其他债权投资的公允价值对其账面价值进行调整。根据现行准则规定,其他债权投资公允价值与账面价值的差额不得计入当期损益,而应作为所有者权益变动,计入其他综合收益。

如果其他债权投资的公允价值高于其账面价值,两者之间的差额借记"其他债权投资——公允价值变动"科目,调增其他债权投资的账面价值,同时贷记"其他综合收益——其他债权投资公允价值变动"科目。如果公允价值低于账面价值,则两者之间的差额要调减其他债权投资的账面价值,做相反的会计分录。

【例 4-40】 甲公司各年年末持有的债券的公允价值如表 4-7 所示。

表 4-7　公允价值变动计算表

单位:万元

| 日期 | (1)<br>摊余成本 | (2)<br>公允价值 | (3)<br>累计公允价值变动 =<br>(2)-(1) | (4)<br>本期公允价值变动 =<br>(3)-期初(3) |
|---|---|---|---|---|
| 2×13 年 12 月 31 日 | 2 070.87 | 2 500 | 429.13 | 429.13 |
| 2×14 年 12 月 31 日 | 2 054.41 | 2 600 | 545.59 | 116.46 |
| 2×15 年 12 月 31 日 | 2 037.13 | 2 500 | 462.87 | -82.72 |
| 2×16 年 12 月 31 日 | 2 018.99 | 2 400 | 381.01 | -81.86 |

2×13 年 12 月 31 日甲公司编制的会计分录如下:

借:其他债权投资——公允价值变动　　4 291 300

　贷:其他综合收益——其他债权投资公允价值变动　　4 291 300

2×14 年 12 月 31 日甲公司编制的会计分录如下：

借：其他债权投资——公允价值变动 1 164 600

贷：其他综合收益——其他债权投资公允价值变动 1 164 600

2×15 年 12 月 31 日甲公司编制的会计分录如下：

借：其他综合收益——其他债权投资公允价值变动 827 200

贷：其他债权投资——公允价值变动 827 200

2×16 年 12 月 31 日甲公司编制的会计分录如下：

借：其他综合收益——其他债权投资公允价值变动 818 600

贷：其他债权投资——公允价值变动 818 600

## 五、其他债权投资的出售

企业出售其他债权投资时，如符合金融工具终止确认的条件，应终止确认该金融资产，将实际收到的金额与其账面价值之间的差额确认为投资收益。同时将之前计入其他综合收益的累计利得或损失从其他综合收益中转出，计入当期损益。企业应当按照实际收到的出售价款，借记“银行存款”等科目；按照其他债权投资的账面价值贷记“其他债权投资”等科目，按照借贷方差额借记或贷记“投资收益”科目。同时将之前计入其他综合收益的公允价值的累计变动转出，借记或贷记“其他综合收益”科目，贷记或借记“投资收益”科目。

**【例 4–41】** 2×17 年 1 月 20 日，甲公司出售了乙公司债券 2 万份，取得价款 2 420 万元。此时债券的账面价值为 2 400 万元，其中，面值为 2 000 万元，利息调整借差为 18.99 万元，累计公允价值变动为 381.01 万元。甲公司应编制如下会计分录：

借：银行存款 24 200 000

贷：其他债权投资——成本 20 000 000

——利息调整 189 900

——公允价值变动 3 810 100

投资收益 200 000

借：其他综合收益——其他债权投资公允价值变动 3 810 100

贷：投资收益 3 810 100

甲公司也可以将以上两笔分录进行合并，编制如下一笔会计分录：

借：银行存款 24 200 000

其他综合收益——其他债权投资公允价值变动 3 810 100

贷：其他债权投资——成本 20 000 000

——利息调整 189 900

——公允价值变动 3 810 100

投资收益 4 010 100

# 第六节　其他权益工具投资

## 一、其他权益工具投资概述

权益工具投资一般不符合本金加利息的合同现金流量特征，但在初始确认时，企业可以将非交易性[①]权益工具指定为以公允价值计量且其变动计入其他综合收益的金融资产，并按照规定确认股利收入。该指定一经做出，不得撤销。例如，企业持有的上市公司限售股份，尽管在活跃市场上有报价，但由于出售受到限制，不能随时出售，可指定为以公允价值计量且其变动计入其他综合收益的金融资产。再例如，非交易性股票以及不具有控制、共同控制和重大影响且没有公允价值的股权等，也可以指定为以公允价值计量且其变动计入其他综合收益的金融资产。

其他权益工具投资的公允价值变动应当计入其他综合收益；终止确认时，计入其他综合收益的累计利得或者损失应当从其他综合收益中转出，计入留存收益。其他权益工具投资不需要计提减值准备。

企业应当设置“其他权益工具投资”科目，并设置“成本”“公允价值变动”等明细科目，反映其他权益工具投资的取得、处置、公允价值变动等情况。

## 二、其他权益工具投资的取得

企业取得的股权如果划分为其他权益工具投资，应该按照股权的公允价值和相关交易费用之和作为初始投资成本，借记“其他权益工具投资——成本”科目，贷记“银行存款”等科目。如果支付的价款中包含了已宣告但尚未发放的现金股利，应确认为应收项目，借记“应收股利”科目。

【例 4–42】 2×16 年 5 月 6 日，甲公司支付价款 2 032 万元（含交易费用 2 万元和已宣告发放现金股利 30 万元），购入乙公司发行的股票 200 万股，占乙公司有表决权股份的 0.5%。甲公司根据其管理乙公司股票的业务模式和乙公司股票的合同现金流量特征，将乙公司股票指定为以公允价值计量且其变动计入其他综合收益的金融资产。甲公司的账务处理如下：

2×16 年 5 月 6 日购入股票，入账价值为 2 002 万元（2 032–30）。

| | | |
|---|---|---|
| 借：其他权益工具投资——成本 | 20 020 000 | |
| 　　应收股利 | 300 000 | |
| 　　贷：银行存款 | | 20 320 000 |

---

① 金融资产满足下列条件之一时，可以认定企业持有该金融资产的目的是交易性的：(1) 取得相关金融资产的目的主要是近期出售。例如，企业以赚取差价为目的从二级市场购入的股票、债券和基金等。(2) 相关金融资产在初始确认时属于集中管理的可辨认金融资产组合的一部分，且有客观证据表明近期实际存在短期获利模式。在这种情况下，即使组合中有某个组成项目持有的期限稍长也不受影响。(3) 相关金融资产属于衍生工具。只有不符合上述条件的非交易性权益工具投资，才可以指定为以公允价值计量且其变动计入其他综合收益的金融资产。

## 三、其他权益工具投资的收益

企业将股权投资划分为其他权益工具投资，在股权持有期间被投资单位宣告发放的现金股利，应确认为投资收益，借记"应收股利"科目，贷记"投资收益"科目；收到现金股利时，借记"银行存款"等科目，贷记"应收股利"科目。

【例4–43】 2×16年5月10日，甲公司收到乙公司发放的现金股利30万元。甲公司的账务处理如下：

借：银行存款 300 000

　　贷：应收股利 300 000

【例4–44】 2×17年5月9日，乙公司宣告发放现金股利8 000万元。当日，甲公司持有乙公司有表决权股份的0.5%。2×17年5月13日，甲公司收到乙公司发放的现金股利40万元(8 000×0.5%)。甲公司的账务处理如下：

2×17年5月9日，确认应收现金股利。

借：应收股利 400 000

　　贷：投资收益 400 000

2×17年5月13日，收到现金股利。

借：银行存款 400 000

　　贷：应收股利 400 000

## 四、其他权益工具投资的期末计价

在资产负债表日，企业应该按照当日其他权益工具投资的公允价值对其账面价值进行调整。其他权益工具投资的公允价值与账面价值的差额，即公允价值的变动不计入当期损益，而应当作为所有者权益变动，计入其他综合收益。即借记或贷记"其他权益工具投资——公允价值变动"科目，贷记或借记"其他综合收益——其他权益工具投资公允价值变动"科目。

【例4–45】 2×16年12月31日，乙公司股票市价为每股10.4元，应调增股票账面价值78万元[(10.4–10.01)×200=78]。则甲公司编制的会计分录如下：

借：其他权益工具投资——公允价值变动 780 000

　　贷：其他综合收益——其他权益工具投资公允价值变动 780 000

## 五、其他权益工具投资的出售

企业出售其他权益工具投资时，如符合金融资产终止确认的条件，应终止确认该金融资产，将实际收到的金额与其账面价值之间的差额确认为其他综合收益。同时将计入其他综合收益的累计利得或损失从其他综合收益中转出，计入留存收益。企业应当按照实际收到的出售价款，借记"银行存款"等科目，按照其他权益工具投资的账面价值贷记"其他权益工具投资"科目，按照借贷方差额借记或贷记"其他综合收益——其他权益工具投资公允价值变动"科目。同时将计入其他综合收益的公允价值的累计变动转出，借记或者贷记"其他综合收益——其他权益工具公允价值变动"，贷记或借记"盈余公积"以及

“利润分配——未分配利润”科目。

【例 4-46】 2×17 年 5 月 20 日，甲公司决定不再持有乙公司股票，以每股 9.8 元的价格将股票全部转让。当日，乙公司股票的账面价值为 2 080 万元，其中，成本为 2 002 万元，累计公允价值变动为 78 万元。甲公司按照 10% 的比例计提法定盈余公积，编制会计分录如下：

出售乙公司股票。

| | | |
|---|---|---|
| 借：银行存款 | 19 600 000 | |
| 　其他综合收益——其他权益工具投资公允价值变动 | 1 200 000 | |
| 　贷：其他权益工具投资——成本 | | 20 020 000 |
| 　　　　　　　　　　——公允价值变动 | | 780 000 |

结转累计计入其他综合收益的公允价值变动。

其他权益工具投资公允价值累计变动 =78－120=－42（万元）

| | | |
|---|---|---|
| 借：盈余公积——法定盈余公积 | 42 000 | |
| 　利润分配——未分配利润 | 378 000 | |
| 　贷：其他综合收益——其他权益工具投资公允价值变动 | | 420 000 |

甲公司也可以将以上两笔分录进行合并，编制如下一笔会计分录：

| | | |
|---|---|---|
| 借：银行存款 | 19 600 000 | |
| 　其他综合收益——其他权益工具投资公允价值变动 | 780 000 | |
| 　盈余公积——法定盈余公积 | 42 000 | |
| 　利润分配——未分配利润 | 378 000 | |
| 　贷：其他权益工具投资——成本 | | 20 020 000 |
| 　　　　　　　　　　——公允价值变动 | | 780 000 |

## 第七节　金融资产的减值

### 一、金融资产减值的预期信用损失法

我国企业会计准则目前采用“预期信用损失法”确认金融资产的减值损失，[①] 即企业应该以预期信用损失为基础，对金融资产进行减值会计处理并确认损失准备。预期信用损失指的是，以发生违约风险为权重的金融资产信用损失的加权平均值；信用损失指的是，企业按照实际利率折现的、根据合同应收的所有合同现金流量与预期收取的所有现金流量之间的差额，即全部现金短缺的现值。其中，对于企业购买或源生的已发生信用减值的金融资产，应按照该金融资产经信用调整的实际利率折现。

① 我国现行会计准则对金融工具减值采用“预期信用损失法”，即减值准备的计提不以减值的实际发生为前提，而是以未来可能违约事件造成的损失的期望值来计量当前（资产负债表日）应当确认的减值准备。还有一种减值确认方法是“已发生损失法”，即有客观证据表明金融资产发生减值时，才确认减值损失、计提减值准备。这里的客观证据包括：发行方或债务人发生严重财务困难；债务人违反了合同条款，如偿付利息或本金发生违约或逾期等；债权人出于经济或法律方面因素的考虑，对发生财务困难的债务人做出让步；债务人很可能倒闭或进行其他财务重组等。原《企业会计准则第 22 号——金融工具的确认和计量》(2007) 采用的是“已发生损失法”，修订后的《企业会计准则第 22 号——金融工具的确认和计量》(2017) 采用了“预期信用损失法”。

由于预期信用损失考虑付款的金额和时间分布，因此即使企业预计可以全额收款，但如果收款时间晚于合同规定的到期期限，也会产生信用损失。

在估计现金流量时，企业应当考虑金融工具在整个预计存续期的所有合同条款，如提前还款、展期、看涨期权或其他类似期权等。企业通常能够可靠估计金融工具的预计存续期。在极少数情况下，金融工具预计有续期无法可靠估计的，企业在计算确定预期信用损失时，应当基于该金融工具的剩余合同期间。

预期信用损失法下，金融资产的投资收益（利息收入）确认有“总额法”“净额法”两种方法。总额法适用于金融资产未发生信用减值的情况，即不存在表明金融资产发生信用减值的客观证据。总额法采用金融资产账面总额（未扣除信用减值准备的金额）和实际利率计算投资收益；净额法适用于金融资产已发生信用减值的情况，即已存在表明金融资产发生信用减值的客观证据。净额法采用金融资产账面净额（扣除信用减值准备的余额）和实际利率计算投资收益。

## 二、金融资产减值的三个阶段

一般情况下，金融资产发生信用减值的过程可以分成三个阶段，按照下列情形分别计量其损失准备、确认预期信用损失及其变动。

### （一）第一阶段：信用风险自初始确认后未显著增加

如果金融资产的信用风险自初始确认后并未明显增加，那么企业应当按照相当于该金融资产未来 12 个月预期信用损失的金额计量其损失准备。由此形成的损失准备的增加或转回金额，应当作为减值损失或利得计入当期损益。并且采用总额法确认投资收益，即根据金融资产的账面总额（未扣除信用减值准备的金额）和实际利率计算利息收入。

信用风险是指金融工具的一方未能履行义务从而导致另一方发生财务损失的风险。未来 12 个月内预期信用损失，是指因资产负债表日后 12 个月内（若金融工具的预计在续期少于 12 个月，则为更短的存续期间）可能发生的违约事件而导致的金融工具在整个在续期内现金流缺口的加权平均现值，而非发生在 12 个月内的现金流缺口的加权平均现值。例如，企业预计一项剩余存续期为 3 年的债务工具在未来 12 个月内将发生债务重组，重组将对该工具整个存续期内的合同现金流量进行调整，则所有合同现金流量的调整（无论归属在哪个期间）都属于计算 12 个月内预期信用损失的考虑范围。

### （二）第二阶段：信用风险自初始确认后已显著增加，但尚未发生信用减值

如果金融资产的信用风险自初始确认后已显著增加但尚未发生信用减值，那么企业应当按照整个存续期内预期信用损失的金额计量该金融资产的损失准备。由此形成的损失准备的增加或转回金额，应当作为减值损失或利得计入当期损益，并且采用总额法确认投资收益，即根据金融资产的账面总额（即未扣除信用减值准备的金额）和实际利率计算利息收入。

整个存续期内预期信用损失，是指因金融资产整个预计存续期内所有可能发生的违约事件而导致的现金流缺口的加权平均现值。

### （三）第三阶段：初始确认后发生信用减值

如果金融资产在初始确认后发生了信用减值，那么企业应当按照该金融资产整个存续期的预期信用损失计量损失准备。

金融资产发生信用减值，有可能是多个事件的共同作用所致，未必是可单独识别的事件所致。金融资产已发生信用减值的证据包括以下可观察信息：

（1）发行方或债务方发生重大财务困难。

（2）债务人违反合同，如偿付利息或本金违约或逾期等。

（3）债权人出于与债务人财务困难有关的经济或合同考虑，给予债务人在任何其他情况下都不会做出的让步。

（4）债务人很可能破产或进行其他债务重组。

（5）发行方或债务人财务困难导致该金融资产的活跃市场消失。

（6）以大幅折扣购买或源生一项金融资产，该折扣反映了发生信用损失的事实。

对于已发生信用减值的金融资产，其投资收益的计算不同于前两阶段，应当采用净额法，即采用金融资产账面净额（扣除信用减值准备的余额）和实际利率计算利息收入。若该金融工具在后续期间因其信用风险有所改善而不再存在信用减值，并且这一改善在客观上可与应用上述规定之后发生的某一事件相联系（如债务人的信用评级被上调），企业应当转而采用金融资产账面总额（未扣除信用减值准备的金额）乘以实际利率来计算确定利息收入。

上述三阶段的划分，适用于购买或源生时未发生信用减值的金融工具。对于购买或源生时已发生信用减值的金融资产，企业应当仅将初始确认后整个存续期内预期信用损失的变动确认为损失准备，并按其摊余成本和经信用调整的实际利率计算投资收益（利息收入）。

## 三、金融资产减值的会计处理

### （一）减值准备的计提和转回

企业应当在资产负债表日计算金融资产的预期信用损失。如果该预期信用损失大于该金融资产当前减值准备的账面金额，企业应当将其差额确认为减值损失，借记“信用减值损失”科目，根据金融资产的种类贷记“债权投资减值准备”（用于债权投资）或“其他综合收益——信用减值准备”（用于其他债权投资）等科目①；如果资产负债表日计算的预期信用损失小于该金融资产当前减值准备的账面金额，则应当将差额确认为减值利得，做相反的会计分录。例如，从按照整个存续期预期信用损失计量损失准备转为按照未来12个月预期信用损失计量损失准备时，可能出现这一情况。

### （二）已发生信用损失金融资产的核销

企业实际发生信用损失，认定相关金融资产无法收回，经批准予以核销的，应当根据批准的核销金额，借记“债权投资减值准备”或“其他综合收益——信用减值准备”等科目，贷记相应的资产科目，如“债权投资”“其他债权投资”等。若核销金额大于已计提的损失准备，还应按其差额借记“信用减值损失”科目。

### （三）金融资产减值的会计处理举例

1. 债权投资减值的会计处理

**【例4-47】** 承【例4-30】，甲公司初始确认时，估计该债券在接下来的12个月内的

① 对于其他债权投资，在“其他综合收益”中确认减值准备，将不影响“其他债权投资”在资产负债表中列示的账面价值。

违约概率为 5%。甲公司购买债券后采用实际利率法确定摊余成本，假定不考虑所得税的影响。

2×13 年 12 月 31 日，未来 12 个月的违约概率无变化（仍为 5%），因此甲公司认为，自初始确认后至本期末，乙公司债券的信用风险并未显著增加。甲公司认为，如果债券发生违约，会损失债券本金的 50%。在报告日，甲公司估计 12 个月预期信用损失的损失准备为 50 万元。

2×14 年 12 月 31 日，甲公司认定该债券自初始确认后信用风险显著增加，鉴于此，甲公司对该债券确认整个存续期预期信用损失。甲公司估计损失准备余额为 500 万元。

自 2×15 年年初开始，债券发行人乙公司出现重大财务困难，购入的债券成为已发生信用减值的金融资产。鉴于此，2×15 年 12 月 31 日，甲公司对该债券确认整个存续期预期信用损失。甲公司估计损失准备余额为 800 万元。

2×16 年 12 月 31 日，债券发行人的实际业绩明显改善。此外，该行业前景好于之前的预测。甲公司对债券进行重新评估，并认定该债券的信用风险下降了，并且相对自初始以后的信用风险已无显著增加。因此，甲公司重新按 12 个月预期信用损失计量损失准备。2×16 年 12 月 31 日估计的损失准备为 100 万元。

2×17 年 12 月 31 日，甲公司收回全部本金和利息。

甲公司购买债券后采用实际利率法确定债权投资的摊余成本，为了方便各期的账务处理，可以编制债券的投资收益和摊余成本计算表，详见表 4-8。

表 4-8 债券的投资收益和摊余成本计算表

单位：万元

| 日期 | (1)<br>应收利息 =<br>面值 ×4% | (2)<br>投资收益 =<br>期初(4)(或(6))×5% | (3)<br>利息调整<br>贷差摊销 =<br>(2)-(1) | (4)<br>账面余额 =<br>期初<br>(4)+(3) | (5)<br>减值<br>准备 | (6)<br>摊余成本 =<br>(4)-(5) |
|---|---|---|---|---|---|---|
| 2×13 年 1 月 1 日 | | | | 1 913.36 | | 1 913.36 |
| 2×13 年 12 月 31 日 | 80 | 95.67 | 15.67 | 1 929.03 | 50 | 1 879.03 |
| 2×14 年 12 月 31 日 | 80 | 96.45 | 16.45 | 1 945.48 | 500 | 1 445.48 |
| 2×15 年 12 月 31 日 | 80 | 72.27 | -7.73 | 1 937.75 | 800 | 1 137.75 |
| 2×16 年 12 月 31 日 | 80 | 96.89 | 16.89 | 1 954.64 | 100 | 1 854.64 |
| 2×17 年 12 月 31 日 | 80 | 125.36* | 45.36 | 2 000 | | 2 000 |

* 尾数调整 80+(2 000-1954.64)=125.36。

根据表 4-8 数据，则对甲公司确认债券利息收入和债券的减值损失的会计处理如下。

(1) 2×13 年 12 月 31 日，确认乙公司债券实际利息收入、收到债券利息。

应收利息 = 面值 × 票面利率 =2 000×4%=80（万元）

投资收益 = 期初账面余额 × 实际利率 =1 913.36×5%=95.67（万元）

利息调整贷差摊销 = 投资收益 - 应收利息 =95.67-80=15.67（万元）

借：应收利息 800 000

债权投资——利息调整 156 700

贷：投资收益 956 700

借：银行存款 800 000

贷：应收利息 800 000

确认预期信用损失。

本期应计提的预期信用减值损失 =50−0=50（万元）

借：信用减值损失 500 000

贷：债权投资减值准备 500 000

（2）2×14 年 12 月 31 日，确认乙公司债券实际利息收入、收到债券利息。

应收利息 = 面值 × 票面利率 =2 000×4%=80（万元）

投资收益 = 期初账面余额 × 实际利率 =1 929.03×5%=96.45（万元）

利息调整贷差摊销 = 投资收益 − 应收利息 =96.45−80=16.45（万元）

借：应收利息 800 000

债权投资——利息调整 164 500

贷：投资收益 964 500

借：银行存款 800 000

贷：应收利息 800 000

确认预期信用损失。

本期应计提的预期信用减值损失 =500−50=450（万元）

借：信用减值损失 4 500 000

贷：债权投资减值准备 4 500 000

（3）2×15 年初，甲公司购买的债券成为已发生信用减值金融资产，当年利息收入应当基于考虑了减值准备后的摊余成本计算。

2×15 年 12 月 31 日，确认乙公司债券实际利息收入、收到债券利息。

应收利息 = 面值 × 票面利率 =2 000×4%=80（万元）

投资收益 = 摊余成本 × 实际利率

=（账面余额 − 减值准备）× 实际利率

=（1 945.48−500）×5%= 72.27（万元）

利息调整贷差摊销 = 投资收益 − 应收利息 =72.27−80=−7.73（万元）

借：应收利息 800 000

贷：债权投资——利息调整 77 300

投资收益 722 700

借：银行存款 800 000

贷：应收利息 800 000

确认预期信用损失。

本期应计提的预期信用减值损失 =800−500=300（万元）

借：信用减值损失 3 000 000

贷:债权投资减值准备 3 000 000

(4) 2×16 年,因公司财务状况改善,该债券在后续期间因其信用风险有所改善而不再存在信用减值,甲公司重新基于债券账面余额计算利息收入。

2×16 年 12 月 31 日,确认乙公司债券实际利息收入、收到债券利息。

应收利息 = 面值 × 票面利率 =2 000×4%=80(万元)

投资收益 = 期初账面余额 × 实际利率 =1 937.75×5%=96.89(万元)

利息调整贷差摊销 = 投资收益 - 应收利息 =96.89-80=16.89(万元)

借:应收利息 800 000

债权投资——利息调整 169 800

贷:投资收益 968 900

借:银行存款 800 000

贷:应收利息 800 000

转回预期信用损失。

本期计提的预期信用减值损失 =100-800=-700(万元)

借:债权投资减值准备 7 000 000

贷:信用减值损失 7 000 000

(5) 2×17 年 12 月 31 日,确认乙公司债券实际利息收入、收到债券利息、债券到期赎回。

应收利息 = 面值 × 票面利率 =2 000×4%=80(万元)

利息调整贷差摊销 = 账面余额 - 期初账面余额 =2 000-1 954.64=45.36(万元)

投资收益 = 应收利息+利息调整贷差摊销 =80+45.36=125.36(万元)

借:应收利息 800 000

债权投资——利息调整 453 600

贷:投资收益 1 253 600

借:银行存款 20 800 000

贷:债权投资——面值 20 000 000

应收利息 800 000

转回预期信用损失。

本期应计提的预期信用减值损失 =0-100=-100(万元)

借:债权投资减值准备 1 000 000

贷:信用减值损失 1 000 000

2. 其他债权投资减值的会计处理

【例 4-48】 承【例 4-38】,2×13 年 12 月 31 日,甲公司判断该债券信用风险自初始确认后并未显著增加,年末对该债券确认相当于未来 12 个月内的预期信用损失,甲公司估计损失准备余额为 50 万元。2×13 年 12 月 31 日该债券公允价值为 2 050 万元。

2×14 年 12 月 31 日,甲公司判断该债券信用风险自初始确认后已显著增加,但并未发生信用减值,年末对该债券确认整个存续期预期信用损失,估计损失准备余额为 500 万元。2×14 年 12 月 31 日该债券公允价值为 1 600 万。

2×15 年 1 月 10 日，甲公司将该债券对外出售，售价为 1 550 万元。

(1) 2×13 年 12 月 31 日、2×14 年 12 月 31 日，确认利息收入、公允价值变动以及预期信用损失。

甲公司购买债券后采用实际利率法确定其他债权投资的摊余成本，并调整期末公允价值变动，为了方便各期的账务处理，可以编制债券的投资收益、摊余成本及公允价值变动计算表，详见表 4-9。

**表 4-9　债券的投资收益、摊余成本及公允价值变动计算表**

单位：万元

| 日期 | (1)<br>应收利息 = 面值 × 6% | (2)<br>投资收益 = 期初 (4)× 5% | (3)<br>利息调整借差摊销 = (1)-(2) | (4)<br>账面余额 = 期初 (4)-(3) | (5)<br>减值准备 | (6)<br>摊余成本 = (4)-(5) | (7)<br>公允价值 | (8)<br>累计公允价值变动 = (7)-(4) | (9)<br>本期公允价值变动 = (8)- 期初 (8) |
|---|---|---|---|---|---|---|---|---|---|
| 2×13 年<br>1 月 1 日 | | | | 2 086.54 | | 2 086.54 | | | |
| 2×13 年<br>12 月 31 日 | 120 | 104.33 | 15.67 | 2 070.87 | 50 | 2 020.87 | 2 050 | -20.87 | -20.87 |
| 2×14 年<br>12 月 31 日 | 120 | 103.54 | 16.46 | 2 054.41 | 500 | 1 554.41 | 1 600 | -454.41 | -433.54 |

根据表 4-9 中的数据，甲公司的有关账务处理如下：

(2) 2×13 年 12 月 31 日，确认乙公司债券实际利息收入、收到债券利息。

应收利息 = 面值 × 票面利率 =2 000×6%=120（万元）

投资收益 = 期初账面余额 × 实际利率 =2 086.54×5%=104.33（万元）

利息调整借差摊销 = 应收利息 - 投资收益 =120-104.33=15.67（万元）

借：应收利息　　1 200 000

　　贷：其他债权投资——利息调整　　156 700

　　　　投资收益　　1 043 300

借：银行存款　　1 200 000

　　贷：应收利息　　1 200 000

确认预期信用减值损失。

本期应计提的预期信用减值损失 =50-0=50（万元）

借：信用减值损失　　500 000

　　贷：其他综合收益——信用减值准备　　500 000

确认公允价值变动。

累计公允价值变动 =2 050-2 070.87= -20.87（万元）

本期公允价值变动 = -20.87-0= -20.87（万元）

借：其他综合收益——其他债权投资公允价值变动　　208 700

贷:其他债权投资——公允价值变动 208 700

(3) 2×14 年 12 月 31 日,确认乙公司债券实际利息收入、收到债券利息。

应收利息 = 面值 × 票面利率 =2 000×6%=120(万元)

投资收益 = 期初账面余额 × 实际利率 =2 070.87×5%=103.54(万元)

利息调整借差摊销 = 投资收益 - 应收利息 =120-103.54=16.46(万元)

借:应收利息 1 200 000

贷:其他债权投资——利息调整 164 600

投资收益 1 035 400

借:银行存款 1 200 000

贷:应收利息 1 200 000

确认预期信用减值损失。

本期应计提的预期信用减值损失 =500-50=450(万元)

借:信用减值损失 4 500 000

贷:其他综合收益——信用减值准备 4 500 000

确认公允价值变动。

累计公允价值变动 =1 600-2 054.41= -454.41(万元)

本期公允价值变动 = -454.41-(-20.87)= -433.54(万元)

借:其他综合收益——其他债权投资公允价值变动 4 335 400

贷:其他债权投资——公允价值变动 4 335 400

## 第八节 金融资产的重分类

企业改变其管理金融资产的业务模式时,应当对所有受影响的相关金融资产进行重分类。企业对金融资产进行重分类,应当自重分类日起采用未来适用法进行相关会计处理,不得对以前已经确认的利得、损失(包括减值损失或利得)或利息进行追溯调整。重分类日指的是,导致企业对金融资产进行重分类的业务模式发生变更后的首个报告期间的第一天。例如,甲上市公司决定于 2×18 年 2 月 13 日改变其管理某金融资产的业务模式,则重分类日为 2×18 年 4 月 1 日(即下一个季度会计期间的期初);乙上市公司决定于 2×17 年 11 月 25 日改变其管理某金融资产的业务模式,则重分类日为 2×18 年 1 月 1 日。

企业管理金融资产业务模式的变更是一种极其少见的情形。该变更源自外部或内部的变化,必须由企业的高级管理层进行决策,且其必须对企业的经营非常重要,并能够向外部各方证实。因此,只有当企业开始或终止某项对其经营影响重大的活动时,例如,当企业收购、处置或终止某一业务线时,其管理金融资产的业务模式才会发生变更。例如,某银行决定终止其零售抵押贷款业务,该业务线不再接受新业务,并且该银行正在积极寻求出售其抵押贷款组合,则该银行管理其零售抵押贷款的业务模式发生了变更。需要注意的是,企业业务模式的变更必须在重分类日之前生效。例如,银行决定于 2×17 年 10 月 15 日终止其零售抵押贷款业务,并在 2×18 年 1 月 1 日对所有受影响的金融资产进行重分类。在 2×17 年 10 月 15 日之后，其不应开展新的零售抵押贷款业务，或另外从事与之前零售抵押贷款业务模式相同的活动。

## 一、以摊余成本计量的金融资产的重分类

### （一）重分类为以公允价值计量且其变动计入当期损益的金融资产

企业将一项以摊余成本计量的金融资产（债权投资）重分类为以公允价值计量且其变动计入当期损益的金融资产（交易性金融资产），应当按照该资产在重分类日的公允价值进行计量。原账面价值与公允价值之间的差额计入当期损益。例如，企业筹划进行并购，近期需要货币资金，原确认的债权投资可能随时变现，不再适合划分为债权投资，因此应将债权投资重分类为交易性金融资产。

重分类日，企业应根据该金融资产的账面价值，借记“交易性金融资产——成本”科目，根据该金融资产账面余额，贷记“债权投资”相关科目，根据已计提的减值准备，借记“债权投资减值准备”科目。同时，应调整公允价值变动，根据该金融资产公允价值与账面价值的差额，借记或贷记“交易性金融资产——公允价值变动”科目，贷记或借记“公允价值变动损益”科目。

**【例 4–49】** 甲公司 2×18 年 12 月 31 日持有一项债权投资，账面价值为 144 000 元，其中，债券面值为 120 000 元，利息调整借差为 2 400 元，应计利息为 21 600 元；该债券到期日为 2×20 年 12 月 31 日。当日，该债券的公允价值为 139 200 元。由于业务模式变更，甲公司将该项债权投资重分类为交易性金融资产，可编制如下会计分录：

（1）结转该债券账面价值。

| | | |
|---|---|---|
| 借：交易性金融资产——成本 | 144 000 | |
| 　贷：债权投资——成本 | | 120 000 |
| 　　　　　　——利息调整 | | 2 400 |
| 　　　　　　——应计利息 | | 21 600 |

（2）调整公允价值。

| | | |
|---|---|---|
| 借：公允价值变动损益 | 4 800 | |
| 　贷：交易性金融资产——公允价值变动 | | 4 800 |

2×18 年 12 月 31 日，该交易性金融资产的账面价值为 139 200 元。

### （二）重分类为以公允价值计量且其变动计入其他综合收益的金融资产

企业将一项以摊余成本计量的金融资产（债权投资）重分类为以公允价值计量且其变动计入其他综合收益的金融资产（其他债权投资），应当按照该金融资产在重分类日的公允价值进行计量。原账面价值与公允价值之间的差额计入其他综合收益。该金融资产重分类不影响其实际利率和预期信用损失的计量。例如，企业筹划进行并购，该并购如果成功，则需要货币资金；如果不成功，则仍将该债券投资持有至到期。由于该债券投资既可能持有至到期，也可能随时出售，因此应将其重分类为其他债权投资。

重分类日，企业应根据该金融资产的账面价值，借记“其他债权投资”相关科目，贷记“债权投资”相关科目。根据已计提的减值准备，借记“债权投资减值准备”科目，贷记“其他综合收益——其他债权投资减值准备”科目。同时，应调整公允价值变动，根据该金融

资产公允价值与账面价值的差额，借记或贷记“其他债权投资——公允价值变动”科目，贷记或借记“其他综合收益——其他债权投资公允价值变动”科目。

【例 4–50】 甲公司 2×18 年 12 月 31 日持有一项债权投资，账面价值为 144 000 元。其中，债券面值为 120 000 元，利息调整借差为 2 400 元，应计利息为 21 600 元；该债券到期日为 2×20 年 12 月 31 日。当日，该债券的公允价值为 139 200 元，由于业务模式变更，甲公司将该项债权投资重分类为其他债权投资，可编制如下会计分录：

(1) 结转该债券账面价值。

| | | |
|---|---|---|
| 借：其他债权投资——成本 | 120 000 | |
| ——利息调整 | 2 400 | |
| ——应计利息 | 21 600 | |
| 贷：债权投资——成本 | | 120 000 |
| ——利息调整 | | 2 400 |
| ——应计利息 | | 21 600 |

(2) 调整公允价值。

| | | |
|---|---|---|
| 借：其他综合收益——其他债权投资公允价值变动 | 4 800 | |
| 贷：其他债权投资——公允价值变动 | | 4 800 |

2×18 年 12 月 31 日，该其他债权投资的账面价值为 139 200 元。

## 二、以公允价值计量且其变动计入其他综合收益的金融资产的重分类

### （一）重分类为以摊余成本计量的金融资产

企业将一项以公允价值计量且其变动计入其他综合收益的金融资产（其他债权投资）重分类为以摊余成本计量的金融资产（债权投资），应当将之前计入其他综合收益的累计利得或损失转出，调整该金融资产在重分类日的公允价值，并以调整后的金额作为新的账面价值，即视同该金融资产一直以摊余成本计量。该金融资产重分类不影响其实际利率和预期信用损失的计量。

重分类日，企业应根据该金融资产的账面余额，借记“债权投资”相关科目，贷记“其他债权投资”相关科目。根据其公允价值变动，借记或贷记“其他债权投资——公允价值变动”科目，贷记或借记“其他综合收益——其他债权投资公允价值变动”科目；根据累计确认的减值准备，借记“其他综合收益——信用减值准备”科目，贷记“债权投资减值准备”科目。

【例 4–51】 由于业务模式变更，甲公司于 2×18 年 1 月 1 日决定，将持有的确认为其他债权投资的乙公司债券重分类为债权投资。当日该债券的账面金额为 442 500 元，其中，债券面值为 400 000 元，利息调整借差为 4 498 元，应计利息为 40 000 元，公允价值变动为 –1 998 元；累计计提的其他债权投资减值准备为 7 500 元。则甲公司的账务处理如下：

(1) 结转摊余成本。

| | | |
|---|---|---|
| 借：债权投资——成本 | 400 000 | |
| ——利息调整 | 4 498 | |

——应计利息 40 000

贷:其他债权投资——成本 400 000

——利息调整 4 498

——应计利息 40 000

(2) 结转公允价值变动。

借:其他债权投资——公允价值变动 1 998

贷:其他综合收益——其他债权投资公允价值变动 1 998

(3) 结转金融资产减值准备。

借:其他综合收益——信用减值准备 7 500

贷:债权投资减值准备 7 500

重分类后,该债权投资的账面价值为435 000元,即视同该债权投资一直采用摊余成本计量。

### (二) 重分类为以公允价值计量且其变动计入当期损益的金融资产

企业将一项以公允价值计量且其变动计入其他综合收益的金融资产(其他债权投资)重分类为以公允价值计量且其变动计入当期损益的金融资产(交易性金融资产),应当继续以公允价值计量该金融资产。同时,企业应当将之前计入其他综合收益的累计利得或损失从其他综合收益转入当期损益。

重分类日,企业应当根据金融资产的公允价值,借记"交易性金融资产——成本"科目,贷记"其他债权投资"相关科目;根据原计入其他综合收益的公允价值变动,借记或贷记"其他综合收益"科目,贷记或借记"公允价值变动损益"科目;根据其减值准备,借记"其他综合收益——其他债权投资减值准备"科目,贷记"信用减值损失"科目。

**【例7–52】** 由于业务模式变更,甲公司于2×18年1月1日决定,将持有的作为其他债权投资的乙公司债券重分类为交易性金融资产,当日该债券的账面余额为442 500元,其中,债券面值为400 000元,利息调整借差为4 498元,应计利息为40 000元,公允价值变动为–1 998元;累计计提的其他债权投资减值准备为7 500元。则甲公司的账务处理如下:

(1) 结转摊余成本和公允价值。

借:交易性金融资产——成本 442 500

其他债权投资——公允价值变动 1 998

贷:其他债权投资——成本 400 000

——利息调整 4 498

——应计利息 40 000

(2) 结转金融资产减值准备。

借:其他综合收益——其他债权投资减值准备 7 500

贷:信用减值损失 7 500

(3) 结转金融资产公允价值变动。

借:公允价值变动损益 1 998

贷:其他综合收益——其他债权投资公允价值变动 1 998

## 三、以公允价值计量且其变动计入当期损益的金融资产的重分类

### (一) 重分类为以摊余成本计量的金融资产

企业将一项以公允价值计量且其变动计入当期损益的金融资产(交易性金融资产)重分类为以摊余成本计量的金融资产(债权投资),应当以其在重分类日的公允价值作为新的账面余额。以金融资产在重分类日的公允价值确定其实际利率。其后,按照债权投资的相关规定进行后续计量,并将重分类日作为初始确认日。

重分类日企业应根据该债券的公允价值,借记“债权投资”相关科目,贷记“交易性金融资产”相关科目。

【例 4-53】 由于业务模式变更,甲公司于 2×18 年 12 月 31 日决定将原准备随时出售的公司债券重分类为债权投资,当日该债券的公允价值为 994 500 元,其中,成本为 972 000 元,公允价值变动为 22 500 元;该债券系乙公司于 2×16 年 1 月 1 日发行,债券面值为 900 000 元、5 年期、票面利率为 4%、到期一次还本付息。假定甲公司于每年年末确认投资收益。

结转该债券账面价值:

债券面值 =900 000 元

应计利息 =900 000×4%×3=108 000(元)

利息调整 =994 500-900 000-108 000=-13 500(元)

| | | |
|---|---|---|
| 借:债权投资——成本 | 900 000 | |
| ——应计利息 | 108 000 | |
| 贷:债权投资——利息调整 | | 13 500 |
| 交易性金融资产——成本 | | 972 000 |
| ——公允价值变动 | | 22 500 |

重新计算实际利率:

$994\ 500=(900\ 000+900\ 000\times4\%\times5)\times(P/F,i,2)$

$i=4.21\%$

计算求得债券的实际利率为 4.21%。

### (二) 重分类为以公允价值计量且其变动计入其他综合收益的金融资产

企业将一项以公允价值计量且其变动计入当期损益的金融资产(交易性金融资产)重分类为以公允价值计量且其变动计入其他综合收益的金融资产(其他债权投资),应当继续以公允价值计量该金融工具,并根据该金融资产在重分类日的公允价值确定其实际利率。其后,按照其他债权投资的相关规定进行后续计量,并将重分类日视为初始确认日。

重分类日,企业应根据该金融资产的公允价值借记“其他债权投资”相关科目,贷记“交易性金融资产”相关科目。

【例 4-54】 承【例 4-53】,假定甲公司于 2×18 年 12 月 31 日决定将交易性金融资产重分类为其他债权投资。

结转该债券账面价值:

债券面值 =900 000 元

应计利息 =900 000×4%×3=108 000（元）

利息调整 =994 500−900 000−108 000= −13 500（元）

| | | |
|---|---|---|
| 借：其他债权投资——成本 | 900 000 | |
| ——应计利息 | 108 000 | |
| 贷：其他债权投资——利息调整 | | 13 500 |
| 交易性金融资产——成本 | | 972 000 |
| ——公允价值变动 | | 22 500 |

该债券的实际利率为 4.21%。

## 本章小结

金融工具是指形成一方的金融资产，并形成另一方的金融负债或者权益工具的合同，包括金融资产、金融负债和权益工具。企业应当根据其管理金融资产的业务模式和金融资产的合同现金流量特征，将金融资产划分为三类：①以摊余成本计量的金融资产；②以公允价值计量且其变动计入其他综合收益的金融资产；③以公允价值计量且其变动计入当期损益的金融资产。企业一般设置“交易性金融资产”科目核算以公允价值计量且其变动计入当期损益的金融资产；设置“贷款”“应收账款”“应收票据”“债权投资”等会计科目核算以摊余成本计量的金融资产；设置“其他债权投资”科目核算以公允价值计量且其变动计入其他综合收益的金融资产。企业应当在资产负债表日，对摊余成本计量的金融资产、以公允价值计量且其变动计入其他综合收益的债权类资产的账面价值进行检查，并计提相应减值准备。

## 复习思考题

1. 什么是金融资产？金融资产的分类标准是什么？如何分类？
2. 分类为以摊余成本计量的金融资产的条件有哪些？
3. 分类为以公允价值且其变动计入其他综合收益的金融资产的条件有哪些？
4. 分类为以公允价值且其变动计入当期损益的金融资产的条件有哪些？
5. 在资产负债表中，交易性金融资产、债权投资、其他债权投资、其他权益工具投资的价值应如何反映？
6. 什么是实际利率法？如何确定实际利率？
7. 其他债权投资、其他权益工具投资核算产生的其他综合收益在转销时的会计处理有何区别？
8. 在金融工具减值的三阶段分别应如何进行会计处理？
9. 其他债权投资减值的会计处理相对于其他金融资产而言有何特点？
10. 如何对应收账款减值进行会计处理？

## 即测即评

请扫描右侧二维码，进行随堂测试。

# 第五章　长期股权投资与合营安排

## 学习目标

通过本章学习，应能够：理解长期股权投资以及企业合营概念；理解长期股权投资的分类；掌握长期股权投资计量的成本法与权益法的核算原理；掌握长期股权投资核算方法的转换；理解合营安排的基本内容。

### 导读案例

#### 雅戈尔投资中信股份：如何进行会计确认？

雅戈尔集团创建于1979年，位居中国民营企业500强前列。经过40多年的发展，雅戈尔已形成以品牌发展为核心，多元并进、专业化发展的综合性国际化企业集团。2015年6月，雅戈尔发布公告，宣布与中信股份签署战略合作协议。2015年7月，雅戈尔以120亿港元认购中信股份向其定向增发的股票。此后雅戈尔股东大会授权公司经营管理层在不超过中信股份总股本5%的范围内，可以继续通过二级市场或其他方式进行投资。截至2017年12月31日，雅戈尔累计持有中信股份1 454 513 000股，投资成本折合人民币近170亿元，占中信股份股权比例4.99%。雅戈尔2017年年报显示，该项投资被分类为可供出售金融资产，以2017年年底中信股份股票市值计，该项资产期末账面价值137亿元，低于投资成本33亿元。2018年3月，雅戈尔发布公告，宣布增持中信股份1 000股，并计划变更对中信股份会计核算方法，将该资产由可供出售金融资产变更为长期股权投资。公告中说明了变更的主要理由有两个：一是2018年3月份中信股份董事会改选增补董事，雅戈尔派出公司财务负责人吴幼光进入中信股份董事会；二是由于本次增持1 000股，对中信股份的持股比例由4.99%增加至5.00%，因此对中信股份具有重大影响，需要按照长期股权投资进行会计核算。此次变更，雅戈尔调增当期损益93亿元，同时通过长期股权投资调增资产93亿元。2018年4月25日，上海证券交易所向雅戈尔发来监管工作函，要求雅戈尔核实核算方法变更的合理性和充分性。2018年4月26日，雅戈尔回函上海证券交易所，宣布取消此次会计核算方法变更，仍将中信股份作为可供出售金融资产核算。雅戈尔解释取消此次变更的主要原因：以上述对中信股份增持并委派1名非执行董事而判断其能够对中信股份施加实质性重大影响的依据不充分。取消此次会计核算方法变更后，雅戈尔2018年第一季度归属于上市公司股东的净利润较上年同期减少约7.5亿元，降低约60%。一夜之间，雅戈尔业绩大变脸。我们不禁要问，雅戈尔对中信股份到底能否施加重大影响？对长期股权投资的会计核算有何奥妙？

案例中雅戈尔面临的是如何正确区分长期股权投资与金融资产的会计问题，让我们随着本章一起走进投资之旅。

资料来源：编者整理。

## 第一节 长期股权投资概述

### 一、长期股权投资及其分类

广义的投资，既包括对外投资也包括对内投资。对内投资通常是指将资金投入企业内部的生产经营活动，形成诸如生产经营用的固定资产、无形资产等。对外投资，通常是指将资金投入其他单位，包括债权性投资和权益性投资。债权性投资是指通过购买其他单位发行的债券或票据等方式，取得其他单位的债权。权益性投资，是指通过购买其他单位的股份或股权，享有一定比例的权益份额代表的资产。狭义的投资，主要指对外投资。本章讨论的投资，使用的是投资的狭义概念，即对外投资。

股权投资一方面形成投资方的金融资产，另一方面形成被投资方的权益工具，原则上属于金融工具。根据投资方在投资后对被投资方能够施加影响的程度，股权投资分为应当按照金融工具确认和计量准则进行核算和应当按照长期股权投资准则进行核算两种情况。本章所指长期股权投资，是应当按照长期股权投资准则进行核算的部分，依据的是投资方在获取投资以后，能够对被投资方施加影响的程度来划分，而不是一定要求持有投资的期限长短。具体而言，本章所指长期股权投资，是投资方对被投资方实施控制、重大影响的权益性投资，以及对其合营企业的权益性投资。即长期股权投资分为对子公司、联营企业、合营企业的投资。

### 二、对子公司投资

对子公司投资，是投资方持有的能够对被投资方施加控制的股权投资。

控制，是指投资方拥有对被投资方的权利，通过参与被投资方的相关活动而享有可变回报，并且有能力运用对被投资方的权力影响其回报金额。当投资方因参与被投资方的相关活动而享有可变回报，且有能力运用对被投资方的权力来影响上述回报时，投资方即控制被投资方。也就是说，判断是否存在控制，通常需要具备三个基本要素：权力、可变回报与能力，如图5–1所示。

实务中，判断是否存在控制，应综合考虑所有相关事实和情况，以判断是否同时满足

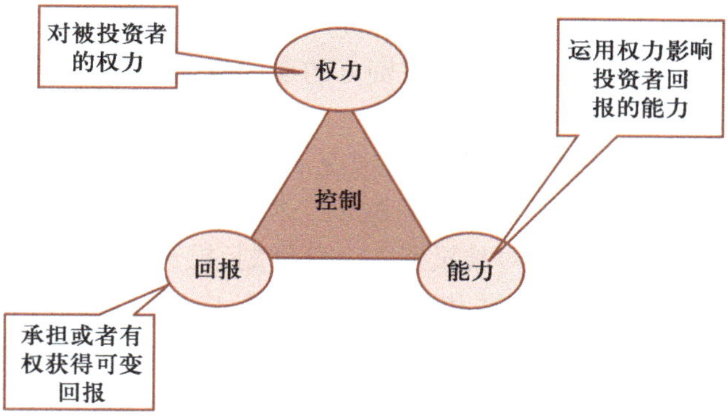


图 5-1　控制三要素

控制三要素。这些事实和情况主要包括：①被投资方的设立目的和设计；②被投资方的相关活动以及如何对相关活动做出决策；③投资方享有的权利是否使其目前有能力主导被投资方的相关活动；④投资方是否通过参与被投资方的相关活动而享有可变回报；⑤投资方是否有能力运用对被投资方的权力影响其回报金额；⑥投资方与被投资方的其他关系。

对被投资方的设立目的和设计的分析应贯穿于判断控制的始终，以明确哪些是相关活动，相关活动的决策机制，谁拥有现时能力主导这些活动，以及谁从这些活动中获得可变回报。

### （一）权力

1. 权力的定义

控制的第一个要素是权力。投资方享有现时权利使其目前有能力主导被投资方的相关活动，而不论其是否实际行使该权利，视为投资方拥有对被投资方的权力。判断投资方是否拥有对被投资方的权力，首先需要识别被投资方的相关活动，即对被投资方的回报产生重大影响的活动。识别出相关活动后，下一步是确定哪个投资方（如有）目前有能力主导这些活动，即谁拥有对被投资方的权力。为拥有对被投资方的权力，投资方必须享有现时权利使其目前有能力主导被投资方的相关活动。因此，权力的评估应以投资方主导被投资方相关活动的能力为基础，即使其主导的权利尚未被行使。

投资方对被投资方的权力可能源自各种权利，例如：①表决权或潜在表决权；②委派或罢免有能力主导被投资方相关活动的该被投资方关键管理人员或其他主体的权利；③为了投资方的利益而决定被投资方进行某项交易或否决某项交易的权利；④由管理合同授予的决策权利；⑤上述权利的结合。

某些情况下，确定投资方是否拥有充足的权利使其获得对被投资方的权力比较困难。此时，投资方应把下列因素与投资方享有的权利、被投资方的设立目的与设计结合，进行综合考虑：①投资方是否能够任命或批准被投资方的关键管理人员，这些关键管理人员能够主导被投资方的相关活动；②投资方是否能够出于自身利益决定或者否决被投资方的重大交易；③投资方是否能够控制被投资方董事会等类似权力机构成员的任命程序，或者从其他表决权持有人手中获得代理投票权；④投资方与被投资方的关键管理人员或董事会等类似权力机构中的多数成员是否存在关联关系（例如，被投资方的首席执行官与投资方的首席执行官为同一人);⑤投资方与被投资方之间存在特殊关系(例如,被投资方有能力主导其相关活动的关键管理层人员是投资方的现任或前任职工)等。

2. 权力的一般来源——表决权

小米集团的表决权安排

权力源于现时权利,通常情况下,投资方通过表决权或类似权利获得主导被投资方相关活动的现时权利。在确定对被投资方是否拥有权力时,需要考虑的表决权是对被投资方经营计划、投资方案、年度财务预算方案和决算方案、利润分配方案和弥补亏损方案、内部管理机构的设置、聘任或解聘公司经理及确定其报酬、公司的基本管理制度等事项进行表决而持有的权利。表决权比例通常与其出资比例或持股比例是一致的,但公司章程另有规定的除外。

表明投资方对被投资方拥有权力一般有两种情形:

(1) 通过直接或间接拥有半数以上表决权。当被投资方的相关活动由持有半数以上表决权的投资方表决决定,或者主导被投资方相关活动的权力机构的多数成员由持半数以上表决权的投资方指派时,持有半数以上表决权的投资方拥有对被投资方的权力。图5-2描述了通过拥有半数以上表决权实现控制的几种情形。

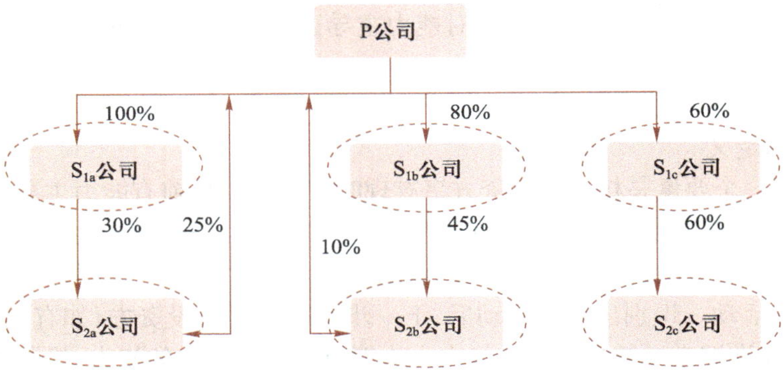


图 5-2 通过拥有半数以上表决权实现控制的几种情形

图5-2中,P公司分别通过直接拥有100%、80%和60%的表决权而实现对$S_{1a}$、$S_{1b}$和$S_{1c}$公司的控制:①P公司通过直接拥有25%的$S_{2a}$公司的表决权,并通过子公司$S_{1a}$公司间接拥有30%的$S_{2a}$公司的表决权,因此P公司通过直接和间接方式合计拥有$S_{2a}$公司55%的表决权,实现对$S_{2a}$公司的控制。②P公司通过直接拥有10%的$S_{2b}$公司的表决权,并通过子公司$S_{1b}$公司间接拥有45%的$S_{2b}$公司的表决权,因此P公司通过直接和间接方式合计拥有$S_{2b}$公司55%的表决权,实现对$S_{2b}$公司的控制。③P公司通过直接子公司$S_{1c}$公司间接拥有60%的$S_{2c}$公司的表决权,实现对$S_{2c}$公司的控制。

值得注意的是,在进行控制权的分析时,投资方不仅需要考虑直接表决权,还需要考虑其持有的潜在表决权以及其他方持有的潜在表决权的影响。潜在表决权是获得被投资方表决权的权利,例如,可转换工具、认股权证、远期股权购买合同或期权形成的权利。

确定潜在表决权是否给予其持有者权力时所需考虑的因素包括：①潜在表决权是否为实质性的投资方持有的权利；②与实质性潜在表决权结合后是否赋予投资方拥有对被投资方的权力；③潜在表决权工具的设立目的和设计，以及投资方参与被投资方的其他方式的目的和设计。

【例 5-1】 A 公司、B 公司与 C 公司各自持有 D 公司 1/3 的表决权。A 公司同时持有 D 公司发行的可转换债券，这些可转换债券可以在当前及未来两年内的任何时间以固定价格转换为 D 公司的普通股。如可转换债券全部转换为普通股，A 公司将持有 D 公司 60% 的表决权。

本例中，可转换债券全部转换为普通股后，A 公司将持有 D 公司 60% 的表决权，而其他两个投资方各持有被投资方 20% 的表决权，据此可以判断 A 公司能够主导被投资方的相关活动并从中获益。因此，A 公司持有的潜在表决权为实质性权利。A 公司持有的表决权与实质性潜在表决权相结合，使得 A 公司拥有对被投资方的权力。

【例 5-2】 A 公司与 B 公司分别持有被投资方 70% 及 30% 的表决权。除此之外，根据 A 公司与 B 公司签订的期权合同，B 公司可以在目前及未来两年内以固定价格购买 A 公司持有的被投资方 50% 的表决权。根据该价格，上述期权在目前及预计未来两年内都是深度价外期权（即依据期权合约的条款设计，使得买方 B 公司到期行权的可能性极小）。

在本例中，B 公司目前拥有购买 A 公司表决权的可行使期权，一旦行权，将使得 B 公司拥有被投资方 80% 的表决权。但由于这些期权在目前及预计未来两年内都为深度价外期权，B 公司无法从该期权的行使中获利，因此这些期权并不构成实质性权利，在评估 B 公司对于被投资方是否拥有权力时不应予以考虑。

邯郸钢铁的转债回售及控制权之争

有些情况下，投资方拥有被投资方半数以上表决权但没有权力。如果投资方无法凭借其拥有的表决权主导被投资方的相关活动，即使持有被投资方半数以上的表决权，也不拥有对被投资方的权力。此外，当投资方拥有的表决权并非实质性权利时，即使持有多数表决权，投资方也不拥有对被投资方的权力。

(2) 投资方持有被投资方半数或以下表决权，但通过其他方式对被投资方拥有权力。投资方持有被投资方半数或以下表决权，应综合考虑下列事实和情况，以判断其持有的表决权与相关事实和情况相结合是否可以赋予投资方对被投资方的权力：

① 相对表决权份额的大小，以及其他投资方持有表决权的分散程度。通常情况下，投资者拥有主导被投资者相关活动的现时能力的可能性随以下因素的增加而增大：A. 投资者持有的表决权数量（即所持表决权的绝对份额）；B. 投资者持有的表决权所占比例相对于其他表决权持有者的表决权所占比例（即所持表决权的相对规模）；C. 否决投资者需要联合行动的其他方数量（即其他表决权持有者的分散程度）。

【例 5-3】 A 公司持有 B 公司 48% 的表决权，B 公司的剩余表决权由数千位其他股东持有，除 A 之外，没有任何股东持有超过 1% 的表决权，没有任何股东与其他股东达成协议或能够做出共同决策。

本例中，当以其他股权的相对规模为基础判断所获得的投票权的比例时，A 公司确定

48% 的权益将足以使其拥有控制权。

【例 5-4】 A 公司持有 B 公司 40% 的表决权，其他 10 位股东各持有 B 公司 6% 的表决权，股东协议授予 A 公司任免负责相关活动的管理人员及确定其薪酬的权利，若要改变协议，须获得 2/3 的多数股东表决权同意。

本例中，单凭投资者持有的表决权的绝对规模和其他股东持有的相对规模，无法对 A 公司是否拥有足以赋予其权力的权利做出结论。但是，股东协议条款赋予 A 公司任免管理人员及确定其薪酬的权利，足以说明 A 公司拥有对 B 公司的权力。

【例 5-5】 A 公司持有 B 公司 45% 的表决权，其他 2 位股东各持有 B 公司 26% 的表决权，剩余表决权由其他三位股东分别持有 1%。不存在影响决策的其他安排。

本例中，只要其他两位投资者联合起来，就能够阻止 A 公司主导 B 公司的相关活动，A 公司表决权的规模与其他股东持有的表决权的相对规模，足以得出 A 公司不拥有权力的结论。

② 考虑与其他表决权持有人的协议。有些情况下，投资方自己拥有的表决权不足，但可以通过与其他表决权持有人的协议使其可以控制足以主导被投资方相关活动的表决权，从而拥有对被投资方的权力。

【例 5-6】 A 公司持有 B 公司 40% 的股权，B 公司的其他 3 位投资方 C 公司、D 公司和 E 公司各持有 20%。B 公司的相关活动受其董事会主导，董事会由 6 名董事组成，其中 3 名董事由 A 公司任命、剩余 3 名分别由其他三位股东任命。A 公司和 C 公司单独签订合同安排，约定 C 公司任命的董事必须与 A 公司任命的董事在董事会上表决时采取一致意见。

本例中，若不存在其他因素，该合同安排赋予 A 公司在董事会上获得涉及相关活动的大多数表决权，从而使得 A 公司拥有对 B 公司的权力。

③ 其他合同安排产生的权利。投资方可能通过拥有的表决权和其他决策权相结合的方式使其目前有能力主导被投资方的相关活动。例如，合同赋予投资方在被投资方的权力机构中指派若干成员的权利，而该等成员足以决定权力机构对相关活动的决策。

【例 5-7】 A 公司持有 B 公司 40% 的表决权，其他 12 个投资方各持有 B 公司 5% 的表决权，且他们之间或其中一部分股东之间不存在进行集体决策的协议。根据全体股东协议，A 公司有权聘任或解聘董事会多数成员，董事会主导被投资者的相关活动。

本例中，A 公司持有的 B 公司表决权不足 50%，且其他 12 个投资方各持有 B 公司 5% 的表决权，根据 A 公司自身持有股份的绝对规模和其他股东的相对规模，难以得出 A 公司对 B 公司拥有权力。但是，综合考虑全体股东协议授予 A 公司聘任或解聘董事会多数成员，以及其他股东之间不存在集体决策的协议，可以判断 A 公司对 B 公司拥有权力。

但是，需要注意的是，在不存在其他权利时，仅仅是被投资方对投资方的经济依赖（如供应商和其主要客户的关系）不会导致投资方对被投资方拥有权力。

④ 被投资方以往的表决权行使情况及其他事实。例如：A. 投资方能否任命或批准被投资方的关键管理人员；B. 投资方能否出于自身利益决定或否决被投资方的重大交易；C. 投资方能否掌控被投资方董事会的任命程序；D. 投资方与被投资方关键管理人员是否存在关联关系；E. 投资方与被投资方之间是否存在特殊关系。

### （二）可变回报

1. 可变回报的定义

评估投资方是否控制被投资方的第二个要素是确定投资方是否能够通过参与被投资方的相关活动而享有可变回报。当投资方因参与被投资方的相关活动而享有的回报可能由于被投资方的业绩而发生变动时，则该投资方可以享有因参与被投资方的相关活动而产生的可变回报。投资方的回报可能是正值，也可能是负值，或是正负值兼有。

2. 可变回报的形式

可变回报的形式主要包括：

(1) 股利、利息、被投资方经济利益的其他分配、投资方对被投资方的投资的价值变动。

(2) 因向被投资方提供服务而得到的补偿、因提供信用支持或流动性支持收取的费用或承担的损失、被投资方清算时所享有的剩余权益、税务利益、因参与被投资方而获得的未来流动性的权利。

(3) 其他利益持有方无法得到的回报。如，实现规模经济，节约成本；保证稀缺资源的供应、获得专有技术或限制被投资方某些运营或资产，从而提高投资方其他资产的价值。

### （三）能力

判断控制的第三项基本要素是，有能力运用对被投资方的权力影响其回报金额。只有当投资方不仅拥有对被投资方的权力、通过参与被投资方的相关活动而享有可变回报，并且有能力运用对被投资方的权力来影响其回报的金额时，投资方才控制被投资方。如果投资方能够享有来自被投资方的可变回报，但不能运用其权力主导对被投资方回报产生最重大影响的相关活动，则不能控制被投资方。因此，拥有决策权的投资方在判断是否控制被投资方时，需要考虑其决策行为是以主要责任人（即实际决策人）的身份进行还是以代理人的身份进行。

代理人是相对于主要责任人而言的，代表主要责任人行动并服务于该主要责任人的利益。主要责任人可能将其对被投资方的某些或全部决策权授予代理人，但在代理人代表主要责任人行使决策权时，代理人并不对被投资方拥有控制。在判断控制时，代理人的决策权应被视为由主要责任人直接持有，权力属于主要责任人而非代理人，因此，投资方应当将授予代理人的决策权视为自己直接持有的决策权。

代理人的判断须综合考虑以下因素：①决策者决策权范围；②其他方享有的实质性权利；③决策者的薪酬水平；④决策者因持有被投资方的其他利益而承担可变回报的风险。

总体上来讲，在具体应用控制标准时，应着重强调实质重于形式，综合考虑相关因素进行职业判断，如被控制方各个投资者的持股情况、投资者之间的相互关系、公司治理结构、潜在表决权、日常经营管理特点等。图 5-3 总结了评估控制的过程。

## 三、对合营企业投资

对合营企业投资是指投资方与其他合营方一同对被投资方实施共同控制且对被投

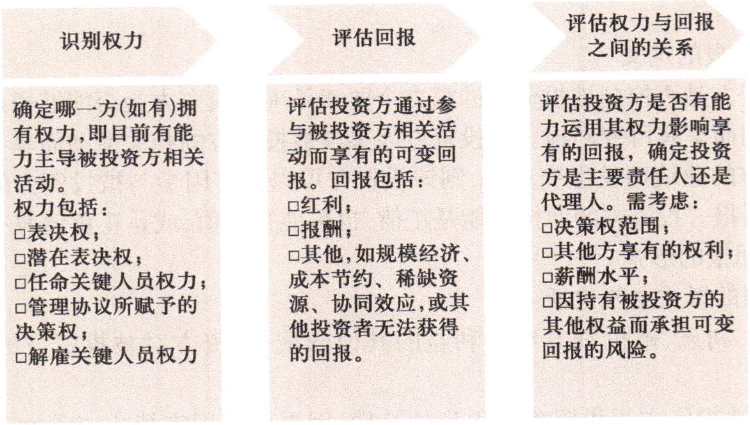


图 5-3 评估控制的过程

资方净资产享有权利的权益性投资。共同控制是指按照合同约定对某项经济活动共有的控制。合营企业的合营各方均受到合营合同的限制和约束。一般在合营企业设立时,合营各方在投资合同或协议中约定在所设立合营企业的重要财务和生产经营决策制定过程中,必须由合营各方均同意才能通过。共同控制的实质是通过合同约定建立起来的、合营各方对合营企业共有的控制。实务中,在确定是否构成共同控制时,一般可以考虑以下情况作为确定基础:

①任何一个合营方均不能单独控制合营企业的生产经营活动;②涉及合营企业基本经营活动的决策需要各合营方一致同意;③各合营方可能通过合同或协议的形式任命其中的一个合营方对合营企业的日常活动进行管理,但其必须在各合营方已经一致同意的财务和经营政策范围内行使管理权。

投资方判断持有的对合营企业的投资,应当首先看是否构成合营安排,其次再看有关合营安排是否构成合营企业。投资方通过与其他方共同出资设立被投资单位或是通过购买等方式取得对被投资单位的投资,能够与其他方一并对被投资单位实施共同控制的,虽然从法律形式上体现为投资,但是否能够作为会计意义上对合营企业的投资还是仅构成对合营安排中的投资,并最终体现为投资方财务报表中占合营安排中有关资产、负债、收入、费用的份额,要依有关判断确定。

## 四、对联营企业投资

对联营企业投资是指投资方对被投资方具有重大影响的权益性投资。重大影响,是指对一家企业的财务和经营政策有参与决策的权力,但并不能够控制或者与其他方一起共同控制这些政策的制定。

在确定能否对被投资方施加重大影响时,一方面应考虑投资方直接或间接持有被投资方的表决权股份;同时要考虑投资方及其他方持有的当期可执行潜在表决权在假定转换为对被投资方的股权后产生的影响,如被投资方发行的当期可转换的认股权证、股份期权及可转换公司债券等的影响。

企业通常可以通过以下一种或几种情形来判断是否对被投资方具有重大影响：

①在被投资方的董事会或类似权力机构中派有代表；②参与被投资方财务和经营政策制定过程；③与被投资方之间发生重要交易；④向被投资方派出管理人员；⑤向被投资方提供关键技术资料。

存在上述一种或多种情形并不意味着投资方一定对被投资方具有重大影响。企业需要综合考虑所有事实和情况来做出恰当的判断，并且须注意不能过分强调其中某一因素在其中的“决定性作用”。

另外，由于“控制”具有唯一性，而“重大影响”不具有唯一性，因此判断“重大影响”存在与否的主观性和难度在某种意义上更大于对“控制”的判断。

## 第二节　长期股权投资的取得

对于长期股权投资在个别财务报表中的初始确认和计量，区分为企业合并取得和其他方式取得两种类型。

### 一、企业合并形成的长期股权投资的初始计量

#### （一）企业合并概述

企业合并，是指将两家或者两家以上单独的企业合并形成一家报告主体的交易或事项。企业合并按合并方式划分，包括控股合并、吸收合并和新设合并。

控股合并下，合并方（或购买方）在企业合并中取得对被合并方（或被购买方）的控制权，被合并方（或被购买方）在合并后仍保持其独立的法人资格并继续经营，合并方（或购买方）确认企业合并形成的对被合并方（或被购买方）的投资。

吸收合并下，合并方（或购买方）通过企业合并取得被合并方（或被购买方）的全部净资产，合并后注销被合并方（或被购买方）的法人资格，被合并方（或被购买方）原持有的资产、负债，在合并后成为合并方（或购买方）的资产、负债。

新设合并下，参与合并的各方在合并后法人资格均被注销，重新注册成立一家新的企业。

这三种合并方式中，涉及长期股权投资的是控股合并。

对于控股合并，按照参与合并的双方是否同受其他方控制，又分为同一控制下的控股合并和非同一控制下的控股合并。

1. 同一控制下的控股合并

同一控制下的控股合并，是指参与合并的企业在合并前后均受同一方或相同的多方最终控制且该控制并非暂时性的。图 5–4 中 A 公司对 B1 公司的合并即为同一控制下的企业合并。

判断某一企业合并是否属于同一控制下的企业合并，应注意以下四个方面：

第一，能够对参与合并各方在合并前后均实施最终控制的一方通常指企业集团的母公司。同一控制下的企业合并一般发生于企业集团内部，如集团内母子公司之间、子公司与子公司之间等。因为该类合并从本质上是集团内部企业之间的资产或权益的转移，一

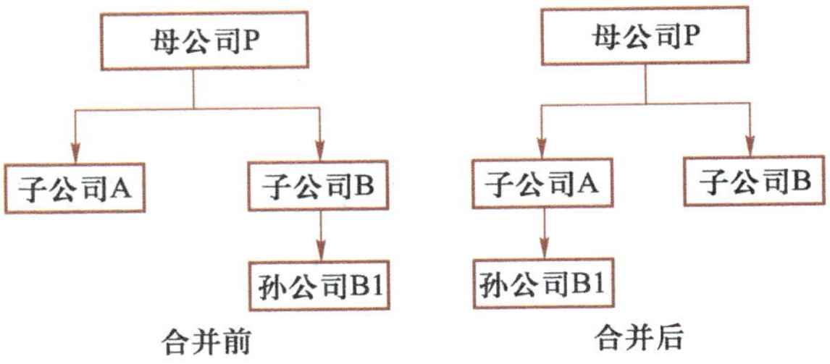


图 5-4 同一控制下企业合并示例

般不涉及自集团外购入子公司或是向集团外其他企业出售子公司的情况，能够对参与合并企业在合并前后均实施最终控制的一方为集团的母公司。

第二，能够对参与合并的企业在合并前后均实施最终控制的相同多方，主要是指根据投资者之间的协议约定，为了扩大其中某一投资者对被投资单位的表决权比例，或者巩固某一投资者对被投资单位的控制地位，在对被投资单位的生产经营决策行使表决权时采用相同意思表示的两个或两个以上的法人或其他组织等。

第三，实施控制的时间性要求，是指参与合并各方在合并前后较长时间内为最终控制方所控制。具体是指在企业合并之前（即合并日之前），参与合并各方在最终控制方的控制时间一般在 1 年以上（含 1 年），企业合并后所形成的报告主体在最终控制方的控制时间也应达到 1 年以上（含 1 年）。

第四，企业之间的合并是否属于同一控制下的企业合并，应综合构成企业合并交易的各方面情况，按照实质重于形式的原则进行判断。通常情况下，同一控制下的企业合并是指发生在同一企业集团内部企业之间的合并。同受国家控制的企业之间发生的合并，不应仅仅因为参与合并各方在合并前后均受国家控制而将其作为同一控制下的企业合并。

2. 非同一控制下的控股合并

非同一控制下的企业合并，是指参与合并各方在合并前后不受同一方或相同的多方最终控制的合并交易，即除判断属于同一控制下企业合并的情况以外其他的企业合并。

企业合并形成的长期股权投资，应分别同一控制下控股合并与非同一控制下控股合并确定其初始投资成本。

### （二）同一控制下控股合并形成的对子公司长期股权投资的初始计量

根据同一控制下企业合并的判断条件，交易发生前后，合并方、被合并方均在相同的最终控制方的控制之下，站在最终控制方的角度，其在企业合并前及合并后能够控制的资产并没有发生变化，其所能够支配和运用的经济资源是不变的，只是由于合并方的加入，其所控制子公司相互的层级、直接或间接关系发生了变化。

同一控制下控股合并形成的对子公司长期股权投资初始成本的确定具体方式如下：

（1）合并方以支付现金、转让非现金资产或承担债务方式作为合并对价的，应当在合并日按照取得被合并方所有者权益在最终控制方合并财务报表中的账面价值的份额作为长期股权投资的初始投资成本[①]。长期股权投资的初始投资成本与支付的现金、转让的非现金资产及所承担债务账面价值之间的差额，应当调整资本公积（资本溢价或股本溢价）；资本公积（资本溢价或股本溢价）的余额不足冲减的，调整留存收益。具体账务处理如下：

借：长期股权投资（被合并方在最终控制方合并财务报表中的净资产的账面价值的份额）

应收股利（应享有的被投资单位已宣告但尚未发放的现金股利或利润）

资本公积——资本溢价或股本溢价（出现借方差额时）

盈余公积（资本公积不足冲减时）

利润分配——未分配利润（资本公积不足冲减时）

贷：相关资产或负债科目（支付的合并对价的账面价值）

资本公积——资本溢价或股本溢价（出现贷方差额时）

（2）合并方以发行权益性证券作为合并对价的，应按合并日取得被合并方所有者权益在最终控制方合并财务报表中的账面价值的份额作为长期股权投资的初始投资成本，按发行权益性证券的面值总额作为股本，长期股权投资初始投资成本与所发行权益性证券面值总额之间的差额，应当调整资本公积（资本溢价或股本溢价）；资本公积（资本溢价或股本溢价）不足冲减的，调整留存收益。具体账务处理如下：

借：长期股权投资（被合并方在最终控制方合并财务报表中的净资产的账面价值的份额）

应收股利（应享有的被投资单位已宣告但尚未发放的现金股利或利润）

资本公积——资本溢价或股本溢价（出现借方差额时）

盈余公积（资本公积不足冲减时）

利润分配——未分配利润（资本公积不足冲减时）

贷：股本（发行权益性证券的面值）

资本公积——资本溢价或股本溢价（出现贷方差额时）

（3）合并方发生的审计、法律服务、评估咨询等中介费用以及其他相关管理费用，于发生时计入当期损益。与发行权益性工具作为合并对价直接相关的交易费用，应当冲减资本公积（资本溢价或股本溢价），资本公积（资本溢价或股本溢价）不足冲减的，依次冲减盈余公积和未分配利润。与发行债务性工具作为合并对价直接相关的交易费用，应当计

① 同一控制下企业合并形成的合并方对被合并方的长期股权投资，是合并方在该项交易后在其个别财务报表中应当确认的资产，其成本代表的是在被合并方所有者权益中享有的份额。理论上来讲，该项资产是合并方通过支付相关的对价取得的，其初始入账价值应当按照合并方为获取该项资产所支付对价的公允价值计量。但是，根据我国目前的企业会计准则，从最终控制方的角度，将合并方取得被合并方股权的交易视为企业集团内资产和权益的重新整合，不论交易本身是否是按照公平的市场价格作价，也不论交易本身是否是在最终控制方的主导下进行，只要符合同一控制下企业合并的界定，合并方通过交易取得对被合并方的长期股权投资即应按照通过该项交易取得的被合并方账面净资产的份额确认。特别需要说明的是，该账面净资产并非是指被合并方个别财务报表中体现的有关资产、负债的价值，而是被合并方在最终控制方合并财务报表中的净资产账面价值的份额，也就是从最终控制方的角度，被合并方自其被最终控制方开始控制时开始，其所持有的资产、负债确定对于最终控制方的价值持续计算至合并日的账面价值。

入债务性工具的初始确认金额。

(4) 在按照合并日应享有被合并方净资产的账面价值的份额确定长期股权投资的初始投资成本时，前提是合并前合并方与被合并方采用的会计政策应当一致。企业合并前合并方与被合并方采用的会计政策不同的，应基于重要性原则，统一合并方与被合并方的会计政策。在按照合并方的会计政策对被合并方净资产的账面价值进行调整的基础上，计算确定长期股权投资的初始投资成本。

**【例 5-8】** 甲公司于 2×19 年 4 月 1 日自其母公司(P 公司)取得 B 公司 100% 股权并能够对 B 公司实施控制。该项交易中，以 2×18 年 12 月 31 日为评估基准日，B 公司全部股权经评估确定的价值为 150 000 万元，其个别财务报表中净资产账面价值为 64 000 万元，以 P 公司取得 B 公司时点确定的 B 公司有关资产、负债价值为基础，考虑 B 公司后续有关交易事项的影响，2×19 年 4 月 1 日，B 公司净资产价值为 92 000 万元。甲公司用以支付购买 B 公司股权的对价为其账面持有的一项土地使用权，成本为 70 000 万元，已摊销 15 000 万元，评估价值为 100 000 万元，同时该项交易中甲公司另支付现金 50 000 万元。当日，甲公司账面所有者权益项目构成为：股本 60 000 万元，资本公积 36 000 万元，盈余公积 24 000 万元，未分配利润 80 000 万元。

本例中，甲公司对 B 公司的合并属于同一控制下的企业合并。甲公司取得对 B 公司的长期股权投资的初始成本，应以所取得的 B 公司账面净资产的份额确认。该账面净资产并非 B 公司个别财务报表上体现的 64 000 万元，而是以 B 公司有关资产、负债在最终控制方 P 公司的账面价值 92 000 万元为基础确定。甲公司的具体账务处理如下：

| | | |
|---|---|---|
| 借：长期股权投资——投资成本 | 920 000 000 | |
| 　累计摊销 | 150 000 000 | |
| 　资本公积——资本溢价 | 130 000 000 | |
| 　贷：无形资产 | | 700 000 000 |
| 　　银行存款 | | 500 000 000 |

**【例 5-9】** 2×19 年 6 月 30 日，P 公司向同一集团内 S 公司的原股东 A 公司定向增发 1 000 万股普通股(每股面值为 1 元，市价为 8.68 元)，取得 S 公司 100% 的股权，相关手续于当日完成，并能够对 S 公司实施控制。合并后 S 公司仍维持其独立法人资格继续经营。S 公司之前为 A 公司于 2×17 年以非同一控制下企业合并的方式收购的全资子公司。合并日，S 公司财务报表中净资产的账面价值为 2 200 万元，A 公司合并财务报表中的 S 公司净资产账面价值为 4 000 万元(含商誉 500 万元)。假定 P 公司和 S 公司都受 A 公司同一控制。不考虑相关税费等其他因素影响。

本例中，P 公司在合并日应确认对 S 公司的长期股权投资，初始投资成本为应享有 S 公司在 A 公司合并财务报表中的净资产账面价值的份额及相关商誉，会计处理如下：

| | | |
|---|---|---|
| 借：长期股权投资——投资成本 | 40 000 000 | |
| 　贷：股本 | | 10 000 000 |
| 　　资本公积——股本溢价 | | 30 000 000 |

### (三) 非同一控制下控股合并形成的对子公司长期股权投资

非同一控制下的企业合并本质上为市场化购买，购买方在支付有关对价后，对于交易中取得的被购买方的各项资产、负债应当按其在购买日的公允价值计量。但是由于企业合并是构成业务的多项资产及负债的整体购买，在交易价格的形成过程中，由于购买方与出售方之间议价等因素的影响，交易的最终价格与通过交易取得被购买方持有的有关单项资产、负债的公允价值之和一般会存在差异。如果购买方支付的成本大于通过该交易自被购买方取得的各单项可辨认资产、负债公允价值之和，其差额部分通常反映了交易各方在作价时出于对被购买业务整合获利能力等因素的考虑，即被购买业务中有关资产负债整合在一起时预期会产生高于其中单项资产负债的价值，则此差额为商誉的价值。如果购买方支付的成本小于通过该交易自被购买方取得的各单项可辨认资产、负债公允价值之和，其差额部分通常反映了购买方在交易作价过程中通过自身议价能力得到的折让。

非同一控制下的控股合并中，购买方应当按照确定的企业合并成本作为长期股权投资的初始投资成本。企业合并成本包括购买方付出的资产、发生或承担的负债、发行的权益性工具或债务性工具的公允价值之和。购买方为企业合并发生的审计、法律服务、评估咨询等中介费用以及其他相关管理费用，应于发生时计入当期损益；购买方作为合并对价发行的权益性工具或债务性工具的交易费用，应当计入权益性工具或债务性工具的初始确认金额。

**【例 5-10】** 2×19 年 3 月 31 日，A 公司取得 B 公司 70% 的股权，取得该部分股权后能够对 B 公司实施控制。为核实 B 公司的资产价值，A 公司聘请资产评估机构对 B 公司的资产进行评估，支付评估费用 50 万元。合并中，A 公司支付的有关资产在购买日的账面价值与公允价值如表 5-1 所示。假定合并前 A 公司与 B 公司不存在任何关联方关系。不考虑相关税费等其他因素影响。

**表 5-1　A 公司支付的有关资产在购买日的账面价值与公允价值**

单位：元

| 项目 | 账面价值 | 公允价值 |
|---|---|---|
| 土地使用权（自用） | 40 000 000 | 64 000 000 |
| 专利技术 | 16 000 000 | 20 000 000 |
| 银行存款 | 16 000 000 | 16 000 000 |
| 合计 | 72 000 000 | 100 000 000 |

注：A 公司用作合并对价的土地使用权和专利技术原价为 6 400 万元，至企业合并发生时已累计摊销 800 万元。

本例中，因 A 公司与 B 公司在合并前不存在任何关联方关系，应作为非同一控制下的企业合并处理。A 公司对于合并形成的对 B 公司的长期股权投资，会计处理如下：

| | | |
|---|---|---|
| 借：长期股权投资——投资成本 | 100 000 000 | |
| 　　累计摊销 | 8 000 000 | |
| 　　贷：无形资产 | | 64 000 000 |
| 　　　　银行存款 | | 16 000 000 |
| 　　　　营业外收入 | | 28 000 000 |
| 借：管理费用 | 500 000 | |

贷:银行存款 500 000

企业通过多次交易分步实现非同一控制下企业合并的,应当按照原持有的股权投资的账面价值加上新增投资成本之和,作为改按成本法核算的初始投资成本。其中,购买日之前持有的股权采用权益法核算的,购买日前因权益法形成的其他综合收益或其他资本公积在购买日均不进行会计处理,待到处置该项投资时将与其相关的其他综合收益或其他资本公积采用与被购买方直接处置相关资产或负债相同的基础进行处理。购买日之前持有的股权投资,采用公允价值计量的,长期股权投资在购买日的初始投资成本为原公允价值计量的账面价值加上购买日新增投资成本之和,购买日之前持有的股权投资涉及其他综合收益的,转入当期损益。

**【例 5-11】** A 公司于 2×18 年 3 月以 2 000 万元取得 B 上市公司 5% 的股权,对 B 公司不具有重大影响,A 公司将其分类为以公允价值计量且其变动计入其他综合收益的金融资产,按公允价值计量。2×19 年 4 月 1 日,A 公司又斥资 25 000 万元自 C 公司取得 B 公司另外 50% 股权。假定 A 公司在取得对 B 公司的长期股权投资后,B 公司未宣告发放现金股利。A 公司原持有 B 公司 5% 的股权于 2×19 年 3 月 31 日的公允价值为 2 500 万元(与 2×19 年 4 月 1 日的公允价值相等),累计计入其他综合收益的金额为 500 万元。A 公司与 C 公司不存在任何关联方关系。

本例中,A 公司是通过分步购买最终达到对 B 公司的控制,因 A 公司与 C 公司不存在任何关联方关系,故形成非同一控制下控股合并。在购买日,A 公司账务处理如下:

借:长期股权投资 275 000 000[①]

　贷:其他权益工具投资 25 000 000

　　银行存款 250 000 000

借:其他综合收益 5 000 000

　贷:投资收益 5 000 000

**【例 5-12】** 假定,A 公司于 2×18 年 3 月以 12 000 万元取得 B 公司 20% 的股权,并能对 B 公司施加重大影响,采用权益法核算该项股权投资,当年度确认对 B 公司的投资收益 450 万元。2×19 年 1 月,A 公司又斥资 15 000 万元自 C 公司取得 B 公司另外 30% 的股权,自取得该股权起控制 B 公司。A 公司除净利润外,无其他所有者权益变动,按净利润的 10% 提取盈余公积。A 公司对该项长期股权投资未计提任何减值准备。其他资料同例 5-11。购买日,A 公司账务处理如下:

借:长期股权投资 150 000 000

　贷:银行存款 150 000 000

购买日,A 公司对 B 公司长期股权投资的账面价值为 27 450(12 000+450+15 000)万元。

## 二、企业合并以外的其他方式取得的长期股权投资的初始计量

长期股权投资可以通过不同的方式取得,除企业合并形成的长期股权投资外,通过其

① 新增投资前以公允价值计量且其变动计入其他综合收益的金融资产账面价值(2 500 万元)+ 本次新增投资成本(25 000 万元)。

他方式取得的长期股权投资，应当按照以下要求确定初始投资成本。

(1) 以支付现金取得的长期股权投资，应当按照实际应支付的购买价款作为初始投资成本，包括与取得长期股权投资直接相关的费用、税金及其他必要支出。但所支付价款中包含的被投资单位已宣告但尚未发放的现金股利或利润应作为应收项目核算，不构成取得长期股权投资的成本。

**【例5-13】** 20×9年2月10日，甲公司自公开市场中买入乙公司20%的股份，实际支付价款10 000万元，支付手续费等相关费用300万元，并于同日完成了相关手续。甲公司取得该部分股权后能够对乙公司施加重大影响。不考虑相关税费等其他因素影响。

甲公司应当按照实际支付的购买价款及相关交易费用作为取得长期股权投资的成本，账务处理如下：

借：长期股权投资——投资成本　　103 000 000
　贷：银行存款　　103 000 000

(2) 以发行权益性证券取得的长期股权投资，应当按照发行权益性证券的公允价值作为初始投资成本。但不包括应自被投资单位收取的已宣告但尚未发放的现金股利或利润。

为发行权益性证券支付给有关证券承销机构等的手续费、佣金等与权益性证券发行直接相关的费用，不构成取得长期股权投资的成本。该部分费用应从所发行证券的溢价发行收入中扣除，溢价收入不足冲减的，应依次冲减盈余公积和未分配利润。

投资方通过发行债务性证券取得长期股权投资的，比照通过发行权益性证券处理。

**【例5-14】** 20×9年3月，A公司通过增发6 000万股普通股(每股面值1元)，从非关联方处取得B公司20%的股权，所增发股份的公允价值为10 400万元。为增发该部分股份，A公司向证券承销机构等支付了400万元的佣金和手续费。假定A公司取得该部分股权后能够对B公司施加重大影响。不考虑相关税费等其他因素影响。

本例中，由于B公司20%股权的公允价值与A公司增发股份的公允价值不存在重大差异，A公司应当以所发行股份的公允价值作为取得长期股权投资的初始投资成本，账务处理如下：

借：长期股权投资——投资成本　　104 000 000
　贷：股本　　60 000 000
　　资本公积——股本溢价　　44 000 000

发行权益性证券过程中支付的佣金和手续费，应冲减权益性证券的溢价发行收入，账务处理如下：

借：资本公积——股本溢价　　4 000 000
　贷：银行存款　　4 000 000

一般而言，投资者投入的长期股权投资应根据法律法规的要求进行评估作价，在公平交易中，投资者投入的长期股权投资的公允价值，与所发行证券的公允价值不应存在重大差异。有确凿证据表明，取得长期股权投资的公允价值比所发行证券的公允价值更加可靠的，以投资者投入的长期股权投资的公允价值为基础确定其初始投资成本。

**【例5-15】** A公司为非上市公司，在成立时，H公司以其持有的对上市公司B公司的长期股权投资作为出资投入A公司。且约定,H公司作为出资的长期股权投资作价4 000万元(该作价与其公允价值相当)。交易完成后,A公司注册资本增加至16 000万元,其中H公司的持股比例为20%。A公司取得该长期股权投资后能够对B公司施加重大影响。不考虑相关税费等其他因素影响。

本例中,H公司向A公司投入的长期股权投资具有活跃市场报价,而A公司所发行的权益性证券的公允价值不具有活跃市场报价,因此,A公司应采用B公司股权的公允价值来确认长期股权投资的初始成本。A公司应进行的会计处理为:

| | | |
|---|---|---|
| 借:长期股权投资——投资成本 | 40 000 000 | |
| 　贷:实收资本 | | 32 000 000 |
| 　　资本公积——资本溢价 | | 8 000 000 |

## 第三节 长期股权投资的成本法

投资企业在持有长期股权投资期间,应当根据对被投资单位能够施加的影响程度进行划分,在个别财务报表中分别采用成本法及权益法进行核算。

### 一、成本法的适用范围

投资方持有的对子公司投资应当采用成本法核算。[①] 在个别财务报表中,投资方进行成本法核算时,应仅考虑直接持有的股权份额。

投资方对子公司的长期股权投资采用成本法核算,主要是为了避免在子公司实际宣告发放现金股利或利润之前,母公司垫付资金发放现金股利或利润等情况,解决了原来权益法核算下投资收益不能足额收回导致超分配的问题。

### 二、成本法下长期股权投资的会计处理

成本法下,按照股权投资的取得成本计量长期股权投资,持有过程中除发生追加投资、收回投资或发生减值等情况外,对其账面价值不予调整。长期股权投资账面价值不随被投资单位经营结果而发生增减变动。成本法核算的基本要求如下:

(1) 采用成本法核算的长期股权投资,初始投资或追加投资时,按照初始投资或追加投资时的成本增加长期股权投资的账面价值。

(2) 除取得投资时实际支付的价款或对价中包含的已宣告但尚未发放的现金股利或利润外,投资企业应当按照享有被投资单位宣告发放的现金股利或利润确认投资收益,不管有关利润分配是属于对取得投资前还是取得投资后被投资单位实现净利润的分配。[②]

(3) 子公司将未分配利润或盈余公积转增股本(实收资本),且未向投资方提供等值现

① 投资方为投资性主体且子公司不纳入其合并财务报表的除外。

② 在2006年颁布的《企业会计准则第2号——长期股权投资》中,曾要求投资企业确认投资收益,仅限于被投资单位接受投资后产生的累积净利润的分配额,所获得的利润或现金股利超过上述数额部分作为初始投资成本的收回。在2014年修订的《企业会计准则第2号——长期股权投资》中取消了这一要求,规定被投资单位宣告分派现金股利或利润的,投资方根据应享有的部分确认当期投资收益。

金股利或利润的选择权时，投资方并没有获得收取现金或者利润的权力，该项交易通常属于子公司自身权益结构的重分类，投资方不应确认相关的投资收益。[①]

【例 5-16】 2×18 年 1 月，甲公司自非关联方处以现金 800 万元取得对乙公司 60% 的股权，相关手续于当日完成，并能够对乙公司实施控制。2×19 年 3 月，乙公司宣告分派现金股利，甲公司按其持股比例可取得 10 万元。不考虑相关税费等其他因素影响。

本例中，甲公司有关账务处理如下。

2×18 年 1 月取得投资时：

| | | |
|---|---|---|
| 借：长期股权投资——投资成本 | 8 000 000 | |
| 贷：银行存款 | | 8 000 000 |

2×19 年 3 月被投资单位宣告股利时：

| | | |
|---|---|---|
| 借：应收股利 | 100 000 | |
| 贷：投资收益 | | 100 000 |

# 第四节 长期股权投资的权益法

## 一、权益法概述

### （一）权益法的含义

权益法是指投资以初始投资成本计量后，在持有期间，根据被投资单位所有者权益的变动，投资企业按应享有（或应分担）被投资方所有者权益的份额调整其投资账面价值的方法。[②]

权益法体现了实质重于形式原则，其核心思想是，股权代表的是股东应享有（或应分担）的被投资企业所有者权益金额的增加（或减少），投资企业应按持股比例反映其长期股权投资随着被投资企业所有者权益金额变动而变动的部分。

权益法的优点是长期股权投资账户随着被投资单位净资产的变化而变化，能够比较准确地反映长期股权投资的价值变动，而且按照这种会计处理方法，投资收益是以被投资

① 该问题即为实务中讨论的成本法下的股票股利问题，针对这一问题存在不同的观点：一种观点认为因为投资方并未取得实际的现金流入，该种被投资单位自身在净资产范围内所进行的权益调整，投资方按照持股比例计算享有的份额并未发生变化，被投资单位所有者权益内部投入资本与留存收益的调整，可以认为是投资方投资成本的变化，因而无须进行会计处理。另一种观点则认为被投资单位发放股票股利与现金股利从经济实质上看是相同的，可以将发放股票股利的事项分解为两个步骤：一是被投资单位向投资方发放现金股利或利润；二是投资方将取得的现金股利或利润进行再投资。该种情况下，投资方对于取得的现金股利或利润应当确认投资收益，在将有关投资收益进行再投资时应当调整增加长期股权投资的账面价值。目前我国会计准则采用了第一种观点。

② 权益法的核算理念与合并财务报表的编制有类似之处，即将投资方在获取投资以后享有被投资单位净资产的变动反映在投资的账面上，原则上按照持股比例计算确定投资方享有或分担被投资单位净资产的变动，可以通过自被投资单位分回现金股利或利润的方式或者通过对外出售等方式予以实现。与合并财务报表的不同之处在于，合并财务报表的处理方式是母公司在取得投资以后，对子公司净资产的变动是全额合并，有关资产、负债、收入、费用等在抵销未实现内部交易损益的影响后，均全额反映在母公司的合并财务报表中，而权益法是按照投资方的持股比例将应享有被投资单位净资产变动的份额确认在长期股权投资账面价值中。

单位的盈利水平来衡量的,因而不受被投资单位的股利政策及股利支付时间的影响。但权益法也有其局限性,表现在:第一,与法律上的企业法人概念相悖。投资企业和被投资单位虽然从经济意义上看是一个整体,但从法律意义上看,仍然是两个分别独立的法人实体。投资企业在被投资单位宣布支付股利之前无权对被投资单位的收益提出要求。第二,权益法的会计处理较为复杂和烦琐。第三,采用权益法,将导致所确认的投资收益与投资企业从被投资单位实际获得的现金净流量产生较大幅度的差异。如果投资企业的大部分利润来自对外投资,采用权益法很可能使投资企业陷入这样的一种窘境:投资企业报告了巨额的投资收益,但却拿不出足够的现金来派发股东的股利。

考虑到权益法的优缺点,当投资企业能够对被投资单位产生重大影响或实施共同控制时,由于被投资单位的股利支付政策可能受到投资企业的影响,为避免成本法下投资企业可能的盈余操纵,这时宜采用权益法核算。

### (二) 权益法的适用范围

目前我国会计准则要求,投资企业持有的对合营企业投资及联营企业投资,应当采用权益法核算。在个别财务报表中,投资方进行权益法核算时,应仅考虑直接持有的股权份额;在合并财务报表中,投资方进行权益法核算时,应同时考虑直接持有和间接持有的份额。

按照权益法核算的长期股权投资,一般会计处理为:

(1) 初始投资或追加投资时,按照初始投资成本或追加投资的投资成本,增加长期股权投资的账面价值。

(2) 比较初始投资成本与投资时应享有被投资单位可辨认净资产公允价值的份额,前者大于后者的,不调整长期股权投资账面价值;前者小于后者的,应当按照二者之间的差额调增长期股权投资的账面价值,同时计入取得投资当期损益。

(3) 持有投资期间,随着被投资单位所有者权益的变动相应调整增加或减少长期股权投资的账面价值,并分别以下情况处理:①对于因被投资单位实现净损益和其他综合收益而产生的所有者权益的变动,投资方应当按照应享有的份额,增加或减少长期股权投资的账面价值,同时确认投资损益和其他综合收益;②对于被投资单位宣告分派的利润或现金股利计算应分得的部分,相应减少长期股权投资的账面价值;③对于被投资单位除净损益、其他综合收益以及利润分配以外的因素导致的其他所有者权益变动,相应调整长期股权投资的账面价值,同时确认资本公积(其他资本公积)。

在持有投资期间,被投资单位编制合并财务报表的,应当以合并财务报表中净利润、其他综合收益和其他所有者权益变动中归属于被投资单位的金额为基础进行会计处理。

## 二、权益法下长期股权投资的核算要点

### (一) 初始投资成本的调整

对于取得投资时投资成本与应享有被投资单位可辨认净资产公允价值份额之间的差额,应区别情况分别处理。

(1) 初始投资成本大于取得投资时应享有被投资单位可辨认净资产公允价值份额的,该部分差额是投资方在取得投资过程中通过作价体现出的与所取得股权份额相对应

的商誉价值，这种情况下不要求对长期股权投资的成本进行调整。

(2) 初始投资成本小于取得投资时应享有被投资单位可辨认净资产公允价值份额的，两者之间的差额体现为双方在交易作价过程中转让方的让步，该部分经济利益流入应计入取得投资当期的营业外收入，同时调整增加长期股权投资的账面价值。

**【例 5-17】** A 公司于 2×19 年 1 月，取得 B 公司 30% 的股权，支付价款 600 万元。取得投资时，被投资单位净资产账面价值为 1 500 万元（假定被投资单位各项可辨认净资产的公允价值与其账面价值相同）。A 公司在取得 B 公司的股权后，能够对 B 公司施加重大影响。不考虑相关税费等其他因素影响。

本例中，应对该投资采用权益法核算。取得投资时，A 公司有关账务处理如下：

| | | |
|---|---|---|
| 借：长期股权投资——投资成本 | 6 000 000 | |
| 　贷：银行存款 | | 6 000 000 |

长期股权投资的初始投资成本 600 万元大于取得投资时应享有被投资单位可辨认净资产公允价值的份额 450（1 500×30%）万元，该差额 150 万元不调整长期股权投资的账面价值。

假定本例中取得投资时被投资单位可辨认净资产的公允价值为 2 400 万元，A 企业按持股比例 30% 计算确定应享有 720 万元，则初始投资成本与应享有被投资单位可辨认净资产公允价值份额之间的差额 120 万元应计入取得投资当期的营业外收入。有关会计处理如下：

| | | |
|---|---|---|
| 借：长期股权投资——投资成本 | 7 200 000 | |
| 　贷：银行存款 | | 6 000 000 |
| 　　营业外收入 | | 1 200 000 |

### （二）投资损益的确认

采用权益法核算的长期股权投资，在确认应享有（或分担）被投资单位的净利润（或净亏损）时，在被投资单位账面净利润的基础上，应考虑以下因素的影响进行适当调整：

(1) 被投资单位采用的会计政策和会计期间与投资方不一致的，应按投资方的会计政策和会计期间对被投资单位的财务报表进行调整，在此基础上确定被投资单位的损益。

厦航利润之争

权益法下，是将投资方与被投资单位作为一个整体对待。作为一个整体其所产生的损益，应当在一致的会计政策基础上确定。被投资单位采用的会计政策与投资方不同的，投资方应当基于重要性原则，按照本企业的会计政策对被投资单位的损益进行调整。

(2) 以取得投资时被投资单位固定资产、无形资产等的公允价值为基础计提的折旧额或摊销额，以及有关资产减值准备金额等对被投资单位净利润的影响。

被投资单位利润表中的净利润是以其持有的资产、负债账面价值为基础持续计算的，而投资方在取得投资时，是以被投资单位有关资产、负债的公允价值为基础确定投资成本，取得投资后应确认的投资收益代表的是被投资单位资产、负债在公允价值计量的情况下在未来期间通过经营产生的损益中归属于投资方的部分。投资方取得投资时，被投资单位有关资产、负债的公允价值与其账面价值不同的，未来期间，在计算归属于投资方应享有的净利润或应承担的净亏损时，应考虑被投资单位计提的折旧额、摊销额以及资产减值准备金额等进行调整[①]。

在针对上述事项对被投资单位实现的净利润进行调整时，出于实务操作角度考虑如果对所有投资时点公允价值与账面价值不同的资产、负债项目均进行调整：一方面调整的工作量较大且有些资产、负债项目的跟踪相对较为困难，同时相关所得税等因素的影响也较难计算确定，因此有关调整应立足重要性原则，不具重要性的项目可不予调整。

符合下列条件之一的，投资企业可以以被投资单位的账面净利润为基础，计算确认投资损益，同时应在财务报表附注中说明不能按照准则规定进行核算的原因：①投资企业无法合理确定取得投资时被投资单位各项可辨认资产等的公允价值；②投资时被投资单位可辨认净资产的公允价值与其账面价值相比，两者之间的差额不具重要性的；③其他原因导致无法取得被投资单位的有关资料，不能对被投资单位的净损益进行调整的。

**【例 5-18】** 甲公司于 2×18 年 1 月 10 日以 3 300 万元购入乙公司 30% 的股份，能够对乙公司施加重大影响。当日乙公司可辨认净资产公允价值为 9 000 万元。除表 5-2 所列项目外，乙公司其他资产、负债的公允价值与账面价值相同。假定乙公司于 2×19 年实现净利润 900 万元，其中在甲公司取得投资时的账面存货有 80% 对外出售。甲、乙公司的会计年度及采用的会计政策相同，固定资产、无形资产均按直线法提取折旧或摊销，预计净残值均为 0。

表 5-2 乙公司存货、固定资产、无形资产项目

单位：万元

| 项目 | 账面原价 | 已提折旧或摊销 | 公允价值 | 乙公司预计使用年限 | 甲公司取得投资后剩余使用年限 |
|---|---|---|---|---|---|
| 存货 | 750 | | 1 050 | | |
| 固定资产 | 1 800 | 360 | 2 400 | 20 | 16 |
| 无形资产 | 1 050 | 210 | 1 200 | 10 | 8 |
| 小计 | 3 600 | 570 | 4 650 | | |

2×19 年 12 月 31 日，甲公司在确定其应享有的投资收益时，应在乙公司实现净利润的基础上，根据取得投资时乙公司有关资产的账面价值与其公允价值差额的影响进行调整（假定不考虑所得税及其他税费等因素的影响）：

存货账面价值与公允价值的差额应调减的利润 =（1 050−750）×80%=240（万元）

---

① 该调整主要是为落实资本保全原则。在有关股权性交易发生在股东之间，并未影响被投资单位作为一个独立的会计主体日常核算的情况下，其自身原已持有的资产、负债在持续经营情况下应保持原有账面价值不变，而对投资方来讲，其所获得的投资背后包含的被投资单位每一单项资产、负债的成本为投资取得时点的公允价值，如以被投资单位的资产、负债账面价值为基础计算确认投资损益，则可能产生投资方的有关成本未能得到完全补偿的情况，进而违背资本保全原则。也正是基于此，要求投资方在采用权益法计算确认应享有被投资单位的净损益时，应当考虑投资时被投资单位有关资产、负债公允价值与其账面价值的差额对被投资单位实现净利润的影响，计算确定属于投资方的净利润，并考虑持股比例确认有关的投资收益。

固定资产公允价值与账面价值的差额应调增的折旧额 =2 400÷16−1 800÷20=60（万元）
无形资产公允价值与账面价值的差额应调增的摊销额 =1 200÷8−1 050÷10=45（万元）
调整后的净利润 =900−240−60−45=555（万元）
甲公司应享有份额 =555×30%=166.50（万元）
甲公司确认投资收益的相关会计处理如下：

借：长期股权投资——损益调整　　　1 665 000
　贷：投资收益　　　1 665 000

（3）对于投资方或纳入其合并范围的子公司与其联营企业及合营企业之间发生的未实现内部交易损益应予抵销。即投资方与联营企业及合营企业之间发生的未实现内部交易损益，按照应享有的比例计算归属于投资方的部分，应当予以抵销，在此基础上确认投资损益①。投资方与被投资单位发生的内部交易损失，属于资产减值损失的，应当全额确认。

未实现内部交易损益的抵销既包括顺流交易也包括逆流交易。其中，顺流交易是指投资方向其联营企业或合营企业投出或出售资产。逆流交易是指联营企业或合营企业向投资方出售资产。未实现内部交易损益体现在投资方或其联营企业、合营企业持有的资产账面价值中的，在计算确认投资损益时应予抵销。

① 对于投资方向联营企业或合营企业投出或出售资产的顺流交易。在该交易存在未实现内部交易损益的情况下（即有关资产未对外部独立第三方出售或未被消耗），投资方在采用权益法计算确认应享有联营企业或合营企业的投资损益时，应抵销该未实现内部交易损益的影响，同时调整对联营企业或合营企业长期股权投资的账面价值；投资方因投出或出售资产给其联营企业或合营企业而产生的损益中，应仅限于确认归属于联营企业或合营企业其他投资方的部分。即在顺流交易中，投资方投出资产或出售资产给其联营企业或合营企业产生的损益中，按照应享有比例计算确定归属于本企业的部分不予确认。

**【例 5−19】** 甲公司持有乙公司 20% 有表决权的股份，能够对乙公司施加重大影响。2×19 年 11 月，甲公司将其账面价值为 500 万元的商品以 800 万元的价格出售给乙公司，乙公司将取得的商品作为管理用固定资产，预计使用寿命为 10 年，净残值为 0。假定甲公司取得该项投资时，乙公司各项可辨认资产、负债的公允价值与其账面价值相同，两者

---

① 上述抵销投资方与其联营企业、合营企业之间未实现内部交易损益影响的处理与合并财务报表的理念相一致。在编制合并财务报表时，将母公司及其能够控制的所有子公司作为一个整体考虑，在母子公司间发生有关资产购销等交易时，交易中涉及的有关资产并未实际流出该合并报表这一完整会计主体，相关的价值不应予以实现，因此需要对纳入合并范围的企业间发生的未实现内部交易损益予以抵销。长期股权投资的权益法，一定程度上可以理解为相对简化的合并报表处理，即将投资方在取得投资以后按照持股比例计算享有被投资单位净资产的变动不是分解为被投资单位实际每一项资产、负债的变动，而是将其统一体现在长期股权投资这一单项资产中，根据被投资单位净资产的变动对长期股权投资的账面价值进行调整时，应将投资方与其联营企业、合营企业作为一体来考虑问题。不一样的是，母子公司之间的未实现内部交易损益在合并财务报表中是全额抵销的（无论是全资子公司还是非全资子公司），而投资方与其联营企业和合营企业之间的未实现内部交易损益抵销仅仅是投资方（或是纳入投资方合并财务报表范围的子公司）享有联营企业或合营企业的权益份额。

在以前期间未发生过内部交易。乙公司 2×19 年实现净利润为 1 000 万元。不考虑所得税及其他相关税费等其他因素的影响。

本例中，甲公司在采用权益法计算确认投资损益时应考虑相关固定资产折旧对损益的影响，即甲公司应当进行以下账务处理：

借：长期股权投资——损益调整　　　　1 405 000①

　贷：投资收益　　　　1 405 000

② 对于联营企业或合营企业向投资方投出或出售资产的逆流交易，比照上述顺流交易处理。

**【例 5-20】** 甲公司持有乙公司 20% 有表决权的股份，能够对乙公司施加重大影响。假定甲公司取得该项投资时，乙公司各项可辨认资产、负债的公允价值与其账面价值相同。2×19 年 11 月，乙公司将其成本为 500 万元的某商品以 800 万元的价格出售给甲公司，甲公司将取得的商品作为固定资产，预计使用寿命为 10 年，采用直线法计提折旧，净残值为 0。至 2×19 年资产负债表日，甲公司未对外出售该固定资产。乙公司 2×19 年实现净利润为 1 000 万元。不考虑相关税费等其他因素的影响。

乙公司在该项交易中实现利润 300 万元，其中的 60(300×20%) 万元是针对甲公司持有的对联营企业的权益份额。甲公司在按照权益法确认应享有乙公司 2×19 年净损益时，应进行以下账务处理：

借：长期股权投资——损益调整　　　　600 000

　贷：投资收益　　　　600 000

应当说明的是，投资方与其联营企业及合营企业之间发生的无论是顺流交易还是逆流交易产生的未实现内部交易损失，其中属于所转让资产发生减值损失的，有关未实现内部交易损失不应予以抵销。

**【例 5-21】** 甲公司持有乙公司 20% 有表决权的股份，能够对乙公司施加重大影响。2×19 年，甲公司将其账面价值为 400 万元的商品以 320 万元的价格出售给乙公司。2×19 年资产负债表日，该批商品尚未对外部第三方出售。假定甲公司取得该项投资时，乙公司各项可辨认资产、负债的公允价值与其账面价值相同，两者在以前期间未发生过内部交易。乙公司 2×19 年净利润为 1 000 万元。不考虑相关税费等其他因素的影响。

甲公司在确认应享有乙公司 2×19 年净损益时，如果有证据表明该商品交易价格 320 万元与其账面价值 400 万元之间的差额为减值损失的，不应予以抵销。甲公司应当进行以下会计处理：

借：长期股权投资——损益调整　　　　2 000 000

　贷：投资收益　　　　2 000 000

应当注意的是，投资方与联营、合营企业之间发生投出或出售资产的交易，该资产构成业务的，应当按照企业合并、合并财务报表相关准则的有关规定进行会计处理：即联营、合营企业向投资方出售业务的，投资方应全额确认与交易相关的利得或损失；投资方向联营、合营企业投出业务，投资方因此取得长期股权投资但未取得控制权的，应以投出业务

---

① 1 405 000=(10 000 000−3 000 000+25 000)×20%。

的公允价值作为新增长期股权投资的初始投资成本，初始投资成本与投出业务的账面价值之差，全额计入当期损益。投资方向联营、合营企业出售业务，取得的对价与业务的账面价值之间的差额，全额计入当期损益。

【例 5-22】 甲公司为某汽车生产厂商。2×19 年 1 月，甲公司以其所属的从事汽车配饰生产的一家分公司（构成业务），向其持股 20% 的联营企业乙公司增资。同时，乙公司的其他投资方（持有乙企业 80% 的股权）也以现金 4 200 万元向乙公司增资。增资后，甲公司对乙公司的持股比例不变，并仍能施加重大影响。上述分公司（构成业务）的净资产账面价值为 1 000 万元。该业务的公允价值为 1 800 万元。不考虑相关税费等其他因素的影响。

本例中，甲公司是将一项业务投给联营企业作为增资。甲公司应当按照所投出分公司（业务）的公允价值 1 800 万元作为新取得长期股权投资的初始投资成本，初始投资成本与所投出业务的净资产账面价值 1 000 万元之间的差额 800 万元应全额计入当期损益。

### （三）被投资单位其他综合收益变动的处理

在权益法核算下，被投资单位确认的其他综合收益及其变动，也会影响被投资单位所有者权益总额，进而影响投资企业应享有被投资单位所有者权益的份额。因此，当被投资单位其他综合收益发生变动时，投资企业应当按照归属于本企业的部分，相应调整长期股权投资的账面价值，同时增加或减少其他综合收益。

【例 5-23】 甲公司持有乙公司 25% 的股份，并能对乙公司施加重大影响。当期，乙公司将作为存货的房地产转换为以公允价值模式计量的投资性房地产，转换日公允价值大于账面价值 1 500 万元，计入了其他综合收益。不考虑其他因素，甲公司当期按照权益法核算应确认的其他综合收益的会计处理如下：

按权益法核算甲公司应确认的其他综合收益 =1 500×25%=375（万元）

借：长期股权投资——其他综合收益　　3 750 000

　贷：其他综合收益　　3 750 000

### （四）取得现金股利或利润的处理

按照权益法核算的长期股权投资，投资方自被投资单位取得的现金股利或利润，应抵减长期股权投资的账面价值。在被投资单位宣告分派现金股利或利润时，应做如下账务处理：

借：应收股利

　贷：长期股权投资——损益调整

### （五）超额亏损的确认

投资方确认应分担被投资单位发生的损失，原则上应以长期股权投资及其他实质上构成对被投资单位净投资的长期权益减记至零为限，投资方负有承担额外损失义务的除外。

这里所讲"其他实质上构成对被投资单位净投资的长期权益"通常是指长期应收项目，比如，投资方对被投资单位的长期债权，该债权没有明确的清收计划，且在可预见的未来期间不准备收回的，实质上构成对被投资单位的净投资。应予说明的是，该类长期权益不包括投资方与被投资单位之间因销售商品、提供劳务等日常活动所产生的长期债权。

投资方在确认应分担被投资单位发生的亏损时，具体应按照以下顺序处理：

首先，减记长期股权投资的账面价值。

其次，在长期股权投资的账面价值减记至零的情况下，对于未确认的投资损失，考虑除长期股权投资以外，账面上是否有其他实质上构成对被投资单位净投资的长期权益项目，如果有则应以其他长期权益的账面价值为限，继续确认投资损失，冲减长期应收项目等的账面价值。

最后，经过上述处理，按照投资合同或协议约定，投资企业仍需要承担额外损失弥补等义务的，应按预计将承担的义务金额确认预计负债，计入当期投资损失。

**【例 5-24】** A 公司持有 B 公司 40% 股权，具有重大影响力。2×18 年 12 月 31 日该项长期股权投资账面价值为 4 000 万元。B 公司 2×19 年亏损 12 000 万元。假设 A 公司取得该项投资时，B 公司各项可辨认资产、负债的公允价值与其账面价值相等，双方的会计政策保持一致。在确认了 4 000 万元的投资损失后，A 公司账上仍有应收 B 公司的长期应收款 1 600 万元，该款项没有明确清偿计划，且与商品购销等日常经营活动无关。

A 公司的账务处理如下：

| | | |
|---|---|---|
| 借：投资收益 | 40 000 000 | |
| 贷：长期股权投资——损益调整 | | 40 000 000 |
| 借：投资收益 | 8 000 000 | |
| 贷：长期应收款 | | 8 000 000 |

在确认了有关的投资损失以后，被投资单位以后期间实现盈利的，应按以上相反顺序分别减记已确认的预计负债、恢复其他长期权益和长期股权投资的账面价值，同时确认投资收益。即应当按顺序分别借记“预计负债”“长期应收款”“长期股权投资”等科目，贷记“投资收益”科目。

### （六）被投资单位所有者权益其他变动的处理

被投资单位除净损益、其他综合收益以及利润分配以外的所有者权益的其他变动，主要包括：被投资单位接受其他股东的资本性投入、被投资单位发行可分离交易的可转换公司债券中包含的权益成分、以权益结算的股份支付等。采用权益法核算时，投资企业对于被投资单位上述所有者权益的其他变动，应按照持股比例与被投资单位所有者权益的其他变动计算的归属于本企业的部分，相应调整长期股权投资的账面价值，同时增加或减少资本公积（其他资本公积）。

**【例 5-25】** A 企业持有 B 企业 30% 的股份，能够对 B 企业施加重大影响。B 企业为上市公司，当期 B 企业的母公司捐赠 B 公司 1 000 万元，该捐赠实质上属于资本性投入，B 公司将其计入资本公积（股本溢价）。不考虑其他因素，A 企业按权益法做如下账务处理：

A 企业确认应享有被投资单位所有者权益的其他变动 =1 000×30%=300（万元）

| | | |
|---|---|---|
| 借：长期股权投资——其他权益变动 | 3 000 000 | |
| 贷：资本公积——其他资本公积 | | 3 000 000 |

### （七）股票股利的处理

被投资单位分派的股票股利，投资企业不做账务处理，但应于除权日注明所增加的股数，以反映股份变化情况。

## 三、长期股权投资的减值

创新投对潍柴动力的投资

长期股权投资在按照规定进行核算确定其账面价值的基础上，如果存在减值迹象，应当按照相关准则的规定计提减值准备。其中，对子公司、联营企业及合营企业的投资，应确定其可收回金额及应予以计提的减值准备。长期股权投资的减值准备在提取以后，不允许转回。

# 第五节　长期股权投资后续计量方法的转换及处置

## 一、长期股权投资后续计量方法的转换

长期股权投资在持有期间，因各方面情况的变化，可能导致其核算需要由一种方法转换为另外一种方法，或者某些情况下因出售股权等原因对被投资单位丧失了控制、共同控制或重大影响时，会由长期股权投资转为金融资产核算。一项权益性投资由对被投资单位不具有控制、共同控制或重大影响转为能够施加重大影响或共同控制时，是一种实质性的转变，相应地，转换时点应以公允价值重新计量，公允价值与账面价值间的差额计入损益。另外，当投资方因增资等原因导致原持有的对联营企业、合营企业投资转变为对子公司投资，需要编制合并财务报表时，该转变亦为实质性的，有关投资在合并报表层面需要重新计量，因重新计量产生的价值调整视为原股权的处置计入损益。另外一个方向的转换是由于实际出售等原因导致对被投资单位的持股比例降低、影响程度下降带来的，如由对子公司的投资转换为对联营或合营企业投资、对联营或合营企业投资转换为不具有共同控制或重大影响，从而需要作为金融资产核算，因影响程度下降导致的不同类别股权投资之间的转换、股权投资转为金融资产等，亦作为原持有投资的处置，有关价值量变动计入变动当期损益。图 5–5 概括了长期股权投资核算方法转换的几种情形：

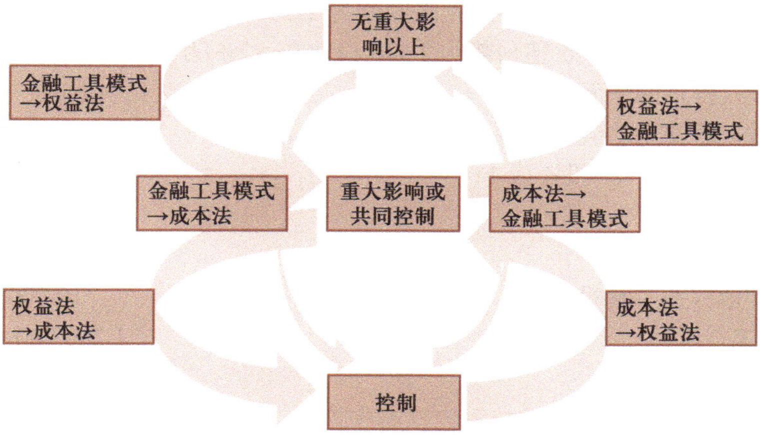


图 5–5　长期股权投资核算方法转换的几种情形

### (一) 公允价值计量转权益法核算

股权投资(不具有控制、共同控制或重大影响的),原按照金融工具确认和计量准则进行会计处理的,因追加投资等原因导致持股比例上升,能够对被投资单位施加共同控制或重大影响的,在转按权益法核算时,在转换日,按原股权投资的公允价值加上为取得新增投资而应支付对价的公允价值,作为改按权益法核算的初始投资成本。原股权投资于转换日的公允价值与账面价值之间的差额,以及原计入其他综合收益的累计公允价值变动应当转入改按权益法核算的当期损益。

在此基础上,比较上述计算所得的初始投资成本,与按照追加投资后全新的持股比例计算确定的应享有被投资单位在追加投资日可辨认净资产公允价值份额之间的差额。前者大于后者的,不调整长期股权投资的账面价值;前者小于后者的,差额应调整长期股权投资的账面价值,并计入当期营业外收入。

**【例 5-26】** 甲公司于 2×18 年 2 月取得乙公司 10% 的股权,对乙公司不具有控制、共同控制和重大影响,甲公司将其分类为以公允计量且其变动计入其他综合收益的金融资产,投资成本为 900 万元,取得时乙公司可辨认净资产公允价值总额为 8 400 万元(假定公允价值与账面价值相同)。2×19 年 3 月 1 日,甲公司又以 1 800 万元取得乙公司 12% 的股权,当日乙公司可辨认净资产公允价值总额为 12 000 万元。取得该部分股权后,按照乙公司章程规定,甲公司能够派人参与乙公司的财务和生产经营决策,对该项长期股权投资转为采用权益法核算。假定甲公司在取得对乙公司 10% 的股权后,双方未发生任何内部交易。乙公司通过生产经营活动实现的净利润为 900 万元,未派发现金股利或利润。除所实现净利润外,未发生其他所有者权益变动事项。2×19 年 3 月 1 日,甲公司对乙公司投资原 10% 股权的公允价值为 1 300 万元,原计入其他综合收益的累计公允价值变动收益为 120 万元。

本例中,2×19 年 3 月 1 日,甲公司对乙公司投资原 10% 股权的公允价值为 1 300 万元,账面价值为 1 020 万元,差额计入损益;同时,因追加投资改按权益法核算,原计入其他综合收益的累计公允价值变动收益 120 万元转入损益。

甲公司对乙公司股权增持后,持股比例改为 22%,初始投资成本为 3 100 万元,应享有乙公司可辨认净资产公允价值份额为 2 640(12 000×22%)万元,前者大于后者 460 万元,不调整长期股权投资的账面价值。

甲公司对上述交易的会计处理如下:

| | | |
|---|---|---|
| 借:长期股权投资——投资成本 | 31 000 000 | |
| 贷:银行存款 | | 18 000 000 |
| 投资收益 | | 2 800 000 |
| 其他权益工具投资 | | 10 200 000 |
| 借:其他综合收益 | 1 200 000 | |
| 贷:投资收益 | | 1 200 000 |

### (二) 公允价值计量或权益法核算转成本法核算

因追加投资原因导致原持有的分类为以公允价值计量且其变动计入当期损益的金融资产,或非交易性权益工具投资分类为以公允价值计量且其变动计入其他综合收益的金融资产，以及对联营企业或合营企业的投资转变为对子公司投资的，长期股权投资账面价值的调整应当按照关于对子公司投资初始计量的相关规定处理，具体参考例 5-11。

对于原作为金融资产，转换为采用成本法核算的对子公司投资的，如有关金融资产分类为以公允价值计量且其变动计入当期损益的金融资产，应当按照转换时的公允价值确认为长期股权投资，公允价值与其原账面价值之间的差额计入当期损益；如非交易性权益工具投资分类为以公允价值计量且其变动计入其他综合收益的金融资产，在按照转换时的公允价值确认长期股权投资，该公允价值与账面价值之间的差额计入当期损益外，原确认计入其他综合收益的前期公允价值变动亦应结转计入当期损益。

### （三）权益法转公允价值计量的金融资产

投资企业原持有的被投资单位的股权对其具有共同控制或重大影响，因部分处置等原因导致持股比例下降，不能再对被投资单位实施共同控制或重大影响的，应于失去共同控制或重大影响时，改按金融工具确认和计量准则的规定对剩余股权进行会计处理。即对剩余股权在改按公允价值计量时，公允价值与其原账面价值之间的差额计入当期损益。同时，原采用权益法核算的相关其他综合收益应当在终止采用权益法核算时，采用与被投资单位直接处置相关资产或负债相同的基础进行会计处理；因被投资单位除净损益、其他综合收益和利润分配以外的其他所有者权益变动而确认的所有者权益，应当在终止采用权益法时全部转入当期损益。

**【例 5-27】** 甲公司持有乙公司 30% 的有表决权股份，能够对乙公司施加重大影响，对该股权投资采用权益法核算。2×19 年 10 月，甲公司将该项投资中的 50% 对外出售，取得价款 1 800 万元。相关股权划转手续于当日完成。甲公司持有乙公司剩余 15% 的股权，无法再对乙公司施加重大影响，转为以公允价值计量且其变动计入其他综合收益的金融资产核算。股权出售日，剩余股权的公允价值为 1 800 万元。

出售该股权时，长期股权投资的账面价值为 3 200 万元，其中投资成本 2 600 万元，损益调整为 300 万元，因被投资单位的非交易性权益工具投资以公允价值计量且其变动计入其他综合收益的金融资产的累计公允价值变动享有部分为 200 万元，除净损益、其他综合收益和利润分配外的其他所有者权益变动为 100 万元。不考虑相关税费等其他因素的影响。甲公司的账务处理如下。

（1）确认有关股权投资的处置损益：

| | | |
|---|---|---|
| 借：银行存款 | 18 000 000 | |
| 　贷：长期股权投资 | | 16 000 000 |
| 　　投资收益 | | 2 000 000 |

（2）由于终止采用权益法核算，将原确认的相关其他综合收益、原计入资本公积的其他所有者权益变动全部转入当期损益：

| | | |
|---|---|---|
| 借：其他综合收益 | 2 000 000 | |
| 　资本公积——其他资本公积 | 1 000 000 | |
| 　贷：投资收益 | | 3 000 000 |

（3）剩余股权投资转为以公允价值计量且其变动计入其他综合收益的金融资产，当日公允价值为 1 800 万元，账面价值为 1 600 万元，两者差异计入当期损益：

借：其他权益工具投资　　18 000 000
　　贷：长期股权投资　　16 000 000
　　　　投资收益　　2 000 000

### （四）成本法转权益法

因处置投资导致对被投资单位的影响能力下降，由控制转为具有重大影响或者与其他投资方一起实施共同控制的，首先应按处置投资的比例结转应终止确认的长期股权投资成本。

然后，比较剩余长期股权投资的成本与按照剩余持股比例计算原投资时应享有被投资单位可辨认净资产公允价值的份额，前者大于后者的，属于投资作价中体现的商誉部分，不调整长期股权投资的账面价值；前者小于后者的，在调整长期股权投资成本的同时，调整留存收益。

对于原取得投资日至处置投资日（转为权益法核算）之间被投资单位实现净损益中投资方应享有的份额，一方面应当调整长期股权投资的账面价值，同时，对于原取得投资日至处置投资当期期初被投资单位实现的净损益（扣除已宣告发放的现金股利和利润）中应享有的份额，调整留存收益，对于处置投资当期期初至处置投资之日被投资单位实现的净损益中享有的份额，调整当期损益；其他原因导致被投资单位所有者权益变动中应享有的份额，在调整长期股权投资账面价值的同时，应当记入“其他综合收益”或“资本公积——其他资本公积”。

**【例 5-28】** A 公司原持有 B 公司 60% 的股权，能够对 B 公司实施控制。2×19 年 10 月 5 日 A 公司对 B 公司的长期股权投资的账面价值为 6 000 万元，未计提减值准备，A 公司将其持有的对 B 公司长期股权投资中的 1/3 出售给非关联方，取得价款 3 600 万元，当日被投资单位可辨认净资产公允价值总额为 16 000 万元。相关手续于当日完成，A 公司不再对 B 公司实施控制，但具有重大影响。A 公司原取得 B 公司 60% 股权时，B 公司可辨认净资产公允价值总额为 9 000 万元（假定公允价值与账面价值相同）。自 A 公司取得对 B 公司长期股权投资后至部分处置投资前，B 公司实现净利润 5 000 万元。其中，自 A 公司取得投资日至 2×19 年年初实现净利润 4 000 万元。

假定 B 公司一直未进行利润分配。除所实现净损益外，B 公司未发生其他计入资本公积的交易或事项。A 公司按净利润的 10% 提取盈余公积。不考虑相关税费等其他因素影响。

本例中，在出售 20% 的股权后，A 公司对 B 公司的持股比例为 40%，能够对 B 公司施加重大影响。对 B 公司长期股权投资应由按照成本法核算改为按照权益法核算。有关会计处理如下：

（1）确认长期股权投资处置损益。

借：银行存款　　36 000 000
　　贷：长期股权投资　　20 000 000
　　　　投资收益　　16 000 000

（2）调整长期股权投资账面价值：

剩余长期股权投资的账面价值为 4 000 万元，与原投资时应享有被投资单位可辨认净资产公允价值份额之间的差额 400（4 000−9 000×40%）万元为商誉，该部分商誉的价值不需要对长期股权投资的成本进行调整。

处置投资以后按照持股比例计算享有被投资单位自购买日至处置投资日期初之间实现的净损益为 1 600（4 000×40%）万元，应调整增加长期股权投资的账面价值，同时调整留存收益；处置期初至处置日之间实现的净损益 400 万元，应调整增加长期股权投资的账面价值，同时计入当期投资收益。企业应进行以下会计处理：

| | | |
|---|---|---|
| 借：长期股权投资 | 20 000 000 | |
| 贷：盈余公积 | | 1 600 000 |
| 利润分配——未分配利润 | | 14 400 000 |
| 投资收益 | | 4 000 000 |

### （五）成本法核算转公允价值计量

原持有的对被投资单位具有控制的长期股权投资，因部分处置等原因导致持股比例下降，不能再对被投资单位实施控制、共同控制或重大影响的，应将剩余股权改按金融工具确认和计量准则进行会计处理，在丧失控制之日将剩余股权按公允价值重新计量，公允价值与账面价值之间的差额计入当期损益。

**【例 5−29】** 甲公司持有乙公司 60% 的有表决权股份，能够对乙公司实施控制，对该股权投资采用成本法核算。

2×19 年 11 月，甲公司将该项投资中的 80% 出售给非关联方，取得价款 8 000 万元。相关手续于当日完成。甲公司无法再对乙公司实施控制，也不能施加共同控制或重大影响，将剩余股权投资转为以公允价值计量且其变动计入当期损益的金融资产。出售时，该项长期股权投资的账面价值为 8 000 万元，剩余股权投资的公允价值为 2 000 万元。不考虑相关税费等其他因素的影响。

甲公司有关会计处理如下：

（1）确认有关股权投资的处置损益。

| | | |
|---|---|---|
| 借：银行存款 | 80 000 000 | |
| 贷：长期股权投资 | | 64 000 000 |
| 投资收益 | | 16 000 000 |

（2）剩余股权的处理。

| | | |
|---|---|---|
| 借：交易性金融资产 | 20 000 000 | |
| 贷：长期股权投资 | | 16 000 000 |
| 投资收益 | | 4 000 000 |

## 二、长期股权投资的处置

企业处置长期股权投资时，应相应结转与所售股权相对应的长期股权投资的账面价值，出售所得价款与处置长期股权投资账面价值之间的差额，应确认为处置损益。

采用权益法核算的长期股权投资，原计入其他综合收益（不能结转损益的除外）或资本公积（其他资本公积）中的金额，如处置后因具有重大影响或共同控制仍然采用权益法核算的，在处置时亦应进行结转，将与所出售股权相对应的部分在处置时自其他综合收益或资本公积转入当期损益。如处置后对有关投资终止采用权益法，则原计入其他综合收益（不能结转损益的除外）或资本公积（其他资本公积）中的金额应全部结转。

**【例 5-30】** A 公司原持有 B 公司 40% 的股权并采用权益法核算，2×19 年 12 月 20 日，A 公司决定出售 10% 的 B 公司股权，对剩余 30% 的股权仍采用权益法核算。出售时 A 公司账面上对 B 公司长期股权投资的构成为：投资成本 1 800 万元，损益调整 480 万元，可转入损益的其他综合收益 100 万元，其他权益变动 200 万元。出售取得价款 705 万元。

（1）A 企业确认处置损益的账务处理为：

| | | |
|---|---|---|
| 借：银行存款 | 7 050 000 | |
| 　贷：长期股权投资 | | 6 450 000[①] |
| 　　投资收益 | | 600 000 |

（2）A 企业除应将实际取得价款与出售长期股权投资的账面价值进行结转、确认出售损益，还应将原计入其他综合收益或资本公积的部分按比例转入当期损益。

| | | |
|---|---|---|
| 借：资本公积——其他资本公积 | 500 000 | |
| 　其他综合收益 | 250 000 | |
| 　贷：投资收益 | | 750 000 |

## 第六节　合 营 安 排

### 一、合营安排的概念与认定

#### （一）合营安排的概念

合营安排是一项由两个或两个以上的参与方共同控制的安排。合营安排有两个特征：一是各参与方受到该安排的约束；二是两个或两个以上的参与方对该安排实施共同控制。

1. 各参与方均受到该安排的约束

合营安排通过相关约定对各参与方予以约束。相关约定是指据以判断是否存在共同控制的一系列具有执行力的合约，通常包括合营安排各参与方达成的合同安排，如合同、协议、会议纪要、契约等，也包括对该安排构成约束的法律形式本身。从内容来看，有关约定可能涵盖以下方面：

（1）合营安排的目的、活动和持续期间。

（2）合营安排的董事会或类似管理机构成员的任命方式。

（3）决策程序，包括需要参与方决策的事务和参与方的表决权情况、决策事项所需的表决权比例等。

（4）对这些事务要求的支持程度，包括要求参与方提供的资本或其他投入。

（5）参与方分享或分担与合营安排相关的资产、负债、收入、费用或损益的方式。

当合营安排通过单独主体达成时，该单独主体所制定的章程或其他法律文件有时会约定相关内容。

---

① 6 450 000=(18 000 000+4 800 000+1 000 000+2 000 000)÷40%×10%

【例 5-31】 A 公司和 B 公司共同出资建立了 C 公司。C 公司在章程中规定,C 公司的所有重大决策须经 A 公司和 B 公司均同意方可做出。除章程之外 A 公司和 B 公司并未订立其他协议以管理公司 C 的活动。

本例中,尽管并不存在另外的协议,但通过 C 公司的章程本身即涵盖了“相关约定”的内容,可以凭 C 公司的章程判断 C 公司是否符合合营安排的定义。

2. 两个或两个以上的参与方对该安排实施共同控制

即任何一个参与方都不能够单独控制该安排,对该安排具有共同控制的任何一个参与方均能够阻止其他参与方或参与方组合单独控制该安排。

【例 5-32】 A 公司、B 公司、C 公司对 D 公司的表决权比例分别为 50%、40% 及 10%。D 公司的主要经营活动为医药产品的研发、生产、销售及相关健康产品服务,其最高权力机构为股东会,所有重大决策需要 75% 以上表决权通过方可做出。

在本例中,A 公司、B 公司合计拥有 D 公司 90% 的表决权,超过了 75% 的表决权要求,当且仅当 A 公司、B 公司均同意时,D 公司的重大决策方能表决通过,C 公司的意愿并不能起到影响表决是否通过的决定性作用。因此 D 公司为一项合营安排,没有任何一方能够单独控制 D 公司,A 公司与 B 公司对 D 公司实施共同控制,C 公司虽然作为 D 公司的股东,属于该合营安排的一方,但并不具有共同控制权。

### (二) 共同控制及其判断

是否存在共同控制是判断一项安排是否为合营安排的关键。共同控制是按照相关约定等分享对一项安排的控制权,并且仅在对相关活动(即对该安排的回报具有重大影响的活动)的决策要求分享控制权的参与方一致同意时才存在。

共同控制不同于控制,共同控制由两个或两个以上的参与方实施,而控制由单一参与方实施。共同控制也不同于重大影响,享有重大影响的参与方只拥有参与安排的财务和经营政策的决策的权力,但并不能够控制或者与其他方一起共同控制这些政策的制定。

在判断是否存在共同控制时,首先判断是否由所有参与方或参与方组合集体控制该安排,其次再判断该安排相关活动的决策是否必须经过这些参与方一致同意。相关活动是指对某项安排的回报产生重大影响的活动。某项安排的相关活动应当根据具体情况进行判断,通常包括商品或劳务的销售和购买、金融资产的管理、资产的购买和处置、研究与开发活动以及融资活动等。图 5-6 说明了如何评估共同控制。

1. 集体控制

如果所有参与方或一组参与方必须一致行动才能决定某项安排的相关活动,则称所有参与方或一组参与方集体控制该安排。在判断集体控制时,需要注意以下三点:

(1) 集体控制不是单独一方控制。为了确定相关约定是否赋予参与方对该安排的共同控制,主体首先识别该安排的相关活动,然后确定哪些权利赋予参与方主导相关活动的权力。

如果某一个参与方能够单独主导该安排中的相关活动,则可能为控制。如果一组参与方或所有参与方联合起来才能够主导该安排中的相关活动,则为集体控制。即在集体控制下,不存在任何一个参与方能够单独控制某安排的情况,而是由一组参与方或所有参与方联合起来才能控制该安排。

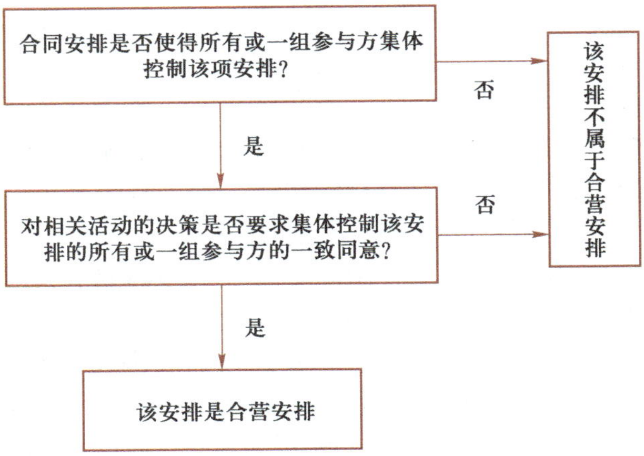


图 5-6 如何评估共同控制

【例 5-33】 假设 A 公司、B 公司、C 公司、D 公司共同设立 E 公司,并分别持有 E 公司 60%、20%、10% 和 10% 的表决权股份。协议约定,E 公司相关活动的决策需要 50% 以上表决权通过方可做出。

本例中,E 公司的表决权安排使得 A 公司能够单独主导 E 公司的相关活动,只要 A 公司享有 E 公司的可变回报并有能力运用其权力影响 E 公司的可变回报,A 公司无须与其他参与方联合,即可控制 E 公司。因此,E 公司是 A 公司的子公司,而不是一项合营安排。

(2) 尽管所有参与方联合起来一定能够控制该安排,但集体控制下,集体控制该安排的组合指的是那些既能联合起来控制该安排,又使得参与方数量最少的一个或几个参与方组合。

【例 5-34】 假设 A 公司、B 公司、C 公司、D 公司分别持有 E 公司 40%、30%、20% 和 10% 的表决权股份,E 公司相关活动的决策需要 85% 以上表决权通过方可做出。

本例中,E 公司的表决权安排使得:

① A 公司、B 公司、C 公司、D 公司任何一方均不能单独控制 E 公司。

② 参与方可能有多种组合的形式,在这些参与方组合中,尽管所有参与方(A 公司、B 公司、C 公司、D 公司)联合起来必然能够控制 E 公司,但 A 公司、B 公司、C 公司联合起来即可控制 E 公司,且 A 公司、B 公司、C 公司是联合起来能够控制 E 公司的参与方数量最少的组合。因此,称 A 公司、B 公司、C 公司集体控制 E 公司,而不是 A 公司、B 公司、C 公司、D 公司集体控制 E 公司。

【例 5-35】 沿用例 5-34 中的资料,所不同的是,假定 E 公司相关活动的决策需要 95% 以上表决权通过方可做出。

本例中,E 公司的表决权安排使得:

①A 公司、B 公司、C 公司、D 公司任何一方均不能单独控制 E 公司;②必须由所有参与方(A 公司、B 公司、C 公司、D 公司)联合起来才能控制 E 公司,且所有参与方是联合起来能够控制 E 公司的参与方数量最少的组合。因此,称所有参与方集体控制 E 公司。

(3) 能够集体控制一项安排的参与方组合很可能不止一个。

【例 5-36】 假定一项安排涉及三方：A 公司在该安排中拥有 50% 的表决权股份，B 公司和 C 公司各拥有 25% 的表决权股份。A 公司、B 公司、C 公司之间的相关约定规定，该安排相关活动决策至少需要 75% 的表决权通过方可做出。

尽管 A 公司拥有 50% 的表决权，但是 A 公司没有控制该安排，因为 A 公司对安排的相关活动做出决策需要获得 B 公司或 C 公司的同意。在本例中，A 公司和 B 公司的组合或 A 公司和 C 公司的组合均可集体控制该安排。

这样，存在多种参与方之间的组合能够达到 75% 表决权的要求。在此情况下，该安排要成为合营安排，需要在相关约定中指明哪些参与方一致同意才能对相关活动做出决策。

2. 相关活动的决策

有关相关活动的决策主体应当在确定是由参与方组合集体控制该安排，而不是某一参与方单独控制该安排后，再判断这些集体控制该安排的参与方是否共同控制该安排。当且仅当相关活动的决策要求集体控制该安排的参与方一致同意时，才存在共同控制。

存在共同控制时，有关合营安排相关活动的所有重大决策必须经分享控制权的各方一致同意。一致同意的规定保证了对合营安排具有共同控制的任何一个参与方均可以阻止其他参与方在未经其同意的情况下就相关活动单方面做出决策。

“一致同意”中，并不要求其中一方必须具备主动提出议案的权力，只要具备对合营安排相关活动的所有重大决策予以否决的权力即可；也不需要该安排的每个参与方都一致同意，只要那些能够集体控制该安排的参与方意见一致，就可以达成一致同意。

有时，相关约定中设定的决策方式也可能暗含需要达成一致同意。例如，假定两方建立一项安排，在该安排中双方各持有 50% 的表决权。双方约定，对相关活动做出决策至少需要 51% 的表决权。在这种情况下，意味着双方同意共同控制该安排，因为如果没有双方的一致同意，就无法对相关活动做出决策。

当相关约定中设定了就相关活动做出决策所需的最低表决权比例时，若存在多种参与方的组合形式均能满足最低表决权比例要求的情形，则该安排就不是合营安排；除非相关约定明确指出，需要其中哪些参与方一致同意才能就相关活动做出决策。如果存在两个或两个以上的参与方组合能够集体控制某项安排的，不构成共同控制。即共同控制合营安排的参与方组合是唯一的。表 5-3 可以说明这一点。

表 5-3　参与方组合集体控制安排的情形

| | 情形 1 | 情形 2 | 情形 3 |
|---|---|---|---|
| 最低投票权比例要求 | 至少 75% 投票权才能主导相关活动 | 至少 75% 投票权才能主导相关活动 | 60% 以上的表决权才能主导相关活动 |
| 参与方 A | 50% | 50% | 25% |
| 参与方 B | 30% | 25% | 25% |
| 参与方 C | 20% | 25% | 25% |
| 参与方 D | | | 25% |

续表

| | 情形 1 | 情形 2 | 情形 3 |
| --- | --- | --- | --- |
| 结论 | 共同控制——A 和 B 能够集体控制该安排(只有他们的投票权之和才能满足要求)。由于 A 和 B 是能够集体控制该安排的唯一组合,显然当 A 和 B 一致同意时,能够共同控制该安排 | 不是共同控制——多个参与方的联合可以集体控制该安排(即 A 和 B,或 A 和 C 的投票权之和都能够满足要求)。由于存在多个参与方的联合,而合同安排并未明确指出哪些参与方必须同意,所以不存在一致同意,不构成共同控制。<br>A、B、C 公司对该安排均被推定为具有重大影响,应按权益法进行会计处理 | 不是共同控制——多种参与方的组合(A、B、C、D 中的任意三方组合)均可以集体控制该安排。而相关约定并未明确指出哪些参与方必须同意,所以不存在一致同意,不构成共同控制。<br>A、B、C、D 公司对该安排均被推定为具有重大影响,应按权益法进行会计处理 |

## 二、合营安排的分类

共同控制案例

合营安排分为共同经营和合营企业。

共同经营,是指合营方享有该安排相关资产且承担该安排相关负债的合营安排。合营企业,是指合营方仅对该安排的净资产享有权利的合营安排。合营方应当根据其在合营安排的正常经营中享有的权利和承担的义务,确定合营安排的分类。对权利和义务进行评价时,应当考虑该合营安排的结构、法律形式以及合营安排中约定的条款、其他相关事实和情况等因素。

合营安排是为不同目的而设立的(例如,参与方为了共同承担成本和风险,或者参与方为了获得新技术或新市场),可以采用不同的结构和法律形式。一些安排不要求采用单独主体的形式开展其活动,另一些安排则涉及构造单独主体。在实务中主体可以从合营安排是否通过单独主体达成为起点,判断一项合营安排是共同经营还是合营企业。

单独主体,是指具有单独可辨认的财务架构的主体,包括单独的法人主体和不具备法人主体资格但法律所认可的主体。单独主体并不一定要具备法人资格,但必须具有法律所认可的单独可辨认的财务架构。具有可单独辨认的资产、负债、收入、费用、财务安排和会计记录,并且具有一定法律形式的主体,构成法律认可的单独可辨认的财务架构。合营安排最常见的形式包括有限责任公司、合伙企业、合作企业等。某些情况下,信托、基金行为也可被视为单独主体。

在区分合营安排是共同经营还是合营企业时,首先应评估是否存在单独主体,如果不存在,合营安排自动成为共同经营。

【例 5-37】 A 公司、B 公司、C 公司建立了一项共同制造汽车的安排。协议约定:该安排相关活动的决策需要 A 公司、B 公司、C 公司一致同意方可做出;A 公司负责生产并安装汽车发动机,B 公司负责生产汽车车身和底盘,C 公司负责生产其他部件并进行组装;A 公司、B 公司、C 公司负责各自部分的成本费用;汽车实现对外销售后,A 公司、B 公司、C 公司各自获得销售收入的 1/3。

本例中，由于关于该安排相关活动的决策需要 A 公司、B 公司、C 公司一致同意方可做出，所以 A 公司、B 公司、C 公司共同控制该安排，该安排为合营安排。由于 A 公司、B 公司、C 公司只是各自负责汽车制造的相应部分，并未成立一个单独主体，因此该合营安排不可能是合营企业，只可能是共同经营。

如果合营安排通过单独主体达成，在判断该合营安排是共同经营还是合营企业时，通常首先分析单独主体的法律形式。各参与方应当根据该单独主体的法律形式，判断该安排是赋予参与方享有与安排相关资产的权利并承担与安排相关负债的义务，还是赋予参与方享有该安排的净资产的权利。也就是说，各参与方应当依据单独主体的法律形式判断是否能将参与方和单独主体分离。

【例 5–38】 A 公司和 B 公司均为建筑公司。A 公司和 B 公司签订了一项合同以共同完成一项与政府之间的合同，即设计并建造两个城市间的一条道路。在合同中，A 公司和 B 公司明确了各自的参与份额，并明确了双方共同控制该安排，合同安排的主要事项是向政府移交建造完成的道路。

A 公司和 B 公司成立了一个单独主体 C，通过 C 具体实施该安排。C 代表 A 公司和 B 公司与政府签订合同，并向政府提供建造服务。此外，有关该安排的资产和负债由 C 持有。假定 C 的法律形式的主要特征是 A 公司和 B 公司，而不是 C，拥有该安排的资产，并承担该安排的负债。A 公司和 B 公司还在合同中约定：①A 公司和 B 公司根据其在该安排中的参与份额分享该安排相关活动所需的全部资产的相应权利；②A 公司和 B 公司根据其在该安排中的参与份额承担该安排的各项债务；③A 公司和 B 公司根据其在该安排中的参与份额分享由该安排相关活动产生的损益。

本例中，该安排通过单独主体达成，该单独主体的法律形式没有将参与方与单独主体分离开来（即主体 C 持有的资产和负债是 A 公司和 B 公司的资产和负债）。此外，A 公司和 B 公司在合同中强调了这项规定，即合同规定 A 公司和 B 公司拥有通过主体 C 实施的安排的资产，并承担其负债。因此，该合营安排是共同经营。

当单独主体的法律形式并不能将合营安排的资产的权利和对负债的义务授予该安排的参与方时，还需要进一步分析各参与方之间是否通过合同安排赋予该安排的参与方对合营安排资产的权利和对合营安排负债的义务。合同安排中常见的某些特征或者条款可能表明该安排为共同经营或者合营企业。共同经营和合营企业的一些普遍特征的比较包括但不限于表 5–4 所列。

**表 5–4　共同经营和合营企业对比**

| | 共同经营 | 合营企业 |
| --- | --- | --- |
| 合营安排的条款 | 参与方对合营安排的资产享有权利并对负债承担义务 | 参与方对与合营安排有关的净资产享有权利。作为合营安排载体的单独主体对其资产享有权利并对其负债承担义务 |
| 对资产的权利 | 各参与方以约定比例分享合营安排相关资产的全部权益（例如，权利、权属或所有权） | 资产属于合营安排，参与方并不对资产享有权利 |

续表

| | 共同经营 | 合营企业 |
| --- | --- | --- |
| 对负债的义务 | 各参与方按约定比例分担所有的负债、义务、成本和费用。合同安排约定，合营安排各参与方对第三方提出的索赔权负有义务 | 合营安排对自身的债务或义务承担责任。参与方仅以其各自对该安排认缴的投资额为限对该安排承担相应的义务。合营安排的债权人无权就该安排的债务对参与方进行追索 |
| 收入、费用及损益 | 合营安排建立了各参与方按约定的比例分配收入与费用的机制。某些情况下，参与方按约定的比例享有合营安排产生的净损益不会必然使其被分类为合营企业，仍应当分析参与方对安排资产的权利以及对负债的义务 | 各参与方按照约定的份额比例享有合营安排产生的净损益 |
| 担保 | 参与方为合营安排提供担保的行为本身并不使一项安排被分类为共同经营 | |

如果一项安排的法律形式与合同安排均没有将该安排的资产的权利和对负债的义务授予该安排的参与方，则应考虑其他事实和情况，包括合营安排的目的和设计，其与参与方的关系及其现金流的来源等。

在区分合营安排的类型时，需要了解该安排的目的和设计。如果合营安排同时具有以下特征，则表明该安排是共同经营：①各参与方实质上有权享有，并有义务接受由该安排资产产生的几乎所有经济利益（从而承担了该经济利益的相关风险，如价格风险、存货风险、需求风险等），如该安排所从事的活动主要是向合营方提供产出等；②持续依赖于合营方清偿该安排活动产生的负债，并维持该安排的运营。

## 三、共同经营中合营方的会计处理

合营方应当确认其与共同经营中利益份额相关的下列项目，并按照相关企业会计准则的规定进行会计处理：一是确认单独所持有的资产，以及按其份额确认共同持有的资产；二是确认单独所承担的负债，以及按其份额确认共同承担的负债；三是确认出售其享有的共同经营产出份额所产生的收入；四是按其份额确认共同经营因出售产出所产生的收入；五是确认单独所发生的费用，以及按其份额确认共同经营发生的费用。

**【例 5-39】** 2×19 年 1 月 1 日，A 公司和 B 公司共同出资购买一栋写字楼，各自拥有该写字楼 50% 的产权，用于出租收取租金。合同约定，该写字楼相关活动的决策需要 A 公司和 B 公司一致同意方可做出；A 公司和 B 公司的出资比例、收入分享比例和费用分担比例均为各自 50%。该写字楼购买价款为 8 000 万元，由 A 公司和 B 公司以银行存款支付，预计使用寿命 20 年，预计净残值为 320 万元，采用年限平均法按月计提折旧。该写字楼的租赁合同约定，租赁期限为 10 年，每年租金为 480 万元，按月交付。该写字楼每月支付维修费 2 万元。另外，A 公司和 B 公司约定，该写字楼的后续维护和维修支出（包括再装修支出和任何其他的大修支出）以及与该写字楼相关的任何资金需求，均由 A 公司和 B 公司按比例承担。假设 A 公司和 B 公司均采用成本法对投资性房地产进行后续计量，不考虑税费等其他因素的影响。

本例中，由于关于该写字楼相关活动的决策需要A公司和B公司一致同意方可做出，所以A公司和B公司共同控制该写字楼，购买并出租该写字楼为一项合营安排。由于该合营安排并未通过一个单独主体来架构，并明确约定了A公司和B公司享有该安排中资产的权利、获得该安排相应收入的权利、承担相应费用的责任等，因此该合营安排是共同经营。

A公司的相关账务处理如下。

（1）出资购买写字楼时：

借：投资性房地产　　40 000 000

　贷：银行存款　　40 000 000

（2）每月确认租金收入时：

借：银行存款　　200 000

　贷：其他业务收入　　200 000

（3）每月计提写字楼折旧时：

借：其他业务成本　　160 000

　贷：投资性房地产累计折旧　　160 000

（4）支付维修费时：

借：其他业务成本　　10 000

　贷：银行存款　　10 000

## 四、对共同经营不享有共同控制的参与方的会计处理原则

对共同经营不享有共同控制的参与方（非合营方），如果享有该共同经营相关资产且承担该共同经营相关负债的，比照合营方进行会计处理。即共同经营的参与方，不论其是否具有共同控制，只要能够享有共同经营相关资产的权利并承担共同经营相关负债的义务，对在共同经营中的利益份额采用与合营方相同的会计处理。否则，应当按照相关企业会计准则的规定对其利益份额进行会计处理。例如，如果该参与方对于合营安排的净资产享有权利并且具有重大影响，则按照长期股权投资准则等相关规定进行会计处理；如果该参与方对于合营安排的净资产享有权利并且无重大影响，则按照金融工具确认和计量准则等相关规定进行会计处理；向共同经营投资构成业务的资产的，以及取得共同经营的利益份额的，则按照合并财务报表及企业合并等相关准则进行会计处理。

【例5-40】 A公司、B公司、C公司共同设立合营安排D公司，表决权比例分别为45%、45%及10%。假设根据协议，A公司、B公司共同控制D公司，且该合营安排为共同经营，除上述外无其他须考虑的因素。

在本例中，A公司、B公司对合营安排具有共同控制权而C公司仅仅是该项合营安排的参与方。假设C公司对于D公司的净资产享有权利，那么C公司应当判断其持有的10%的表决权比例是否使其对合营安排具有重大影响，进而按照长期股权投资准则或金融工具确认和计量准则进行会计处理。

## 本章小结

长期股权投资，是投资方对被投资方实施控制、重大影响的权益性投资，以及对其合营企业的权益性投资。即长期股权投资分为对子公司、联营企业、合营企业的投资。其中控制、共同控制和重大影响都涉及判断。控制的判断须把握三个要素，即投资方拥有对被投资方的权力，通过参与被投资方的相关活动而享有可变回报，并且有能力运用对被投资方的权力影响其回报金额。共同控制是指按照合同约定对某项经济活动共有的控制。在判断是否存在共同控制时，首先判断是否由所有参与方或参与方组合集体控制该安排，其次再判断该安排相关活动的决策是否必须经过这些参与方一致同意。重大影响是指对一家企业的财务和经营政策有参与决策的权利，但并不能够控制或者与其他方一起共同控制这些政策的制定。

长期股权投资初始计量区分为企业合并取得和其他方式取得两种类型。企业合并取得长期股权投资又进一步区分为同一控制下形成和非同一控制下形成长期股权投资两类。长期股权投资的后续计量有成本法和权益法两种。持有长期股权投资期间，因为追加投资或收回投资的原因，可能会涉及后续计量方法的转换。

合营安排是一项由两个或两个以上的参与方共同控制的安排。是否存在共同控制是判断一项安排是否为合营安排的关键。合营安排分为合营企业和共同经营两类。认定一项安排是合营安排后，应当根据合营方获得回报的方式这一经济实质，判断该合营安排应当被划分为共同经营还是合营企业。

## 计算题

M 公司 2016 年 5 月 1 日至 2018 年 1 月 10 日发生下列与长期股权投资有关的经济业务：

(1) 2016 年 5 月 1 日 M 公司从证券市场上购入 N 公司发行在外 40% 的股份并准备长期持有，从而对 N 公司能够施加重大影响，实际支付款项 2 500 万元(含已宣告但尚未发放的现金股利 60 万元)，另支付相关税费 10 万元。2016 年 5 月 1 日，N 公司可辨认净资产公允价值为 6 600 万元，账面价值为 6 300 万元，差额为一项无形资产。该无形资产在投资当日的公允价值为 700 万元，账面价值为 400 万元，采用直线法计提折旧，剩余使用年限为 10 年，无残值，当期计提的摊销均影响损益。

(2) 2016 年 6 月 20 日收到现金股利。

(3) 2016 年 10 月 8 日 N 公司向 M 公司销售一批商品，售价为 200 万元，成本为 150 万元，至 2016 年 12 月 31 日，M 公司将上述商品对外销售 80%，余下的商品在 2017 年全部对外出售。

(4) 2016 年 12 月 31 日，N 公司因投资性房地产转换导致其他综合收益增加了 200 万元。

(5) 2016 年 N 公司实现净利润 800 万元，其中 1 月至 4 月份共实现净利润 200 万元。

(6) 2017 年 3 月 10 日，N 公司宣告分派现金股利 100 万元。

(7) 2017 年 3 月 25 日，M 公司收到现金股利。

(8) 2017 年度 N 公司实现净利润 620 万元，无其他所有者权益变动。

(9) 2018 年 1 月 10 日，M 公司将持有 N 公司 10% 的股份对外转让，收到款项 820 万元存入银行。转让后持有 N 公司 30% 的股份，对 N 公司仍具有重大影响。

假定不考虑所得税等相关因素的影响。

要求：

(1) 编制 M 公司 2016 年与长期股权投资相关的会计分录。

(2) 编制 M 公司 2017 年与长期股权投资相关的会计分录。

(3) 编制 M 公司 2018 年 1 月 10 日处置长期股权投资相关的会计分录。

## 案例分析

A 公司于 2×19 年 1 月以自有资金 1 000 万元参股 B 公司，持有 B 公司 20% 的股权。B 公司的另一股东为 C 公司，持有 B 公司 80% 的股权。A 公司与 C 公司之间不存在关联方关系。根据 B 公司的章程以及合资协议的规定，B 公司的净利润根据有关法律法规的规定提取法定公积金后，A 公司、C 公司根据董事会决议通过的分配金额，按持股比例进行分配。B 公司进行清算时的剩余财产，A 公司、C 公司按持股比例进行分配。B 公司按照月、季、年编制财务报表。月度及季度的财务报表在该期间结束后的 20 个工作日之内提交股东，年度财务报表委托中国注册会计师进行审计，并在每个会计年度结束后第 4 个月的第 5 个工作日之前，向股东提交该年度的审计报告。B 公司董事会共有 5 名董事，其中 A 公司委派 1 名董事，其余 4 名董事由 C 公司委派，C 公司委派的董事任董事长。董事会会议由董事长召集并主持，董事长在董事会会议召开前，将记载开会日期、地点及会议目的、议题等事项的书面召集通知发送给各董事。董事会决议由出席会议的董事 2/3 以上表决通过。由于 A 公司股东和管理层对 B 公司所属行业不具备足够的专业管理知识和经验，A 公司自投资之日起委派董事对 B 公司的经营管理主动参与程度较少，出席的董事会决议均未作出与 C 公司委派董事相左的表决，在已收取会议通知的情况下也缺席过若干次董事会会议。

问题：A 公司对 B 公司是否具有重大影响？

## 复习思考题

1. 什么是长期股权投资？
2. 什么是控制的三要素？
3. 什么是重大影响？如何判断投资方是否对被投资方具有重大影响？
4. 简述长期股权投资初始计量的基本要求。
5. 什么是成本法与权益法？
6. 简述长期股权投资后续计量方法转换的情形？

7. 什么是合营安排?

8. 什么是共同控制?

## 即测即评

请扫描右侧二维码,进行随堂测试。

# 第六章 固定资产

## 学习目标

通过本章学习，应能够：了解固定资产的定义、特征与分类；掌握固定资产的取得、折旧、后续支出及处置的会计处理。

## 导读案例

### 不同行业上市公司固定资产情况的比较

固定资产是企业重要的有形资产，行业不同，固定资产的类型或比重也存在差异。对于传统的工业企业和商业企业，固定资产金额或许可以在一定程度上反映企业规模，但对于以 IT 为基础的高科技企业，固定资产比重一般较低，很难通过固定资产透视企业的规模。在当前知识经济条件下，企业价值的驱动力逐渐从有形转向无形，无论什么行业，固定资产比重下降、无形资产比重上升是一个总的趋势。

表 6–1 列示了国电电力（股票代码：600795）、比亚迪（股票代码：002594）、格力电器（股票代码：000651）、永辉超市（股票代码：601933）、三六零（股票代码：601360）五家 A 股上市公司 2019 年年报中披露的固定资产原价、累计折旧、固定资产净值、在建工程、总资产及相关比例情况。从该表可以得出以下两点结论：

第一，电力企业的固定资产基本反映了其规模情况，制造业的固定资产有时可以在一定程度上反映其规模，零售业和 IT 企业的固定资产无法反映其规模。这里，国电电力的固定资产加在建工程占总资产的比重高达 80.3%，说明电力企业是典型的重资产经营，其主要资产为以固定资产形式存在的各种电力设施，固定资产可以反映其规模情况。比亚迪的固定资产加在建工程占总资产的比重为 30.7%。比亚迪为汽车制造业，需要高资金投入的厂房与机器设备制造汽车，因此，其固定资产也占有相当的比重，可以在一定程度上反映其规模情况。永辉超市与三六零的固定资产占总资产的比重较低，分别为 10.1% 与 3.1%，基本无法反映其规模。尤其是以 IT 为基础的三六零，其固定资产占总资产的比重仅为 3.1%。比较例外的是格力电器，格力电器虽然是家电制造业企业，但固定资产加在建工程占总资产的比重仅为 7.6%，甚至低于零售业永辉超市的 10.1%。之所以如此，原因在于作为家电行业的龙头企业，格力电器其实并非纯粹的家电制造业，而是一家多元化经营的企业集团，其产业覆盖空调、生活电器、高端装备、通信设备四大领域。同时，格力电器并不满足于低附加值的制造和装配，而是努力向产业链两端高附加值的研发、设计、营销、物流、品牌等延伸，这些都使其资产变轻，固定资产比重变小（与格力电器类似，同为家电行业龙头的美的集团与海尔电器，其固定资产加在建工程占总资产的比重分别为7.6%、9.7%）。

第二，从累计折旧占固定资产原价的比重看，除了三六零，其他公司该比率基本在四成左右，而三六零该比率高达八成。三六零的高比率是由两个原因造成的：其一，三六零的主要资产为无形资产，固定资产不是其主要资产及价值创造的主要驱动力；其二，三六零的固定资产主要是各种电子设备（参见表6-2），而电子设备的折旧年限一般仅为3~5年，折旧年限太短，不宜在折旧年限到期前提前更新。

表6-2列示了五家公司固定资产各项目的比重，从该表可以看出：①除IT企业外，其他类型企业房屋及建筑物、机器设备是固定资产的主要部分，而作为IT企业的三六零，其固定资产主要为电子设备，占比高达94.6%；②行业不同，固定资产各项目的比重存在显著差异。

**表6-1 五家公司固定资产比较**

金额单位：百万元

| 公司 | 固定资产原价（A） | 累计折旧（B） | B占A比重 | 固定资产净值（C）* | 在建工程（D） | 总资产（E） | C加D占E比重 |
|---|---|---|---|---|---|---|---|
| 国电电力 | 454 313 | 177 947 | 39.2% | 273 138 | 19 910 | 364 848 | 80.3% |
| 比亚迪 | 89 602 | 39 550 | 44.1% | 49 443 | 10 675 | 195 642 | 30.7% |
| 格力电器 | 34 355 | 15 226 | 44.3% | 19 122 | 2 431 | 282 972 | 7.6% |
| 永辉超市 | 8 184 | 3 056 | 37.3% | 5 128 | 174 | 52 353 | 10.1% |
| 三六零 | 2 589 | 2 121 | 81.9% | 468 | 583 | 33 752 | 3.1% |

*注意：固定资产原价减去累计折旧并不一定等于固定资产净值，计算固定资产净值时还需要从固定资产原价中扣除减值准备，表格中未列示固定资产减值准备情况。

**表6-2 五家公司固定资产各项目净值占总固定资产净值比重***

| 公司 | 房屋及建筑物 | 机器设备 | 运输设备 | 电子设备 | 其他 |
|---|---|---|---|---|---|
| 国电电力 | 44.2% | 54.6% | 0.1% | 0.5% | 0.6% |
| 比亚迪 | 35.1% | 53.5% | 2.0% | 未单独披露 | 9.4% |
| 格力电器 | 61.9% | 34.8% | 2.0% | 0.8% | 0.5% |
| 永辉超市 | 42.3% | 25.3% | 1.3% | 10.8% | 20.3% |
| 三六零 | 2.9% | 未单独披露 | 未单独披露 | 94.6% | 2.5% |

*各种比例指标系根据公司年报披露的各项目金额情况计算得到，其中，比亚迪的“其他”项目包含电子设备，三六零的“其他”项目包含机器设备及运输设备，而另外三家公司的“其他”项目不包含电子设备、机器设备及运输设备。

资料来源：编者整理。

# 第一节　固定资产概述

## 一、固定资产的定义与特征

固定资产在西方被称为厂场设备(property,plant and equipment),是指企业为生产商品、提供劳务、出租或经营管理而持有的,预计使用寿命超过一个会计年度的有形资产。根据以上定义,固定资产具有以下三个特征:

(1) 企业持有固定资产的目的是生产商品、提供劳务、出租或经营管理,而不是直接用于出售。其中,“出租”的固定资产,是指用以出租的机器设备类固定资产,不包括以经营租赁方式出租的房地产,后者属于企业的“投资性房地产”,不属于固定资产。该特征是固定资产最基本的特征,也是其区别于库存商品最明显的特征。比如,我们通常认为企业持有的房地产属于固定资产,这是因为企业持有的房地产一般自用,但房地产开发企业持有并准备对外出售的房地产应归类为存货中的库存商品,而不是固定资产。

(2) 预计使用寿命超过一个会计年度,在使用过程中物质形态不会发生改变。一方面,固定资产属于长期资产,其使用寿命通常远远超过一个会计年度;另一方面,固定资产在使用过程中物质形态不会发生改变。因此,固定资产的成本是在企业使用过程中分期转入产品成本中或被耗用的,这就决定了固定资产需要计提折旧。

(3) 具有实物形态。固定资产必须是有形的,如我们常见的土地、建筑物、设备等,人们可以通过感官直接感知其存在。而无形资产虽然也符合固定资产前面两个特征,但由于不具有实物形态,因而不属于固定资产。

此外,企业在经营中使用的某些资产,如工业企业所持有的工具、用具、备品备件、维修设备等资产,施工企业所持有的模板、挡板、架料等周转材料,以及地质勘探企业所持有的管材等资产,尽管该类资产也大体符合固定资产以上三个特征,但由于该类资产数量多、单价低,考虑到成本效益原则,在实务中通常把其作为存货中的低值易耗品核算。当然,如果以上资产中某些项目单位价值较高,也可以作为固定资产核算。

## 二、固定资产的分类

对固定资产,可以按不同的标准进行分类。

### (一) 按固定资产存在的物质形态和性能划分

(1) 土地。指没有建筑物等附着设施的土地,如购入待用的平整土地,或那些地面虽有建筑物或其他附加设施,但地价可单独分离的土地。在西方,土地可以私有,因此土地应作为固定资产核算。但土地又是比较特殊的固定资产:一方面,土地可能具有无限寿命,不会因为使用而逐渐被消耗掉,其价值通常比较稳定,甚至在使用过程中价值会逐渐升高,因此土地一般不需要计提折旧;另一方面,土地是不可再生的自然资源,其供给量通常不会随着需求量的增加而增加,因而土地又是稀缺的。

在我国,土地归国家所有。企业拥有的是土地使用权。土地使用权应作为无形资产核算。

(2) 建筑物。建筑物包括房屋和构筑物两大类。房屋如企业的办公用房、生产用房、仓储用房、居住用房等。构筑物是指不具备、不包含或不提供人类居住功能的人工建筑物，比如道路、码头、桥梁、水坝、水利管道、水塔、水池、过滤池、澄清池、沼气池等建筑物。建筑物通常附着在土地上，在地价和建筑物无法分离的情况下，地价和建筑物应合并作为建筑物进行核算。

(3) 设备。包括企业生产经营使用的各种机械设备、电子与电气设备、办公设备、运输设备、单位价值较高的工具器具等。有些时候，建筑物和设备的区别并不十分明显，有些项目既可划入建筑物一类，又可划入设备一类，如电梯、室内固定器具等。在实际情况中，往往根据企业的具体情况，具体确定合适的分类标准，但要注意坚持一贯性。

(4) 家具用具。

### (二) 按经济用途划分

(1) 生产经营用固定资产，指直接服务于企业生产经营过程中的各种固定资产，如生产经营用的房屋建筑物、机器设备和工具器具等。

(2) 非生产经营用固定资产，指不直接服务于企业生产经营过程中的各种固定资产，如职工宿舍及食堂、浴室等职工福利设施和有关的设备器具等。本章将主要探讨生产经营用固定资产。

### (三) 按使用情况划分

(1) 使用中固定资产，指正在使用中的固定资产，包括正在本企业使用中的生产经营性固定资产和非生产经营性固定资产、由于季节性原因或大修理原因暂时停用的固定资产、用于内部替换使用而暂时停用的固定资产以及经营租出的固定资产。

(2) 未使用固定资产，是指企业已购建完成尚未交付使用的新固定资产、因改扩建原因暂时停用的固定资产。

(3) 不需用固定资产，指本企业多余不用或不再适用而准备处置的固定资产。

### (四) 按所有权划分

按所有权标准，固定资产可分为自有固定资产和租入固定资产。

在实际工作中，为了加强固定资产的管理，企业往往结合上述各种分类方法对固定资产进行综合分类，通常可以分为六大类：生产经营用固定资产；非生产经营用固定资产；经营租出固定资产；不需用固定资产；未使用固定资产；租入固定资产。

# 第二节 固定资产的取得

## 一、固定资产的确认条件

固定资产的确认除了要符合固定资产定义外，还需满足以下两个条件：

(1) 该固定资产包含的经济利益很可能流入企业。资产最基本的特征是预期能给企业带来经济利益，如果某一项目预期不能给企业带来经济利益，就不能确认为企业的资产。因此，企业在确认固定资产时应判断其包含的经济利益是否很可能流入企业。

在固定资产的确认过程中，对于构成固定资产的各组成部分，如果各自具有不同的使用寿命或者以不同的方式为企业提供经济利益，从而适用于不同的折旧率或折旧方法，此时，该各组成部分实际上是以独立的方式为企业提供经济利益，因此，企业应将其各组成部分单独确认为固定资产。例如，飞机的引擎，如果其与飞机机身具有不同的使用寿命，从而适用于不同的折旧率或折旧方法，则企业应将其单独确认为一项固定资产。

(2) 该固定资产的成本能够可靠计量。成本能够可靠计量，是资产确认的一项基本条件。固定资产作为企业资产的重要组成部分，要予以确认，为取得该固定资产而发生的相关支出必须能够可靠计量。企业在确定固定资产成本时，有时需要根据所获得的最新资料，对固定资产的成本进行合理的估计。比如，企业对于已达到预定可使用状态的固定资产，在尚未办理竣工决算前，需要根据工程预算、工程造价或者工程实际发生的成本等资料，按暂估价值确定固定资产的入账价值，待办理了竣工决算手续后再作调整。

## 二、固定资产的计价基础——历史成本

固定资产一般应以历史成本入账。这里的历史成本是指为使某项固定资产达到预定可使用状态之前发生的一切合理的、必要的支出，如购买价格、相关税费、运输费、装卸费、安装费等。固定资产以历史成本作为计价基础的另一层含义是，固定资产一经确定登记入账后，除企业重组、解散等情况外，一般不应调整固定资产原价，固定资产的折旧应按历史成本计算。

以历史成本作为固定资产的计价基础主要优点在于，历史成本是企业为取得固定资产的实际支出，具有可靠性；以历史成本作为计价基础，有利于企业把实际收入和实际成本进行恰当配比。但是，鉴于固定资产在企业中停留的时间相当长，在此期间固定资产的市场价格可能发生大幅度的波动，目前，中国和国际会计准则都要求对固定资产计提减值准备。这表明，固定资产在后续计量中已一定程度上偏离了历史成本。

固定资产虽然以历史成本入账，但固定资产的取得方式多种多样，如购买、自行建造、投资者投入、接受捐赠等。取得方式不同，其成本的具体确定方法也不尽相同。如接受捐赠的固定资产，由于资产是在无成本或支付少量成本条件下取得，这时，固定资产可能需要以其公允市价入账。下面讨论各种方式取得的固定资产入账价值的确定。

固定资产的重估价

## 三、外购固定资产

企业外购固定资产的成本包括买价、相关税费和为使固定资产达到预定可使用状态前发生的可直接归属于该资产的其他一切必要支出，如运输费、装卸费、保险费、安装费、专业人员服务费等。这里需要注意两个问题：第一，购买固定资产支付的增值税进项税额。增值税进项税额是否计入固定资产成本，取决于购买固定资产产生的增值税进项税额是否可以抵扣增值税销项税额，如果可以抵扣增值税销项税额，则增值税进项税额不计入固定资产成本；反之，则要计入固定资产成本。我国目前实行的增值税属于消费型增值税，大部分固定资产的增值税进项税额可以抵扣增值税销项税额，因此，相关的增值税进项税额不应计入固定资产成本。但是，并非所有固定资产的增值税进项税额都可以抵扣增值税销项税额，按我国《营业税改征增值税试点实施办法》第二十七条规定，用于简易计税方法计税项目、免征增值税项目、集体福利或者个人消费的固定资产的增值税进项税额不

得抵扣增值税销项税额。比如，我国企业分为一般纳税人和小规模纳税人。小规模纳税人采用简易计税方法计税，其购买固定资产产生的增值税进项税额不可以抵扣增值税销项税额，因而应计入固定资产成本。第二，固定资产买价中包含的现金折扣。在计量固定资产的成本时，是否应该扣除买价中包含的现金折扣？这个问题我国现行会计准则并无明确回答。但由于固定资产的单价通常较高，实务中不论企业是否取得现金折扣，均应从买价中扣除现金折扣，未享受的折扣作为财务费用处理。换言之，现行实务对固定资产普遍以净价入账。但对存货，以总价或以净价入账在实务中都存在。

外购固定资产是否达到预定可使用状态，需要根据具体情况进行分析判断。如果购入不需安装的固定资产，购入后即可发挥作用，则购入后即可达到预定可使用状态。如果购入需安装的固定资产，则需要等到安装调试后达到设计要求或合同规定的标准，使固定资产可以发挥作用，才算达到预定可使用状态。

在实际工作中，企业可能以一笔款项购入多项没有单独标价的资产（即一揽子购货）。如果这些资产均符合固定资产的定义，并满足固定资产的确认条件，则应将各项资产单独确认为固定资产，并按各项固定资产公允价值的比例对总成本进行分配，分别确定各项固定资产的成本。如果以一笔款项购入的多项资产中还包括固定资产以外的其他资产，也应按类似的方法予以处理。

**【例 6–1】** 敬贤公司（一般纳税人，本章例题中都假定敬贤公司是一般纳税人）用银行存款向某企业同时购买 A 和 B 两种生产设备，A、B 两种设备总价款为 230 000 元，增值税进项税额为 29 900 元。以现金支付装卸费、运输费、保险费共 10 000 元（忽略运输费中的增值税）。A、B 两种设备的公允价值分别为 90 000 元、180 000 元。购入的 A 设备需要安装，B 设备不需要安装。安装 A 设备时，领用了本公司的原材料 10 000 元（原购进原材料时支付的增值税税额为 1 300 元），应支付给安装工人的工资为 5 000 元。因工人操作失误，A 设备在安装时发生意外损坏，发生修理费 1 000 元（设以现金支付），公司没有向工人追偿，把该笔修理费作为公司的额外支出。

本题涉及一揽子购货，如前所述，当存在一揽子购货情况时，为确定各单项固定资产的账面价值，应以各项固定资产公允价值的比例对总成本进行分配。敬贤公司账务处理如下。

首先，计算 A、B 两种设备的购买总成本：

A、B 两种设备的购买总成本 =230 000+10 000=240 000（元）

其次，按 A、B 设备公允价值的比例对购买总成本进行分配：

A 设备应分摊的购买成本 = 购买总成本 ×（A 设备的公允价值 ÷A 设备和 B 设备公允价值之和）=240 000×［90 000÷（90 000+180 000）］=80 000（元）

B 设备应分摊的购买成本 = 购买总成本 ×（B 设备的公允价值 ÷A 设备和 B 设备公允价值之和）=240 000×［180 000÷（90 000+180 000）］=160 000（元）

本例会计分录如下：

（1）购入设备时。

| | |
|---|---|
| 借：在建工程——A 设备 | 80 000 |
| 　　固定资产——B 设备 | 160 000 |

应交税费——应交增值税(进项税额) 29 900

贷:银行存款 259 900

库存现金 10 000

(2) 安装 A 设备时。

借:在建工程——A 设备 15 000

贷:原材料 10 000

应付职工薪酬 5 000

这里,由于购入生产用的固定资产增值税进项税额可以抵扣销项税额,因此,用于安装工程的原材料增值税进项税额 1 300 元也可以抵扣销项税额,不需要转出。但如果安装的固定资产增值税进项税额不可以抵扣销项税额(比如,安装的固定资产用于集体福利),则用于安装工程的原材料增值税进项税额应该转出。

(3) A 设备意外损坏进行修理时。

借:营业外支出 1 000

贷:库存现金 1 000

(4) A 设备安装完工时:

借:固定资产——A 设备 95 000

贷:在建工程——A 设备 95 000

企业购买固定资产通常在正常信用条件期限内付款,但有时也会发生超过正常信用条件购买固定资产的经济业务事项,比如采用分期付款方式购买固定资产,且在合同中规定的付款期限比较长,超过了正常信用条件。按照我国会计准则的相关规定,当付款期限超过 3 年以上时,这类购货合同实质上具有融资性质,购入资产的成本不能以各期付款额之和确定,而应以各期付款额的现值之和确定。购入固定资产时,按购买价款的现值,借记"固定资产"或"在建工程"科目;按各期付款额之和贷记"长期应付款"科目;按其差额借记"未确认融资费用"科目。未确认融资费用应在以后各期采用实际利率法进行摊销,按照我国会计准则的相关规定,融资费用如果符合资本化的条件,相关摊销金额应计入固定资产成本;否则摊销金额应作为财务费用确认。

**【例 6–2】** 2×20 年 1 月 1 日,敬贤公司与某企业签订一项购货合同,从该企业购买一台需要安装的大型设备 C。合同约定,敬贤公司采用分期付款方式支付全部设备款 1 000 万元(忽略增值税),从 2×20 年 12 月 31 日到 2×24 年 12 月 31 日每年 12 月 31 日支付设备款 200 万元。假定年折现率为 10%。

2×20 年 1 月 1 日,设备如期运抵敬贤公司并开始安装。2×20 年 12 月 31 日,设备安装完毕达到预定可使用状态,发生安装费用 16.2 万元,已用银行存款付讫。

敬贤公司的账务处理如下:

(1) 本例中,分期付款期限为 5 年,超过了正常信用条件,该购货合同实质上具有融资性质,购入固定资产的成本应以各期付款额的现值确定。

各期付款额的现值 =200 万 ×($P/A$,10%,5)=200 万 ×3.790=758(万元)

2×20 年 1 月 1 日,购买设备时。

借:在建工程——C 设备 7 580 000

未确认融资费用 2 420 000

贷:长期应付款 10 000 000

(2) 安装固定资产时。

借:在建工程——C设备 162 000

贷:银行存款 162 000

(3) 未确认融资费用各期分摊情况如表6-3所示。

**表6-3 未确认融资费用分摊表**

2×20年1月1日 单位:元

| 日期 | 分期付款额 | 确认的融资费用 | 应付本金减少额 | 应付本金余额 |
|---|---|---|---|---|
| (1) | (2) | (3)=期初(5)×10% | (4)=(2)-(3) | 期末(5)=期初(5)-(4) |
| 2020年1月1日 | | | | 7 580 000 |
| 2020年12月31日 | 2 000 000 | 758 000 | 1 242 000 | 6 338 000 |
| 2021年12月31日 | 2 000 000 | 633 800 | 1 366 200 | 4 971 800 |
| 2022年12月31日 | 2 000 000 | 497 180 | 1 502 820 | 3 468 980 |
| 2023年12月31日 | 2 000 000 | 346 898 | 1 653 102 | 1 815 878 |
| 2024年12月31日 | 2 000 000 | 184 122* | 1 815 878 | 0 |
| 合计 | 10 000 000 | 2 420 000 | 7 580 000 | |

* 尾数调整:184 122(元)=2 000 000-1 815 878。

(4) 2×20年12月31日,应作会计分录:

借:在建工程——C设备 758 000

贷:未确认融资费用 758 000

借:长期应付款 2 000 000

贷:银行存款 2 000 000

借:固定资产 8 500 000

贷:在建工程——C设备 8 500 000

这里,按照我国会计准则的相关规定,在固定资产达到预定可使用状态之前发生的融资费用758 000元应确认为固定资产的成本,之后的融资费用应确认为财务费用。

(5) 2×21年12月31日,应作会计分录:

借:财务费用 633 800

贷:未确认融资费用 633 800

借:长期应付款 2 000 000

贷:银行存款 2 000 000

以后每年年末以此类推,不再赘述。

## 四、自行建造固定资产

企业除了外购固定资产,也可以利用自身的技术条件、设备和人员,自行制造或建造固定资产。自行制造固定资产是指企业自行制造设备，制造过程中通过“生产成本”账户进行核算，其和产品生产成本的核算并无明显区别，只是在设置生产成本明细账时要区分自制设备与产品。自行建造固定资产是指企业自行建造建筑物，建造过程中通过“在建工程”账户进行核算。自建固定资产又包括自营建造和出包建造两种方式，下面分别阐述。

### （一）自营方式建造固定资产

企业以自营方式建造固定资产，是指企业自行组织工程物资采购、自行组织施工人员从事工程施工完成固定资产建造。自营方式建造固定资产的入账价值应当按照建造该项固定资产达到预定可使用状态前所发生的必要支出确定。实务中，企业较少采用自营方式建造固定资产，多数情况下采用出包方式。企业如有以自营方式建造固定资产，其成本应当按照直接材料、直接人工、直接机械施工费等计量。

企业为建造固定资产准备的各种物资应当按照实际支付的买价、运输费、保险费等相关税费作为实际成本，并按照各种专项物资的种类进行明细核算。工程完工后，剩余的工程物资转为本企业存货的，按其实际成本或计划成本进行结转。建设期间发生的工程物资盘亏、报废及毁损，减去残料价值以及保险公司、过失人等赔款后的净损失，计入所建工程项目的成本；盘盈的工程物资或处置净收益，冲减所建工程项目的成本。工程完工后发生的工程物资盘盈、盘亏、报废、毁损，计入当期损益。

建造固定资产领用工程物资、原材料或库存商品，应按其实际成本转入所建工程成本。自营方式建造固定资产应负担的职工薪酬，辅助生产部门为之提供的水、电、修理、运输等劳务，以及其他必要支出等也应计入所建工程项目的成本。

符合资本化条件的借款费用，也应计入所建造固定资产的成本。

所建造的固定资产已达到预定可使用状态，但尚未办理竣工决算的，应当自达到预定可使用状态之日起，根据工程预算、造价或者工程实际成本等，按暂估价值转入固定资产成本，并按有关计提固定资产折旧的规定，计提累计折旧。待办理竣工决算手续后再调整原来的暂估价值，但不需要调整原已计提的累计折旧。

**【例 6-3】** 2×20 年 1 月 1 日，敬贤公司拟自行建造一座仓库，为此发生以下业务（忽略增值税等相关税费）：

（1）1 月 1 日，以银行存款购入工程物资一批，价款 1 000 000 元。

（2）1~10 月，工程先后领用工程物资 800 000 元。

（3）应分摊的辅助车间的劳务成本为 500 000 元。

（4）工程建设期间应支付工程人员工资为 660 000 元。

（5）11 月 30 日，经盘点，发现工程物资损失 50 000 元。经查，工程物资损失系保管员工作失误造成，公司责成保管员赔偿 10 000 元，剩余工程物资转作公司原材料。

（6）12 月 31 日，工程施工完毕，仓库达到预定可使用状态。

敬贤公司有关账务处理如下：

（1）购入工程物资。

借：工程物资　　　　1 000 000

　贷：银行存款　　　　1 000 000

(2) 领用工程物资。

借:在建工程——仓库 800 000

贷:工程物资 800 000

(3) 分摊劳务成本。

借:在建工程——仓库 500 000

贷:生产成本——辅助生产成本 500 000

(4) 确认工程人员工资。

借:在建工程——仓库 660 000

贷:应付职工薪酬 660 000

(5) 盘点剩余工程物资。

借:在建工程——仓库 40 000

原材料 150 000

其他应收款——保管员 10 000

贷:工程物资 200 000

(6) 工程施工完毕。

借:固定资产——仓库 2 000 000

贷:在建工程——仓库 2 000 000

### (二) 出包方式建造固定资产

在出包方式下,企业通过招标方式将工程项目发包给建筑承包商,由建筑承包商(即施工企业)组织工程项目施工。采用出包方式建造固定资产,企业要与建造承包商签订建造合同。企业是建造合同的甲方,负责筹集资金和组织管理工程建设,通常称为建设单位;建造承包商是建造合同的乙方,负责建筑安装工程施工任务。

企业以出包方式建造固定资产,其成本由建造该项固定资产达到预定可使用状态前所发生的必要支出构成,包括发生的建筑工程支出、安装工程支出,以及须分摊计入各固定资产价值的待摊支出:①建筑工程、安装工程支出。由于建筑工程、安装工程采用出包方式发包给建筑承包商承建,因此,工程的具体支出,如人工费、材料费、机械使用费等由建筑承包商核算。对于发包企业而言,建筑工程支出、安装工程支出是构成在建工程成本的重要内容,发包企业按照合同规定的结算方式和工程进度定期与建筑承包商办理工程价款结算,结算的工程价款计入在建工程成本。②待摊支出。待摊支出是指在建设期间发生的,不能直接计入某项固定资产成本,而应由所建造固定资产共同负担的相关费用,包括为建造工程发生的管理费、可行性研究费、临时设施费、公证费、监理费、应负担的税费、符合资本化条件的借款费用,建设期间发生的工程物资盘亏、报废及毁损净损失,以及负荷联合试车费等。企业为建造固定资产通过出让方式取得土地使用权而支付的土地出让金不计入在建工程成本,应确认为无形资产(土地使用权)。

出包方式下,"在建工程"科目主要是企业与建筑承包商办理工程价款的结算科目,企业支付给建筑承包商的工程价款作为工程成本通过"在建工程"科目核算。企业应按合理估计的工程进度和合同规定结算的进度款,借记"在建工程——建筑工程(×× 工程)""在建工程——安装工程(×× 工程)"科目,贷记"银行存款""预付账款"等科目。

工程完工时，按合同规定补付的工程款，借记“在建工程”科目，贷记“银行存款”等科目。企业将需安装设备运抵现场安装时，借记“在建工程——在安装设备（×× 设备）”科目，贷记“工程物资——×× 设备”科目。企业为建造固定资产发生的待摊支出，借记“在建工程——待摊支出”科目，贷记“银行存款”“应付职工薪酬”等科目。

**【例 6–4】** 敬贤公司经当地有关部门批准，新建一个火电厂。建造火电厂由 3 个单项工程组成，包括建造发电车间、冷却塔以及安装发电设备。2×20 年 2 月 1 日，敬贤公司与乙公司签订合同，将该项目出包给乙公司承建。根据双方签订的合同，建造发电车间的价款为 5 000 000 元，建造冷却塔的价款为 3 000 000 元，安装发电设备须支付安装费用 500 000 元，建造期间发生的有关事项如下（忽略增值税等相关税费）：

(1) 2×20 年 2 月 10 日，敬贤公司按合同约定向乙公司预付 10% 的备料款 800 000 元，其中发电车间 500 000 元，冷却塔 300 000 元。

(2) 2×20 年 8 月 2 日，建造发电车间和冷却塔的工程进度达到 50%，敬贤公司与乙公司办理工程价款结算 4 000 000 元，其中发电车间 2 500 000 元，冷却塔 1 500 000 元。敬贤公司抵扣掉预付备料款后，将余款用银行存款付讫。

(3) 2×20 年 10 月 8 日，敬贤公司购入需安装的发电设备，价款总计 3 500 000 元，已用银行存款付讫。

(4) 2×21 年 3 月 10 日，建筑工程主体已完工，敬贤公司与乙公司办理工程价款结算 4 000 000 元，其中，发电车间 2 500 000 元，冷却塔 1 500 000 元。敬贤公司向乙公司开具了一张期限 3 个月的商业票据。

(5) 2×21 年 4 月 1 日，敬贤公司将发电设备运抵现场，交乙公司安装。

(6) 2×21 年 5 月 10 日，发电设备安装到位，敬贤公司与乙公司办理设备安装价款结算 500 000 元，款项已支付。

(7) 工程项目发生管理费、可行性研究费、公证费、监理费共计 290 000 元，已用银行存款付讫。

(8) 2×21 年 5 月，进行负荷联合试车领用本企业材料 100 000 元，发生其他试车费用 50 000 元，用银行存款支付，试车期间取得发电收入 200 000 元。

(9) 2×21 年 6 月 1 日，完成试车，各项指标达到设计要求。

敬贤公司作会计分录如下：

(1) 预付备料款。

| | | |
|---|---|---|
| 借：预付账款 | 800 000 | |
| 　贷：银行存款 | | 800 000 |

(2) 工程进度达到 50% 时，办理建筑工程价款结算。

| | | |
|---|---|---|
| 借：在建工程——建筑工程（冷却塔） | 1 500 000 | |
| 　　　　　——建筑工程（发电车间） | 2 500 000 | |
| 　贷：银行存款 | | 3 200 000 |
| 　　　预付账款 | | 800 000 |

(3) 购入发电设备。

| | | |
|---|---|---|
| 借：工程物资——发电设备 | 3 500 000 | |
| 　贷：银行存款 | | 3 500 000 |

(4) 建筑工程主体完工,办理工程款结算。

借:在建工程——建筑工程(冷却塔) 1 500 000

——建筑工程(发电车间) 2 500 000

贷:应付票据 4 000 000

(5) 发电设备交乙公司安装。

借:在建工程——在安装设备(发电设备) 3 500 000

贷:工程物资——发电设备 3 500 000

(6) 办理安装工程价款结算。

借:在建工程——安装工程(发电设备) 500 000

贷:银行存款 500 000

(7) 支付工程管理费、可行性研究费、公证费、监理费。

借:在建工程——待摊支出 290 000

贷:银行存款 290 000

(8) 进行负荷联合试车。

借:在建工程——待摊支出 150 000

贷:原材料 100 000

银行存款 50 000

借:银行存款 200 000

贷:在建工程——待摊支出 200 000

(9) 结转在建工程。

计算分配待摊支出:

待摊支出分配率 =(290 000+150 000−200 000)÷(5 000 000+3 000 000+500 000+3 500 000)×100%=2%

发电车间应分摊的待摊支出 =5 000 000×2%=100 000(元)

冷却塔应分摊的待摊支出 =3 000 000×2%=60 000(元)

发电设备应分摊的待摊支出 =4 000 000×2%=80 000(元)

计算已完工的固定资产成本:

发电车间成本 =5 000 000+100 000=5 100 000(元)

冷却塔成本 =3 000 000+60 000=3 060 000(元)

发电设备成本 =4 000 000+80 000=4 080 000(元)

借:固定资产——发电车间 5 100 000

——冷却塔 3 060 000

——发电设备 4 080 000

贷:在建工程——建筑工程(发电车间) 5 000 000

——建筑工程(冷却塔) 3 000 000

——安装工程(发电设备) 500 000

——在安装设备(发电设备) 3 500 000

——待摊支出 240 000

## 五、投资者投入固定资产

投资者投入固定资产的成本，应按投资合同或协议约定的价值确定，但合同或协议约定价值不公允的除外。在投资合同或协议约定价值不公允的情况下，应按照该项固定资产的公允价值作为入账价值。

【例 6-5】 敬贤公司接受凌云公司固定资产投资。固定资产的合同约定价值为 500 000 元（假定合同约定价值公允，忽略增值税）。凌云公司因该笔固定资产投资取得敬贤公司 100 000 股股票（每股面值 1 元）。敬贤公司应作会计分录为：

| | | |
|---|---|---|
| 借：固定资产 | 500 000 | |
| 　贷：股本 | | 100 000 |
| 　　资本公积 | | 400 000 |

## 六、接受捐赠固定资产

对于企业接受捐赠的固定资产，捐赠方提供了有关凭据的，按凭据上标明的金额加上应当支付的相关税费，作为固定资产的入账价值；捐赠方没有提供有关凭据的，按以下顺序确定其入账价值：①同类或类似固定资产存在活跃市场的，按同类或类似固定资产的市场价格估计的金额，加上应当支付的相关税费，作为固定资产的入账价值；②同类或类似固定资产不存在活跃市场的，按该接受捐赠的固定资产的预计未来现金流量现值，作为固定资产的入账价值。

当接受捐赠的固定资产为旧资产时，按根据上述方法确定的新固定资产价值，减去按该项固定资产的新旧程度估计的价值损耗后的余额，作为入账价值。

【例 6-6】 敬贤公司接受乙公司捐赠的五成新机器设备一台（设该设备净残值为 0），同类设备全新状态下市场价格为 200 000 元。敬贤公司为使该设备达到预定可使用状态所发生的运输费、保险费为 10 000 元，全部以银行存款支付。忽略增值税与所得税的影响。

固定资产的入账价值为：

200 000×50%+10 000=110 000（元）

敬贤公司应作会计分录为：

| | | |
|---|---|---|
| 借：固定资产——机器设备 | 110 000 | |
| 　贷：银行存款 | | 10 000 |
| 　　营业外收入 | | 100 000 |

## 七、存在弃置义务的固定资产

对于特殊行业的特定固定资产，确定其初始成本时，还应考虑弃置费用。弃置费用通常是指根据法律和行政法规、国际公约等规定，企业承担的环境保护和生态等义务所确定的支出，如石油天然气企业油气水井及相关设施的弃置和恢复环境义务、核电站设施等的弃置和恢复环境义务等。按照我国会计准则的相关规定，如果固定资产存在弃置费用，应把固定资产未来预计发生弃置费用这一事项作为或有事项处理，相应的，应把弃置费用现值计入固定资产成本，并确认相应的预计负债。

还应注意的一点是，一般工商企业的固定资产发生的报废清理费用不属于弃置费用，不应计入固定资产成本，而应在发生时直接作为固定资产的处置费用处理。

**【例 6-7】** 经国家审批，敬贤公司计划建造一个核电站，其主体设备核反应堆将会对当地的生态环境产生一定的影响。根据法律规定，企业应在该项设备使用期满后将其拆除，并对造成的污染进行整治。2×20 年 12 月 31 日，该项设备建造完成并交付使用，建造成本共 90 000 000 元，预计使用寿命 10 年，预计弃置费用为 25 937 425 元。折现率为 10%。敬贤公司账务处理如下：

(1) 计算已完工固定资产的成本。

核反应堆属于特殊行业的特定固定资产，确定其成本时应考虑弃置费用：

弃置费用的现值 =25 937 425×($P/F$，10%，10)=10 000 000（元）

固定资产的入账价值 =90 000 000+10 000 000=100 000 000（元）

借：固定资产——核电站　　100 000 000
　　贷：在建工程——核电站　　90 000 000
　　　　预计负债　　10 000 000

(2) 计算第 1 年应负担的利息。

第 1 年应负担的利息 =10 000 000×10%=1 000 000（元）

借：财务费用　　1 000 000
　　贷：预计负债　　1 000 000

利源精制的“高铁梦”引发的固定资产造假

(3) 计算第 2 年应负担的利息。

第 2 年应负担的利息 =(10 000 000+1 000 000)×10%=1 100 000（元）

借：财务费用　　1 100 000
　　贷：预计负债　　1 100 000

以后年度以此类推，这里不再赘述。

## 第三节 固定资产折旧

权责发生制会计的一个基本任务是把长期资产的成本在其使用寿命内分摊，和分摊有关的术语有三个：固定资产成本的分摊被称为“折旧”；油气资产成本的分摊被称为“折耗”；无形资产成本的分摊被称为“摊销”。本节讨论固定资产成本分摊的“折旧”问题。

### 一、折旧的定义和性质

固定资产是一种长期资产，其在使用过程中物质形态不会发生改变，因此固定资产的成本是在对其不断使用过程中逐渐消耗或转移的。为了保持收入与费用的恰当配比，应把固定资产的投入成本在其使用期间内进行分摊。因此，一般认为，折旧是指在固定资产的使用寿命内，按照确定的方法对应计折旧额进行系统、合理的分摊。系统是指分配的数额应是根据一定的计算方法得出而不是按武断的方式主观臆断得出。合理是指折旧的数额应与该资产每期服务所带来的收益相关。

以上的定义说明了折旧的会计性质：折旧实质上是为满足配比原则而对固定资产成

本进行的一种分摊程序。因此不应把折旧理解为对固定资产的计价手段，折旧并不试图反映固定资产的公允市价。例如，一幢房屋的投入成本为200万元，预计可使用20年，残值为0，经过一年以后，由于房产升值，该房屋的公允市价为210万元。按照折旧的定义，虽然房产升值，但仍需计提10万元折旧（直线法），这使房屋的账面净值为190万元，同该房屋的公允市价并不相等。

折旧的定义仅仅说明了折旧的会计性质，从经济性质上看，折旧实际上反映了固定资产的服务潜能随着不断使用而逐渐降低的这一经济事实。因此，固定资产服务潜能的降低方式将直接影响到如何系统、合理地对固定资产成本进行分摊。

固定资产服务潜能的降低包括有形损耗和无形损耗。有形损耗是指固定资产由于使用和自然力的影响而引起的服务潜能的降低。如建筑物受风吹、雨打、日晒等的侵蚀而逐渐陈旧，机器设备因使用逐渐磨损以及外部事故破坏等原因而造成的影响。无形损耗是指固定资产在实物状态保持良好的条件下，由于技术或经济上的原因而不得不提前进行处置的情况。无形损耗又包括两种情况：陈旧过时（obsolescence）和不合用（inadequacy）。陈旧过时包括产品过时和技术过时。例如，市场上出现可以替代原有产品的性能更好的新产品，老产品在市场上没有销路，则生产该产品的机器设备只得停止使用进行处置；又如，技术更先进的机器设备出现，原有设备若继续使用，经济上将不合算。不合用是指因企业环境的变化（如企业规模的扩大、企业转产等因素），原有的固定资产不能适应需要，只能购置新资产。

固定资产的形式不同，其受有形损耗和无形损耗的影响也会不同。如一座核能设施，从有形损耗上看，该设施的物理寿命可能达到几十年甚至几百年。但从无形损耗上看，由于生态环境的考虑、其他能源形式的竞争和安全因素等，该设施可能在十几年以后就要废弃了。因此核能设施的折旧可能主要受无形损耗的影响。相反，对于房屋等固定资产，有形损耗所形成的折旧可能占主导因素。

在当前信息技术条件下，科学研究和技术革新的步伐日趋加快，无形损耗在固定资产折旧中显得越来越重要。

## 二、影响折旧的因素

在确定每年需要计提的折旧费用时，需要考虑五个因素：

### （一）固定资产原值

固定资产原值是指固定资产的初始入账价值，它是计提折旧的基础。

### （二）固定资产预计使用寿命

固定资产预计使用寿命是指固定资产预期使用的期限。有些固定资产的使用寿命也可以用该资产所能生产的产品或提供服务的数量来表示。除了土地以外，固定资产一般都存在一定的使用寿命。企业在确定固定资产的使用寿命时，应当考虑下列因素：①该资产的预计生产能力或实物产量；②该资产的有形损耗；③该资产的无形损耗；④有关资产使用的法律或者类似的限制。如租赁合同对租入固定资产租赁期的规定可能对承租人确定租入固定资产折旧期产生影响。具体到某一固定资产的预计使用寿命，企业应在考虑上述因素的基础上，结合不同固定资产的性质、消耗方式、所处环境等因素，做出判断。

### （三）固定资产预计净残值

预计净残值是预计处置固定资产时所回收的现金净额，即固定资产的残料收入扣除清理费用。净残值的预计需要考虑企业对固定资产的退废政策、市场条件和其他一些因素。例如，有些企业可能使用设备直到其实物形态发生损坏，这时预计净残值可能相当小；有些企业可能迫于技术变革或环境的影响，在设备实物形态尚处于正常情况下就对其进行处置，这时预计净残值较大。

### （四）固定资产减值准备

如果不考虑固定资产减值准备，则固定资产整个寿命期间应计提折旧额等于固定资产原价减预计净残值。但是，如果固定资产在使用过程中发生减值，则其整个寿命期间应计提折旧额就等于固定资产原价扣减减值准备和预计净残值后的金额。换言之，当固定资产计提减值准备后，应当在剩余使用寿命内根据调整后的固定资产账面价值（固定资产账面余额扣减累计折旧和累计减值准备后的金额）和预计净残值重新计算确定折旧率和折旧额。

固定资产折旧的影响因素

### （五）固定资产使用方式

为了保持收入与费用的恰当配比，各期的折旧费用应该尽可能地反映固定资产的使用方式。如果固定资产在各期给企业带来的经济利益比较均衡，则各期折旧费用也应比较均衡；如果固定资产在各期给企业带来的经济利益不均衡，则各期折旧费用也不应均衡。

## 三、固定资产应计提折旧的范围

企业应对所有固定资产计提折旧，但是，已提足折旧仍继续使用的固定资产和单独计价入账的土地除外。这里需要强调的是，基于无形损耗的考虑，除了以上两种固定资产外，其他固定资产都必须计提折旧，特别是，季节性停用固定资产、大修理停用的固定资产、未使用固定资产、不需用固定资产等仍需计提折旧。此外，在确定计提折旧的范围时还要注意以下三点：

第一，固定资产应按月计提折旧。当月增加的固定资产，当月不提折旧，从下月起计提折旧；当月减少的固定资产，当月仍提折旧，从下月起停止计提折旧。

以固定资产单独计价入账的土地

第二，固定资产提足折旧后（提足折旧是指该项固定资产的应计提折旧额已经全部计提完毕），不论是否继续使用，均不再计提折旧，提前报废的固定资产也不再计提折旧。

第三，已达到预定可使用状态但尚未办理竣工决算的固定资产，应当按照估计价值确定其成本，并计提折旧；待办理竣工决算后再按实际成本调整原来的暂估价值，但不需要调整原已计提的折旧额。

## 四、固定资产的折旧方法

折旧的计提存在着多种方法，企业应根据固定资产使用方式选定恰当的折旧方法。实务中，主要的折旧方法包括以下两种：①时间基础。该方法假设折旧是时间的函数，主要包括直线法和加速折旧法（后者又包括年数总和法和余额递减法）。②工作量基础。该方法假设折旧是工作量(如机器小时、人工小时、产量等)的函数,主要包括工作时间法和产量法。企业选用不同的折旧方法,将影响固定资产使用寿命期内不同时期的折旧费用,因此,固定资产的折旧方法一经确定,不得随意变更,如需变更应当符合相关会计规定(具体内容参见本书第二十章)。

下面以例 6–8 说明各种折旧方法。

**【例 6–8】** 2×20 年 12 月 31 日,敬贤公司购买一台机器设备,该设备原价为 960 000 元,预计使用年限为 5 年(或预计工作小时为 20 000 小时;或预计产量为 10 000 件),预计净残值为 38 400 元。

### (一) 直线法

直线法又称年限平均法,在该方法下,各期计提的折旧额相等。由于直线法会计核算较为简单,因此它是目前会计实务界最常用的方法。在直线法下:

年折旧额 =(固定资产原值 – 预计净残值)÷ 预期使用年限

年折旧率 = 年折旧额 ÷ 固定资产原值

月折旧额 = 年折旧额 ÷12

月折旧率 = 年折旧率 ÷12

在例 6–8 中,敬贤公司预计机器设备使用年限为 5 年,则:

年折旧额 =(960 000–38 400)÷5=184 320(元)

月折旧额 =184 320÷12=15 360(元)

直线法假定固定资产服务潜能降低的决定因素是由时间推移所造成的陈旧的损耗而不是由使用所造成的磨损,因而认为资产服务潜能的降低在各个会计期间是等量的,也就是说,不管资产的服务程度如何,各会计期间所损耗的服务总成本是相等的。

直线法的主要优点是简单易懂和易于操作。但直线法存在以下缺点:①固定资产通常在前期的修理和维护费用较少,在后期的修理和维护费用较多,按照直线法,固定资产后期的使用成本将大于前期,这使固定资产在整个寿命期间内使用成本不均衡,不符合收入和费用的配比原则;②通常固定资产在前期服务潜能下降得较快,在后期服务潜能下降得较慢,而直线法下计提的折旧没有恰当地反映固定资产服务潜能下降的实际情况。因此直线法比较适合于服务效能在各期相对均衡的固定资产。

### (二) 加速折旧法

加速折旧法是指固定资产在使用年限内折旧费用逐渐递减的方法。加速折旧法的理论依据是:①固定资产在前期服务潜能下降得较快,在后期服务潜能下降得较慢,折旧额的计提应反映这一经济事实。例如,有研究表明,在固定资产使用年限的前 1/3 期间内,其服务潜能的减少幅度约为一半,在前 1/2 的期间内,减少幅度约为 2/3 ;②加速折旧法使固定资产各期服务成本比较均衡;③由于无形损耗的不确定性,固定资产越到后期,服务效能的正常发挥越具有不确定性,因此在前期多提折旧符合稳健性原则的要求,在一定程度上有利于企业资本保全。

从理论上说,加速折旧法比直线法更具合理性。但加速折旧法的主要缺点是方法比较复杂,在企业固定资产种类较多的情况下,可操作性存在一定问题。另外,加速折旧法还会使报告的收益率迅速递增,可能造成财务报告使用者的误解。实务中应用最为广泛的加速折旧法有余额递减法和年数总和法两种。

1. 余额递减法

余额递减法是指用一个固定的百分率乘以固定资产在每一个会计期间开始的账面净值来计算本期折旧的方法。通常固定百分率是直线折旧率的一定倍数，最常用的固定百分率是直线折旧率的两倍，这被称为双倍余额递减法。在双倍余额递减法下：

年折旧率 =(2÷ 预计使用年限)×100%

年折旧额 = 年初固定资产账面净值 × 年折旧率

月折旧额 = 年折旧额 ÷12

余额递减法下的折旧率

使用这一方法时要注意的是，按此方法每年计提折旧，在固定资产耐用年限终了时，账面净值不会恰巧与固定资产的预计净残值相符。所以我国会计准则规定，使用双倍余额递减法计算折旧时，应在其折旧年限到期前两年内，将固定资产的净值扣除预计净残值后的余额平均摊销。

在例 6–8 中，若敬贤公司采用双倍余额递减法，则折旧情况计算如表 6–4 所示。

表 6–4 双倍余额递减法折旧表

| 年度 | 年初账面净值(元) | 折旧率(%) | 折旧费用(元) | 累计折旧(元) | 年末账面净值(元) |
|---|---|---|---|---|---|
| 2×21 | 960 000 | 40 | 384 000 | 384 000 | 576 000 |
| 2×22 | 576 000 | 40 | 230 400 | 614 400 | 345 600 |
| 2×23 | 345 600 | 40 | 138 240 | 752 640 | 207 360 |
| 2×24 | 207 360 | — | 84 480 | 837 120 | 122 880 |
| 2×25 | 122 880 | — | 84 480 | 921 600 | 38 400 |

在表 6–5 中，2×24 年与 2×25 年属于计提折旧的最后两年，应改按直线法计提折旧，因此每年折旧额 =(207 360–38 400)÷2=84 480(元)。

由于企业应按月计提折旧，因此本例中，第一年到第五年各年每月应提折旧分别为：

2×21 年每月应提折旧 =384 000÷12=32 000(元)

2×22 年每月应提折旧 =230 400÷12=19 200(元)

2×23 年每月应提折旧 =138 240÷12=11 520(元)

2×24 年、2025 年每月应提折旧 =84 480÷12=7 040(元)

通常，企业并不会刚好在年初或年末取得固定资产，这时候固定资产折旧应怎样计算呢？比如在例 6–8 中，假设敬贤公司于 2×20 年 8 月 20 日购买机器设备。这时候固定资产仍然按 5 年计提折旧，只不过每年的起止时间发生了变化。敬贤公司应把 2×20 年 9 月到 2×21 年 8 月作为固定资产计提折旧的第一年，2×21 年 9 月到 2×22 年 8 月作为固定资产计提折旧的第二年，以此类推，直到固定资产报废。因此敬贤公司应在 2×20 年 9 月到 2×21 年 8 月、2×21 年 9 月到 2×22 年 8 月、2×22 年 9 月到 2×23 年 8 月、2×23 年 9 月到 2×24 年 8 月、2×24 年 9 月到 2×25 年 8 月五个时间段内每月分别计提折旧 32 000 元、19 200 元、11 520 元、7 040 元、7 040 元。

2. 年数总和法

年数总和法又称合计年限法，是将固定资产的原价减去预计净残值后的余额，乘以一个以固定资产尚可使用年限为分子，以预计使用年限逐年数字之和为分母的逐年递减的分数计算每年的折旧额。计算公式如下：

年折旧率＝尚可使用年限 ÷ 预计使用年限的年数总和＝(预计使用年限－已使用年数)÷{[ 预计使用年限 ×(1+ 预计使用年限)]÷2}

年折旧额＝(固定资产原值－预计净残值)× 年折旧率

月折旧额＝年折旧额 ÷12

在例 6–8 中，若敬贤公司采用年数总和法计提折旧，则折旧计算如表 6–5 所示。

**表 6–5 年数总和法折旧表**

| 年度 | 账面原值(元) | 折旧基础(元) | 折旧率 | 折旧费用(元) | 累计折旧(元) | 年末账面净值(元) |
|---|---|---|---|---|---|---|
| 2×21 | 960 000 | 921 600 | 5/15 | 307 200 | 307 200 | 652 800 |
| 2×22 | 960 000 | 921 600 | 4/15 | 245 760 | 552 960 | 407 040 |
| 2×23 | 960 000 | 921 600 | 3/15 | 184 320 | 737 280 | 222 720 |
| 2×24 | 960 000 | 921 600 | 2/15 | 122 880 | 860 160 | 99 840 |
| 2×25 | 960 000 | 921 600 | 1/15 | 61 440 | 921 600 | 38 400 |

将表 6–5 与表 6–4 对比可知，双倍余额递减法与年数总和法的区别在于，前者折旧率不变，折旧基础逐年减少；后者折旧基础不变，折旧率逐年减少。

## (三) 工作量法

工作量法，又称变动费用法，是根据固定资产在生产过程中实际完成的工作总量(如总产量、总小时数、总公里数等)为基础计提折旧的一种方法。工作量法在某种程度上可以弥补直线法的不足，直线法计提折旧时只考虑使用时间，而不考虑固定资产实际的使用强度。而按照工作量法，若折旧的发生主要因实物磨损而引起，则用工作量作为计算折旧的基础是合适的。例如，像生产设备或运输设备这类固定资产，使用的小时数越多，或生产的产量越多，运输的里程越多，固定资产的物质磨损也越大，理应计提更多的折旧。因此工作量法特别适用于固定资产的使用在各年度有大幅度变动的情况。工作量法又分为工作时间法和产量法，前者以工作时间作为分摊折旧的基础；后者以产量作为分摊折旧的基础。在工作量法下，计算公式为：

单位工作量(工作小时或产量)折旧额＝(固定资产原值－预计净残值)÷ 预计总工作量

年折旧额＝固定资产当年工作量 × 单位工作量折旧额

在例 6–8 中，设敬贤公司采用工作时间法计提折旧，2×21 年该机器设备为 5 000 工作小时，则：

单位工作小时折旧额＝(960 000−38 400)÷20 000=46.08(元 / 工作小时)

2×21 年应提折旧额 =5 000×46.08=230 400(元)

若敬贤公司采用产量法计提折旧，2×21 年该机器设备的产量为 3 000 件，则：

单位产量折旧额＝(960 000−38 400)÷10 000=92.16(元 / 件)

2×21 年应提折旧额 =3 000×92.16=276 480（元）

工作时间法与产量法相比，工作时间法存在一个根本性的缺陷，即每一个工作小时分摊的折旧相等，其经济效益却不一定相等。按照收入与费用相配比的原则，新资产的效益高，应多负担折旧，旧资产效益低，应少计折旧，但工作时间法却不能满足这项要求。例如，某项设备在第一年使用中每工作小时生产 40 件产品，在最后一年中每工作小时生产 30 件产品，而按照工作时间法，40 件产品的收益和 30 件产品的收益要负担相同的折旧。从这一点上看，产量法要比工作时间法合理，因为产量法把机器的工作效率考虑进去，按固定资产对企业所作的贡献作为分摊折旧的基础。

工作量法的主要优点是考虑了固定资产的使用强度。但工作量法的缺点是：①只着眼于固定资产的使用强度，忽视了停用期间的自然腐蚀，更没考虑到固定资产的无形损耗；②由于维护和修理费用的递增，单位工作量负担的成本并不均衡；③固定资产的总工作量较难进行估计，而且计量每个期间的工作量也会非常耗费成本。

## 五、折旧方法的选择

从理论上说，折旧方法的选择应主要考虑是否能够保持收入与费用的恰当配比，因此折旧方法的选择应考虑以下因素：①固定资产使用效能在其寿命期间内是保持稳定，还是逐渐递减；②固定资产的维护和修理成本是保持稳定，还是逐渐递增；③固定资产产生未来经济利益的风险如何。例如，如果固定资产受无形损耗的影响较大，则固定资产产生未来经济利益的风险较大。

企业在具体选择折旧方法时，应综合各种因素进行考虑，例如，如果固定资产使用效能和维护修理成本在其寿命期间内能够保持稳定，固定资产的使用受无形损耗的影响较小，则使用直线法可能比较合适；否则，应使用加速折旧法。如果固定资产的使用主要受有形磨损或使用强度的影响，而对无形损耗和停用期间的自然腐蚀不太敏感，则使用工作量法可能比较合适。

实务中企业对折旧方法的选择

另外，折旧方法的选择也应考虑成本效益原则，通常，直线法的记账成本较低，而加速折旧法和工作量法的记账成本较高。

## 六、固定资产使用寿命、预计净残值和折旧方法的复核

在固定资产使用过程中，其所处的经济环境、技术环境以及其他环境有可能对固定资产使用寿命和预计净残值产生较大影响。例如，固定资产使用强度比正常情况大大增加，致使固定资产使用寿命大大缩短；替代该项固定资产的新产品的出现致使其实际使用寿命缩短，预计净残值减少等。为真实反映固定资产为企业提供经济利益的期间及每期实际的资产消耗，企业至少应当于每年年度终了，对固定资产使用寿命和预计净残值进行复核。如有确凿证据表明：固定资产使用寿命预计数与原先估计数有差异，应当调整固定资产使用寿命；固定资产净残值预计数与原先估计数有差异，应当调整预计净残值。

固定资产使用过程中所处经济环境、技术环境以及其他环境的变化也可能致使与固定资产有关的经济利益的预期实现方式发生重大改变，企业也应相应改变固定资产折旧方法。例如，某企业以前年度采用年限平均法对某项固定资产计提折旧。年度复核中发

现,与该固定资产相关的技术发生很大变化,年限平均法已很难反映该项固定资产给企业带来经济利益的方式,因此企业决定变年限平均法为双倍余额递减法。

固定资产使用寿命、预计净残值和折旧方法的改变应作为会计估计变更,具体处理参见本书第二十章有关内容。

固定资产折旧与利润操纵

## 第四节 固定资产的后续支出

### 一、固定资产后续支出会计处理的基本原则

企业的固定资产投入使用后,为了维护或提高固定资产的使用效能,往往需要对现有固定资产进行维护、修理、更新、改良或扩建。对于固定资产取得后发生的这些支出,会计处理的基本原则是,判断这些支出是资本性支出还是收益性支出:如果是资本性支出,则应计入固定资产的成本;如果是收益性支出,则应直接计入当期损益或确认为制造费用(确认为制造费用适用于与产品生产有关的固定资产的收益性支出)。

资本性支出是指这项支出增强了固定资产获取未来经济利益的能力或提高了固定资产的使用效能,如延长了固定资产的使用寿命、增强了固定资产的生产能力、提高了产品质量或降低了产品成本等。资本性支出能够为现在和未来数个期间带来经济利益。

收益性支出是指这项支出仅仅维护了固定资产的使用效能,并未增强固定资产获取未来经济利益的能力或提高固定资产的使用效能。比如,相关支出的作用仅仅是维护固定资产的预期寿命、保持固定资产现有生产能力、稳定产品质量或产品成本等。

如果判断固定资产的后续支出为资本性支出,企业一般应将该固定资产的原价、已计提的累计折旧和减值准备转销,将固定资产的账面价值转入在建工程,并停止计提折旧。发生的后续支出,通过"在建工程"科目核算。在固定资产发生的后续支出完工并达到预定可使用状态时,再从在建工程转为固定资产,并按重新确定的使用寿命、预计净残值和折旧方法计提折旧。有时候,资本性支出和收益性支出很难进行区分。在实务中,对于金额较小的固定资产后续支出,即使该支出可能是资本性支出,根据重要性原则,也可直接把其作为收益性支出进行处理。

固定资产的后续支出大体可分为三类:维护和修理、增置、更新和改良。

### 二、固定资产维护和修理

严格地说,维护和修理(maintenance and repairs)是有区别的。维护是指在固定资产使用没有出现异常情况下,为使固定资产保持良好的可使用状态而发生的经常性支出,如替换螺帽、螺丝、弹簧,添加润滑油等。修理是指在固定资产使用出现异常情况下,为恢复固定资产原有使用效能而发生的支出。修理又分为日常修理和大修理。日常修理是指支出较少、花费时间较短的修理。大修理是指支出较多、花费时间较长的修理。

对于固定资产的维护和日常修理支出,应作为收益性支出进行处理。但是对于大修理支出,由于支出金额较大,其效用可能不仅仅限于维护固定资产的使用效能,因此,若有

确凿证据表明大修理支出提高了固定资产的使用效能，则应作为资本性支出计入固定资产成本；否则应作为收益性支出直接计入当期损益或确认为制造费用。

【例 6–9】 2×20 年 7 月 8 日，敬贤公司对其管理部门使用的办公设备进行了修理，发生修理费用 2 000 元，已用银行存款支付。

本例中修理支出金额较小，应作为收益性支出处理，会计分录如下：

借：管理费用　　2 000

　　贷：银行存款　　2 000

## 三、增置

增置（additions）是指对原有固定资产的延伸、扩充与扩大，如对机器设备添加自动化装置、对建筑物进行扩建、办公楼增加空调等。增置本质上类似于新资产的购置，因此增置支出应进行资本化。增置时，还可能拆除原有的部分设施，理论上应把拆除设施的账面价值从固定资产中扣除，但由于拆除部分账面价值往往难以知晓，因此，会计上通常不减去拆除部分的账面价值。例如，扩建房屋时可能需要拆除原有的隔墙及房顶，但拆除部分的账面价值无法确定因而也无法扣除，这时只能把扩建所花的成本作为资本性支出，加计于原资产的账面价值上。

有时，增置的固定资产可以单独使用，此时应将增置的部分单独入账，并按其本身的使用情况计提折旧。

【例 6–10】 敬贤公司 2×20 年 12 月 31 日自行制造了一条生产线，并达到预定可使用状态，总成本为 120 万元，预计使用年限为 10 年，预计净残值为 0。生产线投入使用后，由于公司产品市场占有率逐年提高，该生产线的产能逐渐无法满足市场需求，公司决定于 2×23 年 1 月 1 日对生产线进行改扩建。改扩建工程于 2×23 年 6 月 30 日完成，并达到预定可使用状态，发生改扩建支出 84 万元，全部以银行存款支付。改扩建完成后的生产线不但产能得到了提高，使用寿命也延长了 2 年，预计净残值仍然为 0。设公司对该生产线一直采用直线法计提折旧，生产线没有发生减值，忽略相关税费。

本例中，对生产线的改扩建实质上是增置，相关后续支出属于资本性支出，应计入固定资产成本。敬贤公司的账务处理如下。

（1）改扩建之前：

生产线年折旧额 =120÷10=12（万元）

生产线月折旧额 =12÷12=1（万元）

2×21 年 1 月 1 日至 2×22 年 12 月 31 日每月底计提折旧的会计分录为：

借：制造费用　　10 000

　　贷：累计折旧　　10 000

（2）改扩建过程中：

2×23 年 1 月 1 日，生产线的账面价值 =120–12×2=96（万元），应把生产线的账面价值转入“在建工程”账户：

借：在建工程——生产线　　960 000

　　累计折旧　　240 000

贷：固定资产——生产线 1 200 000

发生改扩建支出时应作会计分录：

借：在建工程——生产线 840 000

贷：银行存款 840 000

2×23 年 6 月 30 日，改扩建工程完工时应作会计分录：

借：固定资产——生产线 1 800 000

贷：在建工程——生产线 1 800 000

(3) 改扩建完工后，应按重新确定的使用寿命、预计净残值和折旧方法计提折旧。本例中，预计净残值仍为 0，公司仍然使用直线法计提折旧，但使用寿命延长了 2 年。改扩建之前，生产线的剩余寿命为 8 年，因此，改扩建后，生产线重新确定的寿命为 10 年，即预计 2×33 年 6 月 30 日报废。

改扩建后生产线年折旧额 =180÷10=18（万元）

改扩建后生产线月折旧额 =18÷12=1.5（万元）

2×23 年 7 月 1 日至 2×33 年 6 月 30 日每月底计提折旧的会计分录为：

借：制造费用 15 000

贷：累计折旧 15 000

## 四、固定资产更新和改良

更新（replacements）是指用一项新的类似或相同的部件替代一项被淘汰的旧部件，以恢复资产的原有性能和生产能力，如以新齿轮替换旧齿轮、以新发动机替换旧发动机。改良（improvements）是指用一项功能更佳、质量更好的新部件替代一项旧部件，以提高资产的性能和生产能力，如将房屋木窗改为铝窗、将低功率的发动机改为高功率的发动机。从理论上看，改良显然可以不同程度提高固定资产的使用效能。更新虽不能提高资产的性能和生产能力，但对固定资产主要部件的更新有可能延长其使用寿命，并进而提高其使用效能。因此本着重要性原则，实务中对于中、小项目的更新和改良支出，视同日常修理而作为收益性支出；对于大部件或主要部件的更新和改良支出，应作为资本性支出。当更新和改良支出被认定为资本性支出时，除了应把这些支出计入固定资产成本，还应将被替换部分的账面价值扣除。这样可以避免将替换部分的成本和被替换部分的成本同时计入固定资产成本，导致固定资产成本重复计算。

**【例 6–11】** 2×20 年 12 月 31 日，敬贤公司购买了一台冲床，总成本为 50 万元（含冲模），其中，冲床的主要部件冲模成本为 10 万元。冲床预计使用年限为 10 年，预计净残值为 0，采用直线法计提折旧。2×23 年 1 月 1 日，为提高生产效率，公司决定购买一件性能更好的冲模代替原有冲模，新冲模的价格为 14 万元，拆卸旧冲模并安装新冲模共发生费用 1 万元，以银行存款支付。旧冲模仍然可以使用，公司以 2 万元的价格处理给其他企业。假定公司未把冲模作为单项固定资产进行核算，冲模的寿命与冲床寿命一致，净残值也为 0，冲床没有计提减值，忽略包括增值税在内的相关税费。

(1) 2×23 年 1 月 1 日，冲床的账面价值 =50–5×2=40（万元），把冲床账面价值转入在建工程：

借：在建工程——冲床　　400 000
　累计折旧　　100 000
　贷：固定资产——冲床　　500 000

(2) 购买新冲模：

借：工程物资——冲模　　140 000
　贷：银行存款　　140 000

(3) 拆卸旧冲模并安装新冲模：

借：在建工程——冲床　　150 000
　贷：工程物资——冲模　　140 000
　　银行存款　　10 000

(4) 拆除的旧冲模的账面价值 8(10−1×2) 万元，在“在建工程”中扣除旧冲模的账面价值，并确认回收价值 2 万元：

借：资产处置损益——固定资产处置损益　　60 000
　银行存款　　20 000
　贷：在建工程——冲床　　80 000

世通公司固定资产后续支出财务舞弊案

(5) 冲模安装完毕投入使用：

借：固定资产——冲床　　470 000
　贷：在建工程——冲床　　470 000

## 第五节 固定资产的处置

企业在生产经营过程中，对那些不适用或不需用的固定资产，可以通过对外出售的方式进行处置；对那些由于使用而不断磨损直到最终报废，或由于技术进步等原因发生提前报废，或由于遭受自然灾害等非正常损失发生毁损的固定资产应及时进行清理。此外，企业因其他原因，如债务重组、非货币性资产交换而减少的固定资产，也属于固定资产的处置。

因非货币性资产交换、债务重组减少的固定资产，有关会计处理参见本书第十五、十六章相关内容。如果企业出售的固定资产被划分为“持有待售资产”，有关会计处理参见本书第十九章相关内容。这里阐述除以上三种情况以外的其他固定资产处置。

### 一、出售、报废和毁损的固定资产

企业出售、报废或毁损的固定资产应通过“固定资产清理”账户进行核算。其会计核算一般包括以下五步：①补提本月应提的折旧；②把固定资产和有关累计折旧、减值准备转入“固定资产清理”账户；③把清理费用转入“固定资产清理”账户；④把出售收入或残料变价收入以及保险赔偿等转入“固定资产清理”账户；⑤确认固定资产清理损益。其中，出售固定资产产生的利得或损失确认为“资产处置损益”；固定资产报废或毁损损失确认为“营业外支出”。

【例 6-12】 敬贤公司 2×20 年 10 月 8 日因火灾损失一幢生产用厂房，该厂房系

2×10 年 10 月建造完工，历史成本为 240 万元，预计使用年限为 20 年，预计净残值为 0，采用直线法计提折旧。该厂房曾向保险公司投保，应向保险公司收取保险赔偿款 50 万元，厂房清理过程中发生清理费用 1 万元（以银行存款支付），残料变价收入为 10 万元。厂房没有计提过减值准备，忽略相关税费。

(1) 计提本月折旧：

本月应提折旧 =2 400 000÷(20×12)=10 000（元）

| | | |
|---|---|---|
| 借：制造费用 | 10 000 | |
| 　贷：累计折旧 | | 10 000 |

(2) 把固定资产和累计折旧转入“固定资产清理”账户：

固定资产已提折旧 =10 000×12×10=1 200 000（元）

| | | |
|---|---|---|
| 借：累计折旧 | 1 200 000 | |
| 　固定资产清理 | 1 200 000 | |
| 　贷：固定资产 | | 2 400 000 |

(3) 发生清理费用：

| | | |
|---|---|---|
| 借：固定资产清理 | 10 000 | |
| 　贷：银行存款 | | 10 000 |

(4) 残料变价收入：

| | | |
|---|---|---|
| 借：银行存款 | 100 000 | |
| 　贷：固定资产清理 | | 100 000 |

(5) 应收保险公司赔款：

| | | |
|---|---|---|
| 借：其他应收款——保险公司 | 500 000 | |
| 　贷：固定资产清理 | | 500 000 |

(6) 确认固定资产毁损损失：

| | | |
|---|---|---|
| 借：营业外支出——非常损失 | 610 000 | |
| 　贷：固定资产清理 | | 610 000 |

**【例 6–13】** 假定例 6–12 中厂房没有发生火灾，敬贤公司因厂区搬迁于 2020 年 10 月 8 日把该厂房出售给其他企业，出售价款为 100 万元。其他条件不变。

(1) 计提本月折旧：

| | | |
|---|---|---|
| 借：制造费用 | 10 000 | |
| 　贷：累计折旧 | | 10 000 |

(2) 把固定资产和累计折旧转入“固定资产清理”账户：

| | | |
|---|---|---|
| 借：累计折旧 | 1 200 000 | |
| 　固定资产清理 | 1 200 000 | |
| 　贷：固定资产 | | 2 400 000 |

(3) 出售厂房：

| | | |
|---|---|---|
| 借：银行存款 | 1 000 000 | |
| 　贷：固定资产清理 | | 1 000 000 |

(4) 确认资产处置损益：

借：资产处置损益——固定资产处置损益 200 000
　　贷：固定资产清理 200 000

## 二、捐赠转出的固定资产

对外捐赠的固定资产，应按固定资产账面净值确认营业外支出，其会计分录如下：

借：固定资产清理 ×××
　　累计折旧 ×××
　　贷：固定资产 ×××
借：营业外支出——捐赠支出 ×××
　　贷：固定资产清理 ×××

## 三、固定资产清查

固定资产的清查可能出现盘盈或盘亏。盘盈属于前期会计差错，有关处理参见本书第二十章。固定资产盘亏的情况很少出现，如果出现这种情况，应按照以下程序处理：

第一，盘亏的固定资产在查明原因前应记入“待处理财产损溢”科目，其会计分录如下（假定固定资产没有计提减值准备）：

借：待处理财产损溢——待处理固定资产损溢 ×××
　　累计折旧 ×××
　　贷：固定资产 ×××

第二，在查明盘亏原因并报上级批准后，按可收回的保险赔偿或过失人赔偿借记“其他应收款”，剩余损失金额确认为“营业外支出”，其会计分录为：

借：其他应收款 ×××
　　营业外支出——盘亏损失 ×××
　　贷：待处理财产损溢——待处理固定资产损溢 ×××

我国企业会计准则规定，“待处理财产损溢”应在期末前查明原因、处理完毕，期末时“待处理财产损溢”账户应无余额。

## 本章小结

固定资产是指企业为生产商品、提供劳务、出租或经营管理而持有的，预计使用寿命超过一个会计年度的有形资产，具体包括土地、建筑物、设备、家具用具等。固定资产的确认除了要符合固定资产定义，还要满足经济利益很可能流入企业以及成本能够可靠计量两个条件。固定资产以历史成本入账，但其取得方式多种多样，成本的具体确定方法也不尽相同。折旧是指在固定资产的使用寿命内，按照确定的方法对应计折旧额进行系统、合理的分摊。从会计性质上看，折旧实质上是为满足配比原则而对固定资产成本进行的一种分摊程序；从经济性质上看，折旧实际上反映了固定资产的服务潜能随着不断使用而逐渐降低的这一经济事实。主要的折旧方法包括直线法、加速折旧法、工作时间法和产量法。固定资产的后续支出包括维护和修理支出、增置支出、更新和改良支出。对于这些后续支出，如果是资本性支出，则应计入固定资产的成本；如果是收益性支出，则应直接计入当期损益或确认为制造费用。企业在生产经营过程中，对那些不适用或不需用的固定资产，可以通过对外出售的方式进行处置。此外，因对外捐赠、债务重组、非货币性资产交换等减少的固定资产，也属于固定资产处置。

## 复习思考题

1. 什么是固定资产，其主要特征是什么？如何进行分类？
2. 简述固定资产的确认条件与计价基础。
3. 简述外购固定资产与自建固定资产包括的成本项目。
4. 什么是固定资产折旧，其会计性质和经济性质是什么？
5. 简述各种折旧方法的特征、优缺点及适用性。
6. 固定资产后续支出主要包括哪些项目，其会计处理的基本原则上什么？
7. 简述固定资产各种后续支出的具体会计处理。
8. 简述固定资产各种处置方式的具体会计处理。

## 即测即评

请扫描右侧二维码，进行随堂测试。

# 第七章　无形资产

## 学习目标

通过本章学习，应能够：熟悉无形资产的定义、特征、包含的内容及分类；掌握无形资产的确认与计量、内部研究与开发支出的会计处理。

## 导读案例

### 旧标尺衡量不了新经济

肇始于经济全球化和信息革命、由科技创新驱动的经济发展模式被称为新经济。新经济本质上是一种知识经济，是以智力、研发和创意等无形资源为主要驱动因素，依靠信息技术进步和商业模式创新推动经济社会可持续发展的智慧型经济形态。作为新经济的一部分，2018 年我国的数字经济总量接近 31.3 万亿元，占 GDP 的比重高达 34.8%。以我国新经济代表企业 BAT 为例，截至 2018 年 12 月 31 日，百度、阿里巴巴和腾讯的存货和固定资产等实物资产分别为 179 亿元、908 亿元和 354 亿元，而商誉和无形资产则分别高达 258 亿元、3 122 亿元和 567 亿元。后者尚不包括未在财务报表内反映的品牌价值。2018 年 BrandZ 全球品牌价值 100 强显示，百度、阿里巴巴和腾讯的品牌价值分别为 269 亿美元、1 134 亿美元和 1 790 亿美元。

现在我们熟悉的财务报告体系，基本上是工业革命后的产物，其背后的会计规则具有重视物质资源、轻视人力资源，关注有形资产、忽略无形资产的鲜明印记，到了无形资产占主导地位的新经济时代开始感到水土不服，最明显的症状莫过于会计信息的相关性日益降低。有研究发现，1950—2013 年，会计信息相关性一直呈恶化趋势，会计收益和权益净值对上市公司股票市值的解释能力从 20 世纪 50 年代的 90% 降至 2013 年的 50% 左右。新经济时代会计信息相关性急剧下降的主要原因是，准则制定机构缺乏与时俱进的精神，对新生事物采取鸵鸟政策，坚守因循守旧的确认、计量和报告标准，导致财务报告选择性失明，对新经济企业价值创造的关键驱动因素视而不见。总的来看，现行会计准则体系的缺陷主要表现在以下六个方面：无视无形投资的资本支出属性；无视平台资产的网络效应现象；无视行业地位的经济价值差异；无视用户聚集的边际成本递减；无视数字资产的价值创造功能；无视智慧资本的内在经济价值。

以上六点使现行财务报告体系缺失了新经济条件下企业赖以进行价值创造的主要资产。以第一点为例，新经济企业的价值创造和竞争力的提升，主要不是依靠股东投入的财务资源，而主要是依靠知识资源、信息技术和商业模式创新。为此，新经济企业将大量资源投放在研究开发、创意设计、人才培养、专利申请、网络更新、客户获取、市场开拓、品牌维护、数据库建设、业务流程再造等无形投资方面。比如，有研究指出，欧美的无形投资占 GDP 比重从 2008 年全球金融危机开始就逐渐大幅超过有形投资。无形投资是新经济企业提升价值创造能力和核心竞争力的最重要方式，本质上具有明显的资本性支出属性，本应予以资本化，但现行会计准则的规定过于迂腐，认为这些无形投资能否带来未来经济利益存在诸多不确定性，因而要求企业费用化。其结果是，无形投资越大的新经济企业，报表上体现的利润越少，甚至亏损。将无形投资费用化，造成的不良后果是资产负债表和利润表双双失实，导致新经济企业的财务图像与经营实绩严重脱节，甚至相互矛盾！

资料来源：黄世忠．旧标尺衡量不了新经济——论会计信息相关性的恶化与救赎[J]．当代会计评论，2018，11(4).

# 第一节　无形资产概述

## 一、无形资产的定义与特征

按照我国企业会计准则的定义，无形资产是指企业拥有或者控制的没有实物形态的可辨认非货币性资产，如商标权、著作权、专利权、非专利技术、土地使用权等。无形资产除了具有资产的一般特征，如由企业拥有或控制、产生于过去的交易或事项、预期会给企业带来经济利益三个特征外，也具有区别于其他资产的一些特征：

第一，除了土地使用权等少数使用权资产外，无形资产大多是以知识为基础的资产，如商标权、著作权、专利权、非专利技术等。这些项目之所以能够成为资产，是因为其中包含的知识是有价值的，而企业对这些知识项目具有排他性的权利。无形资产的知识性特征是其本质特征，也在某种程度上决定了无形资产的其他特征。

第二，不具有实物形态。也就是说无形资产摸不着、看不见，人的感官无法感知到其存在。无形资产之所以没有实物形态，是因为无形资产的价值主要体现在其包含的“知识”中，而知识本身是无形的。无形资产虽然不具有实物形态，但“无形”并非无形资产的本质特征，也不是判断一项资产是否为无形资产的充要条件。比如，企业的预付账款、待摊费用、长期待摊费用及一些货币性资产（如银行存款、应收账款等）也没有实物形态，但不能把这些资产归类为无形资产，因为这些资产主要的价值体现并非“知识”。

有时候，无形资产可能附着于有形的载体之上，而无形资产与其有形载体构成了一个整体。这时候，判断这一整体到底是无形资产还是有形资产就存在难度。总的原则是，看这一整体是无形要素重要还是有形要素重要。比如,计算机软件可能需要存储在有形介质光盘中,但光盘只是存储软件,无其他功效,整体上看还是无形的软件重要,因此,软件及其存储介质光盘的整体依然可以被认定为无形资产;又如,计算机一般装有 Windows 操纵系统等软件,但这些软件是计算机运行必不可少的组成部分,整体上看,计算机的有形要素更重要,应认定为有形资产。

第三,具有可辨认性,即无形资产必须是能够区别于其他资产可单独辨认的。具体说来,符合以下两个条件之一的,则认为其具有可辨认性:①能够从企业中分离或者划分出来,并能单独用于出售或转让等,而不需要同时处置在同一获利活动中的其他资产,表明无形资产可以辨认。某些情况下无形资产可能需要与有关的合同一起用于出售转让等,这种情况下也视为可辨认无形资产。②产生于合同性权利或其他法定权利,无论这些权利是否可以从企业或其他权利和义务中转移或者分离,如一方通过与另一方签订特许权合同而获得的特许使用权,通过法律程序申请获得的商标权、专利权等。

第四,高收益性和高风险性。即无形资产可能给企业带来巨大的未来经济利益,但这种巨大的未来经济利益又具有高度的风险性或不确定性。无形资产的高收益性和高风险性根源于其知识性特征。现代经济已经从传统的工业经济过渡到知识经济时代,相应地,企业价值的驱动力也从有形资产转换为以专利权、商标权、非专利技术等为代表的无形资产上。无形资产驱动企业价值的方式主要体现在其对产品、生产工艺和生产方式等的创新上,这种创新能够给企业带来超额收益,进而成就了无形资产的高收益性。比如,企业对产品的创新可能增加其产品在市场上的"特异性"(典型的如苹果智能手机相对于传统手机的产品创新),企业因此可以为特异性的产品定高价进而获取垄断收益。但是,知识经济时代下技术创新的步伐又是日新月异的,新技术可能很快被后进者模仿或跟进,也可能被更先进的技术取而代之。因此,无形资产能否给企业带来超额收益、带来多少超额收益、超额收益能够持续多久等,都具有极大的不确定性或风险,无形资产因而在具有可能的高收益性的同时必然带来相应的高风险。

第五,无形资产属于非货币性资产。货币性资产,是指企业持有的货币资金和可以收到固定或可确定金额货币资金的资产,如库存现金、银行存款、应收账款、应收票据等。货币性资产以外的资产即非货币性资产。无形资产的非货币性特征同样根源于其知识性特征。无形资产的知识性特征决定了其高风险性,因而不可能收到固定金额的货币,因而必然是非货币性资产。

**专栏 7-1**

### 无形资产特征的再探讨

我国企业会计准则归纳了无形资产的三个特征:不具有实物形态、可辨认性、属于非货币性资产,但没有提到无形资产的知识性特征。实际上,知识性是无形资产的本质特征,也在一定程度上决定了无形资产的其他特征,如不具有实物形态、高收益性和高风险性、属于非货币性资产等。至于可辨认性,本质上其并非无形资产的特征，事实上不可辨认的企业商誉仍然属于无形资产。会计准则中把可辨认性作为无形资产的一个特征，只是因为《无形资产》会计准则只规范可辨认的无形资产，至于不可辨认的商誉，则不在《无形资产》会计准则规范的范围之内。本书在阐述无形资产特征时，仍然沿用准则中“可辨认性”特征的说法，但增加了知识性特征、高收益性和高风险性特征。

## 二、无形资产的内容

无形资产通常包括专利权、非专利技术、商标权、著作权、特许权、土地使用权等。

### （一）专利权

专利权，是指国家专利主管机关依法授予发明创造专利申请人，对其发明创造在法定期限内所享有的专有权利。这种专有权利包括独占使用、收益、处分其发明创造，并排除他人干涉的权利。专利权又分为发明专利权、实用新型专利权和外观设计专利权。发明专利权和外观设计专利权的期限为20年，实用新型专利权的期限为10年，均自申请日起计算。

### （二）非专利技术

非专利技术，也称专有技术，是指不为外界所知、在生产经营活动中已采用了的、不享有法律保护的、可以带来经济效益的各种技术和经验，如独特的设计、造型、配方、计算公式、软件包、制造工艺等工艺诀窍、技术秘密等。与专利权不同的是，非专利技术没有在专利机关登记注册，依靠保密手段进行垄断。非专利技术一般包括工业专有技术、商业贸易专有技术、管理专有技术等。由于非专利技术的保密性依赖于企业自身的保密手段，因此非专利技术的安全性不如专利权。但是，专利在法定有效期届满后即不受法律保护，任何人都可以采用；而非专利技术只要企业保密得当，就可以长期保持其优势，为企业带来持久的经济利益。

### （三）商标权

商标是用以区别商品和服务不同来源的商业性标志，由文字、图形、字母、数字、三维标志、颜色组合、声音或者上述要素的组合构成。商标权，是指商标所有人对其商标所享有的独占的、排他的权利，具体包括对商标的专有使用权、禁止权、转让权等。商标是产业活动中的一种识别标志，所以商标权的作用主要在于维护产业活动中的秩序，与专利权的作用主要在于促进产业的发展不同。商标按是否注册分为注册商标和非注册商标。经商标局核准注册的商标为注册商标，包括商品商标、服务商标和集体商标、证明商标。注册商标有效期为10年，期满需要继续使用的，应当在期满前6个月内申请续展注册。

### （四）著作权

著作权又称版权，指作者对其创作的文学、科学和艺术作品依法享有的某些特殊权利。著作权包括作品署名权、发表权、修改权和保护作品完整权，还包括复制权、发行权、出租权、展览权、表演权、放映权、广播权、信息网络传播权、摄制权、改编权、翻译权、汇编权以及应当由著作权人享有的其他权利。著作权的保护期限，作品的作者是公民的，保护期限至作者死亡之后第 50 年的 12 月 31 日；作品的作者是法人、其他组织的，保护期限到作者首次发表后第 50 年的 12 月 31 日。但是作者的署名权、修改权、保护作品完整权的保护期不受限制。

### （五）特许权

特许权，又称特许经营权、专营权，指企业在某一地区经营或销售某种特定商品的权利或是一家企业接受另一家企业使用其商标、商号、技术秘密等的权利。特许权通常有两种形式：一种是由政府机构授权，准许企业使用或在一定地区享有经营某种业务的特权，如水、电、邮电通信等专营权、烟草专卖权等；另一种更为常见的形式是指一家企业有期限地或永久地授予另一家企业使用其商标、商号、专利权、专有技术等专有权利，按照合同规定，在特许者统一的业务模式下从事经营活动，并向特许人支付相应费用。特许经营权的内容，往往是适销对路的商品、驰名的商标或商号、先进的专利技术或技术秘诀等，被特许人据此可以获得比较可靠的收益，特许人则可因此扩大产品销售，提高商标或商号的知名度，并可收取特许费用。特许经营方式在餐饮业、酒店业和零售业最为常见，如餐饮业中的麦当劳、肯德基、全聚德等，酒店业中的希尔顿、雅高、万豪等，零售业中的沃尔玛、希尔斯（Sears）、上海华联等。

### （六）土地使用权

土地使用权，指国家准许某企业在一定期间内对国有土地享有开发、利用、经营的权利。根据《中华人民共和国土地管理法》的规定，我国土地实行公有制，任何单位和个人不得侵占、买卖或者以其他形式非法转让。企业取得土地使用权的方式大致有行政划拨取得、外购取得及投资者投资取得。根据《中华人民共和国城镇国有土地使用权出让和转让暂行条例》第 12 条规定，土地使用权使用最高年限按用途确定：居住用地 70 年，工业用地 50 年，教育、科技、文化、卫生、体育用地 50 年，商业、旅游、娱乐用地 40 年，仓储用地 50 年，综合或者其他用地 50 年。

中国商标第一案——王老吉商标权之争

## 三、无形资产的分类

可以按不同的标准对无形资产进行分类：

### （一）按取得方式分为外购无形资产和自创无形资产

外购无形资产是指从企业外部购入的无形资产，如外购的专利权、商标权、著作权、土地使用权等。外购的方式具体包括单独购入、与其他资产同时购入、与企业整体一起购入。自创无形资产是指企业自行研发创造的无形资产，如自创专利权、商标权、非专利技术等。

### （二）按预计受益期分为使用寿命有限的无形资产和使用寿命不确定的无形资产

使用寿命有限的无形资产是指因法律、规章、合同的限制，或受技术进步、市场竞争等因素的影响，从而可以确定其使用寿命的无形资产。如我国法律规定发明专利权有效期为 20 年，商标权的有效期为 10 年。使用寿命不确定的无形资产是指根据可获得的情况判断，有确凿证据表明无法合理估计其使用寿命的无形资产。如永久性特许经营权、非专利技术等的寿命不受法律限制，其寿命或是无限的，或是不确定的。

# 第二节　无形资产的确认、计量与处置

## 一、无形资产的确认条件

无形资产在表内确认需要满足三个条件：

### （一）符合资产的定义

任何项目要在表内确认为资产首先必须满足资产的定义，无形资产也不例外，这里关键是资产定义中的“拥有或控制”标准。企业的某些无形资源可能给企业带来经济利益，但由于无法满足“拥有或控制”标准，因而不是企业的无形资产。比如，企业的客户关系、员工忠诚度等无形资源显然可以为企业带来未来经济利益，但企业无法有效排除其他企业吸引本企业客户或员工的可能性，“拥有或控制”标准无法得到满足，从而这些项目不能在表内确认为企业的无形资产。

### （二）与该无形资产有关的经济利益很可能流入企业

如前所述，无形资产是否能给企业带来未来经济利益具有很大的不确定性。该条件要求，当与无形资产有关的经济利益“很可能”流入企业时才能在表内确认。“很可能”一般是指可能性大于 50%。在对可能性进行估计时涉及复杂的职业判断，在实施这种职业判断时，需要对无形资产在预计使用寿命内可能存在的各种经济因素做出合理估计，并且应当有明确的证据支持。比如，企业是否有足够的人力资源、高素质的管理队伍、相关的硬件设备、相关的原材料等来配合无形资产为企业创造经济利益。同时，更为重要的是关注一些外界因素的影响，比如是否存在相关的新技术或新产品冲击、是否存在无形资产的相关市场或据其生产的产品的市场等。在实施判断时，企业管理层应对无形资产预计使用寿命内存在的各种因素做出最稳健的估计。

### （三）该无形资产的成本能够可靠地计量

在表内进行确认，就是以确定的金额在报表内反映某一项目，因此，可计量性是无形资产能够在表内确认的前提条件。由于现行会计模式仍以历史成本为主要计量属性，无形资产也不例外，因此要求无形资产的成本能够可靠计量。但是，在当前知识经济条件下，企业很多无形资产由于成本不可计量而无法在表内反映，而无形资产又是知识经济条件下许多企业的主要资产和主要价值驱动力，无法在表内反映就造成了现行财务报表的有用性不足。比如，企业内部产生的品牌、报刊名、刊头、客户名单等项目，由于缺乏单独可辨认的成本进而无法计量，这些项目只能被排除在资产负债表之外。

**专栏 7–2**

**无形资产确认标准再探讨**[①]

诺贝尔经济学奖获得者 Milton Friedman 曾说过，唯一能够使经济学家普遍接受

① 本专栏节选自黄世忠．旧标尺衡量不了新经济——论会计信息相关性的恶化与救赎[J]. 当代会计评论，2018，11(4)：1–23.

的理论是，资产的价值由其预期的经济利益所决定。会计界对资产这一最重要会计要素的定义，也是以此理论为基础的。财务报告概念框架过去对资产的定义是：资产是主体因为过去交易和事项而拥有或控制的预期能够带来未来经济利益的资源。但在实务中，由于会计界秉承过度保守的风险偏好，不仅在资产定义中明确提出了不确定性要求（预期能够），而且要求以未来经济利益能够可靠计量作为资产的确认标准，导致对新经济价值创造至关重要但存在较大不确定性的无形投资等创新性资源采用费用化而不是资本化的方式进行处理，加剧了资产负债表虚化现象。

创新是新经济的鲜明特征，风险与创新相伴而生。对于风险，会计界往往选择最小化的风险偏好。殊不知，企业经营的就是风险，且风险与回报对称，最小化的风险偏好显然与企业精神背道而驰。根据期权理论，风险同时也是机遇，期权的价值与其风险正相关。从期权理论的角度看，投入资金从事研究开发，相当于企业买入一项看涨期权，如果研发成功，这项看涨期权的收益将远超其成本。如果从单个项目看，研发似乎风险颇高，但如果从组合角度看，研发风险就要小得多；否则，就难以解释为何很多新经济企业年复一年地将相当大比例的营业收入投入研发活动。上述分析说明，进入新经济时代，会计界必须改变风险偏好，树立中性的风险偏好，再也不能以未来经济利益不能可靠计量将包括研发在内的无形投资排除在资产负债表之外。

与此相对应的改进路径是，将不确定性置于计量环节，而不是置于确认环节。确认环节只需解决“有无”的问题，而不应纠缠于“多少”的问题。这恰恰是财务报告最新概念框架的做法。国际会计准则理事会（IASB）在2018年概念框架中将资产定义为“主体因为过去事项而控制的现时经济资源，经济资源指具有产生经济利益潜力的权利”。IASB在概念框架中明确指出，经济资源指有产生经济利益潜力的权利，“有潜力”意味着权利所产生的经济利益并不需要是确定的，甚至不需要是可能的，即使产生经济利益的可能性较低，一项权利能够满足经济资源的定义，就可以是一项资产。IASB给资产下的新定义值得肯定，新的资产定义删除了经济利益的不确定性表述，扭转了会计界过分保守的风险偏好，不再将不确定性置于确认环节。

## 二、无形资产的初始计量

无形资产以实际成本计量，即以使无形资产达到预定可使用状态之前的一切必要支出作为入账价值。但无形资产取得方式不同，其包含的成本内容也不尽相同，其中，企业内部自行研究与开发获得的无形资产将在本章第三节介绍，这里阐述其他方式取得的无形资产的初始计量。

### （一）外购无形资产

外购的无形资产，其成本包括购买价款、相关税费以及直接归属于使该项资产达到预定可使用状态的其他必要支出。其中，直接归属于使该项资产达到预定可使用状态所发生的其他必要支出包括使无形资产达到预定可使用状态所发生的专业服务费、测试费用等。但是，为引入新产品进行宣传发生的广告费、管理费用及其他间接费用不计入无形资产成本，无形资产已达到预定可使用状态以后发生的费用也不计入成本。

【例 7–1】敬贤公司外购了一项用于某种产品生产的技术专利权，预计使用该专利技术后，相关产品的次品率将降低 80%，且该种产品的日产量可提高 50%。为购买和使用该专利权，敬贤公司支付价款 200 万元，发生相关税费 6 万元、专业服务费 2 万元、专利技术测试费 2 万元，全部以银行存款支付。

本例中，专利技术符合无形资产的定义："相关产品的次品率将降低 80%，且该种产品的日产量可提高 50%" 表明与该无形资产有关的经济利益很可能流入企业；专利技术的成本为 200+6+2+2=210 万元，表明该无形资产的成本能够可靠地计量。因此，该无形资产符合在表内确认的三个条件。该公司的会计分录如下：

借：无形资产——专利权　　2 100 000

　贷：银行存款　　2 100 000

【例 7–2】2×20 年 12 月 31 日，敬贤公司以分期付款的方式购买了一项专利权，分 5 年付清款项，其中，公司已于 2×20 年 12 月 31 日支付第一期款项 100 万元，以后每年年底支付款项 100 万元直至 2×24 年 12 月 31 日。假定折现率为 6%，忽略相关税费。

与固定资产类似，如果购买的无形资产超过正常信用条件延期支付价款，实质上具有融资性质，应按取得无形资产购买价款的现值计量其成本，现值与应付价款之间的差额作为未确认的融资费用，在付款期间内按照实际利率法确认为利息费用。

以后四年付款额的现值 =100×（$P/A$，6%，4）=100×3.465 1=346.51（万元）

未确认融资费用各期分摊情况如表 7–1 所示。

**表 7–1　未确认融资费用分摊表**

2×20 年 12 月 31 日　　单位：元

| 日期 | 分期付款额 | 确认的融资费用 | 应付本金减少额 | 应付本金余额 |
|---|---|---|---|---|
| (1) | (2) | (3)＝期初(5)×6% | (4)＝(2)－(3) | 期末(5)＝期初(5)–(4) |
| 2×20 年 12 月 31 日 | | | | 3 465 100 |
| 2×21 年 12 月 31 日 | 1 000 000 | 207 906 | 792 094 | 2 673 006 |
| 2×22 年 12 月 31 日 | 1 000 000 | 160 380.36 | 839 619.64 | 1 833 386.36 |
| 2×23 年 12 月 31 日 | 1 000 000 | 110 003.18 | 889 996.82 | 943 389.54 |
| 2×24 年 12 月 31 日 | 1 000 000 | 56 610.46* | 943 389.54 | 0 |
| 合计 | 4 000 000 | 534 900 | 3 465 100 | |

* 尾数调整：56 610.46=1 000 000–943 389.54。

2×20 年 12 月 31 日敬贤公司应作会计分录如下：

借：无形资产——专利权　　4 465 100

　　未确认融资费用　　534 900

　贷：银行存款　　1 000 000

　　　长期应付款　　4 000 000

2×21 年 12 月 31 日敬贤公司应作会计分录如下：

| | | |
|---|---|---|
| 借：长期应付款 | 1 000 000 | |
| 　　贷：银行存款 | | 1 000 000 |
| 借：财务费用 | 207 906 | |
| 　　贷：未确认融资费用 | | 207 906 |

以后每年年底以此类推。

### （二）投资者投入的无形资产

投资者投入无形资产的成本，应以投资合同或协议约定的价值为基础确定，但合同或协议约定价值不公允的除外。在投资合同或协议约定价值不公允的情况下，应按照该项无形资产的公允价值作为入账价值。

【例 7-3】 敬贤公司接受笃信公司无形资产投资，无形资产的合同约定价值为 30 万元（假定合同约定价值公允），敬贤公司另外以银行存款支付印花税等相关税费 2 万元。笃信公司因该笔无形资产投资取得敬贤公司 50 000 股股票（每股面值 1 元）。

本例中，合同约定价值公允，无形资产应按合同约定价值 30 万元加上支付的相关税费 2 万元作为初始入账价值。敬贤公司应作会计分录为：

| | | |
|---|---|---|
| 借：无形资产 | 320 000 | |
| 　　贷：股本 | | 50 000 |
| 　　　　资本公积 | | 250 000 |
| 　　　　银行存款 | | 20 000 |

### （三）土地使用权

企业取得的土地使用权，一般应当按取得时所支付的价款及相关税费确认为无形资产。但是，企业的土地使用权常常与土地之上的建筑物形成一个整体，这时候如何核算其中的土地使用权呢？这里需要区分三种情况：

第一，如果企业取得土地使用权后，自行在土地之上开发建造厂房等建筑物，则土地使用权与土地之上的建筑物应分别作为无形资产和固定资产核算，分别摊销和计提折旧。

第二，如果是企业外购的房屋建筑物，购买价款中包含土地使用权与建筑物的价值，则应当对支付的价款按照合理的方法（比如按公允价值的比例）在土地使用权和地上建筑物之间进行分配，分别确认无形资产和固定资产；如果确实无法进行合理分配，则应当把全部支付价款确认为固定资产，并按照预计的使用年限计提折旧。

第三，如果取得土地使用权的是房地产开发企业，且房地产开发企业在土地之上建造用于对外出售的房屋建筑物，则应当把土地使用权及房屋建筑物合并为企业的存货进行核算。

【例 7-4】 2×20 年 12 月 31 日，敬贤公司购入一块工业性用地的土地使用权，支付相关价款及税费共 5 000 万元（全部以银行存款支付），并在土地上建造厂房。厂房建造过程中发生材料费 4 000 万元、人工费 2 000 万元、其他相关费用 2 000 万元（以银行存款支付）。厂房于 2×21 年 12 月 31 日完工。土地使用权年限为 50 年，厂房预计使用年限为 40 年，二者净残值都为 0，都采用直线法摊销或计提折旧。

本例属于上文中的第一种情况，该公司土地使用权与厂房应分别作为无形资产和固定资产进行核算，分别摊销和计提折旧。

(1) 2×20 年 12 月 31 日，购入土地使用权时：

借：无形资产——土地使用权 50 000 000

贷：银行存款 50 000 000

(2) 2×20 年 12 月 31 日至 2021 年 12 月 31 日建造厂房时：

借：在建工程——厂房 80 000 000

贷：工程物资 40 000 000

应付职工薪酬 20 000 000

银行存款 20 000 000

(3) 2×21 年 12 月 31 日，厂房完工时：

借：固定资产——厂房 80 000 000

贷：在建工程——厂房 80 000 000

同时摊销土地使用权（假定土地使用权按年摊销），2×20 年 12 月 31 日至 2×21 年 12 月 31 日，厂房并未完工，因此相关的土地使用权并未用于产品生产，摊销费用应计入管理费用：

借：管理费用 1 000 000

贷：累计摊销 1 000 000

(4) 2×22 年 12 月 31 日及以后每年年底（假定厂房按年计提折旧），假定 2×21 年 12 月 31 日厂房完工时立即用于产品生产，则土地使用权的摊销费用和厂房的折旧费都应计入制造费用：

借：制造费用 1 000 000

贷：累计摊销 1 000 000

借：制造费用 2 000 000

贷：累计折旧 2 000 000

## 三、无形资产的后续计量

按照预计受益期，无形资产分为使用寿命有限的无形资产和使用寿命不确定的无形资产。这两类无形资产在后续计量中存在差异，因此，无形资产的后续计量首先涉及无形资产寿命的确定。

### （一）无形资产使用寿命的确定与复核

1. 无形资产使用寿命的确定

企业在取得无形资产时，首先要确定无形资产的预计寿命，这里关键是需要预计无形资产能够给企业带来未来经济利益的期间持续多久。具体分为两种情况：①企业确定无形资产的寿命是有限的，且可以确定无形资产的具体寿命，则该无形资产应被分类为使用寿命有限的无形资产。比如，企业以支付土地出让金方式取得一块土地 50 年的使用权，如果企业准备持续持有，在 50 年内没有计划出售，则该土地使用权预期为企业带来未来经济利益期间为 50 年，使用寿命为 50 年。②企业在现有证据下无法合理确定无形资产的具体寿命，则该无形资产应被分类为使用寿命不确定的无形资产。比如，企业拥有一项非专利技术，该非专利技术目前可以为企业带来经济利益，但鉴于技术进步的不确定性，企业在现有的证据下，无法判断该非专利技术带来的未来经济利益可以持续多久，因此把该非专利技术分类为使用寿命不确定的无形资产。又如，企业拥有一项政府授予的烟草专卖权，从烟草专卖权的性质看，该专卖权过去与未来都只会授予少数企业，拥有专卖权的企业具有一定的垄断经营优势，因此该专卖权可以为企业带来未来经济利益。从企业自身来看，至少在其存续期间，企业不会放弃该专卖权，且企业预期自身可以一直持续经营下去。这样，该专卖权的寿命看起来是无限的，或等于企业自身的寿命，该无形资产也应被分类为使用寿命不确定的无形资产。

企业在估计无形资产的寿命时，通常应考虑以下因素：该资产通常的产品寿命周期，以及可获得的类似资产使用寿命的信息；技术、工艺等方面的现实情况及对未来发展的估计；以该资产生产的产品或服务的市场需求情况；现在或潜在的竞争者预期采取的行动；为维持该资产产生未来经济利益的能力预期的维护支出及企业预计支付有关支出的能力；对该资产的控制期限，以及对该资产使用的法律或类似限制，如特许使用期间、租赁期间等；与企业持有的其他资产使用寿命的关联性等。

在确定无形资产寿命时，还应注意以下两个问题：

第一，源自合同性权利或其他法定权利的无形资产，其使用寿命不应超过合同性权利或其他法定权利的期限。例如，企业申请并获得一项发明专利技术，由于发明专利技术的法律保护期为 20 年，企业对该专利技术预计寿命的估计不可超过 20 年，但可以小于 20 年。比如，虽然专利技术的法律保护期为 20 年，但企业预期该专利技术为企业带来未来经济利益的持续期限只有 10 年，且企业打算在专利技术能够发挥效用的期间一直使用该技术，则该专利技术的预计寿命为 10 年。

如果合同性权利或其他法定权利能够在到期时因续约等延续，当有证据表明企业续约不需要付出重大成本时，续约期才能够包括在使用寿命的估计中。下列情况一般说明企业无须付出重大成本即可延续合同性权利或其他法定权利：有证据表明合同性权利或法定权利将被重新延续，如果在延续之前需要第三方同意，则还需有第三方将会同意的证据；有证据表明为获得重新延续所必需的所有条件将被满足，以及企业为延续持有无形资产付出的成本相对于企业的未来经济利益不具有重要性。如果企业在延续无形资产持有期间时付出的成本与预期流入企业的未来经济利益相比具有重要性，则从本质上来看是企业获得了一项新的无形资产。

第二，没有明确的合同或法律规定的无形资产，企业应当综合各方面情况，如聘请相关专家进行论证或与同行业的情况进行比较以及参照企业的历史经验等，确定无形资产为企业带来未来经济利益的期限。如果经过这些努力仍无法合理确定无形资产为企业带来经济利益的期限，则应将其作为使用寿命不确定的无形资产。

2. 无形资产使用寿命的复核

企业至少应当于每年年度终了，对无形资产的使用寿命进行复核。对于使用寿命有限的无形资产，如有证据表明无形资产的使用寿命不同于以前的估计，则应改变其摊销年限，并按照会计估计变更进行处理；对于使用寿命不确定的无形资产，如果有证据表明其使用寿命是有限的，则应视为会计估计变更，应当估计其使用寿命并按照使用寿命有限的无形资产的处理原则进行处理。

### （二）使用寿命有限的无形资产的后续计量

使用寿命有限的无形资产，应在其预计的使用寿命内采用系统合理的方法对应摊销金额进行摊销。应摊销金额，是指无形资产的成本扣除残值后的金额。已计提减值准备的无形资产，还应扣除已计提的无形资产减值准备的累计金额。

1. 摊销期与摊销方法

我国无形资产会计准则规定：企业摊销无形资产，应当自无形资产可供使用时起，至不再作为无形资产确认时止。因此，与固定资产计提折旧不同，无形资产摊销的起始和停止日期为：当月增加的无形资产，当月开始摊销；当月减少的无形资产，当月不再摊销。

在无形资产的使用寿命内系统地分摊其应摊销金额，存在多种方法，如直线法、产量法、加速摊销法等。企业选择的无形资产摊销方法，应恰当反映无形资产服务潜能降低的方式，并一致地运用于不同会计期间。例如，受技术陈旧因素影响较大的专利权和专有技术等无形资产，可采用类似固定资产加速折旧法的加速摊销法进行摊销；有特定产量限制的特许经营权或专利权，应采用产量法进行摊销。无法可靠确定无形资产服务潜能降低方式的，应当采用直线法进行摊销。

无形资产的摊销一般应计入当期损益，但如果某项无形资产是专门用于生产某种产品或者其他资产，其包含的经济利益是通过转入所生产的产品或其他资产中实现的，则无形资产的摊销费用应当计入相关资产的成本。例如，某项专门用于生产过程中的专利技术，其摊销费用应构成所生产产品成本的部分，计入制造该产品的制造费用。

2. 残值的确定

除下列情况外，无形资产的残值一般为零：

（1）有第三方承诺在无形资产使用寿命结束时购买该项无形资产。例如，某企业取得一项专利技术，法律保护期限为 20 年，企业预计运用该专利生产的产品在未来 15 年内会为企业带来经济利益。就该项专利技术，第三方向企业承诺在 5 年内以其取得之日公允价值的 60% 购买该项专利权，从企业管理层目前的持有计划来看，准备在 5 年内将其出售给第三方，该项专利技术应在企业持有期 5 年内摊销，残值为该专利在取得之日公允价值的 60%。

（2）可以根据活跃市场得到无形资产预计残值信息，并且该市场在该项无形资产使用寿命结束时可能存在。例如，某企业取得一项专利技术，法律保护期间为 20 年，该专利技术存在公开的活跃市场。企业打算在使用该专利技术 10 年后在活跃市场上转让。根据已有的证据，企业估计专利技术 10 年后在活跃市场上的转让价款为其初始入账价值的 20%，则该专利技术 10 年期末的残值为其初始入账价值的 20%。

另外，残值确定以后，在持有无形资产期间，企业至少应于每年年末进行复核，预计其残值与原估计金额不同的，应按照会计估计变更进行处理。无形资产的残值重新估计以后高于其账面价值的，无形资产不再摊销，直至残值降至低于账面价值时再恢复摊销。

**【例 7-5】** 2×20 年 1 月 1 日，敬贤公司以银行存款购入一项商标权和一项用于产品生产的专利技术，价款分别为 100 万元和 400 万元（忽略相关税费），预计使用年限分别为

10 年和 20 年，预计净残值都为 0。2×20 年 1 月 1 日两项无形资产达到预定可使用状态，并投入使用。敬贤公司对两项无形资产都采用直线法摊销。

(1) 2×20 年 1 月 1 日购入无形资产时：

| | | |
|---|---|---|
| 借：无形资产——商标权 | 1 000 000 | |
| ——专利权 | 4 000 000 | |
| 贷：银行存款 | | 5 000 000 |

(2) 假定敬贤公司按年摊销无形资产，则每年年底摊销无形资产时：

| | | |
|---|---|---|
| 借：管理费用 | 100 000 | |
| 制造费用 | 200 000 | |
| 贷：累计摊销 | | 300 000 |

### (三) 使用寿命不确定的无形资产的后续计量

对于使用寿命不确定的无形资产，在持有期间不需要摊销，而应在每个会计期末进行减值测试，如果减值测试表明无形资产已经减值，则应计提“无形资产减值准备”（但要注意，对于使用寿命有限的无形资产，在持有期间既要摊销，又可能需要计提减值准备）。无形资产减值的会计处理参见本书第九章相关内容。

## 四、无形资产的处置

无形资产的处置，主要是指无形资产的出售、报废、对外捐赠、对外出租等。

### (一) 无形资产的出售

无形资产出售有可能满足“持有待售非流动资产、处置组”认定的相关条件，有关会计处理请参见本书第十九章相关内容。这里讨论不作为持有待售非流动资产、处置组的无形资产出售的会计处理。

出售无形资产时，应按实际收到的金额，借记“银行存款”等科目；按已摊销的累计摊销额，借记“累计摊销”科目；原已计提减值准备的，借记“无形资产减值准备”科目。按应支付的相关税费，贷记“应交税费”等科目；按其账面余额，贷记“无形资产”科目；按其差额，借记或贷记“资产处置损益——无形资产处置损益”科目。

【例 7-6】 敬贤公司出售一项其持有的专利技术，出售价款为 200 万元(不含增值税，增值税税率为 6%)，价款 200 万元及增值税 12 万元已收银行存款。该专利技术账面余额 400 万元，累计摊销余额为 160 万元，已提减值准备 60 万元。

| | | |
|---|---|---|
| 借：银行存款 | 2 120 000 | |
| 累计摊销 | 1 600 000 | |
| 无形资产减值准备 | 600 000 | |
| 贷：无形资产——专利权 | | 4 000 000 |
| 应交税费——应交增值税（销项税额） | | 120 000 |
| 资产处置损益——无形资产处置损益 | | 200 000 |

### (二) 无形资产报废

如果预期无形资产不能为企业带来未来经济利益，则应将其冲销。例如，无形资产已被其他新技术所替代，不能为企业带来经济利益；或者无形资产不再受到法律保护，且不能给企业带来经济利益等。冲销无形资产时，应按已摊销的累计摊销额，借记“累计摊销”科目；按已计提减值准备金额，借记“无形资产减值准备”科目；按其账面余额，贷记“无形资产”科目；按其差额，借记“营业外支出”科目。

【例 7-7】 敬贤公司持有的一项非专利技术已经过时，企业决定不再使用该非专利技术，该非专利技术也不具有转让价值。非专利技术账面余额为 100 万元，累计摊销余额 50 万元，已提减值准备 20 万元。则该公司冲销时的会计分录为：

借：营业外支出——无形资产报废损失　　300 000
　　累计摊销　　500 000
　　无形资产减值准备　　200 000
　贷：无形资产——非专利技术　　1 000 000

此外，企业对外捐赠无形资产时，一方面需要冲销无形资产，另一方面应按无形资产的账面净值确认营业外支出；无形资产对外出租时，出租收入应确认为其他业务收入，相应的无形资产摊销费用应确认为其他业务成本。

新经济代表性企业账面净资产与股票总市值的比较

## 第三节　内部研究与开发支出的会计处理

企业内部形成的一些无形资产由于缺乏可以单独辨认的成本，而无法在报表中确认，如企业内部产生的商誉、品牌、报刊名、刊头、客户名单等。但通过内部研究与开发项目形成的无形资产，其成本是可以单独辨认且能够计量的。那么，如何处理内部研发项目呢？关于这个问题，理论界一直存在争议。本节介绍有关研发项目会计处理的争议及我国会计准则的处理。

### 一、研究与开发项目的主要特点及会计处理的争议

#### （一）研究与开发项目的特点

在当前知识经济条件下，对研究与开发项目的大量投入已经成为许多企业尤其是高科技企业获取创新能力与持续竞争优势的主要源泉，以研发支出为代表的无形资源也成为企业价值的主要驱动力。因此，有关研究与开发项目核算得恰当与否，在当前知识经济条件下显得尤为重要。但是，研究与开发项目本身所具有的特点又使其会计处理充满争议。研发项目的特点如下：

第一，高风险性。无形资产总体上都具有高风险性，但研发项目的高风险性更加突出。国外专家研究发现，高技术研发项目一般只有 57% 左右在技术上获得成功，在技术上成功的项目仅有 55% 左右能够实现商品化，实现商品化的产品只有 38% 左右具有经济效益。换句话说，一个高技术研发项目获得经济意义上成功的概率仅仅略微超过 10%，企业大部分的研发项目事实上是以失败告终的。

第二，高收益性及难以计量性。首先，研发项目虽然成功的概率较低，但一旦成功就会在未来给企业带来巨大的经济利益。一份研究表明：虽然随着行业和时间的不同，研发活动的回报率存在差异，但总体来说，研发活动估计的年回报率在 20%~30%，是有形资本年回报率的两倍多。其次，鉴于研发项目的高风险性，其潜在的未来经济利益是很难计量

的，即研发项目是否能够成功、成功后能够带来多少经济利益、未来经济利益能够持续多久，都具有极大的不确定性。

第三，研发项目的成本与其未来经济利益之间缺乏明显的因果关系。研发项目虽然有可以辨别的成本，但相关的成本很难体现其未来经济利益，甚至多数情况下二者差异巨大。一般来说，企业外购的专利技术或非专利技术，其成本大体上可以反映购买时的公允价值及未来经济利益，但内部研发项目却完全不同。一方面，企业有可能在某一研发项目上投入了大量的资金，但研发项目或失败了或没有带来足够的经济利益。比如，日本 20 世纪 90 年代曾经投入几十亿美元巨资研发“高清晰度模拟电视”，但产品研发出来后很快被美国的数字电视取代，没有产生真正的经济效益。另一方面，企业有可能在某一研发项目上投入的资金并不多，却产生了意想不到的经济效益。比如，可口可乐的发明人约翰·彭伯顿助手的一次意外失误改写了可口可乐的配方，进而使可口可乐成为全球最受欢迎的碳酸饮料。

上述特点中，第一个特点尤为重要，也是影响其会计处理的关键。

### （二）研发项目会计处理的争议

关于研发项目会计处理的争议主要集中于，研究与开发过程中的支出到底是应该费用化还是资本化。主张研发支出费用化的人认为：①研发项目成功的概率太低，把研发支出当成资产确认不符合会计中的谨慎性原则（即研发支出不满足本章第二节提到的无形资产确认的第二个条件“与该无形资产有关的经济利益很可能流入企业”）。②研发支出虽然可以计量，但研发支出与其未来可能产生的经济利益关联不大，把其确认为资产没有意义，而研发项目本身的未来经济利益又很难计量。

主张研发支出资本化的人认为：①研发项目虽然成功的概率较低，但一旦成功就可能给企业带来巨大的未来经济利益。而且，企业之所以愿意从事研究与开发项目，是预期其能够带来未来经济利益。企业往往从事多个研发项目，这些研发项目总有些会成功，并给企业带来经济利益。因此，从企业众多的研发项目整体看，研发项目必然会给企业带来未来经济利益。②研发项目支出虽不能完全反映其未来经济利益，但财务会计本身就是着重反映资产的成本而不是其价值。而且，对研发支出的计量具有可靠性。

我国 2001 年颁布的《无形资产》会计准则采用了第一种观点，其第 13 条规定，自行开发并依法申请取得的无形资产，其入账价值应按依法取得时发生的注册费、律师费等费用确定；依法申请取得前发生的研究与开发费用，应于发生时确认为当期费用。但我国 2006 年颁布的《无形资产》准则采用了第一种观点和第二种观点的折中，即“有条件的资本化”。按照 2006 年准则，研发项目成功的概率在项目进行过程中是不断变化的，只有研发项目进展到“项目很可能成功”时，其以后的支出才能资本化，之前的支出必须费用化。

君实生物的研发能力

## 二、研究阶段与开发阶段的划分

为便于对项目成功的可能性进行初步判断，我国 2006 年颁布的《无形资产》准则把研究与开发项目分为研究阶段与开发阶段。

### （一）研究阶段

研究阶段是指为获取新的技术和知识等进行的有计划调查的阶段。研究活动的例子包括：为获取知识而进行的活动；研究成果或其他知识的应用研究、评价和最终选择；材料、设备、产品、工序、系统或服务替代品的研究；新的或经改进的材料、设备、产品、工序、系统或服务的可能替代品的配制、设计、评价和最终选择。

研究阶段的特点在于：①计划性。研究阶段是建立在有计划的调查基础上，即研发项目已经董事会或者相关管理层的批准，并着手收集相关资料、进行市场调查等。②探索性。指研究阶段往往具有较大的风险，甚至具有一定的尝试性和成功的偶然性。换言之，研究成功与否具有很大的不确定性。

### （二）开发阶段

开发阶段是指在进行商业性生产或使用前，将研究成果或其他知识应用于某项计划或设计，以生产出新的或具有实质性改进的材料、装置、产品等的阶段。开发活动的例子包括：生产前或使用前的原型和模型的设计、建造和测试；含新技术的工具、夹具、模具和冲模的设计；不具有商业性生产经济规模的试生产设施的设计、建造和运营；新的或改造的材料、设备、产品、工序、系统或服务所选定的替代品的设计、建造和测试等。

开发阶段的特点在于：①具有针对性。开发阶段是建立在研究阶段基础上，因而，对项目的开发具有针对性。②形成成果的可能性较大。

综上，研究阶段是新知识的探索及获取过程，旨在获取理论上的可行性；开发阶段是已获取的新知识的商业应用过程，旨在获取实践上的可行性。二者具有以下不同点：①目标不同。研究阶段一般目标不具体、不具有针对性；而开发阶段多是针对具体目标、产品、工艺等。②对象不同。研究阶段一般很难具体化到特定项目上；而开发阶段往往形成对象化的成果。③风险不同。研究阶段的成功概率很难判断，一般成功率很低，风险较大；而开发阶段的成功率较高，风险相对较小。④结果不同。研究阶段的结果多是研究报告等基础性研究成果；而开发阶段的结果则多是具体的新技术、新产品等。

## 三、内部研究与开发支出的会计处理

### （一）基本原则

企业内部研究与开发项目，应区分研究阶段与开发阶段分别处理：处于研究阶段的研发项目风险较大、成功概率较低，因此这一阶段的支出应全部费用化，计入当期损益；处于开发阶段的研发项目风险相对较小、成功率相对较高，在满足一定的条件时可以资本化，不满足条件的则必须费用化。

### （二）开发阶段有关支出资本化的条件

在开发阶段，只有同时满足以下五个条件，相关支出才能予以资本化，确认为无形资产；否则必须费用化。

第一，完成该无形资产以使其能够使用或出售在技术上具有可行性。判断无形资产的开发在技术上是否具有可行性，应当以目前阶段的成果为基础，并提供相关证据和材料，证明企业进行开发所需的技术条件等已经具备，不存在技术上的障碍或其他不确定性。比如，企业已经完成了全部计划、设计和测试活动，这些活动是使资产能够达到设计规划书中的功能、特征和技术所必需的活动或经过专家鉴定等。

第二，具有完成该无形资产并使用或出售的意图。开发某项产品或专利技术产品等，通常是根据管理当局决定该项研发活动的目的或者意图加以确定，也就是说，研发项目形成成果以后，是为出售，还是为自己使用并从使用中获得经济利益，应当以管理当局意图而定。因此，企业的管理当局应能够说明其持有拟开发无形资产的目的，并具有完成该项无形资产开发并使其能够使用或出售的可能性。

第三，明确并证明无形资产产生经济利益的方式。包括能够证明运用该无形资产生产的产品存在市场或无形资产自身存在市场；无形资产在内部使用的，应当证明其有用性。开发支出资本化作为无形资产确认，其基本条件是能够为企业带来未来经济利益。就其能够为企业带来未来经济利益的方式讲，如果有关的无形资产在形成以后，主要是用于形成新产品或新工艺的，企业应对运用该无形资产生产的产品市场情况进行估计，应能够证明所生产的产品存在市场，能够带来经济利益的流入；如果有关的无形资产开发以后主要是用于对外出售，则企业应能够证明市场上存在对该类无形资产的需求，开发以后存在外在的市场可以出售并带来经济利益的流入；如果无形资产开发以后不是用于生产产品，也不是用于对外出售，而是在企业内部使用，则企业应能够证明在企业内部使用时对企业的有用性。

第四，有足够的技术、财务资源和其他资源支持，以完成该无形资产的开发，并有能力使用或出售。这一条件进一步包括以下方面：①为完成该项无形资产开发具有技术上的可靠性。开发无形资产并使其形成成果在技术上的可靠性是继续开发活动的关键。因此，必须有确凿证据证明企业继续开发该项无形资产有足够的技术支持和技术能力。②财务资源和其他资源支持。财务和其他资源支持是能够完成该项无形资产开发的经济基础，因此，企业必须能够说明为完成该项无形资产的开发所需的财务和其他资源，是否能够足以支持完成该项无形资产的开发。③能够证明企业有能力获取在开发过程中所需的技术、财务和其他资源，以及企业获得这些资源的相关计划等。如在企业自有资金不足以提供支持的情况下，是否存在外部其他方面的资金支持，如银行等借款机构愿意为该无形资产的开发提供所需资金的声明等来证实。④有能力使用或出售该无形资产以取得收益。

第五，归属于该无形资产开发阶段的支出能够可靠计量。企业对于研究开发活动发生的支出应单独核算，如发生的研究开发人员的工资、材料费等。在企业同时从事多项研究开发活动的情况下，所发生的支出同时用于支持多项研究开发活动的，应按照一定的标准在各项研究开发活动之间进行分配；无法明确分配的，应予费用化计入当期损益，不计入开发活动的成本。

如何理解以上五个条件呢？正如本章第二节提到，无形资产的确认需要同时满足三个条件：符合资产的定义；与该无形资产有关的经济利益很可能流入企业；该无形资产的成本能够可靠地计量。其中符合资产的定义是基本条件，以上五个条件则着重于满足无形资产确认的后两个条件。其中，五个条件中的前四个着重强调企业应在技术上、意图和能力上、市场上、资源上证明研发项目很可能成功，未来经济利益很可能流入；最后一个条件对应可计量性。

### （三）具体账务处理方法

第一，企业自行开发无形资产发生的研发支出，未满足资本化条件的，借记“研发支出——费用化支出”科目；满足资本化条件的，借记“研发支出——资本化支出”科目，贷记“原材料”“银行存款”“应付职工薪酬”等科目。

第二，年末，若研发项目尚未完成，应借记“研发费用”科目，贷记“研发支出——费用化支出”科目，确认的研发费用应在利润表中作为期间费用以“研发费用”项目单独列示①；对于“研发支出——资本化支出”部分不做处理，但在资产负债表上应以“开发支出”项目单独列示在非流动资产下。

第三，研发项目达到预定用途形成无形资产的，应按“研发支出——资本化支出”科目的余额，借记“无形资产”科目，贷记“研发支出——资本化支出”科目；倘若研发项目在结束时仍然失败了，则应按“研发支出——资本化支出”科目的余额，借记“研发费用”科目，贷记“研发支出——资本化支出”科目。

【例 7-8】 2×20 年 1 月 1 日，敬贤公司经董事会批准研究与开发一项非专利技术。2×20 年 10 月以前发生各项研究、调查、实验费用 200 万元（全部以银行存款支付），2×20 年 10—12 月发生材料费 50 万元，人工工资 50 万元。2×20 年 9 月 30 日，敬贤公司已经证实该项非专利技术很可能开发成功，并满足资本化的全部条件。2×21 年 1—12 月发生材料费 200 万元、人工工资 200 万元，场地租金和注册费 200 万元（以银行存款支付）。2×21 年 12 月 31 日研发项目结束并且非专利技术研发成功。

（1）2×20 年 10 月以前：

| | | |
|---|---|---|
| 借：研发支出——费用化支出 | 2 000 000 | |
| 　贷：银行存款 | | 2 000 000 |

（2）2×20 年 10—12 月：

| | | |
|---|---|---|
| 借：研发支出——资本化支出 | 1 000 000 | |
| 　贷：原材料 | | 500 000 |
| 　　应付职工薪酬 | | 500 000 |

（3）2×20 年 12 月 31 日：

| | | |
|---|---|---|
| 借：研发费用 | 2 000 000 | |
| 　贷：研发支出——费用化支出 | | 2 000 000 |

在敬贤公司 2×20 年年末的报表中，研发费用 200 万元在利润表中以“研发费用”项目列示；资本化的开发支出 100 万元在资产负债表中以“开发支出”项目列示。

（4）2×21 年 1—12 月：

| | | |
|---|---|---|
| 借：研发支出——资本化支出 | 6 000 000 | |
| 　贷：原材料 | | 2 000 000 |

① 按我国 2019 年发布的最新利润表的格式，研发费用是与管理费用、销售费用、财务费用并列的第四类“期间费用”，但准则同时指出，利润表中的“研发费用”应根据“管理费用”科目下的“研发费用”“无形资产摊销”两个明细科目填列。其实，研发费用与管理费用是性质完全不同的两类费用，既然利润表已经单列研发费用项目，就没有必要再把研发费用归入管理费用的明细科目，基于此，本书专门设置了“研发费用”总账科目。

应付职工薪酬　　2 000 000
银行存款　　2 000 000

(5) 2×21 年 12 月 31 日研发项目成功时：

借：无形资产——非专利技术　　7 000 000
　贷：研发支出——资本化支出　　7 000 000

**专栏 7-3**

### 新准则有关研发支出会计处理的主要缺点

新准则对研发支出采用了有条件资本化的处理方式，既保持了相当的谨慎性，也能够把部分研发支出计入无形资产的成本。但从历史成本原则角度出发，这一处理仍然存在缺陷。历史成本原则要求为使资产达到预定可使用状态之前的一切必要支出都应计入资产成本中，而有条件资本化的处理方式要求未满足资本化条件之前的研发支出费用化，这显然与历史成本原则相悖。因为，如果无形资产研发成功，则研发项目的所有支出都应该是使无形资产达到预定可使用状态之前的必要支出。仅从这一点上看，新准则仍然略嫌过于谨慎。

## 本章小结

无形资产是指企业拥有或者控制的没有实物形态的可辨认非货币性资产，如商标权、著作权、专利权、非专利技术、土地使用权等。无形资产具有以下特征：大多是以知识为基础的资产；不具有实物形态；具有可辨认性；高收益性和高风险性；非货币性。无形资产按取得方式可分为外购无形资产和自创无形资产；按预计受益期可分为使用寿命有限的无形资产和使用寿命不确定的无形资产。无形资产确认须满足三个条件：符合资产的定义；经济利益很可能流入；成本能够可靠计量。无形资产以实际成本计量，但无形资产取得方式不同，其包含的成本内容也不尽相同。使用寿命有限的无形资产，应在其预计的使用寿命内采用系统、合理的方法对应摊销金额进行摊销；使用寿命不确定的无形资产，应在每个会计期末进行减值测试，如果减值测试表明无形资产已经减值，则应计提减值准备。企业内部研究与开发项目，应区分研究阶段与开发阶段分别处理。其中，研究阶段的支出应全部费用化；开发阶段支出满足以下条件时资本化，否则费用化：技术上具有可行性；具有完成该无形资产并使用或出售的意图；明确并证明无形资产产生经济利益的方式；有足够的资源完成无形资产的开发，并有能力使用或出售；相关支出能够可靠计量。

## 复习思考题

1. 什么是无形资产，其主要特征是什么？主要包括哪些内容？

2. 简述现行会计准则对无形资产确认标准的规定,并谈谈这些确认标准在新经济条件下的主要问题。

3. 按照使用寿命标准,无形资产分为哪两类?二者在会计处理上存在哪些差异?

4. 研究与开发项目有哪些主要特点?有关其会计处理的主要争议是什么?

5. 什么是研究阶段,其主要特征是什么?什么是开发阶段,其主要特征是什么?为什么我国会计准则规定研究阶段的支出全部费用化,而开发阶段的支出有条件资本化?

6. 开发阶段有关支出资本化的条件包括哪些?如何理解?

## 即测即评

请扫描右侧二维码,进行随堂测试。

# 第八章　投资性房地产

## 学习目标

通过本章学习，应能够：了解投资性房地产的定义及特征；理解投资性房地产的范围；掌握投资性房地产的确认条件和时点；掌握投资性房地产初始计量的会计处理；掌握投资性房地产后续计量及其变更的会计处理；掌握投资性房地产转换及处置的会计处理。

## 导读案例

### 金融街控股公司投资性房地产计量模式的选择

近十年来我国房地产市场高速发展，特别是一线城市，房地产的市值已大幅上升，使得以成本计量的投资性房地产账面价值与市场价值严重不符，会计信息质量得不到保证。因此，引入公允价值模式是我国房地产市场发展的必然结果。

以房地产上市公司金融街控股股份有限公司（以下简称“金融街”）为例。该公司于2008年开始对投资性房地产采用公允价值计量模式，同年持有3个投资性房地产项目，均位于北京市二环以内的金融街区域，建筑面积18万平方米，账面公允价值31.22亿元。其中金融街购物中心项目，建筑面积9.34万平方米，投资成本16.3亿元，截至2018年年末的账面公允价值为35.6亿元，公允价值变动增值19.3亿元。如果公司选用成本计量模式，按使用年限45年估算2007年至2018年的折旧额为4.346 7亿元，2018年年末的账面价值为12亿元，平均每平方米的单位价值仅为12 848元。作为北京市二环以内的购物中心，其账面价值明显低于市场价值。

截至2018年年末，金融街已持有14个在租的投资性房地产项目。这些写字楼和商业项目均位于北京、上海、天津等中心城市，建筑面积90万平方米，投资成本248亿元，账面公允价值为320亿元，其中公允价值变动增值72亿元。假如公司采用成本计量模式并计提折旧，则两种计量模式下的账面价值相差100亿元左右，由此可见，成本计量模式下公司的价值被严重低估。从理论上说，采用公允价值模式进行后续计量更符合投资性房地产的特点，但实务中能否持续可靠取得公允价值具有较大的挑战。关于投资性房地产计量模式的选择，值得深思！

资料来源：韩韦．投资性房地产公允价值计量模式的应用——以上市公司为例［J］．中国集体经济，2020（5）：128–130.

# 第一节 投资性房地产概述

## 一、投资性房地产的定义及特征

房地产是土地和房屋及其权属的总称。我国土地实行公有制，归国家或集体所有，任何单位和个人只能取得土地使用权而不能取得土地所有权。因此，房地产中的土地是指土地使用权，房屋是指土地上的房屋等建筑物及构筑物。

随着我国房地产市场的日益活跃，企业持有的房地产除了用作自身管理、生产经营活动场所和对外销售，还出现了将房地产用于赚取租金或增值收益的活动。其中，用于赚取租金或增值收益的房地产，就属于投资性房地产。确切地说，投资性房地产是指为赚取租金或资本增值，或者两者兼有而持有的房地产。

从以上定义可以看出，投资性房地产有别于企业自用的房地产和房地产开发企业作为存货的房地产。

企业自用的房地产是企业自用的厂房、办公楼等生产经营场所，企业应当将其作为固定资产或无形资产处理。作为存货的房地产是房地产开发企业销售的或为销售而正在开发的商品房和土地，是房地产企业的开发产品，应当作为存货处理。与自用房地产和作为存货的房地产相比，投资性房地产要么是让渡房地产使用权以赚取使用费收入，要么是持有并准备增值赚取增值收益，这使得投资性房地产在一定程度上具备了金融资产的属性，所以需要作为一项单独的资产予以确认、计量和列报。也正因为如此，投资性房地产的计量模式有别于固定资产和存货的计量模式，企业可以选择成本模式或公允价值模式对投资性房地产进行后续计量，其中，公允价值模式的处理原则与交易性金融资产的处理原则基本一致。

## 二、投资性房地产的范围

### （一）属于投资性房地产的项目

投资性房地产的范围限于已出租的土地使用权、持有并准备增值后转让的土地使用权以及已出租的建筑物。

1. 已出租的土地使用权

已出租的土地使用权是指企业通过出让或转让方式取得的、以经营租赁方式出租的土地使用权。企业取得的土地使用权既包括在一级市场上以缴纳土地出让金的方式取得的土地使用权，也包括在二级市场上接受其他单位转让取得的土地使用权。企业以经营租赁方式租入的土地使用权再转租给其他单位的，不能确认为投资性房地产。

2. 持有并准备增值后转让的土地使用权

持有并准备增值后转让的土地使用权，是指企业取得的、准备增值后转让的土地使用权，它很可能给企业带来资本增值收益。按照国家有关规定认定的闲置土地，不属于持有并准备增值后转让的土地使用权，因此不属于投资性房地产。

**专栏 8-1**

**《闲置土地处置办法》(中华人民共和国国土资源部令第5号)① 的规定**

闲置土地是指土地使用者依法取得土地使用权后,未经原批准用地的人民政府同意,超过规定的期限未动工开发建设的建设用地。具有下列情形之一的,也可以认定为闲置土地。

(1) 国有土地有偿使用合同或者建设用地批准书未规定动工开发建设日期,自国有土地有偿使用合同生效或者土地行政主管部门建设用地批准书颁发之日起满1年未动工开发建设。

(2) 已动工开发建设但开发建设的面积占应动工开发建设总面积不足1/3或者已投资额占总投资额不足25%且未经批准中止开发建设连续满1年。

3. 已出租的建筑物

已出租的建筑物是指企业拥有产权、以经营租赁方式出租的建筑物,包括自行建造或开发活动完成后用于出租的建筑物,以及正在建造或开发过程中将来用于出租的建筑物。企业将建筑物出租并按租赁协议向承租人提供维护、保安等其他服务,所提供的其他服务在整个协议中不重大的,应当将该建筑物确认为投资性房地产;所提供的其他服务在整个协议中如为重大的,该建筑物应视为企业的经营场所,应当确认为自用房地产。

已出租的投资性房地产(已出租的建筑物和已出租的土地使用权)租赁期满,因暂时空置但继续用于出租的,仍作为投资性房地产。

**(二) 不属于投资性房地产的项目**

企业自用的房地产以及作为存货的房地产不属于投资性房地产。

1. 自用房地产

即为生产商品、提供劳务或者经营管理而持有的房地产。例如,企业拥有并自行经营的旅馆饭店,其经营目的主要是通过提供客房服务赚取服务收入,该业务不具有租赁性质,该旅馆饭店不确认为投资性房地产;将其拥有的旅馆饭店部分或全部出租,且出租的部分能够单独计量和出售的,出租的部分可以确认为投资性房地产。企业出租给本企业职工居住的宿舍,即使按照市场价格收取租金,也不属于投资性房地产。这部分房产间接为企业自身的生产经营服务,具有自用房地产的性质。

2. 作为存货的房地产

作为存货的房地产,通常是指房地产开发企业在正常经营过程中销售的或为销售而正在开发的商品房和土地。这部分房地产属于房地产开发企业的存货。

实务中,当存在某项房地产部分自用或作为存货出售,部分用于赚取租金或资本增值时,不同用途的部分能够单独计量和出售的,应当分别确认为固定资产(或无形资产、存货)和投资性房地产。

① 2012年5月22日国土资源部第1次部务会议修订,2012年6月1日国土资源部令第53号发布。

# 第二节 投资性房地产的确认与初始计量

## 一、投资性房地产的确认

### （一）投资性房地产的确认条件

一项房产或地产要确认为投资性房地产，首先应符合投资性房地产的概念；其次，要同时满足以下两个条件：

1. 与该投资性房地产有关的经济利益很可能流入企业

投资性房地产作为资产的一类，须满足资产最基本的特征，即预期能给企业带来经济利益。所以，要确认某项目为投资性房地产，首先应判断其是否预期能给企业带来经济利益的流入。如果该项投资性房地产包含的经济利益很可能流入企业，并同时满足资产确认的其他条件，那么，企业可将其确认为投资性资产。

2. 该投资性房地产的成本能够可靠地计量

企业为取得该投资性房地产而发生的支出必须能够可靠地计量。成本能够可靠地计量，并同时满足其他确认条件，才能加以确认。

### （二）投资性房地产的确认时点

一般情况下，已出租的土地使用权和已出租的建筑物，确认为投资性房地产的时点是租赁期开始日；企业持有以备经营出租、可视为投资性房地产的空置建筑物或在建建筑物，确认为投资性房地产的时点是企业董事会或类似机构就该事项作出正式书面决议的日期；持有并准备增值后转让的土地使用权，确认为投资性房地产的时点是企业将自用土地使用权停止自用、准备增值后转让的日期。

## 二、投资性房地产的初始计量

投资性房地产既可以采用成本模式计量，又可以在满足特定条件时采用公允价值模式计量。但无论企业采用哪一种后续计量模式，取得时均应当按照成本进行初始计量。

投资性房地产的成本一般应当包括取得投资性房地产时和直至使该项投资性房地产达到预定可使用状态前所发生的各项必要的、合理的支出。投资性房地产的取得渠道不同，其成本构成也有所不同：

(1) 外购投资性房地产的成本，包括购买价款、相关税费和可直接归属于该资产的其他支出。

(2) 自行建造投资性房地产的成本，由建造该项资产达到预定可使用状态前所发生的必要支出构成。

(3) 以其他方式取得的投资性房地产的成本，按照相关会计准则的规定确定。

### （一）外购的投资性房地产

外购的房地产，只有在购入的同时就开始出租，才能确认为投资性房地产。如果某公司购入一栋写字楼用于出租，但租赁协议于 3 个月后生效，则应当先将其作为固定资产加以确认，直至租赁期开始日才能从固定资产转换为投资性房地产。

外购的土地使用权和建筑物，按照取得时的实际成本进行初始计量，取得时的实际成本包括购买价款、相关税费和可直接归属于该资产的其他支出。企业购入的房地产，部分用于出租(或资本增值)，部分自用，且用于出租(或资本增值)的部分应当予以单独确认时，应按照不同部分的公允价值占公允价值总额的比例将成本在不同部分之间进行分配。

采用成本模式计量的企业，外购土地使用权和建筑物时，应按照确定的实际成本借记“投资性房地产”科目，贷记“银行存款”等科目。

采用公允价值模式计量的企业，应当在“投资性房地产”科目下设置“成本”和“公允价值变动”两个明细科目，分别核算投资性房地产取得成本和持有期间的累计公允价值变动金额。外购土地使用权和建筑物时，按照确定的实际成本借记“投资性房地产——成本”科目，贷记“银行存款”等科目。

**【例 8-1】** 2×19 年 7 月，A 公司计划购入一栋写字楼，并于 7 月 20 日与 B 公司签订了经营租赁协议，约定自写字楼购买日起将其出租给 B 公司，租赁期为 3 年。8 月 10 日，A 公司购入该写字楼，实际支付价款 6 500 万元(假设不考虑相关税费)。租赁开始日 A 公司的账务处理如下：

(1) 假定 A 公司采用成本模式进行计量。

| | | |
|---|---|---|
| 借：投资性房地产——写字楼 | 65 000 000 | |
| 　贷：银行存款 | | 65 000 000 |

(2) 假定 A 公司采用公允价值模式进行计量。

| | | |
|---|---|---|
| 借：投资性房地产——成本(写字楼) | 65 000 000 | |
| 　贷：银行存款 | | 65 000 000 |

### (二) 自行建造投资性房地产

自行建造投资性房地产的成本，由建造该项资产达到预定可使用状态前所发生的必要支出构成，即包括土地开发费、建筑安装成本、应予以资本化的借款费用、支付的其他费用和分摊的间接费用等。

企业自行建造的房地产达到预定可使用状态后，过一段时间才用于对外出租或增值出售的，应当先将自行建造的房地产确认为固定资产，待租赁期开始日或增值出售日，才能将其从固定资产转换为投资性房地产。

需要注意的是，下列支出不能作为投资性房地产的成本：

(1) 启动费，但使房地产达到能够以管理当局要求的方式运行的必要状态所必需的启动费除外。

(2) 投资性房地产达到计划的占用水平之前发生的经营亏损。

(3) 房地产的建造或开发过程中所浪费的直接材料、直接人工和其他资源。

自行建造投资性房地产有自营和出包两种方式。在不同的建造方式下，其会计处理有所不同。

1. 自营方式

企业通过自营方式建造投资性房地产，其入账价值应当按照使该项投资性房地产达到预定可使用状态前所发生的必要支出确定。工程项目较多且工程支出较大的企业，应当按照工程项目的性质分别计算各工程项目的成本。

工程完工达到预定可使用状态后，应将该项工程完工达到预定可使用状态前所发生的必要支出结转，作为投资性房地产的入账价值。

企业通过自营方式建造的投资性房地产，按照使该项资产达到预定可使用状态前所发生的必要支出，借记“在建工程”或“开发产品”科目，贷记“银行存款”“原材料”“应付职工薪酬”等科目；工程达到预定可使用状态交付使用时，借记“投资性房地产”科目，贷记“在建工程”科目。

【例 8-2】 甲公司为增值税一般纳税人。2×19 年 1 月 5 日，甲公司签订了一份租赁协议，将自行建造的一栋厂房用于出租，租赁日期为厂房建成完工日。2×19 年 1 月 10 日，甲公司购进为工程准备的一批物资，不含税价款为 1 400 万元（增值税税率为 13%）。该批物资已验收入库，款项以银行存款支付，该批物资全部用于厂房建造项目。工程建设期间，甲公司为厂房建造领用本企业生产的库存商品一批，成本 280 万元；另支付在建工程人员薪酬 534 万元。2×19 年 8 月 30 日，该厂房建设达到了预定可使用状态并交付出租。

甲公司做出的会计处理如下：

（1）2×19 年 1 月 10 日，购进工程物资，用于厂房建造工程。

| | | |
|---|---|---|
| 借：工程物资 | 14 000 000 | |
| 　应交税费——应交增值税（进项税额） | 1 820 000 | |
| 　贷：银行存款 | | 15 820 000 |
| 借：在建工程 | 14 000 000 | |
| 　贷：工程物资 | | 14 000 000 |

（2）领用自产库存商品、支付并结转工程人员薪酬。

| | | |
|---|---|---|
| 借：在建工程 | 8 140 000 | |
| 　贷：库存商品 | | 2 800 000 |
| 　　应付职工薪酬 | | 5 340 000 |
| 借：应付职工薪酬 | 5 340 000 | |
| 　贷：银行存款 | | 5 340 000 |

（3）2×19 年 8 月 30 日，工程完工交付出租。

| | | |
|---|---|---|
| 借：投资性房地产 | 22 140 000 | |
| 　贷：在建工程 | | 22 140 000 |

2. 出包方式

企业通过出包方式建造的投资性房地产，应按照支付的工程价款等计量，其工程的具体支出在承包单位结算。此时，“在建工程”科目实际成为企业与承包单位的结算科目，企业将与承包单位结算的工程价款作为工程成本，通过“在建工程”科目进行会计处理。企业按合同规定支付工程价款时，借记“在建工程”科目，贷记“银行存款”科目。工程达到预定可使用状态交付使用时，借记“投资性房地产”科目，贷记“在建工程”科目。

【例 8-3】 2×19 年 4 月 15 日，甲公司将一幢用于出租的新建厂房工程出包给丙公司承建，按规定先向承包单位预付工程价款 200 万元，已以银行存款转账支付；2×19 年 9 月 12 日，工程达到预定可使用状态后，收到承包单位的有关工程结算单据，补付工程款 98 万元，也以银行存款转账支付；2×19 年 9 月 27 日，工程达到预定可使用状态经验收后交付使用。假如不考虑其他因素，甲公司的会计处理如下：

(1) 4 月 15 日，甲公司预付工程款。

借：在建工程　　2 000 000

　贷：银行存款　　2 000 000

(2) 9 月 12 日，甲公司补付工程款。

借：在建工程　　980 000

　贷：银行存款　　980 000

(3) 9 月 27 日，工程达到预定可使用状态经验收交付使用。

借：投资性房地产　　2 980 000

　贷：在建工程　　2 980 000

## 第三节　投资性房地产的后续计量

投资性房地产的后续计量可以采用成本模式或公允价值模式，但同一企业只能采用一种模式对其所有投资性房地产进行后续计量，不得同时采用两种计量模式。

### 一、采用成本模式计量的投资性房地产

企业通常采用成本模式对投资性房地产进行后续计量。在成本计量模式下，其会计处理的基本要求与固定资产或无形资产相同，即：

(1) 按期（月）计提折旧或摊销，借记“其他业务成本”等科目，贷记“投资性房地产累计折旧（或摊销）”科目。

(2) 取得的租金收入，借记“银行存款”等科目，贷记“其他业务收入”等科目。

(3) 投资性房地产存在减值迹象的，适用《企业会计准则第 8 号——资产减值》的有关规定。经减值测试后确定发生减值的，应当计提减值准备，借记“资产减值损失”科目，贷记“投资性房地产减值准备”科目。已经计提减值准备的投资性房地产，其减值损失在以后的会计期间不得转回。

**【例 8–4】** 2×17 年 12 月 1 日，甲公司将新购入的写字楼出租给乙公司使用，确认为投资性房地产，采用成本模式进行后续计量。该写字楼原价为 7 200 万元，预计使用寿命为 20 年，预计净残值为零，采用直线法计提折旧。经营租赁合同约定，乙公司每月等额支付甲公司租金 40 万元（假定不考虑增值税）。2×19 年 12 月 31 日，写字楼出现减值迹象，经减值测试后确定其可收回金额为 6 200 万元。

甲公司的账务处理如下：

(1) 每月计提折旧。

每月计提的折旧 =(7 200÷20)÷12=30（万元）

借：其他业务成本　　300 000

　贷：投资性房地产累计折旧　　300 000

(2) 每月确认租金收入。

借：银行存款（或其他应收款）　　400 000

贷：其他业务收入　　400 000

(3) 2×19 年 12 月 31 日计提减值准备。

写字楼账面价值 =7 200−30×24=6 480（万元）

写字楼减值金额 =6 480−6 200=280（万元）

借：资产减值损失　　2 800 000

贷：投资性房地产减值准备　　2 800 000

## 二、采用公允价值模式计量的投资性房地产

### （一）采用公允价值模式计量的条件

企业存在确凿证据表明其投资性房地产的公允价值能够持续可靠取得，则可以采用公允价值模式对投资性房地产进行后续计量。

采用公允价值模式进行后续计量的投资性房地产，应当同时满足下列条件：

(1) 投资性房地产所在地有活跃的房地产交易市场。所在地，通常是指投资性房地产所在的城市。对于大中城市，应当为投资性房地产所在的城区。

(2) 企业能够从活跃的房地产交易市场上取得同类或类似房地产的市场价格及其他相关信息，从而对投资性房地产的公允价值作出合理的估计。同类或类似的房地产，对建筑物而言，是指所处地理位置和地理环境相同、性质相同、结构类型相同或相近、新旧程度相同或相近、可使用状况相同或相近的建筑物；对土地使用权而言，是指同一城区、同一位置区域、所处地理环境相同或相近、可使用状况相同或相近的土地。

**专栏 8-2**

**公 允 价 值**

公允价值，是指市场参与者在计量日发生的有序交易中，出售一项资产所能收到或者转移一项负债所需支付的价格。——《企业会计准则第 39 号——公允价值计量》第二条

确定投资性房地产的公允价值时，应当参照活跃市场上同类或类似房地产的现行市场价格（市场公开报价）；无法取得同类或类似房地产现行市场价格的，应当参照活跃市场上同类或类似房地产的最近交易价格，并考虑交易情况、交易日期、所在区域等因素，从而对投资性房地产的公允价值作出合理的估计；也可以基于预计未来获得的租金收益和相关现金流量的现值计量。

### （二）采用公允价值模式计量的会计处理

采用公允价值模式进行后续计量的投资性房地产，其会计处理方法如下：

(1) 在“投资性房地产”科目下设“成本”与“公允价值变动”两个二级明细科目。

(2) 对投资性房地产不需要计提折旧或摊销。企业应当以资产负债表日投资性房地产的公允价值为基础调整其账面价值，公允价值与原账面价值之间的差额计入当期损益。

资产负债表日，投资性房地产的公允价值高于原账面价值的差额，借记“投资性房地产——公允价值变动”科目，贷记“公允价值变动损益”科目；公允价值低于原账面价值时，则做相反的账务处理。

(3) 取得的租金收入，借记“银行存款”等科目，贷记“其他业务收入”等科目。

【例 8-5】 A 公司为从事房地产经营开发的企业。2×19 年 10 月 1 日，A 公司与 B 公司签订租赁协议，约定将该公司开发的一栋精装修的写字楼于开发完成的同时开始租赁给 B 公司使用，租赁期为 10 年。当年 10 月 10 日，该写字楼开发完成并开始出租，写字楼实际造价为 6 000 万元。2×19 年 12 月 31 日，该写字楼的公允价值为 6 100 万元。A 公司对投资性房地产采用公允价值模式进行后续计量，假设不考虑相关税费，其会计处理如下：

2×19 年 10 月 10 日，写字楼开发完成并出租。

| | | |
|---|---|---|
| 借：投资性房地产——成本 | 60 000 000 | |
| 　贷：开发成本 | | 60 000 000 |

2×19 年 12 月 31 日，确认公允价值变动损益。

| | | |
|---|---|---|
| 借：投资性房地产——公允价值变动 | 1 000 000 | |
| 　贷：公允价值变动损益 | | 1 000 000 |

## 三、投资性房地产后续计量模式的变更

为保证会计信息的可比性，企业对投资性房地产的计量模式一经确定，不得随意变更。只有在房地产市场比较成熟、能够满足采用公允价值模式条件的情况下，企业才能将投资性房地产的计量由成本模式变更为公允价值模式。

投资性房地产后续计量由成本模式转换为公允价值模式，应当作为会计政策变更，采用追溯调整法进行会计处理，即需要将计量模式变更时公允价值与账面价值的差额，调整期初留存收益。已采用公允价值模式计量的投资性房地产，不得从公允价值模式转为成本模式。

企业应当按照投资性房地产在计量模式变更时的公允价值，借记“投资性房地产——成本”科目；按已计提的累计折旧或摊销，借记“投资性房地产累计折旧(摊销)”等科目；按已计提的投资性房地产减值准备，借记“投资性房地产减值准备”科目。按投资性房地产变更前的账面原价，贷记“投资性房地产”科目；按投资性房地产计量模式变更时公允价值与其账面价值之间的差额，借记或贷记期初留存收益。

【例 8-6】 2×17 年，甲公司将一栋写字楼对外出租，采用成本模式进行后续计量。由于市场条件发生变化，该写字楼的公允价值能够持续可靠地取得，可以满足采用公允价值模式的条件。2×19 年 1 月 1 日，甲公司决定对出租的写字楼改用公允价值模式进行后续计量。该写字楼的原价为 8 500 万元，累计已提折旧为 510 万元，已提减值准备为 90 万元，当日公允价值为 7 700 万元。甲公司按净利润的 10% 提取盈余公积。假定除上述对外出租的写字楼外，甲公司无其他项目的投资性房地产。

2×19 年 1 月 1 日，甲公司的会计处理如下：

| | | |
|---|---|---|
| 借：投资性房地产——成本 | 77 000 000 | |

| | |
|---|---|
| 投资性房地产累计折旧 | 5 100 000 |
| 投资性房地产减值准备 | 900 000 |
| 盈余公积 | 200 000 |
| 利润分配——未分配利润 | 1 800 000 |
| 贷:投资性房地产 | 85 000 000 |

## 四、投资性房地产的后续支出

### (一) 投资性房地产后续支出的处理原则

投资性房地产的后续支出,是指投资性房地产在持有期间发生的与投资性房地产使用效能直接相关的各种支出,如改建扩建支出、装修装潢支出、日常维修支出等。

企业为了使投资性房地产更加坚固耐用而对其进行改建扩建所发生的支出,以及为了提高投资性房地产使用效能而对其进行装修装潢所发生的支出,能导致流入的经济利益超过原先的估计,则满足了投资性房地产的确认条件,应当将其资本化,计入投资性房地产的成本。

企业为了保持投资性房地产的正常使用效能而对其进行日常维护和修理所发生的支出,并未导致流入的经济利益超过原先的估计,则不满足投资性房地产的确认条件,应当将其费用化,在支出发生时计入当期损益。

### (二) 资本化的后续支出

企业对某项投资性房地产进行改扩建等再开发且将来仍作为投资性房地产的,再开发期间应继续将其作为投资性房地产,再开发期间不计提折旧或摊销。

采用成本模式计量的,在投资性房地产进入改良或装修阶段后,应将其账面价值转入"投资性房地产——在建"科目,借记"投资性房地产——在建""投资性房地产累计折旧(摊销)"等科目,贷记"投资性房地产"(账面原价)科目;发生资本化的改良或装修支出,计入投资性房地产的成本,借记"投资性房地产——在建"科目,贷记"银行存款""工程物资""原材料""应交税费"等科目;改良或装修完成后,应当从在建的投资性房地产科目转回,借记"投资性房地产"科目,贷记"投资性房地产——在建"科目。

采用公允价值模式计量的,在投资性房地产进入改良或装修阶段后,按其账面价值借记"投资性房地产——在建"科目,贷记"投资性房地产——成本"(账面原价)、贷记或借记"投资性房地产——公允价值变动"(累计变动额)科目;发生资本化的改良或装修支出,借记"投资性房地产——在建"科目,贷记"银行存款""工程物资""原材料""应交税费"等科目;改良或装修完成后,将在建的投资性房地产转回时,借记"投资性房地产——成本"科目,贷记"投资性房地产——在建"科目。

**【例 8–7】** 甲公司采用成本模式对投资性房地产进行后续计量。2×19 年 3 月,甲公司与乙公司签订的一项厂房经营租赁合同即将到期,该厂房原价为 4 000 万元,已计提折旧 1 200 万元。为了提高厂房的租金收入,甲公司决定在租赁期满后对厂房进行改扩建,并与丙公司签订了经营租赁合同,约定自改扩建完工时将厂房出租给丙公司。同年 3 月 15 日,与乙公司的租赁合同到期,厂房随即进入改扩建工程,用银行存款支付改扩建支出共计 250 万元。同年 12 月 10 日,厂房改扩建工程完工,并按照租赁合同出租给丙公司。

甲公司的会计处理如下：

(1) 2×19 年 3 月 15 日，投资性房地产转入改扩建工程。

借：投资性房地产——厂房（在建） 28 000 000

投资性房地产累计折旧 12 000 000

贷：投资性房地产——厂房 40 000 000

(2) 2×19 年 3 月 15 日至 12 月 10 日。

借：投资性房地产——厂房（在建） 2 500 000

贷：银行存款 2 500 000

(3) 2×19 年 12 月 10 日，改扩建工程完工。

借：投资性房地产——厂房 30 500 000

贷：投资性房地产——厂房（在建） 30 500 000

【例 8-8】 假定甲公司采用公允价值模式对投资性房地产进行后续计量。2×19 年 3 月，甲公司与乙公司签订的一项厂房经营租赁合同即将到期，该厂房账面价值为 2 400 万元，其中成本 2 000 万元，累积公允价值变动 400 万元。为了提高厂房的租金收入，甲公司决定在租赁期满后对厂房进行改扩建，并与丙公司签订了经营租赁合同，约定自改扩建完工时将厂房出租给丙公司。同年 3 月 15 日，与乙公司的租赁合同到期，厂房随即进入改扩建工程，用银行存款支付改扩建支出共计 230 万元。同年 11 月 10 日，厂房改扩建工程完工，当日按照租赁合同出租给丙公司。甲公司的会计处理如下：

(1) 2×19 年 3 月 15 日，投资性房地产转入改扩建工程。

借：投资性房地产——厂房（在建） 24 000 000

贷：投资性房地产——成本 20 000 000

——公允价值变动 4 000 000

(2) 2×19 年 3 月 15 日至 11 月 10 日。

借：投资性房地产——厂房（在建） 2 300 000

贷：银行存款 2 300 000

(3) 2×19 年 11 月 10 日，改扩建工程完工。

借：投资性房地产——成本 26 300 000

贷：投资性房地产——厂房（在建） 26 300 000

### （三）费用化的后续支出

企业发生的与投资性房地产有关的后续支出，如果不满足投资性房地产的确认条件，应当在发生时计入当期损益，即借记“其他业务成本”科目，贷记“银行存款”“原材料”等科目。

【例 8-9】 2×19 年 1 月 23 日，甲公司对某项投资性房地产进行日常维修，维修过程中领用本公司原材料一批，价值 12 000 元，支付维修人员工资 3 800 元。甲公司的会计处理如下：

借：其他业务成本 15 800

贷：原材料 12 000

应付职工薪酬 3 800

**专栏 8-3**

**《国际会计准则第 40 号——投资性房地产》中的有关规定**

(1) 关于范围。

准则规定：自用房地产、在正常经营过程中销售或者为销售而处于建造或开发的房地产、融资租赁下出租给另一主体的房地产等不属于投资性房地产。其中，并未涉及闲置土地。换言之，闲置土地属于本准则规定的投资性房地产。

(2) 关于后续计量。

准则规定：企业可选择成本模式或公允价值模式作为其会计政策，并将选定的会计政策用于全部投资性房地产。同时，鼓励投资性房地产根据独立评估师在资产负债表日确定的公允价值进行列报。准则并未规定公允价值模式的使用条件，如果企业能够在持续的基础上可靠地计量投资性房地产的公允价值，则准则主张企业采用公允价值模式，且公允价值变动产生的利得或损失应在产生当期确认为损益。

(3) 关于投资性房地产转换。

在公允价值模式下投资性房地产转换的入账价值，IAS40 和我国准则的规定均是按公允价值入账，但当账面价值和公允价值存在差异时，有不同的处理方法。IAS40 对其差额均在当期损益中确认；我国采用分别对待处理，差额为正数，计入所有者权益中；差额为负数，计入当期损益，从而体现了谨慎性的要求。

(4) 关于公允价值的确定。

准则要求执行《国际财务报告准则第 13 号——公允价值计量》中的相关规定。

# 第四节　投资性房地产的转换和处置

## 一、投资性房地产的转换

### (一) 投资性房地产转换形式和转换日

房地产的转换，是因房地产用途发生改变而对房地产进行的重新分类。这里所说的房地产转换是针对房地产用途发生改变而言的，而不是后续计量模式的转变。企业必须有确凿证据表明房地产用途发生改变，才能将投资性房地产转换为非投资性房地产或者将非投资性房地产转换为投资性房地产。这里的确凿证据包括两个方面：一是企业董事会或类似机构应当就改变房地产用途形成正式的书面决议；二是房地产因用途改变而发生实际状态上的改变，如从自用状态改为出租状态。

转换日是指房地产的用途发生改变、状态相应发生改变的日期。转换日的确定关系到资产的确认时点和入账价值。房地产的转换形式及其转换日的具体确定如下：

(1) 投资性房地产开始自用，即投资性房地产转为自用房地产。此种情况下，转换日为房地产达到自用状态，企业开始将房地产用于生产商品、提供劳务或者经营管理的日期。

(2) 作为存货的房地产改为出租，即房地产开发企业将其持有的开发产品以经营租赁的方式出租，存货相应地转换为投资性房地产。此种情况下，转换日为房地产的租赁期开始日。租赁期开始日是指承租人有权行使其使用租赁资产权利的日期。

(3) 自用建筑物或土地使用权停止自用，改为出租，即企业将原本用于生产商品、提供劳务或者经营管理的房地产改用于出租，固定资产或土地使用权相应地转换为投资性房地产。此种情况下，转换日为租赁期开始日。

(4) 自用土地使用权停止自用，改用于资本增值，即企业将原本用于生产商品、提供劳务或者经营管理的土地使用权改用于资本增值，土地使用权相应地转换为投资性房地产。此种情况下，转换日为自用土地使用权停止自用后确定用于资本增值的日期。

(5) 投资性房地产转为存货，即房地产开发企业将用于经营租赁的开发产品收回，重新用于对外销售，相应地由投资性房地产转为存货。此种情况下，转换日为租赁期届满，企业董事会或类似机构做出书面决议明确表明将其重新用于对外销售的日期。

### (二) 非投资性房地产转换为投资性房地产

1. 成本模式下的转换

企业将非投资性房地产转换为采用成本模式计量的投资性房地产时，应当按该项房地产在转换日的账面价值，作为投资性房地产的入账价值。

(1) 将自用房地产转换为投资性房地产。将自用土地使用权或建筑物转换为采用成本模式计量的投资性房地产时，应当按该项建筑物或土地使用权在转换日的原价、累计折旧或摊销、减值准备等，分别转入“投资性房地产”“投资性房地产累计折旧(摊销)”“投资性房地产减值准备”科目。转换日，按其账面价值借记“投资性房地产”科目，贷记“固定资产”或“无形资产”科目；按已计提的折旧或摊销，借记“累计摊销”或“累计折旧”科目，贷记“投资性房地产累计折旧(摊销)”科目；原已计提减值准备的，借记“固定资产减值准备”或“无形资产减值准备”科目，贷记“投资性房地产减值准备”科目。

**【例 8-10】** 甲公司采用成本模式对投资性房地产进行后续计量，按年计提折旧和摊销。有关资料如下(不考虑增值税因素)：

① 2×15 年 10 月 2 日，甲公司以 2 000 万元购入一宗土地使用权，预计使用年限为 50 年，取得当日即开始建造一栋写字楼。2×16 年 12 月写字楼建造完成并交付公司管理部门使用，建造成本为 40 000 万元(包含建造期间土地使用权的摊销)，预计使用年限为 40 年。写字楼和土地使用权的预计净残值均为零，均采用直线法计提折旧和摊销。

② 2×17 年 12 月 18 日，甲公司与乙公司签订租赁合同，合同约定：甲公司将上述写字楼整体出租给乙公司，租期为 3 年，年租金为 2 000 万元，从 2×18 年起每年年末支付。2×17 年 12 月 31 日为租赁期开始日。写字楼和土地使用权的原预计使用寿命、预计净残值和折旧(摊销)方式不变。

2×17 年 12 月 31 日，甲公司将写字楼及其土地使用权转为投资性房地产的会计分录如下(以万元为单位)：

| | |
|---|---|
| 借：投资性房地产——写字楼 | 40 000 |
| ——土地使用权 | 2 000 |

累计折旧　　(40 000÷40)1 000

累计摊销　　(2 000÷50×27÷12)90

贷:固定资产　　40 000

无形资产　　2 000

投资性房地产累计折旧　　1 000

投资性房地产累计摊销　　90

(2) 将作为存货的房地产转换为投资性房地产。将作为存货的房地产转换为采用成本模式计量的投资性房地产,应当按该项存货在转换日的账面价值,作为投资性房地产的入账价值。转换日,按其账面价值借记"投资性房地产"科目,原已计提跌价准备的,借记"存货跌价准备"科目;按其账面余额,贷记"开发产品"等科目。

**【例 8-11】** 2×19 年 3 月 10 日,甲房地产开发公司与乙公司签订了租赁协议,将其开发的一栋写字楼出租给乙公司,租赁期开始日为 2×19 年 4 月 15 日。租赁当日,该写字楼的账面价值为 48 000 万元,未计提存货跌价准备。假定甲公司采用成本模式对投资性房地产进行后续计量,4 月 15 日甲公司的会计处理如下:

借:投资性房地产——写字楼　　480 000 000

贷:开发产品　　480 000 000

2. 公允价值模式下的转换

企业将非投资性房地产转换为采用公允价值模式计量的投资性房地产时,应当按该项房地产在转换日的公允价值,作为投资性房地产的入账价值。原非投资性房地产的账面价值与公允价值的差额,应分情况处理:当公允价值小于原账面价值时,按其差额借记"公允价值变动损益"科目;当公允价值大于原账面价值时,按其差额贷记"其他综合收益"科目。

(1) 将自用房地产转换为投资性房地产。企业将自用的土地使用权或建筑物转换为采用公允价值模式计量的投资性房地产时,应当按该项土地使用权或建筑物在转换日的公允价值,借记"投资性房地产——成本"科目,按已计提的累计摊销或累计折旧,借记"累计摊销"或"累计折旧"科目;原已计提减值准备的,借记"无形资产减值准备""固定资产减值准备"科目。按其账面余额,贷记"固定资产"或"无形资产"科目。同时,转换日的公允价值小于账面价值的,按其差额借记"公允价值变动损益"科目;转换日的公允价值大于账面价值的,按其差额贷记"其他综合收益"科目。当该项投资性房地产处置时,因转换计入其他综合收益的部分应转入当期损益。

**【例 8-12】** 甲公司 2×19 年 2 月 1 日与其他方签订租赁合同,将本公司一栋原自用现已闲置的办公楼对外出租,年租金为 120 万元,自当日起租。甲公司该办公楼原价为 800 万元,累计已提折旧 100 万元,未计提减值准备。甲公司对投资性房地产采用公允价值模式进行后续计量,出租日根据同类资产的市场状况估计其公允价值为 1 700 万元。12 月 31 日,该办公楼的公允价值为 1 800 万元,当日甲公司一次性收取第一年租金 120 万元。(不考虑相关税费)

甲公司 2×19 年有关交易事项的会计分录如下:

① 2 月 1 日,将办公楼对外出租时。

借：投资性房地产——成本　　17 000 000
　　累计折旧　　1 000 000
　　贷：固定资产　　8 000 000
　　　　其他综合收益　　10 000 000

②12月31日，期末公允价值变动。

借：投资性房地产——公允价值变动　　1 000 000
　　贷：公允价值变动损益　　1 000 000

③12月31日，取得租金收入。租金收入 =120÷12×11=110(万元)。

借：银行存款　　1 200 000
　　贷：其他业务收入　　1 100 000
　　　　预收账款　　100 000

(2) 将作为存货的房地产转换为投资性房地产。企业将作为存货的房地产转换为采用公允价值模式计量的投资性房地产，应当按该项房地产在转换日的公允价值，作为投资性房地产的入账价值。即按转换日的公允价值，借记“投资性房地产——成本”科目；按已计提的跌价准备借记“存货跌价准备”科目；按其账面价值，贷记“开发产品”等科目。同时，转换日的公允价值小于账面价值的，按其差额，借记“公允价值变动损益”科目；转换日的公允价值大于账面价值的，按其差额，贷记“其他综合收益”科目。待该项投资性房地产最终处置时，转换日计入其他综合收益的金额应转入当期损益。

**【例8-13】** 2×19年3月10日，甲房地产开发公司与乙公司签订了租赁协议，将其开发的一栋写字楼出租给乙公司，租赁期开始日为2×19年4月15日。租赁当日，该写字楼的账面价值为48 000万元，公允价值为47 000万元。2×19年12月31日，该项投资性房地产的公允价值为47 500万元。假定甲公司采用公允价值模式进行后续计量，则其会计处理如下：

①2×19年4月15日，将写字楼对外出租。

借：投资性房地产——成本　　470 000 000
　　公允价值变动损益　　10 000 000
　　贷：开发产品　　480 000 000

②2×19年12月31日，期末公允价值变动。

借：投资性房地产——公允价值变动　　5 000 000
　　贷：公允价值变动损益　　5 000 000

### (三) 投资性房地产转换为非投资性房地产

1. 成本模式下的转换

(1) 将投资性房地产转换为自用房地产。企业将原本用于赚取租金或资本增值的房地产改用于生产商品、提供劳务或者经营管理，投资性房地产相应地转换为固定资产或无形资产。例如，企业将出租的厂房收回，并用于生产本企业的产品。

成本模式下，企业将投资性房地产转换为自用房地产，应当按该项投资性房地产在转换日的账面价值、累计折旧或摊销、减值准备等，分别转入“固定资产”“累计折旧(摊销)”“固定资产减值准备”等科目；按投资性房地产的账面余额，借记“固定资产”或“无形资产”科目，贷记“投资性房地产”科目；按已计提的折旧或摊销，借记“投资性房地产累计折旧（摊销）”科目，贷记“累计折旧”或“累计摊销”科目；原已计提减值准备的，借记“投资性房地产减值准备”科目，贷记“固定资产减值准备”或“无形资产减值准备”科目。

**【例 8–14】** 甲公司采用成本计量模式。2×19 年 8 月 1 日，甲公司将出租在外的厂房收回，开始用于本公司生产商品。该项房地产账面价值为 1 880 万元。其中，原价 2 500 万元，累计已提折旧 620 万元。

甲公司的会计处理如下：

| | | |
|---|---|---|
| 借：固定资产 | 25 000 000 | |
| 　　投资性房地产累计折旧 | 6 200 000 | |
| 　　贷：投资性房地产 | | 25 000 000 |
| 　　　　累计折旧 | | 6 200 000 |

（2）将投资性房地产转换为存货。房地产开发企业将用于经营出租的房地产重新开发用于对外销售的，投资性房地产相应地转换为存货。

企业将投资性房地产转换为存货时，应当按照该项投资性房地产在转换日的账面价值，借记“开发产品”科目；按照已计提的折旧或摊销，借记“投资性房地产累计折旧（摊销）”科目；原已计提减值准备的，借记“投资性房地产减值准备”科目；按其账面余额，贷记“投资性房地产”科目。

2. 公允价值模式下的转换

（1）将投资性房地产转为自用房地产。企业将采用公允价值模式计量的投资性房地产转换为自用房地产时，应当以其转换日的公允价值作为自用房地产的账面价值，公允价值与原账面价值的差额计入当期损益。

转换时，按该项投资性房地产的公允价值，借记“固定资产”或“无形资产”等科目；按该项投资性房地产的成本，贷记“投资性房地产——成本”科目；按该项投资性房地产的累计公允价值变动，贷记或借记“投资性房地产——公允价值变动”科目；按其差额，贷记或借记“公允价值变动损益”科目。

**【例 8–15】** 2×19 年 1 月 1 日，甲公司将一项出租的土地使用权收回，并计划在该土地上建造厂房。转换日，该土地使用权的公允价值为 2 000 万元，原账面价值为 1 800 万元，其中，成本为 1 500 万元，公允价值变动为增值 300 万元。甲公司对该出租土地使用权采用公允价值模式进行后续计量，其会计处理如下：

| | | |
|---|---|---|
| 借：无形资产——土地使用权 | 20 000 000 | |
| 　　贷：投资性房地产——成本 | | 15 000 000 |
| 　　　　投资性房地产——公允价值变动 | | 3 000 000 |
| 　　　　公允价值变动损益 | | 2 000 000 |

（2）将投资性房地产转换为存货。企业将采用公允价值模式计量的投资性房地产转换为存货时，应当以其转换日的公允价值作为存货的账面价值，公允价值与原账面价值的差额计入当期损益。

转换时，按该项投资性房地产的公允价值，借记“开发产品”科目；按该项投资性房地产的成本，贷记“投资性房地产——成本”科目；按该项投资性房地产的累计公允价值变动，贷记或借记“投资性房地产——公允价值变动”科目；按其差额，贷记或借记“公允价值变动损益”科目。

**【例 8–16】** 甲房地产开发公司将其开发的部分写字楼用于对外经营租赁。2×19 年 10 月 15 日，因租赁期满，甲公司将出租的写字楼收回，并做出书面决议，将该写字楼重新开发用于对外销售，即由投资性房地产转换为存货。当日公允价值为 5 800 万元，原账面价值为 5 600 万元，其中，成本为 5 000 万元，公允价值增值为 600 万元。该项房地产在转换前采用公允价值模式计量，则甲公司的会计处理如下：

| | | |
|---|---|---|
| 借：开发产品 | 58 000 000 | |
| 　贷：投资性房地产——成本 | | 50 000 000 |
| 　　　　　　　　——公允价值变动 | | 6 000 000 |
| 　　公允价值变动损益 | | 2 000 000 |

## 二、投资性房地产的处置

投资性房地产的处置主要指投资性房地产的出售、报废和毁损。此外，企业因非货币性资产交换、债务重组、对外投资等而减少投资性房地产的情形，也属于投资性房地产的处置。当投资性房地产被处置，或者永久退出使用且预计不能从其处置中取得经济利益时，应当终止确认该项投资性房地产。企业出售、转让、报废投资性房地产或者发生投资性房地产毁损，应当将处置收入扣除其账面价值和相关税费后的金额计入当期损益。

### （一）采用成本模式计量的投资性房地产的处置

企业在出售、转让采用成本模式计量的投资性房地产时，应当按照收到的金额，借记“银行存款”等科目，贷记“其他业务收入”科目。按照投资性房地产的账面价值，借记“其他业务成本”科目；已计提的折旧或摊销，借记“投资性房地产累计折旧（摊销）”科目；已计提的投资性房地产减值准备，借记“投资性房地产减值准备”科目。按照投资性房地产的账面原值，贷记“投资性房地产”科目。

**【例 8–17】** 甲公司将一栋厂房对外出租。租赁期届满后，甲公司将该栋厂房出售给乙公司，合同价款为 15 000 万元，乙公司用银行存款付清。出售时，该栋厂房的成本为 13 000 万元，已计提折旧 1 600 万元。假设这栋厂房原采用成本模式计量，不考虑相关税费。甲公司的会计处理如下：

| | | |
|---|---|---|
| 借：银行存款 | 150 000 000 | |
| 　贷：其他业务收入 | | 150 000 000 |
| 借：其他业务成本 | 114 000 000 | |
| 　　投资性房地产累计折旧 | 16 000 000 | |
| 　贷：投资性房地产——厂房 | | 130 000 000 |

### （二）采用公允价值模式计量的投资性房地产的处置

企业在出售、转让采用公允价值模式计量的投资性房地产时，应当按照收到的款项，借记“银行存款”等科目，贷记“其他业务收入”科目；按照该项投资性房地产的账面余额，借记“其他业务成本”科目，按其成本，贷记“投资性房地产——成本”科目；按其累计公允价值变动，贷记或借记“投资性房地产——公允价值变动”科目。同时，结转投资性房地产累计公允价值变动，借记或贷记“公允价值变动损益”科目，贷记或借记“其他业务成本”科目。若存在原转换日计入其他综合收益的金额，也一并结转，借记“其他综合收益”科目，贷记“其他业务成本”科目。

【例 8–18】 2×17 年 3 月 20 日，甲公司与乙公司签订了租赁协议，将其自用的一栋办公楼出租给乙公司，租期 2 年，租赁期开始日为 2×17 年 4 月 1 日。该办公楼的账面原值为 28 000 万元，截至 2×17 年 3 月 31 日，累计已提折旧 3 360 万元。租赁当日，办公楼公允价值为 26 000 万元；2×17 年 12 月 31 日，办公楼公允价值为 25 000 万元；2×18 年 12 月 31 日，办公楼公允价值为 27 000 万元。2×19 年 3 月 31 日，租赁期届满，公司收回办公楼，并以 27 900 万元出售，款项已收讫。甲公司对投资性房地产采用公允价值模式计量，则其会计处理如下（假定不考虑相关税费）：

投资性房地产后续计量模式变更追溯调整法运用的讨论

(1) 2×17 年 4 月 1 日，办公楼出租。

| | | |
|---|---|---|
| 借：投资性房地产——办公楼（成本） | 260 000 000 | |
| 　　累计折旧 | 33 600 000 | |
| 　贷：固定资产 | | 280 000 000 |
| 　　　其他综合收益 | | 13 600 000 |

(2) 2×17 年 12 月 31 日，期末公允价值变动。

| | | |
|---|---|---|
| 借：公允价值变动损益 | 10 000 000 | |
| 　贷：投资性房地产——办公楼（公允价值变动） | | 10 000 000 |

(3) 2×18 年 12 月 31 日，期末公允价值变动。

| | | |
|---|---|---|
| 借：投资性房地产——办公楼（公允价值变动） | 20 000 000 | |
| 　贷：公允价值变动损益 | | 20 000 000 |

(4) 2×19 年 3 月 31 日，出售办公楼。

| | | |
|---|---|---|
| 借：银行存款 | 279 000 000 | |
| 　贷：其他业务收入 | | 279 000 000 |
| 借：其他业务成本 | 270 000 000 | |
| 　贷：投资性房地产——成本 | | 260 000 000 |
| 　　　　　　　　——公允价值变动 | | 10 000 000 |
| 借：公允价值变动损益 | 10 000 000 | |
| 　贷：其他业务成本 | | 10 000 000 |
| 借：其他综合收益 | 13 600 000 | |
| 　贷：其他业务成本 | | 13 600 000 |

## 本章小结

投资性房地产的范围包括已出租的土地使用权、持有并准备增值后转让的土地使用权、已出租的建筑物。自用房地产和作为存货的房地产不属于投资性房地产。

投资性房地产后续计量有两种模式：成本模式和公允价值模式，同一企业只能采用一种模式对所有投资性房地产进行后续计量。成本模式下，投资性房地产后续计量与固定资产、无形资产无差别，要计提折旧、摊销额、减值准备；公允价值模式下，无须计提折旧、摊销额、减值准备。后续计量模式的变更应当作为会计政策变更，进行追溯调整。不允许从公允价值模式变更为成本模式。

企业必须有确凿证据表明房地产用途发生改变，才能将投资性房地产转换为非投资性房地产或者将非投资性房地产转换为投资性房地产。成本计量模式下，投资性房地产的转换可以概括为一对一转换，即原值对原值，折旧对折旧，减值对减值。公允价值计量模式下，非投资性房地产转换为投资性房地产时，产生的贷方差额计入“其他综合收益”，待投资性房地产处置时再转入损益，其余转换产生的差额，计入“公允价值变动损益”。

企业出售、转让、报废投资性房地产或者发生投资性房地产毁损时，应当将处置收入扣除其账面价值和相关税费后的金额计入当期损益。

## 复习思考题

1. 什么是投资性房地产？投资性房地产主要包括哪些项目？
2. 投资性房地产与企业自用的房地产有什么区别？
3. 投资性房地产的确认条件是什么？
4. 投资性房地产采用公允价值计量模式应满足哪些条件？
5. 如何处理投资性房地产后续计量模式的变更？
6. 投资性房地产转换的主要形式有哪些？
7. 两种后续计量模式下，投资性房地产转换的会计处理有何不同？

## 即测即评

请扫描右侧二维码，进行随堂测试。

# 第九章　资产减值

## 学习目标

通过本章学习，应能够：了解资产减值的相关概念和适用范围；理解资产减值的基本原理；掌握资产可回收金额的计算方法和减值损失的账务处理；了解资产组与资产组组合的定义；熟悉对资产组、总部资产以及商誉进行减值测试的方法以及相关减值损失的账务处理。

### 导读案例

**圣济堂计提大额资产减值　准备全年预计亏损逾 17 亿元**

贵州圣济堂医药产业股份有限公司（简称：圣济堂，交易代码：600227）是一家在上海证券交易所挂牌上市的公司，主营业务涉及生物医药领域。圣济堂于 2019 年 10 月 30 日发布三季报，显示圣济堂对其子公司桐梓化工的资产及设备计提减值准备 16.49 亿元，由此造成公司 2019 年前三季度归属于上市公司股东的净利润亏损 16.74 亿元，预计公司 2019 年全年将亏损约 17.24 亿元。圣济堂对计提巨额资产减值准备给予的理由是，受化工业务主要产品价格下滑且短期内难以复苏等不利因素影响，公司于三季度对全资子公司桐梓化工存在减值迹象的生产设备及其相关资产计提资产减值准备。圣济堂计提大额减值准备的行为引起了投资者的质疑。上海证券交易所在圣济堂披露三季报的当日下发问询函，要求其说明计提大额资产减值准备的判断依据及合理性，说明是否存在前期资产减值应计提未计提或计提不充分的情形。

什么是资产减值？如何判断资产存在减值迹象？资产减值的原理是什么？在账务处理中如何确认和计量与资产减值的相关经济业务？资产减值对公司的经营业绩产生怎样的影响？这一系列问题都有待通过本章的学习给予解答。

资料来源：编者整理。

# 第一节 资产减值的原理

## 一、资产减值概述

根据资产的定义，预期能给企业带来经济利益是资产的一项基本特征。显然，如果某一事项不能给企业带来经济利益，那么该项目就不应在会计系统中予以确认并记录，这是因为该项目不符合资产的定义。如果某一事项带来的经济利益低于以历史成本为基础的账面价值时，表明该事项的实际价值低于账面记录的价值，如果再以原账面价值计量该项资产，就会造成会计信息扭曲，无法反映该资产的当前经营状况和盈利能力。一般而言，当资产的可回收金额低于其账面价值时，表明资产发生了减值。此时，企业应当将资产的账面价值减记至可回收金额，以便正确反映持有资产的实际价值；同时确认资产减值损失，反映因持有资产导致的经济利益下降而形成的价值损失。

### （一）资产减值的适用范围

从资产减值的概念来看，当资产发生减值时，原则上应当对发生的减值损失及时进行确认和计量。理论上，资产减值涉及的范围应涵盖企业的所有资产。然而，各项资产的特性不同，其减值的原理和会计处理方法有所不同，各项资产减值适用的具体准则也存在差异。本章涉及发生减值的资产是指以下非流动资产，具体包括：①对子公司、联营企业和合营企业的长期股权投资；②采用成本模式进行后续计量的投资性房地产；③固定资产；④生产性生物资产；⑤无形资产；⑥商誉；⑦探明石油天然气矿区权益和井及相关设施。这些资产通常属于非流动资产。由于上述非流动资产在企业中存续时间长，加之市场环境的变化、科学技术的进步以及企业经营管理不善等原因，可能导致这些资产创造未来经济利益的能力大幅下降。因而，这些非流动资产在进入企业后，其真实价值有可能低于账面价值。

其他类型资产的减值处理

### （二）资产减值的迹象与测试

资产减值涉及的第一个问题是，企业是否需要在资产负债表日对所有资产进行减值测试？减值测试，是指确定一项资产的可收回金额，并比较其账面价值，以确定该资产是否发生减值。确定一项非流动资产可收回金额的难度较大、执行成本较高，尤其是确定一项非流动资产在持续使用中的未来现金流量可能存在很大的困难。目前，国际通行惯例是，在资产负债表日不必对所有资产进行减值测试，只有当存在迹象表明某项资产很可能发生减值时，才进行减值测试。采取此种做法的主要原因在于，如果在资产负债表日对所有资产都进行减值测试，企业将承担过高的执行成本，显然这不符合成本效益原则。虽然不必对所有资产（除使用寿命不确定的无形资产和商誉外）逐项进行减值测试，但必须对每项资产在资产负债表日是否发生减值做出初步判断。因此，可行的替代方案是，在资产负债表日逐项评估每项资产是否存在减值的迹象，如果存在减值迹象，再考虑进行减值测试。请注意，评估是否存在减值迹象与进行减值测试是不同的概念，前者涉及对一些直观的现象做出初步判定，后者牵涉到货币金额的计量。

1. 资产减值的迹象

在资产负债表日，应当判断资产是否存在可能发生减值的迹象，主要可以从外部信息来源和内部信息来源两个方面加以判断。

(1) 企业外部信息来源。

第一，资产的市价在当期大幅下跌，其跌幅明显高于因时间推移或正常使用而预计的下跌。在市场经济条件下，资产的市场价格是其价值最为直观的体现。如果某一项资产的市场价格大幅度下跌，那么该项资产就有可能发生减值。

第二，企业经营所处的经济、技术或者法律等环境以及资产所处的市场在当期或者将在近期发生重大变化，从而对企业产生不利影响。在市场经济中，企业的生产经营和销售依赖于其所处的环境。企业经营环境的重大变化，必然对企业资产获取未来经济利益的能力产生重大影响，并且当存在负面影响时，企业的资产很可能发生减值。

第三，市场利率或市场的其他投资回报率在当期已经提高，从而影响计算资产预计未来现金流量现值时的折现率，导致资产可收回金额大幅降低。判断一项资产是否减值主要是比较该资产的账面价值是否高于其可收回金额。如果运用未来现金流量来计算一项资产的可收回金额，则该资产的未来现金流量与折现率将影响资产的可回收金额。事实上，该折现率与市场利率或市场的其他投资回报率之间存在一定的联动关系，当市场利率或市场的其他投资回报率上升时，该折现率很可能也随之上升。因此，当市场利率或市场的其他投资回报率在当期大幅提升时，依据资产预计未来现金流量现值计算的可回收金额将很可能大幅降低，从而表明该资产很可能发生减值。

第四，企业所有者权益（净资产）的账面价值远高于其市值。一般而言，企业净资产的账面价值远低于其市场价值，这是因为，净资产的账面价值是基于历史成本等计量属性获得的，而市场价值考虑了未来现金流量、资产协同等市场信息。当企业净资产的账面价值远高于其市值时，表明基于市场信息的企业资产获利能力大幅下降，远低于基于历史成本的计量金额，进而表明企业的资产很可能发生减值。

(2) 企业内部信息来源。

第一，如果有证据表明资产已经陈旧过时或者其实体已经损坏。这种情况将大大影响资产的生产能力，如生产出大量不合格产品等，从而降低了资产产生未来经济利益的能力，进而表明其可收回金额将降低。此时，资产就有可能发生了减值。

第二，资产已经或者将被闲置、终止使用或者计划提前处置。企业对一项资产做出闲置、终止使用或计划提前处理的决策往往是基于对该资产持续使用价值的综合考虑，如继续使用该资产产生的经济利益可能远低于企业外部生产带来的经济价值，或者缺少支撑该资产在企业内部继续使用的途径。此时，这些决策可能表明管理层预计资产的可收回金额大大低于其账面记录的金额。

第三，企业内部报告的证据表明，资产的经济绩效已经低于或者将低于预期。例如，资产所创造的净现金流量或者实现的营业利润远远低于原来的预算或者预计金额，资产发生的营业损失远远高于原来的预算或者预计金额，资产在建造或者收购时所需的现金支出远远高于最初的预算，资产在经营或者维护中所需的现金支出远远高于最初的预算等。

需要强调的是,上述列举的资产减值迹象并不能穷尽所有的减值迹象,企业应当根据实际情况来判定资产可能发生减值的迹象。在实务中,出现上述迹象,也不必然表明该资产发生减值,企业需要在综合考虑各方面因素的基础上,做出合理的职业判断。

2. 资产减值的测试

(1) 进行资产减值测试的时间。如果有确凿证据表明一项资产存在减值迹象,应当对该资产进行减值测试,估计该资产的可收回金额。一项资产是否存在减值迹象是该资产是否需要进行减值测试的必要前提,但是以下资产除外,即因企业合并形成的商誉和使用寿命不确定的无形资产。对于这些资产,无论是否存在减值迹象,都应当至少于每年年末对其进行减值测试。主要原因在于,因企业合并所形成的商誉和使用寿命不确定的无形资产在后续计量中不再进行摊销,但是考虑到这些资产产生的未来经济利益的金额和获利方式均具有较高的不确定性,为了避免资产价值被高估,应及时确认商誉和使用寿命不确定的无形资产的减值损失,如实反映企业财务状况和经营成果。另外,对于尚未达到可使用状态的无形资产,由于其价值具有较大的不确定性,也应当于每年年末进行减值测试。

(2) 进行减值测试时无须估计可回收金额的特殊情况。企业在判断资产减值迹象的基础上决定是否需要估计资产可收回金额,应当遵循重要性原则。根据这一原则,企业资产存在下列情况的,可以不估计其可收回金额:

第一,以前报告期间的计算结果表明,资产可收回金额远高于其账面价值,之后又没有发生消除这一差异的交易或者事项的,企业在资产负债表日可以不重新估计该资产的可收回金额。

第二,以前报告期间的计算与分析表明,资产可收回金额对于一种或者多种减值迹象反应不敏感,在本报告期间又发生了这些减值迹象的,在资产负债表日企业不需因为上述减值迹象的出现而重新估计该资产的可收回金额。比如,在当期市场利率或其他市场投资回报率提升的情况下,如果企业计算资产未来现金流量现值时所采用的折现率不大可能受到该市场利率或者其他市场投资报酬率提高的影响;或者即使会受到影响,但以前期间的可收回金额敏感性分析表明,该资产预计未来现金流量也很可能相应增加,因而不大可能导致资产的可收回金额大幅下降的,企业可以不必对资产可收回金额进行重新估计。

## 二、资产可回收金额的计量

### (一) 估计资产可回收金额的基本方法

企业资产存在减值迹象的,应当估计其可收回金额,然后将预计的资产可收回金额与其账面价值相比较,以确定资产是否发生减值,以及是否需要计提资产减值准备,并确认相应的减值损失。在估计资产可收回金额时,原则上应当以单项资产为基础;企业难以对单项资产的可收回金额进行估计的,应当以该资产所属的资产组为基础确定资产组的可收回金额。除特别指明外,本章提及的资产既指单项资产,也指资产组。

估计资产可收回金额,应当根据其公允价值减去处置费用后的净额与资产预计未来现金流量的现值两者之间较高者确定。这样处理的内在逻辑是:企业通常可以通过两种途径回收资产的价值,一是通过处置该资产获得现金流量,二是通过持续使用该资产获得其产生的未来现金流量,显然企业理性地做出决策应选择最大化收回资产价值的途径。因此,估计资产的可收回金额,通常需要同时估计该资产的公允价值减去处置费用后的净额和资产预计未来现金流量的现值。但是,在下列情况下,可以有例外或者做特殊考虑:

(1) 资产的公允价值减去处置费用后的净额与资产预计未来现金流量的现值,只要有一项超过了资产的账面价值,就表明资产没有发生减值,不需再估计另一项金额。

(2) 没有确凿证据或者理由表明,资产预计未来现金流量现值显著高于其公允价值减去处置费用后的净额的,可以将资产的公允价值减去处置费用后的净额视为资产的可收回金额。企业持有待售的资产往往属于这种情况,即该资产在持有期间(处置之前)所产生的现金流量可能很少,其最终取得的未来现金流量往往就是资产的处置净收入。在这种情况下,以资产公允价值减去处置费用后的净额作为其可收回金额是适宜的,因为资产的未来现金流量现值不大会显著高于其公允价值减去处置费用后的净额。

(3) 资产的公允价值减去处置费用后的净额无法可靠估计的,应当以该资产预计未来现金流量的现值作为其可收回金额。

### (二) 估计资产的公允价值减去处置费用后的净额

资产的公允价值减去处置费用后的净额,通常反映的是资产如果被出售或者处置时可以收回的净现金收入。其中,资产的公允价值是指市场参与者在计量日发生的有序交易中,出售一项资产所能收到或者转移一项负债所需支付的价格;处置费用是指可以直接归属于资产处置的增量成本,包括与资产处置相关的法律费用、相关税费、搬运费以及为使资产达到可销售状态所发生的直接费用等,财务费用和所得税费用等不包括在内。通常,财务费用和所得税费用等与处置资产无关,这是因为,财务费用是与融资行为相关的费用,是否处置资产企业均需要支付融资费用,同理,持续使用或处置该资产也均会产生所得税费用。

企业在估计资产的公允价值减去处置费用后的净额时,应当按照下列顺序进行:

首先,应当根据公平交易中资产的销售协议价格减去可直接归属于该资产处置费用的金额,确定资产的公允价值减去处置费用后的净额。这是估计资产的公允价值减去处置费用后的净额的最佳方法,企业应当优先采用这一方法。但是,在实务中,企业的资产往往都是内部持续使用的,取得资产的销售协议价格并不容易,为此,需要采用其他方法估计资产的公允价值减去处置费用后的净额。

其次,在资产不存在销售协议但存在活跃市场的情况下,应当根据该资产的市场价格减去处置费用后的金额确定。资产的市场价格通常应当按照资产的买方出价确定。但是,如果难以获得资产在估计日的买方出价,企业可以以资产最近的交易价格作为其公允价值减去处置费用后的净额的估计基础,其前提是资产的交易日和估计日之间,有关经济、市场环境等没有发生重大变化。

最后,在既不存在资产销售协议又不存在资产活跃市场的情况下,企业应当以可获取的最佳信息为基础,根据在资产负债表日如果处置资产的话,熟悉情况的交易双方自愿进行公平交易愿意提供的交易价格减去资产处置费用后的金额,估计资产的公允价值减去处置费用后的净额。在实务中,该金额可以参考同行业类似资产的最近交易价格或者结果进行估计。

需要强调的是，企业在估计资产的公允价值减去处置费用后的净额时，应该秉持可靠性优先的原则。如果企业按照上述要求仍然无法可靠估计资产的公允价值减去处置费用后的净额，应当以该资产预计未来现金流量的现值作为其可收回金额。

## （三）估计资产预计未来现金流量的现值

资产预计未来现金流量的现值，应当按照资产在持续使用过程中和最终处置时所产生的预计未来现金流量，选择恰当的折现率对其进行折现后的金额加以确定。因此，预计资产未来现金流量的现值，涉及三个方面的影响因素：①资产的预计未来现金流量；②资产的使用寿命；③折现率。其中，资产使用寿命的预计与固定资产、无形资产的使用寿命预计方法相同。

1. 资产未来现金流量的预计

（1）预计资产未来现金流量的期间和增长率。为了估计资产未来现金流量的现值，需要首先预计资产的未来现金流量，为此，企业管理层应当在合理和有依据的基础上对资产剩余使用寿命内整个经济状况进行最佳估计，并将资产未来现金流量的预计建立在经企业管理层批准的最近财务预算或者预测数据之上。但是，出于数据可靠性和便于操作等方面的考虑，建立在该预算或者预测基础上的预计现金流量最多涵盖 5 年，企业管理层如能证明更长的期间是合理的，可以涵盖更长的期间。其原因是，在通常情况下，要对期限超过 5 年的未来现金流量进行较为可靠的预测比较困难。即使企业管理层可以以超过 5 年的财务预算或者预测为基础对未来现金流量进行预计，企业管理层还应当确保这些预计的可靠性，并提供相应的证明，比如，根据过去的经验和实践，企业有能力而且能够对超过 5 年的期间做出较为准确的预测。

如果资产未来现金流量的预计还包括最近财务预算或者预测期之后的现金流量，企业应当以该预算或者预测期之后年份稳定的或者递减的增长率为基础进行估计。但是，企业管理层如能证明递增的增长率是合理的，可以以递增的增长率为基础进行估计。同时，所使用的增长率除了企业能够证明更高的增长率是合理的之外，不应当超过企业经营的产品、市场、所处的行业或者所在国家或者地区的长期平均增长率，或者该资产所处市场的长期平均增长率。在恰当、合理的情况下，该增长率可以是零或者负数。

需要说明的是，由于经济环境随时都在变化，资产的实际现金流量往往会与预计数之间存在差异，而且预计资产未来现金流量时的假设也有可能发生变化，因此，企业管理层在每次预计资产未来现金流量时，应当首先分析以前期间现金流量预计数与现金流量实际数出现差异的情况，以评判当期现金流量预计所依据的假设的合理性。通常情况下，企业管理层应当确保当期现金流量预计所依据的假设与前期实际结果相一致。

（2）资产预计未来现金流量应当包括的内容。预计的资产未来现金流量应当包括下列各项：

① 资产持续使用过程中预计产生的现金流入。

② 为实现资产持续使用过程中产生的现金流入所必需的预计现金流出（包括为使资产达到预定可使用状态所发生的现金流出）。该现金流出应当是可直接归属于或者可通过合理和一致的基础分配到资产中的现金流出，后者通常是指那些与资产直接相关的间接费用。对于在建工程、开发过程中的无形资产等，企业在预计其未来现金流量时，就应

当包括预期为使该类资产达到预定可使用状态(或者可销售状态)而发生的全部现金流出数。

③ 资产使用寿命结束时,处置资产所收到或者支付的净现金流量。该现金流量应当是在公平交易中,熟悉情况的交易双方自愿进行交易时,企业预期可从资产的处置中获取或者支付的减去预计处置费用后的金额。

(3) 预计资产未来现金流量应当考虑的因素。企业为了预计资产未来现金流量,应当综合考虑下列因素:

① 以资产的当前状况为基础预计资产未来现金流量。企业资产在使用过程中有时会因为修理、改良、重组等原因而发生变化,因此,在预计资产未来现金流量时,企业应当以资产的当前状况为基础,不应当包括与将来可能会发生的、尚未做出承诺的重组事项或者与资产改良有关的预计未来现金流量。这样处理的原因在于,未来可能发生的事项是否存在本身是不确定的,现代会计不能基于存在不确定性的事项反映经济行为。具体包括以下几层意思:

一是重组通常会对资产的未来现金流量产生影响,有时还会产生较大影响,因此,对于重组的界定就显得十分重要。这里所说的重组,专指企业制定和控制的,将显著改变企业组织方式、经营范围或者经营方式的计划实施行为。

二是企业已经承诺重组的,在确定资产的未来现金流量的现值时,预计的未来现金流入和流出数,应当反映重组所能节约的费用和由重组所带来的其他利益,以及因重组所导致的估计未来现金流出数。其中,重组所能节约的费用和由重组所带来的其他利益,通常应当根据企业管理层批准的最近财务预算或者预测数据进行估计;因重组所导致的估计未来现金流出数应当根据或有事项的相关规定所确认的因重组所发生的预计负债金额进行估计。

三是企业在发生与资产改良(包括提高资产的营运绩效)有关的现金流出之前,预计的资产未来现金流量仍然应当以资产的当期状况为基础,不应当包括因与该现金流出相关的未来经济利益增加而导致的预计未来现金流入金额。

四是企业未来发生的现金流出如果是为了维持资产正常运转或者资产正常产出水平而必要的支出或者属于资产维护支出,应当在预计资产未来现金流量时将其考虑在内。

② 预计资产未来现金流量不应当包括筹资活动和所得税收付产生的现金流量。企业预计的资产未来现金流量,不应当包括筹资活动产生的现金流入或者流出以及与所得税收付有关的现金流量。这是因为,一是所筹集资金的货币时间价值已经通过折现因素予以考虑;二是折现率要求是以税前基础计算确定的,因此,现金流量的预计也必须建立在税前基础上,这样可以有效地避免在资产未来现金流量现值的计算过程中可能出现的重复计算等问题,以保证现值计算的正确性。

③ 对通货膨胀因素的考虑应当和折现率相一致。企业在预计资产未来现金流量和折现率时,考虑因一般通货膨胀而导致物价上涨的因素,应当采用一致的基础。如果折现率考虑了因一般通货膨胀而导致的物价上涨影响因素,资产预计未来现金流量也应予以考虑;反之,如折现率没有考虑因一般通货膨胀而导致的物价上涨影响因素,资产预计未来现金流量也应当剔除这一影响因素。总之,在考虑通货膨胀因素的问题上,资产未来现金流量的预计和折现率的预计,应当保持一致。

④ 内部转移价格应当予以调整。在一些企业集团里，出于集团整体战略发展的考虑，某些资产生产的产品或者其他产出可能是供其集团内部其他企业使用或者对外销售的，所确定的交易价格或者结算价格基于内部转移价格，而内部转移价格很可能与市场交易价格不同。在这种情况下，为了如实测算企业资产的价值，就不应当简单地以内部转移价格为基础预计资产未来现金流量，而应当采用在公平交易中企业管理层能够达成的最佳的未来价格估计数进行预计。

(4) 预计资产未来现金流量的方法。预计资产未来现金流量，通常可以根据资产未来每期最有可能产生的现金流量进行预测。这种方法被称作传统法。它使用的是单一的未来每期预计现金流量和单一的折现率计算资产未来现金流量的现值。然而，在实务中，有时影响资产未来现金流量的因素较多，具有很强的不确定性，因此，使用单一的现金流量可能不能反映资产创造现金流量的实际情况。为此，企业应当采用期望现金流量法预计资产的未来现金流量。期望现金流量法，是指资产未来现金流量应当根据每期现金流量的期望值进行估计，每期现金流量的期望值按照各种可能情况下的现金流量乘以相应的发生概率加总计算。

【例 9-1】 福信公司拥有一台机器设备，该设备已经陈旧过时，其实体已经损坏，公司决定对该设备进行减值测试。由于该设备属于专属设备，无法取得其公允价值。该设备使用年限还剩余 3 年，公司预计该设备第一年产生现金流量 10 000 元的概率是 60%、8 000 元的概率是 40%，第二年产生现金流量 9 000 元的概率是 70%、6 000 元的概率是 30%，第三年产生现金流量 7 000 元的概率是 80%、3 000 元的概率是 20%。福信公司采用传统法预计资产未来现金流量。

传统法是指，预计资产未来现金流量，根据资产未来每期最有可能产生的现金流量进行预测。因此，该设备第 1 年预计现金流量为 10 000 元，第 2 年预计现金流量为 9 000 元，第 3 年预计现金流量为 7 000 元。

【例 9-2】 沿用例 9-1 假定福信公司预计该设备未来三年的现金流量情况见表 9-1。

表 9-1 各年现金流量概率分布及发生情况

单位：元

| 年数 | 产品行情好(30% 的可能性) | 产品行情一般(60% 的可能性) | 产品行情差(10% 的可能性) |
|---|---|---|---|
| 1 | 12 000 | 10 000 | 7 000 |
| 2 | 9 000 | 8 000 | 5 000 |
| 3 | 4 000 | 3 000 | 0 |

在这种情况下，采用期望现金流量法比传统法就更为合理。企业应当计算资产每年的预计未来现金流量如下：

第一年的预计现金流量(期望现金流量)：

$$12\ 000\times30\%+10\ 000\times60\%+7\ 000\times10\%=10\ 300\text{(元)}$$

第二年的预计现金流量(期望现金流量)：

$$9\ 000\times30\%+8\ 000\times60\%+5\ 000\times10\%=8\ 000\text{(元)}$$

第三年的预计现金流量(期望现金流量)：

$$4\,000\times30\%+3\,000\times60\%+0\times10\%=3\,000\text{（元）}$$

2. 预计折现率

计算资产未来现金流量现值时所使用的折现率应当是反映当前市场货币时间价值和资产特定风险的税前利率。该折现率是企业在购置或者投资资产时所要求的必要报酬率。需要说明的是，如果在预计资产的未来现金流量时已经对资产特定风险的影响做了调整，折现率的估计不需要考虑这些特定风险。如果用于估计折现率的基础是税后的，应当将其调整为税前的折现率，以便于与资产未来现金流量的估计基础相一致。

在实务中，折现率的确定，应当首先以该资产的市场利率为依据。如果该资产的利率无法从市场获得，可以使用替代利率估计。在估计替代利率时，企业应当充分考虑资产剩余寿命期间的货币时间价值和其他相关因素，比如资产未来现金流量金额及其时间的预计离散程度、资产内在不确定性的定价等。如果资产预计未来现金流量已经对这些因素作了有关调整，应当予以剔除。

在估计替代利率时，可以根据企业加权平均资金成本、增量借款利率或者其他相关市场借款利率做适当调整后确定。调整时，应当考虑与资产预计现金流量有关的特定风险以及其他有关政治风险、货币风险和价格风险等。

估计资产未来现金流量现值，通常应当使用单一的折现率。但是，如果资产未来现金流量的现值对未来不同期间的风险差异或者利率的期限结构反应敏感，企业应当在未来各不同期间采用不同的折现率。

3. 计算资产预计未来现金流量现值

在获得资产的未来现金流量和折现率的预计值后，可以通过将该资产的预计未来现金流量按照预计的折现率在预计的资产使用寿命里加以折现计算资产预计未来现金流量的现值。计算公式如下所示：

$$\text{资产未来现金流量的现值}=\sum[\text{第}\ t\ \text{年预计资产未来现金流量}\div(1+\text{折现率})^t]$$

**【例 9–3】** 浔江公司于 2×19 年年末对一台大型设备进行减值测试。该设备的账面价值为 3.6 亿元，预计尚可使用年限为 8 年，其公允价值减去处置费用后的净额难以确定，因此，企业需要通过计算其未来现金流量的现值确定资产的可收回金额。假定当初购置该设备用的资金是银行长期借款资金，借款年利率为 12%，浔江公司认为 12% 是该资产的最低必要报酬率，已考虑了与该资产有关的货币时间价值和特定风险。因此，在计算其未来现金流量现值时，使用 12% 作为其折现率(税前)。公司管理层批准的财务预算显示：公司将于 2×24 年更新该设备的核心部件，预计为此发生资本性支出 4 500 万元，这一支出将降低设备能耗、提升使用效率等，因此，将大大提高资产的运营绩效。

为了计算该设备在 2×19 年年末的未来现金流量现值，首先必须预计其未来现金流量。假定公司管理层批准的 2×19 年年末的该设备预计未来现金流量如表 9–2 所示。根据资产减值准则的规定，在 2×19 年年末预计资产未来现金流量时，应当以资产当时的状况为基础，不应考虑与该资产改良有关的预计未来现金流量。因此，尽管 2×24 年该设备的核心部件将进行更新以改良资产绩效，提高资产未来现金流量，但是在 2×19 年年末对其进行减值测试时，则不应将其包括在内，即应当以不包括资产改良影响金额的未来现金流量为基础计算，计算过程见表 9–2。

表 9-2 预计未来现金流量及现值计算

| 年份 | ① 预计未来现金流量(不包括改良的影响金额,万元) | ② 预计未来现金流量(包括改良的影响金额,万元) | ③ 折现率为 12% 的折现系数 | ④ 预计未来现金流量的现值(万元) ④=①×③ |
|---|---|---|---|---|
| 2×20 | 6 000 | | 0.892 9 | 5 357 |
| 2×21 | 5 920 | | 0.797 2 | 4 719 |
| 2×22 | 5 850 | | 0.711 8 | 4 164 |
| 2×23 | 5 810 | | 0.635 5 | 3 692 |
| 2×24 | 5 860 | | 0.567 4 | 3 325 |
| 2×25 | 5 830 | 7 290 | 0.506 6 | 2 953 |
| 2×26 | 5 780 | 7 280 | 0.452 3 | 2 614 |
| 2×27 | 5 800 | 7 300 | 0.403 9 | 2 343 |
| 合计 | | | | 29 167 |

由于在 2×19 年年末,该设备的账面价值(尚未确认减值损失)为 3.6 亿元,而其可收回金额为 29 167 万元,账面价值高于其可收回金额。因此,应当确认减值损失,并计提资产减值准备。应确认的减值损失为:36 000–29 167=6 833(万元)。

假定在 2×20—2×23 年该设备没有发生进一步减值的迹象。因此,不必再进行减值测试,无须计算其可收回金额。2×24 年发生了 4 500 万元的资本性支出,导致其未来现金流量增加,但由于固定资产减值一经确认不予转回。因此,在这种情况下,也不必计算其可收回金额。

4. 计算预计外币未来现金流量及其现值

企业使用的资产可能带来以外币计价的未来现金流量,在计算该资产的预计未来现金流量现值时,应遵从如下步骤:

(1) 以该资产所产生的未来现金流量的结算货币为基础预计其未来现金流量,并按照该货币适用的折现率计算资产的现值。

(2) 将该外币现值按照计算资产未来现金流量现值当日的即期汇率进行折算,从而折算成按照记账本位币表示的资产未来现金流量的现值。

(3) 在该现值基础上,比较资产公允价值减去处置费用后的净额以及资产的账面价值,以确定是否需要确认减值损失以及确认减值损失的金额。

## 三、资产减值损失的确认与计量

### (一) 资产减值损失确认与计量的一般原则

企业在对资产进行减值测试后,如果资产的可收回金额低于其账面价值,应当将资产的账面价值减记至可收回金额,减记的金额确认为资产减值损失,计入当期损益。同时,计提相应的资产减值准备。这样,企业当期确认的减值损失应当反映在其利润表中,而计提的资产减值准备应当作为相关资产的备抵项目,反映于资产负债表中。

资产减值损失确认后，减值资产的折旧或者摊销费用应当在未来期间做相应调整，以使该资产在剩余使用寿命内系统地分摊调整后的资产账面价值(扣除预计净残值)。例如，固定资产计提了减值准备后，固定资产账面价值将根据计提的减值准备相应抵减。因此，固定资产在未来计提折旧时，应当以新的固定资产账面价值为基础计提每期的折旧。

考虑到固定资产、无形资产、商誉等资产发生减值后，一方面价值回升的可能性比较小，通常属于永久性减值；另一方面从谨慎性原则考虑，为了避免确认资产重估增值和操纵利润，资产减值损失一经确认，在以后会计期间不得转回。

固定资产重估价

**(二) 资产减值损失的账务处理**

企业应当设置“资产减值损失”科目，用于核算确认的资产减值损失，设置资产类别的二级科目进行明细核算，反映各类资产在当期确认的资产减值损失金额。同时，按照资产类别设置各类资产的减值准备科目，用于核算计提的资产减值准备，如“固定资产减值准备”“在建工程减值准备”“投资性房地产减值准备”“无形资产减值准备”“商誉减值准备”“长期股权投资减值准备”“生产性生物资产减值准备”等科目。

当确定资产发生了减值时，应当按照“资产账面价值 - 资产可回收金额”的差额作为资产减值准备科目的账面期末余额，以“(资产账面价值 - 资产可回收金额) - 资产减值准备科目的期初余额”的差额作为本期应该计提的资产减值准备的实际金额。根据所确认的资产减值金额，借记“资产减值损失”科目，贷记“固定资产减值准备”“在建工程减值准备”“投资性房地产减值准备”“无形资产减值准备”“商誉减值准备”“长期股权投资减值准备”“生产性生物资产减值准备”等科目。在期末，应当将“资产减值损失”科目余额转入“本年利润”科目，结转后该科目应当没有余额。各资产减值准备科目累积每期计提的资产减值准备，直至相关资产被处置时才予以转出。

**【例 9–4】** 白城公司占西村公司有表决权股份的 80%，对西村公司构成控制。至 2×19 年 12 月 31 日，白城公司该项长期股权投资的账面价值为 5 000 万元，由于没有公开市场价格且不能可靠地计量其公允价值，按市场收益率计算，该项长期股权投资在 2×19 年 12 月 31 日预计未来现金流量现值为 4 280 万元。此外，白城公司拥有一项投资性房地产项目、一台机器设备和一项专利权，账面价值分别为 8 000 万元、1 200 万元、3 000 万元。白城公司对该投资性房地产采用成本计量，上述资产的公允价值减去处置费用后的净额分别为 7 700 万元、1 000 万元、2 500 元，难以获得这些资产的预计未来现金流量。其会计处理如下：

| | | |
|---|---|---|
| 借：资产减值损失——长期股权投资减值损失 | 7 200 000 | |
| 　　　　　　　——投资性房地产减值损失 | 3 000 000 | |
| 　　　　　　　——固定资产减值损失 | 2 000 000 | |
| 　　　　　　　——无形资产减值损失 | 5 000 000 | |
| 　贷：长期股权投资减值准备——西村公司 | | 7 200 000 |
| 　　　投资性房地产减值准备 | | 3 000 000 |
| 　　　固定资产减值准备 | | 2 000 000 |
| 　　　无形资产减值准备 | | 5 000 000 |

# 第二节 资产组的认定及减值处理

## 一、资产组的概念

企业应当以能够独立产生现金流入的资产为基础进行减值测试。然而，一些资产难以单独产生现金流量，必须与其他资产结合才能产生现金流入，导致其单项的可回收金额无法估计。在这种情况下，企业应当以该资产所属的资产组为基础确定资产组的可回收金额，对该资产组进行减值测试，进而确定该资产的减值情况。

### （一）资产组的定义

资产组是指企业可以认定的最小资产组合，它产生的现金流入应当基本上独立于其他资产或资产组，资产组应当由创造现金流入相关的资产组成。

### （二）认定资产组应当考虑的因素

(1) 资产组的认定，应当以资产组产生的主要现金流入是否独立于其他资产或者资产组的现金流入为依据。因此，资产组能否独立产生现金流入是认定资产组的最关键因素。

例如，企业的某一生产线、营业网点、业务部门等，如果能够独立于其他部门或者单位等创造收入、产生现金流，或者其创造的收入和现金流入绝大部分独立于其他部门或者单位，并且属于可认定的最小的资产组合，通常应将该生产线、营业网点、业务部门等认定为一个资产组。

(2) 资产组的认定，应当考虑企业管理层管理生产经营活动的方式（如是按照生产线、业务种类还是按照地区或者区域等）和对资产的持续使用或者处置的决策方式等。

例如，企业各生产线都是独立生产、管理和监控的，那么各生产线很可能应当认定为单独的资产组。如果某些机器设备是相互关联、互相依存的，其使用和处置是一体化决策的，那么，这些机器设备很可能应当认定为一个资产组。

### （三）资产组认定后不得随意变更

资产组一经确定后，在各个会计期间应当保持一致，不得随意变更。例如，在当年 A 设备属于甲资产组，那么在一般情况下，往后各年内 A 设备应当仍然属于甲资产组，不能随意划归为其他资产组。需要注意的是，由于企业重组、变更资产用途等原因，导致资产组构成确需变更的，企业可以进行变更，但企业管理层应当证明该变更是合理的，并应当在附注中作相应说明。

## 二、资产组减值测试

资产组减值测试的原理与单项资产是一致的，即企业需要预计资产组的可收回金额和计算资产组的账面价值，并将两者进行比较，如果资产组的可收回金额低于其账面价值，表明资产组发生了减值损失。

### （一）资产组账面价值和可收回金额的确定基础

资产组账面价值的确定基础应当与其可收回金额的确定方式相一致。这是因为计算的基础一致才能具有可比性。在确定资产组的可收回金额时，应当按照该资产组的公允价值减去处置费用后的净额与其预计未来现金流量的现值两者之间较高者确定。

资产组的账面价值应当包括可直接归属于资产组与可以合理和一致地分摊至资产组的资产账面价值，通常不应当包括已确认负债的账面价值，但如不考虑该负债金额就无法确定资产组可收回金额的除外。这是因为在预计资产组的可收回金额时，既不包括与该资产组的资产无关的现金流量，也不包括与已在财务报表中确认的负债有关的现金流量。因此，为了与资产组可收回金额的确定基础相一致，资产组的账面价值也不应当包括这些项目。

资产组在处置时如要求购买者承担一项负债（如环境恢复负债等），该负债金额已经确认并计入相关资产账面价值，而且企业只能取得包括上述资产和负债在内的单一公允价值减去处置费用后的净额的，为了比较资产组的账面价值和可收回金额，在确定资产组的账面价值及其预计未来现金流量的现值时，应当将已确认的负债金额从中扣除。

**【例 9-5】** 芙蓉公司在某山区经营一座铜矿矿山，根据环保规定，在矿山完成开采后应当将该地区恢复原貌。恢复费用主要为山体表层复原费用（比如恢复植被等）。因此，企业在山体表层挖走后，应当确认一项预计负债，并计入矿山成本，假定其金额为 500 万元。2×17 年 12 月 31 日，公司铜价格持续远低于预期价格，因此，芙蓉公司对该矿山进行了减值测试。考虑到矿山的现金流量状况，整座矿山被认定为一个资产组。该资产组在 2×17 年年末的账面价值为 10 000 万元（包括确认的恢复山体原貌的预计负债）。矿山（资产组）如于 2×17 年 12 月 31 日对外出售，买方愿意出价 8 200 万元（包括恢复山体原貌成本，即已经扣除这一成本因素），预计处置费用为 100 万元，因此，该矿山的公允价值减去处置费用后的净额为 8 100 万元。矿山的预计未来现金流量的现值为 9 500 万元，不包括恢复费用。根据上述资料，请判断芙蓉公司是否需要确认矿山的减值损失，若确认那么资产减值损失的金额是多少？

在本例中，矿山（资产组）的公允价值减去处置费用后的净额为 8 100 万元，该金额已经考虑了恢复费用；预计未来现金流量的现值在考虑了恢复费用后为 9 000（9 500–500）万元。因此，该资产组的可收回金额为 9 000 万元。资产组的账面价值在扣除了已确认的恢复原貌预计负债后的金额为 9 500（10 000–500）万元。资产组的可收回金额小于其账面价值，所以，该资产组发生减值，应确认减值损失 500 万元。

### （二）资产组减值的会计处理

根据减值测试的结果，资产组的可收回金额如低于其账面价值，应当确认相应的减值损失。资产组减值损失金额应当按照以下顺序进行分摊：①抵减分摊至资产组中商誉的账面价值；②根据资产组中除商誉之外的其他各项资产的账面价值所占比重，按比例抵减其他各项资产的账面价值。

以上资产组账面价值的抵减，应当作为各单项资产（包括商誉）的减值损失处理，计入当期损益。抵减后的各资产的账面价值不得低于以下三者之中最高者：该资产的公允价值减去处置费用后的净额、该资产预计未来现金流量的现值和零。由此导致的未能分摊的减值损失金额，应当按照资产组中其他各项资产按前次分摊后的账面价值的占比重新进行分摊。

【例 9–6】 石井公司有一条电脑芯片生产线，由甲、乙、丙三台机器构成，成本分别为200 万元、300 万元、500 万元。使用年限为 10 年，净残值为零，以年限平均法计提折旧。各机器均无法单独产生现金流量，但整条生产线构成完整的产销单位，属于一个资产组。2×17 年该类型芯片已有换代升级的替代品上市，导致该芯片当年销量锐减 70%。因此，公司对该生产线进行减值测试。2×17 年 12 月 31 日，甲、乙、丙三台机器的账面价值分别为 100 万元、150 万元、250 万元。估计甲机器的公允价值减去处置费用后的净额为 90 万元，乙、丙机器都无法合理估计其公允价值减去处置费用后的净额以及未来现金流量的现值。整条生产线预计尚可使用 5 年，该生产线预计未来现金流量的现值为 400 万元，无法合理估计生产线的公允价值减去处置费用后的净额。

分析：在 2×17 年 12 月 31 日，该生产线的账面价值为 500 万元，其可收回金额为 400 万元，生产线的账面价值高于其可收回金额。因此，该生产线已发生了减值。公司应当确认整条生产线的减值损失 100 万元，并将该减值损失按比例分摊到构成生产线的甲、乙、丙三台机器上。

具体分摊过程如表 9–3 所示：

**表 9–3 资产减值损失分摊**

| 项目 | 机器甲 | 机器乙 | 机器丙 | 整条生产线（资产组） |
|---|---|---|---|---|
| 账面价值（元） | 1 000 000 | 1 500 000 | 2 500 000 | 5 000 000 |
| 可回收金额（元） | | | | 4 000 000 |
| 减值损失（元） | | | | 1 000 000 |
| 减值损失分摊比例（%） | 20 | 30 | 50 | |
| 分摊减值损失（元） | 100 000* | 300 000 | 500 000 | 900 000 |
| 分摊后的账面价值（元） | 900 000 | 1 200 000 | 2 000 000 | |
| 尚未分摊的减值损失（元） | | | | 100 000 |
| 二次分摊比例（%） | | 37.50 | 62.50 | |
| 二次分摊减值损失（元） | | 37 500 | 62 500 | 100 000 |
| 二次分摊后应确认的资产减值损失总额（元） | 100 000 | 337 500 | 562 500 | 1 000 000 |
| 二次分摊后账面价值（元） | 900 000 | 1 162 500 | 1 937 500 | 4 000 000 |

* 按分摊比例，机器甲应当分摊减值损失 20（100×20%）万元，但由于机器甲的公允价值减去处置费用后的净额为 90 万元，因此，机器甲最多分摊资产减值损失 10（100–90）万元，第一次未能分摊的减值损失 10 万元，应当按照第一次分摊后机器乙、丙的账面价值比例再进行分摊。

根据上述计算和分摊结果，构成生产线的甲、乙、丙机器应当分别确认减值损失 100 000 元、337 500 元和 562 500 元，账务处理如下：

借：资产减值损失——机器甲　　　　100 000

——机器乙 337 500
——机器丙 562 500
贷:固定资产减值准备——机器甲 100 000
——机器乙 337 500
——机器丙 562 500

## 三、总部资产的减值测试

企业总部资产包括企业集团或其事业部的办公楼、电子数据处理设备、研发中心等资产。总部资产的显著特征是难以脱离其他资产或者资产组产生独立的现金流入,而且其账面价值难以完全归属于某一资产组。因此,总部资产通常难以单独进行减值测试,需要结合其他相关资产组或者资产组组合进行。资产组组合,是指由若干个资产组组成的最小资产组组合,包括资产组或者资产组组合,以及按合理方法分摊的总部资产部分。在资产负债表日,有迹象表明某项总部资产可能发生减值的,企业应当计算确定该总部资产所归属的资产组或者资产组组合的可收回金额,然后将其与相应的账面价值相比较,据以判断是否需要确认减值损失。

基于此,企业对某一资产组进行减值测试时,应当先认定所有与该资产组相关的总部资产,再根据相关总部资产能否按照合理和一致的基础分摊至该资产组分别下列情况处理:

(1) 对于相关总部资产能够按照合理和一致的基础分摊至该资产组的部分,应当将该部分总部资产的账面价值分摊至该资产组,再据以比较该资产组的账面价值(包括已分摊的总部资产的账面价值部分)和可收回金额,并按照前述有关资产组减值测试的顺序和方法处理。

(2) 对于相关总部资产中有部分资产难以按照合理和一致的基础分摊至该资产组的,应当按照下列步骤处理:

首先,在不考虑相关总部资产的情况下,估计和比较资产组的账面价值和可收回金额,并按照前述有关资产组减值测试的顺序和方法处理。

其次,认定由若干个资产组组成的最小资产组组合,该资产组组合应当包括所测试的资产组与可以按照合理和一致的基础将该部分总部资产的账面价值分摊其上的部分。

最后,比较所认定的资产组组合的账面价值(包括已分摊的总部资产的账面价值部分)和可收回金额,并按照前述有关资产组减值测试的顺序和方法处理。

**【例 9-7】** 凌云公司拥有 A、B 和 C 三个资产组,在 2×19 年年末,这三个资产组的账面价值分别为 2 000 万元、3 000 万元和 4 000 万元,没有商誉。这三个资产组为三条生产线,预计剩余使用寿命分别为 10 年、20 年和 20 年。2×19 年凌云公司产品销量严重下滑,因此,于 2×19 年年末对各资产组进行减值测试。凌云公司的经营管理活动由总部负责,总部资产包括一栋办公大楼和一个研发中心,其中办公大楼的账面价值为 3 000 万元,研发中心的账面价值为 1 000 万元。办公大楼的账面价值可以在合理和一致的基础上分摊至各资产组。但是,研发中心的账面价值难以在合理和一致的基础上分摊至各相关资产组。对于办公大楼的账面价值,企业根据各资产组的账面价值和剩余使用寿命加权平均计算的账面价值分摊比例进行分摊,如表 9-4 所示。

**表 9-4 各资产组账面价值计算**

| 项目 | 资产组 A | 资产组 B | 资产组 C | 合计 |
|---|---|---|---|---|
| 各资产组账面价值(万元) | 2 000 | 3 000 | 4 000 | 9 000 |
| 各资产组剩余使用寿命(年) | 10 | 20 | 20 | |
| 按使用寿命计算的权重 | 1 | 2 | 2 | |
| 加权计算后的账面价值(万元) | 2 000 | 6 000 | 8 000 | 16 000 |
| 办公大楼分摊比例(各资产组加权计算后的账面价值 ÷ 各资产组加权平均计算后的账面价值合计,%) | 12.50 | 37.50 | 50 | 100 |
| 办公大楼账面价值分摊到各资产组的金额(万元) | 375 | 1 125 | 1 500 | 3 000 |
| 包括分摊的办公大楼账面价值部分的各资产组账面价值(万元) | 2 375 | 4 125 | 5 500 | 12 000 |

企业应当确定各资产组的可收回金额,并将其与账面价值(包括已分摊的办公大楼的账面价值部分)相比较,以确定相应的减值损失。考虑研发中心的账面价值难以按照合理和一致的基础分摊至资产组,因此,确定由 A、B、C 三个资产组组成最小资产组组合(即为整个凌云公司),通过计算该资产组组合的可收回金额,并将其与账面价值(包括已分摊的办公大楼账面价值和研发中心的账面价值)相比较,以确定相应的减值损失。假定各资产组和资产组组合的公允价值减去处置费用后的净额难以确定,企业根据它们的预计未来现金流量的现值来计算其可收回金额,计算现值所用的折现率为 15%,计算过程如表 9-5 所示。

**表 9-5 各资产组预计现金流量现值计算**

单位:万元

| 年份 | 资产组 A | | 资产组 B | | 资产组 C | | 包括研发中心在内的最小资产组组合(凌云公司) | |
|---|---|---|---|---|---|---|---|---|
| | 未来现金流量 | 现值 | 未来现金流量 | 现值 | 未来现金流量 | 现值 | 未来现金流量 | 现值 |
| 1 | 360 | 320 | 180 | 160 | 200 | 180 | 780 | 680 |
| 2 | 620 | 460 | 320 | 240 | 400 | 300 | 1 440 | 1 080 |
| 3 | 740 | 480 | 480 | 320 | 680 | 440 | 2 100 | 1 380 |
| 4 | 840 | 480 | 580 | 340 | 880 | 500 | 2 560 | 1 460 |
| 5 | 940 | 480 | 640 | 320 | 1 020 | 500 | 2 860 | 1 420 |
| 6 | 1 040 | 440 | 660 | 280 | 1 120 | 480 | 3 100 | 1 340 |
| 7 | 1 100 | 420 | 680 | 260 | 1 200 | 440 | 3 240 | 1 220 |

续表

| 年份 | 资产组 A | | 资产组 B | | 资产组 C | | 包括研发中心在内的最小资产组组合（凌云公司） | |
|---|---|---|---|---|---|---|---|---|
| | 未来现金流量 | 现值 | 未来现金流量 | 现值 | 未来现金流量 | 现值 | 未来现金流量 | 现值 |
| 8 | 1 100 | 360 | 700 | 220 | 1 260 | 420 | 3 320 | 1 080 |
| 9 | 1 060 | 300 | 700 | 200 | 1 300 | 360 | 3 340 | 960 |
| 10 | 960 | 240 | 700 | 180 | 1 320 | 320 | 3 380 | 840 |
| 11 | | | 720 | 160 | 1 320 | 280 | 2 640 | 560 |
| 12 | | | 700 | 140 | 1 320 | 240 | 2 620 | 500 |
| 13 | | | 700 | 120 | 1 320 | 220 | 2 620 | 420 |
| 14 | | | 660 | 100 | 1 300 | 180 | 2 560 | 360 |
| 15 | | | 600 | 80 | 1 240 | 160 | 2 440 | 300 |
| 16 | | | 520 | 60 | 1 200 | 120 | 2 300 | 240 |
| 17 | | | 440 | 40 | 1 140 | 100 | 2 160 | 200 |
| 18 | | | 360 | 20 | 1 020 | 80 | 1 940 | 160 |
| 19 | | | 280 | 20 | 860 | 60 | 1 700 | 120 |
| 20 | | | 200 | 20 | 700 | 40 | 1 420 | 80 |
| 现值合计 | | 3 980 | | 3 280 | | 5 420 | | 14 400 |

根据上述资料，资产组 A、B、C 的可收回金额分别为 3 980 万元、3 280 万元和 5 420 万元，相应的账面价值（包括分摊的办公大楼账面价值）分别为 2 375 万元、4 125 万元和 5 500 万元，资产组 B 和 C 的可收回金额均低于其账面价值，应当分别确认 845 万元和 80 万元减值损失，并将该减值损失在办公大楼和资产组之间进行分摊。根据分摊结果，因资产组 B 发生减值损失 845 万元而导致办公大楼减值 230.5（845×1 125 ÷ 4 125）万元，导致资产组 B 中所包括资产发生减值 614.5（845×3 000 ÷ 4 125）万元；因资产组 C 发生减值损失 80 万元而导致办公大楼减值 21.8（80×1 500 ÷ 5 500）万元，导致资产组 C 中所包括资产发生减值 58.2（80×4 000 ÷ 5 500）万元。

经过上述减值测试后，资产组 A、B、C 和办公大楼的账面价值分别为 2 000 万元、2 385.5 万元、3 941.8 万元和 2 747.7 万元，研发中心的账面价值仍为 1 000 万元，由此包括研发中心在内的最小资产组组合（即凌云公司）的账面价值总额为 12 075（2 000+2 385.5+3 941.8+2 747.7+1 000）万元，但其可收回金额为 14 400 万元，高于其账面价值，因此，企业不必再进一步确认减值损失（包括研发中心的减值损失）。

# 第三节 商誉减值处理

## 一、商誉减值测试的基本要求

企业合并形成的商誉至少应当在每年年末进行减值测试。由于商誉不能脱离企业而独立产生可辨认的现金流量，因此，商誉应当结合与其相关的资产组或者资产组组合进行减值测试。为了资产减值测试的目的，对于因企业合并形成的商誉的账面价值，应当自购买日起按照合理的方法分摊至相关的资产组，难以分摊至相关的资产组的，应当将其分摊至相关的资产组组合。这些相关的资产组或者资产组组合应当是能够从企业合并的协同效应中受益的资产组或者资产组组合，但不应当大于按照《企业会计准则第 35 号——分部报告》和《企业会计准则解释第 3 号》所确定的报告分部。企业因重组、剥离、出售子公司等原因改变了其报告结构，从而影响到已分摊商誉的一个或若干个资产组或资产组组合的，应当按照合理的方法，重新将商誉的账面价值分摊到受影响的资产组或资产组组合。

商誉的后续处理采用减值还是摊销？

## 二、商誉减值测试的方法与会计处理

### （一）商誉减值测试的一般方法

对包含商誉的相关资产组或者资产组组合进行减值测试时，应按照如下步骤或原则进行：

(1) 应判断与商誉相关的资产组或者资产组组合是否存在减值迹象，如存在减值迹象，应当对不包含商誉的资产组或者资产组组合进行减值测试，计算可收回金额，与相关账面价值相比较，确认相应的减值损失。

(2) 再对包含商誉的资产组或者资产组组合进行减值测试，比较这些相关资产组或者资产组组合的账面价值（包括所分摊的商誉的账面价值部分）与其可收回金额，如果相关资产组或者资产组组合的可收回金额低于其账面价值，应当确认减值损失。

(3) 减值损失金额应当首先抵减分摊至资产组或者资产组组合中商誉的账面价值。最后，根据资产组或者资产组组合中除商誉之外的其他各项资产的账面价值所占比重，按比例抵减其他各项资产的账面价值。以上资产账面价值的抵减应当作为各单项资产（包括商誉）的减值损失进行会计处理，借方记“资产减值损失”科目，贷方记相应的资产减值准备科目。

(4) 抵减后的各资产的账面价值不得低于以下三者之中最高者：①该资产的公允价值减去处置费用后的净额；②该资产预计未来现金流量的现值；③零。

因上述调整导致的未能分摊的减值损失金额，应当按照相关资产组或者资产组组合中其他各项资产的账面价值所占比重重新分摊。

### （二）少数股东问题对商誉减值的影响

1. 商誉减值中少数股东问题产生的原因

按照《企业会计准则第 20 号——企业合并》的规定，因企业合并所形成的商誉是母公司根据其在子公司所持股的比例而确认的商誉，子公司中归属于少数股东的商誉并没有在合并财务报表中予以确认。在对与商誉相关的资产组或者资产组组合进行减值测试时，其可收回金额的预计应当是基于整个资产组或者资产组组合，包括归属于母公司的商誉和归属于少数股东的商誉。

2. 商誉减值中少数股东问题的处理方法

在进行涉及少数股东问题的商誉减值测试时，企业应当按照如下步骤处理：

(1) 调整资产组或资产组组合的账面价值，包含归属于少数股东的商誉价值。

(2) 根据调整后的账面价值与可收回金额进行比较，以确定资产组（包括商誉）是否发生了减值。如果上述资产组发生减值，应当首先抵减商誉的账面价值。

(3) 根据上述方法计算的商誉减值损失包括了归属于母公司的部分和归属于少数股东的部分，而少数股东拥有的商誉及其减值损失不反映在合并财务报表中。因此，应当将商誉减值损失在可归属于母公司和少数股东之间按比例进行分摊，以确认归属于母公司的商誉减值损失。

**【例 9–8】** 东坪公司在 2×19 年 1 月 1 日以 8 000 万元的价格收购了勤业公司 80% 的股权。在收购日，勤业公司可辨认净资产的公允价值为 9 500 万元。因此，东坪公司在其合并财务报表中确认商誉 400（8 000–9 500×80%）万元、少数股东权益 1 900（9 500×20%）万元。

假定勤业公司的所有资产被认定为一个资产组。由该资产组包括商誉，因此，至少于每年年末对其进行减值测试。在 2×19 年年末，东坪公司确定该资产组的可收回金额为 8 400 万元，可辨认净资产的账面价值为 9 000 万元。由于勤业公司作为一个单独的资产组的可收回金额中，包括归属于少数股东享有的商誉价值，因此，必须对资产组的账面价值进行调整，使其包括归属于少数股东的商誉价值 100［（8 000 ÷ 80%–9 500)×20%］万元。然后，再比较该资产组的账面价值和可收回金额，确定是否发生了减值损失。减值测试过程如表 9–6 所示。

表 9–6 商誉减值测试过程及分摊表

单位：万元

| 2×19 年末 | 商誉 | 可辨认资产 | 合计 |
|---|---|---|---|
| 账面价值 | 400 | 9 000 | 9 400 |
| 未确认归属于少数股东的商誉价值 | 100 | | 100 |
| 调整后账面价值 | 500 | 9 000 | 9 500 |
| 可收回金额 | | | 8 400 |
| 减值损失 | | | 1 100 |
| 确认减值损失 | 400 | 600 | 1 000 |
| 归属于少数股东的商誉减值损失 | 100 | | |

关于商誉减值哪些方面需要重点关注

以上计算出的减值损失 1 100 万元应当首先冲减商誉的账面价值，然后，再将剩余部分分摊至资产组中的其他资产。在本例中，1 100 万元减值损失中有 500 万元应当属于商誉减值损失，其中，由于确认的商誉仅限于东坪公司持有勤业公司 80% 股权部分，因此，东坪公司只需要在合并财务报表中确认归属于东坪公司的商誉减值损失，即 500 万元商誉减值损失的 80% 等于 400 万元。剩余的 600（1 100–500）万元减值损失应当作为勤业公司可辨认资产的减值损失。减值损失分摊过程如表 9–6 所示。

## 本章小结

资产减值是资产的可回收金额低于其账面价值。此时，企业应将资产的账面价值调减至其可回收金额，根据调减金额计提相关资产的减值准备，同时确认资产减值损失计入当期损益。估计的资产可收回金额，应当根据资产公允价值减去处置费用后的净额与资产预计未来现金流量的现值两者之间较高者确定。原则上，应当以单项资产为基础进行减值测试。如果企业难以对单项资产的可收回金额进行估计，应当以该资产所属的资产组为基础进行减值测试。当资产组的可收回金额低于其账面价值时，应当确认相应的减值损失，并将损失金额分摊至该资产组中各单项资产上。对包含商誉的相关资产组或者资产组组合进行减值测试时，如存在减值，应先减记商誉的账面价值，然后将超过商誉账面价值的减值损失再分摊至资产组中各单项资产上。

## 复习思考题

1. 什么是资产减值？请简述资产减值测试的基本原理。
2. 什么是资产的可回收金额？如何估计资产的可回收金额？
3. 什么是资产组？如何对资产组进行减值测试？
4. 如何处理商誉减值？

## 即测即评

请扫描右侧二维码，进行随堂测试。

# 第十章　流动负债

## 学习目标

通过本章学习，应能够：理解流动负债的特点、分类确认及计价；掌握常见流动负债项目的会计核算原理；重点掌握职工薪酬的会计处理。

## 导读案例

### 华为辞职门：辞退福利？

从2007年9月底开始，国内外颇有影响力的通信设备制造商——深圳华为技术有限公司共计7 000多名工作满8年的老员工，相继向公司提出请辞自愿离职。这次大规模的辞职是由华为公司安排的，辞职员工随后即可以竞聘上岗，职位和待遇基本不变，唯一的变化就是再次签署的劳动合同。全部辞职老员工均可以获得华为公司支付的赔偿。华为的补偿方案：$N+1$，即经济补偿税前总额 $=(N+1)\times$ 员工月补偿工资标准（税前）。$N$ 为员工在华为连续工作的工作年限。此补偿标准优厚于《中华人民共和国劳动合同法》（简称《劳动合同法》）的规定。离职员工保留所持有公司的虚拟受限股资格。

据悉，该方案9月已获通过，10月前华为公司先分批次与员工私下沟通取得共识，10月开始至11月底为方案实施阶段。

有人认为，华为此举是为了规避2008年1月1日起正式实行的《劳动合同法》。新劳动法中规定，劳动者在满足"已在用人单位连续工作满十年的"或"连续订立二次固定期限劳动合同"等条件后，可以与用人单位订立"无固定期限劳动合同"，成为这个企业的永久员工。

事件被媒体广泛披露后，已引起全国总工会、广东省总工会和深圳市总工会的高度关注。11月10日，全国总工会有关负责人表示，近期华为公司员工辞职再竞岗在《劳动合同法》实施前夕进行，引起各种猜测和议论，客观上造成了一定的负面影响。华为公司必须采取相关措施以消除影响，在出台涉及员工切身利益的规章制度时，听取广大员工意见，尊重员工的民主权利。

抛开华为辞职事件的动机不论，华为的辞退福利计划会计上该如何反映呢?

案例中，华为面临的是关于职工薪酬中与辞退福利计划是否构成相关负债的判断，本章将设专门章节讨论这一问题。

资料来源：编者整理。

## 第一节 流动负债的性质、分类与计价

### 一、负债概述

#### （一）负债的定义

负债是指企业过去的交易或者事项形成的、预期会导致经济利益流出企业的现时义务。根据负债的定义，负债具有以下特征：

1. 负债是企业承担的现时义务

负债必须是企业承担的现时义务，它是负债的一个基本特征。其中，现时义务是指企业在现行条件下已承担的义务。未来发生的交易或者事项形成的义务，不属于现时义务，不应当确认为负债。

这里所指的义务可以是法定义务，也可以是推定义务。其中法定义务是指具有约束力的合同或者法律法规规定的义务，通常在法律意义上需要强制执行。例如，企业购买原材料形成应付账款，企业向银行贷入款项形成借款，企业按照税法规定应当交纳的税款等，均属于企业承担的法定义务，需要依法予以偿还。推定义务是指根据企业多年来的习惯做法、公开的承诺或者公开宣布的政策而导致企业将承担的责任，这些责任也使有关各方形成了企业将履行义务解脱责任的合理预期。例如，某企业多年来制定有一项销售政策，对于售出商品提供一定期限内的售后保修服务，预期将为售出商品提供的保修服务就属于推定义务，应当将其确认为一项负债。如果是一项非强制性的、可有可无的责任，如企业正在筹划对慈善机构的捐赠，则不能形成负债。

大多数情况下，企业是否承担了义务是很明确的，比如借入资金就有义务还本付息，赊购资产就有义务付清价款，使用职工的知识、技能、时间和精力就有义务支付报酬和福利等。但是对于一些交易而言，要确定是否存在这种义务要困难得多。

2. 负债预期会导致经济利益流出企业

预期会导致经济利益流出企业也是负债的一个本质特征，只有企业在履行义务时会导致经济利益流出企业的，才符合负债的定义；如果不会导致企业经济利益流出，就不符合负债的定义。在履行现时义务清偿负债时，导致经济利益流出企业的形式多种多样。例如，用现金偿还或以实物资产形式偿还；以提供劳务形式偿还；以部分转移资产、部分提供劳务形式偿还；将负债转为资本等。

3. 负债是由企业过去的交易或者事项形成的

负债应当由企业过去的交易或者事项所形成。换句话说，只有过去的交易或者事项才形成负债，企业将在未来发生的承诺、签订的合同等交易或者事项，不形成负债。

### （二）负债的确认条件

将一项现时义务确认为负债，需要符合负债的定义，还需要同时满足以下两个条件：

1. 与该义务有关的经济利益很可能流出企业

从负债的定义可以看到，预期会导致经济利益流出企业是负债的一个本质特征。在实务中，履行义务所需流出的经济利益带有不确定性，尤其是与推定义务相关的经济利益通常需要依赖于大量的估计。因此，负债的确认应当与经济利益流出的不确定性程度的判断结合起来。如果有确凿证据表明，与现时义务有关的经济利益很可能流出企业，就应当将其作为负债予以确认；反之，如果企业承担了现时义务，但是会导致企业经济利益流出的可能性很小，就不符合负债的确认条件，不应将其作为负债予以确认。

2. 未来流出的经济利益的金额能够可靠地计量

负债的确认在考虑经济利益流出企业的同时，对于未来流出的经济利益的金额应当能够可靠计量。对于与法定义务有关的经济利益流出金额，通常可以根据合同或者法律规定的金额予以确定，考虑到经济利益流出的金额通常在未来期间，有时未来期间较长，有关金额的计量需要考虑货币时间价值等因素的影响。对于与推定义务有关的经济利益流出金额，企业应当根据履行相关义务所需支出的最佳估计数进行估计，并综合考虑有关货币时间价值、风险等因素的影响。

### （三）负债的分类

负债是企业必须履行的责任，但不同的负债要求的偿付方式和时间是不同的。为了便于分析企业的财务状况和偿债能力，会计上需要把负债划分为流动负债和非流动负债两类。

划分流动负债和非流动负债的一个标准是偿付时间。传统上，流动负债和非流动负债的区分是以一年为界限的，即将在一年内偿付的负债归为流动负债，将在一年以上偿付负债列为长期负债。这种以“一年”为标准的划分方式虽然易于理解，便于操作，但往往导致对企业财务状况的歪曲，尤其是当企业的正常经营周期超过一年时。经营周期是指企业在正常生产的经营过程中从购买商品和劳务到通过销售和收款取得现金这一时间跨度。通常，商业企业的经营周期较短，制造业的经营周期较长，有的甚至超过一年。为了使经营周期较长的企业的财务状况也能得到正确反映，目前公认的做法是以“一年或一个经营周期（视两者孰长）”作为划分流动负债和非流动负债的界限，即将在一年或一个经营周期内偿付的负债划分为流动负债，其他负债则作为非流动负债。

区分流动负债的重要目的，是将其与流动资产相联系，以便反映企业短期的偿债能力。为此，人们用与流动资产之间的关系作为区分流动负债和非流动负债的另一项标准，亦即将凡需要使用流动资产或增加其他负债来加以清偿的负债，归入流动负债；否则，应作为非流动负债。

综合上述两项标准，FASB 在 SFAC No.6 中把流动负债定义为：“将在一年或一个正常的经营周期内并期望要求应用那些已经适当地划分为流动资产的现有资源，或者通过产生其他流动负债，来加以清偿的责任。”这一定义目前已得到广泛的接受，因为它不仅考虑了不同行业的不同经营周期，而且考虑了流动负债与流动资产之间的关系，从而有助于正常反映企业的财务状况。根据这一定义，企业现有一项长期负债，如果将在下一会计年度到期并计划用流动资产清偿，应在资产负债表上列入流动负债；相反，现有的一项流动负债，如果计划用长期资产来偿付，或者用一项长期负债（如发行长期应付票据）来取代，在资产负债表上应归入非流动负债。

## 二、流动负债的分类及计价

### （一）流动负债的分类

流动负债是指预期在 1 年或超过 1 年的一个营业周期内需要清偿的债务。

负债是企业现在承担的债务责任，但它的偿付则是在将来发生的，因此所有的负债都带有一定的不确定性。根据这种不确定性程度的大小，流动负债可分为可确定性流动负债和不确定性流动负债即或有负债（contingent liability）。

1. 可确定性流动负债

可确定性流动负债是指不确定性很小，可以较为精确地计量的流动负债。这类负债通常都是以书面的或隐含的合同或法律规定为依据的，从而大大减少了在偿付金额、风险和时间方面的不确定性。可确定性流动负债具有下面两个特点：

（1）企业产生负债的事实已经明确。就是说，企业已经不可避免地承担了这项负债。

（2）负债的未来偿付金额、偿付日期和受款人都是相当明确的，或者虽不甚明确但可以通过合理的估计加以确定。

会计上应予确认的流动负债，绝大部分属于可确定性流动负债，主要包括应付账款、应付票据、应付股利、应交税费、应付职工薪酬等。

2. 或有负债

或有负债是指由于可能导致损失的或有事项而形成的债务责任，其基本特点是：它的存在与否以及偿付金额、收款人和偿付日期主要取决于有关的未来事件是否发生，因而在目前带有很大的不确定性。关于或有负债，将在下一章进一步讨论。

### （二）流动负债的计价

由于负债是企业已经存在的、需要在未来偿付的经济义务，理论上讲，为了提高会计信息的有用性和相关性，对所有负债的计量，都应当考虑货币的时间价值，即不论其偿付期长短，均应在其发生时按未来偿付金额的现值入账。但在会计实务中，考虑到流动负债偿还期短，到期值与其现值相差很小，故对已经确定的流动负债，一般均按确定的未来需要偿付的金额（或面值）来计量，并列示于资产负债表上。这种做法虽然高估了负债，但一是体现了谨慎原则；二是核算简单，符合成本与效益原则；三是符合重要性原则。

流动负债可用现金偿付，如以现金支付购货款；也可用非货币性资产偿付，如预收账款在未来不是以支付现金而是以提供一定数量和质量的非货币性资产或提供劳务清偿；或以再负债形式偿付，如借新债还旧债等。

# 第二节 短期借款、应付票据和应付账款

## 一、短期借款

短期借款是指企业向银行或其他金融机构等借入的期限在一年以下（含一年）的各种

借款。企业借入的短期借款构成了一项负债。对于企业发生的短期借款，应设置“短期借款”科目核算；每个资产负债表日，企业应计算确定短期借款的应计利息，按照应计的金额，借记“财务费用”“利息支出”（金融企业）等科目，贷记“银行存款”“应付利息”等科目。

## 二、应付票据

应付票据是由出票人出票，付款人在指定日期无条件支付特定的金额给收款人或者持票人的票据。与应付账款相比，应付商业票据由于提出了付款的书面承诺，因而更具法律上的约束力。所以，当销货企业对购货企业的资信程度不太了解，或交易的金额较大时，为了降低出现坏账的风险，往往会要求购货企业出具商业票据。在我国实务中，根据承兑人不同，商业票据主要包括商业承兑汇票和银行承兑汇票两种。应付票据还可以根据是否带息分为带息应付票据和不带息应付票据两种。实务中，企业应当设置“应付票据备查簿”，详细登记商业汇票的种类、号数和出票日期、到期日、票面金额、交易合同号和收款人姓名或单位名称以及付款日期和金额资料。应付票据到期结清时，在备查簿中应予注销。

### （一）带息应付票据的会计处理

对于含有利息的应付票据，其面值即为票据的现值。由于我国商业票据的期限通常较短，因此，通常只需在会计期末，对尚未支付的应付票据计提利息，此时，应付票据的账面价值为面值与已预提利息之和。票据到期支付票款时，尚未计提的利息部分直接计入当期财务费用。

**【例 10–1】** 甲公司为增值税一般纳税人，采购原材料采用商业汇票方式结算货款。2×19 年 12 月 5 日，甲公司向乙公司赊购一批商品，根据发票账单，购入材料的实际成本为 100 万元，增值税专用发票上注明的增值税税额为 13 万元。材料已经验收入库，甲公司开出三个月承兑的商业汇票，票面利率为 9%。

根据上述资料，甲公司所作会计处理如下：

（1）2×19 年 12 月 1 日：

| | | |
|---|---|---|
| 借：库存商品 | 1 000 000 | |
| 　　应交税费——应交增值税（进项税额） | 130 000 | |
| 　　贷：应付票据 | | 1 130 000 |

（2）2×19 年 12 月 31 日：

| | | |
|---|---|---|
| 借：财务费用 | 8 475 | |
| 　　贷：应付票据 | | 8 475 |

（3）2×20 年 2 月 28 日票据到期：

| | | |
|---|---|---|
| 借：财务费用 | 16 950 | |
| 　　应付票据 | 1 138 475 | |
| 　　贷：银行存款 | | 1 155 425 |

### （二）不带息应付票据的处理

不带息应付票据，其面值就是票据到期时的应付金额。

承例 10–1，如果甲公司开出的商业汇票为不带息票据，甲公司应做如下账务处理：

（1）2×19 年 12 月 1 日：

借:库存商品 1 000 000
　应交税费——应交增值税(进项税额) 130 000
　　贷:应付票据 1 130 000

(2) 2×20 年 2 月 28 日票据到期:

借:应付票据 1 130 000
　　贷:银行存款 1 000 000

开出并承兑的商业承兑汇票不能如期支付的,应在票据到期时,将“应付票据”账面价值转入“应付账款”科目,待协商后再行处理。重新签发新的票据以清偿原应付票据的,再从“应付账款”科目转入“应付票据”科目。银行承兑汇票到期企业无力支付到期票款时,承兑银行除凭票向持票人无条件付款外,对出票人尚未支付的汇票金额转作逾期贷款处理。企业无力支付到期银行承兑汇票,在接到银行转来的“××号汇票无款支付转入逾期贷款户”等有关凭证时,借记“应付票据”科目,贷记“短期借款”科目。对计收的利息,按短期借款利息的处理办法处理。

## 三、应付账款

应付账款指因购买材料、商品或接受劳务供应等而发生的债务。这是买卖双方由于取得物资或服务与支付货款在时间上不一致而产生的负债。

应付账款入账时间的确定,一般应以与所购买物资所有权有关的风险和报酬已经转移或劳务已经接受为标志。但在实际工作中,一般是区别下列情况处理:在物资和发票账单同时到达的情况下,应付账款一般待物资验收入库后,才按发票账单登记入账,这主要是为了确认所购入的物资是否在质量、数量和品种上都与合同上订明的条件相符,以免因先入账而在验收入库时发现购入物资错、漏、破损等问题再行调账,在会计期末仍未完成验收的,则应先按合理估计金额将物资和应付债务入账,事后发现问题再行更正;在物资和发票账单未同时到达的情况下,由于应付账款须根据发票账单登记入账,有时货物已到,发票账单要间隔较长时间才能到达,这笔负债已经成立,应作为一项负债反映,为在资产负债表上客观反映企业所拥有的资产和承担的债务,在实际工作中采用在月份终了将所购物资和应付债务估计入账,待下月初再用红字予以冲回的办法。因购买商品等而产生的应付账款,应设置“应付账款”科目进行核算,用以反映这部分负债的价值。

应付账款一般按应付金额入账,而不按到期应付金额的现值入账。如果购入的资产在形成一笔应付账款时是带有现金折扣的,则在会计处理时还需要考虑现金折扣对应付账款确认的影响。

现金折扣是指销货企业为了鼓励客户在规定的期限内早日付款,而向其提供的按销售价格的一定比率所作的扣除。现金折扣通常发生在以赊销方式销售商品及提供劳务的交易中,一般用符号“折扣 / 付款期限”表示,写成:“2/10,1/20,*n*/30”,其含义为:10 天内付款给予 2% 的折扣,第 11 天至第 20 天内付款给予 1% 的折扣,第 21 天至第 30 天内付款,则不给折扣,付款期限为 30 天。

对应付账款的核算,有总价法和净价法两种。

总价法是将未减去现金折扣前的金额作为应付账款的入账价值。在这种方法下,如果在折扣期内付款而享受现金折扣，则视为一种理财收益。

净价法是将扣减最大现金折扣后的金额作为应付账款的入账价值。超过折扣期付款而丧失现金折扣，则作为一种理财损失，计入当期损益。

**【例 10-2】** 设甲公司向乙公司购入一批商品，发票价格为 100 000 元，付款条件为“2/10，*n*/30”。在总价法和净价法下，甲公司具体会计处理见表 10-1。

**表 10-1　总价法与净价法会计处理比较**

单位：元

| | 总价法 | 净价法 |
|---|---|---|
| 购货时 | 借：库存商品　100 000<br>　贷：应付账款　100 000 | 借：库存商品　98 000<br>　贷：应付账款　98 000 |
| 10 日内付款 | 借：应付账款　100 000<br>　贷：财务费用　2 000<br>　　银行存款　98 000 | 借：应付账款　98 000<br>　贷：银行存款　98 000 |
| 10~30 天内付款 | 借：应付账款　100 000<br>　贷：银行存款　100 000 | 借：应付账款　98 000<br>　财务费用　2 000<br>　贷：银行存款　100 000 |

从经营管理的观点看，在市场经济中，净价法更为可取。市场经济中企业在销售交易中，为了尽快使现金流入，提供现金折扣是十分流行的，它有利于购买单位加速付款，因而在大多数情况下，购货企业往往力争在折扣期内付款，以获得现金折扣的利益。如果超过折扣期付款，就意味着企业为占用这笔资金需付出高昂的代价，反映了理财上的缺陷。例如，在“2/10，*n*/30”的付款条件下，如果不能在 10 天内付款而失去了现金折扣，无异于企业为这笔多占用 20 天的应付账款支付了高达 36.5%（2% ÷ 20×365）的年利率！在正常情况下，企业完全可以按较低的年利率向银行贷款，以便在折扣期内偿付账款。从这个角度看，净价法就优于总价法。在净价法之下，企业因理财不善而丧失的现金折扣，可以通过“财务费用”反映在损益表上，从而引起管理者的注意，并采取相应的控制措施。而在总价法下，丧失的现金折扣得不到明确反映，无法引起管理者的重视，不利于改进经营中的缺点。当然，与净价法相比，总价法要求在期末资产负债表上反映更高的负债，因而符合稳健性原则的要求。在我国，现行会计制度不允许企业采用净价法处理应付账款。因此应付账款入账金额的确定应按发票上记载的应付金额的总值（即不扣除折扣）记账。在这种方法下，应按发票上记载的全部应付金额，借记有关科目，贷记“应付账款”科目；获得的现金折扣冲减财务费用。

## 四、预收账款

预收账款是买卖双方协议商定，由购货方预先支付一部分货款给供应方而发生的一项负债。预收账款的核算应视企业的具体情况而定。如果预收账款比较多，可以设置“预收账款”科目；预收账款不多的，也可以不设置“预收账款”科目，直接记入“应收账款”科目的贷方。

【例 10-3】 甲公司于 2×19 年 8 月 4 日与乙公司订立金额为 200 万元的销货合同，合同规定，乙公司于当日先预付 30% 的货款，余款在 10 日后交货时结清。根据上述资料，甲公司应作如下会计处理：

2×19 年 8 月 4 日预收货款时。

借：银行存款　　600 000

　贷：预收账款　　600 000

2×19 年 8 月 14 日交货时。

借：银行存款　　1 400 000

　预收账款　　600 000

　贷：主营业务收入　　2 000 000

# 第三节　应付职工薪酬

## 一、职工和职工薪酬的范围及分类

### （一）职工的概念

职工，是指与企业订立劳动合同的所有人员，含全职、兼职和临时职工，也包括虽未与企业订立劳动合同但由企业正式任命的人员。具体而言，企业会计准则所称的职工至少应当包括：

（1）与企业订立劳动合同的所有人员，含全职、兼职和临时职工。按照《中华人民共和国劳动法》和《中华人民共和国劳动合同法》的规定，企业作为用人单位应当与劳动者订立劳动合同。职工首先应当包括这部分人员，即与企业订立了固定期限、无固定期限或者以完成一定工作作为期限的劳动合同的所有人员。

（2）未与企业订立劳动合同但由企业正式任命的人员，如部分董事会成员、监事会成员等。企业按照有关规定设立董事、监事，或者董事会、监事会的，如所聘请的独立董事、外部监事等，虽然没有与企业订立劳动合同，但属于由企业正式任命的人员，属于职工。

（3）在企业的计划和控制下，虽未与企业订立劳动合同或未由其正式任命，但向企业所提供服务与职工所提供服务类似的人员，也属于职工的范畴，包括通过企业与劳务中介公司签订用工合同而向企业提供服务的人员，这些劳务用工人员属于职工。

### （二）职工薪酬的定义及分类

职工薪酬，是指企业为获得职工提供的服务或解除劳动关系而给予的各种形式的报酬或补偿。企业提供给职工配偶、子女、受赡养人、已故员工遗属及其他受益人等的福利，也属于职工薪酬。职工薪酬主要包括短期薪酬、离职后福利、辞退福利和其他长期职工福利。

1. 短期薪酬

短期薪酬，是指企业预期在职工提供相关服务的年度报告期间结束后 12 个月内将全部予以支付的职工薪酬，因解除与职工的劳动关系给予的补偿除外。因解除与职工的劳动关系给予的补偿属于辞退福利的范畴。

短期薪酬主要包括：

(1) 职工工资、奖金、津贴和补贴，是指企业按照构成工资总额的计时工资、计件工资、支付给职工的超额劳动报酬等的劳动报酬，为了补偿职工特殊或额外的劳动消耗和因其他特殊原因支付给职工的津贴，以及为了保证职工工资水平不受物价影响支付给职工的物价补贴等。其中，企业按照短期奖金计划向职工发放的奖金属于短期薪酬，按照长期奖金计划向职工发放的奖金属于其他长期职工福利。

(2) 职工福利费，是指企业向职工提供的生活困难补助、丧葬补助费、抚恤费、职工异地安家费、防暑降温费等职工福利支出。

(3) 医疗保险费、工伤保险费和生育保险费等社会保险费，是指企业按照国家规定的基准和比例计算，向社会保险经办机构缴存的医疗保险费、工伤保险费和生育保险费。

(4) 住房公积金，是指企业按照国家规定的基准和比例计算，向住房公积金管理机构缴存的住房公积金。

(5) 工会经费和职工教育经费，是指企业为了改善职工文化生活、为职工学习先进技术和提高文化水平和业务素质，用于开展工会活动和职工教育及职业技能培训等相关支出。

(6) 短期带薪缺勤，是指职工虽然缺勤但企业仍向其支付报酬的安排，包括年休假、病假、婚假、产假、丧假、探亲假等。长期带薪缺勤属于其他长期职工福利。

(7) 短期利润分享计划，是指因职工提供服务而与职工达成的基于利润或其他经营成果提供薪酬的协议。长期利润分享计划属于其他长期职工福利。

(8) 非货币性福利，是指企业以自己的产品或外购商品发放给职工作为福利，企业提供给职工无偿使用自己拥有的资产或租赁资产供职工无偿使用等。

(9) 其他短期薪酬，是指除上述薪酬以外的其他为获得职工提供的服务而给予的短期薪酬。

2. 离职后福利

离职后福利，是指企业为获得职工提供的服务而在职工退休或与企业解除劳动关系后，提供的各种形式的报酬和福利，属于短期薪酬和辞退福利的除外。

离职后福利计划，是指企业与职工就离职后福利达成的协议，或者企业为向职工提供离职后福利制定的规章或办法等。离职后福利计划按照企业承担的风险和义务情况，可以分为设定提存计划和设定受益计划。其中，设定提存计划，是指企业向独立的基金缴存固定费用后，不再承担进一步支付义务的离职后福利计划。设定受益计划，是指除设定提存计划以外的离职后福利计划。

3. 辞退福利

辞退福利，是指企业在职工劳动合同到期之前解除与职工的劳动关系，或者为鼓励职工自愿接受裁减而给予职工的补偿。

辞退福利主要包括：

(1) 在职工劳动合同尚未到期前，不论职工本人是否愿意，企业决定解除与职工的劳动关系而给予的补偿。

(2) 在职工劳动合同尚未到期前，为鼓励职工自愿接受裁减而给予的补偿，职工有权利选择继续在职或接受补偿离职。

辞退福利通常采取解除劳动关系时一次性支付补偿的方式，也有通过提高退休后养老金或其他离职后福利的标准，或者在职工不再为企业带来经济利益后，将职工工资支付到辞退后未来某一期间的方式。

根据辞退福利的定义和包括的内容，企业应当区分辞退福利与正常退休养老金。辞退福利是在职工与企业签订的劳动合同到期前，企业根据法律与职工本人或职工代表（如工会）签订的协议，或者基于商业惯例，承诺当其提前终止对职工的雇佣关系时支付的补偿，引发补偿的事项是辞退，因此，企业应当在辞退职工时进行辞退福利的确认和计量。职工在正常退休时获得的养老金，是其与企业签订的劳动合同到期时，或者职工达到了国家规定的退休年龄时获得的退休后生活补偿金额，引发补偿的事项是职工在职时提供的服务，而不是退休本身，因此，企业应当在职工提供服务的会计期间进行养老金的确认和计量。

案例解析：某单位应发工资情况

江苏某公司因职工薪酬问题 IPO 被否

另外，职工虽然没有与企业解除劳动合同，但未来不再为企业提供服务，不能为企业带来经济利益，企业承诺提供实质上具有辞退福利性质的经济补偿的，如发生“内退”的情况，在其正式退休日期之前应当比照辞退福利处理，在其正式退休日期之后，应当按照离职后福利处理。

4. 其他长期职工福利

其他长期职工福利，是指除短期薪酬、离职后福利、辞退福利之外所有的职工薪酬，包括长期带薪缺勤、长期残疾福利、长期利润分享计划等。

## 二、短期薪酬的确认与计量

企业应当在职工为其提供服务的会计期间，将实际发生的短期薪酬确认为负债，并计入当期损益，其他相关会计准则要求或允许计入资产成本的除外。

### （一）货币性短期薪酬的计量

职工的工资、奖金、津贴和补贴，大部分职工福利费、医疗保险费、工伤保险费和生育保险费等社会保险费，住房公积金、工会经费和职工教育经费一般属于货币性短期薪酬。

企业应当根据职工提供服务情况和工资标准计算应计入职工薪酬的工资总额，按照受益对象计入当期损益或相关资产成本，借记“生产成本”“制造费用”“管理费用”等科目，贷记“应付职工薪酬”科目。发放时，借记“应付职工薪酬”，贷记“银行存款”等科目。企业发生的职工福利费，应当在实际发生时根据实际发生额计入当期损益或相关资产成本。

企业为职工缴纳的医疗保险费、工伤保险费、生育保险费等社会保险费和住房公积金，以及按规定提取的工会经费和职工教育经费，应当在职工为其提供服务的会计期间，根据规定的计提基础和计提比例计算确定相应的职工薪酬金额，并确认相关负债，按照受益对象计入当期损益或相关资产成本。其中：①医疗保险费、工伤保险费、生育保险费和住房公积金，企业应当按照国务院、所在地政府或企业年金计划规定的标准，计量应付职工薪酬义务和应相应计入成本费用的薪酬金额。②工会经费和职工教育经费，企业应当分别按照职工工资总额的 2% 和 1.5% 的计提标准，计量应付职工薪酬（工会经费、职工教育经费）义务金额和应相应计入成本费用的薪酬金额；从业人员技术要求高、培训任务重、经济效益好的企业，可根据国家相关规定，按照职工工资总额的 2.5% 计量应计入成本费用的职工教育经费。按照明确标准计算确定应承担的职工薪酬义务后，再根据受益对象计入当期损益或相关资产成本。

【例 10-4】 2×19 年 6 月，甲公司当月应发工资 15 600 万元，其中：生产部门直接生产人员工资 10 000 万元；生产部门管理人员工资 2 000 万元；公司管理部门人员工资 3 600 万元。

根据所在地政府规定：公司分别按照职工工资总额的 10% 和 8% 计提医疗保险费和住房公积金，缴纳给当地社会保险经办机构和住房公积金管理机构。公司分别按照职工工资总额的 2% 和 1.5% 计提工会经费和职工教育经费。

假定不考虑所得税影响。

应计入生产成本的职工薪酬金额 =10 000+10 000×（10%+8%+2%+1.5%）=12 150（万元）

应计入制造费用的职工薪酬金额 =2 000+2 000×（10%+8%+2%+1.5%）=2 430（万元）

应计入管理费用的职工薪酬金额 =3 600+3 600×（10%+8%+2%+1.5%）=4 374（万元）

公司应根据上述业务，作如下会计分录：

| | | |
|---|---|---|
| 借：生产成本 | 121 500 000 | |
| 　制造费用 | 24 300 000 | |
| 　管理费用 | 43 740 000 | |
| 　贷：应付职工薪酬——工资 | | 156 000 000 |
| 　　　　　　　　——医疗保险费 | | 15 600 000 |
| 　　　　　　　　——住房公积金 | | 12 480 000 |
| 　　　　　　　　——工会经费 | | 3 120 000 |
| 　　　　　　　　——职工教育经费 | | 2 340 000 |

### （二）短期带薪缺勤的确认和计量

企业可能对各种原因产生的缺勤进行补偿，如年休假、病假、短期伤残假、婚假、产假、丧假、探亲假等。带薪缺勤应当根据其性质及其职工享有的权利，分为累积带薪缺勤和非累积带薪缺勤两类。企业应当对累积带薪缺勤和非累积带薪缺勤分别进行会计处理。带薪缺勤属于长期带薪缺勤的，企业应当作为其他长期职工福利处理。

1. 累积带薪缺勤

累积带薪缺勤，是指带薪权利可以结转下期的带薪缺勤，本期尚未用完的带薪缺勤权利可以在未来期间使用。企业应当在职工提供了服务从而增加了其未来享有的带薪缺勤权利时，确认与累积带薪缺勤相关的职工薪酬，并以累积未行使权利而增加的预期支付金额计量。

有些累积带薪缺勤在职工离开企业时，对于未行使的权利，职工有权获得现金支付。职工在离开企业时能够获得现金支付的，企业应当确认企业必须支付的、职工全部累积未使用权利的金额。企业应当根据资产负债表日因累积未使用权利而导致的预期支付的追加金额，作为累积带薪缺勤费用进行预计。

【例 10-5】 乙公司共有 1 000 名职工，从 2×19 年 1 月 1 日起，该公司实行累积带薪缺勤制度。该制度规定，每个职工每年可享受 5 个工作日带薪年休假，未使用的年休假只能向后结转一个日历年度，超过 1 年未使用的权利作废；职工休年假时，首先使用当年可享受的权利，不足部分再从上年结转的带薪年休假中扣除；职工离开公司时，对未使用的累积带薪年休假无权获得现金支付。

2×19 年 12 月 31 日，每名职工当年平均未使用带薪年休假为 2 天。乙公司预计 2×20 年有 950 名职工将享受不超过 5 天的带薪年休假，剩余 50 名职工每人将平均享受 6 天半年休假，假定这 50 名职工全部为总部管理人员，该公司平均每名职工每个工作日工资为 200 元。

根据上述资料，乙公司职工 2×19 年已休带薪年休假的，由于在休假期间照发工资，因此相应的薪酬已经计入公司每月确认的薪酬金额中。与此同时，公司还需要预计职工 2×19 年享有但尚未使用的、预期将在下一年度使用的累积带薪缺勤，并计入当期损益或者相关资产成本。在本例中，乙公司在 2×19 年 12 月 31 日预计由于职工累积未使用的带薪年休假权利而导致预期将支付的工资负债即为 75（50×1.5）天的年休假工资金额 15 000（75×200）元，并作如下账务处理：

| | | |
|---|---|---|
| 借：管理费用 | 15 000 | |
| 贷：应付职工薪酬——累积带薪缺勤 | | 15 000 |

2×20 年，如果 50 名职工均未享受累积未使用的带薪年休假，则冲回上年度确认的费用：

| | | |
|---|---|---|
| 借：应付职工薪酬——累积带薪缺勤 | 15 000 | |
| 贷：管理费用 | | 15 000 |

2×20 年，如果 50 名职工均享受了累积未使用的带薪年休假，则 2×20 年确认的工资费用应扣除上年度已确认的累积带薪费用。

2. 非累积带薪缺勤

非累积带薪缺勤，是指带薪权利不能结转下期的带薪缺勤，本期尚未用完的带薪缺勤权利将予以取消，并且职工离开企业时也无权获得现金支付。我国企业职工休婚假、产假、丧假、探亲假、病假期间的工资通常属于非累积带薪缺勤。由于职工提供服务本身不能增加其能够享受的福利金额，企业在职工未缺勤时不应当计提相关费用和负债。企业应当在职工实际发生缺勤的会计期间确认与非累积带薪缺勤相关的职工薪酬。企业确认职工享有的与非累积带薪缺勤权利相关的薪酬，视同职工出勤确认的当期损益或相关资产成本。通常情况下，与非累积带薪缺勤相关的职工薪酬已经包括在企业每期向职工发放的工资等薪酬中，因此，不必额外作相应的账务处理。

### （三）短期利润分享计划

企业制定有短期利润分享计划的，如规定当职工在企业工作了特定期限后，能够享有按照企业净利润的一定比例计算的薪酬，如果职工在企业工作到特定期末，其提供的服务就会增加企业应付职工薪酬金额，或者尽管企业没有支付这类薪酬的法定义务，但是有支付此类薪酬的惯例，或者说企业除了支付此类薪酬外没有其他现实的选择，企业应当及时进行有关会计处理。

利润分享计划同时满足下列条件的，企业应当确认相关的应付职工薪酬，并计入当期损益或者相关资产成本：企业因过去事项导致现在具有支付职工薪酬的法定义务；因利润分享计划所产生的应付职工薪酬义务能够可靠估计。

属于以下三种情形之一的，视为义务金额能够可靠估计：①在财务报告批准报出之前企业已确定应支付的薪酬金额；②该利润分享计划的正式条款中包括确定薪酬金额的方式；③过去的惯例为企业确定推定义务金额提供了明显证据。

企业根据企业经济效益增长的实际情况提取的奖金，属于奖金计划，应当比照利润分享计划进行处理。

职工只有在企业工作一段特定期间才能分享利润的，企业在计量利润分享计划产生的应付职工薪酬时，应当反映职工因离职而没有得到利润分享计划支付的可能性。

如果企业在职工为其提供相关服务的年度报告期间结束后 12 个月内，不需要全部支付利润分享计划产生的应付职工薪酬，该利润分享计划应当适用其他长期职工福利的有关规定。

**【例 10–6】** 甲公司有一项利润分享计划，要求甲公司将其至 2×19 年 12 月 31 日止会计年度的税前利润的指定比例支付给在 2×19 年 7 月 1 日至 2×20 年 6 月 30 日为其提供服务的职工。该奖金于 2×20 年 6 月 30 日支付。2×19 年 12 月 31 日止财务年度的税前利润为 1 000 万元。如果甲公司在 2×19 年 7 月 1 日至 2×20 年 6 月 30 日期间没有职工离职，则当年的利润分享支付总额为税前利润的 3%。甲公司估计职工离职将使支付额降低至税前利润的 2.5%（其中，直接参加生产的职工享有 1%，总部管理人员享有 1.5%），不考虑个人所得税影响。

本例中，尽管支付额是按照截至 2×19 年 12 月 31 日止财务年度的税前利润的 3% 计量，但是业绩却是基于职工在 2×19 年 7 月 1 日至 2×20 年 6 月 30 日期间提供的服务。因此，甲公司在 2×19 年 12 月 31 日应按照税前利润的 50% 的 2.5% 确认负债和成本及费用，金额为 125 000（10 000 000×50%×2.5%）元。余下的利润分享金额连同针对估计金额与实际支付金额之间的差额作出的调整额，在 2×20 年予以确认。

2×19 年 12 月 31 日的账务处理如下：

| | | |
|---|---|---|
| 借：生产成本 | 50 000 | |
| 　　管理费用 | 75 000 | |
| 　　贷：应付职工薪酬——利润分享计划 | | 125 000 |

2×20 年 6 月 30 日，甲公司的职工离职使其支付的利润分享金额为 2×19 年度税前利润的 2.8%（直接参加生产的职工享有 1.1%，总部管理人员享有 1.7%），在 2×20 年确认余下的利润分享金额，连同针对估计金额与实际支付金额之间的差额作出的调整额合计为 155 000（10 000 000×2.8%−125 000）元。其中，计入生产成本的利润分享计划金额为 60 000（10 000 000×1.1%−50 000）元，计入管理费用的利润分享计划金额为 95 000（10 000 000×1.7%−75 000）元。

2×20 年 6 月 30 日的账务处理如下：

| | |
|---|---|
| 借：生产成本 | 60 000 |
| 　　管理费用 | 95 000 |

贷:应付职工薪酬——利润分享计划 155 000

## (四)非货币性福利

企业向职工提供非货币性福利的,应当按照公允价值计量。公允价值不能可靠取得的,可以采用成本计量。企业向职工提供的非货币性福利,应当分别情况处理:

1. 以自产产品或外购商品发放给职工作为福利

企业以其生产的产品作为非货币性福利提供给职工的,应当按照该产品的公允价值和相关税费,计量应计入成本费用的职工薪酬金额,相关收入的确认、销售成本的结转和相关税费的处理,与正常商品销售相同。以外购商品作为非货币性福利提供给职工的,应当按照该商品的公允价值和相关税费计入成本费用。

需要注意的是,在以自产产品或外购商品发放给职工作为福利的情况下,企业在进行账务处理时,应当先通过"应付职工薪酬"科目归集当期应计入成本费用的非货币性薪酬金额。

**【例 10-7】** 甲公司为一家生产笔记本电脑的企业,共有职工 200 名。2×19 年 2 月,公司以其生产的成本为 5 000 元的笔记本电脑和外购的每部不含税价格为 2 000 元的手机作为春节福利发放给公司每名职工。该型号笔记本电脑的售价为每台 10 000 元,甲公司适用的增值税税率为 13%,已开具了增值税专用发票;甲公司以银行存款支付了购买手机的价款和增值税进项税额,已取得增值税专用发票,适用的增值税税率为 13%。假定 200 名职工中 170 名为直接参加生产的职工,30 名为总部管理人员。

本例中,企业以自己生产的产品作为福利发放给职工,应计入成本费用的职工薪酬金额以公允价值计量,计入主营业务收入,产品按照成本结转,但要根据相关税收规定,视同销售计算增值税销项税额。外购商品发放给职工作为福利,应当将交纳的增值税进项税额计入成本费用。该企业应作如下账务处理:

笔记本电脑的售价总额 =10 000×170+10 000×30=2000 000(元)

笔记本电脑的增值税销项税额 =10 000×170×13%+10 000×30×13%=260 000(元)

甲公司决定发放非货币性福利时。

借:生产成本 1 921 000

　管理费用 339 000

　贷:应付职工薪酬——非货币性福利 2 260 000

实际发放笔记本电脑时。

借:应付职工薪酬——非货币性福利 2 260 000

　贷:主营业务收入 2 000 000

　　应交税费——应交增值税(销项税额) 260 000

借:主营业务成本 1 000 000

　贷:库存商品 1 000 000

手机的售价总额 =170×2 000+30×2 000=400 000(元)

手机的进项税额 =170×2 000×13%+30×2 000×13%=52 000(元)

甲公司决定发放非货币性福利时。

借:生产成本 384 200

管理费用　　67 800
　　贷：应付职工薪酬——非货币性福利　　452 000

购买手机时。

借：存货　　400 000
　　应交税费——应交增值税（进项税额）　　52 000
　　贷：银行存款　　452 000

借：应付职工薪酬——非货币性福利　　452 000
　　贷：存货　　400 000
　　　　应交税费——应交增值税（进项税额转出）　　52 000

2. 将拥有的房屋等资产无偿提供给职工使用或租赁住房等资产供职工无偿使用

企业将拥有的房屋等资产无偿提供给职工使用的，应当根据受益对象将住房每期的公允价值计入当期损益或相关资产成本，同时确认应付职工薪酬。公允价值无法可靠取得的，可以按照成本计量。

租赁住房等资产供职工无偿使用的，应当根据受益对象，将每期应付的租金计入相关资产成本或当期损益，并确认应付职工薪酬。

**【例 10-8】** 2×19 年甲公司为总部各部门经理级别以上职工提供自建单位宿舍免费使用，同时为副总裁以上高级管理人员每人租赁一套住房。该公司总部共有部门经理以上职工 60 名，每人提供一间单位宿舍免费使用，假定每间单位宿舍每月计提折旧 1 000 元。该公司共有副总裁以上高级管理人员 10 名，公司为其每人租赁一套月租金为 10 000 元的公寓。该公司每月应作如下会计分录：

借：管理费用　　60 000
　　贷：应付职工薪酬——非货币性福利——宿舍　　60 000

借：应付职工薪酬——非货币性福利——宿舍　　60 000
　　贷：累计折旧　　60 000

借：管理费用　　100 000
　　贷：应付职工薪酬——非货币性福利——宿舍　　100 000

借：应付职工薪酬——非货币性福利——宿舍　　100 000
　　贷：银行存款　　100 000

3. 向职工提供企业支付了补贴的商品或服务

企业有时以低于企业取得资产或服务成本的价格向职工提供资产或服务，比如以低于成本的价格向职工出售住房、以低于企业支付的价格向职工提供医疗保健服务。以提供包含补贴的住房为例，企业在出售住房等资产时，应当将此类资产的公允价值与其内部售价之间的差额（即相当于企业补贴的金额）分别情况处理：

（1）如果出售住房的合同或协议中规定了职工在购得住房后至少应当提供服务的年限，且如果职工提前离开则应退回部分差价，企业应当将该项差额作为长期待摊费用处理，并在合同或协议规定的服务年限内平均摊销，根据受益对象分别计入相关资产成本或当期损益。

（2）如果出售住房的合同或协议中未规定职工在购得住房后必须服务的年限，企业应当将该项差额直接计入出售住房当期相关资产成本或当期损益。

**【例10-9】** 2×19年5月,甲公司购买了100套全新的公寓拟以优惠价格向职工出售,该公司共有100名职工,其中80名为直接生产人员,20名为公司总部管理人员。甲公司拟向直接生产人员出售的住房平均每套购买价为100万元,向职工出售的价格为每套80万元;拟向管理人员出售的住房平均每套购买价为180万元,向职工出售的价格为每套150万元。假定该100名职工均在2×19年度中陆续购买了公司出售的住房,售房协议规定,职工在取得住房后必须在公司服务15年。不考虑相关税费。甲公司应作如下会计分录。

出售住房时:

| | | |
|---|---|---|
| 借:银行存款 | 94 000 000 | |
| 　长期待摊费用 | 22 000 000 | |
| 　贷:固定资产 | | 116 000 000 |

出售住房后的每年,甲公司应当按照直线法在15年内摊销长期待摊费用。

| | | |
|---|---|---|
| 借:生产成本 | 1 066 667 | |
| 　管理费用 | 400 000 | |
| 　贷:应付职工薪酬——非货币性福利 | | 1 466 667 |
| 借:应付职工薪酬——非货币性福利 | 1 466 667 | |
| 　贷:长期待摊费用 | | 1 466 667 |

### (五)离职后福利

离职后福利,是指企业为获得职工提供的服务而在职工退休或与企业解除劳动关系后,提供的各种形式的报酬和福利,属于短期薪酬和辞退福利的除外。离职后福利包括退休福利(如养老金和一次性的退休支付)及其他离职后福利(如离职后人寿保险和离职后医疗保障)。

职工正常退休时获得的养老金等离职后福利,是职工与企业签订的劳动合同到期或者职工达到了国家规定的退休年龄时,获得的离职后生活补偿金额。企业给予补偿的事项是职工在职时提供的服务而不是退休本身,因此,企业应当在职工提供服务的会计期间对离职后福利进行确认和计量。

离职后福利计划,是指企业与职工就离职后福利达成的协议,或者企业为向职工提供离职后福利制定的规章或办法等。企业应当按照企业承担的风险和义务情况,将离职后福利计划分类为设定提存计划和设定受益计划两种类型。

1. 设定提存计划

设定提存计划(defined contribution plan,DCP)是指企业向一个独立主体(通常是基金)支付固定提存金,如果该基金不能拥有足够资产以支付与当期和以前期间职工服务相关的所有职工福利,企业不再负有进一步支付提存金的法定义务和推定义务。根据我国养老保险制度相关文件的规定,职工养老保险、失业保险待遇即收益水平与企业在职工提供服务各期的缴费水平不直接挂钩,企业承担的义务仅限于按照规定标准提存的金额,属于设定提存计划。

设定提存计划的会计处理相对简单。企业在每一期间的义务取决于该期间将要提存的金额。因此，在计量义务或费用时不需要精算假设，通常也不存在精算利得或损失。

企业应在资产负债表日确认为换取职工在会计期间内为企业提供的服务而应付给设定提存计划的提存金，并作为一项费用计入当期损益或相关资产成本。

【例 10-10】 甲公司为管理人员设立了一项企业年金：每月该企业按照每个管理人员工资的 5% 向独立于甲公司的年金基金缴存企业年金，年金基金将其计入该管理人员个人账户并负责资金的运作。该管理人员退休时可以一次性获得其个人账户的累积额，包括公司历年来的缴存额以及相应的投资收益。公司除了按照约定向年金基金缴存之外不再负有其他义务，既不享有缴存资金产生的收益，也不承担投资风险。因此，该福利计划为设定提存计划。2×19 年，按照计划安排，该企业向年金基金缴存的金额为 1 000 万元。甲公司应作如下会计分录：

| | | |
|---|---|---|
| 借：管理费用 | 10 000 000 | |
| 　贷：应付职工薪酬 | | 10 000 000 |
| 借：应付职工薪酬 | 10 000 000 | |
| 　贷：银行存款 | | 10 000 000 |

2. 设定受益计划

设定受益计划是指除设定提存计划以外的离职后福利计划。设定提存计划与设定受益计划的区分取决于计划的主要条款和条件所包含的经济实质。在设定提存计划下，企业的法定义务是以企业同意向基金的缴存额为限，职工取得的离职后福利金额取决于向离职后福利计划或保险公司支付的提存金金额，以及提存金所产生的投资回报，从而精算风险（即福利将少于预期）和投资风险（即投资的资产将不足以支付预期的福利）实质上要由职工来承担。而在设定受益计划下，企业的义务是为现在和以前的职工提供约定的福利，并且精算风险和投资风险实质上由企业来承担。因此，如果精算或者投资的实际结果比预期差，则企业的义务可能增加。表 10-2 对比了设定提存计划和设定受益计划。

**表 10-2 设定提存计划与设定受益计划对比**

| | 企业义务 | 风险承担主体 |
|---|---|---|
| 设定提存计划 | 企业的法定义务以企业同意向基金的缴存额为限，不负进一步支付义务 | 精算风险（即福利将少于预期）和投资风险（即投资的资产将不足以支付预期的福利）实质上要由职工来承担，企业不承担与基金资产有关的风险 |
| 设定受益计划 | 为现在及以前的职工提供约定的福利，如果精算或者投资的实际结果比预期差，则企业的义务可能会增加 | 精算风险和投资风险实由企业来承担 |

当企业通过以下方式负有法定义务时，该计划就是一项设定受益计划：

（1）计划福利公式不仅仅与提存金金额相关，且要求企业在资产不足以满足该公式的福利时提供进一步的提存金。

（2）通过计划间接地或直接地对提存金的特定回报作出担保。

设定受益计划可能是不注入资金的，或者可能全部或部分地由企业（有时由其职工）

向法律上独立于报告主体的企业或者基金，以缴纳提存金形式注入资金，并由其向职工支付福利。到期时已注资福利的支付不仅取决于基金的财务状况和投资业绩，而且取决于企业补偿基金资产短缺的能力和意愿。企业实质上承担着与计划相关的精算风险和投资风险。因此，设定受益计划所确认的费用并不一定是本期应付的提存金金额。

设定受益计划的核算可以分为以下步骤：

步骤一：确定设定受益义务现值和当期服务成本。

企业应当通过下列两步确定设定受益义务现值和当期服务成本：

(1) 根据预期累计福利单位法，采用无偏且相互一致的精算假设对有关人口统计变量（如职工离职率和死亡率）和财务变量（如未来薪金和医疗费用的增加）等作出估计，计量设定受益计划所产生的义务，并确定相关义务的归属期间。

(2) 根据资产负债表日与设定受益计划义务期限和币种相匹配的国债或活跃市场上的高质量公司债券的市场收益率确定折现率，将设定受益计划所产生的义务予以折现，以确定设定受益计划义务的现值和当期服务成本。

设定受益计划义务的现值，是指企业在不扣除任何计划资产的情况下，为履行获得当期和以前期间职工服务产生的最终义务，所需支付的预期未来金额的现值。

企业应当通过预期累计福利单位法确定其设定受益计划义务的现值、当期服务成本和过去服务成本。根据预期累计福利单位法，职工每提供一个期间的服务，就会增加一个单位的福利权利，企业应当对每一单位的福利权利进行单独计量，并将所有单位的福利权利累计形成最终义务。企业在确定设定受益计划义务的现值、当期服务成本以及过去服务成本时，应当根据计划的福利公式将设定受益计划产生的福利义务归属于职工提供服务的期间，并计入当期损益或相关资产成本。

当职工后续年度的服务将导致其享有的设定受益计划福利水平显著高于以前年度时，企业应当按照直线法将累计设定受益计划义务分摊确认于职工提供服务而导致企业第一次产生设定受益计划福利义务至职工提供服务不再导致该福利义务显著增加的期间。在确定后续年度服务是否将导致职工享有的设定受益福利水平显著高于以前年度时，不应考虑仅因未来工资水平提高而导致设定受益计划义务显著增加的情况。

精算假设，是指企业对影响离职后福利最终义务的各种变量的最佳估计。精算假设应当是客观公正和相互可比的，无偏且相互一致的。精算假设包括人口统计假设和财务假设。人口统计假设包括死亡率、职工的离职率、伤残率、提前退休率等。财务假设包括折现率、福利水平和未来薪酬等。其中，折现率应当根据资产负债表日与设定受益计划义务期限和币种相匹配的国债或活跃市场上的高质量公司债券的市场收益率确定。

经验调整是设定受益计划义务的实际数与估计数之间的差异。在某些情况下，设定受益计划对于未来福利水平调整未作出明确规定的，企业将有关福利水平的增加确认为精算假设与实际经验的差异（产生精算利得或损失），还是计划的修改（产生过去服务成本），需要运用职业判断。通常情况下，如果设定受益计划未明确规定未来福利水平的调整，过去的调整也并不频繁，同时如果精算假设中并无福利水平增长的假设，企业应将福利水平变化的影响归属于过去服务成本。

**【例 10-11】** 甲公司在 2×18 年 1 月 1 日建立一项福利计划向其未来退休的管理员

工提供退休补贴。退休补贴根据工龄有不同的层次，该计划于当日开始实施。该福利计划为一项设定受益计划。假设管理人员退休时企业将每年向其支付退休补贴直至其去世，通常企业应当根据生命周期表对死亡率进行精算（为阐述方便，本例中测算表格中的演算，忽略死亡率），并考虑退休补贴的增长率等因素，将退休后补贴折现到退休时点，然后按照预期累计福利单位法在职工的服务期间进行分配。

假设一位55岁管理人员于2×18年年初入职，年折现率为10%，预计该职工将在服务5年后即2×23年年初退休。表10–3列示了企业如何按照预期累计福利单位法确定其设定受益义务现值和当期服务成本，假定精算假设不变。

**表10–3 设定受益义务现值和当期服务成本**

单位：元

| 年度 | 2×18年 | 2×19年 | 2×20年 | 2×21年 | 2×22年 |
|---|---|---|---|---|---|
| 福利归属于以前年度 | 0 | 1 310 | 2 620 | 3 930 | 5 240 |
| 福利归属于当年 | 1 310 | 1 310 | 1 310 | 1 310 | 1 310 |
| 当前和以前年度 | 1 310 | 2 620 | 3 930 | 5 240 | 6 550 |
| 期初义务 | 0 | 890 | 1 960 | 3 240 | 4 760 |
| 利率为10%的利息 | 0 | 89=<br>890×10% | 196=<br>1 960×10% | 324=<br>3 240×10% | 476=<br>4 760×10% |
| 当期服务成本 | 890=1 310÷<br>$(1+10\%)^4$ | 980=1 310÷<br>$(1+10\%)^3$ | 1 080=1 310÷<br>$(1+10\%)^2$ | 1 190=1 310÷<br>(1+10%) | 1 310 |
| 期末义务 | 890 | 1 959=<br>890+89+980 | 3 236=<br>1 960+196+1 080 | 4 754=<br>3 240+324+1 190 | 6 546=<br>4 760+476+1 310 |

注：①期初义务是归属于以前年度的设定受益义务的现值。②当期服务成本是归属于当年的设定受益义务的现值。③期末义务是归属于当年和以前年度的设定受益义务的现值。

在本例中，假设该职工退休后直至去世前企业将为其支付的累计退休福利在其退休时点的折现额约为6 550元。该管理人员为企业服务的5年中每年所赚取的当期福利为这一金额的1/5即1 310元。当期服务成本即为归属于当年福利的现值。因此，在2×18年，当期服务成本为1 310÷$(1+10\%)^4$。其他各年以此类推。

2×18年年末，账务处理如下：

借：管理费用（当期服务成本） 890

　　贷：应付职工薪酬 890

同理，2×19年年末，账务处理如下：

借：管理费用（当期服务成本） 980

　　贷：应付职工薪酬 980

借：财务费用 89

　　贷：应付职工薪酬 89

以后各年，以此类推。

**【例 10-12】** 假设甲公司在 2×18 年 1 月 1 日设立了一项设定受益计划，并于当日开始实施。该设定受益计划具体规定如下：

(1) 甲公司向所有在职员工提供统筹外补充退休金，这些职工在退休后每年可以额外获得 12 万元退休金，直至去世。

(2) 职工获得该额外退休金基于自该计划开始日期为公司提供的服务，而且应当自该设定受益计划开始日起一直为公司服务至退休。为简化起见，假定符合计划的职工为 100 人，当前平均年龄为 40 岁，退休年龄为 60 岁，还可以为公司服务 20 年。假定在退休前无人离职，退休后平均剩余寿命为 15 年。假定适用的折现率为 10%，并且假定不考虑未来通货膨胀影响等其他因素。

设定受益计划义务及其现值见表 10-4。

**表 10-4 计算设定受益计划义务及其现值**

单位：万元

| | 退休后第 1 年 | 退休后第 2 年 | 退休后第 3 年 | 退休后第 4 年 | …… | 退休后第 14 年 | 退休后第 15 年 |
|---|---|---|---|---|---|---|---|
| (1) 当年支付(元) | 1 200 | 1 200 | 1 200 | 1 200 | …… | 1 200 | 1 200 |
| (2) 折现率 | 10% | 10% | 10% | 10% | …… | 10% | 10% |
| (3) 复利现值系数 | 0.909 1 | 0.826 4 | 0.751 3 | 0.683 0 | …… | 0.263 3 | 0.239 4 |
| (4) 退休时点现值 =(1)×(3)(元) | 1 091 | 992 | 902 | 820 | …… | 316 | 287 |
| (5) 退休时点现值合计(元) | 9 127 | | | | | | |

职工服务期间每期服务成本的计算见表 10-5。

**表 10-5 计算职工服务期间每期服务成本**

单位：万元

| 服务年份 | 服务第 1 年 | 服务第 2 年 | …… | 服务第 19 年 | 服务第 20 年 |
|---|---|---|---|---|---|
| 福利归属于以前年度 | 0 | 456.35 | …… | 8 214.3 | 8 670.65 |
| 福利归属于当年 | 456.35 | 456.35 | …… | 456.35 | 456.35 |
| 当前和以前年度 | 456.35 | 912.7 | …… | 8 670.65 | 9 127 |
| 期初义务 | 0 | 74.62* | …… | 6 788.68 | 7 882.41 |
| 利率为 10% 的利息 | 0 | 7.46 | …… | 6 78.87 | 788.24 |
| 当期服务成本 | 74.62* | 82.08** | …… | 414.86*** | 456.35 |
| 期末义务 | 74.62 | 164.16 | …… | 7 882.41 | 9 127**** |

注：456.35=9 127 ÷ 20；*74.62=456.35 ÷ $(1+10\%)^{19}$；**82.08=456.35 ÷ $(1+10\%)^{18}$；***414.86=456.35 ÷ (1+10%)；**** 含尾数调整。

服务第 1 年至第 20 年的账务处理如下：

服务第 1 年年末：

借:管理费用(或相关资产成本) 746 200

  贷:应付职工薪酬——设定受益计划义务 746 200

服务第 2 年年末:

借:财务费用(或相关资产成本) 74 620

  贷:应付职工薪酬——设定受益计划义务 74 620

借:管理费用(或相关资产成本) 820 800

  贷:应付职工薪酬——设定受益计划义务 820 800

服务第 3 年至第 20 年,以此类推处理。

步骤二:确定设定受益计划净负债或净资产。

设定受益计划存在资产的,企业应当将设定受益计划义务的现值减去设定受益计划资产公允价值所形成的赤字或盈余确认为一项设定受益计划净负债或净资产。

设定受益计划存在盈余的,企业应当以设定受益计划的盈余和资产上限两项的孰低者计量设定受益计划净资产。其中,资产上限,是指企业可从设定受益计划退款或减少未来向独立主体缴存提存金而获得的经济利益的现值。

计划资产包括长期职工福利基金持有的资产、符合条件的保险单等,但不包括企业应付但未付给独立主体的提存金、由企业发行并由独立主体持有的任何不可转换的金融工具。

**【例 10-13】** 假设某企业共有 8 000 名管理人员,按照预期累计福利单位法计算出设定受益计划的总负债为 3 亿元,若该企业专门购置了国债作为计划资产,这笔国债 2×18 年的公允价值为 1 亿元,假设该国债仅能用于偿付企业的福利计划负债(除非在支付所有计划负债后尚有盈余),且除福利计划负债以外,该企业的其他债权人不能要求用以偿付其他负债,公司没有最低缴存额的现值,则整个设定受益计划净负债为 2 亿元。

如果该笔国债 2×19 年的公允价值为 4 亿元,则该项设定受益计划存在盈余为 1 亿元,假设该企业可从设定受益计划退款或减少未来对该计划缴存资金而获得的经济利益的现值(即资产上限)为 1.5 亿元,则该项设定受益计划净资产为 1 亿元。

步骤三:确定应当计入当期损益的金额。

报告期末,企业应当在损益中确认的设定受益计划产生的职工薪酬成本包括服务成本、设定受益净负债或净资产的利息净额。其中,服务成本包括当期服务成本、过去服务成本和结算利得或损失。

(1) 当期服务成本。当期服务成本,是指因职工当期提供服务所导致的设定受益计划义务现值的增加额。

在例 10-11 中,当期服务成本如表 10-3 所示,当期服务成本是按预期累计福利单位法计算出的归属于当年的福利的现值。2×19 年甲公司对该管理人员的当期服务成本为 980 元,2×20 年当期服务成本为 1 080 元,以后各年以此类推。

(2) 过去服务成本。过去服务成本,是指设定受益计划修改所导致的与以前期间职工服务相关的设定受益计划义务现值的增加或减少。

(3) 结算利得和损失。企业应当在设定受益计划结算时,确认一项结算利得或损失。设定受益计划结算,是指企业为了消除设定受益计划所产生的部分或所有未来义务进行的交易，而不是根据计划条款和所包含的精算假设向职工支付福利。设定受益计划结算利得或损失是下列两项的差额：①在结算日确定的设定受益计划义务的现值。②结算价格，包括转移的计划资产的公允价值和企业直接发生的与结算相关的支付。

(4) 设定受益计划净负债或净资产的利息净额。设定受益计划净负债或净资产的利息净额，是指设定受益净负债或净资产在职工提供服务期间由于时间变化而产生的变动，包括计划资产的利息收益、设定受益计划义务的利息费用以及资产上限影响的利息。企业应当通过将设定受益计划净负债或净资产乘以适当的折现率来确定设定受益计划净负债或净资产的利息净额。

步骤四：确定应当计入其他综合收益的金额。

重新计量设定受益计划净负债或净资产导致的变动(精算利得或损失)，计入其他综合收益，且在后续不允许转回至损益。

重新计量设定受益计划净负债或净资产所产生的变动包括下列部分：

(1) 精算利得或损失，即由于精算假设和经验调整导致之前所计量的设定受益计划义务现值的增加或减少。

(2) 计划资产回报，扣除包括在设定受益净负债或净资产的利息净额中的金额。计划资产的回报，指计划资产产生的利息、股利和其他收入，以及计划资产已实现和未实现的利得或损失。

(3) 资产上限影响的变动，扣除包括在设定受益计划净负债或净资产的利息净额中的金额。

### (六) 辞退福利的确认和计量

1. 辞退福利的含义

辞退福利，是指企业在职工劳动合同到期之前解除与职工的劳动关系，或者为鼓励职工自愿接受裁减而给予职工的补偿。由于导致义务产生的事项是终止雇佣而不是为获得职工的服务，企业应当将辞退福利作为单独一类职工薪酬进行会计处理。

辞退福利包括两方面的内容：一是在职工劳动合同尚未到期前，不论职工本人是否愿意，企业决定解除与职工的劳动关系而给予的补偿；二是在职工劳动合同尚未到期前，为鼓励职工自愿接受裁减而给予的补偿，职工有权利选择继续在职或接受补偿离职。辞退福利还包括当公司控制权发生变动时，对辞退的管理层人员进行补偿的情况。

辞退福利与正常退休养老金不同。辞退福利是在职工与企业签订的劳动合同到期前，企业根据法律与职工本人或职工代表(如工会)签订的协议，或者基于商业惯例，承诺当其提前终止对职工的雇佣关系时支付的补偿，引发补偿的事项是辞退。因此，企业应当在辞退时进行确认和计量。而职工在正常退休时获得的养老金，是其与企业签订的劳动合同到期时，或者职工到了国家规定的退休年龄时获得的退休后生活的补偿金额。此种情况下，给予补偿的事项是职工在职时提供的服务而不是退休本身。因此，企业应当在职工提供服务的会计期间确认和计量。

需要注意的是，无论职工因何种原因离开都要支付的福利属于离职后福利，不是辞退福利。有些企业对职工本人提出的自愿辞退比企业提出的要求职工非自愿辞退的情况下支付较少的补偿，在这种情况下，非自愿辞退提供的补偿与职工本人要求辞退提供的补偿之间的差额，才属于辞退福利。

2. 辞退福利的确认

企业在职工劳动合同到期之前解除与职工的劳动关系，或者为鼓励职工自愿接受裁减而提出给予补偿的建议，同时满足以下确认条件的，应当确认因解除与职工的劳动关系给予补偿而产生的预计负债，同时计入当期损益。

(1) 企业已经制定正式的解除劳动关系计划或提出自愿裁减建议，并即将实施。这一条件意味着辞退福利已经构成企业现时义务。

这里所称“正式的辞退计划或建议”应当经过董事会或类似权力机构的批准，通常应当包括拟解除劳动关系或裁减的职工所在部门、职位及数量；根据有关规定按工作类别或职位确定的解除劳动关系或裁减补偿金额；拟解除劳动关系或裁减的时间。

“即将实施”是指辞退工作一般应当在一年内实施完毕，但因付款程序等原因使部分付款推迟到一年后支付的，视为符合辞退福利预计负债确认条件。

(2) 企业不能单方面撤回解除劳动关系计划或裁减建议。如果企业能够单方面撤回解除劳动关系计划或裁减建议，则表明未来经济利益流出不是很可能，因而不符合负债的确认条件。

由于被辞退的职工不再为企业带来未来经济利益，因此，对于所有辞退福利，均应当于辞退计划满足预计负债确认条件的当期计入费用。在确认辞退福利时，需要注意的是：对于分期或分阶段实施的解除劳动关系计划或自愿裁减建议，企业应当将整个计划看作由一个个单项解除劳动关系计划或自愿裁减建议组成，在每期或每阶段计划符合预计负债确认条件时，将该期或该阶段计划中由提供辞退福利产生的预计负债予以确认，计入该部分计划满足预计负债确认条件的当期管理费用，不能等全部计划都符合确认条件时再予以确认。①

3. 辞退福利的计量

企业应当按照辞退计划条款的规定，合理预计并确认辞退福利产生的职工薪酬负债。辞退福利的计量因辞退计划中职工有无选择权而有所不同：

(1) 对于职工没有选择权的辞退计划，企业应当根据计划条款规定拟解除劳动关系的职工数量、每一职位的辞退补偿等确认职工薪酬负债。

(2) 对于自愿接受裁减建议的辞退计划，由于接受裁减的职工数量不确定，企业应当预计将会接受裁减建议的职工数量，根据预计的职工数量和每一职位的辞退补偿等确认职工薪酬负债。

(3) 对于实质性辞退工作在一年内实施完毕但补偿款项超过一年支付的辞退计划，企业应当选择恰当的折现率，以折现后的金额计量应计入当期损益的辞退福利金额。

**【例 10-14】** 甲公司是一家彩电生产企业。2×18 年 9 月，为了能够在下一年度顺利

---

① 实施职工内部退休计划的，企业应当比照辞退福利处理。在内退计划符合本准则规定的确认条件时，企业应当按照内退计划规定，将自职工停止提供服务日至正常退休日期间、企业拟支付的内退职工工资和缴纳的社会保险费等，确认为应付职工薪酬，一次性计入当期损益，不能在职工内退后各期分期确认因支付内退职工工资和为其缴纳社会保险费等产生的义务。

实施转产，甲公司管理层制定了一项辞退计划。计划规定，从2×19年1月1日起，企业将以职工自愿方式，辞退其彩电生产车间的职工。

辞退计划的详细内容，包括拟辞退的职工所在部门、数量、各级别职工能够获得的补偿以及计划大体实施的时间等均已与职工沟通，并达成一致意见，辞退计划已于2×18年12月10日经董事会正式批准，辞退计划将于下一个年度内实施完毕。该项辞退计划的详细内容见表10–6。

**表10–6 甲公司2×19年辞退计划一览表**

| 所属部门 | 职位 | 辞退数量(名) | 工龄(年) | 每人补偿(万元) |
|---|---|---|---|---|
| 彩电车间 | 车间主任、副主任 | 10 | 1~5 | 10 |
| | | | 6~10 | 20 |
| | | | 11~20 | 30 |
| | 高级技工 | 40 | 1~5 | 8 |
| | | | 6~10 | 18 |
| | | | 11~20 | 28 |
| | 一般技工 | 80 | 1~5 | 5 |
| | | | 6~10 | 15 |
| | | | 11~20 | 25 |
| 合计 | | 130 | | 159 |

2×18年12月31日，甲公司预计各级别职工拟接受辞退职工数量的最佳估计数(最可能发生数)及其应支付的补偿见表10–7。

**表10–7 各级别职工拟接受辞退职工数量的最佳估计数**

| 所属部门 | 职位 | 辞退数量(名) | 工龄(年) | 接受数量(名) | 每人补偿(万元) | 补偿金额(万元) |
|---|---|---|---|---|---|---|
| 彩电车间 | 车间主任、副主任 | 10 | 1~5 | 4 | 10 | 40 |
| | | | 6~10 | 2 | 20 | 40 |
| | | | 11~20 | 1 | 30 | 30 |
| | 高级技工 | 40 | 1~5 | 15 | 8 | 120 |
| | | | 6~10 | 10 | 18 | 180 |
| | | | 11~20 | 5 | 28 | 140 |
| | 一般技工 | 80 | 1~5 | 30 | 5 | 150 |
| | | | 6~10 | 20 | 15 | 300 |
| | | | 11~20 | 10 | 25 | 250 |
| 合计 | | 130 | | 97 | 159 | 1 250 |

根据表 10–7，愿意接受辞退职工的最可能数量为 97 名，预计补偿总额为 1 250 万元，则甲公司在 2×18 年应作如下会计分录：

借：管理费用　　12 500 000

　贷：应付职工薪酬——辞退福利　　12 500 000

### （七）其他长期职工福利

其他长期职工福利，是指除短期薪酬、离职后福利和辞退福利以外的其他所有职工福利。其他长期职工福利包括以下各项：长期带薪缺勤、其他长期服务福利、长期残疾福利、长期利润分享计划、长期奖金计划和递延酬劳等。

企业向职工提供的其他长期职工福利，符合设定提存计划条件的，应当按照设定提存计划的有关规定进行会计处理。符合设定受益计划条件的，企业应当按照设定受益计划的有关规定，确认和计量其他长期职工福利净负债或净资产。在报告期末，企业应当将其他长期职工福利产生的职工薪酬成本确认为下列组成部分：①服务成本。②其他长期职工福利净负债或净资产的利息净额。③重新计量其他长期职工福利净负债或净资产所产生的变动。

为了简化相关会计处理，上述项目的总净额应计入当期损益或相关资产成本。

长期残疾福利水平取决于职工提供服务期间长短的，企业应在职工提供服务的期间确认应付长期残疾福利义务，计量时应当考虑长期残疾福利支付的可能性和预期支付的期限；与职工提供服务期间长短无关的，企业应当在导致职工长期残疾的事件发生的当期确认应付长期残疾福利义务。

递延酬劳包括按比例分期支付或者经常性定额支付的递延奖金等。这类福利应当按照奖金计划的福利公式来对费用进行确认，或者按照直线法在相应的服务期间分摊确认。如果一个企业内部为其长期奖金计划或者递延酬劳设立一个账户，则这样的其他长期职工福利不符合设定提存计划的条件。

**【例 10–15】** 2×19 年年初甲公司为其管理人员设立了一项递延奖金计划：将当年利润的 5% 提成作为奖金，但要两年后即 2×20 年年末才向仍然在职的员工分发。假设 2×19 年当年利润为 1 亿元，且该计划条款中明确规定：员工必须在这两年内持续为公司服务，如果提前离开将拿不到奖金。具体会计处理如下：

步骤一：根据预期累计福利单位法，采用无偏且相互一致的精算假设对有关人口统计变量和财务变量等作出估计，计量设定受益计划所产生的义务，并按照同久期、同币种的国债收益率将设定受益计划所产生的义务予以折现，以确定设定受益计划义务的现值和当期服务成本。

假设不考虑死亡率和离职率等因素，2×19 年年初预计两年后企业为此计划的现金流支出为 500 万元，按照预期累计福利单位法归属于 2×19 年的福利为 500 ÷ 2=250（万元），选取同久期、同币种的国债收益率作为折现率（5%）进行折现，则 2×19 年的当期服务成本为 2 500 000 ÷（1+5%）=2 380 952（元）。假定 2×19 年年末折现率变为 3%，则 2×19 年年末的设定受益义务现值即设定受益计划负债为 2 500 000 ÷（1+3%）=2 427 184（元）。

步骤二：核实设定受益计划有无计划资产，假设在本例中，该项设定受益计划没有计划资产，2×19 年年末的设定受益计划净负债即设定受益计划负债为 2 427 184 元。

步骤三：确定应当计入当期损益的金额，如步骤一所示，本例中发生利润从而导致负债的当年，即 2×19 年的当期服务成本为 2 380 952 元。由于期初负债为 0，2×19 年年末，设定受益计划净负债的利息费用为 0。

步骤四：确定重新计量设定受益计划净负债或净资产所产生的变动，包括精算利得或损失、计划资产回报和资产上限影响的变动三个部分，计入当期损益。由于假设本例中没有计划资产，因此重新计量设定受益计划净负债或净资产所产生的变动仅包括精算利得或损失。

由步骤一可知，2×19 年年末的精算损失为 46 232 元。

2×19 年年末，上述递延奖金计划的会计处理为：

借：管理费用——当期服务成本　　2 380 952
　　精算损失　　46 232
　　贷：应付职工薪酬——递延奖金计划　　2 427 184

同理，2×20 年年末，假设折现率仍为 3%，甲公司当期服务成本为 250 万元，设定受益计划净负债的利息费用 =2 427 184×3%=72 816（元）。则明达公司 2×20 年年末的会计处理为：

借：管理费用　　2 500 000
　　财务费用　　72 816
　　贷：应付职工薪酬——递延奖金计划　　2 572 816

实际支付该项递延奖金时，会计处理为：

借：应付职工薪酬——递延奖金计划　　5 000 000
　　贷：银行存款　　5 000 000

北满特钢的管理费用创造利润

## 第四节　应 交 税 费

企业在一定时期内取得的营业收入和实现的利润或发生特定经营行为，要按照规定向国家缴纳各种税金，这些应交的税金，应按照权责发生制的原则确认。这些应交的税金在尚未交纳之前，形成企业的一项负债。

### 一、增值税

增值税是以商品（含货物、加工修理修配劳务、服务、无形资产或不动产）在流转过程中产生的增值额作为计税依据而征收的一种流转税。按照增值税有关规定，企业购入商品支付的增值税（即进项税额），可以从销售商品按规定收取的增值税（即销项税额）中抵扣。我国于 2016 年 5 月 1 日起全面推开营改增试点，扩大试点行业范围，将建筑业、房地产业、金融业、生活服务业纳入试点范围。其中，建筑业和房地产业适用 11% 的税率，金融业和生活服务业适用 6% 的税率。同时，继上一轮增值税转型改革将企业购进机器设备纳入抵扣范围之后，将不动产也纳入抵扣范围，在符合税收法规规定情况下，新增不动产所支付的增值税从销项税额中扣除，不再计入相关资产成本。

### （一）科目设置

一般纳税人应当在“应交税费”科目下设置“应交增值税”“未交增值税”“预缴增值税”“待抵扣进项税额”等明细科目进行核算。“应交税费——应交增值税”明细科目下设置“进项税额”“销项税额抵减”“已交税金”“转出未交增值税”“减免税款”“销项税额”“出口退税”“进项税额转出”“转出多交增值税”等专栏。其中，一般纳税人发生的应税行为适用简易计税方法的，销售商品时应交纳的增值税额在“简易计税”明细科目核算。

### （二）会计处理

1. 一般纳税人一般购销业务的会计处理

增值税一般纳税人发生的应税行为适用一般计税方法计税。在这种方法下，采购等业务进项税额允许抵扣销项税额。

在购进阶段，会计处理时实行价与税的分离，属于价款部分，计入购入商品的成本，属于增值税税额部分，按规定计入进项税额。在销售阶段，销售价格中不再含税，如果定价时含税，应还原为不含税价格作为销售收入，向购买方收取的增值税作为销项税额。

【例 10-16】 甲公司为增值税一般纳税人，适用税率 13%。本期购入一批原材料，增值税专用发票上注明的价款为 300 万元，增值税税额为 39 万元。货款已支付，材料已到达并验收入库。甲公司当期销售产品收入为 600 万元（不含税），符合收入确认条件。甲公司应作如下会计分录：

| | | |
|---|---|---|
| 借：材料采购 | 3 000 000 | |
| 　应交税费——应交增值税（进项税额） | 390 000 | |
| 　贷：银行存款 | | 3 390 000 |
| 借：应收账款 | 6 780 000 | |
| 　贷：主营业务收入 | | 6 000 000 |
| 　　应交税费——应交增值税（销项税额） | | 780 000 |

需要注意的是，根据《营业税改征增值税试点实施办法》的规定，适用一般计税方法的纳税人，2016 年 5 月 1 日后取得并在会计制度上按固定资产核算的不动产或者 2016 年 5 月 1 日后取得的不动产在建工程，其进项税额自取得之日起分 2 年从销项税额中抵扣，第一年抵扣比例为 60%，第二年抵扣比例为 40%。

【例 10-17】 东方公司为增值税一般纳税人，适用税率 13%。本期从房地产开发企业购入不动产作为行政办公场所，按固定资产核算。东方公司为购置该项不动产共支付价款和相关税费 8 000 万元，其中含增值税 330 万元。根据现行增值税制度规定，东方公司对上述经济业务，应作如下会计分录

取得不动产时：

| | | |
|---|---|---|
| 借：固定资产 | 76 700 000 | |
| 　应交税费——应交增值税（进项税额） | 1 980 000 | |
| 　应交税费——待抵扣进项税额 | 1 320 000 | |
| 　贷：银行存款 | | 80 000 000 |

第二年允许抵扣剩余的增值税时：

借：应交税费——应交增值税（进项税额）　　1 320 000

　　贷：应交税费——待抵扣进项税额　　1 320 000

2. 小规模纳税人的会计处理

小规模纳税企业发生的应税行为适用简易计税方法计税。在购买商品时，其支付的增值税税额均不计入进项税额，不得抵扣销项税额，应计入相关成本费用。销售商品时按照销售额和增值税征收率计算增值税额不得以进项税额抵扣。简易计税方法的销售额不包括其应纳税额，纳税人采用销售额和应纳税额合并定价方法的，按照公式“销售额 = 含税销售额 ÷（1+ 征收率）”还原为不含税销售额计算。

**【例 10–18】** 甲公司核定为小规模纳税人，本期购入原材料，按照增值税专用发票上记载的原材料价款为 100 万元，支付的增值税税额为 13 万元，企业开出承兑的商业汇票，材料已到达并验收入库（材料按实际成本核算）。该企业本期销售产品，销售价格总额为 90 万元（含税），假定符合收入确认条件，货款尚未收到。该企业适用的增值税征收率为 3%。根据上述经济业务，甲公司应作如下账务处理：

购进货物时：

借：原材料　　1 130 000

　　贷：应付票据　　1 130 000

销售货物时：

不含税价格 =900 000 ÷（1+3%）=873 786（元）

应交增值税 =873 786×3%=26 214（元）

借：应收账款　　900 000

　　贷：主营业务收入　　873 786

　　　　应交税费——应交增值税　　26 214

3. 视同销售的会计处理

按照增值税有关规定，对于企业将自产、委托加工或购买的货物分配给股东或投资者，将自产、委托加工的货物用于集体福利或个人消费等行为，视同销售货物，须计算交纳增值税。对于税法上某些视同销售的行为，如以自产产品对外投资，从会计角度看属于非货币性资产交换。因此，会计核算遵照非货币性资产交换准则进行会计处理。但是，无论会计上如何处理，只要税法规定需要交纳增值税的，应当计算交纳增值税销项税额，并计入“应交税费——应交增值税”科目中的“销项税额”专栏。

**【例 10–19】** 甲公司为增值税一般纳税人，适用税率 13%。本期将自己生产的产品用于自行建造的固定资产，该产品的成本为 200 万元，计税价格为 220 万元。甲公司应作如下账务处理：

借：在建工程　　2 286 000

　　贷：库存商品　　2 000 000

　　　　应交税费——应交增值税（销项税额）　　286 000

4. 进项税额不予抵扣的情况及抵扣情况发生变化的会计处理

按照增值税有关规定，一般纳税人购进货物、加工修理修配劳务、服务、无形资产或不动产，用于简易计税方法计税项目、免征增值税项目、集体福利或个人消费等，其进项税额不得从销项税额中抵扣的，应当计入相关成本费用，不通过“应交税费——应交增值税(进项税额)”科目核算。

因发生非正常损失或改变用途等，导致原已计入进项税额但按现行增值税制度规定不得从销项税额中抵扣的，应当将进项税额转出，借记“待处理财产损溢”“应付职工薪酬”等科目，贷记“应交税费——应交增值税(进项税额转出)”科目。一般纳税人购进时已全额抵扣进项税额的货物或服务等转用于不动产在建工程的，其已抵扣进项税额的40%部分应于转用当期转出，借记“应交税费——待抵扣进项税额”科目，贷记“应交税费——应交增值税(进项税额转出)”科目。原不得抵扣且未抵扣进项税额的固定资产、无形资产等，因改变用途等用于允许抵扣进项税额的应税项目的，应当在用途改变的次月调整相关资产账面价值，按允许抵扣的进项税额，借记“应交税费——应交增值税(进项税额)”科目，贷记“固定资产”“无形资产”等科目，并按调整后的账面价值计提折旧或者摊销。

**【例 10-20】** 甲公司为增值税一般纳税人，适用税率13%。本期购入一批材料，增值税专用发票上注明的增值税税额为15.6万元，材料价款为120万元。材料已入库，货款已经支付(假如该企业材料采用实际成本进行核算)。材料入库后，该企业将该批材料全部用于发放职工福利。根据该项经济业务，甲公司应作如下账务处理：

材料入库时：

| | | |
|---|---|---|
| 借：原材料 | 1 200 000 | |
| 　应交税费——应交增值税(进项税额) | 156 000 | |
| 　贷：银行存款 | | 1 356 000 |

用于发放职工福利时：

| | | |
|---|---|---|
| 借：应付职工薪酬 | 1 356 000 | |
| 　贷：应交税费——应交增值税(进项税额转出) | | 156 000 |
| 　　原材料 | | 1 200 000 |

接例10-20，材料入库后，甲公司将该批材料全部用于办公楼工程建设项目。根据该项经济业务，甲公司应作如下账务处理：

材料入库时：

| | | |
|---|---|---|
| 借：原材料 | 1 200 000 | |
| 　应交税费——应交增值税(进项税额) | 156 000 | |
| 　贷：银行存款 | | 1 356 000 |

工程领用材料时：

| | | |
|---|---|---|
| 借：在建工程 | 1 200 000 | |
| 　贷：原材料 | | 1 200 000 |
| 借：应交税费——待抵扣进项税额 | 62 400 | |
| 　贷：应交税费——应交增值税(进项税额转出) | | 62 400 |

允许抵扣剩余的增值税时：

| | | |
|---|---|---|
| 借：应交税费——应交增值税(进项税额) | 62 400 | |
| 　贷：应交税费——待抵扣进项税额 | | 62 400 |

5. 差额征税的会计处理

一般纳税人提供应税服务，按照营业税改征增值税有关规定允许从销售额中扣除其支付给其他单位或个人价款的，在收入采用总额法确认的情况下，减少的销项税额应借记“应交税费——应交增值税（销项税额抵减）”科目，同理，小规模纳税人应借记“应交税费——应交增值税”科目；在收入采用净额法确认的情况下，以按照增值税有关规定确定的销售额计算增值税销项税额并计入“应交税费——应交增值税（销项税额）”。

**【例 10-21】** 某客运场站为增值税一般纳税人，为客运公司提供客源组织、售票、检票、发车、运费结算等服务。该企业采用差额征税的方式，以其取得的全部价款和价外费用，扣除支付给承运方运费后的余额为销售额。本期该企业向旅客收取车票款项 530 000 元，应向客运公司支付 477 000 元，剩下的 53 000 元中 50 000 元作为销售额，3 000 元为增值税销项税额。根据该项经济业务，企业可作如下账务处理：

| | | |
|---|---|---|
| 借：银行存款 | 530 000 | |
| 贷：主营业务收入 | | 50 000 |
| 应交税费——应交增值税（销项税额） | | 3 000 |
| 应付账款 | | 477 000 |

**【例 10-22】** 某旅游企业为增值税一般纳税人，选择差额征税的方式。该企业本期向旅游服务购买方收取的含税价款为 530 000 元（含增值税 30 000 元），应支付给其他接团旅游企业的旅游费用和其他单位的相关费用为 424 000 元，其中因允许扣减销售额而减少的销项税额为 24 000 元。

假设该旅游企业采用总额法确认收入，根据该项经济业务，企业可作如下账务处理：

| | | |
|---|---|---|
| 借：银行存款 | 530 000 | |
| 贷：主营业务收入 | | 500 000 |
| 应交税费——应交增值税（销项税额） | | 30 000 |
| 借：主营业务成本 | 400 000 | |
| 应交税费——应交增值税（销项税额抵减） | 24 000 | |
| 贷：应付账款 | | 424 000 |

6. 转出多交增值税和未交增值税的会计处理

为了分别反映增值税一般纳税人欠交增值税税款和待抵扣增值税的情况，确保企业及时足额上交增值税，避免出现企业用以前月份欠交增值税抵扣以后月份未抵扣的增值税的情况，企业应在“应交税费”科目下设置“未交增值税”明细科目，核算企业月份终了从“应交税费——应交增值税”科目转入的当月未交或多交的增值税；同时，在“应交税费——应交增值税”科目下设置“转出未交增值税”和“转出多交增值税”专栏。月份终了，企业计算出当月应交未交的增值税，借记“应交税费——应交增值税（转出未交增值税）”科目，贷记“应交税费——未交增值税”科目；当月多交的增值税，借记“应交税费——未交增值税”科目，贷记“应交税费——应交增值税（转出多交增值税）”科目。

7. 交纳增值税的会计处理

企业当月交纳当月的增值税，通过“应交税费——应交增值税（已交税金）”科目核算，借记“应交税费——应交增值税（已交税金）”科目（小规模纳税人应借记“应交税费——

应交增值税”科目),贷记“银行存款”科目;当月交纳以前各期未交的增值税,通过“应交税费——未交增值税”科目核算,借记“应交税费——未交增值税”科目,贷记“银行存款”科目。

企业预缴增值税,借记“应交税费——预交增值税”科目,贷记“银行存款”科目。月末,企业应将“预交增值税”明细科目余额转入“未交增值税”明细科目,借记“应交税费——未交增值税”科目,贷记“应交税费——预交增值税”科目。

**【例 10–23】** 某房地产开发企业为增值税一般纳税人。企业 2×19 年 5 月预售房地产项目收取的总价款为 1 410 万元,该项目预计 2×20 年 9 月交房,企业按照 5% 的预征率在不动产所在地预缴税款。当月,该企业向购房者交付其预售的另一房地产项目,交房项目的总价款为 2 265 万元(其中,销项税额为 165 万元,已预缴 113.25 万元),购房者已于 2×18 年 7 月预交了房款且该企业预缴了增值税。根据该项经济业务,企业可作如下账务处理。

预售房地产项目时:

借:银行存款　　14 100 000

　贷:预收账款　　14 100 000

借:应交税费——预交增值税　　705 000

　贷:银行存款　　705 000

交付房地产项目时:

借:预收账款　　22 650 000

　贷:主营业务收入　　21 000 000

　　应交税费——应交增值税(销项税额)　　1 650 000

借:应交税费——应交增值税(销项税额)　　1 132 500

　贷:应交税费——预交增值税　　1 132 500

## 二、消费税

为了正确引导消费方向,国家在普遍征收增值税的基础上,选择部分消费品,再征收一道消费税。消费税的征收方法采取从价定率和从量定额两种方法。实行从价定率办法计征的应纳税额的税基为销售额,如果企业应税消费品的销售额中未扣除增值税税款,或者因不能开具增值税专用发票而发生价款和增值税税款合并收取的,在计算消费税时,按公式“应税消费品的销售额 = 含增值税的销售额 ÷(1+ 增值税税率或征收率)”换算为不含增值税税款的销售额。实行从量定额办法计征的应纳税额的销售数量是指应税消费品的数量:属于销售应税消费品的,为应税消费品的销售数量;属于自产自用应税消费品的,为应税消费品的移送使用数量;属于委托加工应税消费品的,为纳税人收回的应税消费品数量;进口的应税消费品,为海关核定的应税消费品进口征税数量。

江苏泰州虚开增值税发票案

### (一)科目设置

企业按规定应交的消费税,在“应交税费”科目下设置“应交消费税”明细科目核算。“应交消费税”明细科目的借方发生额,反映实际交纳的消费税和待扣的消费税;贷方发生额反映按规定应交纳的消费税；期末贷方余额，反映尚未交纳的消费税；期末借方余额，反映多交或待扣的消费税。

### （二）产品销售的会计处理

企业销售产品时应交纳的消费税，应分别情况进行处理。

1. 企业将生产的产品直接对外销售

企业将生产的产品直接对外销售的，对外销售产品应交纳的消费税，通过“税金及附加”科目核算；企业按规定计算出应交的消费税，借记“税金及附加”科目，贷记“应交税费——应交消费税”科目。

**【例 10-24】** 甲公司为增值税一般纳税人，本期销售其生产的应税消费品 100 件，每件销售价格为 3 200 元（不含应向购买方收取的增值税税额），产品单位成本为 2 400 元。该产品适用的增值税税率为 13%，消费税税率为 10%。产品已经发出，符合收入确认条件，货款尚未收到。根据上述资料，甲公司应作如下账务处理：

应向购买方收取的增值税税额 =320 000×13%=41 600（元）

应交消费税 =320 000×10%=32 000（元）

| | | |
|---|---|---|
| 借：应收账款 | 361 600 | |
| 　贷：应交税费——应交增值税（销项税额） | | 41 600 |
| 　　　主营业务收入 | | 320 000 |
| 借：税金及附加 | 32 000 | |
| 　贷：应交税费——应交消费税 | | 32 000 |
| 借：主营业务成本 | 240 000 | |
| 　贷：库存商品 | | 240 000 |

2. 企业将应税消费品用于在建工程、非生产机构等其他方面

企业将应税消费品用于在建工程、非生产机构等其他方面，按规定应交纳的消费税，应计入有关的成本。例如，企业以应税消费品用于在建工程项目，应交的消费税计入在建工程成本。

### （三）委托加工应税消费品的会计处理

委托加工应税消费品，是指由委托方提供原料和主要材料，受托方只收取加工费和代垫部分辅助材料加工的应税消费品，对于由受托方提供原材料生产的应税消费品，或者受托方先将原材料卖给委托方，然后再接受加工的应税消费品，以及由受托方以委托方名义购进原材料生产的应税消费品，都不作为委托加工应税消费品，而应当按照销售自制应税消费品交纳消费税。

按照税法规定，企业委托加工的应税消费品，由受托方在向委托方交货时代扣代缴税款(受托加工或翻新改制金银首饰按规定由受托方交纳消费税)。委托加工的应税消费品，委托方用于连续生产应税消费品的，所纳税款准予按规定抵扣。委托加工的应税消费品直接出售的，不再征收消费税。

在会计处理时，需要交纳消费税的委托加工应税消费品，于委托方提货时，由受托方代收代缴税款。受托方按应扣税款金额，借记“应收账款”“银行存款”等科目，贷记“应交税费——应交消费税”科目。委托加工应税消费品收回后，直接用于销售的，委托方应

将代收代缴的消费税计入委托加工的应税消费品成本，借记“委托加工物资”“生产成本”等科目，贷记“应付账款”“银行存款”等科目，待委托加工应税消费品销售时，不需要再交纳消费税；委托加工的应税消费品收回后用于连续生产应税消费品，按规定准予抵扣的，委托方应按代收代缴的消费税款，借记“应交税费——应交消费税”科目，贷记“应付账款”“银行存款”等科目，待用委托加工的应税消费品生产出应纳消费税的产品销售时，再交纳消费税。

**【例 10-25】** 甲公司委托外单位加工材料（非金银首饰），原材料价款为 80 万元，加工费用为 20 万元，由受托方代收代缴的消费税为 2 万元（不考虑增值税），材料已经加工完毕验收入库，加工费用及消费税已经以银行存款支付。假定该企业材料采用实际成本核算。

根据该项经济业务，委托方应作如下账务处理：

（1）如果委托方收回加工后的材料用于继续生产应税消费品，委托方的账务处理如下。

发出材料时：

| | | |
|---|---|---|
| 借：委托加工物资 | 800 000 | |
| 　贷：原材料 | | 800 000 |

支付加工费及代扣代缴消费税时：

| | | |
|---|---|---|
| 借：委托加工物资 | 200 000 | |
| 　应交税费——应交消费税 | 20 000 | |
| 　贷：银行存款 | | 220 000 |

收回委托加工物资时：

| | | |
|---|---|---|
| 借：原材料 | 1 000 000 | |
| 　贷：委托加工物资 | | 1 000 000 |

（2）如果委托方收回加工后的材料直接用于销售，委托方的账务处理如下。

发出材料时：

| | | |
|---|---|---|
| 借：委托加工物资 | 800 000 | |
| 　贷：原材料 | | 800 000 |

支付加工费及代扣代缴消费税时：

| | | |
|---|---|---|
| 借：委托加工物资 | 220 000 | |
| 　贷：银行存款 | | 220 000 |

收回委托加工物资时：

| | | |
|---|---|---|
| 借：原材料 | 1 020 000 | |
| 　贷：委托加工物资 | | 1 020 000 |

### （四）进出口应税消费品的会计处理

进口应税消费品时，进口单位缴纳的增值税、消费税应计入应税消费品成本中。按进口成本连同应纳增值税、消费税，借记“固定资产”“材料采购”等科目，贷记“银行存款”等科目。

免征消费税的出口应税消费品分别不同情况进行账务处理。

(1) 属于生产企业直接出口应税消费品或通过外贸企业出口应税消费品，按规定直接予以免税的，可以不计算应交消费税。

石化企业“变名销售”

(2) 属于委托外贸企业代理出口应税消费品的生产企业，应在计算消费税时按应交消费税税额，借记“应收账款”科目，贷记“应交税费——应交消费税”科目。应税消费品出口收到外贸企业退回的税金时，借记“银行存款”科目，贷记“应收账款”科目。发生退关、退货而补交已退的消费税，作相反的会计分录。

## 三、其他应交税费

### (一) 土地增值税

土地增值税是对转让国有土地使用权、地上建筑物及其附着物并取得收入的单位和个人，就其转让房地产所取得的增值额征收的一种税。土地增值税以转让房地产取得的收入，减除法定扣除项目金额后的增值额作为计税依据，并按照四级超率累进税率进行征收。计算土地增值额时税法允许扣除的项目主要包括：①取得土地使用权所支付的地价款和按国家统一规定缴纳的有关费用；②开发土地的成本和费用；③新建房屋及配套设施的成本和费用；④与房地产和转让房地产有关的税金等。

在会计处理时，企业交纳的土地增值税通过“应交税费——应交土地增值税”科目核算。兼营房地产业务的企业，应由当期收入负担的土地增值税，借记“税金及附加”科目，贷记“应交税费——应交土地增值税”科目。转让的国有土地使用权与其地上建筑物及其附着物一并在“固定资产”或“在建工程”科目核算的，转让时应交纳的土地增值税，借记“固定资产清理”“在建工程”科目，贷记“应交税费——应交土地增值税”科目。企业在项目全部竣工结算前转让房地产取得的收入，按税法规定预交的土地增值税，借记“应交税费——应交土地增值税”科目，贷记“银行存款”等科目；待该项房地产销售收入实现时，再按上述销售业务的会计处理方法进行处理。该项目全部竣工、办理结算后进行清算，收到退回多交的土地增值税，借记“银行存款”等科目，贷记“应交税费——应交土地增值税”科目，补交的土地增值税做相反的会计分录。

### (二) 房产税、土地使用税、车船税和印花税

房产税是国家对在城市、县城、建制镇和工矿区征收的由产权所有人交纳的一种税。房产税依照房产原值一次减除 10%~30% 后的余额计算交纳。没有房产原值作为依据的，由房产所在地税务机关参考同类房产核定；房产出租的，以房产租金收入为房产税的计税依据。

土地使用税是国家为了合理利用城镇土地，调节土地级差收入，提高土地使用效益，加强土地管理而开征的一种税，以纳税人实际占用的土地面积为计税依据，依照规定税额计算征收。

车船税由拥有并且使用车船的单位和个人交纳。车船税按照适用税额计算交纳。

企业按规定计算应交的房产税、土地使用税、车船税时，借记“税金及附加”科目，贷记“应交税费——应交房产税(或土地使用税、车船税)”科目；上交时，借记“应交税费——应交房产税(或土地使用税、车船税)”科目，贷记“银行存款”科目。

【例 10-26】 东方公司拥有办公楼两栋，评估值为 800 万元，房产税适用税率为 1.2%；东方公司占地面积 2 万平方米，土地使用税年税额为每平方米 1.2 元。东方公司还拥有小客车两辆，适用单位年税额为每辆 180 元。

根据以上资料，东方公司本月份应作如下账务处理：

本月应交房产税 =8 000 000×（1–30%）×1.2% ÷ 12=5 600（元）

本月应交土地使用税 =20 000×1.2 ÷ 12=2 000（元）

本月应交车船税 =2×180 ÷ 12=30（元）

结转本月应交的房产税、土地使用税和车船税：

| | | |
|---|---|---|
| 借：管理费用 | 7 630 | |
| 　贷：应交税费——应交房产税 | | 5 600 |
| 　　　　　——应交土地使用税 | | 2 000 |
| 　　　　　——应交车船税 | | 30 |

印花税是对书立、领受购销合同等凭证行为征收的税款，实行由纳税人根据规定自行计算应纳税额，购买并一次贴足印花税票的交纳方法。企业交纳的印花税，是由纳税人根据规定自行计算应纳税额以购买并一次贴足印花税票的方法交纳的税款。即一般情况下，企业需要预先购买印花税票，待发生应税行为时，再根据凭证的性质和规定的比例税率或者按件计算应纳税额，将已购买的印花税票粘贴在应纳税凭证上，并在每枚税票的骑缝处盖戳注销或者划销，办理完税手续。企业交纳的印花税，不会发生应付未付税款的情况，不需要预计应纳税金额，同时也不存在与税务机关结算或清算的问题。

因此，企业交纳的印花税不需要通过“应交税费”科目核算，于购买印花税票时，直接借记“税金及附加”科目，贷记“银行存款”科目。

### （三）资源税

资源税是国家对在我国境内开采矿产品或者生产盐的单位和个人征收的一种税。我国对绝大多数矿产品实施从价计征。企业按规定应交的资源税，在“应交税费”科目下设置“应交资源税”明细科目核算。企业按规定计算出销售应税产品应交纳的资源税，借记“税金及附加”科目，贷记“应交税费——应交资源税”科目。

### （四）城市维护建设税

为了加强城市的维护建设，扩大和稳定城市维护建设资金的来源，国家开征了城市维护建设税。在会计核算时，企业按规定计算出的城市维护建设税，借记“税金及附加”等科目，贷记“应交税费——应交城市维护建设税”科目；实际上交时，借记“应交税费——应交城市维护建设税”科目，贷记“银行存款”科目。

### （五）所得税

企业的生产、经营所得和其他所得，依照有关所得税法及其细则的规定需要交纳所得税。企业应交纳的所得税，在“应交税费”科目下设置“应交所得税”明细科目核算；当期应计入损益的所得税，作为一项费用，在净收益前扣除。企业按照一定方法计算，计入损益的所得税，借记“所得税费用”等科目，贷记“应交税费——应交所得税”科目。有关所得税的会计处理，参见第十三章。

贵州省国际税收领域“受益所有人”第一案

### (六) 耕地占用税

耕地占用税是国家为了利用土地资源,加强土地管理,保护农用耕地而征收的一种税。耕地占用税以实际占用的耕地面积计税,按照规定税额一次征收。企业交纳的耕地占用税,不需要通过“应交税费”科目核算。企业按规定计算交纳耕地占用税时,借记“在建工程”科目,贷记“银行存款”科目。

## 第五节 应付股利与其他应付款

### 一、应付股利

股利是股东对公司经营净利(税后利润)的分享。股利的支付有两种基本形式:现金股利和股票股利。两者的会计处理存在本质区别:企业股东大会或类似机构审议批准的利润分配方案、宣告分派的现金股利或利润,在实际支付前,形成企业的负债;而企业股东大会或类似机构审议批准的利润分配方案、宣告分派的股票股利,则不构成企业的负债,因为它只是从未分配利润转增股本,不会引起任何含有经济利益的资源流出。

会计核算上,企业根据股东大会或类似机构审议批准的利润分配方案,按应支付的现金股利或利润,借记“利润分配”,贷记“应付股利”。实际支付现金股利或利润时,借记“应付股利”,贷记“银行存款”等科目。

董事会或类似机构通过的利润分配方案中拟分配的现金股利或利润,不作账务处理,但应在附注中披露。

### 二、其他应付款

其他应付款是指企业除应付票据、应付账款、预收账款、应付职工薪酬、应付利息、应付股利、应交税费、长期应付款等以外的其他各项应付、暂收的款项,主要包括应付经营租入固定资产租金、应付租入包装物租金、存入保证金等。

企业采用售后回购方式融入资金的,应按实际收到的金额,借记“银行存款”,贷记“其他应付款”。回购价格与原销售价格之间的差额,应在售后回购的期间内按期计提利息费用,借记“财务费用”,贷记“其他应付款”。按照合同约定购回该项商品时,应按实际支付的金额,借记“其他应付款”,贷记“银行存款”。

企业发生的其他各种应付、暂收款项,借记“管理费用”等科目,贷记“其他应付款”;支付的其他各种应付、暂收款项,借记“其他应付款”,贷记“银行存款”等科目。

**【例 10–27】** 2×19 年 12 月 1 日,甲公司向乙公司销售一批商品,开出的增值税专用发票注明的销售价款为 3 000 万元,增值税税额为 390 万元。该批商品成本为 2 000 万元,商品已经发出,款项已经收到。同时双方还签订了补充协议,约定甲公司应于 2×20 年 9 月 30 日将所售商品购回,回购价为 3 500 万元(不含增值税)。

甲公司的账务处理如下:

2×19 年 12 月 1 日甲公司收到款项。

| | | |
|---|---|---|
| 借:银行存款 | 33 900 000 | |
| 贷:其他应付款 | | 30 000 000 |
| 应交税费——应交增值税(销项税额) | | 3 900 000 |
| 借:发出商品 | 20 000 000 | |
| 贷:库存商品 | | 20 000 000 |

2×19 年 12 月 31 日将售价与回购价的差额分期确认财务费用。

| | | |
|---|---|---|
| 借:财务费用 | 500 000 | |
| 贷:其他应付款 | | 500 000 |

2×20 年 1—9 月末处理同 2×19 年 12 月 31 日。

2×20 年 9 月 30 日购回商品。

| | | |
|---|---|---|
| 借:库存商品 | 20 000 000 | |
| 贷:发出商品 | | 20 000 000 |
| 借:应交税费——应交增值税(进项税额) | 4 550 000 | |
| 其他应付款 | 35 000 000 | |
| 贷:银行存款 | | 39 550 000 |

## 本章小结

流动负债是指预期在 1 年或超过 1 年的一个营业周期内需要清偿的债务。常见的流动负债项目包括因信贷而形成的流动负债(如短期借款)、结算过程中产生的流动负债(如应付账款)、经营过程中产生的流动负债(如应付职工薪酬、应交税费),以及由于分配利润产生的流动负债(如应付股利)等。

应付职工薪酬是本章讨论的流动负债会计核算的重点。职工薪酬,是指企业为获得职工提供的服务或解除劳动关系而给予的各种形式的报酬或补偿。企业应当在职工为其提供服务的会计期间,将应付的职工薪酬确认为负债。

## 案例分析

A 公司由于经营环境持续低迷,近年来主营业务连续巨额亏损。2×11 年为解决富余人员分流安置制定了“减员分流工作方案”,在 B 分公司中拟定与 4 000 名员工解除劳动关系,在 C 分公司中拟定以员工自愿方式辞退其生产车间的员工并将最终留下的生产车间员工分流至 A 公司的其他生产车间,该减员分流方案亦经 A 公司(包括 B 分公司和 C 分公司)职工代表大会通过。A 公司制定了详细的减员分流方案细则,主要内容包括:①在 1 年内完成对员工解除劳动合同并向解聘人员发放补偿款;②补偿款的标准为当地社会平均工资标准并参考拟解聘员工服务于 A 公司的年限和拟解聘员工在其工作期间曾经为 A 公司作出的贡献按照标准系数计算,且补偿款不低于按照劳动合同法规定的最低补偿款;③统计拟解聘人员所在部门、职位和每个部门的人数。之后 A 公司将减员分流方案及方案细则在 B 分公司和 C 分公司公示。B 分公司负责减员分流工作的人员和各部门领导与拟解聘员工代表就解聘问题和补偿款问题多次进行了沟通。C 分公司的部分员工亦已向负责减员分流工作的人员表示接受解聘的安排并就解聘问题和解聘补偿问题多次进行了沟通。董事会审议通过《关于计提辞退员工福利费的议案》。在 2×11 年年底前 B 分公司已按照方案协商解聘了富余员工 200 余人。

A 公司在 2×11 年度根据:①B 分公司预计偿付金额;②C 分公司预计接受裁减建议的员工数量和每一职位的辞退补偿标准来计提员工辞退福利费共计 6 000 万元。2×12 年经营环境持续恶化。B 分公司在减员分流计划中尚未完成解聘和补偿工作的部分员工提出由于市场形势发生重大变化需要在原解聘方案条件不变的基础上增加补偿金额的要求,B 分公司负责减员分流工作的人员和各部门领导与拟解聘员工代表就解聘问题和补偿款问题多次进行了沟通并达成了共识。C 分公司更多的员工向负责减员分流工作的人员表示接受解聘的安排,负责减员分流工作的人员和各部门领导与分流减员计划中自愿接受减员安排的员工经过多次沟通后对解聘时间和补偿款金额亦达成了共识。A 公司董事会审议通过了"关于确认 2×12 年辞退福利费的议案"。

2×12 年度 A 公司根据:①B 分公司减员分流计划中的员工在 2×12 年增加的补偿金额;②C 分公司与自愿接受减员安排的员工达成共识后的补偿金额两项共计提员工辞退福利费 7 000 万元。

问题:如何确认和计量辞退福利?

## 复习思考题

1. 简述负债的定义、特征及其分类。
2. 什么是流动负债?
3. 什么是总价法和净价法?各有何优缺点?
4. 什么是职工薪酬?职工薪酬主要包括哪些形式?
5. 什么是辞退福利?简述辞退福利计量的基本要求。

## 即测即评

请扫描右侧二维码,进行随堂测试。

# 第十一章　非流动负债

## 学习目标

通过本章学习，应能够熟悉非流动负债的主要项目和或有事项的特征；理解借款费用确认的基本原则；掌握长期借款、应付债券以及预计负债的会计处理。

### 导读案例

**万科两宗公司债券发行申请获深圳证券交易所通过　规模120亿元**

深圳证券交易所披露信息显示，2020年1月14日，万科股份有限公司（简称万科）两宗公司债券发行申请获深交所通过，发行规模分别为90亿元公司债券、30亿元住房租赁专项债券，合计发行规模120亿元，期限不超过10年（含10年），采用分期发行方式。

万科方面表示，本次90亿元公司债募集资金扣除发行费用后拟用于偿还即将回售或到期的公司债券等符合要求的企业经营活动以及根据最新政策所允许的用途。据悉，近期万科拟偿还的债券分别为15万科01、17万科01和17万科02，发行规模分别为50亿元、30亿元和10亿元，票面利率分别为3.5%、4.5%和4.54%，最后到期日期分别为2020年9月、2022年7月和8月。此外，30亿元住房租赁专项债券募集资金将用于住房租赁项目建设及补充公司营运资金，其中21亿元拟用于公司住房租赁项目建设和运营，扣除发行费用后剩余部分拟用于补充公司营运资金。

针对此次公司债券发行，万科公司应该如何记录相关的经济业务？对发行公司债券形成的负债如何进行初始确认和计量？又该如何处理债券的后续确认和计量？让我们带着这些问题一起进入本章的学习，了解与非流动负债相关的账务处理方法。

资料来源：编者整理。

# 第一节 非流动负债概述

## 一、非流动负债的性质和特点

非流动负债,通常是指偿还期限超过一年或一个正常营业周期的债务。其中,正常营业周期是指企业从购买用于加工的资产起至实现现金或现金等价物的期间,通常短于一年。但是,也存在正常营业周期长于一年的情况,比如房地产开发企业、船只制造企业从开始建造到产品销售变现往往超过一个年度。

非流动负债属于负债,除了符合负债的定义外,还具有以下一些特点:

(1) 偿还债务的期限应超过一年或一个正常营业周期。

(2) 目的不是为缓解短期的流动资金不足,短期内不会偿还或赎回。

(3) 相比流动负债,债务的金额较大。

企业持有非流动负债的主要目的在于筹集长期投资项目所需资金。一般地,企业为了满足生产经营的需要,特别是为了拓展企业的经营规模,需要购建大型设备、地产、增建或扩建厂房等。这些都需要长期占用企业大量的资金。然而,企业拥有的日常生产经营资金无法满足这些巨额资金需求。如果等待企业通过资本积累获取资金,则很可能错过有利的投资机会。

企业获取长期资金的方式主要有两种:一种是投资者的投入资本;另一种是借入长期负债。与投入资本相比,举借长期负债具有以下优点:

(1) 长期债务融资的资本成本较低。一般而言,股东权益属于剩余索取权,面临更高的风险,因此,股东回报要高于债务融资的报酬率。通过长期债务融资,企业既可满足长期资金的需求,同时又在一定程度上降低了融资的成本。

(2) 较容易获得负债融资的资格。在我国,公开上市的要求较高,绝大多数中小企业不符合上市要求,无法通过股权市场进行融资。因而,债务市场仍然是这些企业融资的主要途径。

(3) 债务融资具有抵税效应。在缴纳企业所得税时,通过长期负债融资的利息支出除符合资本化条件外,可以作为经营费用从应纳税所得额中扣减。然而,股利只能从净利润中支付,不能作为应纳税所得额的抵减项目。

(4) 债务融资对股东控制权的影响较小。长期负债融资不影响原有的股权结构,有利于原有投资者保持控制权。但通过股权市场融资将可能会影响原股东在企业中的持股比例,从而导致控制权的变化。

当然,事物均具有两面性。债务融资也存在不足之处:

(1) 利息支付具有刚性。按照债务融资的契约,支付利息具有明确的日期,到期后无论经营状况如何,债务人都负有按期支付利息的义务。

(2) 具有明确的到期日,影响财务的灵活性。长期负债融资一般有明确的到期日,企业必须按期偿还债务的本金和利息。此外,在长期债务契约中,还可能包含某些限制性条款。上述事项,都可能影响企业的财务灵活性。

(3) 提升财务杠杆,增加财务风险。债权人对企业财产享有优先求偿权,如果企业因故无法到期支付利息或偿还本金,债务求偿权可能迫使企业进行破产清算。因此,债务融资将增加企业的财务风险。

(4) 降低企业潜在的融资能力。借入长期负债使企业的负债总额增加,从而降低了未来的债务融资能力,而增发股票则可以提高举债和偿债能力。

### 二、非流动负债的分类

依据负债形成的方式不同,非流动负债可以分为长期借款、应付债券、长期应付款、预计负债以及递延所得税负债等。本章内容涉及长期借款、应付债券、长期应付款和预计负债的账务处理,因而在此仅对上述项目进行简要介绍。

(1) 长期借款,是指企业向金融机构借入的偿还期限在一年以上(不包含一年)或超过一年的一个营业周期以上的债务。

(2) 应付债券,是指企业为筹措长期资金而发行的期限在一年以上的债券。

(3) 长期应付款,指除了长期借款和应付债券以外的其他各种长期应付款以及长期应付票据,包括具有融资性质的递延应付款等。注意,按照 2019 年实施的《企业会计准则第 21 号——租赁》规定,原应付融资租入固定资产的租赁费不再计入“长期应付款”科目。

(4) 预计负债,指因或有事项确认的各项预计债务,包括对外提供担保、未决诉讼、产品质量保证、重组义务以及固定资产和矿区权益弃置义务等产生的预计负债。预计负债是介于确定性负债与或有负债之间的一种负债,其结果具有一定的不确定性,但可合理估计。

非流动负债可以按不同的偿还方式分为定期偿还的非流动负债和分期偿还的非流动负债。定期偿还的非流动负债是指,在规定的债务到期日一次偿还本金的非流动负债,包括长期借款、应付债券等。分期偿还的非流动负债是指,在债务期限内,分若干次偿还本金的非流动负债,包括具有融资性质的递延应付款等。

此外,非流动负债还可以按照有无担保进行分类,分为具有担保的非流动负债和信用长期负债。具有担保的非流动负债是指,以企业或第三方提供担保为基础的长期债务。信用长期负债是指以企业信誉为基础的长期债务。

## 第二节 长 期 借 款

### 一、长期借款的定义和分类

长期借款,是指企业从银行或其他金融机构借入的期限在一年以上(不含一年)的各项借款。长期借款与其他非流动负债的主要区别在于,借款对象是银行或其他金融机构。

按照有无担保的标准,可以将长期借款分为担保借款和信用借款。担保借款是以企业提供的担保为基础取得的借款。根据企业提供担保不同,担保借款又可分为保证借款、抵押借款和质押借款。保证借款是指以第三方承诺在企业不能偿还借款时承担一般保证责任或者连带责任而取得的借款；抵押借款是指以企业或第三方的不动产作为抵押物而取得的借款；质押借款是指以企业或第三方的动产或权利作为质物而取得的借款。信用借款是指以企业信用为基础取得的借款。长期借款按借款的币种还可分为人民币借款和外汇借款。人民币借款，指债款为人民币或者以人民币为基准计算的借款。外汇借款，指债款为外币或者以外币为基准计算的借款。此外，长期借款按借款的偿还方式可分为定期偿还借款和分期偿还借款。

## 二、长期借款的初始确认和计量

企业借入各种长期借款时，按实际收到的款项（实际借款的金额），借记“银行存款”科目；按借款的名义本金金额，贷记“长期借款——本金”；按借贷双方之间的差额，借记“长期借款——利息调整”。

【例 11-1】 2×19 年 1 月 1 日，石鼓公司向银行借入一笔期限为 3 年、利率为 10%、本金为 5 000 万元、到期一次还本分次付息的借款。银行扣除相关手续费用后，当日石鼓公司收到银行存款 4 900 万元。石鼓公司 2×19 年 1 月 1 日的会计分录如下：

| | | |
|---|---|---|
| 借：银行存款 | 49 000 000 | |
| 长期借款——利息调整 | 1 000 000 | |
| 贷：长期借款——本金 | | 50 000 000 |

## 三、长期借款的后续计量和终止确认

在资产负债表日，企业应当按长期借款的摊余成本和实际利率计算长期借款的利息费用。借记“在建工程”“财务费用”“制造费用”等科目；按借款本金和合同利率计算应付未付利息，贷记“应付利息”或“长期借款——应计利息”科目；按其差额，贷记“长期借款——利息调整”科目。如果是分次付息的长期借款，其利息支付的期限往往短于一年，因此，应付未付利息记入“应付利息”科目；如果是到期一次还本付息的长期借款，其利息支付的期限长于一年（到期后再支付），则应付未付利息记入“长期借款——应计利息”科目。

企业归还长期借款时，按归还的长期借款本金，借记“长期借款——本金”科目；按转销的利息调整金额，贷记“长期借款——利息调整”科目；按实际归还的款项，贷记“银行存款”科目；按借贷双方之间的差额，借记“在建工程”“财务费用”“制造费用”等科目。

【例 11-2】 沿用例 11-1，假设石鼓公司此笔长期借款非专门借款，利息费用不满足资本化条件。经计算，实际利率为 10.81%。石鼓公司的后续会计分录如下：

2×19 年 1 月 1 日，此笔长期借款的摊余成本为 4 900 万元。按实际利率计算石鼓公司 2×19 年期间的实际利息为 529.69（4 900×10.81%）万元，按名义利率计算应付利息为 500（5 000×10%）万元。这表明 2×19 年年末实际将支付利息 529.69 万元中的 500 万元给银行，而 29.69 万元的实际利息留存在账面上，导致借款的摊余成本增加了 29.69 万元。2×19 年 12 月 31 日，石鼓公司计提此笔借款的利息：

| | | |
|---|---|---|
| 借：财务费用 | 5 296 900 | |
| 贷：应付利息 | | 5 000 000 |

| | | |
|---|---|---|
| 长期借款——利息调整 | | 296 900 |
| 2×19 年 12 月 31 日，支付利息： | | |
| 借：应付利息 | 5 000 000 | |
| 贷：银行存款 | | 5 000 000 |
| 2×20 年计提利息和支付利息： | | |
| 借：财务费用 | 5 329 000 | |
| 贷：应付利息 | | 5 000 000 |
| 长期借款——利息调整 | | 329 000 |
| 2×21 年年末偿还本金和支付最后一次利息： | | |
| 借：财务费用 | 5 374 100 | |
| 长期借款——本金 | 50 000 000 | |
| 贷：银行存款 | | 55 000 000 |
| 长期借款——利息调整 | | 374 100 |

案例解析：从借款行为反映出投资价值

## 第三节　应付债券

### 一、债券的特征和分类

#### （一）债券的特征

债券是公司直接融通长期资金的一种常用工具。债券是按照法定程序报经核准，举借债务的公司向社会大众发行的一种书面承诺，该承诺约定在一定日期或分期偿还本金，并按期支付利息。债券可以自由转让，是有价证券的一种。

信贷融资和债券融资具有不同的特点。向银行等金融机构借款通常较为方便，能较快满足企业的资金需求，但信贷的期限一般较短，金额不能太高，资金的使用范围往往会受到严格的限制，有时信贷还附有一定的附加条件；相对而言，发行债券所筹集的资金期限较长，筹资金额可以很大，资金使用也较自由。但债券融资的不足之处在于债券发行成本较高、发行的周期较长，没有信贷融资迅速便捷。

债券的发行必须以有关的合同等债券契约为依据。债券契约是明确债券的发行人与持有人相互关系的书面文件，在其中规定了对债券发行的各种限制条款。通常，这些条款主要有：核准发行的金额、利率、到期日、利息支付方式、收回债券的条件、作为抵押的财产、对偿债基金的要求、对营运资本和股利分配的限制等。单个债券购买者，将会得到书面的债券凭证，在其中除载明发行公司的名称与住所、发行日期与编号、发行公司的印记与法定代表人的签章、审批机关批准发行的文号等外，还包括以下内容：

（1）债券面值，也称债券到期值，即债券到期时，公司应偿还给债券持有人的本金额。面值的大小不等，可分为 50 元、100 元、1 000 元和 10 000 元等，以 1 000 元最为常见。

（2）债券利率，也称票面利率或名义利率，即债券利息与债券面值的比率。债券利率一般用年利率或半年利率表示，可以高于、等于或低于市场利率。

（3）付息日，即支付债券利息的时间。债券利息通常每半年支付一次。

(4) 到期日,即偿还债券本金的时间。分期偿还的债券,应载明每次偿还本金的日期和金额。

## (二) 债券的分类

按照不同的标准,债券可以分为以下类别:

(1) 按偿还期限的长短,债券可以分为:①短期债券,即偿还期限在一年以内(含一年)的债券;②中期债券,即偿还期限在一年以上五年以内的债券;③长期债券,即偿还期限在五年以上的债券。

(2) 按是否提供担保,债券可以分为:

① 担保债券,通常是指以抵押、质押、保证等方式发行的债券。其中,以不动产如房屋等作为担保物的,称为不动产抵押债券;以动产如商品等作为担保物的,称为动产质押债券;以有价证券如股票和债券等作为担保物的,称为证券信托债券;以第三者担保本息偿还的债券称为保证债券。同一样资产往往可以多次作为债券的担保物,在这种情况下,按发行的先后将债券称为"第一担保债券""第二担保债券"等。一旦债券发行人违约,债券持有人有权将担保物处置变卖,以保证其优先求偿权。显然,担保债券的风险较低,利率相应也较低。

② 信用债券,指没有担保,仅凭债券发行人的信誉而发行的债券。这种债券的利率主要取决于债券发行人的信誉情况,由于没有担保,信用债券的风险和利率通常高于担保债券。

(3) 按付息的方式,可以分为:

① 普通债券,即票面载明一定利率的债券。

② 零息债券和浮动利率债券。零息债券是指没有票面利息,只到期支付本金的债券。由于零息债券没有票面利息,债券的发行折价相当大,因此零息债券又称高折价债券。浮动利率债券是指票面利率随市场利率变动而变动的债券。当市场利率升高时,浮动利率债券可以降低债券持有人的风险;当市场利率降低时,浮动利率债券可以降低债券发行人的风险。浮动利率债券往往是中长期债券。

③ 收益债券或收入债券,即债券的利息并不固定,而是按公司净收益的大小或某种特定收入大小确定,没有净收益或特定收入时即不付利息。这种债券的性质类似于优先股,只不过债券的本金有偿还的到期日,而优先股是不需要偿还的。

④ 参与债券,即除了享受固定的利息,还可以参加股东盈余分配的债券,又可分为全部参与和有限参与两种。全部参与债券除享有票面利率外,如果普通股股东所分配的股利报酬率超过债券利率,则债券持有人可以享受和普通股股东相同的股利报酬。有限参与债券规定利率可上浮到一定比例,但若股利率超过这一限定的利率,公司债券持有人则无权享受其超过部分。

(4) 按记名的方式,可以分为:

① 记名债券。即债券的本金和利息,只支付给在公司的债权人名册上登记姓名的人。债券若要转让,则应向发行公司或发行公司委托的信托人办理过户。记名债券办理手续不太方便,但比较安全。

② 无记名债券,又称息票债券、流通债券,即不记载持有人姓名的债券。债券上附有

息票，息票到期时，债券持有人可撕下息票兑取利息。转让时不需要向发行公司办理登记。无记名债券便于流通，但不太安全。

(5) 按还本方式不同，可分为：

① 定期还本债券，即发行的债券全部在同一日期到期，一次偿还本金。

② 分期还本债券，即本金分期偿还的债券。

(6) 按特殊偿还方式，可以分为：

① 可赎回债券，指可由发行公司在债券到期以前按特定的价格提前赎回的债券。发行这种债券，能提高公司的财务弹性，这是因为当不再需要靠发行债券去筹集资金，或可以按低于债券利率的利率筹集资金时，公司可以较便利地将发行的债券赎回。必须指出，公司发行的其他债券也不是不可赎回，所不同的是，前者可以从债券持有者手中直接全额赎回，后者只能通过证券市场购入，能否全额赎回，取决于债券持有人是否愿意出售债券。

② 可转换债券，即可以转换为发行公司普通股股票或其他证券的债券。持有可转换债券，在公司经营状况不好时，可以获得比股利更为稳定和可靠的利息收益；在公司经营状况较好时，又可以将其转换为股票，从而获取比利息更高的股利收益。因此，可转换债券对投资人具有较强的吸引力。

③ 以商品偿付的债券，又称“与资产挂钩的债券”，指到期时以一定数量的某种商品来偿付的债券。

## 二、债券发行的会计处理

发行公司债券须经董事会表决同意。发行时，应将所有有关债券的重要事项，如发行方式、担保情况、债务总额、提前还本条件、偿债基金的设置以及其他保障债权人的条款等，在公司债券信托合同中予以规定。公司债券信托合同一般委托一个第三者作为信托人，如一家银行或一家信托公司。信托人的任务是负责保管信托合同，并代表公司债券所有持有人的利益，监督信托合同的执行。

债券的发行方式通常有包销、代销及直接发售三种。包销是指由银行、投资公司或其他金融机构按一定的价格全部承购，再转售给其他投资人，包销人自负盈亏。代销是指通过某一经纪人代为销售，并抽取佣金，未售出部分则归还给发行公司。直接发售则是指发行公司直接将债券售给投资人。

债券上的利率称为票面利率或名义利率，是根据债券市场情况、发行公司资信情况、担保情况及未来的经济发展趋势而制定的。与名义利率相对的是实际利率，又称市场利率，是指债券发行时投资者愿意接受的市场上的通行利率。一般来说，票面利率应尽可能接近市场利率，但由于债券的发行需要经过多个环节（如政府的审批、对发行公司的审计、债券的印刷和出售等），导致发行周期较长（从几个星期到几个月不等），因此票面利率往往不会等于发行时的市场利率。

债券的发行价格主要取决于债券的本息按市场利率折算的现值。当市场利率等于票面利率时，债券的现值等于面值，该债券按面值出售，这种发行方式称为平价发行。当市场利率高于票面利率时，债券的现值低于面值，差额部分即为折价，该债券按低于面值的现值出售，这种发行方式称为折价发行。当市场利率低于票面利率时，债券的现值高于面值，差额部分即为溢价，该债券按高于面值的现值出售，这种发行方式称为溢价发行。当然，债券的发行价格除受现值的影响，还受其他因素的影响，如市场条件、债券的供需情况、相对风险、宏观经济状况等，但现值是影响债券价格最主要的因素。

债券折价的实质是发行公司因票面利率低于市场利率，造成以后各期少付利息（票面利息小于按市场利率计算的利息），而预先给债券投资者的补偿。债券溢价的实质是发行公司因票面利率高于市场利率，导致以后各期多付利息（票面利息大于按市场利率计算的利息），而提前从债券投资者那里获得的补偿。

在“应付债券”科目下应设置“面值”“利息调整”“应计利息”三个二级科目。企业发行债券时，按实际收到的款项，借记“银行存款”科目；无论是按面值发行，还是溢价发行或折价发行，均按债券面值，贷记“应付债券——面值”科目；按实际收到的款项与票面值之间的差额，贷记或借记“应付债券——利息调整”科目。

【例 11-3】 敬贤公司于 2×19 年 12 月 31 日发行 5 年期、年利率为 10% 的债券，面值为 200 万元，每半年付利息一次。假设发行时的市场利率为 10%，敬贤公司的会计分录如下：

| | | |
|---|---|---|
| 借：银行存款 | 2 000 000 | |
| 　贷：应付债券——面值 | | 2 000 000 |

【例 11-4】 沿用例 11-3，假设发行时的市场利率为 12%。

债券的发行价格 = 2 000 000× 复利现值系数 +2 000 000×5%× 年金现值系数

= 2 000 000×（$P/F$，6%，10）+ 2 000 000×5%×（$P/A$，6%，10）

= 2 000 000×0.558 395+2 000 000×5%×7.360 090

= 1 852 799（元）

敬贤公司的会计分录如下：

| | | |
|---|---|---|
| 借：银行存款 | 1 852 799 | |
| 　应付债券——利息调整 | 147 201 | |
| 　贷：应付债券——面值 | | 2 000 000 |

【例 11-5】 沿用例 11-3，假设发行时的市场利率为 8%。

债券的发行价格 = 2 000 000× 复利现值系数 +2 000 000×5%× 年金现值系数

= 2 000 000×（$P/F$，4%，10）+ 2 000 000×5%×（$P/A$，4%，10）

= 2 000 000×0.675 564+2 000 000×5%×8.110 896

= 2 162 218（元）

敬贤公司的会计分录如下：

| | | |
|---|---|---|
| 借：银行存款 | 2 162 218 | |
| 　贷：应付债券——面值 | | 2 000 000 |
| 　　应付债券——利息调整 | | 162 218 |

从上述例题可以看到，“利息调整”科目是对债券的溢价或折价进行核算的二级科目，“利息调整”的贷方余额表示溢价、借方余额表示折价。债券的摊余成本等于债券面值加上（减去）利息调整贷方（借方）余额。

债券的发行可能涉及一系列费用，如律师费、会计师费、印刷费、手续费和促销费等。

传统上会计实务一般把债券发行费用确认为一项长期待摊费用。但美国 FASB 第 3 号概念公告认为，债券发行费用不包含未来经济利益，因此债券发行费用不应被确认为一项资产。比较合理的做法是：把债券发行费用作为对债券溢折价的调整，或者是直接确认为当期损益。

我国会计准则规定，企业应以发行债券实际收到的款项与债券面值的差额借记或贷记“应付债券——利息调整”科目，实质是将债券发行费用计入债券的摊余成本，即将发行费用作为债券溢价或折价的调整。

**【例 11-6】** 沿用例 11-5，假设发行时手续费用为 2 万元。敬贤公司的会计分录如下：

| | | |
|---|---|---|
| 借：银行存款 | 2 142 218 | |
| 贷：应付债券——面值 | | 2 000 000 |
| 应付债券——利息调整 | | 142 218 |

## 三、债券利息费用的处理

发行债券的公司应于每个付息日向债券持有人支付票面利息。在债券平价发行时，支付的票面利息即为应确认的财务费用；但在溢价或折价发行方式下，支付的票面利息并不等于应确认的财务费用，需要用溢价或折价的摊销额对票面利息进行调整以得出财务费用。另外，如果付息日与会计结账日不一致，则应在每一个结账日计提应付利息。平价发行的利息费用处理较为简单，在此不进行讨论，下面主要论述在溢价或折价发行方式下利息费用的处理。

由于债券到期时按面值偿还，因此债券的折价或溢价应在债券的期限内进行摊销，以使债券到期日的账面价值等于偿还金额。债券折价或溢价的摊销额实质上是对债券利息费用的调整，因此，对折价或溢价采用“利息调整”明细科目核算。折溢价摊销方法可以采用直线法或实际利率法，但我国会计准则要求采用实际利率法。直线法的特点是每期摊销的折价或溢价的金额相等，其优点是比较简单，其缺点是对利息费用的确认不够精确。实际利率法的特点是按债券的账面价值和市场利率计算企业当期应该承担的利息费用，并与当期实际支付的票面利息比较，差额部分即为本期应摊销的溢价或折价金额；其优点是对利息费用的确认考虑货币的时间价值，但计算比较复杂。实际利率是指将债券在存续期间的未来现金流量，折现为该债券当前账面价值所使用的利率。

随着市场利率的变化，债券未来现金流量的现值也在不断变化。那么在计算实际利息费用时是否需要考虑当期市场利率变动造成的影响？就目前来看，回答是否定的。传统财务会计坚持历史成本原则，不反映市场利率变化对债券利息费用的影响，计算利息所用的实际利率仍沿用发行日的市场利率。

资产负债表日，对于分期付息、一次还本的债券，企业应按应付债券的摊余成本和实际利率计算确定的债券利息费用，借记“在建工程”“制造费用”“财务费用”等科目。按票面利率计算的应付未付利息，贷记“应付利息”科目，注意如果债券是一次还本付息，则计提应付未付利息时，贷记“应付债券——应计利息”科目。按上述差额，借记或贷记“应付债券——利息调整”科目。以下举例说明采用实际利率法对利息费用进行处理。

## （一）折价发行债券的利息费用处理

**【例 11-7】** 沿用例 11-4，敬贤公司采用实际利率法摊销债券折价，过程如表 11-1 所示。

**表 11-1 债券折价摊销表（实际利率法）**

单位：元

| 日期 | 实付票面利息<br>A= 面值 ×5% | 利息费用<br>（实际利息）<br>B= 上期 E×6% | 摊销折价<br>C=B–A | 未摊销折价<br>D= 上期 D–C | 债券的摊余成本<br>E= 上期 E+C |
|---|---|---|---|---|---|
| 2×19.12.31 | | | | 147 201 | 1 852 799 |
| 2×20.06.30 | 100 000 | 111 168 | 11 168 | 136 033 | 1 863 967 |
| 2×20.12.31 | 100 000 | 111 838 | 11 838 | 124 195 | 1 875 805 |
| 2×21.06.30 | 100 000 | 112 548 | 12 548 | 111 647 | 1 888 353 |
| 2×21.12.31 | 100 000 | 113 301 | 13 301 | 98 346 | 1 901 654 |
| 2×22.06.30 | 100 000 | 114 099 | 14 099 | 84 247 | 1 915 753 |
| 2×22.12.31 | 100 000 | 114 945 | 14 945 | 69 302 | 1 930 698 |
| 2×23.06.30 | 100 000 | 115 842 | 15 842 | 53 460 | 1 946 540 |
| 2×23.12.31 | 100 000 | 116 792 | 16 792 | 36 668 | 1 963 332 |
| 2×24.06.30 | 100 000 | 117 780* | 17 780 | 18 888 | 1 981 112 |
| 2×24.12.31 | 100 000 | 118 888 | 18 888 | 0 | 2 000 000 |

* 尾差调整。

敬贤公司会计分录以 2×20 年 6 月 30 日为例：

借：利息费用　　111 168

　贷：应付利息　　100 000

　　　应付债券——利息调整　　11 168

## （二）溢价发行债券的利息费用处理

**【例 11-8】** 沿用例 11-5，敬贤公司采用实际利率法摊销债券溢价，过程如表 11-2 所示。

**表 11-2 债券溢价摊销表（实际利率法）**

单位：元

| 日期 | 实付票面利息<br>A= 面值 ×5% | 利息费用<br>（实际利息）<br>B= 上期 E×4% | 摊销溢价<br>C=A–B | 未摊销溢价<br>D= 上期 D–C | 债券的摊余成本<br>E= 上期 E–C |
|---|---|---|---|---|---|
| 2×19.12.31 | | | | 162 218 | 2 162 218 |
| 2×20.06.30 | 100 000 | 86 489 | 13 511 | 148 707 | 2 148 707 |
| 2×20.12.31 | 100 000 | 85 948 | 14 052 | 134 655 | 2 134 655 |

续表

| 日期 | 实付票面利息 A= 面值 ×5% | 利息费用（实际利息）B= 上期 E×4% | 摊销溢价 C=A−B | 未摊销溢价 D= 上期 D−C | 债券的摊余成本 E= 上期 E−C |
|---|---|---|---|---|---|
| 2×21.06.30 | 100 000 | 85 386 | 14 614 | 120 041 | 2 120 041 |
| 2×21.12.31 | 100 000 | 84 802 | 15 198 | 104 843 | 2 104 843 |
| 2×22.06.30 | 100 000 | 84 194 | 15 806 | 89 037 | 2 089 037 |
| 2×22.12.31 | 100 000 | 83 561 | 16 439 | 72 598 | 2 072 598 |
| 2×23.06.30 | 100 000 | 82 904 | 17 096 | 55 502 | 2 055 502 |
| 2×23.12.31 | 100 000 | 82 220 | 17 780 | 37 722 | 2 037 722 |
| 2×24.06.30 | 100 000 | 81 509 | 18 491 | 19 231 | 2 019 231 |
| 2×24.12.31 | 100 000 | 80 769 | 19 231 | 0 | 2 000 000 |

敬贤公司会计分录以 2×20 年 6 月 30 日为例：

借：利息费用　　86 489

　应付债券——利息调整　　13 511

　贷：应付利息　　100 000

## 四、两个付息日之间发行的债券

债券通常一年内在特定时点支付利息。然而，投资者不一定在付息日向发行公司购买债券。若在两个付息日之间购买债券，则投资者所能享受的利息只能是购买日到下一个付息日这一时段内的利息。由于在下一个付息日时，发行公司将支付全期利息给投资者，所以发行公司在两个付息日出售其债券时，要预先向投资者收取从上一个付息日至购买日期间的债券票面利息。

【例 11–9】 敬贤公司于 2×19 年 12 月 31 日发行 5 年期、年利率为 10% 的债券，面值为 200 万元，每半年付利息一次。假设确定发行价格时的市场利率低于 10%，因此本次发行为溢价发行，溢价为面值的 5%。然而，因故本次发行推迟到 2×20 年 3 月 31 日。

2×19 年 12 月 31 日至 2×20 年 3 月 31 日，计算的票面利息为 2 000 000×10%÷4=50 000（元）。

敬贤公司的会计分录如下：

借：银行存款　　2 150 000

　贷：应付债券——面值　　2 000 000

　　应付债券——利息调整　　100 000

　　应付利息　　50 000

## 五、债券的偿还

企业清偿债券可能存在以下情况：①到期清偿；②提前从证券市场购回；③行使赎回权；④举债还债。在第一种情况下，债券的账面价值与面值相等，因此偿还不会产生损益。

在第二种和第三种情况下，购回价格可能高于或低于债券的账面价值，差额部分即债券偿还损益。债券偿还损益通常作为非常损益列入当期利润表，通过营业外收支核算。

【例 11-10】 沿用例 11-7，假设敬贤公司于 2×23 年 6 月 30 日购回发行的全部债券，购回价格为 193 万元。

敬贤公司的会计分录如下：

| | | |
|---|---|---|
| 借：应付债券——面值 | 2 000 000 | |
| 应付利息 | 100 000 | |
| 贷：应付债券——利息调整 | | 53 460 |
| 银行存款 | | 1 930 000 |
| 营业外收入——债券偿还收益 | | 116 540 |

在第四种情况下，企业发行新的债券用以替换旧的债券，举债偿债可在旧债券到期前或到期日进行。此时，旧债券的摊余成本加上应付未付的票面利息与新债券的摊余成本之间的差额即为偿还损益。

【例 11-11】 沿用例 11-7，假设敬贤公司于 2×23 年 6 月 30 日发行新债券用于交换原债券，此次发行为平价发行，面值为 190 万元，票面利率为 14%。

敬贤公司的会计分录如下：

| | | |
|---|---|---|
| 借：应付债券——面值（12%） | 2 000 000 | |
| 应付利息 | 100 000 | |
| 贷：应付债券——利息调整 | | 53 460 |
| 应付债券——面值（14%） | | 1 900 000 |
| 营业外收入——债券偿还收益 | | 146 540 |

## 第四节 可转换债券

### 一、可转换债券的概念和特征

可转换债券是债券持有人依据合同规定在一定期间之后，可以选择以合同约定的转换价格或转换比率将持有的债券转换成发行公司普通股股票的一种债券。可转换债券给债券持有人在债权的基础上额外提供了选择权，即如果债券持有人不行使转换权，则可以继续持有债券，直到债券清偿收取本金和利息，或者通过市场变现；如果持有人认为发行公司的股权具有增值潜力，则可在宽限期之后行使转换权，以预定转换价格或转换比率将债券转换成为发行人的普通股股票。此外，可转换债券的持有者还享有在一定条件下将债券回售给发行方的权利，发行方在一定条件下拥有强制赎回债券的权利。

可转换债券，对投资者和发行公司均具有很强的吸引力。对投资者而言，持有可转换债券的优点在于：第一，相比一般债券，持有更灵活，更有利于保障债权人的利益。可转换债券作为一种债券，持有人拥有强制求偿权，在清算时求偿优先于普通股，风险较小，同时额外提供了相机选择的权利。第二，在转换后可享受股东的权益。持有者拥有择机将债券转换为股票的权利，从而也能分享股利及股票增值的利益。

正因为该债券的持有人具有相机选择的权利，在行使转换权后可能享受普通股股东的权益，所以该债券的利率一般低于一般公司债券的利率。对于发行公司而言，发行可转换债券对其也是有利的，这是因为：首先，发行可转换债券的融资成本较低。由于可转换债券的利率较低，发行公司的利息支出相应较少，资金成本较低。其次，可保证资金供应。企业发行债券的目的是筹集资金。在市场条件不利、发行公司财务状况不佳的情况下，直接发行股票的吸引力可能不足，而以一般市场利率发行债券又恐无人问津。发行可转换债券，有助于吸引投资者，达到筹资的目的。

## 二、可转换债券的发行

对可转换债券的发行，有两种处理方法：一种方法是确认转换权的价值。其理由是，正因为可转换权有价值，才能使同一票面利率的债券以较高的价格出售，这一可转换权的价值是属于普通股的价值，因此应列为权益工具投资。另一种方法是将全部发行价格作为公司债券售价，不确认可转换权价值。其理由是，可转换权与债券是不可分割的，要行使转换权，必须放弃债券而换回股票，所以全部售价应归属公司债券。此外，由于可转换权无单独的市价，转换权的价值很难确定，因此，确认转换权价值的可操作性较差。目前，我国颁布的企业会计准则要求对可转换债券发行时的初始确认和计量采用第一种方法核算。

可转换债券兼有债券和股票的特征，因而其售价由两部分组成：一是债券本金及利息按市场利率折算后的现值；二是转换权的价值。转换权的价值体现在，当股权价值上涨时，债权人可按原定转换比率换成股票，从而获得股权增值的利益。理论上，转换权可视为一种看涨期权，其价值应等于对应期权的价值，然而对期权的定价过于复杂，难以在实务中应用。一个可行的方案是，既然可转换债券的价值等于债券部分的价值与转换权的价值之和，那么转换权的价值就可以通过可转换债券的市价减去债券部分市价（不含转换权的该债券的市价）进行测算。

具体而言，企业发行的可转换公司债券，应当在初始确认时将其包含的负债成分和权益成分进行分拆，将负债成分确认为应付债券，将权益成分确认为其他权益工具。在进行分拆时，应当先对负债成分的未来现金流量进行折现确定负债成分的初始确认金额，再按发行价格总额扣除负债成分初始确认金额后的金额确定权益成分的初始确认金额。发行可转换公司债券发生的交易费用，应当在负债成分和权益成分之间按照各自公允价值的比例进行分摊。

企业发行的可转换公司债券在“应付债券”科目下设置“可转换公司债券”明细科目核算。企业应按实际收到的款项，借记“银行存款”等科目；按可转换公司债券包含的负债成分面值，贷记“应付债券——可转换公司债券（面值）”科目；按权益成分的公允价值，贷记“其他权益工具”科目；按借贷双方之间的差额，借记或贷记“应付债券——可转换公司债券（利息调整）”科目。

中国可转债市场首现中止上市案例

**【例 11-12】** 岑东公司经批准于 2×19 年 1 月 1 日按面值发行 3 年期一次还本、按年付息的可转换公司债券 20 亿元，款项已收存银行，债券票面年利率为 5%。发行费用 3 200 万元，债券发行一年后可转换为普通股股票。岑东公司发行可转换公司债券时二级市场上与之类似的没有附带转换权的债券市场利率为 8%。考虑发行费用后的实际年利率为 8.61%。年金现值系数（$P/A$,8%,3）=2.577 1，复利现值系数（$P/F$,8%,3）=0.793 8。会计分录中计量单位为万元，岑东公司的账务处理如下。

(1) 2×19 年 1 月 1 日发行可转换公司债券时：

不考虑发行费用的情况下，可转换公司债券负债成分的公允价值为：

200 000×5%×2.577 1+200 000×0.793 8=184 531（万元）

不考虑发行费用的情况下，可转换公司债券权益成分的公允价值为：

200 000−184 531=15 469（万元）

负债成分分摊的发行费用 =3 200×184 531 ÷ 200 000=2 952.50（万元）

权益成分分摊的发行费用 =3 200−2 952.50=247.50（万元）

| | | |
|---|---|---|
| 借：银行存款 | 1 968 000 000 | |
| 　应付债券——可转换公司债券（利息调整） | 184 215 000 | |
| 　贷：应付债券——可转换公司债券（面值） | | 2 000 000 000 |
| 　　其他权益工具 | | 152 215 000 |

(2) 2×20 年 12 月 31 日确认利息费用时：

| | | |
|---|---|---|
| 借：财务费用等 | 156 339 100 | |
| 　贷：应付利息 | | 100 000 000 |
| 　　应付债券——可转换公司债券（利息调整） | | 56 339 100 |

实际利息费用 =(200 000−18 421.50)×8.61%=15 633.91（万元）

| | | |
|---|---|---|
| 借：应付利息 | 100 000 000 | |
| 　贷：银行存款 | | 100 000 000 |

## 三、可转换债券的转换

可转换债券转换时账务处理中存在的主要问题是如何对转换后股东权益的入账价值进行计量以及如何处理转换权价值。具体而言，对转换后股东权益入账价值的计量存在两种处理方法：

(1) 账面价值法。在该种方法下，股东权益按转换日可转换债券的账面价值入账，不确认转换损益。其理由为，股票和债券都是发行公司本身发行的，不能因为它们之间的交易而产生损益。而且，当初发行可转换债券的目的就是要转换成股票，所以发行时交易只完成了一半，至转换后才算完成了整个交易。自然在转换时不能确认转换损益。

(2) 市价法。在该种方法下，股东权益应按转换日普通股的市价入账，并将股票市价与债券账面价值之间的差额，确认为转换损益。其理由为，将债券转换成股票属于重大经济事项，且股票和债券的价值又相当明确。既然有客观的交易来证实损益的发生，就应确认转换损益。

目前，我国的企业会计准则要求对可转换债券转换后股东权益的入账价值计量采用账面价值法核算。如果在可转换债券发行日确认了转换权价值，则在转换日应把代表转换权价值的“其他权益工具”转出至“资本公积——股本溢价”。

**【例 11-13】** 沿用例 11-12，假设可转换公司债券的初始转股价为每股 10 元，股票面值为每股 1 元。债券持有人在当期付息前转换股票的，应按债券面值和应计利息之和除以转股价，计算转换的股份数。假设 2×21 年 6 月 30 日，债券持有人将可转换公司债券转换为普通股股票，岑东公司的账务处理如下。

2×21 年 6 月 30 日该可转换公司债券的实际利息费用为：

(200 000−18 421.50+5 633.91)×8.61% ÷ 2=187 212.41×8.61% ÷ 2=8 059.49（万元）

借：财务费用　　8 059.49 万

　贷：应付利息　　5 000 万

　　　应付债券——可转换公司债券（利息调整）　　3 059.49 万

转换的股份数为：(200 000+5 000) ÷ 10 =20 500（万股）

借：应付债券——可转换公司债券（面值）　　200 000 万

　　其他权益工具　　15 221.50 万

　　应付利息　　5 000 万

　贷：应付债券——可转换公司债券（利息调整）　　9 728.10 万

　　　股本　　20 500 万

　　　资本公积——股本溢价　　189 993.40 万

## 第五节　长期应付款

长期应付款，是指企业除长期借款和应付债券以外的其他各种长期应付款项，主要包括以分期付款方式购入固定资产发生的应付款项、补偿贸易引进设备的应付款、售后租回交易中的资产转让不属于销售的情况下承租人（卖方）确认的应付款等。

(1) 具有融资性质的延期付款购买资产。企业购入资产有可能延期支付有关价款。延期支付的购买价款超过正常信用条件，实质上具有融资性质的，所购资产的成本应当以延期支付购买价款的现值为基础确定。实际支付的价款与购买价款的现值之间的差额，应当在信用期间内采用实际利率法进行摊销，计入相关资产成本或当期损益。具体来说，企业购入资产超过正常信用条件延期付款实质上具有融资性质时，应按购买价款的现值，借记“固定资产”“在建工程”等科目；按应支付的价款总额，贷记“长期应付款”科目；按其差额，借记“未确认融资费用”科目。

(2) 以补偿贸易方式引进设备形成的应付款项。补偿贸易是指从国外引进设备，再用该设备生产的产品归还设备价款。国家为了增大企业开展补偿贸易，规定开展补偿贸易的企业，补偿期内免交引进设备所生产的产品的流转税。实质上，补偿贸易是以生产的产品归还设备价款。一般情况下，设备的引进和偿还设备价款是没有现金的流入和流出的。具体而言，一方面，引进设备的资产价值以及相应的负债，作为本企业的一项资产和一项负债，借记“固定资产”等科目，贷记“长期应付款”科目。另一方面，用产品偿还设备价款时，视同产品销售处理。具体来说，销售时，借记“应收账款”，贷记“主营业务收入”等科目，结转相应的成本；偿还设备款时，借记“长期应付款”科目，贷记“应收账款”。

国际贸易中的补偿贸易

**【例 11–14】** 石鼓公司于 2×19 年 1 月 1 日采用“补偿贸易”方式引进

一套设备，该设备款为 50 000 000 美元，零配件价格为 300 000 美元，国外运输费总额为 20 000 美元，进口关税 5 030 000 元，国内运杂费 20 000 元，设备安装费 80 000 元。当日美元与人民币汇率为 7。运送回国之后进行安装、交付使用。2×19 年年末，根据补偿贸易合同的规定，按 10% 计提应付利息，以引进设备所生产的产品的销售收入 5 000 000 美元归还部分设备款。当日美元与人民币的汇率为 7.2，计算汇兑损益并进行账务处理。

① 引入设备时：

在建工程 =（设备款 + 国外运输费）× 汇率 =（50 000 000+20 000）×7=350 140 000（元）

原材料 = 零配件 × 汇率 =300 000×7=2 100 000（元）

借：在建工程　　350 140 000（50 020 000 美元）

　原材料　　2 100 000（300 000 美元）

　贷：长期应付款——应付引进设备款——美元户　　352 240 000（50 320 000 美元）

② 支付进口关税、国内运杂费、设备安装费：

进口关税 + 国内运杂费 + 设备安装费 =5 030 000+20 000+80 000=5 130 000（元）

借：在建工程　　5 130 000

　贷：银行存款　　5 130 000

③ 安装完毕、交付使用：

固定资产 = 在建工程 =350 140 000+5 130 000=355 270 000（元）

借：固定资产　　355 270 000

　贷：在建工程　　355 270 000

④ 2×19 年年末，以引进设备所生产的产品的销售收入 5 000 000 美元归还部分设备款，当日美元与人民币汇率为 7.2。

年末归还的长期应付款 =5 000 000×7.2=36 000 000（元）

借：应收账款　　36 000 000

　贷：主营业务收入　　36 000 000

借：长期应付款——应付引进设备款——美元户　　36 000 000（5 000 000 美元）

　贷：应收账款　　36 000 000（5 000 000 美元）

⑤ 2×19 年年末，根据补偿贸易合同的规定，按 10% 计提应付利息，当日美元与人民币的汇率为 7.2。

应计提的利息 = [（设备款 + 零配件价格 + 国外运输费）×10% ]× 年末当日汇率

= [（50 000 000+300 000+20 000）×10% ]×7.2

=50 320 000×10%×7.2=36 230 400（元）

借：财务费用　　36 230 400

　贷：长期应付款——应付引进设备款——美元户　　36 230 400

⑥ 计算汇兑损益：

年末美元户余额 =（50 000 000+300 000+20 000）+5 032 000−5 000 000=50 352 000（美元）

折算成人民币 =50 352 000×7.2=362 534 400（元）

调整前年末记账本位币余额 =352 240 000−36 000 000+36 230 400=352 470 400(元)

汇兑损益 =362 534 400−352 470 400=10 064 000(元)

借:财务费用　　10 064 000

　贷:长期应付款——应付引进设备款——美元户　　10 064 000

(3) 售后租回交易中的资产转让不属于销售的情况下,承租人确认的应付款项。售后租回交易是一种特殊形式的租赁业务,是指卖方(即承租人)将一项资产出售后,又将该项资产从买方(即出租人)租回。售后租回交易中的资产转让不属于销售的,承租人应当确认一项与转让收入等额的金融负债,即按销售收入的金额,借记“银行存款”科目,贷记“长期应付款”科目。

## 第六节　借款费用资本化

### 一、借款费用概述

#### (一) 借款费用的含义

借款费用是指企业因借款而发生的利息、借款折价或者溢价的摊销、相关辅助费用以及因外币借款而发生的汇兑差额等,不包含企业的权益性融资费用。承租人根据租赁会计准则所确认租赁负债发生的融资费用属于借款费用。

因借款而发生的利息,包括企业向银行或者其他金融机构等借入资金发生的利息、发行公司债券发生的利息以及为购建或者生产符合资本化条件的资产而发生的带息债务所承担的利息等。

因借款而发生的折价或者溢价主要是指发行债券等所发生的折价或者溢价。发行债券中的折价或者溢价,其实质是对债券票面利息的调整,属于借款费用的范畴。

因借款而发生的辅助费用,是指企业在借款过程中发生的诸如手续费、佣金、印刷费等费用。由于这些费用是因安排借款而发生的,也属于借入资金所付出的代价,是借款费用的构成部分。

#### (二) 借款的范围

借款包括专门借款和一般借款。专门借款是指为购建或者生产符合资本化条件的资产而专门借入的款项。专门借款通常应当有明确的用途,即为购建或者生产某项符合资本化条件的资产而专门借入的,并通常应当具有标明该用途的借款合同。例如,芙蓉公司为了建造厂房向银行专门贷款 5 000 万元,石井房地产公司为了开发住宅小区向银行专门贷款 5 亿元等,均属于专门借款,其使用目的明确,而且其使用受与银行签订的相关合同限制。

一般借款是指除专门借款之外的借款。相对于专门借款而言,一般借款在借入时,其用途通常没有特指用于符合资本化条件的资产的购建或者生产。

### 二、借款费用的确认

#### (一) 借款费用确认的基本原则

借款费用在确认过程中涉及的问题主要是,每期发生的借款费用是应该进行资本化处理计入相关资产的成本,还是应该进行费用化处理计入当期损益。根据借款费用准则的规定,借款费用确认的基本原则是:企业发生的借款费用,可直接归属于符合资本化条件的资产的购建或者生产的,应当予以资本化,计入相关资产成本;其他借款费用,应当在发生时根据其发生额确认为费用,计入当期损益。

借款费用处理方法的不同观点

符合资本化条件的资产是指需要经过相当长时间的购建或者生产活动才能达到预定可使用或者可销售状态的固定资产、投资性房地产和存货等资产。建造合同成本、确认为无形资产的开发支出等在符合条件的情况下,也可以认定为符合资本化条件的资产。符合资本化条件的存货,主要包括房地产开发企业开发的用于对外出售的房地产开发产品、企业制造的用于对外出售的大型机械设备等。这类存货通常需要经过相当长时间的建造或者生产过程,才能达到预定可销售状态。其中,“相当长时间”应当是指为资产的购建或者生产所必要的时间,通常为 1 年以上(含 1 年)。之所以这样规定,是因为如果资产经过很短时间的购建或生产就可以达到预定可使用状态或可销售状态,通常涉及资本化处理的借款费用较少,资本化处理的意义不大,而且资本化处理也将增加实务操作的复杂度,不符合成本效益原则。

建发股份借款费用资本化过高,涉嫌虚增净利润

在实务中,由于人为或者故意等非正常因素导致资产的购建或者生产时间相当长的,该资产不属于符合资本化条件的资产。购入即可使用的资产,或者购入后需要安装但所需安装时间较短的资产,或者需要建造或者生产但所需建造或者生产时间较短的资产,均不属于符合资本化条件的资产。

### (二) 借款费用资本化期间的确定

只有在资本化期间内发生的相关借款费用才允许资本化。因而,确定资本化期间是借款费用确认和计量的重要前提。借款费用资本化期间,是指从借款费用开始资本化时点到停止资本化时点的期间,但不包括借款费用暂停资本化的期间。

1. 借款费用开始资本化的时点

借款费用必须同时满足以下三个条件时,才允许开始资本化:

(1) 资产支出已经发生。这里所说资产支出,包括为购建或生产符合资本化条件的资产支付现金、转移非现金资产或者承担带息债务形式所发生的支出。其中,支付现金,是指用货币资金支付符合资本化条件的资产的购建或者生产支出,如用银行存款购买工程物资;转移非现金资产,是指企业将自己的非现金资产直接用于符合资本化条件的资产的购建或者生产,如用自己生产的产品用于资产的购建或者生产;承担带息债务,是指企业为了购建或者生产符合资本化条件的资产所需用物资等而承担的带息应付款项(如带息应付票据)。

企业为了购建或者生产符合资本化条件的资产承担的债务可能带息,也可能不带息,如应付工资、应付账款等。这些不带息的债务,在偿付前不需要承担利息,也没有占用借款资金,因而不能视作资产支出已经发生。带息债务因须支付利息,与企业向银行借款用以支付资产支出在性质上是一致的,所以,应当视同资产支出已经发生。

（2）借款费用已经发生。该条件是指，企业已经发生了因购建或者生产符合资本化条件的资产而专门借款的借款费用或者所占用的一般借款的借款费用。

（3）为使资产达到预定可使用或者可销售状态所必要的购建或者生产活动已经开始。这里的“为使资产达到预定可使用或者可销售状态所必要的购建或者生产活动”，是指资产的实体建造或者生产工作已经开始，如主体设备的安装、厂房的实际开工建造等。它不包括仅仅持有资产但没有发生为改变资产形态而进行的实质上的建造或者生产活动，如购置了建设用地，但未开工兴建房屋的情况。

企业只有在上述三个条件同时满足的情况下，有关借款费用才可开始资本化，只要其中有一个条件没有满足，借款费用就不能开始资本化。

2. 借款费用暂停资本化的期间的确定

符合资本化条件的资产在购建或者生产过程中发生非正常中断，且中断时间连续超过 3 个月的，则中断期间应当暂停借款费用的资本化。中断的原因必须是非正常中断，如果是因正常原因发生的中断，期间的相关借款费用仍可资本化。在判断借款费用暂停资本化的期间时，应当遵循实质重于形式的原则，相关资产购建或者生产的中断时间较长而且满足其他规定条件的，相关借款费用应当暂停资本化。

非正常中断，是指由于企业管理决策上的原因或者其他不可预见的原因等所导致的中断。比如，企业因与施工方发生了质量纠纷，或者工程、生产用料没有及时供应，或者资金周转发生了困难，或者施工、生产发生了安全事故，或者发生了与资产购建、生产有关的劳动纠纷等原因，导致资产购建或者生产活动发生中断，均属于非正常中断。

正常中断，通常是指仅限于因购建或者生产符合资本化条件的资产达到预定可使用或者可销售状态所必要的程序，或者事先可预见的不可抗力因素导致的中断。比如，某些工程建造到一定阶段必须暂停下来进行质量或者安全检查，检查通过后才可继续下一阶段的建造工作，这类中断是在施工前可以预见的，而且是工程建造必须经过的程序，属于正常中断。某些地区的工程在建造过程中，由于可预见的不可抗力因素（如雨季或冰冻季节等原因）导致施工出现停顿，也属于正常中断。

3. 借款费用停止资本化的时点

购建或者生产符合资本化条件的资产达到预定可使用或者可销售状态时，借款费用应当停止资本化。在符合资本化条件的资产达到预定可使用或者可销售状态之后所发生的借款费用，应当在发生时根据其发生额确认为费用，计入当期损益。购建或者生产符合资本化条件的资产达到预定可使用或者可销售状态，可从下列三个方面加以判断：

（1）符合资本化条件的资产的实体建造（包括安装）或者生产工作已经全部完成或者实质上已经完成。

（2）所购建或者生产的符合资本化条件的资产与设计要求、合同规定或者生产要求相符或者基本相符，即使有极个别与设计、合同或者生产要求不相符的地方，也不影响其正常使用或者销售。

（3）继续发生在所购建或生产的符合资本化条件的资产上的支出金额很少或者几乎不再发生。

所购建或者生产的资产分别建造、分别完工的，企业应当区别情况界定借款费用停止资本化的时点：

① 所购建或者生产的符合资本化条件的资产的各部分分别完工，且每部分在其他部分继续建造或者生产过程中可供使用或者可对外销售，且为使该部分资产达到预定可使用或可销售状态所必要的购建或者生产活动实质上已经完成的，应当停止与该部分资产相关的借款费用的资本化，因为该部分资产已经达到了预定可使用或者可销售状态。

② 所购建或者生产的符合资本化条件的资产的各部分分别完工，但必须等到整体完工后才可使用或者对外销售的，应当在该资产整体完工时停止借款费用的资本化。这是因为即使某部分已经完工，但是也不能认为该部分达到了预定可使用或可销售状态，只有在整体购建工程完工时，才符合达到预定可使用或可销售状态的标准，因此借款费用方能停止资本化。

### （三）借款费用的计量

借款费用主要包括因借款而发生的利息、借款折价或者溢价的摊销、相关辅助费用以及因外币借款而发生的汇兑差额。借款折价或溢价的摊销实质上是对利息费用的调整，因此上述四项可划分为三类：借款的利息费用、借款相关的辅助费用以及因外币借款而发生的汇兑差额。下面，我们将逐一说明。

1. 借款的利息费用

在借款费用资本化期间内，每一会计期间的利息资本化金额，应当按照下列方式确定：

(1) 为购建或者生产符合资本化条件的资产而借入专门借款的，应当以专门借款当期实际发生的利息费用，减去将尚未动用的借款资金存入银行取得的利息收入或进行暂时性投资取得的投资收益后的金额确定。用公式表达为：

专门借款的借款费用资本化金额 = 资本化期间专门借款实际发生的利息费用 − 资本化期间尚未动用的专门借款发生的投资收益（包括利息收益）

(2) 为购建或者生产符合资本化条件的资产而占用了一般借款的，企业应当根据累计资产支出超过专门借款部分的资产支出加权平均数乘以所占用一般借款的资本化率，计算确定一般借款应予资本化的利息金额。资本化率应当根据一般借款加权平均利率计算确定。用公式表达为：

一般借款利息费用资本化金额 = 累计资产支出超过专门借款部分的资产支出加权平均数 × 所占用一般借款的资本化率

其中，累计资产支出超过专门借款部分的资产支出加权平均数

$$=\sum\left(\text{超过专门借款部分每笔资产支出金额}\times\frac{\text{超过专门借款部分每笔资产支出占用的天数}}{\text{当期涵盖的天数}}\right)$$

所占用一般借款的资本化率 = 所占用一般借款的加权平均利率 = 所占用一般借款当期实际发生的利息之和 ÷ 所占用一般借款本金加权平均数

所占用一般借款本金加权平均数

$$=\sum\left(\text{所占用每笔一般借款本金}\times\frac{\text{每笔一般借款在当期所占用的天数}}{\text{当期涵盖的天数}}\right)$$

(3) 每一会计期间的利息资本化金额，不应当超过当期相关借款实际发生的利息

金额。

**【例 11-15】** 芙蓉公司于 2×19 年 1 月 1 日正式动工兴建一幢办公楼，工期预计为 1 年零 6 个月，工程采用出包方式，分别于 2×19 年 1 月 1 日、2×19 年 7 月 1 日和 2×20 年 1 月 1 日支付工程进度款。公司为建造办公楼于 2×19 年 1 月 1 日专门借款 4 000 万元，借款期限为 3 年，年利率为 6%。除此之外，没有其他专门借款。此外，在办公楼建造过程中占用两笔一般借款，具体如下：①向石井银行长期贷款 4 000 万元，期限为 2×18 年 11 月 1 日至 2×21 年 11 月 1 日，年利率为 6%，按年支付利息。②发行公司债券 2 亿元，于 2×18 年 1 月 1 日发行，期限为 5 年，年利率为 8%，按年支付利息。例题中名义利率与实际利率均相同。闲置借款资金均用于固定收益债券短期投资，该短期投资月收益率为 0.5%。办公楼于 2×20 年 6 月 30 日完工，达到预定可使用状态。

公司为建造该办公楼的支出金额见表 11-3。

**表 11-3　公司建造合同支出明细**

单位：万元

| 日期 | 每期资产支出金额 | 资产支出累计金额 | 闲置借款资金用于短期投资金额 |
|---|---|---|---|
| 2×19 年 1 月 1 日 | 3 000 | 3 000 | 1 000 |
| 2×19 年 7 月 1 日 | 5 000 | 8 000 | 4 000 |
| 2×20 年 1 月 1 日 | 3 000 | 11 000 | 1 000 |
| 总计 | 11 000 | | 6 000 |

公司应当首先计算专门借款利息的资本化金额，然后计算所占用一般借款利息的资本化金额。具体如下：

（1）计算专门借款利息资本化金额。

2×19 年专门借款利息资本化金额 =4 000×6%−1 000×0.5%×6=210（万元）

2×20 年专门借款利息资本化金额 =4 000×6%×180 ÷ 360=120（万元）

（2）计算一般借款资本化金额。

在建造办公楼过程中，自 2×19 年 7 月 1 日起已经有 4 000 万元占用了一般借款。另外，2×20 年 1 月 1 日支出的 3 000 万元也占用了一般借款。计算这两笔资产支出的加权平均数如下：

2×19 年占用了一般借款的资产支出加权平均数 =4 000×180 ÷ 360=2 000（万元）

计算所占用一般借款资本化率：

一般借款资本化率（年）=（4 000×6%+20 000×8%）÷（4 000+20 000）=7.67%

2×19 年应予资本化的一般借款利息金额 =2 000×7.67% =153.40（万元）

2×20 年占用了一般借款的资产支出加权平均数 =（4 000+3 000）×180 ÷ 360=3 500（万元）

2×20 年应予资本化的一般借款利息金额 =3 500×7.67%=268.45（万元）

（3）根据上述计算结果，公司建造办公楼应予资本化的利息金额如下：

2×19 年利息资本化金额 =210+153.4 = 363.40（万元）

2×20 年利息资本化金额 =120+268.45= 388.45（万元）

(4) 有关账务处理如下。

2×19 年 12 月 31 日：

| | | |
|---|---|---|
| 借：在建工程 | 3 634 000 | |
| 财务费用 | 16 866 000 | |
| 应收利息（或银行存款） | 300 000 | |
| 贷：应付利息 | | 20 800 000 |

注：2×19 年实际借款利息 =4 000×6% +4 000×6% +20 000×8% = 2 080（万元）

2×20 年 6 月 30 日：

| | | |
|---|---|---|
| 借：在建工程 | 3 884 500 | |
| 财务费用 | 6 515 500 | |
| 贷：应付利息 | | 10 400 000 |

注：2× 20 年 1 月 1 日至 6 月 30 日的实际借款利息 =2 080 ÷ 2 = 1 040（万元）

2. 借款相关的辅助费用

因安排专门借款而发生的辅助费用，在所购建或生产的符合资本化条件的资产达到预定可使用或可销售状态之前发生的，应当在发生时予以全额资本化；以后发生的辅助费用应当于发生当期确认为费用。一般借款发生的辅助费用，应当在发生时根据其发生额确认为费用，计入当期损益。

3. 因外币借款而发生的汇兑差额

当企业为购建或者生产符合资本化条件的资产所借入的专门借款为外币借款时，由于企业取得外币借款日、使用外币借款日和会计结算日往往并不一致，而外汇汇率又在随时发生变化，因此，外币借款会产生汇兑差额。相应地，在借款费用资本化期间，为购建固定资产而专门借入的外币借款所产生的汇兑差额，是购建固定资产的一项代价，应当予以资本化，计入固定资产成本。出于简化核算的考虑，在资本化期间，外币专门借款本金及其利息的汇兑差额，应当予以资本化，计入符合资本化条件的资产的成本。除外币专门借款之外的其他外币借款本金及其利息所产生的汇兑差额应当作为财务费用，计入当期损益。

**【例 11-16】** 芙蓉公司于 2×19 年 1 月 1 日，为建造某工程项目专门以面值发行美元公司债券 1 亿元，年利率为 8%，期限为 3 年，假定不考虑与发行债券有关的辅助费用、未支出专门借款的利息收入或投资收益。合同约定，每年 1 月 1 日支付当年利息，到期还本。工程于 2×19 年 1 月 1 日开始实体建造，2×20 年 6 月 30 日完工，达到预定可使用状态，期间发生的资产支出如下：2×19 年 1 月 1 日，支出 2 000 万美元；2×19 年 7 月 1 日，支出 5 000 万美元；2×20 年 1 月 1 日，支出 3 000 万美元。公司的记账本位币为人民币，外币业务采用外币业务发生时当日的市场汇率折算。相关汇率如下：

2×19 年 1 月 1 日，市场汇率为 1 美元 = 6.86 元人民币；

2×19 年 12 月 31 日，市场汇率为 1 美元 = 6.88 元人民币；

2×20 年 1 月 1 日，市场汇率为 1 美元 = 6.96 元人民币；

2×20 年 6 月 30 日，市场汇率为 1 美元 = 7.03 元人民币。

公司计算外币借款汇兑差额资本化的金额如下（会计分录中金额单位：元）。

（1）计算 2×19 年汇兑差额资本化金额，并作账务处理。

① 债券应付利息 =10 000×8%×6.88=800×6.88 = 5 504（万元）

借：在建工程　　55 040 000

　贷：应付利息　　55 040 000

② 外币债券本金及利息汇兑差额 =10 000×（6.88−6.86）+800×（6.88−6.88）=200（万元）

借：在建工程　　2 000 000

　贷：应付债券　　2 000 000

（2）2×20 年 1 月 1 日实际支付利息时，应当支付 800 万美元，折算成人民币为 5 568 万元。该金额与原账面金额之间的差额 64 万元应当继续予以资本化，计入在建工程成本。账务处理为：

借：应付利息　　55 040 000

　在建工程　　640 000

　贷：银行存款　　55 680 000

（3）计算 2×20 年 6 月 30 日时的汇兑差额资本化金额并作账务处理。

① 债券应付利息 =10 000×8% ×1 ÷ 2×7.03=400×7.03 =2 812（万元）

借：在建工程　　28 120 000

　贷：应付利息　　28 120 000

② 外币债券本金及利息汇兑差额 =10 000×（7.03−6.88）+400×（7.03−7.03）=1 500（万元）

借：在建工程　　15 000 000

　贷：应付债券　　15 000 000

# 第七节　或 有 事 项

## 一、或有事项的特征与类别

或有事项，是指过去的交易或者事项形成的，其结果须由某些未来事项的发生或不发生才能决定的不确定事项。常见的或有事项包括：未决诉讼或未决仲裁、债务担保、产品质量保证（含产品安全保证）、亏损合同、重组义务、承诺、环境污染整治等。这些活动均具有较大不确定性，且对企业的财务状况和经营成果可能会产生较大的影响。

从形成时间来看，或有事项的特征可分为与过去、与现在和与未来相关的特征，具体是指：

第一，或有事项是因过去的交易或者事项形成的。或有事项作为一种不确定事项，是因企业过去的交易或者事项形成的。因过去的交易或者事项形成，是指或有事项的现存状况是过去交易或者事项引起的客观存在。例如，未决诉讼是企业因过去的经营活动引起的纠纷而产生。又如，产品质量保证是企业因过去销售行为而提供的一种承诺。基于此特征，未来可能发生的自然灾害、经济波动、交通事故等事项，均不属于或有事项。

第二，或有事项的现状具有不确定性。该不确定性主要表现在两个方面：

(1) 或有事项的结果具有不确定性。例如,在被担保方未到期还款前,担保方是否承担债务担保的连带责任不能确定。又如,未决诉讼中,原告、被告谁将胜诉,在审理初期难以确定。

(2) 或有事项的预计发生的具体时间或金额具有不确定性。例如,某企业因经济纠纷被起诉,该企业很可能败诉,但败诉时,该企业须支付多少金额,或者何时发生这些支出,可能是难以在当下确定的。

第三,或有事项的结果须由未来事项决定。或有事项的结果只能由未来不确定事项的发生或不发生才能决定。或有事项对企业会产生有利影响还是不利影响,或虽已知是有利影响或不利影响,但影响有多大,在或有事项发生时是难以确定的。这种不确定性的消失,只能由未来不确定事项的发生或不发生才能证实。然而,存在不确定性的事项并不都是或有事项,应当按照或有事项的定义和特征进行判断。例如,对固定资产计提折旧,需要判断固定资产的预计净残值和使用寿命,带有一定的不确定性。但是,固定资产的原值是确定的,固定资产折旧额是在确定的原值基础上,将其价值转到成本或费用中,该事项的结果无须未来事项的发生或不发生予以证实,因此,对固定资产计提折旧不属于或有事项。又如,对于发票尚未收到但已验收入库的货物,企业应当在月末暂估其成本入账,虽然所估计的成本具有一定的不确定性,然而购入货物的事实已经非常明确,无须未来事项的发生或不发生予以证实,因而,对该类存货暂估成本入账不属于或有事项的范畴。

## 二、或有事项的确认和计量

### (一) 或有资产与或有负债

或有事项可能形成两类经济业务。第一类是或有资产,即企业拥有收取现金流量的潜在权利;第二类是或有负债,即预计企业须支付现金流量的义务。

或有资产,是指过去的交易或者事项形成的潜在资产,其存在须通过未来不确定事项的发生或者不发生予以证实。或有资产作为一种潜在资产,其结果具有较大的不确定性,只有随着经济情况的变化,通过某些未来不确定事项的发生或不发生才能证实其是否会形成企业真正的资产。

或有负债,是指过去的交易或事项形成的潜在义务,其存在须通过未来不确定事项的发生或不发生予以证实;或过去的交易或事项形成的现时义务,履行该义务不是很可能导致经济利益流出企业或该义务的金额不能可靠地计量。或有负债涉及两类义务:一类是潜在义务;另一类是现时义务。其中,潜在义务是指结果取决于不确定未来事项的可能义务。换言之,潜在义务最终是否转变为现时义务,由某些未来不确定事项的发生或不发生才能决定。现时义务是指企业在现行条件下已承担的义务,该现时义务的履行不是很可能导致经济利益流出企业,或者该现时义务的金额不能可靠地计量。

履行或有事项相关义务导致经济利益流出的可能性,通常按照一定的概率区间加以判断。一般情况下,发生的概率分为以下层次:①“基本确定”是指,发生的可能性大于95%但小于100%;②“很可能”是指,发生的可能性大于50%但小于或等于95%;③“可能”是指,发生的可能性大于5%但小于或等于50%;④“极小可能”是指,发生的可能性大于0但小于或等于5%。

### （二）或有事项的确认

或有资产与或有负债不符合资产或负债的定义和确认条件，因而，通常企业不应当确认或有资产和或有负债，仅需要进行相应的披露。只有在企业基本确定能够收取与或有资产相关的现金流的情况下，与之相关的不确定性消失，进而予以确认。

出于谨慎性原则的考虑，当与或有事项有关的义务在同时符合以下三个条件时应当确认为一项负债，作为预计负债在表内进行确认和计量，以反映潜在的风险，增强会计信息质量：①该义务是企业承担的现时义务；②履行该义务很可能导致经济利益流出企业；③该义务的金额能够可靠地计量。

(1) 该义务是企业承担的现时义务，是指与或有事项相关的义务是在企业当前条件下已承担的义务，企业没有其他现实的选择，只能履行该现时义务。

例如，勤业公司因违反法律规定违规生产导致重大事故，为此，勤业公司必须承担相应的赔偿义务。此例中，勤业公司因违法导致的经济责任不可避免，其必须履行赔偿的义务，因此该义务就是一项现时义务。又如，因经济纠纷勤业公司作为被告参与诉讼，法院尚未判决。根据庭审调查，此次纠纷勤业公司负主要责任，因而不可避免需要承担赔偿责任。然而，具体的赔偿金额和执行时间在法院宣判前难以确定。此时，勤业公司的一项现时义务已经发生。

这里所指的义务包括法定义务和推定义务。法定义务，是因合同、法规或其他司法解释等产生的义务，通常是企业在经济管理和经济协调中，依照经济法律、法规的规定必须履行的责任，例如，合同、协议等法律途径形成的义务。推定义务，是因企业的特定行为而产生的义务。企业的“特定行为”，泛指企业以往的习惯做法、已公开的承诺或已公开宣布的经营政策。并且，由于以往的习惯做法，或通过这些承诺或公开的声明，企业向外界表明了它将承担特定的责任，从而使受影响的各方形成了其将履行那些责任的合理预期，比如，由广告、公司声明等发布的承诺形成的义务。

义务通常涉及指向的另一方，但很多时候没有必要指明义务对象，实际上义务可能是对公众承担的。通常情况下，义务总是涉及对另一方的承诺，但是管理层或董事会的决定在资产负债表日不一定形成推定义务，除非该决定在资产负债日之前已经以一种相当具体的方式传达给受影响的各方，使各方形成了企业将履行其责任的合理预期。例如，石井公司的董事会决定对其汽车产品提供五年期的质量保证服务，该服务仅是近期董事会的一项已通过的决议，并未通过公开渠道发布。因此，消费者未形成合理预期，该质量保证义务不属于现时义务。如果石井公司通过所有 4S 店以及合作媒体发布广告，公开了该质量保证服务，消费者由此形成合理预期，即购买该公司的汽车产品将获得此项服务。因此，该质量保证服务将形成一项推定义务。

(2) 履行该义务很可能导致经济利益流出企业。即履行与或有事项相关的现时义务时，导致经济利益流出企业的可能性超过 50%，但尚未达到基本确定的程度。

企业因或有事项承担了现时义务，并不说明该现时义务很可能导致经济利益流出企业。例如，笃行公司与石井公司签订协议，承诺为石井公司的两年期银行借款提供全额担保。对于笃行公司而言，由于担保事项而承担了一项现时义务，但这项义务的履行是否很可能导致经济利益流出企业，须依据石井公司的经营情况和财务状况等因素加以确定。

假定协议签署后，石井公司的财务状况恶化，且没有迹象表明可能发生好转。此种情况出现，表明石井公司很可能违约，从而笃行公司履行承担的现时义务将很可能导致经济利益流出企业。相反，如果石井公司财务状况良好，一般可以认定不会违约，从而笃行公司履行承担的现时义务不是很可能导致经济利益流出。

(3) 该义务的金额能够可靠地计量。即与或有事项相关的现时义务的金额能够合理地估计。

由于或有事项具有不确定性，因或有事项产生的现时义务的金额也具有不确定性，需要估计。要对或有事项确认一项负债，相关现时义务的金额应当能够可靠估计。例如，勤业公司涉及一件诉讼案。根据以往的审判结果判断，公司很可能败诉，相关的赔偿金额也可以估算出一个区间。此时，就可以认为勤业公司因未决诉讼承担的现时义务的金额能够可靠地计量。如果没有以往的判决案例，也没有相关的法律条文明确说明，即使勤业公司很可能败诉，在判决前其赔偿金额也难以合理估计。此时，该项未决诉讼形成的义务不符合履行该义务的金额能够可靠计量的条件。

预计负债有别于应付账款、应计项目、其他应付款等其他类别的负债。预计负债相关的未来支出的时间或金额具有一定的不确定性。应付账款是为已收到或已提供的，并已开出发票或已与供应商达成正式协议的货物或劳务支付的负债，其未来须支付的金额已非常明确。应计项目是指企业在生产经营和利润分配过程中已经计提而尚未以货币支付的各项负债，主要包括应付工资、应付利息、应付职工福利费、应交税费等。其他应付款是指与企业的主营业务没有直接关系的应付、暂收其他单位或个人的款项，如应付租入固定资产和包装物的租金、存入保证金、应付统筹退休金、职工未按期领取的工资等。尽管有时需要估计其他应付款和应计项目的金额或时间，但是其不确定性通常远小于预计负债。

### （三）预计负债的计量

当或有事项形成的义务符合预计负债确认条件时，企业接下来需要面对的问题是预计负债的金额如何计量。预计负债应当按照履行相关现时义务所需支出的最佳估计数进行初始计量。此外，企业清偿预计负债所需支出还可能从第三方或其他方获得补偿。因此，或有事项的计量主要涉及两个问题：一是最佳估计数的确定；二是预期可获得补偿的处理。

1. 最佳估计数的确定

预计负债的最佳估计数的确定应当分别两种情况处理：

(1) 所需支出存在一个连续范围（或区间，下同），且该范围内各种结果发生的可能性相同，则最佳估计数应当按照该范围内的中间值，即上下限金额的平均数确定。

例如，勤业公司涉及一项诉讼，败诉的可能性大于50%，根据以往判例和法律条文规定，败诉将导致勤业公司支付赔偿金额在60万元至100万元这样一个连续区间，并且赔偿金额在这个连续区间的各种可能性相同。因此，勤业公司预计负债的最佳估计数应为80[(100+60)÷2]万元。

(2) 所需支出不存在一个连续范围，或者虽然存在一个连续范围，但该范围内各种结果发生的可能性不相同，那么，按下列两类情形处理：

第一，如果或有事项涉及单个项目，最佳估计数按照最可能发生金额确定。“涉及单个项目”是指或有事项涉及的项目只有一个。

例如,勤业公司涉及一项诉讼,很可能败诉。如果败诉勤业公司将赔偿100万元的可能性为60%,如果败诉勤业公司将赔偿70万元的可能性为40%。由此,勤业公司预计负债的最佳估计数应为100万元。

第二,如果或有事项涉及多个项目,最佳估计数按照各种可能结果及相关概率计算确定。“涉及多个项目”是指或有事项涉及的项目不止一个。

例如,在产品质量保证中,提出产品保修要求的可能有许多客户。勤业公司销售产品3万件,销售额为1.2亿元。勤业公司的产品质量保证条款规定:产品售出后一年内,如发生正常质量问题,将免费负责修理。根据以往的经验,如果出现较小的质量问题,则须发生的修理费为销售额的1%;而如果出现较大的质量问题,则须发生的修理费为销售额的2%。据预测,本年度已售产品中,有80%不会发生质量问题,有15%将发生较小质量问题,有5%将发生较大质量问题。因此,勤业公司预计负债的最佳估计数应为:120 000 000×(0×80%+1%×15%+2%×5%)=300 000(元)。

2. 预期可获得补偿的处理

如果企业清偿因或有事项而确认的负债所需支出全部或部分预期由第三方或其他方补偿,则此补偿金额只有在基本确定能收到时,才能作为资产单独确认,确认的补偿金额不能超过所确认负债的账面价值。预期可能获得补偿的情况通常有:发生交通事故等情况时,企业通常可从保险公司获得合理的赔偿;在某些索赔诉讼中,企业可对索赔人或第三方另行提出赔偿要求;在债务担保业务中,企业在履行担保义务的同时,通常可向被担保企业提出追偿要求。

预期可获得补偿的确认涉及两个问题:一是确认时间;二是确认金额。企业预期从第三方获得的补偿,具有较大的不确定性,不符合资产确认的条件,企业只能在基本确定能够收到补偿时才能对其进行确认。根据资产和负债不能随意抵销的原则,预期可获得的补偿在基本确定能够收到时应当确认为一项资产,而不能作为预计负债金额的扣减。

3. 预计负债的计量需要考虑的其他因素

企业在确定最佳估计数时,应当综合考虑与或有事项有关的风险、不确定性、货币时间价值和未来事项等因素。

(1) 风险和不确定性。风险是对交易或事项结果的变化可能性的一种描述。企业在不确定的情况下进行判断需要谨慎,使得收益或资产不会被高估,使得费用或负债不会被低估。企业应当充分考虑与或有事项有关的风险和不确定性,既不能忽略风险和不确定性对或有事项计量的影响,也需要避免对风险和不确定性进行重复调整,从而在低估和高估预计负债金额之间寻找平衡点。

(2) 货币时间价值。预计负债的金额通常应当等于未来应支付的金额。但是,因货币时间价值的影响,资产负债表日后不久发生的现金流出,要比一段时间之后发生的同样金额的现金流出负有更大的义务。所以,如果预计负债的确认时点距离实际清偿有较长的时间跨度,货币时间价值的影响重大。那么在确定预计负债的确认金额时,应考虑采用现值计量,即通过对相关未来现金流出进行折现后确定最佳估计数。

将未来现金流出折算为现值时,需要注意以下三点:

第一，用来计算现值的折现率，应当是反映货币时间价值的当前市场估计和相关负债特有风险的税前利率。

第二，风险和不确定性既可以在计量未来现金流出时作为调整因素，也可以在确定折现率时予以考虑，但不能重复反映。

第三，随着时间的推移，即使在未来现金流出和折现率均不改变的情况下，预计负债的现值将逐渐增长。企业应当在资产负债表日，对预计负债的现值进行重新计量。

(3) 未来事项。企业应当考虑可能影响履行现时义务所需金额的相关未来事项。也就是说，对于这些未来事项，如果有足够的客观证据表明它们将发生，如未来技术进步、相关法规出台等，则应当在预计负债计量中考虑相关未来事项的影响，但不应考虑预期处置相关资产形成的利得。

预期的未来事项可能对预计负债的计量较为重要。例如，某核电企业预计，在生产结束时清理核废料的费用因为未来的技术变革而很可能显著降低。那么，该企业因此事项确认的预计负债金额应当反映有关专家对技术发展以及清理费用减少作出的合理预测。但是，这种预计需要取得相当客观的证据予以支持。

#### (四) 对预计负债账面价值的复核

企业应当在资产负债表日对预计负债的账面价值进行复核。有确凿证据表明该账面价值不能真实反映当前最佳估计数的，应当按照当前最佳估计数对该账面价值进行调整。

例如，某企业对环境造成了污染，按照当时的法律规定，只需要对污染进行清理。随着国家对环境保护越来越重视，按照现行的法规，该企业不但需要对污染进行清理，还很可能要对居民进行赔偿。法律要求的变化导致预计负债的计量产生变化。企业应当在资产负债表日对为此确认的预计负债金额进行复核，相关因素发生变化表明预计负债金额不再能反映真实情况时，需要按照当前情况下企业清理和赔偿支出的最佳估计数对预计负债的账面价值进行相应的调整。

### 三、或有事项会计处理的应用

对或有事项的会计处理主要是指对预计负债的确认。一般而言，在确认预计负债时，应贷记“预计负债”科目，借方科目依据以下情况而定：

(1) 提取产品质量保证费用，则借记“销售费用”科目。

(2) 预提未决诉讼估计的诉讼费用，则借记“管理费用”科目。

(3) 计提资产弃置费用，借记相应的资产科目，如固定资产、使用权资产等科目。

(4) 因或有事项确认预计负债而产生的其他损失，借记“营业外支出”科目。

#### (一) 未决诉讼或未决仲裁

在决定是否以及如何确认未决诉讼或未决仲裁形成的负债时，应当考虑以下三个要素：

(1) 诉讼起因发生的时间。引起诉讼的事实必须发生在企业结账日之前。

(2) 诉讼将产生不利后果的可能性。通常根据诉讼的性质、案件的进展、法律顾问的意见、过往类似案件的经验以及管理层对待案件的态度，合理评估案件产生不利后果的可能性。

(3) 合理估计损失金额的能力。

**【例 11–17】** 芙蓉公司 2×19 年 10 月 12 日向石鼓银行借款 1 000 万元，期限一年，年利率 10%。2×20 年 11 月石鼓银行向法院起诉，截至 2×20 年 12 月 31 日，法院尚未对石鼓银行提起的诉讼进行审理。如无特殊情况，芙蓉公司很可能要败诉。因此，除支付本金及利息，还要支付罚息及诉讼费等费用。假定估计罚息及诉讼费等费用为 10 万 ~16 万元，其中对方的诉讼费 2 万元。

芙蓉公司应在资产负债表中确认一项预计负债，金额为：(100 000+160 000) ÷ 2= 130 000（元）。同时在 2×20 年 12 月 31 日的附注中进行披露。

芙蓉公司的有关账务处理如下：

| | | |
|---|---|---|
| 借：管理费用——诉讼 | 20 000 | |
| 　营业外支出 | 110 000 | |
| 　贷：预计负债——未决诉讼 | | 130 000 |

在后续计量中，当企业当期实际发生的诉讼损失金额与已计提的、与未决诉讼相关的预计负债金额之间存在差异时，应根据以下四类情况分别处理：

(1) 企业在前期资产负债表日，依据当时实际情况和所掌握的证据合理预计了预计负债，如果当期实际发生的诉讼损失金额大于已计提的相关预计负债，则差额直接计入当期营业外支出；如果当期实际发生的诉讼损失金额小于已计提的相关预计负债，则按差额冲减营业外支出。

(2) 企业在前期资产负债表日，依据当时实际情况和所掌握的证据，原本应当能够合理估计诉讼损失，但企业所做的估计却与当时的事实严重不符（如未合理预计损失或不恰当地多计或少计损失），应当按照重大会计差错更正的方法进行处理。

(3) 企业在前期资产负债表日，依据当时实际情况和所掌握的证据，确实无法合理预计诉讼损失，因而未确认预计负债，则在该项损失实际发生的当期，直接计入当期营业外支出。

(4) 资产负债表日后至财务报告批准报出日之间发生的需要调整或说明的未决诉讼，按照资产负债表日后事项的有关规定进行会计处理。

### （二）债务担保

债务担保在企业中是较为普遍的现象。在被担保方无法履行还款义务的情况下，提供担保的一方往往需要承担连带责任。为投资者、债权人提供决策有用的信息，反映企业因担保而承担的潜在现金流量流出有利于提升会计信息质量。

**【例 11–18】** 2×19 年 5 月 10 日，勤业公司的子公司 A 公司从银行贷款人民币 80 000 000 元，期限 2 年，由勤业公司全额担保；2×19 年 6 月 1 日 B 公司从银行贷款人民币 50 000 000 元，期限 3 年，由勤业公司全额担保；2×19 年 7 月 1 日 C 公司从银行贷款 20,000,000 美元，期限 5 年，由勤业公司全额担保。截至 2×21 年 12 月 31 日的情况如下：A 公司贷款逾期未还，银行已起诉 A 公司和勤业公司。B 公司经营状况良好，预期不存在还款困难。C 公司受政策不利影响，可能不能偿还到期美元债务。

分析：就 A 公司而言，勤业公司很可能履行连带责任，已形成现时义务，如果担保造成损失的金额无法可靠地估计，那么就不应确认预计负债；如果损失金额能够可靠估计，假设为 5 000 万元。那么在资产负债表日，勤业公司的账务处理如下：

借：营业外支出　　　　50 000 000

　　贷：预计负债——担保损失　　　　50 000 000

新担保司法解释：上市公司对外担保效力取决于债权人是否查阅上市公告（1）

就 B 公司而言，要求勤业公司履行连带责任的可能性极小。就 C 公司而言，勤业公司可能履行连带责任，但未形成现时的义务。此外，勤业公司应在附注中披露上述担保事项及其影响。

### （三）产品质量保证

产品质量保证，通常指销售商或制造商在销售产品或提供劳务后，对客户提供服务的一种承诺。在约定期内（或终身保修），若产品或劳务在正常使用过程中出现质量或与之相关的其他属于正常范围的问题，企业负有更换产品、免费或只收成本价进行修理等责任。企业应当在符合确认条件的情况下，于销售成立时确认预计负债。

【例 11-19】 岑东公司 2×19 年度第一季度共销售 A 产品 30 000 件，销售收入为 180 000 000 元。根据公司的产品质量保证条款，该产品售出后一年内，如发生正常质量问题，公司将负责免费维修。根据以前年度的维修记录，如果发生较小的质量问题，发生的维修费用为销售收入的 1%；如果发生较大的质量问题，发生的维修费用为销售收入的 2%。根据公司质量部门的预测，本季度销售的产品中，80% 不会发生质量问题；15% 可能发生较小质量问题；5% 可能发生较大质量问题。假设岑东公司 2×19 年第二季度实际发生的与 A 产品相关的维修费用为 60 000 元，其中银行存款支付 50%，另 50% 为耗用的原材料。

根据上述资料，2×19 年第一季度末岑东公司应确认的预计负债金额为：

180 000 000×（0×80%+1%×15%+2%×5%）=450 000（元）

借：销售费用——产品质量保证——A 产品　　　　450 000

　　贷：预计负债——产品质量保证——A 产品　　　　450 000

第二季度岑东公司发生产品质量保证费用的相关分录如下：

借：预计负债——产品质量保证——A 产品　　　　60 000

　　贷：银行存款　　　　30 000

　　　　原材料　　　　30 000

在经营过程中，如果发现产品质量保证费用的实际发生额与预计数相差较大，应及时对预计比例进行调整。通常，“预计负债——产品质量保证”科目应存在贷方余额，这是因为企业的生产和销售是持续的。但在以下两种情形下，该科目的贷方余额可以为零。

第一，如果企业针对特定批次产品确认预计负债，在保修期结束时，应将“预计负债——产品质量保证”余额冲销，即借记“预计负债——产品质量保证”科目，贷记“销售费用”科目，不留余额。

第二，已对其确认预计负债的产品，如企业不再生产了，那么应在相应的产品质量保证期满后，将“预计负债——产品质量保证”余额冲销，不留余额。

### （四）亏损合同

待执行合同，是指合同各方未履行任何合同义务，或部分履行了同等义务的合同。企业与其他企业签订的商品销售合同、劳务提供合同、租赁合同等，均属于待执行合同，待执行合同不属于或有事项。但是，待执行合同变为亏损合同的，应当作为或有事项。亏损合同，是指履行合同义务不可避免发生的成本超过预期经济利益的合同。待执行合同变为亏损合同，且亏损合同产生的义务满足预计负债的确认条件的，应当确认为预计负债。其中，预计负债的计量应当反映退出该合同的最低净成本，即履行该合同的成本与未能履行该合同而发生的补偿或处罚两者之中的较低者。企业与其他单位签订的商品销售合同、劳务合同、租赁合同等，均可能变为亏损合同。

企业对亏损合同进行会计处理，需要遵循以下两点原则：

第一，如果与亏损合同相关的义务不需支付任何补偿即可撤销，企业通常就不存在现时义务，不应确认预计负债；如果与亏损合同相关的义务不可撤销，企业就存在了现时义务，同时满足该义务很可能导致经济利益流出企业且金额能够可靠地计量的，应当确认预计负债。

第二，待执行合同变为亏损合同时，合同存在标的资产的，应当对标的资产进行减值测试并按规定确认减值损失，在这种情况下，企业通常不需确认预计负债，如果预计亏损超过该减值损失，应将超过部分确认为预计负债；合同不存在标的资产的，亏损合同相关义务满足预计负债确认条件时，应当确认预计负债。

**【例 11-20】** 芙蓉公司与石井公司于 2×19 年 5 月 21 日签订销售合同，合同规定芙蓉公司将于 2×19 年 10 月 15 日销售 100 件 A 商品给石井公司，价格为每件 1 000 元，该合同不可撤销。假设芙蓉公司采购 A 商品的成本为每件 1 100 元，100 件 A 商品已在芙蓉公司的仓库中，合同为亏损合同，存在标的资产（A 商品），应确认减值损失 10 000 元。芙蓉公司相关账务处理如下：

| | | |
|---|---|---|
| 借：资产减值损失 | 10 000 | |
| 　贷：存货跌价准备 | | 10 000 |

假设签订销售合同时，100 件 A 商品尚未采购，但芙蓉公司预计 A 商品的采购价格持续上升，其采购成本将上升为每件 1 100 元。芙蓉公司相关的账务处理如下：

| | | |
|---|---|---|
| 借：营业外支出——待执行亏损合同 | 10 000 | |
| 　贷：预计负债——待执行亏损合同 | | 10 000 |

当芙蓉公司执行合同采购 100 件 A 商品时，相关账务处理如下：

| | | |
|---|---|---|
| 借：预计负债——待执行亏损合同 | 10 000 | |
| 　贷：库存商品 | | 10 000 |

### （五）重组义务

1. 重组义务的确认

重组是指企业制定和控制的，将显著改变企业组织形式、经营范围或经营方式的计划实施行为。属于重组的事项主要包括：①出售或终止企业的部分业务；②对企业的组织结构进行较大调整；③关闭企业的部分营业场所，或将营业活动由一个国家或地区迁移到其他国家或地区。

重组与企业合并、债务重组存在区别。重组通常是企业内部资源的调整和组合，谋求现有资产效能最大化。企业合并是在不同企业之间的资本重组和规模扩张。债务重组是债权人对债务人做出让步，债务人减轻债务负担，债权人尽可能减少损失。

企业因重组而承担了重组义务，并且同时满足预计负债的确认条件时，才能确认预计负债。

首先，同时存在下列情况的，表明企业承担了重组义务：①有详细、正式的重组计划，包括重组涉及的业务、主要地点、需要补偿的职工人数、预计重组支出、计划实施时间等；②该重组计划已对外公告。

其次，需要判断重组义务是否同时满足预计负债的确认条件，即承担的重组义务是否现时义务、履行重组义务是否很可能导致经济利益流出企业、重组义务的金额能否可靠计量。

2. 重组义务的计量

企业应当按照与重组有关的直接支出确定预计负债的金额。其中，直接支出是企业重组必须承担的直接支出，即企业重组就确定会发生而不重组就不会发生的各项支出，不包括留用职工岗前培训、市场推广、新系统和营销网络投入等支出。这些支出是重组之后为了新的生产运营而发生的支出，应当计入重组之后的成本费用。

由于企业在计量预计负债时不应当考虑预期处置相关资产的利得或损失，在计量与重组义务相关的预计负债时，也不考虑处置相关资产（厂房、店面，有时是一个事业部整体）可能形成的利得或损失，即使资产的出售构成重组的一部分也是如此，这些利得或损失应当单独确认。

## 四、或有事项的列报

### （一）预计负债的列报

在资产负债表中，因或有事项而确认的负债（预计负债）应与其他负债项目区别开来，单独反映。如果企业因多项或有事项确认了预计负债，在资产负债表上一般只需通过“预计负债”项目进行总括反映。

同时，为了使会计报表使用者获得充分、详细的有关或有事项的信息，企业应在会计报表附注中披露以下内容：第一，预计负债的种类、形成原因以及经济利益流出不确定性的说明；第二，各类预计负债的期初、期末余额和本期变动情况；第三，与预计负债有关的预期补偿金额和本期已确认的预期补偿金额。

### （二）或有负债的披露

或有负债因不符合负债确认的条件，因而在资产负债表内不予确认。但是，企业应当在附注中披露与或有负债有关的信息，除非这些或有事项极小可能导致经济利益流出企业，这些信息通常包括：

第一，或有负债的种类及其形成原因，包括已贴现商业承兑汇票、未决诉讼、未决仲裁、对外提供担保等形成的或有负债。

第二，经济利益流出不确定性的说明。

第三，或有负债预计产生的财务影响，以及获得补偿的可能性；无法预计的，应当说明原因。

需要注意的是，在涉及未决诉讼、未决仲裁的情况下，如果披露全部或部分信息预期对企业会造成重大不利影响，企业无须披露这些信息，但应当披露该未决诉讼、未决仲裁的性质，以及没有披露这些信息的事实和原因。

从“带诉过会”的典型案例看未决诉讼对A股IPO申报的影响

### （三）或有资产的披露

或有资产作为一种潜在资产，不符合资产确认的条件，因而不予确认。企业通常不应当披露或有资产，但或有资产很可能会给企业带来经济利益的，应当披露其形成的原因、预计产生的财务影响等。在进行或有资产披露时，企业应特别谨慎，不能误导财务会计报告使用者认为所披露的或有资产肯定会实现。

## 本章小结

本章内容主要介绍了长期借款、应付债券、或有事项、借款费用等非流动负债的相关概念。对于发行公司债券，企业应根据实际利率法确认当期的利息费用，进而对债券发行形成的折价或溢价进行摊销。对借款费用的处理，企业应当将符合资本化条件的借款费用计入相关资产的成本，将不符合资本化条件的借款费用直接计入当期损益。此外，对满足条件的或有事项与或有负债形成的现时义务，企业应当确认预计负债。

## 复习思考题

1. 什么是债券发行的折价和溢价？如何摊销债券的折价和溢价？
2. 什么是借款费用的资本化？借款费用资本化的条件是什么？如何计算借款费用资本化的金额？
3. 什么是预计负债？预计负债的确认条件是什么？

## 即测即评

请扫描右侧二维码，进行随堂测试。

# 第十二章　所有者权益

## 学习目标

掌握所有者权益的含义及分类，掌握实收资本（股本）、资本公积、其他权益工具、其他综合收益、留存收益的会计处理。

**导读案例**

**阿里巴巴在我国香港成功上市**

2019年11月，阿里巴巴正式在香港联合交易所网站提交初步招股文件，计划通过发售5亿股普通股新股，并在香港联合交易所主板上市。11月26日9点30分，阿里巴巴集团(09988.HK)在香港交易所鸣锣上市，开盘价187港元，较发行价大涨6.25%。据招股书披露，阿里巴巴此次发行5亿股新股，另有7 500万股超额认购权，按照176港元的定价，阿里巴巴最多在港集资1 012亿港元（约合130亿美元），为到2019年为止全球最大规模的新股发行。根据此前招股书，阿里巴巴表示，拟将全球发售募集资金用于实施公司战略，包括驱动用户增长及参与度提升，助力企业实现数字化转型升级，以及持续创新和投资长远未来。

发行新股募资将对公司所有者权益带来哪些影响？应当如何进行会计处理？所有者权益具体包括哪些项目？相应的会计处理又是怎样进行？这一系列问题都有待通过本章的学习予以解答。

资料来源：编者整理。

## 第一节　所有者权益概述

### 一、所有者权益的含义及构成

#### （一）所有者权益的含义

所有者权益是指企业资产扣除负债后，由所有者享有的剩余权益。公司的所有者权益又称为股东权益。所有者权益是所有者对企业资产的剩余索取权,它是企业资产中扣除债权人权益后应由所有者享有的部分,反映所有者投入资本的保值增值情况。

所有者对企业的经营活动承担着最终的风险,与此同时,也享有最终的权益。如果企业在经营中获利,所有者权益将随之增长;反之,所有者权益将随之缩减。任何企业的所有者权益都是由企业的投资者投入资本及其增值所构成的。

所有者权益具有以下基本特征:

(1) 所有者权益实质上是所有者在某个企业所享有的一种财产权利,包括所有者对投入资产的所有权、使用权、处置权和收益分配权。但是,所有者权益只是一种剩余权益。尽管从广义上说,权益等于负债与所有者权益之和(用会计恒等式表示为:资产 = 权益,或资产 = 负债 + 所有者权益),即债权人和所有者都是企业经济资源(资产)的提供者,他们对企业的资产都有相应的索偿权,但从法律规定的角度看,所有者权益和负债之间是有区别的:①在通常情况下,债权人要求支付利息和偿还本金的权利是在所有者之前,即所有者权益对企业资源的要求权次于负债。也就是说,当企业因歇业或其他原因进行清算时,变现后的资产首先必须用于偿还企业的负债,剩余的资产才可按出资比例(对有限责任公司而言)或股份比例(对股份有限公司而言)在所有者之间进行分配。②负债到期日应支付的金额一般是固定的,而向所有者支付的股利往往要取决于期间收益、留存收益和可供分配现金数额,并且必须经过董事会正式宣告才能发放。③债权人求偿权的到期日通常是固定或事先确定的,而所有者权益并不代表企业的法定义务,股利仅仅在正式宣告之后才能视为企业的负债。除少数例外情况,股东不能期望在一定日期或事先确定一个日期收回其投资。

(2) 所有者权益是一种权利,但这种权利来自投资者投入的可供企业长期使用的资源。任何企业的设立,都需要有一定的由所有者投入的资本金。大多数国家的公司法都规定,投入的资本在企业终止经营前不得抽回,因此,所有者投入的资本构成了企业长期性(在持续经营假设的前提下,甚至可以假定资本金具有永久性)的资本来源。

(3) 从构成要素看,所有者权益主要包括所有者投入资本、企业的资产增值及经营利润。所有者的投入资本既是企业实收资本(或者股本)的唯一来源,也是企业资本公积(溢价或超面值投入的资本)的最主要来源。作为企业的终极所有者,所有者还是企业资产增值的当然受益者。至于企业的经营利润,根据风险和报酬对应原则,这是所有者作为承担全部经营风险和投资风险的一种回报。

### (二) 所有者权益的来源构成

我国《企业会计准则》规定,所有者权益的来源包括所有者投入的资本、直接计入所有者权益的利得和损失、留存收益等,通常由实收资本(或股本)、其他权益工具、资本公积、其他综合收益、盈余公积和未分配利润构成。

所有者投入的资本是指所有者投入企业的资本部分,既包括构成企业注册资本或者股本部分的金额,也包括投入资本超过注册资本或者股本部分的金额,即资本溢价或者股本溢价。

直接计入所有者权益的利得和损失,是指不应计入当期损益、会导致所有者权益发生增减变动的、与所有者投入资本或者向所有者分配利润无关的利得或损失。其中,利得是指由企业非日常活动所形成的、会导致所有者权益增加的、与所有者投入资本无关的经济利益的流入,其内容包括直接计入所有者权益的利得和直接计入当期损益的利得。损失是指由企业非日常活动所发生的、会导致所有者权益减少的、与向所有者分配利润无关的经济利益的流出,其内容包括直接计入所有者权益的损失和直接计入当期损益的损失。

留存收益是企业历年实现的净利润留存于企业的部分,主要包括累计计提的盈余公积和未分配利润。

从会计上说,界定所有者权益来源构成的目的之一,是让股东和债权人知道,公司付给股东的款项是利润的分配还是投入资本的返还。只有当期的税后利润和前期的未分配利润才可用于股利分派。企业的利润分配有限度,既是法律的约束,也反映了公司持续经营的愿望。这种分类的另一个目的在于让股东用累计利润来判断管理人员的称职程度。许多股东一般不直接参与公司经营管理,他们将公司管理人员视为投入资本的经管责任者,将累计利润与投入资本相比较即可评价其经营管理的成绩。

## 二、企业的组织形式

企业的组织形式可能影响所有者权益的会计处理。所有者权益会计,要解决不同企业的所有者对企业应承担的风险及享有的利益。国际通行的做法是按企业资产经营的法律责任,把企业划分为非公司制企业和公司制企业。

### (一) 非公司制企业

1. 独资型企业

独资型企业也称私人独资企业,是企业的最简单、最原始的组织形式。企业的全部资产归出资者一人所有,企业的经营也由出资者个人承担,因此,企业的所有权与经营权是统一的。独资企业不具有法人资格,企业的所有者对企业的债务负有无限的清偿责任。这种类型的企业,一般规模比较小,资金来源有限,适用于生产条件和生产过程比较简单、财产经营规模比较小的生产经营活动,具有较大的局限性。

2. 合伙型企业

合伙型企业是两个或两个以上的合伙人按照协议共同出资,共同承担企业经营风险,并且对企业债务承担连带责任的企业。合伙组织作为一个整体对债务承担无限责任。企业的事务通常由合伙人共同决定,然后再委托一个或部分合伙人去执行。合伙企业由于吸收了其他私人的投资,为扩大企业生产经营规模提供了一定的条件,因而是一种比私人独资企业先进的企业组织形式。但是,合伙企业也有很大的局限性,主要是权力分散,决策缓慢,筹资也比较困难,并且由于合伙企业也不具有法人资格,合伙人对企业的债务要负无限责任,风险也比较大。

### (二) 公司制企业

公司是依据一定的法律程序申请登记设立,并以营利为目的的具有法人资格的经济组织。它有自己独立的财产,独立地承担经济责任,同时享有相应的民事权利。公司具有法人资格,这是区别于非法人企业如独资企业和合伙企业的一个重要标志。法人是具有民事权利能力和民事行为能力,依法独立享有民事权利和承担民事义务的组织。因此,它必须具有独立的法人财产,自主经营、自负盈亏。公司是随着资本主义制度的发展,伴随着资本集中的过程而兴起的。《中华人民共和国公司法》(以下简称《公司法》)将公司分为有限责任公司和股份有限公司。

1. 有限责任公司

有限责任公司是指由一定数量的股东共同出资组成,股东仅就自己的出资额对公司的债务承担有限责任的公司。有限责任公司的股东不限于自然人,也可以是法人、政府等其他组织(但其股东的数量有上限,有限责任公司的股东应在50个以下)。有限责任公司对公司的资本不分为等额股份,不对外公开募集股份,不能发行股票。股东以其出资比例,享受公司权利,承担公司义务。公司股东以其出资额承担有限责任,并享受相应的权益。

2. 股份有限公司

股份有限公司是指由一定数量的股东共同出资组成,股东仅就自己的出资额对公司的债务承担有限责任的公司。它与有限责任公司的主要区别就是,公司的资本总额平分为金额相等的股份,并通过公开发行股票向社会筹集资金。同时,公司的股份可以自由转让,股票可以在社会上公开交易、转让,但不能退股。股份有限公司彻底实现了所有权与经营权的分离。因此,股份有限公司具有筹资便利、风险分散、资本有充分的流动性等优点。由于股份有限公司资本雄厚、实力强大,所以适合从事较大规模的生产经营活动。

### (三) 所有者权益在不同类型企业的表现形式

所有者权益是一个涵盖了任何企业组织形式的净资产的广义概念,具体到某一特定形式的企业组织,所有者权益便以不同的形式出现。在独资企业和合伙企业,所有者权益以“业主资本”的形式出现;在有限责任公司和股份有限公司,所有者权益则主要以“投入资本”(实收资本或股本、资本公积)和“留存收益”(盈余公积、未分配利润)等形式出现。

股份有限公司和有限责任公司与独资企业和合伙企业之间的最主要差异体现在所有者权益方面。在独资企业和合伙企业,只需为业主或各个合伙人设置一个“资本”账户和“提款”账户,用于记录有关所有者的投资、从企业提取的款项以及企业损益的增减变动情况。法律法规并没有要求独资企业和合伙企业把资本与盈利区别开来,但对于股份有限公司和有限责任公司情况则有所不同:在这两类公司中,股东权益(即公司的所有者权益)的会计处理受公司法等法律法规的限制,公司必须对所有者投入的资本和赚取的利润严格区分。此外,为了保护债权人的合法权益,多数国家的公司立法往往还对股份有限公司和有限责任公司的利润分配和歇业清算以及股份有限公司回收自己发行的股份(库存股份)等有关事宜做出了严格的限制。

由于股份有限公司最能够体现所有者权益的特征,其会计处理也最为复杂和最具代表性,本章将主要以股份有限公司为例阐述所有者权益,为此,我们先简要看看股份有限公司的基本特征,以及与股份有限公司相关的一些基本概念。

### (四) 股份有限公司概述

1. 股份有限公司的基本特征

股份有限公司是指注册资本由等额股份构成,股东以其所认购公司股份对公司承担有限责任,公司以其全部资产对公司债务承担责任的企业法人。与独资企业和合伙企业相比,股份有限公司具有以下五个基本特征:

(1) 独立的法律主体和纳税主体。股份有限公司是经政府部门批准而成立的独立法律主体。在公司章程及营业执照规定的范围内，股份有限公司有权以自己的名义独立从事各种经营活动，包括对外签订经济契约，发生经济纠纷时，股份有限公司也是以独立的诉讼主体在法院起诉和应诉。此外，股份有限公司还必须依据有关税法，根据其营业收入和应税所得额向税务部门申报和缴纳流转税和所得税。股份有限公司的这一特征显然不同于独资企业和合伙企业，后两者既不是独立的法律主体，也不是独立的纳税主体。

(2) 所有权与经营权彻底分离。除独资企业外，其他企业都在不同程度上呈现所有权与经营权的分离，但这种分离在股份有限公司中表现得最为彻底。股东对股份有限公司的所有权通过所持股份数予以体现，他们提供资本并分享收益，但并不直接参与股份有限公司的日常经营管理。股东通过选举董事会来代表和维护他们的利益，再通过董事会聘请总经理和其他高级管理人员，由这些职业的管理人员负责日常的经营管理。因此，在现代的股份有限公司，资本的所有权归股东，而经营权则由股东赋予职业化的管理当局。而在独资企业和合伙企业，业主和合伙人往往同时扮演所有者和经营者双重角色。

(3) 有限的偿债责任。我国《公司法》规定，股东以其所持股份为限对公司承担责任，公司以其全部资产对公司的债务承担责任。就是说，即使股份有限公司出现资不抵债，债权人也无权要求股东以其私有财产偿还股份有限公司对债权人的债务。与此相反，在独资企业和合伙企业，业主和合伙人则必须对企业的债务承担无限的偿债责任。当独资企业和合伙企业出现资不抵债时，债权人有权要求业主或合伙人用其私有财产来清偿债务。

(4) 存在的连续性。由于所有权与经营权彻底分离，股份有限公司的股票可以自由流通转让，股东的变动并不影响股份有限公司的主体资格。这意味着，股份有限公司具有存在的连续性和经营的持续性。而在独资企业和合伙企业，其主体资格随着业主的死亡和合伙人的退伙而丧失。

(5) 巨大的融资能力。股份有限公司本质上是社会公众集资创办的企业，它一般通过向社会公开发行股票而吸收巨额的长期资本，用于大规模的生产经营活动。相比之下，独资企业和合伙企业通常只依赖于少数人的投资，难以达到应有的规模经济。

2. 股票的类别及特征

股票是股份有限公司筹集资本时签发给股东，用以证明股东出资的产权凭证。根据《公司法》的规定，股份有限公司计划对外发行的股票类型及股本总额必须在公司章程中予以规定。根据股东享有的权利，股份有限公司的股份可分为普通股和优先股，并各有其特征。

(1) 普通股。一般而言，只有较大经营规模的股份有限公司才具备发行公司债和优先股的条件，而普通股的发行并不受经营规模的限制，即使组建小型独资企业或合伙企业，也必须有一定的业主投资。这种投资在本质上具有普通股融资的特性，它不仅构成了新企业的创业资本，而且是企业在未来的经营活动中举债经营或发行优先股的物质基础。鉴于普通股融资的普遍适用性，有必要了解普通股的基本特征和权利。

1) 普通股的基本特征。

① 面值与设定价值。普通股既可以是有面值的，也可以是无面值的。面值是指公司

章程规定的每股普通股的票面金额。普通股面值的主要作用包括：第一，根据法律法规，普通股的发行价格一般不得低于面值，就是说，普通股不能以折价发行；第二，当股东权益低于普通股的面值时，法律禁止公司分派股利；第三，从会计处理上看，面值是记录普通股股本账户的依据。除此之外，普通股的面值不具有其他经济意义。它既不当作计算股利的依据，也不代表普通股的流通价值或清算价值。

如果股份有限公司发行的是无面值股份，公司章程一般会为其规定一个设定价值。与面值一样，设定价值也是记录普通股股本账户的依据。

② 已授权股份与已发行股份。已授权股份代表某个股份有限公司依据公司章程和证券管理机构的规定，可对外发行的最大股本数。如果需要发行的股本数超过已授权股份数，则股份有限公司必须修改公司章程并获得证券监管部门的批准，才能增发股份。当股份有限公司将已授权股份向社会公开发行时，这些授权股份便成为已发行股份。在一般情况下，已发行股份只占已授权股份的一部分，以便为公司普通股的后续发行留有余地。

2）普通股的基本权利。

① 利润分配权。作为股份有限公司的终极所有者，普通股股东有权按所持股份比例分享股份有限公司的盈利。但是，这种权利是以股东大会决定分派股利为前提的。在股东大会宣布分派股利之前，任何个别股东对股份有限公司实现的利润都没有直接要求权。此外，股东获得的股利通常少于股份有限公司当年报告的净收益，因为多数股利分配政策一般会将部分盈利留存下来，用于再投资，以便在将来为股东赚取更多的收益，并使普通股增值。

② 剩余财产分配权。当股份有限公司歇业清算时，拍卖资产所得收入在偿还债务以及优先股股东的投资后，剩余资产将在普通股股东之间分配。如果拍卖资产的收入不足以清偿债务和优先股股东的投资，普通股股东将无法参与剩余财产的分配。

③ 投票表决权。普通股股东是股份有限公司名副其实的所有者，有权参与股份有限公司的重大经营和财务决策，这种决策参与权是通过投票选举董事会成员和在股东大会上对重大经营和财务决策投票表决的方式实现的。

④ 优先认股权。为了保护现有股东的控股权，许多股份公司往往赋予普通股股东优先认购新增发股票的权利。就是说，增发股票时，股份有限公司应给予持有同类股票的现有股东优先按其股权比例认购新股票的机会。除非现有股东决定不认购新股，公司不得将股份出售给外部投资者。

⑤ 会计资料查阅权。根据法律规定，普通股股东有权查阅企业的会计记录和财务报表等会计资料。当然，为了保护企业的商业机密，股东的这种权利往往会受到严格的限制。在实际工作中，这种权利是通过董事会（须经股东大会批准）聘请注册会计师对企业的会计资料和财务报表的真实性和公允性进行审计，并由企业向全体股东披露财务信息的形式来行使的。

（2）优先股。

1）优先股的双重性质。优先股的性质介于公司债与普通股之间。优先股的下列三个特征类似于公司债：

① 与公司债一样，优先股的股息率一般是预先设定的，在存续期间固定不变。优先

股股东只能根据股票上载明的股息率领取固定的股息，而不能像普通股那样完全分享股份公司的全部新增盈利。

② 在股份有限公司歇业清算时，优先股股东与公司债持有者对剩余财产的索偿权优先于普通股股东。而且，在支付优先股股息之前，股份有限公司一般不得支付普通股股利。

③ 与公司债一样，优先股通常对股份公司的经营决策无表决权。

优先股与普通股也存在一些相似的特征：

① 与普通股一样，优先股的股息支付，其决定权在于公司董事会。换言之，优先股股息的支付，并不像一般公司债利息的支付具有强制性。即使公司未能按规定支付优先股股息，优先股股东也无权迫使公司破产清算。

② 与一般公司债不一样，优先股与普通股本质上都没有到期日。除非公司歇业清算，或者公司在发行优先股时明确规定优先股可提前赎回；否则，企业没有偿还优先股投资的责任和义务。

2）优先股的基本特征及类别。

① 优先股的面值。优先股一般设有面值，即在优先股上载明票面金额。优先股的面值通常在公司章程中予以规定，其作用包括：第一，作为会计上记录优先股股本账户的依据；第二，作为优先股股息及收兑价格的计算依据，优先股股息及收兑价格一般表示为优先股面值的一定百分比；第三，作为优先股股东在股份有限公司歇业清算时分配剩余资产的依据。

② 优先股的赎回。尽管优先股一般没有到期日，但一些股份有限公司发行的优先股附加有关赎回的条款。赎回条款赋予股份有限公司按约定价格在规定时日归还优先股股东投资的权利。当股份有限公司行使这种权利时，支出的赎回价格包括优先股的面值、赎回补偿金以及累积的应付股利。习惯上，附有赎回条款的优先股，称为可赎回优先股。

③ 优先股的股息累积。大部分优先股属于累积优先股，其特点是，如果股份有限公司在某一会计期间未能分派股息，或者分派的股息低于规定水平，则所拖欠的股息将累积滚存至下一个期间或者以后若干个期间，在普通股股利发放之前，连同当期应付的优先股股息一并优先分派。与此相对应的是非累积优先股，如果股份有限公司因故未能或者未足额支付优先股息，则未付股息不能累积，也不在以后期间补发。由于优先股的股息是否分派，其决定权在股东大会，因此，非累积的优先股具有很高的风险，认购者甚少，在实际工作中较为罕见。

④ 优先股参与分红的程度。优先股一般是不能参与分红的，但为了提高优先股的吸引力，一些股份有限公司发行了可参与分红的优先股。这种优先股除了按固定的股息率领取股息外，还可在普通股分得规定的股利之后，与普通股一起参与分享股份有限公司宣布分派的额外股利。至于分享多少额外的股利，取决于优先股股东与普通股股东达成的约定。

⑤ 优先股的限制性条款。由于优先股股东对股份有限公司的经营决策通常无表决权，为了保护其合法权益，优先股的发行契约通常包含一些对普通股的股利分派和库存股

票的购买加以限制的条款。例如，只有股份有限公司的流动比率或未分配利润达到规定的水平，股份有限公司才能向普通股股东发放股利，或者购买库存股票。

# 第二节　实收资本

## 一、实收资本概述

### （一）实收资本的含义

投资者设立公司首先必须投入资本。投资人提供给公司的资本由实收资本（或股本）和资本公积两部分构成。实收资本（或股本）是投资人投入资本形成法定资本的价值。所有者向公司投入的资本在一般情况下无须偿还，可供公司长期周转使用。实收资本（或股本）的构成比例，通常是确定所有者在公司所有者权益中所占份额和参与公司财务经营决策的基础，也是公司进行利润分配或股利分配的依据，同时还是公司清算时确定所有者对净资产要求权的依据。《公司法》规定，公司注册资本应为在工商行政管理机关登记的实收资本总额。根据这一规定，公司的实收资本（或股本）即注册资本。

### （二）关于注册资本的主要法律规定

(1) 有限责任公司的注册资本为在公司登记机关登记的全体股东认缴的出资额。股东可以用货币出资，也可以用实物、知识产权、土地使用权等可以用货币估价并可以依法转让的非货币财产作价出资，但是，法律、行政法规规定不得作为出资的财产除外。对作为出资的非货币财产应当评估作价，核实财产，不得高估或者低估作价。股东应当按期足额缴纳公司章程中规定的各自所认缴的出资额。股东以货币出资的，应当将货币出资足额存入有限责任公司在银行开设的账户；以非货币财产出资的，应当依法办理其财产权的转移手续。

股东不按照规定缴纳出资的，除应当向公司足额缴纳，还应当向已按期足额缴纳出资的股东承担违约责任。

(2) 股份有限公司采取发起设立方式设立的，注册资本为在公司登记机关登记的全体发起人认购的股本总额。在发起人认购的股份缴足前，不得向他人募集股份。发起人应当书面认足公司章程规定其认购的股份，并按照公司章程规定缴纳出资。以非货币财产出资的，应当依法办理其财产权的转移手续；发起人不依照前款规定缴纳出资的，应当按照发起人协议承担违约责任；发起人认足公司章程规定的出资后，应当选举董事会和监事会，由董事会向公司登记机关报送公司章程以及法律、行政法规规定的其他文件，申请设立登记。

股份有限公司采取募集方式设立的，注册资本为在公司登记机关登记的实收股本总额。法律、行政法规以及国务院决定对股份有限公司注册资本实缴、注册资本最低限额另有规定的，从其规定。发起人认购的股份不得少于公司股份总数的35%，但是，法律、行政法规另有规定的，从其规定。

## 二、实收资本的会计处理

### (一) 投资者出资

1. 有限责任公司的实收资本

投资者投入有限责任公司的资本形式可以有多种，如投资者可以用现金投资，也可以用实物资产投资，还可以用无形资产投资，其投入资本通过“实收资本”账户进行会计处理。

公司收到投资时，一般应作如下会计处理。收到投资人投入的现金，应当于实际收到或存入公司开户银行时，按实际收到的金额，借记“库存现金”“银行存款”科目。以实物资产投资的，应在办理实物产权转移手续时，借记有关资产科目。以无形资产投资的，应在按合同、协议或公司章程规定移交有关凭证时，借记“无形资产”科目；按投入资本在注册资本或股本中所占的份额，贷记“实收资本”科目；按其差额，贷记“资本公积——资本溢价”。

**【例 12-1】** 甲公司为有限责任公司，注册资本为 800 000 元，由 A 企业、B 企业、C 企业三方共同投资设立。A、B、C 三方的持股比例分别为 50%，30% 和 20%。20×1 年 1 月 20 日，甲公司收到 A、B、C 三方按持股比例投入的资本分别为 400 000 元(50%×800 000)、240 000 元(30%×800 000)和 160 000 元(20%×800 000)，款项已存入开户银行。

| | | |
|---|---|---|
| 借：银行存款 | 800 000 | |
| 贷：实收资本——A | | 400 000 |
| ——B | | 240 000 |
| ——C | | 160 000 |

**【例 12-2】** 承【例 12-1】甲公司接受 D 企业以其所拥有的专利权作为出资，双方协议价值(公允价值)为 30 万元，该专利权在注册资本中所占份额为 20 万元，已办妥相关手续。其账务处理如下：

| | | |
|---|---|---|
| 借：无形资产——专利权 | 300 000 | |
| 贷：实收资本——D | | 200 000 |
| 资本公积——资本溢价 | | 100 000 |

2. 股份有限公司的股本

股份有限公司与一般企业相比，其显著特点在于将股份有限公司资本划分为等额股份，并通过发行股票的方式来筹集资本。股份有限公司发行普通股的会计核算主要通过“股本”账户进行，仅核算公司发行股票的面值或设定价值部分。在“股本”账户下，按股票种类及股东名称设置明细账。

股票的发行价格受发行时资本市场的需求和投资人对公司获利能力的估计的影响，公司发行股票的价格往往与股票的面值不一致。按照我国《公司法》的规定，同次发行的股票，每股的发行条件和价格应当相同，任何单位或者个人所认购的股份，每股应当支付相同价格。股票的发行价格，可以按票面金额，也可以超过票面金额，但不得低于票面金额。因此，我国目前仅允许股票溢价、等价发行，不能折价发行。

在发行时，记入“股本”账户的金额必须按照股票的票面金额入账。超过部分作为股票溢价，记入“资本公积——股本溢价”账户。

**【例 12-3】** 乙公司为股份有限公司，溢价发行每股面值为 1 元的普通股 1 000 万股，每股按照 6.2 元的价格发行（假设不考虑手续费），收到股款时的账务处理如下：

借：银行存款　　62 000 000

　贷：股本——普通股　　10 000 000

　　资本公积——股本溢价　　52 000 000

除了所有者投入形成实收资本或股本外，企业将资本公积转为实收资本或股本，以及将盈余公积转为实收资本或股本、股份有限公司发放股票股利、可转换公司债券持有人行使转换权利等，会使实收资本或股本增加；企业由于资本过剩或发生重大亏损，会使实收资本或股本减少。

### （二）资本公积转增资本

资本公积和实收资本或股本都属于所有者权益。资本公积转增资本，将带来所有者权益中的实收资本或股本增加，同时减少资本公积。因此资本公积转增资本使所有者权益的组成结构发生变化，但不影响所有者权益的总数。根据《公司法》规定，用资本公积转增资本时，转增后所留存的资本公积不得少于转增前公司注册资本的 25%。

企业将资本公积转增资本时，借记“资本公积——资本溢价”或“资本公积——股本溢价”科目，贷记“实收资本”或“股本”科目。

**【例 12-4】** 承【例 12-2】，为扩大生产经营规模，甲公司决定增加注册资本 100 000 元，具体通过将资本公积中的资本溢价转增实收资本的方法来完成。甲公司根据实收资本的比例将资本公积中的资本溢价 100 000 元分别转增股东 A 的实收资本 40 000 元（40%×100 000）、股东 B 的实收资本 24 000 元（24%×100 000）、股东 C 的实收资本 16 000 元（16%×100 000）和股东 D 的实收资本 20 000 元（20%×100 000）。甲公司应编制如下会计分录：

借：资本公积——资本溢价　　100 000

　贷：实收资本——A　　40 000

　　　　　　　——B　　24 000

　　　　　　　——C　　16 000

　　　　　　　——D　　20 000

资本公积转增资本的业务通常按照原股东的持股比例进行转增，原股东在企业中的权益不受影响。

**【例 12-5】** 承【例 12-3】，经股东大会决议通过，乙公司将 160 000 元资本公积转增资本。乙公司应编制如下会计分录：

借：资本公积——股本溢价　　160 000

　贷：股本　　160 000

本例中，乙公司应当按原投资者所持股份同比例增加各股东的股本数额。

### （三）盈余公积转增资本

盈余公积来源于企业的盈利，而不是投资者的投入，这是盈余公积与资本公积的主要区别。经股东大会决议通过，企业也可以将盈余公积转增资本，以进一步扩大企业的生产经营规模。盈余公积转增资本后，企业的留存收益将减少。根据《公司法》的规定，用法定盈余公积转增资本时，转增后所留存的法定盈余公积不得少于转增前公司注册资本的25%。

企业经批准将盈余公积转增资本时，借记“盈余公积”科目，贷记“实收资本”或“股本”科目。

**【例 12-6】** 承【例 12-4】，为扩大生产经营规模，经股东会决议通过，甲公司决定继续增加注册资本 50 000 元，具体通过将盈余公积转增实收资本的方法来完成。甲公司按实收资本的比例将盈余公积 50 000 元分别转增股东 A 的实收资本 20 000 元（40%×50 000）、股东 B 的实收资本 12 000 元（24%×50 000）、股东 C 的实收资本 8 000 元（16%×50 000）和股东 D 的实收资本 10 000 元（20%×50 000）。甲公司应编制如下会计分录：

| | | |
|---|---|---|
| 借：盈余公积 | 50 000 | |
| 贷：实收资本——A | | 20 000 |
| ——B | | 12 000 |
| ——C | | 8 000 |
| ——D | | 10 000 |

**【例 12-7】** 承【例 12-5】，经股东大会决议通过，乙公司将 80 000 元盈余公积转增资本。乙公司应编制如下会计分录：

| | | |
|---|---|---|
| 借：盈余公积 | 80 000 | |
| 贷：股本 | | 80 000 |

本例中，与资本公积转增资本一样，乙公司应当按原投资者所持股份的比例将转增资本的盈余公积分配给原股东，增加原各股东的股本数额。

### （四）发放股票股利

发放股票股利是指股份有限公司以发放股票的方式向股东支付股利，通常也称送股。如每 10 股派送 1 股，或按股份数量的 10% 发放股票股利等。发放股票股利属于企业的利润分配，也即将企业的可分配利润转增资本。企业发放股票股利时，留存收益中的未分配利润减少，投入资本中的股本增加。与资本公积转增资本、盈余公积转增资本一样，企业发放股票股利，不影响企业的所有者权益总额，只改变企业所有者权益的组成结构。企业发放股票股利后，股东在所有者权益中所占的份额不发生变化，但每股净资产的金额降低。

股份有限公司经股东大会批准分派股票股利，应在办理增资手续后，借记“利润分配——转作股本的股利”科目，贷记“股本”科目。

**【例 12-8】** 承【例 12-7】，乙公司发行在外的普通股股数为 10 000 000 股，每股面值为 1 元，注册资本为 10 000 000 元（10 000 000×1）。经股东大会决议通过，乙公司决定向股东发放股票股利，每 10 股派送 1 股，即按原股东持有股票数量的 10% 发放股票股利。乙公司应编制如下会计分录：

| | | |
|---|---|---|
| 借：利润分配——转作股本的股利 | 1 000 000 | |
| 贷：股本 | | 1 000 000 |

### （五）可能导致实收资本或股本增加的其他交易事项

可能导致实收资本或股本增加的交易或事项还包括：可转换公司债券持有人行使转换权利、企业将重组债务转为资本、以权益结算的股份支付的行权等。

可转换公司债券持有人行使转换权利，将其持有的债券转换为股票，按可转换公司债券的余额，借记“应付债券——可转换公司债券（面值）”“应付债券——可转换公司债券（利息调整）”等科目；按其权益成分的金额，借记“其他权益工具”科目；按股票面值和转换的股数计算的股票面值总额，贷记“股本”科目；按其差额，贷记“资本公积——股本溢价”科目。

企业将重组债务转为资本的，应按重组债务的账面余额，借记“应付账款”等科目，按债权人因放弃债权而享有本企业股份的面值总额，贷记“实收资本”或“股本”科目；按股份的公允价值总额与相应的实收资本或股本之间的差额，贷记或借记“资本公积——资本溢价”或“资本公积——股本溢价”科目；按其差额，贷记“投资收益”科目。

以权益结算的股份支付换取职工或其他方提供服务的，应在行权日，按实际行权情况确定的金额，借记“资本公积——其他资本公积”科目；按应计入实收资本或股本的金额，贷记“实收资本”或“股本”科目；按实际行权情况确定的金额与计入实收资本或股本之间的差额，贷记或借记“资本公积——资本溢价”或“资本公积——股本溢价”科目。

### （六）减资

有限责任公司因减资而向股东返还投资时，应按实际向股东返还投资的数额，借记“实收资本”科目，贷记“库存现金”“银行存款”等科目。股份有限公司因减资而回购本公司的股份时，应按实际支付的金额，借记“库存股”科目，贷记“银行存款”等科目。其中，库存股不是资产，是所有者权益中股本的减项。注销库存股时，应按股票每股面值和注销股数计算的股票面值总额，借记“股本”科目，按所注销库存股的账面余额，贷记“库存股”科目，按其差额，借记“资本公积——股本溢价”科目，股本溢价不足冲减的，应依次借记“盈余公积”“利润分配——未分配利润”科目。购回股票支付的价款低于股票面值总额的，应按股票面值总额，借记“股本”科目，按所注销库存股的账面余额，贷记“库存股”科目，按其差额，贷记“资本公积——股本溢价”科目 ，“库存股”科目的期末借方余额反映企业持有尚未转让或注销的本公司股份金额。

【例 12–9】 丙公司为股份有限公司，共发行普通股 10 000 000 股，每股面值 1 元，股本合计 10 000 000 元。资本公积中的股本溢价为 30 000 000 元，盈余公积为 4 500 000 元。经股东大会决议，丙公司决定进行减资，以收购本公司股票的方式收回本公司发行的普通股股票 1 000 000 股，回购价格 6 000 000 元。收购本公司股票时，形成库存股。

回购本公司股票时：

| | | |
|---|---|---|
| 借：库存股 | 6 000 000 | |
| 　贷：银行存款 | | 6 000 000 |

注销本公司股票时：

| | | |
|---|---|---|
| 借：股本——普通股 | 1 000 000 | |
| 　资本公积——股本溢价 | 5 000 000 | |
| 　贷：库存股 | | 6 000 000 |

【例 12-10】 承【例 12-9】如果丙公司以 9 000 000 元回购普通股 1 000 000 股，资本公积中的股本溢价为 7 500 000 元，盈余公积为 4 500 000 元。

回购本公司股票时：

| | | |
|---|---|---|
| 借：库存股 | 9 000 000 | |
| 贷：银行存款 | | 9 000 000 |

注销本公司股票时：

| | | |
|---|---|---|
| 借：股本——普通股 | 1 000 000 | |
| 资本公积——股本溢价 | 7 500 000 | |
| 盈余公积 | 500 000 | |
| 贷：库存股 | | 9 000 000 |

# 第三节 其他权益工具

## 一、其他权益工具概述

权益工具是金融工具的一个种类。企业发行的金融工具分为金融负债和权益工具，其中权益工具指的是，能证明拥有某个企业在扣除所有负债后的资产中的剩余权益的合同。根据《企业会计准则第 37 号——金融工具列报》(2017) 的规定，在同时满足下列条件时，企业应当将发行的金融工具分类为权益工具：①该金融工具应当不包括交付现金或其他金融资产给其他方，或在潜在不利条件下与其他方交换金融资产或金融负债的合同义务。②将来须用或可用企业自身权益工具结算该金融工具。如为非衍生工具，该金融工具应当不包括交付可变数量的自身权益工具进行结算的合同义务；如为衍生工具，企业只能通过以固定数量的自身权益工具交换固定金额的现金或其他金融资产结算该金融工具。

企业发行的普通股股票是典型的权益工具，发行的一般公司债券是典型的金融负债。企业发行的可转换公司债券通常属于复合金融工具，需要区分其中包含的权益成分和负债成分。企业发行的优先股股票，应当根据合同的具体条款，如是否可以赎回、是否可以转换为普通股股票、股利是否可以累积等，区分为权益工具或金融负债，或既包含金融负债成分又包含权益工具成分的复合金融工具。企业发行的永续债，也应当根据合同的具体条款，如是否有固定的还款期限、是否强制支付利息等，区分为权益工具或金融负债。①

① 根据《企业会计准则第 37 号——金融工具列报》(2017)，金融负债和权益工具区分的基本原则包括：第一，是否存在无条件地避免交付现金或其他金融资产的合同义务。例如，如果企业不能无条件地避免以交付现金或其他金融资产履行一项合同义务，则该合同义务符合金融负债定义；如果企业能够无条件地避免交付现金或其他金融资产，同时所发行的金融工具没有到期日且合同对手方没有回售权，或虽有固定期限但发行方有权无限期递延(无支付本金的义务)，则此类交付现金或其他金融资产的结算条款不构成金融负债。第二，是否通过交付固定数量的自身权益工具结算。权益工具是证明拥有企业的资产扣除负债后的剩余权益的合同。因此，对于将来须交付企业自身权益工具的金融工具，如果未来结算时交付的权益工具数量是可变的，或者收到对价的金额是可变的，则该金融工具的结算将对其他权益工具所代表的剩余权益带来不确定性(通过影响剩余权益总额或者稀释其他权益工具)，也就不符合权益工具的定义。

企业在判断一项金融工具是否应划分为金融负债或权益工具时，应当以相关合同条款及其所反映的经济实质而非仅以法律形式为依据，运用金融负债和权益工具区分的原则，正确地确定该金融工具或其组成部分的会计分类。对金融工具合同所反映经济实质的评估应基于合同的具体条款，不应仅依据监管规定或工具名称进行划分。

企业发行的普通股股票应当在"股本"科目中核算；发行的归类为权益工具的优先股、永续债等，应当在"其他权益工具"科目中核算。企业发行的不能归类为权益工具的优先股、永续债等，应当归类为债务工具，在"应付债券"科目中核算。① 因此，从财务会计核算的经济业务类别来看，企业的其他权益工具是指企业发行的除普通股以外的归类为权益工具的各种金融工具。

## 二、其他权益工具的会计处理

为核算其他权益工具的业务，企业应设置"其他权益工具"科目。该科目核算企业发行的除普通股以外的归类为权益工具的各种金融工具。该科目可按发行金融工具的种类设置明细科目，如"其他权益工具——优先股""其他权益工具——永续债"等。企业发行的金融工具归类为其他权益工具的，应按实际收到的金额，借记"银行存款"等科目，贷记"其他权益工具"。其他权益工具的发行手续费、佣金等交易费用，应当从其他权益工具发行收入中扣除。分类为其他权益工具的金融工具，在存续期间分派股利或利息的，作为利润分配处理。发行方应根据经批准的股利或利息分配方案，按应分配给金融工具持有方的股利或利息金额，借记"利润分配——应付优先股股利、应付永续债利息"科目，贷记"应付股利——优先股股利、永续债利息"科目。

### （一）发行优先股

股份有限公司发行优先股并将其作为权益工具核算的，应设置"其他权益工具——优先股"科目进行核算。该科目贷方登记发行优先股收到的价款，借方登记优先股的变动，如优先股的重分类、注销、转换为普通股等，贷方余额反映发行在外的优先股账面价值。公司在优先股发行之前或发行过程中，可能会发生各项发行费支出，如手续费和佣金等，这部分支出应冲减优先股的发行收入。公司发行优先股时，应按照收到的价款，借记"银行存款"等科目，贷记"其他权益工具——优先股"科目。

**【例 12–11】** 甲公司为股份有限公司，委托证券公司代理发行可转换优先股 80 万股，每股面值为 2 元，优先股股利率由股东大会授权董事会通过询价方式确定为 2.50%。优先股股利发放条件为：有可分配已税后利润的情况下，可以向优先股股东分配股利。证券公司按发行收入的 1% 收取手续费，费用从发行收入中扣除。该公司将该优先股划分为其他权益工具进行会计处理。股票按面值发行，收到证券公司交来的股款，存入银行。

(1) 发行优先股。

发行优先股收到的金额 =800 000×2×(1–1%)=1 584 000（元）

借：银行存款　　　　　　　　　　　　　　　　1 584 000

① 与普通股相比，优先股和永续债既能够增加公司的权益资本，又不会稀释现有股东股权，同时还不会提高发行人的资产负债率，因此受到推崇。

贷:其他权益工具——优先股　　1 584 000

(2) 假设甲公司当年盈利,宣告发放优先股股利。

优先股股利金额 =800 000×2×2.5%=40 000(元)

借:利润分配——应付优先股股利　　40 000

贷:应付股利——优先股股利　　40 000

(3) 假设 3 年后,甲公司将优先股全部转换为公司普通股,共计 50 万股,每股面值 1 元。

可转换优先股转换为普通股时,应按照可转换优先股的账面价值,借记“其他权益工具——优先股”科目;按照普通股的面值,贷记“股本”科目;按照其差额,贷记“资本公积——股本溢价”科目。

借:其他权益工具——优先股　　1 584 000

贷:股本　　500 000

资本公积——股本溢价　　1 084 000

### (二) 发行永续债

股份有限公司发行永续债并将其作为权益工具核算的,应设置“其他权益工具——永续债”科目进行核算。该科目贷方登记发行永续债收到的价款,借方登记永续债的变动,如永续债的重分类、注销等,贷方余额反应发行在外的永续债的账面价值。公司在永续债发行之前或发行过程中,可能会发生各项发行费支出,这部分支出应冲减永续债的发行收入。公司发行永续债时,应按照收到的价款,借记“银行存款”等科目,贷记“其他权益工具——永续债”科目。

**【例 12-12】** 甲公司为股份有限公司,委托证券公司代理发行永续债。永续债面值 200 万元,年利率 4%,无固定还款期限,发行人可自主决定是否支付利息。证券公向甲公司收取费率为 1% 的手续费。该永续债票息在甲公司向其普通股股东支付股利前必须支付,根据相应的议事机制能够自主决定普通股股利的支付。因此,甲公司将该项永续债划分为其他权益工具。假设甲公司的“资本公积——股本溢价”账面余额为 8 万元。

(1) 发行永续债。

发行永续债收到的金额 =2 000 000×(1-1%)=1 980 000(元)

借:银行存款　　1 980 000

贷:他权益工具——永续债　　1 980 000

(2) 当年支付永续债利息。

应支付的永续债利息 =2 000 000×4%=80 000(元)

借:利润分配——应付永续债利息　　80 000

贷:应付股利——永续债利息　　80 000

(3) 假设发行 3 年后,甲公司行使赎回权,按照面值赎回全部永续债。

赎回永续债时,按照赎回价格,借记“库存股——其他权益工具”科目,贷记“银行存款”等科目。

借:库存股——其他权益工具　　2 000 000

贷:银行存款　　2 000 000

(4) 注销赎回的永续债。

注销赎回的永续债，支付价款超出原记入“其他权益工具——永续债”金额的部分，应当在“资本公积——股本溢价”贷方余额范围内冲减资本公积，如果资本公积金额不足以冲减时，再冲减盈余公积、未分配利润账户的贷方余额。本例中，“资本公积——股本溢价”贷方余额为 80 000 元，足以冲减，因此借记该账户。

借：其他权益工具——永续债　　1 980 000

　资本公积——股本溢价　　20 000

　贷：库存股——其他权益工具　　2 000 000

### （三）其他会计处理

发行方发行的金融工具为既有负债成分又有权益工具成分的复合金融工具的，应按实际收到的金额，借记“银行存款”等科目，按金融工具的面值，贷记“应付债券——优先股、永续债（面值）”等科目；按负债成分的公允价值与金融工具面值之间的差额，借记或贷记“应付债券——优先股、永续债（利息调整）”等科目；按实际收到的金额扣除负债成分的公允价值后的金额，贷记“其他权益工具”。发行复合金融工具发生的交易费用，应当在负债成分和权益成分之间按照各自占总发行价款的比例进行分摊。对于分摊至权益成分的交易费用，应当从权益的发行收入中扣除。

由于发行的金融工具原合同条款约定的条件或事项随着时间的推移或经济环境的改变而发生变化，导致原归类为权益工具的金融工具重分类为金融负债的，应当于重分类日，按该工具的账面价值，借记“其他权益工具——优先股、永续债”等科目；按该工具的面值，贷记“应付债券——优先股、永续债（面值）”等科目；按该工具的公允价值与面值之间的差额，借记或贷记“应付债券——优先股、永续债（利息调整）”等科目；按该工具的公允价值与账面价值的差额，贷记或借记“资本公积——资本溢价或股本溢价”科目，如资本公积不够冲减的，依次冲减盈余公积和未分配利润。发行方以重分类日计算的实际利率作为应付债券后续计量利息调整等的基础。

由于发行的金融工具原合同条款约定的条件或事项随着时间的推移或经济环境的改变而发生变化，导致原归类为金融负债的金融工具重分类为权益工具的，应于重分类日，按金融负债的账面价值，贷记“其他债权投资——优先股、永续债”等科目，按金融负债的面值，借记“应付债券——优先股、永续债（面值）”等科目；按其差额，借记或贷记“应付债券——优先股、永续债（利息调整）”等科目。

## 第四节　资 本 公 积

### 一、资本公积概述

资本公积是企业收到的投资者超出其在企业注册资本（或股本）中所占份额的投资，以及在某些特定情况下可直接计入所有者权益的项目。资本公积包括资本溢价（或股本溢价）和其他资本公积。

资本公积与实收资本或股本的主要区别包括：第一，实收资本或股本构成企业的法定注册资本，而资本公积不构成企业的法定注册资本。法定注册资本是企业依法登记、投资者需要如数投入的资本数额。第二，实收资本或股本代表了投资者在企业所有者权益中享有的份额，它是所有者参与企业财务经营决策、分配利润或股利以及企业清算时取得企业清算财产的依据；资本公积不代表投资者在企业所有者权益中享有的份额，资本公积的主要用途是转增资本。资本公积与留存收益的主要区别在于：留存收益来源于企业历年实现的利润，与所有者投入资本的业务无关；资本公积主要来源于所有者的投入资本，与企业历年实现的利润无关。

为了反映资本公积的增减变动，企业应设置“资本公积”账户，该账户属于所有者权益类账户，并设置“资本溢价（股本溢价）”“其他资本公积”等明细科目进行核算。

## 二、资本溢价和股本溢价

### （一）资本溢价

有限责任公司的出资者依其出资份额对公司经营决策享有表决权，依其所认缴的出资额对企业承担有限责任。在公司创立时，出资者认缴的出资额全部记入“实收资本”科目。在公司重组并有新的投资者加入时为了维护原有投资者的权益，新加入的投资者的出资额并不一定全部作为实收资本处理。

这是因为在公司正常经营过程中投入的资金即使与企业创立时投入的资金在数量上一致，但其获利能力却不一致。公司创立时，要经过筹建、试生产经营、为产品寻找市场、开辟市场等过程，从投入资金到取得投资回报，中间需要许多时间，并且这种投资具有风险性，在这个过程中资本利润率很低。而公司进行正常生产经营后，在正常情况下，资本利润率要高于公司初创阶段。这种高于初创阶段的资本利润率是由初创时必要的垫支资本带来的，公司创办者为此付出了代价。因此，相同数量的投资，由于出资时间不同，其对公司的影响程度不同，由此带给投资者的权利也不同，往往前者大于后者。所以新加入的投资者要付出大于原有投资者的出资额，才能取得与原有投资者相同的投资比例。

另外，不仅原投资者原有投资从质量上发生了变化，就是从数量上也可能发生变化，这是因为公司经营过程中所实现利润的一部分，留在公司形成留存收益，而留存收益也属于投资者权益，但其未转入实收资本。新加入的投资者如与原投资者共享这部分留存收益，也要求其付出大于原有投资者的出资额，才能取得与原有投资者相同的投资比例。投资者投入的资本中按其投资比例计算的出资额部分，应记入“实收资本”科目，超出部分应记入“资本公积——资本溢价”科目。

【例 12-13】 甲公司为有限责任公司，原来由三位投资者组成，每位投资者各投资 200 万元，共计实收资本 600 万元。经营一年后，有另一位投资者欲加入该公司并希望占有 25% 的股份，经协商该公司将注册资本增加到 800 万元。但该投资者不能仅投资 200 万元就能占 25% 的股份，假定其缴纳 300 万元。在这种情况下，只能将 200 万元作为实收资本入账，超过部分作为资本溢价，记入“资本公积——资本溢价”账户，其账务处理如下：

| | | |
|---|---|---|
| 借：银行存款 | 3 000 000 | |
| 　　贷：实收资本 | | 2 000 000 |

资本公积——资本溢价　　1 000 000

### （二）股本溢价

股份有限公司是以发行股票的方式筹集股本。股票是企业签发的证明股东按其所持股份享有权利和承担义务的书面证明。由于股东按其所持的公司股份享有权利和承担义务，为了反映和便于计算各股东所持股份占公司全部股本的比例，公司的股本总额应按股票的面值与股份总数的乘积计算。国家规定，实收股本总额应与注册资本相等。因此，为提供公司股本总额及其构成和注册资本等信息，在采用与股票面值相同的价格发行股票的情况下，公司发行股票取得的收入，应全部记入“股本”科目；在采用溢价发行股票的情况下，公司发行股票取得的收入，相当于股票面值的部分记入“股本”科目，超出股票面值的溢价收入记入“资本公积——股本溢价”科目。委托证券商代理发行股票而支付的手续费、佣金等，应从溢价发行收入中扣除，公司应按扣除手续费、佣金后的数额记入“资本公积”。

**【例 12-14】** 乙公司为股份有限公司，委托证券公司代理发行普通股 200 万股，每股面值 1 元，发行价格为每股 8 元，证券公司按照发行收入的 2% 收取手续费，并从发行收入中扣除。假定收到的股款已存入银行。

发行股票收到的金额 =2 000 000×8×（1-2%）=15 680 000（元）

借：银行存款　　15 680 000

　贷：股本——普通股　　2 000 000

　　资本公积——股本溢价　　13 680 000

## 三、其他资本公积

其他资本公积指的是，资本溢价（或股本溢价）项目以外所形成的资本公积。

### （一）采用权益法核算的长期股权投资

长期股权投资采用权益法核算的，被投资单位除净损益、其他综合收益和利润分配以外的所有者权益的其他变动，投资企业按持股比例计算应享有的份额，应当增加或减少“长期股权投资”的账面价值，同时增加或减少“资本公积——其他资本公积”。当处置采用权益法核算的长期股权投资时，应当将原计入“资本公积——其他资本公积”的相关金额转入“投资收益”（不能转入损益的项目除外）。

有关权益法下投资企业对被投资单位除净损益、其他综合收益和利润分配以外的所有者权益其他变动的会计核算，请参阅长期股权投资章节的有关内容。

### （二）以权益结算的股份支付

1. 股份支付概述

股份支付是“以股份为基础的支付”的简称，指的是企业为获取职工和其他方提供服务而授予权益工具或者承担以权益工具为基础确定的负债的交易。例如，为了激励职工更好地为企业服务，企业实施的股票期权激励就是一类常见的股份支付。

股份支付具有以下特征：第一，股份支付是企业与职工或其他方之间发生的交易。以股份为基础的支付可能发生在企业与股东之间、合并交易中的合并方与被合并方之间、企业与其职工之间，但只有发生在企业与其职工或向企业提供服务的其他方之间的交易，才可能符合股份支付的定义。第二，股份支付是以获取职工或其他方服务为目的的交易。在股份支付交易中，企业旨在获取其职工或其他方提供的服务(费用)或取得这些服务的权利(资产)。企业获取这些服务或权利的目的是用于正常生产经营，而不是转手获利等。第三，股份支付交易的对价或其定价与企业自身权益工具未来的价值密切相关。在股份支付中，企业或者向职工支付其自身权益工具，或者向职工支付一笔现金，其金额高低取决于结算时企业自身权益工具的公允价值。对价的特殊性是股份支付最突出的特征。

按照支付的方式和工具类型，股份支付主要有以权益结算的股份支付、以现金结算的股份支付两类。以权益结算的股份支付指的是，企业为获取服务而以股份或其他权益工具作为对价进行结算的交易；以现金结算的股份支付指的是，企业为获取服务而承担的以股份或其他权益工具为基础计算的交付现金或其他资产的义务的交易。

与股份支付有关的几个重要日期：

授予日：股份支付协议获得批准的日期。其中，“获得批准”是指企业与职工或其他方就股份支付的协议条款和条件已达成一致，该协议获得股东大会或类似机构的批准。这里的“达成一致”，是指在双方对该计划或协议内容充分形成一致理解的基础上，均接受其条款和条件。如果按照相关法规的规定，在提交股东大会或类似机构之前存在必要程序或要求，则应履行该程序或满足该要求。

可行权日：可行权条件得到满足、职工和其他方有从企业取得权益工具或现金的权利的日期。有的股份支付协议是一次性可行权，有的则是分批可行权。只有已经可行权的股票期权，才是职工真正拥有的“财产”，才能去择机行权。

行权日：职工和其他方行使权利、获取现金或权益工具的日期。例如，持有股票期权的职工行使了以特定价格购买一定数量本公司股票的权利，该日期即为行权日。行权是按期权的约定价格实际购买股票，一般是在可行权日之后至期权到期日之前的可选择时段内行权。

出售日：股票的持有人将行使期权所取得的股票出售的日期。按照我国法规规定，用于期权激励的股份支付协议，应在行权日与出售日之间设立禁售期，其中国有控股上市公司的禁售期不得低于两年。

从授予日至可行权日的时段，一般称为股份支付的等待期，又称行权限制期；在可行权日之后至期权到期日之前的可选择时段内行权，一般称为行权有效期。

2. 以权益结算的股份支付的会计处理

以权益结算的股份支付最常用的工具有两类：限制性股票和股票期权。限制性股票指的是，职工或其他方按照股份支付协议规定的条款和条件，从企业获得一定数量的本企业股票。企业授予职工一定数量的股票后，在一个确定的等待期内或在满足特定业绩指标之前，职工出售股票要受到持续服务期限条款或业绩条件的限制。股票期权指的是，企业授予职工或其他方在未来一定期限内，以预先确定的价格和条件购买本企业一定数量股票的权利。以权益结算的股份支付应按照授予日权益工具的公允价值计量，不确认后续公允价值变动。

对于换取职工服务的股份支付，企业应该以股份支付所授予的权益工具的公允价值计量，计入相关成本费用，同时确认资本公积。以权益结算的股份支付确认的资本公积，属于股东投入资本的组成部分。

授予后立即可以行权的以权益结算的股份支付，企业应当在授予日，按照权益工具的公允价值计入相关成本费用，借记"管理费用"等科目，贷记"资本公积——股本溢价"科目。

授予后职工完成约定期内的服务或者达到规定的业绩条件才可行权的以权益结算的股份支付，企业在授权日不做会计处理。企业在等待期内的每个资产负债表日，应当按照可行权期权数量的最佳估计数和期权授予日的公允价值确定的金额，分期计入相关成本费用，借记"管理费用"等科目，贷记"资本公积——其他资本公积"科目。在资产负债表日，如果后续信息表明可行权期权的数量与之前估计的不同，应当进行调整，并在可行权日调整至实际可行权的期权数量。

在行权日，企业应根据实际行权股票收取的价款与实际行权股票期权确认的资本公积，计算确定实际行权股票的发行价格，并分别转入"股本"和"资本公积——股本溢价"。企业应根据收到的行权价款，借记"银行存款"等科目；根据已行权股票确认的资本公积，借记"资本公积——其他资本公积"科目；根据已行权股票的股本金额，贷记"股本"科目；根据前述确认金额的差额，贷记"资本公积——股本溢价"。

**【例 12–15】** 2×16 年 12 月经股东大会批准，甲公司将于 2×17 年 1 月 1 日向 100 名管理人员每人授予 2 万份股票期权。根据股份支付协议规定，这些管理人员必须从 2×17 年 1 月 1 日起在公司连续服务 3 年，服务期满时才能够以每股 5 元的价格购买 2 万股该公司面值为 1 元的股票。公司估计该期权在授予日（2×17 年 1 月 1 日）的公允价值为每股 6 元。

2×17 年有 5 名管理人员离开该公司；2×17 年 12 月 31 日，该公司估计 3 年中离开的管理人员比例将达到 15%。2×18 年又有 3 名管理人员离开公司；2×18 年 12 月 31 日，该公司将估计的管理人员离开比例修正为 10%。2×19 年又有 1 名管理人员离开。2×20 年 1 月 1 日，未离开的管理人员全部行权获得股票。

（1）2×17 年 1 月 1 日，授予日不作账务处理。

公司预计支付股份应负担的费用 =6×20 000×100=12 000 000（元）

（2）2×17 年 12 月 31 日

公司预计支付股份应负担的费用 =12 000 000×（1–15%）=10 200 000（元）

2×17 年应负担的费用 =10 200 000 / 3=3 400 000（元）

借：管理费用　　3 400 000

　　贷：资本公积——其他资本公积　　3 400 000

（3）2×18 年 12 月 31 日

公司预计支付股份应负担的费用 =12 000 000 ×（1–10%）=10 800 000（元）

2×18 年年末累计应负担的费用 =10 800 000 × 2/3=7 200 000（元）

2×18 年应负担的费用 =7 200 000–3 400 000=3 800 000（元）

借：管理费用　　3 800 000

　　贷：资本公积——其他资本公积　　3 800 000

（4）2×19 年 12 月 31 日

公司实际支付股份应负担的费用 =6×20 000×（100−5−3−1）=10 920 000（元）

2×19 年应负担的费用 =10 920 000−7 200 000=3 720 000（元）

借：管理费用　　　　3 720 000

　贷：资本公积——其他资本公积　　　　3 720 000

（5）2×20 年 1 月 1 日

发行股票收取价款 =5×20 000×91=9 100 000（元）

发行股票面值 =1×20 000×91=1 820 000（元）

发行股票溢价 =9 100 000 + 10 920 000−1 820 000=18 200 000（元）

借：银行存款　　　　9 100 000

　资本公积——其他资本公积　　　　10 920 000

　贷：股本　　　　1 820 000

　　资本公积——股本溢价　　　　18 200 000

以现金结算的股份支付的会计处理

## 第五节　其他综合收益

### 一、其他综合收益概述

其他综合收益指的是，企业根据相关会计准则的规定，未在当期损益中确认的各项利得和损失。这包括以后会计期间不能重分类进损益的其他综合收益、以后会计期间满足规定条件时将重分类进损益的其他综合收益两类。

其中，以后会计期间不能重分类进损益的其他综合收益项目主要包括：重新计量设定受益计划变动额、权益法下不能转损益的其他综合收益、其他权益工具投资公允价值变动、企业自身信用风险公允价值变动等。以后会计期间满足规定条件时将重分类进损益的其他综合收益项目主要包括：权益法下可转损益的其他综合收益、其他债权投资公允价值变动、金融资产重分类计入其他综合收益的金额、其他债权投资信用减值损失、自用房地产转为投资性房地产时公允价值大于账面价值的差额等。

### 二、其他综合收益的核算

涉及其他综合收益相关业务的企业，应当设置“其他综合收益”账户进行会计处理，贷方登记其他综合收益的确认数或增加数，借方登记其他综合收益的转销数或减少数。

#### （一）重新计量设定受益计划变动额

企业确认重新计量设定受益计划净负债或净资产产生的利得或损失时，借记或贷记“应付职工薪酬”科目，贷记或借记“其他综合收益”科目。有关重新计量设定受益计划变动额的会计核算，可参阅流动负债章节中的有关内容。

#### （二）以公允价值计量且其变动计入其他综合收益的金融资产的利得或损失

其他债权投资公允价值变动时，借记或贷记“其他债权投资——公允价值变动”科目，贷记或借记“其他综合收益——其他债权投资公允价值变动”科目。其他债权投资出售或终止确认时，之前计入其他综合收益的累计利得或损失从其他综合收益转入当期损益。

其他权益工具投资公允价值变动时，借记或贷记“其他权益工具投资——公允价值变动”科目，贷记或借记“其他综合收益——其他权益工具投资公允价值变动”科目。当其他权益工具投资终止确认时，之前计入其他综合收益的累计利得或损失从其他综合收益转入留存收益。

企业计提其他债权投资信用减值准备时，借记或贷记“信用减值损失”科目，贷记或借记“其他综合收益——信用减值准备”科目。实际发生信用损失，经批准予以核销时，借记“其他综合收益——信用减值准备”科目，贷记“其他债权投资”科目。

有关其他债权投资公允价值变动、其他权益工具投资公允价值变动、其他债权投资信用减值准备的会计核算，可参阅金融资产章节中的有关内容。

### （三）金融资产重分类计入其他综合收益的金额

企业将债权投资重分类为其他债权投资时，原账面价值与公允价值之间的差额计入其他综合收益。企业将其他债权投资重分类为债权投资时，应当将之前计入其他综合收益的累计利得或损失转出，调整该金融资产在重分类日的公允价值。企业将其他债权投资重分类为交易性金融资产时，应当将之前计入其他综合收益的累计利得或损失从其他综合收益转入当期损益。

有关金融资产重分类涉及其他综合收益金额的会计核算，可参阅金融资产章节中的有关内容。

### （四）自用房地产转换为投资性房地产时公允价值大于账面价值的差额

企业将自用房地产转换为投资性房地产时，应当按转换日自用房地产的公允价值，借记“投资性房地产——成本”科目，按自用房地产已计提的累计折旧或累计摊销，借记“累计折旧”“累计摊销”科目，按自用房地产的账面余额，贷记“固定资产”“无形资产”等科目，按自用房地产的公允价值大于账面价值的差额，贷记“其他综合收益”科目。企业在处置投资性房地产时，因转换形成的其他综合收益应当予以转出，借记“其他综合收益”科目，贷记“其他业务成本”科目。

有关自用房地产转换为采用公允价值模式进行后续计量的投资性房地产的会计核算，可参阅投资性房地产章节中的有关内容。

### （五）权益法下投资企业享有或分担的被投资单位其他综合收益的变动

长期股权投资采用权益法核算的，被投资单位其他综合收益的变动，投资企业应按持股比例计算应享有或分担的份额，并将应享有或分担的份额计入其他综合收益，即应借记或贷记“长期股权投资——其他综合收益”科目，贷记或借记“其他综合收益”科目。

由权益法下投资企业享有或分担的被投资单位其他综合收益的变动形成的其他综合收益，需要区分为权益法下不能转损益的其他综合收益和权益法下可转损益的其他综合收益两类。权益法下不能转损益的其他综合收益，如按权益法核算因被投资单位重新计量设定受益计划净负债或净资产变动导致的权益变动，投资企业按持股比例计算确认的该部分其他综合收益等。权益法下可转损益的其他综合收益，如按权益法核算因被投资单位其他债权投资公允价值变动导致的权益变动，投资企业按持股比例计算确认的该部分其他综合收益等。权益法下可转损益的其他综合收益，待相应长期股权投资处置时，将原计入其他综合收益的金额转入当期损益。

有关权益法下投资企业对享有或分担的被投资单位其他综合收益变动的会计核算，可参阅长期股权投资章节中的有关内容。

## 第六节 留存收益

### 一、留存收益的性质及构成

#### （一）留存收益的性质

留存收益是公司历年剩余的净收益累积而成的资本。因此留存收益也可称为累积收益。虽然留存收益与投资者投入的资本属性一致，即均为股东权益，但与投入资本不同的是，投入资本是由所有者从外部投入公司的，构成了公司股东权益的基本部分；留存收益不是由投资者从外部投入的，而是依靠公司经营所得的盈利累积而形成的。

留存收益既然是股东权益，股东便有权决定如何使用。按照公司章程或其他有关规定，公司可将留存收益在股东间进行分配，作为公司股东的投资所得；也可以为了某些特殊用途和目的，而将其中一部分留在公司不予分配。留存收益会因经营获取收益而增加，又因分给投资者而减少。公司经营如果入不敷出，就意味着亏损，发生经营亏损将减少留存收益。

#### （二）留存收益的构成

留存收益由盈余公积和未分配利润构成。盈余公积包括法定盈余公积、任意盈余公积。

1. 盈余公积

(1) 法定盈余公积。法定盈余公积是指公司按规定从净利润中提取的积累资金。法定，意味着提取时由国家法规强制规定。公司必须提取法定盈余公积，目的是确保企业不断积累资本，固本培元，自我壮大实力。《公司法》规定，公司制企业的法定盈余公积按照税后利润的 10% 提取，法定盈余公积累计额已达注册资本的 50% 时可以不再提取。

(2) 任意盈余公积。任意盈余公积是公司出于实际需要或采取审慎经营策略，从税后利润中提取的一部分留存利润。任意是出于自愿，而非外力强制，但也非随心所欲。如果公司有优先股，必须在支付了优先股股利之后，才可提取任意盈余公积。由于任意盈余公积是公司自愿拨定的留存利益，其数额也视实际情况而定。

法定盈余公积和任意盈余公积的区别就在于其各自计提的依据不同。前者以国家的法律或行政规章为依据提取；后者则由公司自行决定提取。

企业提取的盈余公积主要可以用于以下几个方面：第一，弥补亏损。企业发生亏损时，应由企业自行弥补。弥补亏损的渠道主要有三个：①用以后年度税前利润弥补。企业发生亏损时，可以用以后 5 年内实现的税前利润弥补，即税前利润弥补亏损的期间为 5 年。②用以后年度税后利润弥补。企业发生的亏损经过 5 年期间未弥补足额的，尚未弥补的亏损应用所得税后的利润弥补。③以盈余公积弥补亏损。企业以提取的盈余公积弥补亏损时，应当由公司董事会提议，并经股东大会批准。第二，转增资本。企业将盈余公积转增资本时，必须经股东大会决议批准。在实际将盈余公积转增资本时，要按股东原有持股比例结转。企业提取的盈余公积，无论是用于弥补亏损，还是用于转增资本，都是对企业所有者权益内部结构的调整，并不引起企业所有者权益总额的变动。第三，扩大企业生产经营。盈余公积的用途，并不是指其实际占用形态，提取盈余公积也并不是单独将这部分资金从企业资金周转过程中抽出。企业盈余公积的结存数，实际只表现为企业所有者权益的组成部分，表明企业生产经营资金的一个来源。其形成的资金可能表现为一定的货币资金，也可能表现为一定的实物资产，随同其他来源所形成的资金进行循环周转，用于企业的生产经营。

2. 未分配利润

未分配利润是企业留待以后年度进行分配的结存利润，也是公司股东权益的组成部分。相对于股东权益的其他部分来说，公司对于未分配利润的使用、分配有较大的自主权。从数量上来说，未分配利润是期初未分配利润，加上本期实现的税后利润，减去提取的各种盈余公积和分出利润后的余额。未分配利润有两层含义：一是留待以后年度处理的利润；二是未指定特定用途的利润。

## 二、盈余公积的会计处理

为了反映盈余公积的形成及使用情况，公司应设置“盈余公积”科目，并按其种类设置明细账，分别进行明细核算。

### （一）提取盈余公积

企业提取盈余公积时，借记“利润分配——提取法定盈余公积、提取任意盈余公积”科目，贷记“盈余公积——法定盈余公积、任意盈余公积”科目。企业用提取的盈余公积转增资本，应当按照批准的转增资本的数额借记“盈余公积”科目，贷记“实收资本”或“股本”科目。股份有限公司将盈余公积转增股本时，应当按照转增股本前的股本结构比例，将盈余公积转增股本的数额记入“股本”科目下各股东的明细账，相应增加各股东对企业的股本投资。

**【例 12-16】** 甲公司 2×17 年实现的净利润为 10 000 000 元，同时没有需要弥补的以前年度亏损，法定盈余公积的累计额尚未达到注册资本的 50%。2×17 年 12 月 31 日，甲公司依法按照当年实现的净利润的 10% 提取法定盈余公积 1 000 000（10 000 000×10%）元。

| | | |
|---|---|---|
| 借：利润分配——提取法定盈余公积 | 1 000 000 | |
| 　贷：盈余公积——法定盈余公积 | | 1 000 000 |

**【例 12-17】** 承【例 12-16】，2×18 年 1 月 20 日，经股东大会决议通过，甲公司按照当年实现的净利润的 15% 提取任意盈余公积 1 500 000（10 000 000×15%）元。

| | | |
|---|---|---|
| 借：利润分配——提取任意盈余公积 | 1 500 000 | |
| 　贷：盈余公积——任意盈余公积 | | 1 500 000 |

### （二）盈余公积弥补亏损

企业用以弥补亏损的资金，除了当年的税前利润或税后利润，还可以采用以前年度提取的盈余公积。企业以盈余公积弥补亏损时，借记“盈余公积”科目，贷记“利润分配——盈余公积补亏”科目。

**【例 12-18】** 甲公司于 2×21 年 3 月 12 日经股东大会决议通过，用任意盈余公积 100 000 元弥补亏损。

借:盈余公积——任意盈余公积 100 000

贷:利润分配——盈余公积补亏 100 000

根据《公司法》的规定,法定盈余公积不足以弥补以前年度亏损的,在依照规定提取法定盈余公积之前,应当先用当年利润弥补亏损。

### (三) 盈余公积转增资本

企业提取的盈余公积达到一定数额后,经股东大会决议批准,企业办理增资手续后,可以将一部分盈余公积转增资本,以进一步扩大企业的生产经营规模。企业经批准将盈余公积转增资本时,借记"盈余公积"科目,贷记"实收资本"或"股本"科目。

### (四) 盈余公积分配股利

原则上企业当年没有利润,不得分配股利,但为了维护企业信誉,公司经股东大会决议,在满足以下条件的前提下,可以用盈余公积分配股利:①用盈余公积弥补亏损后,该项公积金仍有结余。②用盈余公积分配的股利不得超过股票面值的6%。③分配股利后,法定盈余公积金不得低于注册资本的25%。企业用盈余公积分配现金股利时,借记"盈余公积"科目,贷记"应付股利"科目。

## 三、未分配利润的会计处理

### (一) 期末结转的会计处理

公司未分配利润的核算是通过"利润分配——未分配利润"科目进行的。公司在生产经营过程中取得的收入和发生的费用,最终通过"本年利润"科目进行归集,计算出当年盈利或亏损,然后转入"利润分配——未分配利润"科目进行分配。年度终了,再将"利润分配"科目下的其他明细科目(如提取法定盈余公积、提取任意盈余公积、应付现金股利或利润、转作股本的股利、盈余公积补亏等)的余额,转入"未分配利润"明细科目。结转后,"未分配利润"明细科目的贷方余额,就是未分配利润的数额;如出现借方余额,则表示未弥补亏损的数额。

**【例 12-19】** 甲公司2×17年年初的未分配利润为2 000 000元,2×17年度实现的净利润为1 000 000元。甲公司按照2×17年度实现的净利润的10%提取法定盈余公积100 000(1 000 000×10%)元,同时对2×17年度实现的净利润提取任意盈余公积50 000元。

(1) 2×17年年末,将当年实现的净利润转入利润分配:

借:本年利润 1 000 000

贷:利润分配——未分配利润 1 000 000

(2) 2×17年年末,提取盈余公积:

借:利润分配——提取法定盈余公积 100 000

——提取任意盈余公积 50 000

贷:盈余公积——法定盈余公积 100 000

——任意盈余公积 50 000

(3) 2×17年年末,结转利润分配的明细科目余额:

借:利润分配——未分配利润 150 000

贷:利润分配——提取法定盈余公积　　100 000
　　　　　——提取任意盈余公积　　50 000

本例中,甲公司 2×17 年度实现净利润 1 000 000 元,经过提取法定盈余公积 100 000 元和任意盈余公积 50 000 元后,当年实现的净利润中剩余可供向投资者分配的利润为 850 000(1 000 000–100 000–50 000)元。加上 2×17 年年初未分配利润余额 2 000 000 元,甲公司可供向投资者分配的利润共计 2 850 000(850 000+2 000 000)元。

### (二) 弥补亏损的会计处理

公司在生产经营过程中既可能发生盈利也有可能出现亏损。公司在当年发生亏损的情况下,与实现利润的情况相同,应当将本年发生的亏损自“本年利润”科目转入“利润分配——未分配利润”科目,借记“利润分配——未分配利润”科目,贷记“本年利润”科目,结转后“利润分配”科目的借方余额,即为未弥补亏损的数额。然后通过“利润分配”科目核算有关亏损的弥补情况。

公司发生的亏损可以以次年实现的税前利润弥补。在以次年实现的税前利润弥补以前年度亏损的情况下,公司当年实现的利润自“本年利润”科目转入“利润分配——未分配利润”科目,将本年实现的利润结转到“利润分配——未分配利润”科目的贷方后,其贷方发生额与“利润分配——未分配利润”的借方余额自然抵补。因此,以当年实现净利润弥补以前年度结转的未弥补亏损时,不需要进行专门的账务处理。

由于未弥补亏损形成的时间长短不同等原因,以前年度未弥补亏损有的可以以当年实现的税前利润弥补,有的则须用税后利润弥补;无论是以税前利润还是以税后利润弥补亏损,其会计处理方法相同,只是两者计算交纳所得税时的处理方法不同而已。在以税前利润弥补亏损的情况下,其弥补的数额可以抵减当期企业应纳税所得额,而以税后利润弥补的数额,则不能作为纳税所得的扣除处理。

## 四、股利分派

公司型企业的股东享有分配股利权。股利是指公司型企业依据公司章程规定发放给股东的投资报酬,其实质是公司财富中属于股东收益盈余的一部分。一个公司型企业只有经营获利具有留存收益余额时才可分派股利。在未付清优先股股利之前,公司不得发放普通股股利。

### (一) 股利分派限制

股利是否发放及以何种形式发放,虽然公司管理当局可以作出决定,但在实务中还必须考虑一些有关限制因素,这些限制因素通常有以下五个方面:

1. 法律上的制约

任何公司总是在一定的法律环境条件下从事经营活动,在通常情况下,法律会直接制约公司的股利分配政策。这种制约表现为:不弥补亏损、不提取法定盈余公积、无偿债能力等均不得分派股利。这就要求公司不能因支付股利而减少资本总额,要维护法定资本的完整,股利一般依据公司本期的净收益来分派。然而,如果公司本期经营有亏损,出于维护公司形象的考虑,公司可以运用以前年度的留存收益分派股利,但必须在先弥补完亏损后进行,而且仍要保留一定数额的留存收益,特别是不能因发放股利而使股东权益降到核定的股本金额以下，如果这样，债权人的利益便失去了应有的保障。

2. 现金支付能力的制约

留存收益通常以各种实物资产形式存在，而不是以现金的形式持有。公司若要发放现金股利，就会受其现金支付能力的制约。一般来说，公司现金越多，资产流动性越大，它支付股利的能力也就越强。事实上，大部分公司由于将大量的资金用于购置固定资产，扩大经营规模，普遍存在资产流动性较差的现象。这类公司为了保持应付各种意外情况的能力，往往采取少发现金股利的策略，这必然使得股利分配受到限制。

3. 与优先股股东的契约

有时在发行优先股股票的条款中规定，公司要定期或不定期地收回优先股股票，并且在派发普通股股利时还规定若干限制，以便有必要的资金收回优先股股票。这类限制的用意在于防止营运资本的削弱，以保护优先股股东和债权人的利益。

4. 董事会自行限制

公司董事会为使股利发放具有连续性和稳定性，也可能是出于替潜在损失做事先准备等种种原因，自行作出限制发放股利的决定。

5. 股东要求与税收政策的制约

对公司股东而言，他们投资于公司的目的是为了获取经济利益。而这种经济利益可以来自公司的股利，也可来自其出售股票的收益。高税率的股东可能希望少发股利而多留一些利润在公司，以便股票的价值提高而使其市价上升；低税率的股东则可能希望有较高的股利发放比率。这时，这类公司的股利政策可能是高低两者折中的产物。

### （二）股利分派的有关日期

1. 股利宣告日

股利宣告日是公司股利分配方案经股东大会通过后，由董事会正式宣布依股东名册按持股比例发放股利的日期。从宣布日起，公司在法律上就负有于将来支付股利的义务。在该日前，股东无权要求发放股利。由于从宣布日起公司负有义务支付股利，因此就需进行账务处理，减少留存收益，增加流动负债。

股份支付的会计处理

2. 股权登记日

上市公司的股份每日在交易市场上流通，上市公司在派息时，需要定出某一天，界定哪些股东可以参加分红，定出的这一天就是股权登记日。也就是说，在股权登记日这一天仍持有或买进该公司股票的投资者是可以享有此次分红的股东，这部分股东名册由证券登记公司统计在案，届时将所应派发的股利划到这部分股东的账上。对股份公司来说，这一天不需要在账上作任何分录。

注册资本认缴制公司股东抽逃出资的行为不再评价为犯罪

3. 除权日

除权日也称除息日，在我国通常股权登记日后的第一个交易日就是除权日，这一天购入该公司股票的股东是不同于可以享有本次分红的“新股东”，不再享有公司此次分红。对股份公司来说，不需要在账上作任何分录。

4. 股利发放日

股利发放日是实际支付股利的日期，通常是在股权登记截止后的若干天开始支付股利。

### （三）股利的种类

1. 现金股利

现金股利是指以现金方式分配给股东的股利。通常情况下，公司在决定是否分配现金股利时，应考虑以下因素：是否有足够的现金；是否有董事会的决定；是否经股东大会批准。派发现金股利，一方面会减少留存收益，另一方面会减少现金。派发股利后，会减少股东权益总额。由于现金股利一经宣布，就成为公司对股东的偿付责任，因此要及时在“应付股利”账户上反映。公司宣告发放现金股利时，应借记“利润分配——应付现金股利”科目，贷记“应付股利”科目。实际发放现金股利时，借记“应付股利”科目，贷记“银行存款”“库存现金”等科目。

紫金矿业创新 A 股 IPO 模式

股票股利与资本公积转增股本

【例 12–20】 甲公司 2×17 年 5 月 27 日公布 2×16 年度利润分配实施公告：以 2×16 年年末公司总股本 190 000 000 股为基数，向全体股东每 10 股派发 5 元现金红利（含税）。股权登记日为 2×17 年 6 月 2 日，除息日为 2×17 年 6 月 3 日，现金红利发放日为 2×17 年 6 月 9 日。

（1）股利宣告日（2×17 年 5 月 27 日）：

借：利润分配——应付现金股利　　95 000 000

　　贷：应付股利　　95 000 000

（2）股权登记日（2×17 年 6 月 2 日）和除息日（2×17 年 6 月 3 日），不作会计处理。

（3）股利发放日（2×17 年 6 月 9 日）：

借：应付股利　　95 000 000

　　贷：银行存款　　95 000 000

2. 财产股利

财产股利是指以现金资产以外的资产形式向股东派发的股利。最为常见的财产股利是以其持有的有价证券代替现金发给股东。公司虽有留存收益，但无现金可供分配股利，这时可以发放财产股利。这种财产股利在进行会计处理时，应以股利宣告日的公允市价作为入账基准，而不能以实际支付日为基准。这样确定的理由是因为用作股利分配的资产，在宣告之日起便已有了指定用途，公司不能因其市价的上下波动而获益或受损。

3. 股票股利

股票股利是指公司用增发股票的方式发放的股利，俗称“红股”。公司宣告和分发股票股利，既不影响公司的资产和负债，也不影响股东权益总额。它只是股东权益内部各项目之间发生的增减变动，即减少留存收益项目增加股本项目。至于获取股票股利的股东，其所持股票数量虽有所增加，但在公司中所占股东权益的份额不会发生任何变化。

公司发放股票股利的原因可能有：①当公司需要现金以扩展业务时，为了保留现金，发放股票股利既不减少公司现金，又能使股东分享收益；②发放股票股利有利于股票流通；③为了避免股东被课征所得税。股票股利在大多数国家并不认为是一种所得，因此股东可免缴个人所得税。

股票股利与资本公积转增股本

股票分割

分配股票股利对股东是否有利，取决于公司的投资机会及经营效率。如果公司将留存收益用于再投资，其投资报酬率低于股东以现金股利用于其他投资所得的报酬率，则公司分配股票股利对股东较为不利；反之，若公司的投资报酬率较股东自行投资的报酬率高，则股票股利较现金股利对股东有利。股票股利的会计处理其主要问题是如何计价，即确定应把多少金额转作股本，按面值转还是按市价转。有主张按面值转，认为符合实际成本会计原则；有主张按市价转，因为股票可以流通，随时可以抛售变现。股票股利在股东看来就好比无偿配股，基于这种考虑，在会计实务中一般都按其面值从留存收益转入“股本”。采用面值转为股本时，企业应当在股票股利方案经股东大会或类似权力机构批准并在工商部门办理完增资手续后，按实际发放的股票面值，借记“利润分配——转作股本的股利”科目，贷记“股本”科目。

## 本章小结

所有者权益是指企业资产扣除负债后，由所有者享有的剩余权益。公司的所有者权益又称为股东权益。所有者权益是所有者对企业资产的剩余索取权，是企业资产中扣除债权人权益后应由所有者享有的部分，反映所有者投入资本的保值增值情况。主要包括：实收资本（股本）、资本公积、其他综合收益、留存收益等。其中，实收资本（或股本）是投资人投入资本形成法定资本的价值。所有者向公司投入的资本在一般情况下无须偿还，可供公司长期周转使用。资本公积是公司收到的投资者超出其在企业注册资本（或股本）中所占份额的投资，以及在某些特定情况下可直接计入所有者权益的项目，可用于转增资本（股本）。其他综合收益主要是直接计入所有者权益的利得（或损失），一般是由特定资产的计价变动形成。留存收益是公司历年剩余的净收益累积而成的资本，包括盈余公积和未分配利润。

## 复习思考题

1. 所有者权益包括哪些项目？
2. 简述注册资本（实收资本或股本）的主要法律规定和核算要求。
3. 股份有限公司需要减少注册资本时应如何进行会计处理？
4. 何谓资本公积？资本公积包括哪些内容？
5. 以后会计期间不能重分类进损益的其他综合收益项目和以后会计期间满足规定条件时将重分类进损益的其他综合收益项目分别有哪些？
6. 企业提取的盈余公积有哪些用途？
7. 企业宣告、派发现金股利和股票股利时应如何进行会计处理？

## 即测即评

请扫描右侧二维码，进行随堂测试。

# 第十三章　收入、费用与利润

## 学习目标

通过本章学习，应能够：掌握收入确认和计量的五步法；理解费用的主要项目；理解利润的形成过程；掌握所得税核算的基本原理；理解每股收益的计算。

## 导读案例

### 碧桂园的收入确认

2017年9月11日，碧桂园控股有限公司（以下简称碧桂园）发布2017年上半年业绩报告。碧桂园在中期报告中披露："由于提早采纳香港财务报告准则第15号的影响，本集团于2017年1月1日的权益中的留存收益期初余额增加了人民币3 152.3百万元。"香港财务报告准则第15号，名为"客户合约收益"，其实就是《国际财务报告准则第15号——客户合同收入》的香港本地版，与我国财政部2017年发布的修订后《企业会计准则第14号——收入》内容基本一致。碧桂园同时在财务报表附注中披露了采纳新收入准则对当期业绩和财务状况的影响：碧桂园2017年上半年房地产开发收入744.7亿元，其中因提前采用新收入准则带来的收入为147.5亿元，占比19.8%。在2018年4月13日发布的2017年年报中，碧桂园再次披露了新收入准则带来的影响：2017年全年房地产开发收入2 200亿元，其中因提前采用新收入准则带来的收入为608亿元，占比27.6%。

碧桂园2017年半年报和2017年年报中是这样披露应用新收入准则带来的影响的："在履约过程中所产出的商品具有不可替代用途，且在整个合约期间内有权就累计至今已完成的履约部分收取款项的情况下，本集团按一段时间内的方法确认收入；否则，本集团在买房者取得已完工物业控制权的某一时点确认收入。"

碧桂园提前采纳新准则的理由是"新的会计准则可以为报表使用者评估未来现金流量的金额、时点和不确定性提供更加可靠与相关的信息"。

新收入准则对于房地产企业来讲，是否会对房地产行业的收入确认有颠覆性影响？

资料来源：编者整理。

# 第一节 收 入

## 一、收入概述

### （一）收入的定义

收入是财务报表的基本要素之一，收入的定义历来为会计理论界所关注。收入(revenue)一词，起源于法语 revenir，其含义是“返回”或“归还”之意，意即企业将资源投入经营，终将收回它的投资，并期望有利可获。不过，在学术界，对于什么是收入却有不同的理解。早期学者坚持“流转过程论”(flow process approach)，视收入为一种流转过程，即企业在某一特定期间进行的物品和劳务的创造过程。企业经营过程的“产品”，应通过资产的流出才能转化为收入。流转过程论这一收入概念虽然在理论上有其先进性，但由于传统观念等因素的影响而未在实务中得到较好运用，且逐渐让位于另一种观点即“流入论”(inflow approach)。这种观点认为，收入是企业在经营过程中所产生的现金(或其他资产)流入量，它应通过销售物品和提供服务而实现，而且是通过流入的资产来计量。

FASB 在财务会计概念公告第 6 号(SFAC No.6)中是这样定义收入的：收入(*revenues*)是一个主体因销售或生产商品，提供劳务或从事构成其持续的(*ongoing*)、主要的(*major*)或中心的(*central*)经营活动的其他业务而形成的现金流入或其他资产增加或负债清偿(或兼而有之)。

FASB 的这个定义从两个方面对收入进行了界定。一是收入的表现形式。这包括：①各种资产或资源的流入，其中，主要是现金的流入；②资产价值的增加，比如，企业所持有的各种附息债券，随着时间的推移，其价值会不断增加，但实际的资源流入并没有发生；③负债的清偿。由于负债也可视为“负资产”，因此，负债的减少，相当于是资产的增加。二是收入的来源。首先，收入必须来自持续的、主要的或中心的经营活动。其次，这些活动又可具体分为：①交付或生产商品、提供劳务，②除①外的其他业务。

国际会计准则中对收入是这样定义的：“收入，指企业在正常经营活动中形成的、导致本期内权益增加的经济利益的总流入。但不包括与权益参与者出资有关的权益增加。”

改组后的 IASB 与 FASB 于 2004 年决定联合对各自会计准则中的《概念框架》进行修订，并于 2010 年联合发布了修订后的《财务报告概念框架》第一章(通用目的财务报告的目标 )和第三章(财务报表和报告主体)。之后，IASB 于 2018 年 3 月 29 日正式发布《财务报告概念框架》，对 1989 年版概念框架和 2010 年版概念框架进行了重大修订。根据 2018 年版的《财务报告概念框架》，收入被定义为：“收入是除主体权益要求权持有者投入外而导致权益增加的资产增加或负债减少。”

我国《企业会计准则——基本准则》中收入的定义是：“收入是企业在日常活动中形成的、会导致所有者权益增加的、与所有者投入资本无关的经济利益的总流入。”

### （二）收入的特征

收入的根本特征应是净资产的增加。因为，收入的表现形式可以是资产的增加，也可能是负债的减少，或二者兼而有之。从"资产 = 负债 + 所有者权益"等式中可知，为保持等式的平衡，在其他要素不变的情况下，增加资产必然增加所有者权益，减少负债同样也会增加所有者权益。

### （三）收入确认的标准

1. 确认与实现

在阐述收入确认的一般标准和具体标准之前，有必要先区分两个重要的术语：确认与实现。FASB 在 SFAC No.5 中将确认定义为：

确认是指将某一个项目当作资产、负债、收入、费用或其他类似项目而正式地加以记录或将其纳入某一会计主体的财务报表的过程。确认包括用文字和数字对某一项目进行描述并将其金额计入财务报表的合计数里。对于资产或负债而言，确认不仅涉及对其购置或发生的记录，而且涉及对其嗣后的变动包括导致其最终从财务报表上消除的变动的记录。①

尽管在会计文献上，确认与实现这两个术语经常被混用，但确认显然不同于实现，FASB 给后者所下的定义是：实现是指将非现金的资源和权利转化为货币的过程，在财务会计和财务报告里，实现这一术语的最确切用法是指将资产出售并获得现金或现金要求权。②

可见，确认涉及的是在什么情况下进行会计记录的问题，而实现主要指变现（指收到了现金或取得了在未来收取现金的权利，即现金要求权）过程。对于收入而言，收入确认主要涉及收入在何时入账的问题，即企业到底应当在销售商品、提供劳务之前，还是在销售商品、提供劳务之时或之后承认收入的实现并将之反映在会计记录和财务报表之中。而收入实现则指赚取收入的过程已经完成或实质上已经完成，企业已获得现金，或虽未获得现金，但已获得现金要求权，就是说，实现是指在确认时（记录）可以记录为现金或一项债权的增加。

严格说来，确认与实现对收入来说是有区别的。收入的确认如同其他要素的确认一样，首先必须符合确认的基本标准。其中最重要的标准是，符合收入的定义和特性，收入（未来经济利益的流入）能够可靠地予以计量，而实现则是确认标准对确认收入这一特定要素的具体运用。正如 IASC Framework 第 93 段所说："实务中采用收入确认程序，例如要求收入已经赚得，是本框架中确认标准的应用。"③

2. FASB 的收入确认标准

作为企业经营业绩的最重要表现形式之一，收入到底应当满足哪些标准才能予以确认，直接关系到企业经营业绩和财务状况能否得到准确的报告，因此，收入确认标准历来是各国会计准则制定机构关注的焦点。

FASB 的财务会计概念公告第 5 号（SFAC No.5）给出了确认报表要素的四个基本标准：可定义性、可计量性、相关性和可靠性。凡符合上述四个确认标准的，均应在效益大于

① FASB, SFAC No.5. "Recognition and Measurement in Financial Statements of Business Enterprises", December 1984, par.5.

② FASB, SFAC No.6. "the Elements of Financial Statements", December 1985, par.143.

③ IASC, "Framework for Preparation and Presentation of Financial Statement", 1989, par.93.

成本以及重要性这两个前提下予以确认。由于盈利及其构成内容作为计量报告期业绩的关键性指标,往往受到使用者的最大关注,因此,FASB 在 1984 年的第 5 号概念公告中,又对盈利组成(包括收入)的确认制定了具体的指南:

已实现是指商品及其他资产已经转换为现金或收取现金的要求,而可实现指收入或持有的商品不难转换为已知的现金数额或收取现金要求。

不难转换,则指该资产有互换的组成单位;在交易活跃的市场上有公开的标价且该资产进入市场后,不致严重地影响价格。

已赚得指已完成取得收入所必要的生产、销售等核心活动。

根据这些确认标准,当企业已将其商品或劳务用于交换现金或现金要求权(即应收账款)时,则说明收入已经实现;当企业将其商品或劳务用于交换,所换取的资产可随时转化为已知金额的现金或现金要求权时,则说明收入可实现。当企业实质上已经完成它获取收入所必须付出的努力(如已向客户发出商品或提供劳务),预计不再会发生大量售后成本时,即赚取收入的过程已经完成或实质上已经完成时,则表明企业已经赚取了收入。根据这一原则,销售商品而获得的收入一般在销售当日(一般指将商品发运给顾客的日期)确认;提供劳务而获得的收入一般在履行了为客户提供服务的责任并构成了向客户收取服务费时确认;允许他人使用企业的生息性资产而获得的收入(如利息收入、租金收入、管理费收入等)一般随着时间的推移或生息性资产的被使用程度而逐步确认;处置资产(不包括企业的主营商品)所形成的收入通常在处置当日予以确认。

3. 国际会计准则的收入确认标准

国际会计准则的概念框架中,也提出了确认的两个基本标准:①与该项目有关的未来经济利益将会流入或流出企业;②对该项目的成本或价值能够可靠地加以计量。[①] 而具体到收入的确认上面,国际会计准则着重从所售资产在所有权上的重要风险和报酬(significant risks and rewards of the asset sold)是否已经转移给买方这一基本标准来界定收入的确认时点。

2014 年 5 月 FASB 和 IASB 相继颁布新的收入准则,在 IASB《国际财务报告准则第 15 号——客户合同收入》中,提出了确认收入的核心原则:确认收入的方式应体现企业向客户转让商品或服务的模式,确认收入的金额应反映企业预计因交付商品或服务而有权获得的金额。这一核心原则涉及收入确认基础和收入计量基础两个方面。

关于收入确认的基础,IASB 在制定新收入准则过程中,考虑过两种模型:活动模型和合同模型。根据活动模型,在企业执行了一项活动时确认收入,所执行的活动不必以合同的存在为基础,即以活动为基础的收入确认原则。活动模型是在企业开展了生产或提供商品或服务的活动时即确认收入,无论此类活动是否导致向客户交付了商品或服务。而根据合同模型,收入应当仅在企业向客户交付了合同承诺的商品或服务时才能确认,即以合同为基础的收入确认原则。合同模型是以客户合同所产生的资产和负债的会计处理作为收入确认的基础。显然,最后 IASB 选择了合同模型。

关于收入计量的基础,IASB 同样考虑过两种方法:脱手价格分摊法和交易价格分摊

① IASC, "Framework for Preparation and Presentation of Financial Statement", 1989, par.83.

法。根据脱手价格分摊法，收入应当以所分摊的当前脱手价格（公允价值）计量，即以当前脱手价格计量。因此，在脱手价格分摊法下，收入的金额是以所转移的商品或服务的脱手价格（公允价值）来计量。根据交易价格分摊法，收入应当以所分摊的客户对价金额计量，即以交易价格计量。在“交易价格分摊法”下，收入的金额是按合同约定，预期有权向客户收取的对价金额为基础来分摊。预期有权收取的对价金额，是客户合同双方具体谈判的实际结果；脱手价格（公允价值），是站在市场参与者的角度估计的金额。也就是说，预期有权向客户收取的对价金额，并不一定等于已转让商品或服务的脱手价格（公允价值）。显然，最后 IASB 选择了交易价格分摊法。

我国于 2017 年 7 月，发布新修订的收入准则，采用了与 IASB《国际财务报告准则第 15 号——客户合同收入》一样的收入确认标准，同样要求企业确认收入的方式应当反映其向客户转让商品或提供服务的模式，收入的金额应当反映企业因转让这些商品或提供这些服务而预期有权收取的对价金额，以如实反映企业的生产经营成果，核算企业实现的损益。

### （四）收入确认的时点

收入实现原则的重心在于明确最恰当的收入记录时点。一般地说，收入或收益的赚得，要经过企业营业循环的全部阶段，或者是企业许多营利活动，诸如采购、制造、摊销、提供服务、交货、转让资产使用权等构成的营利过程的共同结果。由于通常将收入建立在交易行为发生的前提基础上，因而，收入的实现时点一般要与交易行为的发生时点联系起来考虑。Kieso 等人按照交易的性质把收入确认的时点绘成下列图表，如图 13-1 所示。①

从理论上来说，有三种观念或者方法影响了实务中收入确认的时点选择：

1. 关键事项法（the critical approach）

一家企业的经营循环一般包括原材料的取得、产品的生产、货物或者服务的销售、货物的发送或者服务的提供以及现金的回收。关键事项法基于这样的理念：收入在经营循环中绝大部分关键决策已经制定或者绝大部分关键行为已经发生的时点才算赚得。这样就有必要来辨认被认为是收入赚取过程中的关键事件。理论上说，关键事件可能发生在经营循环的不同阶段，比如产品完工时、销售时、发送时或者现金回收时。收入的确认受不确定性的影响，包括生产成本的估计、销售价格、额外的附加销售费用以及现金收回。然而这些不确定性随着经营循环的不同阶段逐渐消失。比如，生产成本的不确定性随着产品的完工而消失。因此有必要辨认在经营循环中能够充分准确地估计剩余的不确定性的时点以进行收入的确认。

（1）产品完工时确认收入。很明显，在产品完工时，生产成本已经确定了，或者说与生产成本有关的不确定性已经消失，那么有必要评价剩余的不确定性以决定是否在产品完工时确认收入。如果企业已经就生产产品和发送产品签订了一份固定的合同，确定了销售价格、销售成本、运费等，坏账的风险能够可靠地估计，那么就可以认为产品完工是收入赚取过程的关键事件，当这一关键事件完成后，可以确认收入。

（2）销售时确认收入。这是大多数商品销售确认收入时选择的时点。因为在这个时

① D E Kieso, J J Weygrant. Intermediate Accounting [M]. 9th ed. John Wiley & Sons Inc., 1998: 970-974.

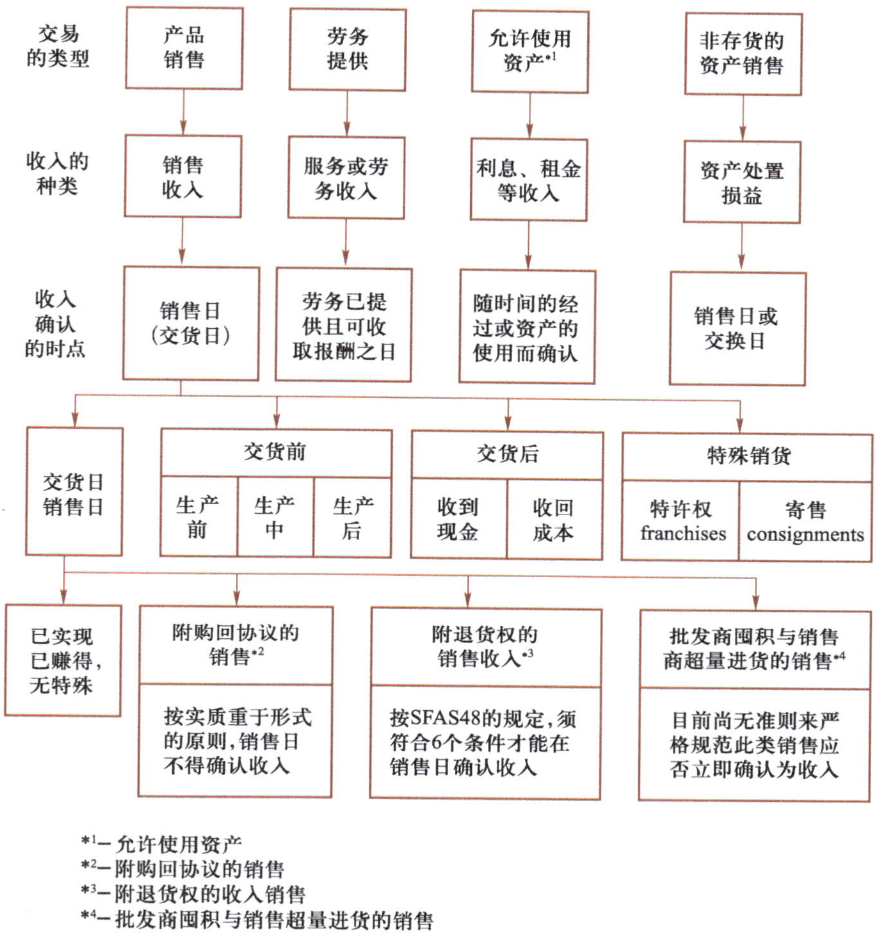


图 13-1　交易类型与收入确认时点

候销售是收入赚得过程的关键事项，大部分的主要不确定性在这时已经消失，可能存在的不确定性是退货的可能性、收取货款失败的可能以及未来保修服务可能的义务。在这个时候如果能对剩余的这些不确定性进行可靠的估计，就可以认为收入赚取过程的关键事件已经发生，可以确认收入。

（3）发送货物以后确认收入。在某些时候，发送货物后仍然存在着很大的不确定性影响了马上进行收入的确认，这种不确定性主要是指货款的回收。典型的例子是附有退货权的商品销售。

2. 增量法

增量法（the accretion approach）主要涉及的是在生产过程中而不是在合同完成或生产完成后确认收入。有三种比较典型的应用增量法的例子：①其他主体使用企业的资源，最常见的就是租金或者利息收入的确认；②长期合同，收入随着工程进度而确认；③自然增长，特别是农作物、牲畜饲养（增重）、林业资源等。

3. 收入分配法

收入分配法(the revenue allocation approach)实质上是前两种方法的一种结合。比如,在关键事项法下一个难题就是售后成本的不确定性。这时候一个可能的方法就是在销售时确认一部分收入,在随后的期间以增量法为基础分期确认。

表 13–1 对常见的一些类型的收入确认做了简要的概括。

**表 13–1 收入确认时点与确认标准**

| 确认的时点 | 标准 | 实务中的应用举例 |
| --- | --- | --- |
| 生产过程中(增量) | 收入随时间推移而累积,在计量性和收款方面不存在明显的不确定性;<br>签订了销售合同,未来的成本能够合理准确地估计 | 应计利息、特许权使用费和股利收入;<br>使用完工比例法对长期建造合同进行会计处理 |
| 产品完工时 | 存在着现成的市场能迅速消化主体的产量;<br>商品包含着可交换的单位、市场价格能够确定、营销成本不明显 | 某些贵重金属以及农业产品 |
| 销售时(发运前) | 产品已取得或已生产完工,货物可以马上发运给顾客;<br>销售价已确定,所有重大的相关费用(包括运费)已经确定,不存在明显的不确定性(如收现、货物退回等) | 某些货物的销售(如开出账单但代管商品);<br>不动产销售(不可撤销合同) |
| 发运时 | 不满足发货前确认的标准;<br>不存在显著的不确定性 | 大部分货物销售及服务提供;<br>销售完成的可能性有疑问时的不动产销售 |
| 发运以后 | 发运时对收款存在明显的不确定性、销售时对对价不能足够准确地估值 | 如附退货权的货物销售,须到退货权期满;<br>附安装与检验条款的货物销售,须到安装后试运行合格 |
| 收入分配法 | 收入代表初始和后续货物的供应 | 特许权使用费;<br>附售后服务的货物销售 |

## 二、收入的确认和计量

根据最新的收入准则,企业确认收入的方式应当反映其向客户转让商品或提供服务的模式;收入的金额应当反映企业因转让这些商品或提供这些服务而预期有权收取的对价金额,以如实反映企业的生产经营成果,核算企业实现的损益。因此,企业应当在履行了合同中的履约义务,即在客户取得相关商品控制权时确认收入。取得相关商品控制权,是指能够主导该商品的使用并从中获得几乎全部的经济利益。企业在判断商品的控制权是否发生转移时,应当从客户的角度进行分析,即客户是否取得了相关商品的控制权以及何时取得该控制权。取得商品控制权同时包括下列三项要素：

(1) 能力。企业只有对客户拥有现时权利，能够主导该商品的使用并从中获得几乎全部经济利益时，才能确认收入。

(2) 主导该商品的使用。客户有能力主导该商品的使用，是指客户在其活动中有权使用该商品，或者能够允许或阻止其他方使用该商品。

(3) 能够获得几乎全部的经济利益。客户必须拥有获得商品几乎全部经济利益的能力，才能被视为获得了对该商品的控制。

如图 13-2 所示，收入确认和计量大致分为五步：第一步，识别与客户订立的合同；第二步，识别合同中的单项履约义务；第三步，确定交易价格；第四步，将交易价格分摊至各单项履约义务；第五步，履行各单项履约义务时确认收入。其中，第一、二和五步主要与收入确认有关，第三、四步主要与收入计量有关。

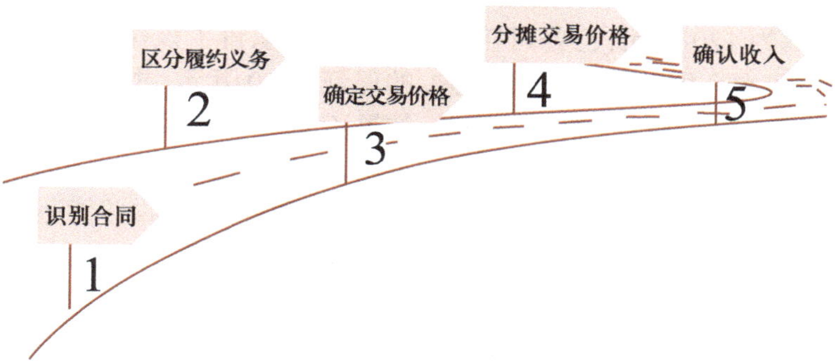


图 13-2 收入确认和计量五步法

### (一) 识别与客户订立的合同

1. 关于合同

如上所述，企业应当在履行了合同中的履约义务，即在客户取得相关商品控制权时确认收入。

客户，是指与企业订立合同以向该企业购买其日常活动产出的商品并支付对价的一方。有些交易中，客户并不容易识别。比如，如果合同对方与企业订立合同的目的是共同参与一项活动（如合作开发一项资产），合同对方和企业一起分担（或分享）该活动产生的风险（或收益），而不是获取企业日常活动产出的商品，则该合同对方不是企业的客户。

**【例 13-1】** 生物技术公司 X 与制药公司 Y 达成了一项协议，共同决定对一款候选药物进行研究、开发和商品化。X 负责研发活动，Y 则负责候选药物的商品化。X 和 Y 同意平等参与研发和商品化活动的成果分配。Y 在研发阶段达到某些预定指标时需要向 X 支付款项。

本例中，X 和 Y 共同开展药物的研究开发商品化，双方平等地分享整个研发和商品化的风险和报酬，因此这是一项共同经营安排。

合同，是指双方或多方之间订立的，有法律约束力的权利义务的协议。合同有书面形式、口头形式以及其他形式。

2. 收入确认的前提条件

企业与客户之间的合同同时满足下列条件的，企业应当在履行了合同中的履约义务，即在客户取得相关商品控制权时确认收入：①合同各方已批准该合同并承诺将履行各自义务；②该合同明确了合同各方与所转让商品相关的权利和义务；③该合同有明确的与所转让商品相关的支付条款；④该合同具有商业实质，即履行该合同将改变企业未来现金流量的风险、时间分布或金额；⑤企业因向客户转让商品而有权取得的对价很可能收回。

需要注意的是，企业在评估其因向客户转让商品而有权取得的对价是否很可能收回时，仅应考虑客户到期时支付对价的能力和意图(即客户的信用风险)。当对价是可变对价时，由于企业可能向客户提供价格折让，企业有权收取的对价金额可能低于合同标价。企业向客户提供价格折让的，应当在估计交易价格时进行考虑。

**【例 13-2】** 甲公司与乙公司签订合同，向其销售一栋建筑物，合同价款为 200 万元。该建筑物的成本为 120 万元，乙公司在合同开始日即取得了该建筑物的控制权。根据合同约定，乙公司在合同开始日支付了 5% 的保证金 10 万元，并就剩余 95% 的价款与甲公司签订了不附追索权的长期融资协议，如果乙公司违约，甲公司可重新拥有该建筑物，即使收回的建筑物不能涵盖所欠款项的总额，甲公司也不能向乙公司索取进一步的赔偿。乙公司计划在该建筑物内开设一家餐馆，并以该餐馆的收益偿还甲公司的欠款。但是，在该建筑物所在的地区，餐饮行业面临激烈的竞争，且乙公司缺乏餐饮行业的经营经验。

本例中，乙公司计划以该餐馆产生的收益偿还甲公司的欠款，除此之外并无其他的经济来源，乙公司也未对该笔欠款设定任何担保。如果乙公司违约，虽然甲公司可重新拥有该建筑物，但是，根据合同约定，即使收回的建筑物不能涵盖所欠款项的总额，甲公司也不能向乙公司索取进一步的赔偿。因此，甲公司对乙公司还款的能力和意图存在疑虑，认为该合同不满足“合同价款很可能收回”这一条件。甲公司收到的 10 万元不能确认为收入，而是应当确认为一项负债。

对于不符合上述五项条件的合同，只有在企业不再负有向客户转让商品的剩余义务，且已向客户收取的对价无须退回时，才可将已收取的对价确认为收入；否则，应当将已收取的对价作为负债进行会计处理。

3. 合同的变更

合同变更，是指经合同各方批准对原合同范围或价格作出的变更。合同变更既可能形成新的具有法律约束力的权利和义务，也可能是变更了合同各方现有的具有法律约束力的权利和义务。与合同初始订立时相同，合同各方可能以书面形式、口头形式或其他形式(如隐含于企业以往的习惯做法中)批准合同变更。

企业应当区分下列三种情形对合同变更分别进行会计处理：

(1) 合同变更部分作为单独合同。合同变更增加了可明确区分的商品及合同价款，且新增合同价款反映了新增商品单独售价的，应当将该合同变更部分作为一份单独的合同进行会计处理。此类合同变更不影响原合同的会计处理。

【例 13-3】 甲公司承诺向某客户销售 120 件产品，每件产品售价 100 元。该批产品彼此之间可明确区分，且将于未来 6 个月内陆续转让给该客户。甲公司将其中的 60 件产品转让给该客户后，双方对合同进行了变更，甲公司承诺向该客户额外销售 30 件相同的产品，这 30 件产品与原合同中的产品可明确区分，其售价为每件 95 元（假定该价格反映了合同变更时该产品的单独售价）。上述价格均不包含增值税。

本例中，由于新增的 30 件产品是可明确区分的，且新增的合同价款反映了新增产品的单独售价，因此，该合同变更实际上构成了一份单独的、在未来销售 30 件产品的新合同，该新合同并不影响对原合同的会计处理。甲公司应当对原合同中的 120 件产品按每件产品 100 元确认收入，对新合同中的 30 件产品按每件产品 95 元确认收入。

（2）合同变更作为原合同终止及新合同订立。合同变更不属于上述第（1）种情形，且在合同变更日已转让的商品或已提供的服务与未转让的商品或未提供的服务之间可明确区分的，应当视为原合同终止；同时，将原合同未履约部分与合同变更部分合并为新合同进行会计处理。

未转让的商品既包括原合同中尚未转让的商品，也包括合同变更新增的商品。新合同的交易价格应当为下列两项金额之和：一是原合同交易价格中尚未确认为收入的部分（包括已从客户收取的金额）；二是合同变更中客户已承诺的对价金额。

【例 13-4】 沿用例 13-3，甲公司新增销售的 30 件产品售价为每件 80 元（假定该价格不能反映合同变更时该产品的单独售价）。同时，由于客户发现甲公司已转让的 60 件产品存在瑕疵，要求甲公司对已转让的产品提供每件 15 元的销售折让以弥补损失。经协商，双方同意将价格折让在销售新增的 30 件产品的合同价款中进行抵减，金额为 900 元。上述价格均不包含增值税。

本例中，由于 900 元的折让金额与已经转让的 60 件产品有关，因此应当将其作为已销售的 60 件产品的销售价格的抵减，在该折让发生时冲减当期销售收入。对于合同变更新增的 30 件产品，由于其售价不能反映该产品在合同变更时的单独售价，因此，该合同变更不能作为单独合同进行会计处理。由于尚未转让给客户的产品（包括原合同中尚未交付的 60 件产品以及新增的 30 件产品）与已转让的产品是可明确区分的，因此，甲公司应当将该合同变更作为原合同终止，同时，将原合同的未履约部分与合同变更合并为新合同进行会计处理。该新合同中，剩余产品为 90 件，其对价为 8 400 元，即原合同下尚未确认收入的客户已承诺对价 6 000（100×60）元与合同变更部分的对价 2 400（80×30）元之和，新合同中的 90 件产品每件产品应确认的收入为 93.33（8 400 ÷ 90）元。

（3）合同变更部分作为原合同的组成部分。合同变更不属于上述第（1）种情形，且在合同变更日已转让的商品与未转让的商品之间不可明确区分的，应当将该合同变更部分作为原合同的组成部分，在合同变更日重新计算履约进度，并调整当期收入和相应成本等。

【例 13-5】 2×19 年 1 月 15 日，乙公司和客户签订了一项总金额为 1 000 万元的固定造价合同，在客户自有土地上建造一幢办公楼，预计合同总成本为 700 万元。假定该建造服务属于在某一时段内履行的履约义务，并根据累计发生的合同成本占合同预计总成本的比例确定履约进度。截至 2×19 年年末，乙公司累计已发生成本 420 万元，履约进度为60%(420÷700)。因此,乙公司在2×19年确认收入600(1 000×60%)万元。2×20年年初,合同双方同意更改该办公楼屋顶的设计,合同价格和预计总成本因此而分别增加200万元和120万元。

在本例中,由于合同变更后拟提供的剩余服务与在合同变更日或之前已提供的服务不可明确区分(即该合同仍为单项履约义务),因此,乙公司应当将合同变更作为原合同的组成部分进行会计处理。合同变更后的交易价格为1 200(1 000+200)万元,乙公司重新估计的履约进度为51.2%[=420÷(700+120)]。乙公司在合同变更日应额外确认收入14.4(51.2%×1 200−600)万元。

综上所述,判断合同变更的会计处理的步骤如图13−3所示。如果在合同变更日未转让的商品为上述第(2)种和第(3)种情形的组合,企业应当分别按照上述第(2)种和第(3)种情形的方式对合同变更后尚未转让(或部分未转让)的商品进行会计处理。

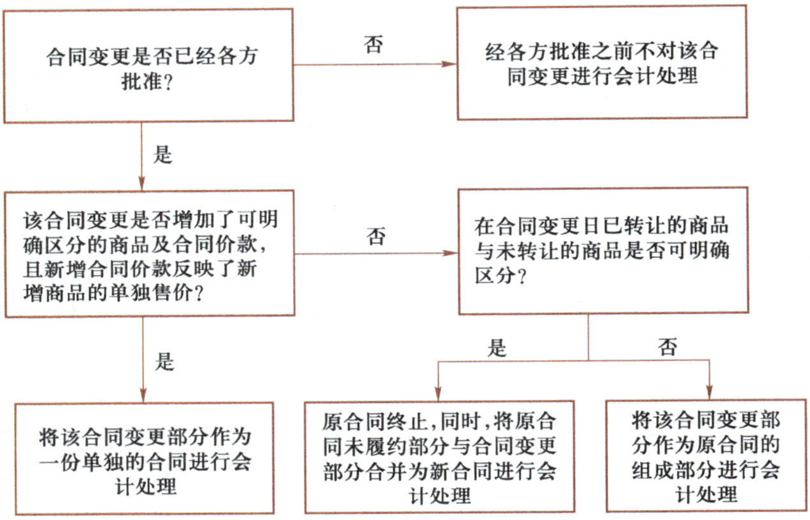


图13−3　判断合同变更的会计处理步骤

### (二)识别合同中的单项履约义务

合同开始日,企业应当对合同进行评估,识别该合同所包含的各单项履约义务。

履约义务,是指合同中企业向客户转让可明确区分商品的承诺。履约义务既包括合同中明确的承诺,也包括由于企业已公开宣布的政策、特定声明或以往的习惯做法等导致合同订立时客户合理预期企业将履行的承诺。

下列情况下,企业应当将向客户转让商品的承诺作为单项履约义务:

(1)企业向客户转让可明确区分商品(或者商品的组合)的承诺。

(2)企业向客户转让一系列实质相同且转让模式相同的、可明确区分商品的承诺。

履约义务是企业向客户承诺的可明确区分的商品或服务。企业向客户承诺的商品同时满足下列两项条件的,应当作为可明确区分的商品:一是客户能够从该商品本身或从该商品与其他易于获得资源一起使用中受益,即该商品本身能够明确区分。当客户能够使用、消耗或以高于残值的价格出售商品，或者以能够产生经济利益的其他方式持有商品时，表明客户能够从该商品本身获益。二是企业向客户转让该商品的承诺与合同中其他承诺可单独区分，即转让该商品的承诺在合同中是可明确区分的。

企业确定了商品本身能够明确区分后，还应当在合同层面继续评估转让该商品的承诺是否与合同中其他承诺彼此之间可明确区分。下列情形通常表明企业向客户转让商品的承诺与合同中的其他承诺不可单独区分：

（1）企业须提供重大的服务以将该商品与合同中承诺的其他商品进行整合，形成合同约定的某个或某些组合产出转让给客户。换言之，企业以该商品作为投入，生产或向客户交付其所要求的组合产出。因此，企业应当评估其在合同中承诺的每一单项商品本身就是合同约定的各项产出，还是仅为一个或多个组合产出的投入。

**【例 13-6】** 甲公司和客户签订一项固定造价合同，在客户自有土地上建造一幢办公楼。

本例中，甲公司向客户提供的单项商品可能包括砖头、水泥、人工等，虽然这些单项商品本身都能够使客户获益（如客户可将这些建筑材料以高于残值的价格出售，也可以将其与其他建筑商提供的材料或人工等资源一起使用），但是，在该合同下，甲公司向客户承诺的是为其建造一栋办公楼，而并非提供这些砖头、水泥和人工等，甲公司须提供重大的服务将这些单项商品进行整合，以形成合同约定的一项组合产出（即写字楼）转让给客户。因此，在该合同中，砖头、水泥和人工等商品彼此之间不能单独区分。

（2）该商品将对合同中承诺的其他商品予以重大修改或定制。如果某项商品将对合同中的其他商品作出重大修改或定制，实质上每一项商品将被整合在一起（即作为投入）以生产合同约定的组合产出。

**【例 13-7】** 乙公司与客户签订合同，向客户出售一台其生产的设备并提供安装服务。该设备可以不经任何定制或改装而直接使用，不需要复杂安装，除乙公司外，市场上还有其他供应商也能提供此项安装服务。

本例中，客户可以使用该设备或将其以高于残值的价格转售，能够从该设备与市场上其他供应商提供的此项安装服务一起使用中获益，也可从安装服务与客户已经获得的其他资源（例如设备）一起使用中获益，表明该设备和安装服务能够明确区分。此外，在该合同中，乙公司对客户的承诺是交付设备之后再提供安装服务，而非两者的组合产出。该设备仅需简单安装即可使用，乙公司并未对设备和安装提供重大整合服务，安装服务没有对该设备作出重大修改或定制。虽然客户只有在获得设备的控制权之后才能从安装服务中获益，但是企业履行其向客户转让设备的承诺能够独立于其提供安装服务的承诺，因此安装服务并不会对设备产生重大影响。该设备与安装服务彼此之间不会产生重大的影响，也不具有高度关联性，表明两者在合同中彼此之间可明确区分。因此，该项合同包含两项履约义务，即销售设备和提供安装服务。

假定其他条件不变，但是按照合同规定只能由乙公司向客户提供安装服务。在这种情况下，合同限制并没有改变相关商品本身的特征，也没有改变企业对客户的承诺。虽然根据合同约定，客户只能选择由乙公司提供安装服务，但是设备和安装服务本身仍然符合可明确区分的条件，仍然是两项履约义务。

此外，如果乙公司提供的安装服务很复杂，该安装服务可能对其销售的设备进行定制化的重大修改，即使市场上有其他的供应商也可以提供此项安装服务，乙公司也不能将该安装服务作为单项履约义务，而是应当将设备和安装服务合并作为单项履约义务。

(3) 该商品与合同中承诺的其他商品具有高度关联性。也就是说，合同中承诺的每一单项商品均受到合同中其他商品的重大影响。合同中包含多项商品时，如果企业无法通过单独交付其中的某一单项商品而履行其合同承诺，可能表明合同中的这些商品会受到彼此的重大影响。

**【例 13-8】** 甲公司与客户签订合同，向客户销售一款软件，提供软件安装服务，并且在两年内向客户提供不定期的软件升级和技术支持服务。甲公司通常也会单独销售该款软件、提供安装服务、软件升级服务和技术支持服务。甲公司提供的安装服务通常也可由其他方执行，且不会对软件作出重大修改。甲公司销售的该软件无须升级和技术支持服务也能正常使用。

本例中，甲公司的承诺包括销售软件、提供安装服务、软件升级服务和技术支持服务。甲公司通常会单独销售软件，提供安装服务、软件升级服务和技术支持服务。该软件先于其他服务交付，且无须经过升级和技术支持服务也能正常使用。安装服务是常规性的且可以由其他服务供应商提供，客户能够从该软件与市场上其他供应商提供的此项安装服务一起使用中获益，也能够从安装服务以及软件升级服务与已经取得的软件一起使用中获益，因此，客户能够从单独使用该合同中承诺的各项商品和服务中获益，或从将其与易于获得的其他商品一起使用中获益，表明这些商品和服务能够明确区分。此外，甲公司虽然需要将软件安装到客户的系统中，但是该安装服务是常规性的，并未对软件作出重大修改，不会重大影响客户使用该软件并从中获益的能力。软件升级服务也一样。合同中承诺的各项商品和服务没有对彼此作出重大修改或定制，甲公司也没有提供重大服务将这些商品和服务整合成一组组合产出。由于甲公司在不提供后续服务的情况下也能够单独履行其销售软件的承诺，因此，软件和各项服务之间不存在高度关联性，表明这些商品在合同中彼此之间可明确区分。因此，该合同中包含四项履约义务，即软件销售、安装服务、软件升级服务以及技术支持服务。

需要说明的是，在企业向客户销售商品的同时，约定企业需要将商品运送至客户指定的地点的情况下，企业需要根据相关商品的控制权转移时点判断该运输活动是否构成单项履约义务。通常情况下，控制权转移给客户之前发生的运输活动不构成单项履约义务，而只是企业为了履行合同而从事的活动，相关成本应当作为合同履约成本；相反，控制权转移给客户之后发生的运输活动则可能表明企业向客户提供了一项运输服务，企业应当考虑该项服务是否构成单项履约义务。

图 13-4 概括了合同中的承诺能够被识别为单项履约义务的判断要点。

### (三) 确定交易价格

交易价格，是指企业因向客户转让商品而预期有权收取的对价金额。企业代第三方收取的款项（例如增值税）以及企业预期将退还给客户的款项，应当作为负债进行会计处理，不计入交易价格。合同标价并不一定代表交易价格，企业应当根据合同条款，并结合以往的习惯做法确定交易价格。在确定交易价格时，企业应当考虑以下因素的影响：可变对价、合同中存在的重大融资成分、非现金对价以及应付客户对价。

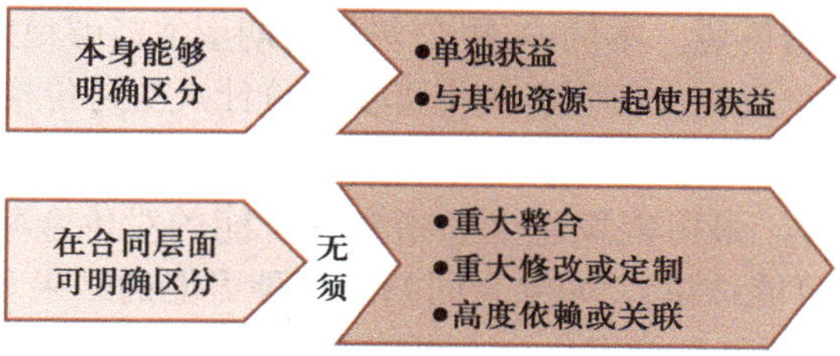


图 13-4　单项履约义务的识别

1. 确定可变对价

企业与客户的合同中约定的对价可能会因折扣、价格折让、返利、退款、奖励积分、激励措施、业绩奖金、索赔等因素而变化。此外，企业有权收取的对价金额，将根据一项或多项或有事项的发生有所不同的情况，也属于可变对价的情形。例如，企业售出商品但允许客户退货时，由于企业有权收取的对价金额将取决于客户是否退货，因此该合同的交易价格是可变的。企业在判断交易价格是否为可变对价时，应当考虑各种相关因素（如企业已公开宣布的政策、特定声明、以往的习惯做法、销售战略以及客户所处的环境等），以确定其是否会接受一个低于合同标价的金额，即企业向客户提供一定的价格折让。

【例 13-9】　甲公司为其客户建造一栋厂房，合同约定的价款为 100 万元，但是，如果甲公司不能在合同签订之日起的 120 天内竣工，则须支付 10 万元罚款，该罚款从合同价款中扣除。上述金额均不含增值税。

本例中，该合同的对价金额实际由两部分组成，即 90 万元的固定价格以及 10 万元的可变对价。

合同中存在可变对价的，企业应当对计入交易价格的可变对价进行估计。

（1）可变对价最佳估计数的确定。企业应通过使用以下任意一种方法估计可变对价金额，具体选择取决于哪种方法能更好地预测企业有权取得的对价金额：

① 期望值。期望值是各种可能的对价金额按概率加权平均之和。如果企业有大量具有相似特征的合同，则期望值可能是对可变对价金额的恰当估计。

【例 13-10】　甲公司生产和销售电视机。2×18 年 3 月，甲公司向零售商乙公司销售 1 000 台电视机，每台价格为 3 000 元，合同价款合计 300 万元。甲公司向乙公司提供价格保护，同意在未来 6 个月内，如果同款电视机售价下降，则按照合同价格与最低售价之间的差额向乙公司支付差价。甲公司根据以往执行类似合同的经验，预计各种结果发生的概率如表 13-2 所示。

表 13-2　各种结果发生概率

| 未来 6 个月内的降价金额（元 / 台） | 概率（%） |
|---|---|
| 0 | 40 |
| 200 | 30 |
| 500 | 20 |
| 1 000 | 10 |

上述价格均不包含增值税。本例中，甲公司认为期望值能够更好地预测其有权获取的对价金额。假定不考虑企业会计准则有关将可变对价计入交易价格的限制要求，在该方法下，甲公司估计交易价格为每台 2 740（3 000×40%+2 800×30%+2 500×20%+2 000×10%）元。

② 最可能发生金额。最可能发生金额指各种可能的对价金额中单一最可能发生的金额（即合同单一最有可能结果）。如果合同只有两种可能的结果（例如，企业要么取得绩效奖励，要么不能取得），则最可能发生金额可能是对可变对价金额的恰当估计。

**【例 13-11】** 资料数据同例 13-9。甲公司对合同结果的估计如下：工程按时完工的概率为 90%，工程延期的概率为 10%。

本例中，由于该合同涉及两种可能结果，甲公司认为按照最可能发生金额能够更好地预测其有权获取的对价金额。因此，甲公司估计的交易价格为 100 万元，即为最可能发生的单一金额。

当存在多个不确定性事项均会影响可变对价金额时，企业可以采用不同的方法对其进行估计。

**【例 13-12】** 甲公司与乙公司签订固定造价合同，在乙公司的厂区内为其建造一栋办公楼，合同价款为 500 万元。根据合同约定，该项工程的完工日期为 2×19 年 6 月 30 日。如果甲公司能够在该日期之前完工，则每提前一天，合同价款将增加 2 万元；相反，如果甲公司未能按期完工，则每推迟一天，合同价款将会减少 2 万元。此外，合同约定，该项工程完工之后将参与省级优质工程奖的评选，如果能够获奖，乙公司将额外奖励甲公司 20 万元。

本例中，产生可变对价的事项有两项：一是能否按期完工；二是能否获得省级优质工程奖。甲公司可以采用不同的方法对其进行估计：①对于前者，甲公司按照期望值进行估计；②对于后者，甲公司按照最有可能的金额进行估计。

（2）计入交易价格的可变对价金额的限制。企业按照期望值或最可能发生金额确定可变对价金额之后，计入交易价格的可变对价金额还应该满足限制条件，即包含可变对价的交易价格，应当不超过在相关不确定性消除时，累计已确认的收入极可能不会发生重大转回的金额。企业在评估与可变对价相关的不确定性消除时，累计已确认的收入金额是否极可能不会发生重大转回时，应当同时考虑以下两个因素：

① 收入转回的可能性。“极可能”是一个比较高的门槛，其发生的概率应远高于“很可能”（即可能性超过 50%），但不要求达到“基本确定”（即可能性超过 95%），其目的是避免因为一些不确定性因素的发生导致之前已经确认的收入发生转回。

② 转回金额的比重。企业应当评估可能发生的收入转回金额相对于合同总对价（包括固定对价和可变对价）而言的比重。

企业应当将满足上述限制条件的可变对价的金额，计入交易价格。

某些因素可能增加收入转回的可能性或转回金额的比重，包括：

① 对价金额极易受到企业之外因素的影响，如市场波动、第三方的判断或行动、天气状况以及承诺的商品或服务过时的高风险。

② 预计在很长一段时间内对价金额的不确定性不会消除。

③ 企业对相似类型合同的经验（或其他证据）有限，或经验（或其他证据）的预测价值

有限。

④ 企业习惯提供广泛的价格折让，或在类似情况下，改变类似合同的支付条款和条件。

⑤ 合同含有大量以及广泛的可能对价金额。

每一资产负债表日，企业应当重新估计可变对价金额（包括重新评估对可变对价的估计是否受到限制），以如实反映报告期末存在的情况以及报告期内发生的情况变化。

**【例 13-13】** 2×19 年 10 月 15 日，甲公司与其分销商乙公司签订合同，向乙公司销售 1 000 件产品，单价为 100 元，合同总价为 10 万元，乙公司当日取得这些产品的控制权。乙公司通常在取得产品后的 90 天内将其对外售出，且乙公司在这些产品售出后才向甲公司支付货款。

该合同中虽然约定了销售价格，但是基于甲公司过往的实务经验，为了维护与乙公司的客户关系，甲公司预计会向乙公司提供价格折扣，以便于乙公司能够以更加优惠的价格向最终客户销售这些产品，从而促进该产品的整体销量。因此，甲公司认为该合同的对价是可变的。

甲公司已销售该产品及类似产品多年，积累了丰富的经验，可观察的历史数据表明，甲公司以往销售此类产品时会给予客户大约 20% 的折扣。同时，根据当前市场信息分析，20% 的降价幅度足以促进该产品的销量，从而提高其周转率。甲公司多年来向客户提供的折扣从未超过 20%。

甲公司按照期望值估计可变对价的金额，因为该方法能够更好地预测其有权获得的对价金额。甲公司估计的交易价格为 80 000［1 000×100×（1-20%）］元。同时，甲公司还需考虑有关将可变对价计入交易价格的限制要求，以确定能否将估计的可变对价金额 80 000 元计入交易价格。

根据其销售此类产品的历史经验、所取得的当前市场信息以及对当前市场的估计，甲公司预计，尽管存在某些不确定性，但是该产品的价格将可在短期内确定。因此，甲公司认为，在不确定性消除（即折扣的总金额最终确定）时，已确认的累计收入金额 80 000 元极可能不会发生重大转回。因此，甲公司应当于 2×19 年 10 月 15 日将产品控制权转移给乙公司时，确认收入 80 000 元。

**【例 13-14】** 沿用例 13-13，甲公司虽然有销售类似产品的经验，但是，甲公司的产品较易过时，且产品定价波动性很大。根据以往经验，甲公司针对同类产品给予客户的折扣范围较广（约为销售价格的 20%~60% 不等）。根据当前市场情况，降价幅度需要达到 15%~50%，才能有效地提高该产品周转率。

本例中，甲公司按照期望值估计可变对价的金额，因为该方法能够更好地预测其有权获得的对价金额。甲公司采用期望值法估计将提供 40% 的折扣，因此估计的交易价格为 60 000［100×（1-40%）×1 000］元。同时，甲公司还需考虑有关将可变对价计入交易价格的限制要求，以确定能否将估计的可变对价金额 60 000 元计入交易价格。由于甲公司的产品价格极易受到超出甲公司影响范围的因素（即产品陈旧过时）的影响，并且为了提高该产品的周转率，甲公司可能需要提供的折扣范围也较广，因此，甲公司不能将该 60 000 元（即提供 40% 折扣之后的价格）计入交易价格。这是因为，将该金额计入交易价格不满足已确认的累计收入金额极可能不会发生重大转回的条件。

但是，根据当前市场情况，降价幅度达到15%~50%，能够有效地提高该产品周转率。在以往的类似交易中，甲公司实际的降价幅度与当时市场信息基本一致。在这种情况下，尽管甲公司以往提供的折扣范围为20%~60%，但是，甲公司认为，如果将50 000元（即提供50%折扣之后的价格）计入交易价格，已确认的累计收入金额极可能不会发生重大转回。因此，甲公司应当于2×19年10月15日将产品控制权转移给乙公司时，确认50 000元的收入，并在不确定性消除之前的每一资产负债表日重新评估该交易价格的金额。

2. 重大融资成分下交易价格

当企业将商品的控制权转移给客户的时间与客户实际付款的时间不一致时，如企业以赊销方式销售商品，或者要求客户支付预付款等，如果各方以在合同中明确（或者以隐含的方式）约定付款时间为客户或企业就转让商品的交易提供了重大融资利益，则合同中即包含了重大融资成分。

合同中存在重大融资成分的，企业应当按照假定客户在取得商品控制权时以现金支付的应付金额（即现销价格）确定交易价格。

在评估合同中是否存在融资成分以及该融资成分对于该合同而言是否重大时，企业应当考虑所有相关的事实和情况，包括：

(1) 已承诺的对价金额与已承诺商品的现销价格之间的差额。

(2) 下列两项的共同影响：一是企业将承诺的商品转让给客户与客户支付相关款项之间的预计时间间隔；二是相应的市场现行利率。

企业向客户转让商品与客户支付相关款项之间存在时间间隔并不足以表明合同包含重大融资成分。表明企业与客户之间的合同未包含重大融资成分的情形有：

① 客户就商品支付了预付款，且可以自行决定这些商品的转让时间（例如，企业向客户出售其发行的储值卡，客户可随时到该企业持卡购物；再如，企业向客户授予奖励积分，客户可随时到该企业兑换这些积分等）。

② 客户承诺支付的对价中有相当大的部分是可变的，该对价金额或付款时间取决于某一未来事项是否发生，且该事项实质上不受客户或企业控制（例如，按照实际销售量收取的特许权使用费）。

③ 合同承诺的对价金额与现销价格之间的差额是由于向客户或企业提供融资利益以外的其他原因所导致的，且这一差额与产生该差额的原因是相称的。例如，合同约定的支付条款是为了向企业或客户提供保护，以防止另一方未能依照合同充分履行其部分或全部义务。

**【例13-15】** 2×19年1月，甲公司与乙公司签订了一项施工总承包合同。合同约定的工期为30个月，工程造价为8亿元（不含税价）。甲、乙双方每季度进行一次工程结算，并于完工时进行竣工结算，每次工程结算额（除质保金及相应的增值税外）由客户于工程结算后5个工作日内支付；除质保金外的工程尾款于竣工结算后10个工作日内支付；合同金额的3%作为质保金，用以保证项目在竣工后2年内正常运行，在质保期满后5个工作日内支付。

本例中，乙公司保留了3%的质保金直到项目竣工2年后支付，虽然服务完成时间与乙公司付款的时间间隔较长，但是，该质保金旨在为乙公司提供工程质量保证，以防甲公司未能完成其合同义务，而并非向乙公司提供融资。因此，甲公司认为该合同中不包含重大融资成分，无须就延期支付质保金的影响调整交易价格。

合同中存在重大融资成分的，企业在确定该重大融资成分的金额时，应使用将合同对价的名义金额折现为商品现销价格的折现率。该折现率一经确定，不得因后续市场利率或客户信用风险等情况的变化而变更。企业确定的交易价格与合同承诺的对价金额之间的差额，应当在合同期间内采用实际利率法摊销。

【例 13–16】 2×18 年 1 月 1 日，甲公司与乙公司签订合同，向其销售一批产品。合同约定，该批产品将于 2 年之后交货。合同中包含两种可供选择的付款方式，即乙公司可以在 2 年后交付产品时支付 449.44 万元，或者在合同签订时支付 400 万元。乙公司选择在合同签订时支付货款。该批产品的控制权在交货时转移。甲公司于 2×18 年 1 月 1 日收到乙公司支付的货款。上述价格均不包含增值税，且假定不考虑相关税费影响。

本例中，按照上述两种付款方式计算的内含利率为 6%。考虑到乙公司付款时间和产品交付时间之间的间隔以及现行市场利率水平，甲公司认为该合同包含重大融资成分，在确定交易价格时，应当对合同承诺的对价金额进行调整，以反映该重大融资成分的影响。假定该融资费用不符合借款费用资本化的要求。甲公司的账务处理为：

(1) 2×18 年 1 月 1 日收到货款。

借：银行存款　　4 000 000
　　未确认融资费用　　494 400
　　贷：合同负债　　4 494 400

(2) 2×18 年 12 月 31 日确认融资成分的影响。

借：财务费用　　240 000（4 000 000×6%）
　　贷：未确认融资费用　　240 000

(3) 2×19 年 12 月 31 日交付产品。

借：财务费用　　254 400（4 240 000×6%）
　　贷：未确认融资费用　　254 400
借：合同负债　　4 494 400
　　贷：主营业务收入　　4 494 400

3. 确定非现金对价

当企业因转让商品而有权向客户收取的对价是非现金形式时，如实物资产、无形资产、股权、客户提供的广告服务等，企业通常应当按照非现金对价在合同开始日的公允价值确定交易价格。非现金对价公允价值不能合理估计的，企业应当参照其承诺向客户转让商品的单独售价间接确定交易价格。

非现金对价的公允价值可能会因对价的形式而发生变动（例如，企业有权向客户收取的对价是股票，股票本身的价格会发生变动），也可能会因为其形式以外的原因而发生变动（例如，企业有权收取非现金对价的公允价值因企业的履约情况而发生变动）。合同开始日后，非现金对价的公允价值因对价形式以外的原因而发生变动的，应当作为可变对价，按照与计入交易价格的可变对价金额的限制条件相关的规定进行处理；非现金对价的公允价值因对价形式而发生变动的，该变动金额不应计入交易价格。

4. 确定应付客户对价

企业应付客户（或向客户购买本企业商品的第三方）对价（如信用积分、优惠券或代金券）的，应当将该应付对价冲减交易价格，并在确认相关收入与支付（或承诺支付）客户对价二者孰晚的时点冲减当期收入，但应付客户对价是为了向客户取得其他可明确区分商品的除外。

### （四）将交易价格分摊至各单项履约义务

当合同中包含两项或多项履约义务时，需要将交易价格分摊至各单项履约义务，以使企业分摊至各单项履约义务（或可明确区分的商品）的交易价格能够反映其因向客户转让已承诺的相关商品而预期有权收取的对价金额。分摊的主要依据是各单项履约义务所承诺商品的单独售价的相对比例。

为了向各应履行义务合理分摊对价金额，企业必须在合同开始时，确定可区分商品或服务相关各项义务的单独销售价格，并以相对单独销售价格为基础分摊交易价格。如果单独销售价格无法获得，企业应当对其进行估计。

估计商品或服务单独售价的适当方法包括但不仅限于：

(1) 经过调整的市场评估法。企业可以评估其销售商品或服务的市场，估计市场内客户愿意对这些商品或服务支付的价格。

(2) 预期成本加成法。企业可预计其履行履约义务的预期成本，之后为该商品或服务增加适当的利润。

(3) 余值法。企业估计单独售价时可以参考用总交易价格减去合同中承诺的其他商品或服务可观察单独售价的总和。

**【例 13-17】** 甲公司与客户签订合同，向其销售 A、B、C 三件产品，合同价款为 10 000 元。A、B、C 产品的单独售价分别为 5 000 元、2 500 元和 7 500 元，合计 15 000 元。上述价格均不包含增值税。

本例中，根据上述交易价格分摊原则，A、B、C 三件产品分别应当分摊的交易价格如下：

A 产品应当分摊的交易价格为 3 333（5 000 ÷ 15 000×10 000）元；

B 产品应当分摊的交易价格为 1 667（2 500 ÷ 15 000×10 000）元；

C 产品应当分摊的交易价格为 5 000（7 500 ÷ 15 000×10 000）元。

### （五）履行各单项履约义务时确认收入

企业应当在履行了合同中的履约义务，即客户取得相关商品控制权时确认收入。企业将商品的控制权转移给客户，该转移可能在某一时段内（即履行履约义务的过程中）发生，也可能在某 一时点（即履约义务完成时）发生。企业应当根据实际情况，首先判断履约义务是否满足在某一时段内履行的条件，如不满足，则该履约义务属于在某一时点履行的履约义务。对于在某一时段内履行的履约义务，企业应当选取恰当的方法来确定履约进度；对于在某一时点履行的履约义务，企业应当综合分析控制权转移的迹象，判断其转移时点。图 13-5 概括了这一判断过程的要点。

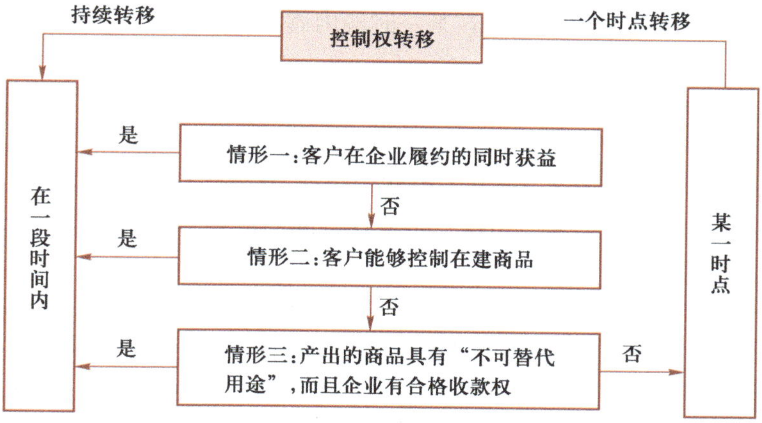


图 13-5 控制权转移方式的判断

1. 在某一时段内履行的履约义务的收入确认条件

满足下列条件之一的，属于在某一时段内履行履约义务，相关收入应当在该履约义务履行的期间内确认：

(1) 客户在企业履约的同时即取得并消耗企业履约所带来的经济利益。企业在履约过程中是持续地向客户转移企业履约所带来的经济利益的，该履约义务属于在某一时段内履行的履约义务，企业应当在履行履约义务的期间确认收入。对于如保洁服务一些服务类的合同而言，可以通过直观的判断获知，企业在履行履约义务(即提供保洁服务)的同时，客户即取得并消耗了企业履约所带来的经济利益。对于难以通过直观判断获知结论的情形，企业在进行判断时，可以假定在企业履约的过程中更换为其他企业继续履行剩余履约义务，当该继续履行合同的企业实质上无须重新执行企业累计至今已经完成的工作时，表明客户在企业履约的同时即取得并消耗了企业履约所带来的经济利益。例如，甲企业承诺将客户的一批货物从 A 市运送到 B 市。假定该批货物在途经 C 市时，由乙运输公司接替甲企业继续提供该运输服务，由于 A 市到 C 市之间的运输服务是无须重新执行的，表明客户在甲企业履约的同时即取得并消耗了甲企业履约所带来的经济利益，因此，甲企业提供的运输服务属于在某一时段内履行的履约义务。

(2) 客户能够控制企业履约过程中在建的商品。企业在履约过程中在建的商品包括在产品、在建工程、尚未完成的研发项目、正在进行的服务等。由于客户控制了在建的商品，客户在企业提供商品的过程中获得其利益，因此，该履约义务属于在某一时段内履行的履约义务，应当在该履约义务履行的期间内确认收入。

【例 13-18】 甲企业与客户签订合同，在客户拥有的土地上按照客户的设计要求为其建造厂房。在建造过程中客户有权修改厂房设计，并与甲企业重新协商设计变更后的合同价款。客户每月末按当月工程进度向甲企业支付工程款。如果客户终止合同，已完成建造部分的厂房归客户所有。

本例中，甲企业为客户建造厂房，该厂房位于客户的土地上，客户终止合同时，已建造的厂房归客户，所有这些均表明客户在该厂房建造的过程中就能够控制该在建的厂房。

因此,甲企业提供的该建造服务属于在某一时段内履行的履约义务,企业应当在提供该服务的期间内确认收入。

(3) 企业履约过程中所产出的商品具有不可替代用途,且该企业在整个合同期间内有权就累计至今已完成的履约部分收取款项。

① 商品具有不可替代用途。具有不可替代用途,是指因合同限制或实际可行性限制,企业不能轻易地将商品用于其他用途。企业在判断商品是否具有不可替代用途时,需要注意下列四点:

第一,判断时点是合同开始日。企业应当在合同开始日判断所承诺的商品是否具有不可替代用途。此后,除非发生合同变更,且该变更显著改变了原合同约定的履约义务;否则,企业无须重新进行判断。

第二,考虑合同中是否存在实质性限制,导致企业不能将合同约定的商品用于其他用途。如果合同中约定的商品和企业的其他商品在很大程度上能够互相替换(例如,企业生产的标准化产品),而不会导致企业违约,也无须发生重大的成本,则表明该限制条款不具有实质性。此外,如果合同中的限制条款仅为保护性条款,也不应考虑。例如,企业与客户约定,当企业清算时,不能向第三方转让代客户销售的某商品。该限制条款的目的是在企业清算时为客户提供保护,因此,应作为保护性条款,在判断该商品是否具有可替代用途时不应考虑。

第三,考虑是否存在实际可行性限制。例如,虽然合同中没有限制条款,但是企业将合同中约定的商品用作其他用途,将遭受重大的经济损失或发生重大的返工成本。

第四,应当根据最终转移给客户的商品的特征判断。当商品在生产的前若干个生产步骤是标准化的,只是从某一时点(或者某一流程)才进入定制化的生产时,企业应当根据最终转移给客户时该商品的特征来判断其是否满足"具有不可替代用途"的条件。

② 企业在整个合同期间内有权就累计至今已完成的履约部分收取款项。有权就累计至今已完成的履约部分收取款项,是指在由于客户或其他方原因终止合同的情况下,企业有权就累计至今已完成的履约部分收取能够补偿其已发生成本和合理利润的款项,并且该权利具有法律约束力。需要强调的是,合同终止必须是由于客户或其他方而非企业自身的原因所致,在整个合同期间内的任一时点,企业均应当拥有此项权利。企业在进行判断时,既要考虑合同条款的约定,还应当充分考虑适用的法律法规、凌驾于合同条款之上的以往司法实践以及类似案例的结果等。例如,即使在合同没有明确约定的情况下,相关的法律法规等是否支持企业主张相关的收款权利;以往的司法实践是否表明合同中的某些条款没有法律约束力;在以往的类似合同中,企业虽然拥有此类权利,却在考虑了各种因素之后没有行使该权利,这是否会导致企业主张该权利的要求在当前的法律环境下不被支持等。

**【例 13-19】** 某咨询公司甲公司与乙公司签订合同,针对乙公司的实际情况和面临的具体问题,为改善其业务流程提供咨询服务,并出具专业的咨询意见。双方约定,甲公司仅需要向乙公司提交最终的咨询意见,而无须提交任何其在工作过程中编制的工作底稿和其他相关资料;在整个合同期间内,如果乙公司单方面终止合同,乙公司需要向甲公司支付违约金,违约金的金额等于甲公司已发生的成本加上 15% 的毛利率,该毛利率与甲公司在类似合同中能够赚取的毛利率大致相同。

本例中，在合同执行过程中，由于乙公司无法获得甲公司已经完成的工作底稿和其他任何资料，假设在执行合同的过程中，因甲公司无法履约而需要由其他公司来继续提供后续咨询服务并出具咨询意见时，其需要重新执行甲公司已经完成的工作，表明乙公司并未在甲公司履约的同时即取得并消耗了甲公司履约所带来的经济利益。然而，由于该咨询服务是针对乙公司的具体情况而提供的，甲公司无法将最终的咨询意见用作其他用途，表明其具有不可替代用途。此外，在整个合同期间内，如果乙公司单方面终止合同，甲公司根据合同条款可以主张其已发生的成本及合理利润，表明甲公司在整个合同期间内有权就累计至今已完成的履约部分收取款项。因此，甲公司向乙公司提供的咨询服务属于在某一时段内履行的履约义务，甲公司应当在其提供服务的期间内按照适当的履约进度确认收入。

【例 13-20】 甲公司是一家造船企业，与乙公司签订了一份船舶建造合同，按照乙公司的具体要求设计和建造船舶。甲公司在自己的厂区内完成该船舶的建造，乙公司无法控制在建过程中的船舶。甲公司如果想把该船舶出售给其他客户，需要发生重大的改造成本。双方约定，如果乙公司单方面解约，乙公司须向甲公司支付相当于合同总价 30% 的违约金，且建造中的船舶归甲公司所有。假定该合同仅包含一项履约义务，即设计和建造船舶。

本例中，船舶是按照乙公司的具体要求进行设计和建造的，甲公司需要发生重大的改造成本将该船舶改造之后才能将其出售给其他客户，因此，该船舶具有不可替代用途。然而，如果乙公司单方面解约，仅需向甲公司支付相当于合同总价 30% 的违约金，表明甲公司无法在整个合同期间内都有权就累计至今已完成的履约部分收取能够补偿其已发生成本和合理利润的款项。因此，甲公司为乙公司设计和建造船舶不属于在某一时段内履行的履约义务。

2. 在某一时段内履行的履约义务的收入确认方法

对于在某一时段内履行的履约义务，企业应当在该段时间内按照履约进度确认收入，但是，履约进度不能合理确定的除外。企业应当考虑商品的性质，采用产出法或投入法确定恰当的履约进度。企业按照履约进度确认收入时，通常应当在资产负债表日按照合同的交易价格总额乘以履约进度扣除以前会计期间累计已确认的收入后的金额，确认为当期收入。

（1）产出法。产出法是根据已转移给客户的商品对于客户的价值确定履约进度的方法，通常可采用实际测量的完工进度、评估已实现的结果、已达到的里程碑、时间进度、已完工或交付的产品等产出指标确定履约进度。企业在评估是否采用产出法确定履约进度时，应当考虑具体的事实和情况，并选择能够如实反映企业履约进度和向客户转移商品控制权的产出指标。

【例 13-21】 甲公司与客户签订合同，为该客户拥有的一条铁路更换 100 根铁轨，合同价格为 10 万元（不含税价）。截至 2×18 年 12 月 31 日，甲公司共更换铁轨 60 根，剩余部分预计在 2×19 年 3 月 31 日之前完成。该合同仅包含一项履约义务，且该履约义务满足在某一时段内履行的条件。假定不考虑其他情况。

本例中，甲公司提供的更换铁轨的服务属于在某一时段内履行的履约义务，甲公司按照已完成的工作量确定履约进度。因此，截至 2×18 年 12 月 31 日，该合同的履约进度为 60%（60 ÷ 100），甲公司应确认的收入为 6（10×60%）万元。

产出法是根据能够代表向客户转移商品控制权的产出指标直接计算履约进度的，因此通常能够客观地反映履约进度。但是，产出法下有关产出指标的信息有时可能无法直接观察获得，企业为获得这些信息需要花费很高的成本，这就可能需要采用投入法来确定履约进度。

（2）投入法。投入法是根据企业履行履约义务的投入确定履约进度的方法，通常可采用投入的材料数量、花费的人工工时或机器工时、发生的成本和时间进度等投入指标确定履约进度。当企业从事的工作或发生的投入是在整个履约期间内平均发生时，企业也可以按照直线法确认收入。

**【例 13-22】** 甲公司经营一家健身俱乐部。2×18 年 2 月 1 日，某客户与甲公司签订合同，成为甲公司的会员，并向甲公司支付会员费 6 000 元（不含税价），可在未来的 12 个月内在该俱乐部健身，且没有次数的限制。

本例中，客户在会籍期间可随时来俱乐部健身，且没有次数限制，客户已使用俱乐部健身的次数不会影响其未来继续使用的次数，甲公司在该合同下的履约义务是承诺随时准备在客户需要时为其提供健身服务。因此，该履约义务属于在某一时段内履行的履约义务，并且该履约义务在会员的会籍期间内随时间的流逝而被履行。因此，甲公司按照直线法确认收入，即每月应当确认的收入为 500（6 000 ÷ 12）元，截至 2×18 年 12 月 31 日，甲公司应确认的收入为 5 500（500×11）元。

如果投入指标与企业向客户转移商品的控制权之间不存在直接的对应关系，企业在采用投入法确定履约进度时，应当扣除那些虽然已经发生，但是未导致向客户转移商品的投入。例如，企业为履行合同应开展一些初始活动，如果这些活动并没有向客户转移企业承诺的服务，则企业在使用投入法确定履约进度时，不应将为开展这些活动发生的相关投入包括在内。

每一资产负债表日，企业应当对履约进度进行重新估计。当客观环境发生变化时，企业也需要重新评估履约进度是否发生变化，以确保履约进度能够反映履约情况的变化，该变化应当作为会计估计变更进行会计处理。对于每一项履约义务，企业只能采用一种方法来确定其履约进度，并加以一贯运用。对于类似情况下的类似履约义务，企业应当采用相同的方法确定履约进度。

对于在某一时段内履行的履约义务，只有当其履约进度能够合理确定时，才应当按照履约进度确认收入。企业如果无法获得确定履约进度所需的可靠信息，则无法合理地确定其履行履约义务的进度。当履约进度不能合理确定时，企业已经发生的成本预计能够得到补偿的，应当按照已经发生的成本金额确认收入，直到履约进度能够合理确定为止。

3. 在某一时点履行的履约义务

当一项履约义务不属于在某一时段内履行的履约义务时，应当属于在某一时点履行的履约义务。对于在某一时点履行的履约义务，企业应当在客户取得相关商品控制权时点确认收入。在判断客户是否已取得商品控制权时，企业应当考虑下列五个迹象：

(1) 企业就该商品享有现时收款权利，即客户就该商品负有现时付款义务。当企业就该商品享有现时收款权利时，可能表明客户已经有能力主导该商品的使用并从中获得几乎全部的经济利益。

收款不确定性与收入确认

(2) 企业已将该商品的法定所有权转移给客户，即客户已拥有该商品的法定所有权。当客户取得了商品的法定所有权时，可能表明其已经有能力主导该商品的使用并从中获得几乎全部的经济利益，或者能够阻止其他企业获得这些经济利益，即客户已取得对该商品的控制权。如果企业仅仅是为了确保到期收回货款而保留商品的法定所有权，那么该权利通常不会对客户取得对该商品的控制权构成障碍。

(3) 企业已将该商品实物转移给客户，即客户已占有该商品实物。客户如果已经占有商品实物，则可能表明其有能力主导该商品的使用并从中获得其几乎全部的经济利益，或者使其他企业无法获得这些利益。需要说明的是，客户占有了某项商品实物并不意味着其就一定取得了该商品的控制权；反之亦然。比较典型的是委托代销安排和售后代管安排。

① 委托代销安排（consignment）。委托代销安排是指委托方和受托方签订代销合同或协议，委托受托方向终端客户销售商品。在这种安排下，企业应当评估受托方在企业向其转让商品时是否已获得对该商品的控制权，如果没有，企业不应在此时确认收入，通常应当在受托方售出商品时确认销售商品收入；受托方应当在商品销售后，按合同或协议约定的方法计算确定的手续费确认收入。典型的委托代销安排模式，通常具有以下特点：A. 在某个特定事项发生（商品销售给第三方或者协议到期）前，商品的控制权属于委托方而不是代销方；B. 委托方可随时要求代销方退还存货或将存货转移至委托方指定的第三方；C. 代销方没有无条件向销售方付款的义务。

**【例 13–23】** 甲公司委托乙公司销售商品 1 000 件，商品已经发出，每件成本为 70 元。合同约定乙公司应按每件 100 元对外销售，甲公司按不含增值税的销售价格的 10% 向乙公司支付手续费。除非这些商品在乙公司存放期间内由于乙公司的责任发生毁损或丢失，否则在商品对外销售之前，乙公司没有义务向甲公司支付货款。乙公司不承担包销责任，没有售出的商品须退回给甲公司；同时，甲公司也有权要求收回商品或将其销售给其他的客户。乙公司对外实际销售 1 000 件，开出的增值税专用发票上注明的销售价格为 100 000 元，增值税税额为 13 000 元，款项已经收到，乙公司立即向甲公司开具代销清单并支付货款。甲公司收到乙公司开具的代销清单时，向乙公司开具一张相同金额的增值税专用发票。假定甲公司发出商品时纳税义务尚未发生，手续费增值税税率为 6%，不考虑其他因素。

本例中，甲公司将商品发送至乙公司后，乙公司虽然已经实物占有商品，但仅是接受甲公司的委托销售商品，并根据实际销售的数量赚取一定比例的手续费。甲公司有权要求收回商品或将其销售给其他的客户，乙公司并不能主导这些商品的销售，这些商品对外销售与否、是否获利以及获利多少等不由乙公司控制，乙公司没有取得这些商品的控制权。因此，甲公司将商品发送至乙公司时，不应确认收入，而应当在乙公司将商品销售给最终客户时确认收入。

根据上述资料，甲公司的账务处理如下：

发出商品时：

| | | |
|---|---|---|
| 借：发出商品——乙公司 | 70 000 | |
| 贷：库存商品——商品 | | 70 000 |

收到代销清单时：

| | | |
|---|---|---|
| 借：应收账款——乙公司 | 113 000 | |
| 贷：主营业务收入——销售商品 | | 100 000 |
| 应交税费——应交增值税（销项税额） | | 13 000 |
| 借：主营业务成本——销售商品 | 70 000 | |
| 贷：发出商品——乙公司 | | 70 000 |
| 借：销售费用——代销手续费 | 10 000 | |
| 应交税费——应交增值税（进项税额） | 600 | |
| 贷：应收账款——乙公司 | | 10 600 |

收到乙公司支付的货款时：

| | | |
|---|---|---|
| 借：银行存款 | 102 400 | |
| 贷：应收账款——乙公司 | | 102 400 |

② 售后代管安排（Bill-and-Hold）。售后代管商品是指根据企业与客户签订的合同，已经就销售的商品向客户收款或取得了收款权利，但是直到在未来某一时点将该商品交付给客户之前，仍然继续持有该商品实物的安排。实务中，客户可能会因为缺乏足够的仓储空间或生产进度延迟而要求与销售方订立此类合同。在这种情况下，尽管企业仍然持有商品的实物，但是，当客户已经取得了对该商品的控制权时，即使客户决定暂不行使实物占有的权利，其依然有能力主导该商品的使用并从中获得几乎全部的经济利益。因此，企业不再控制该商品，而只是向客户提供了代管服务。

在售后代管商品安排下，除了应当考虑客户是否取得商品控制权的迹象，还应当同时满足下列四项条件，才表明客户取得了该商品的控制权：A. 该安排必须具有商业实质；B. 属于客户的商品必须能够单独识别；C. 该商品可以随时交付给客户；D. 企业不能自行使用该商品或将该商品提供给其他客户。

需要注意的是，如果在满足上述条件的情况下，企业对尚未发货的商品确认了收入，则企业应当考虑是否还承担了其他的履约义务，例如，向客户提供保管服务等，从而应当将部分交易价格分摊至该履约义务。

**【例 13-24】** 2×18 年 1 月 1 日，甲公司与乙公司签订合同，向其销售一台设备和专用零部件。设备和零部件的制造期为 2 年。甲公司在完成设备和零部件的生产之后，能够证明其符合合同约定的规格。假定在该合同下，向客户转让设备和零部件是可明确区分的，因此，企业应将其作为两项履约义务，且都属于在某一时点履行的履约义务。

2×19 年 12 月 31 日，乙公司支付了该设备和零部件的合同价款，并对其进行了验收。乙公司运走了设备，但是，考虑到其自身的仓储能力有限，且其工厂紧邻甲公司的仓库，因此，要求将零部件存放于甲公司的仓库中，并且要求甲公司按照其指令随时安排发货。乙公司已拥有零部件的法定所有权，且这些零部件可明确识别为属于乙公司的物品。甲公司在其仓库内的单独区域内存放这些零部件，并应乙公司的要求可随时发货，甲公司不能使用这些零部件，也不能将其提供给其他客户使用。

本例中，2×19 年 12 月 31 日，设备的控制权已转移给乙公司；对于零部件而言，甲公司已经收取合同价款，但是应乙公司的要求尚未发货。乙公司已拥有零部件的法定所有权并且对其进行了验收，虽然这些零部件实物尚由甲公司持有，但是其满足在售后代管商品的安排下客户取得商品控制权的条件，这些零部件的控制权也已经转移给了乙公司。因此，甲公司应当确认销售设备和零部件的相关收入。除此之外，甲公司还为乙公司提供了仓储保管服务，该服务与设备和零部件可明确区分，构成单项履约义务。

(4) 企业已将该商品所有权上的主要风险和报酬转移给客户，即客户已取得该商品所有权上的主要风险和报酬。企业向客户转移了商品所有权上的主要风险和报酬，可能表明客户已经取得了主导该商品的使用并从中获得其几乎全部经济利益的能力。但是，在评估商品所有权上的主要风险和报酬是否转移时，不应考虑导致企业在除所转让商品之外产生其他单项履约义务的风险。例如，企业将产品销售给客户，并承诺提供后续维护服务的安排中，销售产品和提供维护服务均构成单项履约义务，企业保留的因维护服务而产生的风险不影响企业有关主要风险和报酬转移的判断。

百时美施贵宝公司——“健康天使”也造假

(5) 客户已接受该商品。如果客户已经接受了企业提供的商品，例如，企业销售给客户的商品通过了客户的验收，可能表明客户已经取得了该商品的控制权。

需要强调的是，在上述五个迹象中，并没有哪一个或哪几个迹象是决定性的。企业应当根据合同条款和交易实质进行分析，综合判断其是否将商品的控制权转移给客户以及何时转移的，从而确定收入确认的时点。此外，企业应当从客户的角度进行评估，而不应当仅考虑企业自身的看法。

利用闭环交易虚增收入

## 三、合同成本

### (一) 合同履约成本

企业为履行合同可能会发生各种成本，在确认收入的同时，应当对这些成本进行分析。属于存货、固定资产、无形资产等其他企业会计准则规范范围的，应当按照相关企业会计准则进行会计处理；不属于其他企业会计准则规范范围且同时满足下列条件的，应当作为合同履约成本确认为一项资产。

(1) 该成本与一份当前或预期取得的合同直接相关。预期取得的合同应当是企业能够明确识别的合同，例如，现有合同续约后的合同、尚未获得批准的特定合同等。与合同直接相关的成本包括直接人工(例如，支付给直接为客户提供所承诺服务的人员的工资、奖金等)、直接材料(例如，为履行合同耗用的原材料、辅助材料等)、制造费用(或类似费用，例如，组织和管理相关生产、施工、服务等活动发生的费用，包括管理人员的职工薪酬、固定资产折旧费及修理费等)、明确由客户承担的成本以及仅因该合同而发生的其他成本(例如,支付给分包商的成本、设计和技术援助费用等)。

(2) 该成本增加了企业未来用于履行(包括持续履行)履约义务的资源。

(3) 该成本预期能够收回。以下支出发生时,企业应将其计入当期损益:①管理费用,除非这些费用明确由客户承担。②非正常消耗的直接材料、直接人工和制造费用(或类似费用),这些支出为履行合同发生,但未反映在合同价格中。③与履约义务中已履行(包括已全部履行或部分履行)部分相关的支出,即该支出与企业过去的履约活动相关。④无法在尚未履行的与已履行(或已部分履行)的履约义务之间区分的相关支出。

**【例 13-25】** 甲公司与乙公司签订合同,为乙公司信息中心提供管理服务,合同期限为 5 年。在向乙公司提供服务之前,甲公司设计并搭建了一个信息技术平台供其内部使用,该信息技术平台由相关的硬件和软件组成。甲公司需要提供设计方案,将该信息技术平台与乙公司现有的信息系统对接,并进行相关测试。该平台并不会转让给乙公司,但是将用于向乙公司提供服务。甲公司为该平台的设计、购买硬件和软件以及信息中心的测试发生了成本。除此之外,甲公司专门指派员工,负责向乙公司提供服务。

本例中,甲公司为履行合同发生的上述成本中,购买硬件和软件的成本应当分别记录为固定资产和无形资产。设计服务成本和信息中心的测试成本与履行该合同直接相关,并且增加了甲公司未来用于履行履约义务(即提供管理服务)的资源,如果甲公司预期该成本可通过未来提供服务收取的对价收回,则甲公司应当将这些成本确认为一项资产。甲公司向负责该项目的员工支付的工资费用,虽然与向乙公司提供服务有关,但是由于其并未增加企业未来用于履行履约义务的资源,因此,应当于发生时计入当期损益。

### (二) 合同取得成本

企业为取得合同发生的增量成本预期能够收回的,应当作为合同取得成本确认为一项资产。

增量成本,是指企业不取得合同就不会发生的成本,如销售佣金等。为简化实务操作,该资产摊销期限不超过一年的,可以在发生时计入当期损益。企业采用该简化处理方法的,应当对所有类似合同一致采用。

企业为取得合同发生的、除预期能够收回的增量成本之外的其他支出,例如,无论是否取得合同均会发生的差旅费、投标费、为准备投标资料发生的相关费用等,应当在发生时计入当期损益,除非这些支出明确由客户承担。

**【例 13-26】** 甲公司是一家咨询公司,通过竞标赢得一个新客户。为取得与该客户的合同,甲公司聘请外部律师进行尽职调查支付相关费用为 18 000 元,为投标而发生的差旅费为 12 000 元,支付销售人员佣金 5 000 元。甲公司预期这些支出未来均能够收回。此外,甲公司根据其年度销售目标、整体盈利情况及个人业绩等,向销售部门经理支付年度奖金 15 000 元。

本例中,甲公司因签订与该客户合同而向销售人员支付的佣金属于为取得合同发生的增量成本,应当将其作为合同取得成本确认为一项资产。甲公司聘请外部律师进行尽职调查发生的支出、为投标发生的差旅费,无论是否取得合同都会发生,不属于增量成本,因此，应当于发生时直接计入当期损益。甲公司向销售部门经理支付的年度奖金也不是为取得合同发生的增量成本，这是因为该奖金发放与否以及发放金额还取决于其他因素（包括公司的盈利情况和个人业绩），并不能直接归属于可识别的合同。

**【例 13-27】** 根据甲公司的相关政策，销售部门的员工每取得一份新的合同，可以获得提成 100 元，现有合同每续约一次，员工可以获得提成 60 元，甲公司预期上述提成均能够收回。

本例中，甲公司为取得新合同支付给员工的提成 100 元，属于为取得合同发生的增量成本，且预期能够收回，因此，应当确认为一项资产。同样，甲公司为现有合同续约支付给员工的提成 60 元，也属于为取得合同发生的增量成本，这是因为如果不发生合同续约，就不会支付相应的提成，由于该提成预期能够收回，甲公司应当在每次续约时将应支付的相关提成确认为一项资产。

#### （三）与合同成本有关的资产的摊销和减值

1. 摊销

对于确认为资产的合同履约成本和合同取得成本，应当采用与该资产相关的商品收入确认相同的基础（即在履约义务履行的时点或按照履约义务的履约进度）进行摊销，计入当期损益。

2. 减值

与合同成本有关的资产，在进行减值测试时，首先应比较以下两者之差：

（1）因转让与该资产相关的商品预期能够取得的剩余对价；

（2）为转让该相关商品估计将要发生的成本，包括直接人工、直接材料、制造费用（或类似费用）、明确由客户承担的成本以及仅因该合同而发生的其他成本。

与合同成本有关的资产，其账面价值高于上述差额的，超出部分应当计提减值准备，并确认为资产减值损失。以前期间减值的因素之后发生变化，使得企业该资产账面价值低于上述差额的，应当转回原已计提的资产减值准备，并计入当期损益。但转回后的资产账面价值不应超过假定不计提减值准备情况下该资产在转回日的账面价值。

### 四、特定交易的会计处理

#### （一）附有销售退回条款的销售

附有销售退回条款的销售，是指客户依照有关合同有权退货的销售方式。合同中有关退货权的条款可能会在合同中明确约定，也有可能是隐含的。隐含的退货权可能来自企业在销售过程中向客户作出的声明或承诺，也有可能是来自法律法规的要求或企业以往的习惯做法等。

对于附有销售退回条款的销售，企业应当在客户取得相关商品控制权时，按照因向客户转让商品而预期有权收取的对价金额（即不包含预期因销售退回将退还的金额）确认收入，按照预期因销售退回将退还的金额确认负债；同时，按照预期将退回商品转让时的账面价值，扣除收回该商品预计发生的成本（包括退回商品的价值减损）后的余额，确认一项资产，按照所转让商品转让时的账面价值，扣除上述资产成本的净额结转成本。

**【例 13–28】** 甲公司是一家健身器材销售公司。2×19 年 10 月 1 日，甲公司向乙公司销售 5 000 件健身器材，单位销售价格为 500 元，单位成本为 400 元，开出的增值税专用发票上注明的销售价格为 250 万元，增值税税额为 32.5 万元。健身器材已经发运，但款项尚未收到。根据协议约定，乙公司应于 2×19 年 12 月 1 日之前支付货款，在 2×20 年 3 月 31 日之前有权退还健身器材。发出健身器材时，甲公司根据过去的经验，估计该批健身器材的退货率约为 20%。在 2×19 年 12 月 31 日，甲公司对退货率进行了重新评估，认为只有 10% 的健身器材会被退回。甲公司为增值税一般纳税人，健身器材发出时纳税义务已经发生，实际发生退回时取得税务机关开具的红字增值税专用发票。假定健身器材发出时控制权转移给乙公司。甲公司的账务处理如下。

(1) 2×19 年 10 月 1 日发出健身器材时：

| | | |
|---|---|---|
| 借：应收账款 | 2 825 000 | |
| 贷：主营业务收入 | | 2 000 000 |
| 预计负债——应付退货款 | | 500 000 |
| 应交税费——应交增值税（销项税额） | | 325 000 |
| 借：主营业务成本 | 1 600 000 | |
| 应收退货成本 | 400 000 | |
| 贷：库存商品 | | 2 000 000 |

(2) 2×19 年 12 月 1 日前收到货款时：

| | | |
|---|---|---|
| 借：银行存款 | 2 825 000 | |
| 贷：应收账款 | | 2 825 000 |

(3) 2×19 年 12 月 31 日，甲公司对退货率进行重新评估：

| | | |
|---|---|---|
| 借：预计负债——应付退货款 | 250 000 | |
| 贷：主营业务收入 | | 250 000 |
| 借：主营业务成本 | 200 000 | |
| 贷：应收退货成本 | | 200 000 |

(4) 2×20 年 3 月 31 日发生销售退回，实际退货量为 400 件，支付退货款项时：

| | | |
|---|---|---|
| 借：库存商品 | 160 000 | |
| 应交税费——应交增值税（销项税额） | 26 000 | |
| 预计负债——应付退货款 | 250 000 | |
| 贷：应收退货成本 | | 160 000 |
| 主营业务收入 | | 50 000 |
| 银行存款 | | 226 000 |
| 借：主营业务成本 | 40 000 | |
| 贷：应收退货成本 | | 40 000 |

需要说明的是，客户以一项商品换取类型、质量、状况及价格均相同的另一项商品，不应被视为退货。此外，如果合同约定客户可以将质量有瑕疵的商品退回以换取正常的商品，企业应当按照附有质量保证条款的销售进行会计处理。

### （二）附有质量保证条款的销售

企业在向客户销售商品时，根据合同约定、法律规定或本企业以往的习惯做法等，可能会为所销售的商品提供质量保证，这些质量保证的性质可能因行业或者客户而不同。其中，有一些质量保证是为了向客户保证所销售的商品符合既定标准，即保证类质量保证；而另一些质量保证则是在向客户保证所销售的商品符合既定标准之外提供了一项单独的服务，即服务类质量保证。对于附有质量保证条款的销售，企业应当评估该质量保证是否在向客户保证所销售商品符合既定标准之外提供了一项单独服务。企业提供额外服务的，应当作为单项履约义务。否则质量保证责任应当按照或有事项的要求处理。

企业在评估一项质量保证是否在向客户保证所销售的商品符合既定标准之外提供了一项单独的服务时，应当考虑以下因素：①该质量保证是否为法定要求。当法律要求企业提供质量保证时，该法律规定通常表明企业承诺提供的质量保证不是单项履约义务。②质量保证期限。企业提供质量保证的期限越长，越有可能表明企业向客户提供了保证商品符合既定标准之外的服务。因此，企业承诺提供的质量保证越有可能构成单项履约义务。③企业承诺履行任务的性质。如果企业必须履行某些特定的任务以保证所销售的商品符合既定标准（例如，企业负责运输被客户退回的瑕疵商品），则这些特定的任务可能不构成单项履约义务。

**【例 13-29】** 甲公司与客户签订合同，销售一部手机。该手机自售出起一年内如果发生质量问题，甲公司负责提供质量保证服务。此外，在此期间内，由于客户使用不当（如手机进水）等原因造成的产品故障，甲公司也免费提供维修服务。该维修服务不能单独购买。

本例中，甲公司的承诺包括：销售手机、提供质量保证服务以及维修服务。甲公司针对产品的质量问题提供的质量保证服务是为了向客户保证所销售商品符合既定标准，因此不构成单项履约义务；甲公司对由于客户使用不当而导致的产品故障提供的免费维修服务，属于在向客户保证所销售商品符合既定标准之外提供的单独服务，尽管其没有单独销售，该服务与手机可明确区分，应该作为单项履约义务。因此，在该合同下，甲公司的履约义务有两项：销售手机和提供维修服务，甲公司应当按照其各自单独售价的相对比例，将交易价格分摊至这两项履约义务，并在各项履约义务履行时分别确认收入。甲公司提供的质量保证服务，应当按照或有事项进行会计处理。

### （三）主要责任人和代理人

有些安排涉及两个或以上非关联方参与为客户提供某项特定商品或服务。企业应当根据其在向客户转让商品前是否拥有对该商品的控制权来判断其从事交易时的身份是主要责任人还是代理人。

企业在向客户转让商品前能够控制该商品的，该企业为主要责任人，应当按照已收或应收对价总额确认收入；否则，该企业为代理人，应当按照预期有权收取的佣金或手续费的金额确认收入，该金额应当按照已收或应收对价总额扣除应支付给其他相关方的价款后的净额，或者按照既定的佣金金额或比例等确定。

企业作为主要责任人的情形包括：①企业自该第三方取得商品或其他资产控制权后，再转让给客户。②企业能够主导第三方代表本企业向客户提供服务。③企业自第三方取得商品控制权后，通过提供重大的服务将该商品与其他商品整合成合同约定的某组合产出转让给客户。

对于企业是否获得控制权并不直观时，可以考虑以下三类事实和情况：①企业是否负有交付商品或服务的主要责任；②企业是否承担存货风险；③企业是否有权决定所交易商品的价格。

【例 13-30】 甲公司经营某购物网站，在该网站购物的消费者可以明确获知在该网站上销售的商品均为其他零售商直接销售的商品，这些零售商负责发货以及售后服务等。甲公司与零售商签订的合同约定，该网站所售商品的采购、定价、发货以及售后服务等均由零售商自行负责，甲公司仅负责协助零售商和消费者结算货款，并按照每笔交易的实际销售额收取 5% 的佣金。

本例中，甲公司经营的购物网站是一个购物平台，零售商可以在该平台发布所销售商品信息，消费者可以从该平台购买零售商销售的商品。消费者在该网站购物时，向其提供的特定商品为零售商在网站上销售的商品。除此之外，甲公司并未提供任何其他的商品。这些特定商品在转移给消费者之前，甲公司没有能力主导这些商品的使用，例如，甲公司不能将这些商品提供给购买该商品的消费者之外的其他方，也不能阻止零售商向该消费者转移这些商品，甲公司并未控制这些商品。甲公司的履约义务是安排零售商向消费者提供相关商品，而非自行提供这些商品。甲公司在该交易中的身份是代理人。

需要强调的是，企业在判断其是主要责任人还是代理人时，应当以该企业在特定商品转让给客户之前是否能够控制该商品为原则。上述相关事实和情况仅为支持对控制权的评估，不能取代控制权的评估，也不能凌驾于控制权评估之上，更不是单独或额外的评估，并且这些事实和情况并无轻重之分，其中某一项或几项也不能被孤立地用于支持某一结论。企业应当根据相关商品的性质、合同条款的约定以及其他具体情况，综合进行判断。不同的合同可能需要采用上述不同的事实和情况提供支持证据。

当第三方承担了企业的履约义务并享有了合同中的权利，从而使企业不再负有自行向客户转让特定商品的义务时，企业不再是主要责任人，不应再按照主要责任人确认收入，而应当评估其履约义务是否为该第三方取得合同，即企业是否为代理人，并确认相应的收入。

### （四）附有客户额外购买权的销售

某些情况下，企业在销售商品的同时，会向客户授予选择权，允许客户可以据此免费或者以折扣价格购买额外的商品。企业向客户授予的额外购买选择权的形式包括销售激励、客户奖励积分、未来购买商品的折扣券以及合同续约选择权等。对于附有客户额外购买权的销售，企业应当评估该选择权是否向客户提供了一项重大权利。该选择权向客户提供了重大权利的，应当作为单项履约义务，将交易价格分摊至该履约义务，在客户未来行使购买选择权取得相关商品控制权时，或者该选择权失效时，确认相应的收入。客户额外购买选择权的单独售价无法直接观察的，企业应当综合考虑客户行使和不行使该选择权所能获得的折扣的差异、客户行使该选择权的可能性等全部相关信息后，予以合理估计。

客户虽然有额外购买商品选择权，但客户行使该选择权购买商品时的价格反映了这些商品单独售价的，不应被视为企业向该客户提供了一项重大权利。

【例 13-31】 甲公司以 100 元的价格向客户销售 A 商品，购买该商品的客户可得到一张 40% 的折扣券，客户可以在未来的 30 天内使用该折扣券购买甲公司原价不超过 100 元的任一商品。同时，甲公司计划推出季节性促销活动，在未来 30 天内针对所有产品均提供 10% 的折扣。上述两项优惠不能叠加使用。根据历史经验，甲公司预计有 80% 的客户会使用该折扣券，额外购买的商品的金额平均为 50 元。上述金额均不包含增值税，且假定不考虑相关税费影响。

本例中，购买 A 商品的客户能够取得 40% 的折扣券，其远高于所有客户均能享有的 10% 的折扣，因此，甲公司认为该折扣券向客户提供了重大权利，应当作为单项履约义务。考虑到客户使用该折扣券的可能性以及额外购买的金额，甲公司估计该折扣券的单独售价为 12［50×80%×(40%−10%)］元。甲公司按照 A 产品和折扣券单独售价的相对比例对交易价格进行分摊，A 商品分摊的交易价格为 89［100÷(100+12)×100］元，折扣券选择权分摊的交易价格为 11［12÷(100+12)×100］元。甲公司在销售 A 商品时的账务处理如下：

| | | |
|---|---|---|
| 借：银行存款 | 100 | |
| 贷：主营业务收入 | | 89 |
| 合同负债 | | 11 |

### （五）授予知识产权许可

授予知识产权许可，是指企业授予客户对企业拥有的知识产权享有相应权利。常见的知识产权许可可能包括以下任何许可：软件和技术、媒体和娱乐（如电影和音乐）、特许经营、专利、商标和版权。

企业应当评估授予客户的知识产权许可是否可与所售商品明确区分，即该知识产权许可是否构成单项履约义务，并进行相应的会计处理。

1. 授予知识产权许可不构成单项履约义务

若知识产权许可与所售商品不可明确区分，则不构成单项履约义务。此时，企业应当将该知识产权许可和所售商品一起作为单项履约义务进行会计处理。知识产权许可与所售商品不可明确区分的情形包括：

(1) 该知识产权许可构成有形商品的组成部分并且对于该商品的正常使用不可或缺。例如，企业向客户销售设备和相关软件，该软件内嵌于设备之中，该设备必须安装了该软件之后才能正常使用。

(2) 客户只有将该知识产权许可和相关服务一起使用才能够从中获益。例如，客户取得授权许可，但是只有通过企业提供的在线服务才能访问相关内容。

【例 13-32】 甲公司是一家生物制药公司，将其拥有的某合成药的专利权许可证授予乙公司，授权期限为 10 年。同时，甲公司承诺为乙公司生产该种药品。除此之外，甲公司不会从事任何与支持该药品相关的活动。该药品的生产流程特殊性极高，没有其他公司能够生产该药品。

本例中，甲公司向乙公司授予专利权许可，并为其提供生产服务。由于市场上没有其他公司能够生产该药品，客户将无法从该专利权许可中单独获益，因此，该专利权许可和生产服务不可明确区分，应当将其一起作为单项履约义务进行会计处理。

2. 授予知识产权许可构成单项履约义务

企业向客户授予知识产权许可，构成单项履约义务的，应当进一步确定其是在某一时段内履行还是在某一时点履行。

(1) 授予知识产权许可属于在某一时段履行的履约义务。企业向客户授予的知识产权许可，同时满足下列三项条件的，应当作为在某一时段内履行的履约义务确认相关收入；否则，应当作为在某一时点履行的履约义务确认相关收入。

① 合同要求或客户能够合理预期企业将从事对该项知识产权有重大影响的活动。企业从事的下列活动通常会对知识产权有重大影响：这些活动预期将显著改变该项知识产权的形式或者功能（如知识产权的设计、内容、功能性等）；客户从该项知识产权中获益的能力在很大程度上来源于或者取决于这些活动，即这些活动会改变知识产权价值。例如，企业授权客户使用其品牌，客户从该品牌获得的利益价值取决于企业为维护或提升其品牌价值而持续从事的活动。

② 该活动对客户将产生有利或不利影响。

③ 该活动不会导致向客户转让某项商品。

(2) 授予知识产权许可属于在某一时点履行的履约义务。授予知识产权许可不属于在某一时段内履行的履约义务的，应当作为在某一时点履行的履约义务，在履行该履约义务时确认收入。在客户能够使用某项知识产权许可并开始从中获利之前，企业不能对此类知识产权许可确认收入。例如，企业授权客户在一定期间内使用软件，但是，在企业向客户提供该软件的密钥之前，客户都无法使用该软件，不应确认收入。

**【例 13-33】** 甲公司是一家设计制作连环漫画的公司，授权乙公司可在 3 年内使用其 2 部连环漫画中的角色形象和名称，乙公司可以以不同的方式（如展览或演出）使用这些漫画中的角色。甲公司的每部连环漫画都有相应的主要角色，并会定期创造新的角色，角色的形象也会随时演变。合同要求乙公司必须使用最新的角色形象。在授权期内，甲公司每年向乙公司收取 500 万元。甲公司无须提供其他商品或服务。

本例中，甲公司基于下列因素的考虑，认为该许可的相关收入应当在某一时段内确认：一是乙公司合理预期（根据甲公司以往的习惯做法），甲公司将实施对该知识产权许可产生重大影响的活动，如继续制作该系列漫画、创作漫画角色、开展宣传活动以提高漫画角色的知名度；二是合同要求乙公司必须使用甲公司创作的最新角色，这些角色塑造得成功与否，会直接对乙公司产生有利或不利影响；三是尽管乙公司可以通过该知识产权许可从这些活动中获益，但在这些活动发生时并没有导致向乙公司转让任何商品。

由于合同规定乙公司在一段固定期间内可无限制地使用其取得授权许可的角色，因此，甲公司按照时间进度确定履约进度。

3. 基于销售或使用情况的特许权使用费

企业向客户授予知识产权许可，并约定按客户实际销售或使用情况（如按照客户的销售额）收取特许权使用费的，应当在客户后续销售或使用行为实际发生与企业履行相关履约义务二者孰晚的时点确认收入。

**【例 13-34】** 甲公司是一家著名的篮球俱乐部，授权乙公司在其设计生产的服装、帽子、水杯以及毛巾等产品上使用甲公司球队的名称和图标，授权期间为2年。合同约定，甲公司收取的合同对价由两部分组成：一是500万元固定金额的使用费；二是按照乙公司销售上述商品所取得销售额的8%计算的提成。乙公司预期甲公司会继续参加当地顶级联赛，并取得优异的成绩。

本例中，该合同仅包括一项履约义务，即授予使用权许可，甲公司继续参加比赛并取得优异成绩等活动是该许可的组成部分。由于乙公司能够合理预期甲公司将继续参加比赛，甲公司的成绩将会对其品牌（包括名称和图标等）的价值产生重大影响，而该品牌价值可能进一步影响乙公司产品的销量。甲公司从事的上述活动并未向乙公司转让任何可明确区分的商品，因此，甲公司授予的该使用权许可，属于在2年内履行的履约义务。甲公司收取的500万元固定金额的使用费应当在2年内平均确认收入，按照乙公司销售相关商品所取得销售额的8%计算的提成应当在乙公司的销售发生时确认收入。

### （六）售后回购

售后回购，是指企业销售商品的同时承诺或有权选择日后再将该商品（包括相同或几乎相同的商品，或以该商品作为组成部分的其他商品）购回的销售方式。

对于不同类型的售后回购交易，企业应当区分下列两种情形分别进行会计处理：

（1）企业因存在与客户的远期安排而负有回购义务或企业享有回购权利的。企业因存在与客户的远期安排而负有回购义务或企业享有回购权利的，表明在销售时点，客户并没有取得该商品的控制权，企业应当作为租赁交易或者融资交易进行会计处理。回购价格低于原售价的，应当视为租赁交易；回购价格不低于原售价的，应当视为融资交易，在收到客户款项时确认金融负债，并将该款项和回购价格的差额在回购期间内确认为利息费用等。企业到期未行使回购权利的，应当在该回购权利到期时终止确认金融负债，同时确认收入。

**【例13-35】** 2×19年6月1日，甲公司向乙公司销售一台设备，销售价格为400万元，同时双方约定两年之后，即2×21年6月1日，甲公司将以300万元的价格回购该设备。假定不考虑货币时间价值等其他因素的影响。

本例中，根据合同约定，甲公司负有在两年后回购该设备的义务，因此，乙公司并未取得该设备的控制权，不考虑货币时间价值等影响，该交易的实质是乙公司支付了100万元的对价取得了该设备2年的使用权。甲公司应当将该交易作为租赁交易进行会计处理。

**【例13-36】** 沿用例13-35，假定甲公司将在2×21年6月1日以450万元的价格回购该设备。

本例中，假定不考虑货币时间价值，该交易的实质是甲公司以该设备作为质押取得了400万元的借款，2年后归还本息合计450万元。甲公司应当将该交易视为融资交易，不应当终止确认该设备，而应当在收到客户款项时确认金融负债，并将该款项和回购价格的差额在回购期间内确认为利息费用等。

（2）企业应客户要求回购商品的。企业负有应客户要求回购商品义务的，应当在合同开始日评估客户是否具有行使该要求权的重大经济动因。客户具有行使该要求权的重大经济动因的，企业应当将售后回购作为租赁交易或融资交易进行相应的会计处理。客户不具有行使该要求权的重大经济动因的，企业应当将其作为附有销售退回条款的销售交易进行相应的会计处理。当回购价格明显高于该资产回购时的市场价值时，通常表明客户有行权的重大经济动因。

【例 13-37】 甲公司向乙公司销售其生产的一台设备，销售价格为 2 000 万元，双方约定，乙公司在 5 年后有权要求甲公司以 1 500 万元的价格回购该设备。甲公司预计该设备在回购时的市场价值将远低于 1 500 万元。

本例中，假定不考虑时间价值的影响，甲公司的回购价格 1 500 万元低于原售价 2 000 万元，但远高于该设备在回购时的市场价值，甲公司判断乙公司有重大的经济动因行使其权利要求甲公司回购该设备。因此，甲公司应当将该交易作为租赁交易进行会计处理。

### （七）客户未行使的权利

企业因销售商品向客户收取的预收款，赋予了客户一项在未来从企业取得该商品的权利，并使企业承担了向客户转让该商品的义务。因此，企业应当将预收的款项确认为合同负债，待未来履行了相关履约义务，即向客户转让相关商品时，再将该负债转为收入。

某些情况下，企业收取的预收款无须退回，但是客户可能会放弃其全部或部分合同权利，例如，放弃储值卡的使用等。企业预期将有权获得与客户所放弃的合同权利相关的金额的，应当按照客户行使合同权利的模式按比例将上述金额确认为收入；否则，企业只有在客户要求其履行剩余履约义务的可能性极低时，才能将相关负债余额转为收入。

如果有相关法律规定，企业所收取的、与客户未行使权利相关的款项须转交给其他方的（例如，法律规定无人认领的财产须上交政府），企业不应将其确认为收入。

【例 13-38】 甲公司经营连锁超市。2×19 年，甲公司向客户销售了 5 000 张储值卡，每张卡的面值为 200 元，总额为 100 万元。客户可在甲公司经营的任何一家门店使用该储值卡进行消费。根据历史经验，甲公司预期客户购买的储值卡中将有大约相当于储值卡面值金额 5%（即 5 万元）的部分不会被消费。截至 2×19 年 12 月 31 日，客户使用该储值卡消费的金额为 40 万元。暂不考虑增值税等因素影响。

本例中，甲公司预期将有权获得与客户未行使的合同权利相关的金额为 5 万元，该金额应当按照客户行使合同权利的模式按比例确认为收入。因此，甲公司在 2×19 年销售的储值卡应当确认的收入金额为 421 052（400 000+50 000×400 000÷950 000）元。甲公司的账务处理如下。

（1）销售储值卡：

借：库存现金　　　　1 000 000

　　贷：合同负债　　　　1 000 000

（2）根据储值卡的消费金额确认收入：

借：合同负债　　　　421 052

　　贷：主营业务收入　　　　421 052

### （八）无须退回的初始费

企业在合同开始日（或临近合同开始日）向客户收取的无须退回的初始费通常包括入会费、接驳费、初装费等。企业收取该初始费时，应当评估该初始费是否与向客户转让已承诺的商品相关。

该初始费与向客户转让已承诺的商品相关,且该商品构成单项履约义务的,企业应当在转让该商品时,按照分摊至该商品的交易价格确认收入;该初始费与向客户转让已承诺的商品相关,但该商品不构成单项履约义务的,企业应当在包含该商品的单项履约义务履行时,按照分摊至该单项履约义务的交易价格确认收入;该初始费与向客户转让已承诺的商品不相关的,该初始费应当作为未来将转让商品的预收款,在未来转让该商品时确认为收入。

**【例 13-39】** 甲公司经营一家会员制健身俱乐部。甲公司与客户签订了为期 2 年的合同,客户入会之后可以随时在该俱乐部健身。除俱乐部的年费 2 000 元,甲公司还向客户收取了 50 元的入会费,用于补偿俱乐部为客户进行注册登记、准备会籍资料以及制作会员卡等初始活动所花费的成本。甲公司收取的入会费和年费均无须返还。

本例中,甲公司承诺的服务是向客户提供健身服务(即可随时使用的健身场地),而甲公司为会员入会所进行的初始活动并未向客户提供其所承诺的服务,而只是一些内部行政管理性质的工作。因此,甲公司虽然为补偿这些初始活动向客户收取了入会费,但是该入会费实质上是客户为健身服务所支付的对价的一部分,故应当作为健身服务的预收款,与收取的年费一起在 2 年内分摊确认为收入。

收入与报表操纵

# 第二节 费 用

## 一、费用概述

### (一)费用的定义

在美国财务会计准则委员会(FASB)于 1980 年发表的第三号财务会计概念公告(SFACNo.3)《企业财务报表要素》中对费用的定义为:费用是某一个体在其持续的、主要的或核心业务中,因交付或生产了货品,提供了劳务或进行了其他活动,而付出的或其他耗用的资产,或因而承担的负债(或两者兼而有之)。

FASB 的这一定义强烈地反映了资产负债观,同时界定了费用和损失的关系。

国际会计准则委员会(IASC)在 1989 年颁布的《编报财务报表的框架》中对费用的定义为:费用是指会计期间内经济利益的减少,其形式表现为因资产流出、资产消耗或是发生负债而引起的权益减少,但不包括与对权益参与者分配有关的权益减少。①

IASC 的费用定义既包括那些在企业正常活动中发生的费用,也包括损失。损失是企业在日常活动之中或之外发生的符合费用定义的其他项目。与其他费用一样,损失也是经济利益的减少。

改组后的 IASB 与 FASB 于 2004 年决定联合对各自会计准则中的“概念框架”进行修订,并于 2010 年联合发布了修订后的《财务报告概念框架》第一章(通用目的财务报告的目标 )和第三章(财务报表和报告主体)。之后,IASB 于 2018 年 3 月 29 日正式发布《财

① IASC. *Framework of the Preparation and Presentation for Financial Statements*. 1989. par.70.

务报告概念框架》,对1989年版概念框架和2010年版概念框架进行了重大修订。根据2018年版的《财务报告概念框架》,费用被定义为:“除向主体权益要求权持有者分配外而导致权益减少的资产减少或负债增加。”

根据我国《企业会计准则——基本准则》,费用是指企业在日常活动中发生的、会导致所有者权益减少的、与向所有者分配利润无关的经济利益的总流出。与本章第一节中对收入的定义对比可以发现,费用是与收入相互对称的一个概念。它代表企业为取得一定收入或进行其他生产经营活动所发生的资源的牺牲,具体表现为资产的减少或者负债的增加。

这里需要注意费用与损失的区别。我国《企业会计准则——基本准则》中也界定了损失的概念:“损失是指由企业非日常活动发生的、会导致所有者权益减少的、与向所有者分配利润无关的经济利益的流出。”

费用是在企业日常活动中发生的,并与企业获取收入的活动密切相关。比如,企业的销售成本(营业成本)、工资费用、折旧费等就是企业的费用。费用的形式常常表现为资产的流出或者消耗。由于费用同企业获取收入的活动密切相关,因此费用可以与收入实现某种形式的配比,如因果配比、期间配比等。

损失包括直接计入所有者权益的损失和直接计入当期利润的损失。前者如分类为以公允价值计量且其变动计入其他综合收益的金融资产因公允价值变动而形成的损失,后者如固定资产报废损失、灾害损失等。由于损失与企业获取收入活动的关系不大,因此损失通常没有恰当的收入与之相配比。

从图13-6我们可以发现某企业存在这么一个以配比原则和权责发生制原则为基础的逻辑层次:如果可能的话,成本应该与其直接产生的收入配比;如果一个直接的因果关

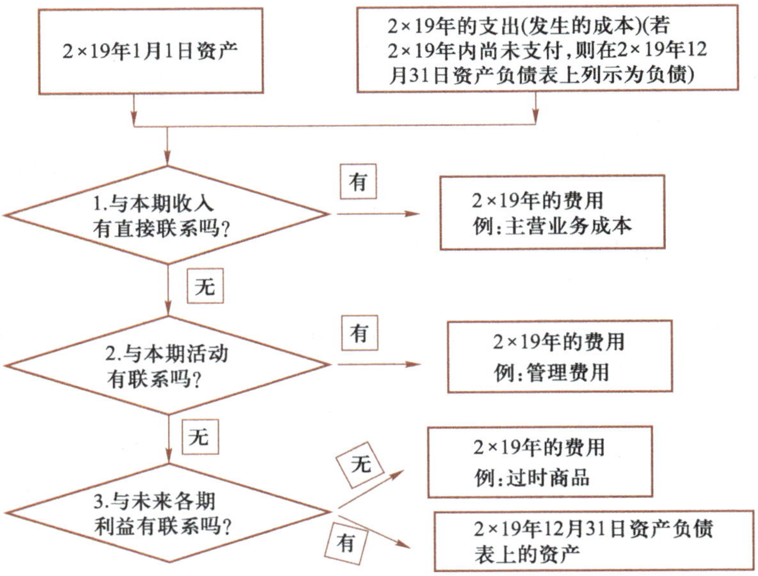


图13-6 某企业费用、成本与资产之间的关系

系不存在的话，成本应该以一种合理和系统的方式与收入配比；最后即使连一个间接的因果关系都没有，那么成本在发生时应被确认为期间费用。

### （二）费用的分类

一般来说，企业一个时期所发生的费用可以分为营业成本和期间费用两大类。

1. 营业成本

营业成本是指企业经营主要业务和其他业务所发生的成本总额，包括主营业务成本和其他业务成本。主营业务成本是企业确认销售商品、提供劳务等主营业务收入时应结转的成本。例如，对于制造企业销售商品来说，主营业务成本就是所销售商品的生产成本，这一成本是由直接人工、直接材料和制造费用等部分组成的。其他业务成本是企业确认的除主营业务活动以外的其他经营活动所发生的支出，包括销售材料的成本、出租固定资产的折旧额、出租无形资产的摊销额、出租包装物的成本或摊销额以及采用成本模式计量的投资性房地产所计提的折旧额或摊销额等。

2. 期间费用

期间费用是本期发生的、不能直接或间接归入某种产品成本的、直接计入损益的各种费用。确认为期间费用的费用，进一步又划分为管理费用、销售费用和财务费用。

(1) 管理费用。管理费用是指企业为组织和管理企业生产经营所发生的管理费用，包括企业在筹建期间内发生的开办费、董事会和行政管理部门在企业的经营管理中发生的或者应由企业统一负担的公司经费（包括行政管理部门职工工资及福利费、物料消耗、低值易耗品摊销、办公费和差旅费等）、工会经费、董事会费（包括董事会成员津贴、会议费和差旅费等）、聘请中介机构费、咨询费（含顾问费）、诉讼费、业务招待费、技术转让费、矿产资源补偿费、研究费用、排污费，以及企业生产车间和行政管理部门等发生的固定资产修理费用等。

(2) 销售费用。销售费用是指企业在销售商品和材料、提供劳务的过程中发生的各种费用，包括企业在销售商品过程中发生的保险费、包装费、展览费和广告费、商品维修费、装卸费等，以及为销售本企业商品而专设的销售机构（含销售网点、售后服务网点等）的职工薪酬、业务费、折旧费、固定资产修理费用等费用。

(3) 财务费用。财务费用是指企业为筹集生产经营所需资金等而发生的筹资费用，包括利息支出（减利息收入）、汇兑损益以及相关的手续费、企业发生的现金折扣或收到的现金折扣等。

## 二、费用的确认与配比原则

根据我国《企业会计准则——基本准则》，费用只有在经济利益很可能流出从而导致企业资产减少或者负债增加，且经济利益的流出额能够可靠计量时才能予以确认。符合费用定义和费用确认条件的项目，应当列入利润表。这是费用确认的基本标准。

基本准则进一步指出，企业为生产产品、提供劳务等发生的可归属于产品成本、劳务成本等费用，应当在确认产品销售收入、劳务收入等时，将已销售产品、已提供劳务的成本等计入当期损益。企业发生的支出不产生经济利益的，或者虽然能够产生经济利益但不符合或者不再符合资产确认条件的，应当在发生时确认为费用，计入当期损益。企业发生的交易或者事项导致其承担了一项负债而又不确认为一项资产的，应当在发生时确认为费用，计入当期损益。

上述费用确认的具体要求体现了配比原则。配比原则是指，费用应该与其相联系的收入相配比，当与费用相联系的收入已经实现时，应该确认相应的费用。

比如，有些费用可以按与收入的因果关系加以确认（因果配比）。如果企业销售的商品与所产生的销售收入有直接的因果关系，那么该项销售商品的成本就应该随同本期实现的销售收入确认为当期的费用。有些费用可以作为当期费用，直接与当期收入进行期间配比，如期间费用等。根据配比原则，费用是在与其相联系的收入已经实现时确认，而不是在现金支出发生时确认，因此，费用的确认时间和现金支出时间往往是不一致的。

## 三、费用的会计处理

### （一）营业成本的会计处理

主营业务成本是在企业获得销售收入时结转的所售商品或所提供劳务的成本。企业通常设置“主营业务成本”账户反映收入实现时结转的生产成本或劳务成本。

**【例 13-40】** 2×19 年 12 月 1 日，东方公司向长城公司销售一批产品，该批产品生产成本为 500 万元。

东方公司销售产品结转成本时，应做如下账务处理：

| | | |
|---|---|---|
| 借：主营业务成本 | 5 000 000 | |
| 　贷：库存商品 | | 5 000 000 |

企业应当设置“其他业务成本”账户，反映除主营业务活动以外的其他经营活动所发生的支出，如销售材料的成本、出租固定资产的折旧、出租无形资产的摊销等。

**【例 13-41】** 2×19 年 12 月 1 日，东方公司将一项专利技术出租给长城公司使用，该专利技术账面余额为 1 000 万元，摊销期为 10 年。

东方公司 2019 年及后账务处理如下：

| | | |
|---|---|---|
| 借：其他业务成本 | 1 000 000 | |
| 　贷：累计摊销 | | 1 000 000 |

### （二）期间费用的会计处理

期间费用包括管理费用、销售费用和财务费用。企业应分别设置“管理费用”“销售费用”和“财务费用”账户，并按费用项目设置明细账进行相关的会计处理。期末相关费用账户的期末余额结转“本年利润”账户之后无余额。

**【例 13-42】** 东方公司 2×19 年 9 月为销售本公司产品发生了下列费用：广告费 5 万元，以银行存款支付；专设销售机构职工工资 12 万元，尚未支付；销售机构固定资产折旧费 3 万元。

东方公司账务处理如下：

| | | |
|---|---|---|
| 借：销售费用——广告费 | 50 000 | |
| 　　　　　——工资 | 120 000 | |
| 　　　　　——折旧费 | 30 000 | |

贷:银行存款　　50 000

　应付职工薪酬　　120 000

　累计折旧　　30 000

【例 13-43】 东方公司行政部 2×19 年 9 月发生了下列费用:报销行政人员差旅费 1 万元;行政人员工资 5 万元,尚未支付;行政部固定资产折旧 12 万元。该公司作账务处理如下:

借:管理费用——差旅费　　10 000

　　　　　——工资费　　50 000

　　　　　——折旧费　　120 000

　贷:银行存款　　10 000

　　应付职工薪酬　　50 000

　　累计折旧　　120 000

## 第三节 利　润

### 一、利润的定义和构成

#### (一) 利润的定义

利润是企业经济效益的综合表现,对利润的追求,对于企业生存和发展至关重要。作为企业经济效益的综合表现,利润不但是衡量企业作为经营主体所取得的业绩的主要指标,而且也是对企业经营成果进行分配的重要依据。根据我国《企业会计准则——基本准则》,利润是指企业在一定会计期间的经营成果。利润包括收入减去费用后的净额、直接计入当期利润的利得和损失等。直接计入当期利润的利得和损失,是指应当计入当期损益、会导致所有者权益发生增减变动的、与所有者投入资本或向所有者分配利润无关的利得和损失。

#### (二) 利润的构成

会计中的利润又分为“营业利润”“利润总额”和“净利润”等不同的概念。根据最新利润表格式,利润相关的计算公式如下:

1. 营业利润

营业利润 = 营业收入 − 营业成本 − 税金及附加 − 销售费用 − 管理费用 − 研发费用 − 财务费用 + 其他收益 + 投资收益(− 投资损失)+ 公允价值变动收益(− 公允价值变动损失)− 信用减值损失 − 资产减值损失 + 资产处置收益(− 资产处置损失)

其中:

(1) 营业收入包括企业确认的销售商品、提供劳务等主营业务以及除主营业务以外的其他经营活动实现的收入。

(2) 营业成本包括企业确认的销售商品、提供劳务等主营业务收入时应结转的成本,以及除主营业务活动以外的其他经营活动所发生的支出。

(3) 税金及附加是指企业经营活动发生的消费税、城市维护建设税、资源税和教育费附加等相关税费。

(4) 研发费用是指企业进行研究与开发过程中发生的费用化支出，以及计入管理费用的自行开发无形资产的摊销。

(5) 其他收益主要包括计入其他收益的政府补助，以及其他与日常活动相关且计入其他收益的项目。

(6) 投资收益（或损失）是指企业以各种方式对外投资所取得的收益（或发生的损失）。

(7) 公允价值变动收益（或损失）是指企业交易性金融资产等公允价值变动形成的应计入当期损益的利得（或损失）。

(8) 信用减值损失指的是计提各项金融工具信用减值准备所确认的信用损失。

(9) 资产减值损失是指企业计提各项资产减值准备所形成的损失。

(10) 资产处置收益主要反映企业出售或处置非流动资产（金融工具、长期股权投资和投资性房地产除外）时确认的处置利得或损失。

2. 利润总额

利润总额 = 营业利润 + 营业外收入 – 营业外支出

其中：

(1) 营业外收入是指企业发生的除营业利润以外的收益，主要包括与企业日常活动无关的政府补助、盘盈利得、捐赠利得（企业接受股东或股东的子公司直接或间接的捐赠，经济实质属于股东对企业的资本性投入的除外）等。

(2) 营业外支出是指企业发生的除营业利润以外的支出，主要包括公益性捐赠支出、非常损失、盘亏损失、非流动资产毁损报废损失等。

3. 净利润

净利润 = 利润总额 – 所得税费用

其中：所得税费用是指企业确认的应从当期利润总额中扣除的所得税费用。

## 二、营业外收支的会计处理

营业外收支是指企业发生的与日常活动无直接关系的各项收支。营业外收支虽然与企业生产经营活动没有多大的关系，但从企业主体来考虑，同样带来收入或形成企业的支出，也是增加或减少利润的因素，会对利润总额及净利润产生影响。

### （一）营业外收入

营业外收入是指企业发生的与日常活动无直接关系的各项利得。营业外收入并不是由企业经营资金耗费所产生的，不需要企业付出代价，实际上是一种纯收入，不可能也不需要与有关费用进行配比。因此，在会计处理上，应当严格区分营业外收入与营业收入的界限。营业外收入主要包括非流动资产处置利得、盘盈利得、政府补助、捐赠利得等。

(1) 非流动资产处置利得，指因自然灾害等发生毁损、已丧失使用功能而报废的非流动资产所产生的清理收益。

(2) 盘盈利得，指企业对于现金等资产清查盘点中盘盈的资产，报经批准后计入营业外收入的金额。

(3) 政府补助，指与企业日常活动无关的、从政府无偿取得货币性资产或非货币性资产形成的利得。

(4) 捐赠利得，指企业接受捐赠产生的利得。企业接受的捐赠和债务豁免，通常应当确认为当期收益。但是，企业接受控股股东(或控股股东的子公司)或非控股股东(或非控股股东的子公司)直接或间接代为偿债、债务豁免或捐赠，经济实质表明属于控股股东或非控股股东对企业的资本性投入的，应当将相关利得计入所有者权益(资本公积)。

企业应当通过"营业外收入"科目，核算营业外收入的取得和结转情况。该科目按营业外收入项目进行明细核算。期末，应将该科目余额转入"本年利润"科目，结转后该科目无余额。

### (二) 营业外支出

营业外支出是指企业发生的营业利润以外的支出，主要包括非流动资产毁损报废损失、公益性捐赠支出、非常损失、盘亏损失等。

(1) 非流动资产毁损报废损失，指因自然灾害等发生毁损、已丧失使用功能而报废的非流动资产所产生的清理损失。

(2) 公益性捐赠支出，指企业对外进行公益性捐赠发生的支出。

(3) 非常损失，指企业对于因客观因素(如自然灾害等)造成的损失，在扣除保险公司赔偿后计入营业外支出的净损失。

企业应通过"营业外支出"科目，核算营业外支出的发生及结转情况。该科目按营业外支出项目进行明细核算。期末，应将该科目余额转入"本年利润"科目，结转后该科目无余额。

需要注意的是，营业外收入和营业外支出应当分别核算。在具体核算时，不得以营业外收入冲减营业外支出，也不得以营业外支出直接冲减营业外收入。

# 第四节 所得税费用

## 一、所得税会计概述

企业所得税是国家对企业的生产经营所得和其他所得征收的一种收益税，也是国家以社会管理者的身份参与企业经营成果分配的一种形式。为了保证税款的及时入库，税法通常要求企业采用按期预缴、年终汇算清缴的办法，即企业根据月度或季度内应纳税所得额的实际发生额，或根据上一年度应纳税所得额按月或按季的平均数，计算并预缴所得税，年度终了后，再由税务部门对企业全年应纳所得税进行结算，多退少补。

关于所得税的会计处理，我国目前会计准则要求采用资产负债表债务法核算递延所得税。本节也将主要介绍与资产负债表债务法相关的概念。

资产负债表债务法是从资产负债表出发，通过比较资产负债表上列示的资产、负债按照会计准则规定确定的账面价值与按照税法规定确定的计税基础，对于两者之间的差异分别应纳税暂时性差异与可抵扣暂时性差异，确认相关的递延所得税负债与递延所得税资产，并在此基础上确定每一会计期间利润表中的所得税费用。

采用资产负债表债务法核算所得税的情况下，企业一般应于每一资产负债表日进行所得税的核算。发生特殊交易或事项时,如企业合并,在确认因交易或事项取得的资产、负债时即应确认相关的所得税影响。企业进行所得税核算一般应遵循以下程序:

(1) 确定资产负债表中除递延所得税资产和递延所得税负债以外的其他资产和负债项目的账面价值。

(2) 以适用的税收法规为基础,确定资产负债表中有关资产、负债项目的计税基础。

(3) 比较资产、负债的账面价值与其计税基础,确定暂时性差异的金额及性质。

(4) 确定资产负债表日递延所得税负债和递延所得税资产的应有金额。

(5) 确定当期递延所得税资产和递延所得税负债的变动金额,作为构成利润表中所得税费用的其中一个组成部分——递延所得税。

(6) 按照适用的税法规定计算确定当期应纳税所得额,将应纳税所得额与适用的所得税税率计算的结果确认为当期应交所得税,作为利润表中应予确认的所得税费用的另外一个组成部分——当期所得税。

(7) 确定利润表中的所得税费用,利润表中的所得税费用包括当期所得税和递延所得税两个组成部分,企业在计算确定了当期所得税和递延所得税后,两者之和(或之差),即为利润表中的所得税费用。

## 二、账面价值与计税基础

资产、负债的账面价值,是指企业按照相关会计准则的规定进行核算后在资产负债表中列示的金额。从资产负债表角度考虑,资产的账面价值代表的是企业在持续持有及最终处置某项资产的一定期间内,该项资产为企业带来的未来经济利益。例如,企业持有的应收账款账面余额为 2 000 万元,企业对该应收账款计提了 100 万元的坏账准备,其账面价值为 1 900 万元,代表的就是该项应收账款预期能为企业带来的未来经济利益。

计税基础对于资产和负债来说有不同的含义。

### (一) 资产的计税基础

资产的计税基础,是指企业收回资产账面价值过程中,计算应纳税所得额时按照税法规定可以自应税经济利益中抵扣的金额。从成本的角度看,一项资产的计税基础是未来可税前列支的金额,即某项资产在未来使用或最终处置时,允许作为成本或费用于税前列支的金额。从收入的角度看,资产的计税基础是未来期间不征税的金额,即如果某项资产所产生的未来经济利益无须纳税,则资产的计税基础即为其账面价值。

资产在初始确认时,其计税基础一般为取得成本,即企业为取得某项资产支付的成本。在资产持续持有的过程中,其计税基础是指资产的取得成本减去以前期间按照税法规定已经税前扣除的金额后的余额。该余额代表的是按照税法规定,就涉及的资产在未来期间计税时仍然可以税前扣除的金额。如固定资产、无形资产等长期资产在某一资产负债表日的计税基础是指其成本扣除按照税法规定已在以前期间税前扣除的累计折旧额或累计摊销额后的金额。

以下我们简单介绍资产负债表上部分资产项目计税基础的确定方法。

1. 固定资产

以各种方式取得的固定资产,初始确认时按照会计准则规定确定的入账价值基本上是被税法认可的，即取得时其账面价值一般等于计税基础。

固定资产在持有期间进行后续计量时，由于会计与税收处理规定的不同，固定资产的账面价值与计税基础将可能产生差异。

会计核算时，企业应当根据与固定资产有关的经济利益的预期实现方式合理选择折旧方法，如可以按直线法计提折旧，也可以按照双倍余额递减法、年数总和法等计提折旧，前提是有关的方法能够反映固定资产为企业带来经济利益的消耗情况。税法一般会规定固定资产的折旧方法，除某些按照规定可以加速折旧的情况外，基本上可以税前扣除的是按照直线法计提的折旧。此外，税法还就每一类固定资产的折旧年限作出了规定，而会计处理时按照准则规定折旧年限是由企业根据固定资产的性质和使用情况合理确定的。会计处理时确定的折旧年限与税法规定不同，也会产生固定资产持有期间账面价值与计税基础的差异。

因计提固定资产减值准备也可能产生差异。持有固定资产的期间内，会计上可能需要对固定资产计提减值准备，此时固定资产的账面价值会因计提减值准备而减少，但是在税法上，按照会计准则规定计提的资产减值准备在资产发生实质性损失前不允许税前扣除，这也将造成固定资产的账面价值与计税基础产生差异。

**【例 13-44】** 东方公司于 2×17 年年末以 1 000 万元购入一项生产用固定资产，公司按照该项固定资产的预计使用情况，估计其使用寿命为 10 年，并以双倍余额递减法计提折旧，预计净残值为 0 。假定税法只需要扣除按照直线法计算的折旧，折旧年限及净残值与会计规定相同。2×19 年 12 月 31 日，东方公司对该项固定资产计提了 80 万元的减值准备。

根据上述资料，该项固定资产在 2×19 年 12 月 31 日的账面价值为 560（1 000-200-160-80）万元，而该项固定资产在 2×19 年 12 月 31 日的计税基础则为 800（1 000-1 000 ÷ 10×2）万元。

2. 无形资产

无形资产的账面价值与计税基础之间的差异主要产生于内部研究开发形成的无形资产以及使用寿命不确定的无形资产。

（1）对于内部研究开发形成的无形资产。内部研究开发活动区分两个阶段：研究阶段的支出应当费用化计入当期损益，开发阶段符合资本化条件以后至达到预定用途前发生的支出应当资本化作为无形资产的成本。而对于研究开发费用的税前扣除，税法中规定企业为开发新技术、新产品、新工艺发生的研究开发费用，未形成无形资产计入当期损益的，在按照规定据实扣除的基础上，按照研究开发费用的 50% 加计扣除；形成无形资产的，按照无形资产成本的 150% 计算每期摊销额。

（2）无形资产在后续计量时，会计与税收的差异主要产生于对无形资产是否需要摊销、摊销方法和摊销年限的差异及无形资产减值准备的提取。

会计准则规定，无形资产在取得以后，应根据其使用寿命情况区分为使用寿命有限的无形资产与使用寿命不确定的无形资产。对于使用寿命不确定的无形资产，不要求摊销，但持有期间每年应进行减值测试。

我国税法规定，企业取得的无形资产成本，应在一定期限内摊销，即税法中没有界定使用寿命不确定的无形资产，除外购商誉外所有的无形资产成本均应在一定期间内摊销。对于使用寿命不确定的无形资产，计税时其按照税法规定确定的摊销额允许税前扣除，造成该类无形资产账面价值与计税基础的差异。

此外，在对无形资产计提减值准备的情况下，因税法对按照会计准则规定计提的无形资产减值准备在形成实质性损失前不允许税前扣除，即无形资产的计税基础不会随减值准备的提取发生变化，但其账面价值会因资产减值准备的提取而下降，这也将造成无形资产的账面价值与计税基础的差异。

**【例 13-45】** 东方公司某项无形资产取得成本为 160 万元，其使用寿命无法合理估计，则 1 年后，该项无形资产的账面价值仍为 160 万元（假设东方公司未计提相关减值准备），而计税基础将为 144（160-160 ÷ 10）万元。

3. 以公允价值计量且其变动计入当期损益的金融资产

对于以公允价值计量且其变动计入当期损益的金融资产，其于某一会计期末的账面价值即为该时点的公允价值。而税法规定，资产在持有期间市价变动损益在计税时不予考虑，即有关金融资产在某一会计期末的计税基础为其取得成本，这样就会造成在公允价值变动的情况下，该类金融资产的账面价值与计税基础之间的差异。

企业持有的以公允价值计量且其变动计入其他综合收益的金融资产，其计税基础的确定，与以公允价值计量且其变动计入当期损益的金融资产类似，可比照处理。

**【例 13-46】** 2×19 年 10 月 22 日，东方公司自公开市场取得一项权益性投资，支付价款 600 万元，作为交易性金融资产核算。2×19 年 12 月 31 日，该项权益性投资的市价为 800 万元。

按照会计准则规定进行核算，该项交易性金融资产在 2×19 年资产负债表日的账面价值为 800 万元。

因税法规定交易性金融资产在持有期间的公允价值变动不计入应纳税所得额，其在 2×19 年资产负债表日的计税基础应维持原取得成本不变，即为 600 万元。

4. 投资性房地产

在初始确认和计量时，投资性房地产的账面价值和计税基础一般不会产生差异。但是在投资性房地产的后续计量时，因为对投资性房地产采用成本模式或公允价值模式计量，当采用成本模式计量投资性房地产时，账面价值与计税基础之间的差异源自资产减值，类似于固定资产；当采用公允价值模式计量投资性房地产时，差异则源自税法不承认持有利得和损失，类似于以公允价值计量且其变动计入当期损益的金融资产。

5. 其他计提减值准备的资产

企业持有的其他资产，计提了减值准备后，其账面价值会随之下降，而税法规定在发生实质性损失之前，预计的减值损失不允许税前扣除，即其计税基础不会因减值准备的计提而变化，造成在计提资产减值准备之后，资产的账面价值与计税基础之间的差异。

**【例 13-47】** 东方公司 2×19 年购入原材料成本为 4 000 万元，因部分生产线停工，当年未领用任何该原材料，2×19 年资产负债表日考虑到该原材料的市价及用其生产产成品的市价情况，估计其可变现净值为 3 200 万元。假定该原材料在 2×19 年的期初余额为 0。

该项原材料因期末可变现净值低于其成本，应计提存货跌价准备，其金额 =4 000-

3 200=800(万元),计提该存货跌价准备后,该项原材料的账面价值为 3 200 万元。

因计算交纳所得税时,按照会计准则规定计提的资产减值准备不允许税前扣除,该项原材料的计税基础不会因存货跌价准备的提取而发生变化,其计税基础应维持原取得成本 4 000 万元不变。

**【例 13-48】** 东方公司 2×19 年 12 月 31 日应收账款余额为 2 000 万元,该公司期末对应收账款计提了 100 万元的坏账准备。适用税法规定,不符合国务院财政、税务主管部门规定的各项资产减值准备不允许税前扣除。假定该公司期初应收账款及坏账准备的余额均为 0。

该项应收账款在 2×19 年资产负债表日的账面价值为 1 900 万元,其计税基础为账面余额 2 000 万元。

### (二) 负债的计税基础

负债的计税基础,是指负债的账面价值减去在未来期间计算应纳税所得额时按照税法规定可予扣除的金额。从成本的角度看,负债的计税基础是负债的账面价值减去未来可税前列支的金额,而从收入的角度看,负债的计税基础等于负债的账面价值减去未来期间不征税的金额。

负债的确认与偿还一般不会影响企业的损益,也不会影响其应纳税所得额,未来期间计算应纳税所得额时按照税法规定可予抵扣的金额为 0,计税基础即为账面价值,例如,企业的短期借款、应付账款等。但是,某些情况下,负债的确认可能影响企业的损益,进而影响不同期间的应纳税所得额,使得其计税基础与账面价值之间产生差额。

1. 预计负债

企业对于预计提供售后服务将发生的支出在满足有关确认条件时,销售当期即应确认为费用,同时确认预计负债。税法规定,与销售产品相关的支出应于发生时税前扣除。因该类事项产生的预计负债在期末的计税基础为其账面价值与未来期间可税前扣除的金额之间的差额,因有关的支出实际发生时可全部税前扣除,其计税基础为 0。

因其他事项确认的预计负债,应按照税法规定的计税原则确定其计税基础。某些情况下,因有些事项确认的预计负债,税法规定其支出无论是否实际发生均不允许税前扣除,即未来期间按照税法规定可予抵扣的金额为 0,账面价值等于计税基础。

**【例 13-49】** 东方公司 2×19 年因销售产品承诺提供 3 年的保修服务,在当年度利润表中确认了 400 万元的销售费用,同时确认为预计负债,当年度未发生任何保修支出。

该项预计负债在东方公司 2×19 年 12 月 31 日资产负债表中的账面价值为 400 万元。

假定按照税法规定,与产品售后服务相关的费用在实际发生时允许税前扣除,则该项负债的计税基础等于负债的账面价值与未来期间计算应纳税所得额时按照税法规定可予抵扣的金额之差。本例中,未来期间计算应纳税所得额时按照税法规定可予抵扣的金额为 400 万元,所以该项负债的计税基础为 0。该项负债的账面价值 400 万元与其计税基础 0 之间的暂时性差异可以理解为:未来期间企业实际发生 400 万元的经济利益流出用以履行产品保修义务时,税法规定允许税前扣除,即减少未来实际发生期间的应纳税所得额。

2. 预收账款

企业在收到客户预付的款项时,若不符合收入确认条件,会计上将其确认为负债(预收账款)。税法中对于收入的确认原则一般与会计规定相同,即会计上未确认收入时,计税时一般亦不计入应纳税所得额,该部分经济利益在未来期间计税时可予税前扣除的金额为 0,计税基础等于账面价值。

某些情况下,因不符合会计准则规定的收入确认条件,未确认为收入的预收款项按照税法规定应计入当期应纳税所得额时,有关预收账款的计税基础为 0,即因其产生时已经计算交纳所得税,未来期间可全额税前扣除。

【例 13-50】 东方公司于 2×19 年 12 月 15 日自客户收到一笔合同预付款,金额为 3 000 万元,因不符合收入确认条件,将其作为预收账款核算。

该预收账款在东方公司 2×19 年 12 月 31 日资产负债表中的账面价值为 3 000 万元。

假定按照税法规定,该项预收款应计入取得当期的应纳税所得额计算交纳所得税,与该项负债相关的经济利益已在取得当期计算交纳所得税,未来期间按照会计准则规定应确认收入时,不再计入应纳税所得额,即其于未来期间计算应纳税所得额时可予税前扣除的金额为 3 000 万元。因此该预收账款的计税基础等于其账面价值(3 000 万元)减去未来期间计算应纳税所得额时按照税法规定可予抵扣的金额(3 000 万元),结果为 0。

3. 应付职工薪酬

企业为获得职工提供的服务给予的各种形式的报酬以及其他相关支出均应作为企业的成本费用,在未支付之前确认为负债。税法中对于职工薪酬基本允许税前扣除,但税法中明确规定了税前扣除标准的,按照会计准则规定计入成本费用的金额超过规定标准部分,应进行纳税调整。如,企业按照一定的标准计算的工资薪金支出准予税前扣除。如果企业当期发生的工资薪金性质的支出超过了税法规定允许税前扣除的标准,超过部分既不允许在发生当期税前扣除,也不允许在以后期间税前扣除,即该部分差额对未来期间计税不产生影响,所产生的应付职工薪酬负债的账面价值等于计税基础。

【例 13-51】 东方公司 2×19 年 12 月计入成本费用的职工工资及福利费总额为 2 000 万元,至 2×19 年 12 月 31 日尚未支付。假定按照适用税法规定,可予税前扣除的金额为 1 500 万元。

根据会计准则,东方公司应在期末确认应付职工薪酬负债 2 000 万元,而按照税法规定,企业实际发生的工资支出 2 000 万元与按照税法规定允许税前扣除的金额 1 500 万元之间所产生的 500 万元差额,在发生当期即应进行纳税调整,并且在以后期间不能够再税前扣除,则该项应付职工薪酬负债的计税基础等于其账面价值 2 000 万元减去未来期间计算应纳税所得额时按照税法规定可予抵扣的金额 0,结果为 2 000 万元。

4. 其他负债

企业的其他负债项目,如应交的罚款和滞纳金等,在尚未支付之前按照会计规定确认为费用,同时作为负债反映。税法规定,罚款和滞纳金不能税前扣除,即该部分费用无论是在发生当期还是在以后期间均不允许税前扣除,其计税基础为账面价值减去未来期间计税时可予税前扣除的金额 0,即计税基础等于账面价值。

其他交易或事项产生的负债,其计税基础应当按照适用税法的相关规定确定。

【例 13-52】 某纸业公司 2×19 年 12 月因违反当地有关环保法规的规定,接到环保部门的处罚通知，要求其支付罚款500万元。至2×19年12月31日，该项罚款尚未支付。

对于该项罚款，该公司应计入2×19年利润表，同时确认为资产负债表中的负债。

按照税法规定，企业违反国家有关法律法规规定支付的罚款和滞纳金不允许税前扣除，与该项负债相关的支出在未来期间计税时按照税法规定准予税前扣除的金额为0，所以其计税基础等于负债的账面价值500万元减去未来期间计算应纳税所得额时按照税法规定可予抵扣的金额0，结果为500万元，与该项负债的账面价值500万元相等。

### （三）特殊交易或事项中产生资产、负债计税基础的确定

除企业在正常生产经营活动过程中取得的资产和负债以外，对于某些特殊交易中产生的资产、负债，其计税基础的确定应遵从税法规定，如企业合并过程中取得资产、负债计税基础的确定。

企业合并中，视参与合并各方在合并前及合并后是否为同一方或相同的多方最终控制，分为同一控制下的企业合并与非同一控制下的企业合并两种类型。对于同一控制下的企业合并，合并中取得的有关资产、负债基本上维持其原账面价值不变，合并中不产生新的资产和负债；对于非同一控制下的企业合并，合并中取得的有关资产、负债应按其在购买日的公允价值计量。企业合并成本大于合并中取得的可辨认净资产公允价值的份额部分确认为商誉，企业合并成本小于合并中取得的可辨认净资产公允价值的份额部分计入合并当期损益。

对于企业合并的税收处理，通常情况下，被合并企业应视为按公允价值转让、处置全部资产，计算资产的转让所得，依法缴纳所得税。合并企业接受被合并企业的有关资产，计税时可以按经评估确认的价值确定计税基础。另外，在考虑有关企业合并是应税合并还是免税合并时，某些情况下还需考虑在合并中涉及的获取资产或股权的比例、非股权支付额的比例，具体划分标准和条件应遵从税法规定。

由于会计准则与税收法规对企业合并的划分标准不同、处理原则不同，某些情况下，会造成企业合并中取得的有关资产、负债的入账价值与其计税基础的差异。

## 三、暂时性差异

暂时性差异是指资产、负债的账面价值与其计税基础不同产生的差额。由于资产、负债的账面价值与其计税基础不同，产生了在未来收回资产或清偿负债的期间内，应纳税所得额增加或减少并导致未来期间应交所得税增加或减少的情况，形成企业的递延所得税资产和递延所得税负债。

根据暂时性差异对未来期间应纳税所得额的影响，分为应纳税暂时性差异和可抵扣暂时性差异。

### （一）应纳税暂时性差异

应纳税暂时性差异，是指在确定未来收回资产或清偿负债期间的应纳税所得额时，将导致产生应税金额的暂时性差异。该差异在未来期间转回时，会增加转回期间的应纳税所得额，即在未来期间不考虑该事项影响的应纳税所得额的基础上，由于该暂时性差异的转回，会进一步增加转回期间的应纳税所得额和应交所得税金额。在应纳税暂时性差异

产生当期，应当确认相关的递延所得税负债。

当资产的账面价值大于其计税基础，或者负债的账面价值小于计税基础时，形成的差异即为应纳税暂时性差异。

资产的账面价值大于其计税基础，意味着该项资产未来期间产生的经济利益不能全部税前抵扣，两者之间的差额需要交税，所以要预提所得税负债，在将来上缴。例如，一项无形资产的账面价值为 200 万元，计税基础如果为 150 万元，两者之间的差额会造成未来期间应纳税所得额和应交所得税的增加。在其产生当期，符合确认条件的情况下，应确认相关的递延所得税负债。

负债的计税基础代表的是账面价值在扣除税法规定未来期间允许税前扣除的金额之后的差额。因此，负债的账面价值与其计税基础不同产生的暂时性差异，本质上是税法规定就该项负债在未来期间可以税前扣除的金额（即与该项负债相关的费用支出在未来期间可予税前扣除的金额）。负债的账面价值小于其计税基础，则意味着就该项负债在未来期间可以税前抵扣的金额为负数，即应在未来期间应纳税所得额的基础上调增，增加应纳税所得额和应交所得税金额，产生应纳税暂时性差异，应确认相关的递延所得税负债。

### （二）可抵扣暂时性差异

可抵扣暂时性差异，是指在确定未来收回资产或清偿负债期间的应纳税所得额时，将导致产生可抵扣金额的暂时性差异。该差异在未来期间转回时会减少转回期间的应纳税所得额，减少未来期间的应交所得税。在可抵扣暂时性差异产生当期，应当确认相关的递延所得税资产。

当资产的账面价值小于其计税基础，或者负债的账面价值大于其计税基础时，形成的差异即为可抵扣暂时性差异。

资产的账面价值小于其计税基础，从经济含义来看，资产在未来期间产生的经济利益少，按照税法规定允许税前扣除的金额多，则就账面价值与计税基础之间的差额，企业在未来期间可以减少应纳税所得额并减少应交所得税，符合有关条件时，应当确认相关的递延所得税资产。例如，一项资产的账面价值为 200 万元，计税基础为 260 万元，则企业在未来期间就该项资产可以在其自身取得经济利益的基础上多扣除 60 万元。从整体上来看，未来期间应纳税所得额会减少，应交所得税也会减少，形成可抵扣暂时性差异，符合确认条件时，应确认相关的递延所得税资产。

一项负债的账面价值大于其计税基础，意味着未来期间按照税法规定与该项负债相关的全部或部分支出可以自未来应税经济利益中扣除，减少未来期间的应纳税所得额和应交所得税。例如，企业对将发生的产品保修费用在销售当期确认预计负债 200 万元，但税法规定有关费用支出只有在实际发生时才能够税前扣除，其计税基础为 0；企业确认预计负债的当期相关费用不允许税前扣除，但在以后期间有关费用实际发生时允许税前扣除，使得未来期间的应纳税所得额和应交所得税减少，产生可抵扣暂时性差异，符合有关确认条件时，应确认相关的递延所得税资产。

资产、负债的账面价值及计税基础差异与应纳税暂时性差异及可抵扣暂时性差异的关系概括见表 13-3。

**表 13-3　资产、负债及计税基础差异关系概括表**

| 资产 | | |
|---|---|---|
| 账面价值 < 计税基础 | 可抵扣暂时性差异 | |
| 账面价值 > 计税基础 | | 应纳税暂时性差异 |
| 负债 | | |
| 账面价值 > 计税基础 | 可抵扣暂时性差异 | |
| 账面价值 < 计税基础 | | 应纳税暂时性差异 |

### （三）特殊项目产生的暂时性差异

1. 未作为资产、负债确认的项目产生的暂时性差异

某些交易或事项发生以后，因为不符合资产、负债的确认条件而未体现为资产负债表中的资产或负债，但按照税法规定能够确定其计税基础的，其账面价值 0 与计税基础之间的差异也构成暂时性差异。如企业发生的符合条件的广告费和业务宣传费支出，除另有规定外，不超过当年销售收入 15% 的部分准予扣除；超过部分准予在以后纳税年度结转扣除。该类费用在发生时按照会计准则规定即计入当期损益，不形成资产负债表中的资产，但按照税法规定可以确定其计税基础，两者之间的差异也形成暂时性差异。

**【例 13-53】** 甲公司于 2×19 年发生了 1 800 万元的广告费支出，发生时已作为销售费用计入当期损益。税法规定，该类支出不超过当年销售收入 15% 的部分准予扣除；超过部分准予在以后纳税年度结转扣除。甲公司当年实现的销售收入为 10 000 万元。

该广告费支出因按照会计准则规定在发生时已计入当期损益，不体现为资产负债表上的资产，如果将其视为资产，则账面价值为 0。

按照税法规定，该类支出税前列支有一定的标准限值，根据当期东方公司销售收入 15% 计算，当期可予税前扣除 1 500 万元，当期未予税前扣除的 300 万元可以向以后年度结转，其计税基础为 300 万元。

该项资产的账面价值 0 与其计税基础 300 万元之间产生了 300 万元的暂时性差异，该暂时性差异在未来期间可减少企业的应纳税所得额，为可抵扣暂时性差异，符合确认条件时，应确认相关的递延所得税资产。

2. 可抵扣亏损及税款抵减产生的暂时性差异

对于按照税法规定可以结转以后年度的未弥补亏损及税款抵减，虽不是因资产、负债的账面价值与计税基础不同产生的，但本质上可抵扣亏损和税款抵减与可抵扣暂时性差异具有同样的作用，均能够减少未来期间的应纳税所得额和应交所得税，视同可抵扣暂时性差异，在符合确认条件的情况下，应确认与其相关的递延所得税资产。

**【例 13-54】** 东方公司于 2×19 年因政策性原因发生经营亏损 4 000 万元，按照税法规定，该亏损可用于抵减以后 5 个年度的应纳税所得额。该公司预计其于未来 5 年期间能够产生足够的应纳税所得额利用该经营亏损。

该经营亏损虽不是因比较资产、负债的账面价值与其计税基础产生的，但从其性质上来看可以减少未来期间的应纳税所得额和应交所得税，视同可抵扣暂时性差异。在企业预计未来期间能够产生足够的应纳税所得额利用该可抵扣亏损时，应确认相关的递延所

得税资产。

## 四、递延所得税负债与递延所得税资产的确认和计量

### （一）递延所得税负债

递延所得税负债产生于应纳税暂时性差异。确认应纳税暂时性差异产生的递延所得税负债时，交易或事项发生时影响到会计利润或应纳税所得额的，相关的所得税影响应作为利润表中所得税费用的组成部分；与直接计入所有者权益的交易或事项相关的，其所得税影响应减少所有者权益；与企业合并中取得资产、负债相关的，递延所得税影响应调整购买日应确认的商誉或是计入合并当期损益的金额。

企业在确认因应纳税暂时性差异产生的递延所得税负债时，应遵循以下原则：

(1) 除特殊情况可不确认相关的递延所得税负债外，企业对于所有的应纳税暂时性差异均应确认相关的递延所得税负债。这一点主要是基于谨慎性的考虑，以充分反映交易或事项对未来期间的计税影响。

**【例 13–55】** 甲公司于 2×15 年 12 月 31 日购入一台机器设备，成本为 5 000 元，预计使用期 5 年，预计净残值为零。会计上采用直线法计提折旧，计税时允许采用双倍余额递减法计提折旧，假定税法规定的使用年限与净残值均与会计相同。本例中假定该公司各会计期间均未对固定资产计提减值准备，除该固定资产产生的会计与税收之间的差异外，不存在其他会计与税收的差异。

根据上述资料，甲公司每年因固定资产账面价值与计税基础不同应予确认的递延所得税负债情况如表 13–4 所示。

表 13–4 递延所得税负债情况表

| 项目 | 2×16 年 | 2×17 年 | 2×18 年 | 2×19 年 | 2×20 年 |
|---|---|---|---|---|---|
| 实际成本(a)(元) | 5 000 | 5 000 | 5 000 | 5 000 | 5 000 |
| 累计会计折旧(b)(元) | 1 000 | 2 000 | 3 000 | 4 000 | 5 000 |
| 账面价值<br>(c)=(a)-(b)(元) | 4 000 | 3 000 | 2 000 | 1 000 | 0 |
| 累计计税折旧(d)(元) | 2 000 | 3 200 | 3 920 | 4 460 | 5 000 |
| 计税基础(e)=(a)-(d)(元) | 3 000 | 1 800 | 1 080 | 540 | 0 |
| 暂时性差异(f)=(c)-(e)(元) | 1 000 | 1 200 | 920 | 460 | 0 |
| 税率(g) | 25% | 25% | 25% | 25% | 25% |
| 递延所得税负债余额<br>(h)=(f)×(g)(元) | 250 | 300 | 230 | 115 | 0 |

2×16 年 12 月 31 日：

因账面价值大于计税基础，两者之间的差异 1 000 元会增加未来期间的应纳税所得额和应交所得税，属于应纳税暂时性差异，应确认与其相关的递延所得税负债 250（1 000×25%）元，账务处理如下：

借:所得税费用　　250

　贷:递延所得税负债　　250

2×17 年 12 月 31 日:

因账面价值大于计税基础,两者之间的差异 1 200 元属于应纳税暂时性差异,应确认与其相关的递延所得税负债300(1 200×25%)元,但递延所得税负债的期初余额为250元,当期应进一步确认递延所得税负债 50 元,账务处理如下:

借:所得税费用　　50

　贷:递延所得税负债　　50

2×18 年 12 月 31 日:

因账面价值大于计税基础,两者之间的差异 920 元属于应纳税暂时性差异,应确认与其相关的递延所得税负债 230(920×25%)元,但递延所得税负债的期初余额为 300 元,当期应转回原已确认的递延所得税负债 70 元,账务处理如下:

借:递延所得税负债　　70

　贷:所得税费用　　70

2×19 年 12 月 31 日:

因账面价值大于计税基础,两者之间的差异 460 元属于应纳税暂时性差异,应确认与其相关的递延所得税负债 115(460×25%)元,但递延所得税负债的期初余额为 230 元,当期应转回原已确认的递延所得税负债 115 元,账务处理如下:

借:递延所得税负债　　115

　贷:所得税费用　　115

2×20 年 12 月 31 日:

因账面价值与计税基础均为零,两者之间不存在暂时性差异,原已确认的递延所得税负债应予全额转回,账务处理如下:

借:递延所得税负债　　115

　贷:所得税费用　　115

需要注意的是,在资产负债表日计量递延所得税负债时,应当按照预期清偿该负债期间的适用税率计量,即递延所得税负债应以相关应纳税暂时性差异转回期间按照税法规定适用的所得税税率计量。

(2) 不确认递延所得税负债的特殊情况。有些情况下,虽然资产、负债的账面价值与其计税基础不同,产生了应纳税暂时性差异,但出于各方面考虑,会计准则中规定不确认相应的递延所得税负债,主要包括三种情况:

① 商誉的初始确认。非同一控制下的企业合并中,企业合并成本大于合并中取得的被购买方可辨认净资产公允价值份额的差额,按照会计准则规定应确认为商誉。因会计与税收的划分标准不同,按照税收法规规定作为免税合并的情况下,计税时不认可商誉的价值,即从税法角度,商誉的计税基础为 0,两者之间的差额形成应纳税暂时性差异。对于商誉的账面价值与其计税基础不同产生的该应纳税暂时性差异,准则中规定不确认与其相关的递延所得税负债,原因在于:

第一,如果确认该部分暂时性差异产生的递延所得税负债,就意味着购买方在企业合并中获得的可辨认净资产的价值量下降，企业应增加商誉的价值，商誉的账面价值增加以后，可能很快就要计提减值准备；同时其账面价值的增加还会进一步产生应纳税暂时性差异，使得递延所得税负债和商誉价值量的变化不断循环。

第二，商誉本身即是企业合并成本在取得的被购买方可辨认资产、负债之间进行分配后的剩余价值，确认递延所得税负债进一步增加其账面价值会影响到会计信息的可靠性。

**【例 13–56】** 甲公司以增发市场价值为 15 000 万元的自身普通股为对价购入长城公司 100% 的净资产，对乙公司进行非同一控制下的吸收合并。假定该项合并符合税法规定的免税合并条件，购买日乙公司各项可辨认资产、负债的公允价值及其计税基础如表 13–5 所示。

**表 13–5**

单位：万元

| 项目 | 公允价值 | 计税基础 | 暂时性差异 |
|---|---|---|---|
| 固定资产 | 6 750 | 3 875 | 2 875 |
| 应收账款 | 5 250 | 5 250 | — |
| 存货 | 4 350 | 3 100 | 1 250 |
| 其他应付款 | (750) | 0 | (750) |
| 应付账款 | (3 000) | (3 000) | 0 |
| 合计 | 12 600 | 9 225 | 3 375 |

本例中乙公司适用的所得税税率为 25%，该项交易中应确认递延所得税负债及商誉的金额计算如表 13–6 所示。

**表 13–6**

单位：万元

| | |
|---|---|
| 可辨认净资产公允价值 | 12 600.00 |
| 递延所得税资产（750×25%） | 187.50 |
| 递延所得税负债（4 125×25%） | 1 031.25 |
| 考虑递延所得税后可辨认资产、负债的公允价值 | 11 756.25 |
| 企业合并成本 | 15 000.00 |
| 商誉 | 3 243.75 |

因该项合并符合税法规定的免税合并条件，如果当事各方选择进行免税处理，则作为购买方其在免税合并中取得的被购买方有关资产、负债应维持其原计税基础不变。被购买方原账面上未确认商誉，即商誉的计税基础为 0。

该项合并中所确认的商誉金额 3 243.75 万元与其计税基础 0 之间产生的应纳税暂时性差异，不再进一步确认相关的所得税影响。

② 除企业合并以外的其他交易或事项中，如果该项交易或事项发生时既不影响会计

利润，也不影响应纳税所得额，则所产生的资产、负债的初始确认金额与其计税基础不同，形成应纳税暂时性差异的，交易或事项发生时不确认相应的递延所得税负债。

该规定主要是考虑到由于交易发生时既不影响会计利润，也不影响应纳税所得额，确认递延所得税负债的直接结果是增加有关资产的账面价值或是降低所确认负债的账面价值，使得资产、负债在初始确认时，违背历史成本原则，影响会计信息的可靠性。

③ 与子公司、联营企业、合营企业投资等相关的应纳税暂时性差异，一般应确认相关的递延所得税负债，但同时满足以下两个条件的除外：第一，投资企业能够控制暂时性差异转回的时间；第二，该暂时性差异在可预见的未来很可能不会转回。

满足上述条件时，投资企业可以运用自身的影响力决定暂时性差异的转回，如果不希望其转回，则在可预见的未来该项暂时性差异不会转回，从而对未来期间不会产生所得税影响，无须确认相应的递延所得税负债。

企业在运用上述条件不确认与联营企业、合营企业等投资相关的递延所得税负债时，应有明确的证据表明其能够控制有关暂时性差异转回的时间。一般情况下，企业对联营企业的生产经营决策仅能够实施重大影响，并不能够主导被投资单位包括利润分配政策在内的主要生产经营决策的制定，满足所得税准则规定的能够控制暂时性差异转回时间的条件一般是通过与其他投资者签订协议等，达到能够控制被投资单位利润分配政策等情况。

### （二）递延所得税资产

递延所得税资产产生于可抵扣暂时性差异。确认递延所得税资产时，应关注以下问题：

（1）递延所得税资产的确认应以未来期间很可能取得的用来抵扣可抵扣暂时性差异的应纳税所得额为限。在可抵扣暂时性差异转回的未来期间内，企业无法产生足够的应纳税所得额用以利用可抵扣暂时性差异的影响，使得与可抵扣暂时性差异相关的经济利益无法实现的，基于稳健的考虑，企业不应确认递延所得税资产；只有在企业有明确的证据表明其于可抵扣暂时性差异转回的未来期间能够产生足够的应纳税所得额，进而利用可抵扣暂时性差异时，才能以很可能取得的应纳税所得额为限，确认相关的递延所得税资产。

在判断企业于可抵扣暂时性差异转回的未来期间是否能够产生足够的应纳税所得额时，应考虑以下两个方面的影响：一是通过正常的生产经营活动能够实现的应纳税所得额，该部分情况的预测应当以经企业管理层批准的最近财务预算或预测数据以及该预算或者预测期之后年份稳定的或者递减的增长率为基础。二是以前期间产生的应纳税暂时性差异在未来期间转回时将增加的应纳税所得额。

考虑可抵扣暂时性差异转回的期间内可能取得应纳税所得额的限制，因无法取得足够的应纳税所得额而未确认相关的递延所得税资产的，应在会计报表附注中进行披露。

（2）对与子公司、联营企业、合营企业的投资相关的可抵扣暂时性差异，同时满足下列条件的，应当确认相关的递延所得税资产：一是暂时性差异在可预见的未来很可能转回；二是未来很可能获得用来抵扣可抵扣暂时性差异的应纳税所得额。

对联营企业和合营企业等的投资产生的可抵扣暂时性差异，主要产生于权益法下被投资单位发生亏损时，投资企业按照持股比例确认应予承担的部分相应减少长期股权投资的账面价值，但税法规定长期股权投资的成本在持有期间不发生变化，造成长期股权投资的账面价值小于其计税基础，产生可抵扣暂时性差异。可抵扣暂时性差异还产生于对长期股权投资计提减值准备的情况下。

(3) 对于按照税法规定可以结转以后年度的未弥补亏损（可抵扣亏损）和税款抵减，应视同可抵扣暂时性差异处理。在预计可利用可弥补亏损或税款抵减的未来期间内很可能取得足够的应纳税所得额时，应当以很可能取得的应纳税所得额为限，确认相应的递延所得税资产，同时减少确认当期的所得税费用。

应予说明的是，可抵扣亏损是指企业按照税法规定计算确定准予用以后年度的应纳税所得弥补的亏损。在确定可抵扣亏损时，一般应以适当方式与税务部门沟通，取得税务部门的认可。与可抵扣亏损和税款抵减相关的递延所得税资产，其确认条件与其他可抵扣暂时性差异产生的递延所得税资产相同，在估计未来期间是否能够产生足够的应纳税所得额用以利用该部分可抵扣亏损或税款抵减时，应考虑以下相关因素的影响：一是在可抵扣亏损到期前，企业是否会因以前期间产生的应纳税暂时性差异转回而产生足够的应纳税所得额；二是在可抵扣亏损到期前，企业是否可能通过正常的生产经营活动产生足够的应纳税所得额；三是可抵扣亏损是否产生于一些在未来期间不可能重复发生的特殊原因。

企业在确认与可抵扣亏损和税款抵减相关的递延所得税资产时，应当在会计报表附注中说明在可抵扣亏损和税款抵减到期前，企业能够产生足够的应纳税所得额的估计基础。

同递延所得税负债的计量原则相一致，确认递延所得税资产时，应当以预期收回该资产期间的适用所得税税率为基础计算确定。另外，无论相关的可抵扣暂时性差异转回期间如何，递延所得税资产均不要求折现。

(4) 不确认递延所得税资产的特殊情况。某些情况下，企业发生的某项交易或事项不属于企业合并，并且交易发生时既不影响会计利润，也不影响应纳税所得额，且该项交易中产生的资产、负债的初始确认金额与其计税基础不同，从而产生可抵扣暂时性差异的，在交易或事项发生时不确认相关的递延所得税资产。因为如果确认递延所得税资产，则须调整资产、负债的入账价值，对实际成本进行调整将有违会计核算中的历史成本原则，影响会计信息的可靠性。

**【例 13-57】** 甲公司进行内部研究开发形成的无形资产成本为 1 200 万元，因按照税法规定可于未来期间税前扣除的金额为 1 800 万元，其计税基础为 1 800 万元。

该项无形资产并非产生于企业合并，同时在初始确认时既不影响会计利润也不影响应纳税所得额，确认其账面价值与计税基础之间产生暂时性差异的所得税影响需要调整该项资产的历史成本，这种情况下，不确认相关的递延所得税资产。

(5) 递延所得税资产的减值。在资产负债表日，企业应当对递延所得税资产的账面价值进行复核。如果未来期间很可能无法取得足够的应纳税所得额用以利用可抵扣暂时性差异带来的经济利益，则应当减记递延所得税资产的账面价值。

除原确认时计入所有者权益的递延所得税资产，其减记金额亦应计入所有者权益外，其他的情况应增加减记当期的所得税费用。

因无法取得足够的应纳税所得额利用可抵扣暂时性差异而减记递延所得税资产账面价值的，后继期间根据新的环境和情况判断能够产生足够的应纳税所得额利用可抵扣暂时性差异，使得递延所得税资产包含的经济利益能够实现的，应相应恢复递延所得税资产的账面价值。

### （三）适用税率变化对已确认递延所得税资产和递延所得税负债的影响

因适用税收法规的变化，导致企业在某一会计期间适用的所得税税率发生变化的，企业应对已确认的递延所得税资产和递延所得税负债按照新的税率进行重新计量。

递延所得税资产和递延所得税负债的金额代表的是有关可抵扣暂时性差异或应纳税暂时性差异于未来期间转回时，导致应交所得税金额的减少或增加的情况。因国家税收法律法规等的变化导致适用税率变化的，必然导致应纳税暂时性差异或可抵扣暂时性差异在未来期间转回时产生应交所得税金额的变化。在适用税率变动的情况下，应对原已确认的递延所得税资产及递延所得税负债的金额进行调整，反映税率变化带来的影响。

除直接计入所有者权益的交易或事项产生的递延所得税资产及递延所得税负债相关的调整金额应计入所有者权益以外，其他情况下产生的递延所得税资产及递延所得税负债的调整金额应确认为变化当期的所得税费用（或收益）。

## 五、所得税费用的确认和计量

企业核算所得税，主要是为确定当期应交所得税以及利润表中应确认的所得税费用。按照资产负债表债务法核算所得税的情况下，利润表中的所得税费用由两个部分组成：当期所得税和递延所得税。

### （一）当期所得税

当期所得税是指企业按照税法规定计算确定的针对当期发生的交易和事项，应交纳给税务部门的所得税金额，即应交所得税。当期所得税应以适用的税收法规为基础计算确定。

企业在确定当期所得税时，对于当期发生的交易或事项，会计处理与税收处理不同的，应在会计利润的基础上，按照适用税收法规的规定进行调整，计算出当期应纳税所得额，按照应纳税所得额与适用所得税税率计算确定当期应交所得税。一般情况下，应纳税所得额可在会计利润的基础上，考虑会计与税收之间的差异，按照以下公式计算确定：

应纳税所得额 = 会计利润 + 按照会计准则规定计入利润表但计税时不允许税前扣除的费用 ± 计入利润表的费用与按税法规定可予税前抵扣的费用金额之间的差额 ± 计入利润表的收入与按照税法规定应计入应税所得额的收入之间的差额 - 税法规定的不征税收入 ± 其他需要调整的因素

当期所得税 = 应纳税所得额 × 适用的所得税税率

### （二）递延所得税

递延所得税是指按照所得税准则规定应予确认的递延所得税资产和递延所得税负债在期末应有的金额相对于原已确认金额之间的差额，即递延所得税资产及递延所得税负债当期发生额的综合结果。用公式表示即为：

递延所得税 =(期末递延所得税负债 - 期初递延所得税负债)-(期末递延所得税资产 - 期初递延所得税资产)

应予说明的是,企业因确认递延所得税资产和递延所得税负债产生的递延所得税,一般应当计入所得税费用,但以下两种情况除外:

一是某项交易或事项按照会计准则规定应计入所有者权益的,由该交易或事项产生的递延所得税资产或递延所得税负债及其变化亦应计入所有者权益,不构成利润表中的递延所得税费用(或收益)。

**【例 13-58】** 甲公司持有的某项以公允价值计量且其变动计入其他综合收益的其他债权投资,成本为 500 万元,当期会计期末,其公允价值为 600 万元,该企业适用的所得税税率为 25%。除该事项外,该企业不存在其他会计与税收之间的差异,且递延所得税资产和递延所得税负债不存在期初余额。该企业作账务处理如下。

会计期末在确认 100 万元的公允价值变动时:

借:其他债权投资 1 000 000

　贷:其他综合收益 1 000 000

确认应纳税暂时性差异的所得税影响时:

借:其他综合收益 250 000

　贷:递延所得税负债 250 000

二是企业合并中取得的资产、负债,其账面价值与计税基础不同,应确认相关递延所得税的,该递延所得税的确认影响合并中产生的商誉或是计入合并当期损益的金额,不影响所得税费用。

### (三) 所得税费用

计算确定了当期所得税及递延所得税以后,利润表中应予确认的所得税费用为两者之和,即:

所得税费用 = 当期所得税 + 递延所得税

**【例 13-59】** 甲公司 2×19 年度利润表中利润总额为 3 000 万元,该公司适用的所得税税率为 25%。递延所得税资产及递延所得税负债不存在期初余额。2×19 年发生的有关交易和事项中,会计处理与税收处理存在差别的有:

(1) 2×19 年 1 月开始计提折旧的一项固定资产,原始取得成本为 1 500 万元,使用年限为 10 年,净残值为 0。会计处理按双倍余额递减法计提折旧,税收处理按直线法计提折旧。假定税法规定的使用年限及净残值与会计规定相同。

(2) 向关联企业捐赠现金 500 万元。假定按照税法规定,企业向关联方的捐赠不允许税前扣除。

(3) 当期取得的作为交易性金融资产的股票投资成本为 800 万元,2×19 年 12 月 31 日的公允价值为 1 200 万元。税法规定,以公允价值计量的金融资产持有期间市价变动不计入应纳税所得额。

(4) 违反环保规定应支付罚款 250 万元。

(5) 期末对持有的存货计提了 75 万元的存货跌价准备。

根据上述资料,甲公司 2×19 年 12 月 31 日应用资产负债表债务法核算所得税时可以按如下步骤进行：

（1）确定 2×19 年资产负债表相关项目的账面价值及其计税基础，并计算暂时性差异，结果见表 13–7。

**表 13–7 确定资产负债表相关项目结果**

单位：万元

| 项目 | 账面价值 | 计税基础 | 差异 | |
|---|---|---|---|---|
| | | | 应纳税暂时性差异 | 可抵扣暂时性差异 |
| 存货 | 2 000 | 2 075 | | 75 |
| 固定资产： | | | | |
| 固定资产原价 | 1 500 | 1 500 | | |
| 减：累计折旧 | 300 | 150 | | |
| 减：固定资产减值准备 | 0 | 0 | | |
| 固定资产账面价值 | 1 200 | 1 350 | | 150 |
| 交易性金融资产 | 1 200 | 800 | 400 | |
| 其他应付款 | 250 | 250 | | |
| 合计 | | | 400 | 225 |

（2）计算 2×19 年 12 月 31 日的递延所得税资产及递延所得税负债的余额。

递延所得税资产 =225×25%=56.25（万元）

递延所得税负债 =400×25%=100（万元）

（3）计算 2×19 年度递延所得税。

递延所得税 =100–56.25=43.75（万元）

（4）计算确定 2×19 年度应交所得税。

应纳税所得额 =3 000+150+500–400+250+75=3 575（万元）

应交所得税 =3 575×25%=893.75（万元）

（5）计算确定利润表中应确认的所得税费用。

所得税费用 =893.75+43.75=937.5（万元）

甲公司应做如下账务处理：

| | | |
|---|---|---|
| 借：所得税费用 | 9 375 000 | |
| 递延所得税资产 | 562 500 | |
| 贷：应交税费——应交所得税 | | 8 937 500 |
| 递延所得税负债 | | 1 000 000 |

会计游戏

# 第五节 净利润及其分配

## 一、本年利润的会计处理

利润的确认主要依赖于收入和费用以及利得和损失的确认，其金额的确定也主要取决于收入、费用、利得和损失金额的计量。

企业应设置“本年利润”科目，核算企业当期实现的净利润(或发生的净亏损)。

企业期(月)末结转利润时，应将各损益类科目的金额转入本科目，结平各损益类科目。结转后本科目的贷方余额为当期实现的净利润，借方余额为当期发生的净亏损。

年度终了，应将本年收入和支出相抵后结出的本年实现的净利润，转入“利润分配”科目，借记“本年利润”科目，贷记“利润分配——未分配利润”科目；如为净亏损做相反的会计分录。结转后本科目应无余额。

**【例 13-60】** 甲公司 2×19 年 12 月 31 日结账前各损益类账户的余额如表 13-8 所示。

**表 13-8 甲公司损益类科目余额表**

单位：元

| 账户名称 | 借方余额 | 贷方余额 |
|---|---|---|
| 主营业务收入 | | 3 000 000 |
| 主营业务成本 | 1 800 000 | |
| 其他业务收入 | | 200 000 |
| 其他业务成本 | 120 000 | |
| 税金及附加 | 45 000 | |
| 销售费用 | 100 000 | |
| 管理费用 | 160 000 | |
| 财务费用 | 20 000 | |
| 资产减值损失 | 64 000 | |
| 投资收益 | | 320 000 |
| 公允价值变动收益 | | 550 000 |
| 营业外收入 | | 9 000 |
| 营业外支出 | 7 000 | |
| 所得税费用 | 450 000 | |

根据表 13-8 中的资料，甲公司年末结转利润的会计处理如下：

借：主营业务收入　　3 000 000

　　其他业务收入　　200 000

公允价值变动损益　　550 000
投资收益　　320 000
营业外收入　　9 000
贷:本年利润　　4 079 000
借:本年利润　　2 766 000
贷:主营业务成本　　1 800 000
其他业务成本　　120 000
税金及附加　　45 000
销售费用　　100 000
管理费用　　160 000
财务费用　　20 000
资产减值损失　　64 000
营业外支出　　7 000
所得税费用　　450 000

损益类账户结平后，“本年利润”账户有贷方余额1 313 000元,即甲公司当期的净利润是1 313 000元。此时还要将“本年利润”账户的余额转入“利润分配——未分配利润”账户中。结转之后，“本年利润”账户无余额。

借:本年利润　　1 313 000
贷:利润分配——未分配利润　　1 313 000

本例中,甲公司当期实现了净利润。如果出现亏损,会计处理与实现利润的情况相同,此时“本年利润”账户有借方余额,应结转至“利润分配——未分配利润”账户的借方。

## 二、利润分配的会计处理

企业应设置“利润分配”账户,核算企业利润的分配(或亏损的弥补)和历年分配(或弥补)后的余额。“利润分配”科目应当分别“提取法定盈余公积”“提取任意盈余公积”“应付现金股利或利润”“转作股本的股利”“盈余公积补亏”和“未分配利润”等进行明细核算。

利润分配的主要账务处理包括以下三个方面:

### (一)提取盈余公积

企业按规定提取的盈余公积,借记“利润分配——提取法定盈余公积/提取任意盈余公积”,贷记“盈余公积——法定盈余公积/任意盈余公积”。

外商投资企业按规定提取的储备基金、企业发展基金、职工奖励及福利基金,借记“利润分配——提取储备基金/提取企业发展基金/提取职工奖励及福利基金”,贷记“盈余公积——储备基金/企业发展基金”“应付职工薪酬”等。

金融企业按规定提取的一般风险准备,借记“利润分配——提取一般风险准备”,贷记“一般风险准备”。

### (二)分配股利

经股东大会或类似机构决议,分配给股东或投资者的现金股利或利润,借记“利润分配——应付现金股利或利润”，贷记“应付股利”科目。

经股东大会或类似机构决议，分配给股东的股票股利，应在办理增资手续后，借记“利润分配——转作股本的股利”，贷记“股本”科目。

**（三）盈余公积补亏**

用盈余公积弥补亏损，借记“盈余公积——法定盈余公积/任意盈余公积”科目，贷记“利润分配——盈余公积补亏”。

金融企业用一般风险准备弥补亏损，借记“一般风险准备”科目，贷记“利润分配——一般风险准备补亏”科目。

年度终了，企业应将本年实现的净利润，自“本年利润”科目转入“利润分配”，此时，借记“本年利润”科目，贷记“利润分配——未分配利润”，若为净亏损，则做相反的会计分录；同时，将“利润分配”科目所属其他明细科目的余额转入“利润分配——未分配利润”明细科目。结转后，除“未分配利润”明细科目外，其他明细科目应无余额。

“利润分配”年末余额，反映企业的未分配利润（或未弥补亏损），同时也应通过“利润分配”账户核算企业利润的分配。

**【例 13-61】** 沿用例 13-60 资料，假设甲公司股本为 1 000 万元，每股面值 1 元。2×19 年年初“利润分配——未分配利润”有贷方余额 500 万元。公司经批准的 2×19 年度利润分配方案为：按照 2×19 年实现净利润的 10% 提取法定盈余公积，5% 提取任意盈余公积，同时向股东按每股 0.2 元派发现金股利。甲公司会计处理如下。

提取法定盈余公积和任意盈余公积时：

| | | |
|---|---|---|
| 借：利润分配——提取法定盈余公积 | 131 300 | |
| ——提取任意盈余公积 | 65 650 | |
| 贷：盈余公积——法定盈余公积 | | 131 300 |
| ——任意盈余公积 | | 65 650 |

宣告分派现金股利时：

| | | |
|---|---|---|
| 借：利润分配——应付现金股利 | 2 000 000 | |
| 贷：应付股利 | | 2 000 000 |

结转“利润分配”明细账户：

| | | |
|---|---|---|
| 借：利润分配——未分配利润 | 2 196 950 | |
| 贷：利润分配——提取法定盈余公积 | | 131 300 |
| ——提取任意盈余公积 | | 65 650 |
| ——应付现金股利 | | 2 000 000 |

## 第六节 每股收益

对于股份公司来说，最为投资者、债权人及其他外界决策者所关注的财务指标可能就是每股收益（earnings per share，EPS）。每股收益是指普通股股东每持有 1 股普通股所能享有的企业净利润或须承担的企业净亏损。每股收益用于反映企业的经营成果，衡量普通股的获利水平及投资风险，是投资者、债权人等信息使用者据以评价企业盈利能力、预测企业成长潜力进而作出相关经济决策的一项重要的财务指标。

每股收益包括基本每股收益和稀释每股收益两类。基本每股收益仅考虑当期实际发行在外的普通股股份，而稀释每股收益的计算和列报主要是为了避免每股收益虚增可能带来的信息误导。例如，一家公司发行可转换公司债券融资，由于转换选择权的存在，这些可转换债券的利率低于正常同等条件下普通债券的利率，从而降低了融资成本，在经营业绩和其他条件不变的情况下，相对提高了基本每股收益金额。要求考虑可转换公司债券的影响计算和列报稀释每股收益，就是为了能够提供一个更可比、更有用的财务指标。它主要用于评价股份公司过去、现在的经营业绩，并预测将来的经营成果。

## 一、基本每股收益

基本每股收益只考虑当期实际发行在外的普通股股份，按照归属于普通股股东的当期净利润除以当期实际发行在外普通股的加权平均数计算确定。其计算公式如下：

$$基本每股收益=\frac{归属于普通股股东的当期净利润}{当期实际发行在外普通股的加权平均数}$$

### （一）归属于普通股股东的当期净利润

计算基本每股收益时，分子为归属于普通股股东的当期净利润，即企业当期实现的可供普通股股东分配的净利润或应由普通股股东分担的净亏损金额。发生亏损的企业，每股收益以负数列示。以合并财务报表为基础计算的每股收益，应从合并净利润中扣除少数股东损益。与合并财务报表一同提供的母公司财务报表中企业自行选择列报每股收益的，以母公司个别财务报表为基础计算的每股收益，分子应当是归属于母公司全部普通股股东的当期净利润。

### （二）当期实际发行在外普通股的加权平均数

计算基本每股收益时，分母为当期发行在外普通股的加权平均数，即期初发行在外普通股股数根据当期新发行或回购的普通股股数与相应时间权数的乘积进行调整后的股数。其计算公式如下：

发行在外普通股的加权平均数＝期初发行在外普通股股数＋当期新发行普通股股数×已发行时间÷报告期时间－当期回购普通股股数×已回购时间÷报告期时间

其中，作为权数的已发行时间、报告期时间和已回购时间通常按天数计算，在不影响计算结果合理性的前提下，也可以采用简化的计算方法，如按月数计算。

需要指出的是，公司库存股不属于发行在外的普通股，且无权参与利润分配，应当在计算分母时扣除。

**【例 13–62】** 甲公司 2×19 年期初发行在外的普通股为 30 000 万股；5 月 1 日新发行普通股 16 200 万股；12 月 1 日回购普通股 7 200 万股，以备将来奖励职工之用。甲公司当年度实现净利润为 16 250 万元。假定该公司按月数计算每股收益的时间权重。2×19 年度基本每股收益计算如下：

发行在外普通股的加权平均数=30 000×12÷12+16 200×8÷12−7 200×1÷12=40 200（万股）

基本每股收益 =16 250÷40 200=0.4（元 / 股）

新发行普通股股数应当根据发行合同的具体条款，从应收对价之日（一般为股票发行日）起计算确定。通常包括下列情况：①为收取现金而发行的普通股股数，从应收现金之日起计算。②因债务转资本而发行的普通股股数，从停计债务利息之日或结算日起计算。③非同一控制下的企业合并，作为对价发行的普通股股数，从购买日起计算；同一控制下的企业合并，作为对价发行的普通股股数，应当计入各列报期间普通股的加权平均数。④为收购非现金资产而发行的普通股股数，从确认收购之日起计算。

## 二、稀释每股收益

稀释每股收益是以基本每股收益为基础，假设企业所有发行在外的稀释性潜在普通股均已转换成普通股，从而分别调整归属于普通股股东的当期净利润以及发行在外普通股的加权平均数计算而得的每股收益。

### （一）基本计算原则

1. 稀释性潜在普通股

潜在普通股是指赋予其持有者在报告期或以后期间享有取得普通股权利的一种金融工具或其他合同。潜在普通股主要有可转换公司债券、认股权证、股份期权等。

稀释性潜在普通股，是指假设当期转换为普通股会减少每股收益的潜在普通股。对于亏损企业而言，稀释性潜在普通股假设当期转换为普通股，将会增加每股亏损的金额。计算稀释每股收益时只考虑稀释性潜在普通股的影响，而不考虑不具有稀释性的潜在普通股。

需要特别说明的是，潜在普通股是否具有稀释性的判断标准是看其对持续经营每股收益的影响。也就是说，假定潜在普通股当期转换为普通股，如果会减少持续经营每股收益或增加持续经营每股亏损，表明具有稀释性；否则，具有反稀释性。一般情况下，每股收益是按照企业当期归属于普通股股东的全部净利润计算而得。但如果企业存在终止经营的情况，应当按照扣除终止经营净利润以后的当期归属于普通股股东的持续经营净利润进行计算。

2. 对分子和分母的调整

计算稀释每股收益时，应当根据下列事项对归属于普通股股东的当期净利润进行调整：①当期已确认为费用的稀释性潜在普通股的利息。②稀释性潜在普通股转换时将产生的收益或费用。上述调整应当考虑相关的所得税影响。对于包含负债和权益成分的金融工具，仅需调整属于金融负债部分的相关利息、利得或损失。

计算稀释每股收益时，当期发行在外普通股的加权平均数应当在计算基本每股收益时普通股的加权平均数的基础上加上因假定稀释性潜在普通股转换为已发行普通股而增加的普通股股数的加权平均数。在时间确定上，应视不同的情况进行处理：①以前期间发行的稀释性潜在普通股，应当假设在当期期初转换为普通股；②当期发行的稀释性潜在普通股，应当假设在发行日转换为普通股；③当期被注销或终止的稀释性潜在普通股，应当按照当期发行在外的时间加权平均计入稀释每股收益；④当期被转换或行权的稀释性潜在普通股，应当从当期期初至转换日（或行权日）计入稀释每股收益中，从转换日（或行权日）起所转换的普通股则计入基本每股收益中。

### （二）可转换公司债券

可转换公司债券是指公司依法发行的、在一定期间内依据约定的条件可以转换成股份的公司债券。对于可转换公司债券，可以采用假设转换法判断其稀释性，并计算稀释每股收益。首先，假设这部分可转换公司债券在当期期初（或发行日）即已转换成普通股，从而一方面增加了发行在外的普通股股数，另一方面节约了公司债券的利息费用，增加了归属于普通股股东的当期净利润。然后，用增加的净利润除以增加的普通股股数，得出增量股的每股收益，与原来的每股收益比较。如果增量股的每股收益小于原每股收益，则说明该可转换公司债券具有稀释作用，应当计入稀释每股收益的计算中。

计算稀释每股收益时，以基本每股收益为基础，分子的调整项目为当期已确认为费用的利息等的税后影响额；分母的调整项目为假定可转换公司债券当期期初（或发行日）转换为普通股的股数加权平均数。

**【例 13-63】** 甲公司 2×19 年归属于普通股股东的净利润为 38 200 万元，期初发行在外普通股股数为 20 000 万股，年内普通股股数未发生变化。2×19 年 1 月 1 日，公司按面值发行 60 000 万元的三年期可转换公司债券，债券每张面值 100 元，票面固定年利率为 2%，利息自发行之日起每年支付一次，每年 12 月 31 日为付息日。该批可转换公司债券自发行结束 12 个月以后即可转换为公司股票，即转股期为发行 12 个月后至债券到期日止的期间。转股价格为每股 10 元。债券利息不符合资本化条件，直接计入当期损益，所得税税率为 25%。假设不具备转换选择权的类似债券的市场利率为 3%。公司在对该批可转换公司债券初始确认时，将负债和权益成分进行了分拆。2×19 年度每股收益计算如下：

基本每股收益 =38 200 ÷ 20 000=1.91（元 / 股）

每年支付利息 =60 000×2%=1 200（万元）

$$负债成分公允价值=\frac{1\ 200}{1+3\%}+\frac{1\ 200}{(1+3\%)^2}+\frac{61\ 200}{(1+3\%)^3}=58\ 302.83（万元）$$

权益成分公允价值 =60 000−58 302.83=1 697.17（万元）

假设转换所增加的净利润 =58 302.83×3%×（1−25%）=1 311.81（万元）

假设转换所增加的普通股股数 =60 000 ÷ 10=6 000（万股）

增量股的每股收益 =1 311.81 ÷ 6 000=0.22（元 / 股）

增量股的每股收益小于基本每股收益，可转换公司债券具有稀释作用。

$$稀释每股收益=\frac{38\ 200+1\ 311.81}{20\ 000+6\ 000}=1.52（元 / 股）$$

### （三）认股权证、股份期权

认股权证是指公司发行的、约定持有人有权在履约期间内或特定到期日按约定价格向本公司购买新股的有价证券。股份期权是指公司授予持有人在未来一定期限内以预先确定的价格和条件购买本公司一定数量股份的权利。股份期权持有人对于其享有的股份期权，可以在规定的期间内以预先确定的价格和条件购买公司一定数量的股份，也可以放弃该种权利。

对于盈利企业，认股权证、股份期权等的行权价格低于当期普通股平均市场价格时，具有稀释性。对于亏损企业，认股权证、股份期权的假设行权一般不影响净亏损，但增加普通股股数，从而导致每股亏损金额减少，实际上产生了反稀释作用，因此，这种情况下，不应当计算稀释每股收益。

对于稀释性认股权证、股份期权，计算稀释每股收益时，一般无须调整分子净利润金额，只需要按照下列步骤对分母普通股加权平均数进行调整：

(1) 假设这些认股权证、股份期权在当期期初（或发行日）已经行权，计算按约定行权价格发行普通股将取得的股款金额。

(2) 假设按照当期普通股平均市场价格发行股票，计算须发行多少普通股能够带来上述相同的股款金额。

(3) 比较行使股份期权、认股权证将发行的普通股股数与按照平均市场价格发行的普通股股数，差额部分相当于无对价发行的普通股，作为发行在外普通股股数的净增加。也就是说，认股权证、股份期权行权时发行的普通股可以视为两部分：一部分是按照平均市场价格发行的普通股，这部分普通股由于是按照市价发行，导致企业经济资源流入与普通股股数同比例增加，既没有稀释作用也没有反稀释作用，不影响每股收益金额；另一部分是无对价发行的普通股，这部分普通股由于是无对价发行，企业可利用的经济资源没有增加，但发行在外普通股股数增加，因此具有稀释性，应当计入稀释每股收益中。

增加的普通股股数 = 拟行权时转换的普通股股数 − 行权价格 × 拟行权时转换的普通股股数 ÷ 当期普通股平均市场价格

(4) 将净增加的普通股股数乘以其假设发行在外的时间权数，据此调整计算稀释每股收益的分母数。

**【例 13-64】** 甲公司 2×19 年度归属于普通股股东的净利润为 2 750 万元，发行在外普通股加权平均数为 5 000 万股，该普通股平均每股市场价格为 8 元。2×19 年 1 月 1 日，甲公司对外发行 1 000 万份认股权证，行权日为 2×20 年 3 月 1 日，每份认股权证可以在行权日以 7 元的价格认购本公司 1 股新发的股份。甲公司 2×19 年度每股收益计算如下：

基本每股收益 =2 750 ÷ 5 000=0.55（元 / 股）

调整增加的普通股股数 =1 000−1 000×7 ÷ 8=125（万股）

稀释每股收益 =2 750 ÷ （5 000+125）=0.54（元 / 股）

**（四）限制性股票**

采取授予限制性股票的方式进行股权激励的，在其等待期内应当按照以下原则计算每股收益。

1. 等待期内基本每股收益的计算

基本每股收益仅考虑发行在外的普通股，限制性股票由于未来可能被回购，性质上属于或有可发行股票，因此在计算基本每股收益时不应当包括在内。上市公司在等待期内基本每股收益的计算，应视其发放的现金股利是否可撤销采取不同的方法：

(1) 现金股利可撤销，即一旦未达到解锁条件，被回购限制性股票的持有者将无法获得(或需要退回)其在等待期内应收(或已收)的现金股利。等待期内计算基本每股收益时，分子应扣除当期分配给预计未来可解锁限制性股票持有者的现金股利；分母不应包含限制性股票的股数。

(2) 现金股利不可撤销，即不论是否达到解锁条件，限制性股票持有者都有权获得（或不得被要求退回）其在等待期内应收（或已收）的现金股利。对于现金股利不可撤销的限制性股票，即便未来没有解锁，已分配的现金股利也无须退回，表明在分配利润时这些股票享有了与普通股相同的权利，因此，属于同普通股股东一起参加剩余利润分配的其他权益工具。等待期内计算基本每股收益时，分子应扣除归属于预计未来可解锁限制性股票的净利润，分母不应包含限制性股票的股数。

2. 等待期内稀释每股收益的计算

在等待期内稀释每股收益的计算，应视解锁条件不同采取不同的方法：

(1) 解锁条件仅为服务期限条件的，公司应假设资产负债表日尚未解锁的限制性股票已于当期期初（或晚于期初的授予日）全部解锁，并参照前述股份期权的有关规定考虑限制性股票的稀释性。行权价格低于公司当期普通股平价市场价格时，应当考虑其稀释性，计算稀释每股收益。其中，行权价格为限制性股票的发行价格加上资产负债表日尚未取得的职工服务的公允价值。锁定期内计算稀释每股收益时，分子应加回计算基本每股收益分子时已扣除的当期分配给预计未来可解锁限制性股票持有者的现金股利或归属于预计未来可解锁限制性股票的净利润。

行权价格 = 限制性股票的发行价格 + 资产负债表日尚未取得的职工服务的公允价值

稀释每股收益 = 当期净利润 ÷（普通股加权平均数 + 调整增加的普通股加权平均数）

调整增加的普通股加权平均数 = 拟行权时转换的普通股股数 − 行权价格 × 拟行权时转换的普通股股数 ÷ 当期普通股平均市场价格

(2) 解锁条件包含业绩条件的，公司应假设资产负债表日即为解锁日并据以判断资产负债表日的实际业绩情况是否满足解锁要求的业绩条件。若满足业绩条件，应当参照上述解锁条件仅为服务期限条件的有关规定计算稀释性每股收益；若不满足业绩条件，计算稀释性每股收益时不必考虑此限制性股票的影响。

**【例 13–65】** 甲公司采用授予职工限制性股票的形式实施股权激励计划。2×19 年 1 月 1 日，公司以非公开发行的方式向 600 名管理人员每人授予 100 股自身股票（每股面值为 1 元），授予价格为每股 8 元。当日，600 名管理人员出资认购了相关股票。总认购款为 480 000 元，甲公司履行了相关增资手续。甲公司估计该限制性股票股权激励在授予日的公允价值为每股 15 元。

激励计划规定，这些管理人员从 2×19 年 1 月 1 日起在甲公司连续服务 3 年的，所授予股票将于 2×22 年 1 月 1 日全部解锁；其间离职的，甲公司将按照原授予价格每股 8 元回购相关股票。2×19 年 1 月 1 日至 2×22 年 1 月 1 日期间，所授予股票不得上市流通或转让；激励对象因获授限制性股票而取得的现金股利由公司代管，作为应付股利在解锁时向激励对象支付；对于未能解锁的限制性股票，公司在回购股票时，应扣除激励对象已享有的该部分现金分红。

2×19 年度，甲公司实现净利润 500 万元，发行在外普通股（不含限制性股票）的加权平均数为 200 万股，宣告发放现金股利每股 1 元；甲公司估计三年中离职的管理人员合计为 80 人，当年年末有 30 名管理人员离职。假定当年普通股平均市价为每股 35 元。

基本每股收益 =［5 000 000−1×(600−80)×100］÷2 000 000=2.47(元)

行权价格 =8+15×2÷3=18(元)

由于行权价格低于当期普通股平均市场价格，因此应当考虑限制性股票的稀释性。

发行在外的限制性股份在 2×19 年的加权平均数 =600×100×(364÷365)+(600−30)×100×(1÷365)=59 991.78(股)

稀释性每股收益 =5 000 000÷［2 000 000+(59 991.78−18×59 991.78÷35)］=2.46(元)

### (五) 企业承诺将回购其股份的合同

企业承诺将回购其股份的合同中规定的回购价格高于当期普通股平均市场价格时，应当考虑其稀释性。计算稀释每股收益时，与前面认股权证、股份期权的计算思路恰好相反，具体步骤为：

(1) 假设企业于期初按照当期普通股平均市场价格发行普通股，以募集足够的资金来履行回购合同；合同日晚于期初的，则假设企业于合同日按照自合同日至期末的普通股平均市场价格发行足量的普通股。该假设前提下，由于是按照市价发行普通股，导致企业经济资源流入与普通股股数同比例增加，每股收益金额不变。

(2) 假设回购合同已于当期期初(或合同日)履行，按照约定的行权价格回购本企业股票。

(3) 比较假设发行的普通股股数与假设回购的普通股股数，差额部分作为净增加的发行在外普通股股数，再乘以相应的时间权重，据此调整计算稀释每股收益的分母数。

增加的普通股股数 = 回购价格 × 承诺回购的普通股股数 ÷ 当期普通股平均市场价格 − 承诺回购的普通股股数

**【例 13−66】** 甲公司 2×19 年度归属于普通股股东的净利润为 5 000 万元，发行在外普通股加权平均数为 10 000 万股。2×19 年 7 月 1 日，该公司与股东签订一份远期回购合同，承诺一年后以每股 12 元的价格回购其发行在外的 2 000 万股普通股。假设该普通股 2×19 年 7 月至 12 月平均市场价格为 10 元。2×19 年度每股收益计算如下：

基本每股收益 =5 000÷10 000=0.5(元/股)

调整增加的普通股股数 =2 000×12÷10−2 000=400(万股)

稀释每股收益 =5 000÷(10 000+400×6÷12)=0.49(元/股)

### (六) 多项潜在普通股

企业对外发行不同潜在普通股的，单独考察其中某潜在普通股可能具有稀释作用，但如果和其他潜在普通股一并考察时可能恰恰变为反稀释作用。例如，某公司先后发行甲、乙两种可转换债券(票面利率和转换价格均不同)，甲债券导致的增量股每股收益为 1.3 元，乙债券导致的增量股每股收益为 3.5 元，假设基本每股收益为 4 元。如果分别考察甲、乙两种可转换债券，增量股每股收益小于基本每股收益，两种债券都具有稀释作用，并且由于增量股每股收益越小，其稀释作用越大，甲债券的稀释作用大于乙债券。

然而，如果综合考察甲、乙两种可转换债券，先计入甲债券使得每股收益稀释为 3.1 元，若再计入乙债券则使得每股收益反弹为 3.4 元，因此，乙债券在这种情况下不再具有稀释作用，不应计入稀释每股收益中。

为了反映潜在普通股最大的稀释作用，应当按照各潜在普通股的稀释程度从大到小的顺序计入稀释每股收益，直至稀释每股收益达到最小值。稀释程度根据增量股的每股收益衡量，即假定稀释性潜在普通股转换为普通股的情况下，将增加的归属于普通股股东的当期净利润除以增加的普通股股数的金额。需要强调的是，企业每次发行的潜在普通股应当视作不同的潜在普通股，分别判断其稀释性，而不能将其作为一个总体考虑。

通常情况下，股份期权和认股权证排在前面计算，因为其假设行权一般不影响净利润。

对外发行多项潜在普通股的企业应当按照下列步骤计算稀释每股收益：

(1) 列出企业在外发行的各潜在普通股。

(2) 假设各潜在普通股已于当期期初或发行日转换为普通股，确定其对归属于普通股股东当期净利润的影响金额。可转换公司债券的假设转换一般会增加当期净利润金额；股份期权和认股权证的假设行权一般不影响当期净利润。

(3) 确定各潜在普通股假设转换后将增加的普通股股数。值得注意的是，稀释性股份期权和认股权证假设行权后，计算增加的普通股股数不是发行的全部普通股股数，而应当是其中无对价发行部分的普通股股数。

(4) 计算各潜在普通股的增量股每股收益，判断其稀释性。增量股每股收益越小的潜在普通股稀释程度越大。

(5) 按照潜在普通股稀释程度从大到小的顺序，将各稀释性潜在普通股分别计入稀释每股收益中。分步计算过程中，如果下一步得出的每股收益小于上一步得出的每股收益，表明新计入的潜在普通股具有稀释作用，应当计入稀释每股收益中；反之，则表明具有反稀释作用，不计入稀释每股收益中。

(6) 最后得出的最小每股收益金额即为稀释每股收益。

稀释每股收益计算流程如图 13-7 所示。

**【例 13-67】** 甲公司 2×19 年度归属于普通股股东的净利润为 6 000 万元，发行在外普通股加权平均数为 20 000 万股。年初已发行在外的潜在普通股有：

① 股份期权 7 200 万份，每份期权可以在行权日以 8 元的价格认购 1 股本公司新发股票。

② 按面值发行的 5 年期可转换公司债券 75 000 万元，债券每张面值 100 元，票面年利率为 2.6%，转股价格为每股 12.5 元。

③ 按面值发行的 3 年期可转换公司债券 150 000 万元，债券每张面值 100 元，票面年利率为 1.4%，转股价格为每股 10 元。

当期普通股平均市场价格为 12 元，年度内没有期权被行权，也没有可转换公司债券被转换或赎回，所得税税率为 25%。假设不考虑可转换公司债券对负债和权益成分的分拆，且债券票面利率等于实际利率。

2×19 年度每股收益计算如下：

基本每股收益 =6 000 ÷ 20 000=0.3（元 / 股）

稀释每股收益：

假设潜在普通股转换为普通股，计算增量股每股收益并排序，如表 13-9 所示。

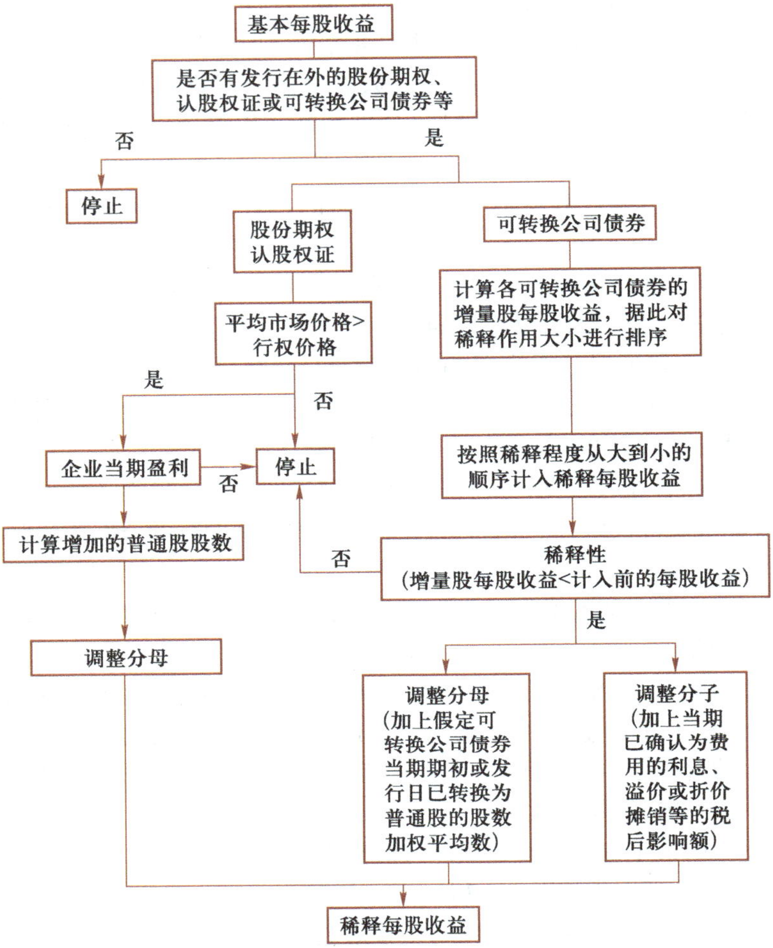


图 13-7 稀释每股收益计算流程

**表 13-9 增量股每股收益的计算**

| 项目 | 净利润增加（万元） | 股数增加（万股） | 增量股的每股收益（元） | 顺序 |
|---|---|---|---|---|
| 股份期权 | — | 2 400① | — | 1 |
| 2.6% 债券 | 1 462.5② | 6 000③ | 0.24 | 3 |
| 1.4% 债券 | 1 575④ | 15 000⑤ | 0.11 | 2 |

注：① 7 200−7 200×8 ÷ 12=2 400（万股）

② 75 000×2.6%×（1−25%）=1 462.5（万元）

③ 75 000 ÷ 12.5=6 000（万股）

④ 150 000×1.4%×（1−25%）=1 575（万元）

⑤ 150 000 ÷ 10=15 000（万股）

由此可见，认股权证的稀释性最大，2.6% 利率可转债的稀释性最小。

分步计算稀释每股收益如表 13-10 所示。

**表 13-10　稀释每股收益的计算**

| 项目 | 净利润（万元） | 股数（万股） | 每股收益（元） | 稀释性 |
|---|---|---|---|---|
| 基本每股收益 | 6 000 | 20 000 | 0.3 | |
| 股份期权 | 0 | 2 400 | | |
| | 6 000 | 22 400 | 0.27 | 稀释 |
| 1.4% 债券 | 1 575 | 15 000 | | |
| | 7 575 | 37 400 | 0.20 | 稀释 |
| 2.6% 债券 | 1 462.5 | 6 000 | | |
| | 9 037.5 | 43 400 | 0.21 | 反稀释 |

因此，稀释每股收益为 0.20 元。

### （七）子公司、合营企业或联营企业发行的潜在普通股

子公司、合营企业、联营企业发行能够转换成其普通股的稀释性潜在普通股，不仅应当包括在其稀释每股收益计算中，还应当包括在合并稀释每股收益以及投资者稀释每股收益的计算中。

**【例 13-68】** 甲公司 2×19 年度归属于普通股股东的净利润为 80 000 万元（不包括子公司乙公司利润或乙公司支付的股利），发行在外普通股加权平均数为 60 000 万股，持有长城公司 70% 的普通股股权。乙公司 2×19 年度归属于普通股股东的净利润为 29 000 万元，发行在外普通股加权平均数为 14 500 万股，该普通股当年平均市场价格为 10 元。2×19 年年初，乙公司对外发行 1 000 万份可用于购买其普通股的认股权证，行权价格为 5 元，甲公司持有 18 万份认股权证，当年无认股权证被行权。假设除股利外，母子公司之间没有其他须抵销的内部交易；甲公司取得对乙公司投资时乙公司各项可辨认资产等的公允价值与其账面价值一致。2×19 年度每股收益计算如下：

（1）子公司每股收益：

① 基本每股收益 =29 000 ÷ 14 500=2.0（元 / 股）

② 调整增加的普通股股数 =1 000-1 000×5 ÷ 10=500（万股）

稀释每股收益 =29 000 ÷（14 500+500）=1.93（元 / 股）

（2）合并每股收益：

① 归属于母公司普通股股东的母公司净利润 =80 000（万元）

包括在合并基本每股收益计算中的子公司净利润部分 =2.0×14 500×70% =20 300（万元）

基本每股收益 =（80 000+20 300）÷ 60 000=1.67（元 / 股）

② 子公司净利润中归属于普通股且由母公司享有的部分 =1.93×14 500×70%=19 589.5（万元）

子公司净利润中归属于认股权证且由母公司享有的部分 =1.93×500×18÷1 000=17.37（万元）

稀释每股收益 =（80 000+19 589.5+17.37）÷60 000=1.66（元 / 股）

## 三、每股收益的列报

### （一）每股收益的重新计算

1. 派发股票股利、公积金转增资本、拆股和并股

企业派发股票股利、公积金转增资本、拆股或并股等，会增加或减少其发行在外普通股或潜在普通股的数量，但并不影响所有者权益金额，也不改变企业的盈利能力。但是，为了保持会计指标的前后期可比性，应当在相关报批手续全部完成后，按调整后的股数重新计算各列报期间的每股收益。上述变化发生于资产负债表日至财务报告批准报出日之间的，应当以调整后的股数重新计算各列报期间的每股收益。

【例 13–69】 甲公司 2×18 年和 2×19 年归属于普通股股东的净利润分别为 1 900 万元和 2 200 万元；2×18 年 1 月 1 日发行在外的普通股为 800 万股；2×18 年 4 月 1 日按市价新发行普通股 160 万股；2×19 年 7 月 1 日分派股票股利，以 2×18 年 12 月 31 日总股本 960 万股为基数每 10 股送 3 股。假设不存在其他股数变动因素。2×19 年度比较利润表中基本每股收益的计算如下：

2×19 年度发行在外普通股加权平均数 =（800+160+288）×12÷12=1 248（万股）

2×18 年度发行在外普通股加权平均数 =800×1.3×12÷12+160×1.3×9÷12=1 196（万股）

2×19 年度基本每股收益 =2 200÷1 248=1.76（元 / 股）

2×18 年度基本每股收益 =1 900÷1 196=1.59（元 / 股）

2. 配股

配股在计算每股收益时比较特殊，因为它是向全部现有股东以低于当前股票市价的价格发行普通股，实际上可以理解为按市价发行股票和无对价送股的混合体。也就是说，配股中包含的送股因素具有与股票股利相同的效果，导致发行在外普通股股数增加的同时，却没有相应的经济资源流入。因此，计算基本每股收益时，应当考虑配股中的送股因素，将这部分无对价的送股（注意不是全部配发的普通股）视同列报最早期间期初就已发行在外，并据以调整各列报期间发行在外普通股的加权平均数，计算各列报期间的每股收益。

为此，企业首先应当计算出一个调整系数，再用配股前发行在外普通股的股数乘以该调整系数，得出计算每股收益时应采用的普通股股数。

每股理论除权价格 =（行权前发行在外普通股的公允价值总额 + 配股收到的款项）÷行权后发行在外的普通股股数

调整系数 = 行权前发行在外普通股的每股公允价值 ÷ 每股理论除权价格

因配股重新计算的上年度基本每股收益 = 上年度基本每股收益 ÷ 调整系数

本年度基本每股收益 = 归属于普通股股东的当期净利润 ÷（配股前发行在外普通股股数 × 调整系数 × 配股前普通股发行在外的时间权重 + 配股后发行在外普通股加权平均数）

【例 13-70】 甲公司 2×19 年度归属于普通股股东的净利润为 23 500 万元。2×19 年 1 月 1 日发行在外普通股股数为 8 000 万股。2×19 年 6 月 10 日,甲公司发布增资配股公告,向截止到 2×19 年 6 月 30 日(股权登记日)所有登记在册的老股东配股,配股比例为每 4 股配 1 股,配股价格为每股 6 元,除权交易基准日为 2×19 年 7 月 1 日。假设行权前一日的市价为每股 11 元,2×18 年度基本每股收益为 2.64 元。2×19 年度比较利润表中基本每股收益的计算如下:

每股理论除权价格 $=(11\times8\,000+6\times2\,000)\div(8\,000+2\,000)=10$(元)

调整系数 $=11\div10=1.1$

因配股重新计算的 2×18 年度基本每股收益 $=2.64\div1.1=2.4$(元/股)

2×19 年度基本每股收益 $=23\,500\div(8\,000\times1.1\times6\div12+10\,000\times6\div12)=2.5$(元/股)

### (二)每股收益列报的几种情况

对于普通股或潜在普通股已公开交易的企业以及正处于公开发行普通股或潜在普通股过程中的企业,如果不存在稀释性潜在普通股则应当在利润表中单独列示基本每股收益;如果存在稀释性潜在普通股则应当在利润表中单独列示基本每股收益和稀释每股收益。编制比较财务报表时,各列报期间中只要有一个期间列示了稀释每股收益,那么所有列报期间均应当列示稀释每股收益,即使其金额与基本每股收益相等。

企业对外提供合并财务报表的,仅要求其以合并财务报表为基础计算每股收益,并在合并财务报表中予以列报;与合并财务报表一同提供的母公司财务报表中不要求计算和列报每股收益,企业自行选择列报的,应以母公司个别财务报表为基础计算每股收益,并在其个别财务报表中予以列报。

企业应当在附注中披露与每股收益有关的下列信息:

(1)基本每股收益和稀释每股收益分子、分母的计算过程。

(2)列报期间不具有稀释性但以后期间很可能具有稀释性的潜在普通股。

(3)在资产负债表日至财务报告批准报出日之间,企业发行在外普通股或潜在普通股发生重大变化的情况。

企业如有终止经营的情况,应当在附注中分别持续经营和终止经营披露基本每股收益和稀释每股收益。

富祥股份关于公司 2018 年半年度报告中每股收益的说明

## 本章小结

本章讨论了收入、费用和利润这三个要素的核算原理。其中,收入是企业日常活动中形成的、会导致所有者权益增加的,与所有者投入资本无关的经济利益的总流入。费用是企业日常活动中发生的、会导致所有者权益减少的、与向所有者分配利润无关的经济利益的总流出。利润则是企业在一定会计期间的经营成果,包括收入减去费用后的净额、直接计入当期利润的利得和损失等。根据最新的收入准则,收入确认和计量大致分为五步:第一步,识别与客户订立的合同;第二步,识别合同中的单项履约义务;第三步,确定交易价格;第四步,将交易价格分摊至各单项履约义务;第五步,履行各单项履约义务时确认收入。其中，第一、二和五步主要与收入确认有关，第三、四步主要与收入计量有关。本章还讨论了所得税费用核算的资产负债表债务法。这一方法，要求从资产负债表出发，通过比较资产负债表上列示的资产、负债按照会计准则规定确定的账面价值与按照税法规定确定的计税基础，对于两者之间的差异分别应纳税暂时性差异与可抵扣暂时性差异，确认相关的递延所得税负债与递延所得税资产，并在此基础上确定每一会计期间利润表中的所得税费用。最后本章还讨论了每股收益，包括基本每股收益和稀释每股收益的计算和列报。

## 案例分析

2017 年 12 月 15 日，甲公司(以家电产品研发、生产、销售为主)与客户订立一项出售家电产品的合同。合同约定，该批家电的合同售价为 1 000 万元。客户验收产品后，甲公司承诺将商品运送至客户指定的地点(由北京运送至拉萨)。在甲公司发运货物的 2 日内，客户支付合同总价的 30%；客户收到家电产品 10 日内，支付合同总价的 70%。如果客户自提该批家电，则该批家电产品的市场售价为 920 万元。

2017 年 12 月 24 日，客户验收了该批商品。次日，甲公司将该批家电产品交付某运输公司，委托其负责运输，运输里程共计 4 000 千米。甲公司将为此支付运输费用 100 万元。客户于 2017 年 12 月 27 日支付了合同价款 300 万元。

2017 年 12 月 31 日，运输公司已将货物运送至距目的地 2 000 千米的地点。2018 年 1 月 5 日，运输公司将货物运送至客户指定地点。客户按约定支付了 700 万元货款，同日甲公司向客户开具了增值税专用发票。

要求：甲公司应如何确认上述交易的收入？

## 复习思考题

1. 简述收入的定义与特征。
2. 简述收入确认的核心原则。
3. 什么是收入确认的五步法？
4. 什么是合同变更？简述合同变更的具体情形和相应的处理方法。
5. 什么是履约义务？如何识别合同所包含的各单项履约义务。
6. 影响交易对价的因素有哪些？
7. 如何判断控制权是在某一时点转移还是在某一时段转移？
8. 什么是合同资产？合同资产与应收账款有何区别？
9. 简述费用的定义与基本特征。
10. 什么是资产、负债的账面价值与计税基础？
11. 简述资产负债表债务法的主要核算程序。

## 即测即评

请扫描右侧二维码，进行随堂测试。

# 第十四章　政府补助

## 学习目标

通过本章学习，应能够：了解政府补助的定义、特征与分类；掌握政府补助的会计处理；熟悉政府补助的列报要求。

### 导读案例

#### 新天科技股份有限公司关于获得政府补助的公告

新天科技股份有限公司（以下简称“公司”或“新天科技”）及控股子公司郑州万特电气股份有限公司（以下简称“万特电气”）、上海肯特仪表股份有限公司近期收到各项政府补助资金共计人民币 23 846 434.37 元，其中增值税即征即退政府补助资金为人民币 4 009 934.37 元，其他政府补助资金为人民币 19 836 500.00 元。具体情况如下：

一、补助的类型及确认和计量（如表 14–1 所示）

表 14–1　新天科技收到的政府补助类型及确认和计量

| 收款单位 | 发放主体 | 补助原因 / 项目 | 收款日期 | 补助金额（元） | 补助形式 | 政策依据 | 计入会计科目 | 与资产相关 / 与收益相关 | 是否具有可持续性 |
|---|---|---|---|---|---|---|---|---|---|
| 新天科技 | 郑州市高新区国税局 | 增值税软件退税 | 2018.11 | 3 428 162.96 | 现金 | 财税〔2011〕100 号 | 其他收益 | 与收益相关 | 是 |
| 新天科技 | 郑州市高新区管委会 | 新址建设及技术改造提升补助资金 | 2018.11 | 19 800 000.00 | 现金 | 郑高文广函〔2018〕10 号 | 递延收益 | 与资产相关 | 否 |
| 万特电气 | 郑州市高新区国税局 | 增值税软件退税 | 2018.11 | 581 771.41 | 现金 | 财税〔2011〕100 号 | 其他收益 | 与收益相关 | 是 |
| 单笔 50 万元以下合计（共 2 笔） | | | | 36 500.00 | 现金 | — | — | — | — |
| 合计 | | | | 23 846 434.37 | 现金 | — | — | — | — |

二、补助对上市公司的影响

(1) 公司将根据相关法律法规及相关政府部门要求,合理合规地使用政府补助资金,实现政府补助资金的高效使用;

(2) 按照《企业会计准则第16号——政府补助》等有关规定,公司拟将上述政府补助计入营业外收入36 500.00元,计入其他收益4 009 934.37元,计入递延收益19 800 000.00元,最终的会计处理仍需以会计师年度审计确认后的结果为准。

三、风险提示和其他说明

政府补助的具体会计处理须以审计机构年度审计确认后的结果为准。敬请广大投资者注意投资风险。

四、备查文件

上述补助收款凭证。

特此公告。

新天科技股份有限公司

董事会

二〇一八年十二月二日

以上是新天科技政府补助的公告,该公告说明了政府补助的类型及其会计处理。政府补助相对于企业的一般经济业务具有相当的特殊性,让我们进入政府补助的学习。

资料来源:编者整理。

## 第一节 政府补助概述

### 一、政府补助的定义

政府向企业提供经济支持,以鼓励或扶持特定行业、地区或领域的发展,是政府进行宏观调控的重要手段,也是国际上通行的做法。政府补助是指企业从政府无偿取得货币性资产或非货币性资产。政府补助的主要形式包括财政拨款、税收返还、财政贴息、无偿划拨非货币性资产等。

财政拨款是指政府为达到某种社会效益,在要求企业做出特定承诺时无偿拨付给企业的货币资金。无偿拨付的款项通常有限定的用途。比如,财政部门拨付给企业用于购建固定资产或进行技术改造的专项资金,鼓励企业安置职工就业而给予的奖励款项,拨付企业的粮食定额补贴,拨付企业开展研发活动的研发经费等。税收返还是指政府按照国家有关规定采取先征后返(退)、即征即退等办法向企业返还的税款。财政贴息是指政府为支持特定领域或区域发展,根据国家宏观经济形势和政策目标,对承贷企业的银行贷款利息给予的补贴,比如,向中小企业、高新技术企业或其他需要国家扶持的企业发放的贴息贷款。政府无偿划拨非货币性资产在实务中较为少见,但有时也会发生,比如政府向企业无偿划拨土地使用权、天然起源的天然森林等。

## 二、政府补助的特征

根据政府补助的定义，政府补助具有以下两个特征：

### （一）政府补助是来源于政府的经济资源

理解这一特征需要注意两点：

第一，不涉及政府资源转移的税收优惠不是会计准则界定的“政府补助”概念，即除税收返还外的税收优惠不属于政府补助，如直接减征、免征、增加计税抵扣额、抵免部分税额等。另外，增值税出口退税实际上是政府退回企业事先垫付的进项税额，也不属于政府补助。

华谊集团收到2.18亿元政府补助款

第二，对于企业收到的来源于其他方的补助，有确凿证据表明政府是补助的实际拨付者，其他方只起到代收代付作用的，该项补助也属于政府补助。例如，某集团公司母公司收到一笔政府补助款，有确凿证据表明该补助款实际的补助对象为该母公司下属子公司，母公司只是起到代收代付作用，在这种情况下，该补助款属于对子公司的政府补助。

此外，政府对企业债务的赦免可能符合政府补助的定义，但适用于《企业会计准则第12号——债务重组》。

### （二）无偿性

无偿性是指企业取得来源于政府的经济资源，不需要向政府交付商品或服务等对价。无偿性是政府补助的基本特征，这一特征将政府补助与政府以投资者身份向企业投入资本、政府购买服务等政府与企业之间的互惠性交易区别开来。

政府如以企业所有者身份向企业投入资本，享有相应的所有者权益，这时候政府与企业之间是投资者与被投资者之间的关系，属于互惠交易。

政府采购也不属于政府补助。政府采购是指政府为了开展日常政务活动或为公众提供服务，以法定的方式、方法和程序，通过公开招标、公平竞争，由财政部门以直接向企业付款的方式，从企业购买商品或劳务的行为。政府采购中，政府与企业之间是交易对手，二者之间的商品或劳务交易属于互惠的市场交易。

企业从政府取得的经济资源，如果与企业销售商品或提供服务等活动密切相关，且是企业商品或服务的对价或者是对价的组成部分，不属于政府补助会计准则规范的范畴，适用于收入确认的相关原则。

另外，政府补助通常附有一定条件，这与政府补助的无偿性并不矛盾，只是政府为了推行其宏观经济政策，对企业使用政府补助的时间、使用范围和方向进行了限制。政府补助附有的条件主要包括两种：一是政策条件。企业只有符合政府补助政策的规定，才有资格申请政府补助。符合政策规定不一定都能够取得政府补助。不符合政策规定、不具备申请政府补助资格的，不能取得政府补助。二是使用条件。企业已获批准取得政府补助的，应当按照政府规定的时间和用途使用。

**【例14-1】** 敬贤公司从事新能源汽车的生产和销售，每辆新能源汽车的市场价格为20万元，成本为15万元。新能源汽车产业为国家重点支持的产业，敬贤公司属于国家规划的中标企业，按照中标协议规定，敬贤公司应以每辆10万元的价格卖给消费者，每卖出一辆汽车，敬贤公司可以向国家申请财政补贴 10 万元。2×20 年，敬贤公司共卖出 100 辆新能源汽车。忽略增值税等相关税费。

本例中，敬贤公司获得的国家财政补贴虽然属于广义的政府补助，但并不属于政府补助会计准则规范的内容，应适用于收入准则。因为汽车的市场价格为 20 万元，敬贤公司从消费者处收取 10 万元货款，获取财政补贴 10 万元，这 10 万元的财政补贴实际上是汽车对价的一个组成部分。从政府补助的对象看，实际受益的是购买新能源汽车的消费者，而非敬贤公司，敬贤公司只是实现了新能源汽车的市场价值。也可以这样理解本业务：本业务相当于政府以 20 万元的公允市价从敬贤公司购入新能源汽车，再以 10 万元的价格卖给消费者。这里，政府与企业之间交易实际上是互惠的商品交易，政府补助的真正受益对象是消费者。

综上所述，敬贤公司 2×20 年销售 100 辆新能源汽车时，对于从消费者收取的货款和应收的财政补贴款都应确认为本企业的营业收入。其会计分录如下：

| | | |
|---|---|---|
| 借：银行存款 | 10 000 000 | |
| 　　其他应收款——应收财政补贴款 | 10 000 000 | |
| 　　贷：主营业务收入 | | 20 000 000 |
| 借：主营业务成本 | 15 000 000 | |
| 　　贷：库存商品 | | 15 000 000 |

**【例 14-2】** 2×20 年 2 月，敬贤公司与所在城市的开发区人民政府签订了项目合作投资协议，实施“退城进园”技改搬迁。根据协议，敬贤公司在开发区内投资约 4 亿元建设电子信息设备生产基地。生产基地占地面积 400 亩，该宗项目用地按开发区工业用地基准地价挂牌出让，敬贤公司摘牌并按挂牌出让价格缴纳土地出让金 4 800 万元。敬贤公司自开工之日起须在 18 个月内完成搬迁工作，从原址搬迁至开发区，同时将敬贤公司位于城区繁华地段的原址用地（200 亩，按照所在地段工业用地基准地价评估为 1 亿元）移交给开发区政府收储，开发区政府将向敬贤公司支付补偿资金 1 亿元。设敬贤公司位于城区繁华地段原址用地的土地使用权账面余额为 4 000 万元，累计摊销额为 1 000 万元，未提减值准备。忽略增值税等相关税费。

本例中，为实施“退城进园”技改搬迁，敬贤公司将其位于城区繁华地段的原址用地移交给开发区政府收储，开发区政府为此向敬贤公司支付补偿资金 1 亿元。由于开发区政府对敬贤公司的搬迁补偿是基于敬贤公司原址用地的公允价值确定的，实质是政府按照相应资产的市场价格向企业购买资产，企业从政府取得的经济资源是企业让渡其资产的对价，双方的交易是互惠性交易，不符合政府补助无偿性的特点，因此，敬贤公司收到的 1 亿元搬迁补偿资金不作为政府补助处理而应作为处置非流动资产的收入。土地使用权转让的会计分录如下：

| | | |
|---|---|---|
| 借：银行存款 | 100 000 000 | |
| 　　累计摊销 | 10 000 000 | |
| 　　贷：无形资产——土地使用权 | | 40 000 000 |
| 　　　　资产处置损益——无形资产处置损益 | | 70 000 000 |

**【例 14-3】** 敬贤公司从事新能源汽车的生产和销售，属于国家认定的高新技术企

业。为推动新能源汽车的发展，当地政府一次性向企业拨付1 000万元资金用于新能源汽车的技术改造项目研究，研究成果归敬贤公司所有。

本例中，敬贤公司从当地政府取得1 000万元资金用于研发项目，且研究成果归企业所有。因此，这笔财政拨款具有无偿性的特征，属于政府补助。敬贤公司应在收到1 000万元财政拨款时按照政府补助准则的相关规定进行会计处理。

### 三、政府补助的分类

根据企业受益的形式和相关会计处理的不同，政府补助又可分为与资产相关的政府补助和与收益相关的政府补助。

与资产相关的政府补助，是指企业取得的、用于购建或以其他方式形成长期资产的政府补助。通常情况下，相关补助文件会要求企业将补助资金用于取得长期资产。长期资产将在较长的期间内给企业带来经济利益，因此相应的政府补助的受益期也较长。对于与资产相关的政府补助，会计上有两种处理方法可供选择，一是将与资产相关的政府补助确认为递延收益，随着资产的使用而逐步结转入损益；二是将补助冲减资产的账面价值，以反映资产的实际取得成本。

与收益相关的政府补助，是指除与资产相关的政府补助之外的政府补助。此类补助主要是用于补偿企业已发生或即将发生的相关成本费用或损失，受益期相对较短，通常在满足补助所附条件时计入当期损益或冲减相关费用。

## 第二节 政府补助的会计处理

### 一、与政府补助相关的会计问题

#### （一）政府补助确认与计量的基本原则

政府补助同时满足以下两个条件才能予以确认：第一，企业能够满足政府补助所附条件；第二，企业能够收到政府补助。在计量方面，政府补助为货币性资产的，应当按照收到或应收的金额计量。如果企业已经实际收到补助资金，应当按照实际收到的金额计量；如果资产负债表日企业尚未收到补助资金，但企业在符合了相关政策规定后就相应获得了收款权，且与之相关的经济利益很可能流入企业，企业应当在这项补助成为应收款时按照应收的金额计量。政府补助为非货币性资产的，应当按照公允价值计量。

#### （二）政府补助是企业的收益还是对资产账面价值或费用的抵减

关于这个问题，存在两种不同的观点。第一种观点被称为总额法。这种观点认为，政府补助的特点是无偿性，企业无偿获得了政府的经济资源，这自然是企业的收益。因此应将政府补助在受益期内全额确认为收益，而不是作为相关资产账面价值或费用的抵减。而且，抵减资产账面价值或费用将虚减企业的资产或费用。第二种观点被称为净额法。这种观点认为，政府补助虽然是无偿的，但并不完全是“免费的午餐”。政府补助通常附有一定的限制性条件，这些限制性条件可能增加企业的有关成本或费用，政府补助重在对此进行弥补。因此，应把政府补助冲减相关资产账面价值或费用。比如，政府对储备粮企业的财政补贴重在弥补企业为完成国家战略储备任务而增加的储存费用，如果没有相关的财政补贴和政策要求，相关的储存费用可能也不会发生。

从理论上看，这两种观点都有一定的道理，因此现行会计准则允许企业在总额法和净额法中进行选择，但规定，企业对同类或类似政府补助业务只能选用一种方法；同时，企业对该业务应当一贯地运用该方法，不得随意变更。需要说明的是，虽然对于大部分政府补助业务，企业选择总额法或净额法都会有一定的理论依据并因而可行，但有些补助业务可能只适合采用一种方法。比如，某上市公司连年亏损，面临被摘牌的命运，当地政府基于保牌的考虑，无偿拨付给公司一笔款项，以使其能够“扭亏为盈”，财政拨款并无任何附带条件。在这个例子中，政府补助不会使企业承担额外的义务，也无特定的相关费用可以弥补。因此，企业对该笔政府补助应采用总额法确认为营业外收入，而不是采用净额法冲减营业外支出。

### （三）政府补助是否属于日常活动

我国 2006 年颁布的《企业会计准则第 16 号——政府补助》（简称《政府补助》准则）认为政府补助不属于日常活动，相关收益应统一计入营业外收入。但 2017 年修订的《政府补助》准则改变了这种做法。该准则指出，与企业日常活动相关的政府补助，应当按照经济业务实质，计入其他收益或冲减相关成本费用。与企业日常活动无关的政府补助，计入营业外收入或冲减相关损失。也就是说，新修订的准则认为，政府补助可能与日常活动有关，也可能无关。这是因为，政府补助通常会对资金的使用范围进行限制，限制的使用范围可能属于日常活动，也可能不属于日常活动。比如，财政部门拨付给企业用于购建固定资产或进行技术改造的专项资金，拨付给储备粮企业的粮食定额补贴，拨付给企业开展研发活动的研发经费，这些政府补助通常与企业的日常活动相联系。但是，政府对发生自然灾害的企业进行的财政补贴，对可能失去“壳”资源的上市公司进行的财政补贴，这些政府补助并不明显与日常活动有关，应归类为非日常活动。

政府补助与利润操纵

## 二、与资产相关的政府补助会计处理

与资产相关的政府补助，补助资金应当用于指定的长期资产上。如前所述，政府补助可以采用总额法和净额法。对于与资产相关的政府补助，在总额法下：①企业收到的补助资金应确认为递延收益，并在相关资产使用寿命内按照合理、系统的方法分期计入损益。如果企业先取得与资产相关的政府补助，再确认所购建的长期资产，则应当在开始对相关资产计提折旧或进行摊销时按照合理、系统的方法将递延收益分期计入当期收益；如果相关长期资产投入使用后企业再取得与资产相关的政府补助，则应当在相关资产的剩余使用寿命内按照合理、系统的方法将递延收益分期计入当期收益。在应确认的科目上，如果相关资产与日常活动有关，则应计入“其他收益”科目，否则计入营业外收入。这里，“其他收益”是为核算总额法下日常活动政府补助产生的收益而专设的科目，其在利润表中属于营业利润范畴之内（具体参见本书第十七章利润表的格式）。②相关长期资产在使用寿命结束前被出售、转让、报废或发生毁损的，应当将尚未分配的相关递延收益余额转入资产处置当期的损益，即记入“资产处置损益”科目（出售或转让时，资产处置损益在利润表中也属于营业利润范畴之内)或“营业外收入”科目(报废或毁损时,营业外收支在利润表中属于营业利润范畴之外)。

在净额法下,企业收到的补助资金应确认为递延收益,并在取得资产时冲减相关资产的账面价值。如果企业先取得长期资产,后获取补助资金,则应当在取得补助资金时冲减相关资产的账面价值,并按照冲减后的账面价值和相关资产的剩余使用寿命计提折旧或进行摊销。

实务中存在政府无偿给予企业长期非货币性资产的情况,如无偿划拨土地使用权、天然起源的天然林等。企业取得的政府补助为非货币性资产的,应当按照公允价值计量;公允价值不能可靠取得的,按照名义金额(1 元)计量。企业在收到非货币性资产的政府补助时,应当借记有关资产科目,贷记“递延收益”科目;然后在相关资产使用寿命内按合理、系统的方法分期计入损益,借记“递延收益”科目,贷记“其他收益”或“营业外收入”科目。但是,对以名义金额计量的政府补助,在取得时计入当期损益。

**【例 14-4】** 敬贤公司准备购买一台科研设备用于研发新能源汽车技术,按照有关产业政策,用于研发新能源汽车技术的设备可以向国家申请财政补贴。2×20 年 1 月 1 日,敬贤公司向政府有关部门申请 600 万元的财政补贴,2×20 年 7 月 1 日,敬贤公司收到 600 万元财政补贴。2×20 年 12 月 31 日,公司以 1 200 万元购入科研设备,该设备不需要安装,购买当日达到预定可使用状态,并立即用于研发项目。设备预计使用年限为 5 年,预计净残值为 0,采用直线法计提折旧。2×24 年 12 月 31 日,研发项目已成功完成,公司把科研设备对外出售,收到价款 300 万元。忽略增值税等相关税费。

本例中,政府补助 600 万元与科研设备有关,属于与资产有关的政府补助,敬贤公司可以选择总额法或净额法进行处理。该公司用总额法的会计处理如下。

(1) 2×20 年 7 月 1 日收到 600 万元财政补贴时:

| | | |
|---|---|---|
| 借:银行存款 | 6 000 000 | |
| 　贷:递延收益 | | 6 000 000 |

(2) 2×20 年 12 月 31 日购入设备时:

| | | |
|---|---|---|
| 借:固定资产 | 12 000 000 | |
| 　贷:银行存款 | | 12 000 000 |

(3) 从 2×21 年起每月底,首先计提设备折旧:

| | | |
|---|---|---|
| 借:研发支出 | 200 000 | |
| 　贷:累计折旧 | | 200 000 |

其次,分摊递延收益,本例中,进行新能源汽车技术的研发属于日常活动,应确认为其他收益:

| | | |
|---|---|---|
| 借:递延收益 | 100 000 | |
| 　贷:其他收益 | | 100 000 |

(4) 2×24 年 12 月 31 日公司出售设备时,设备已提折旧 =200 000×12×4=9 600 000(元),递延收益已摊销 100 000×12×4=4 800 000(元)。

| | | |
|---|---|---|
| 借:固定资产清理 | 2 400 000 | |
| 　累计折旧 | 9 600 000 | |

贷:固定资产 12 000 000
借:银行存款 3 000 000
贷:固定资产清理 3 000 000
借:固定资产清理 600 000
贷:资产处置损益 600 000
借:递延收益 1 200 000
贷:资产处置损益 1 200 000

本例中,假如2×24年12月31日设备没有出售,而是报废(设报废时设备净残值为0)。

借:固定资产清理 2 400 000
累计折旧 9 600 000
贷:固定资产 12 000 000
借:营业外支出 2 400 000
贷:固定资产清理 2 400 000
借:递延收益 1 200 000
贷:营业外收入 1 200 000

该企业用净额法的会计处理如下。

(1) 2×20年7月1日收到600万元财政补贴时:

借:银行存款 6 000 000
贷:递延收益 6 000 000

(2) 2×20年12月31日购入设备时:

借:固定资产 12 000 000
贷:银行存款 12 000 000
借:递延收益 6 000 000
贷:固定资产 6 000 000

(3) 从2×21年起每月底计提设备折旧:

借:研发支出 100 000
贷:累计折旧 100 000

(4) 2×24年12月31日公司出售设备时,设备已提折旧=100 000×12×4=4 800 000(元):

借:固定资产清理 1 200 000
累计折旧 4 800 000
贷:固定资产 6 000 000
借:银行存款 3 000 000
贷:固定资产清理 3 000 000
借:固定资产清理 1 800 000
贷:资产处置损益 1 800 000

假如2×24年12月31日设备没有出售,而是报废(设报废时设备净残值为0):

借:固定资产清理 1 200 000
累计折旧 4 800 000

贷:固定资产 6 000 000

借:营业外支出 1200 000

贷:固定资产清理 1 200 000

## 三、与收益相关的政府补助会计处理

与收益相关的政府补助应分别以下两种情况做出处理:

### (一)政府补助用于补偿企业以后期间的相关成本费用或损失

这种情况下的会计处理包括以下三点:第一,企业在取得政府补助时应当先判断企业能否满足政府补助所附条件,只有满足政府补助确认条件时才能确认为递延收益;第二,在以后确认相关成本费用期间,同时分摊递延收益,分摊的递延收益计入当期损益(总额法)或冲减当期成本费用(净额法);第三,总额法下,如果政府补助补偿的是日常活动的成本费用,则摊销的递延收益应确认为其他收益;如果补偿的是营业外支出,则摊销的递延收益应确认为营业外收入。

### (二)政府补助用于补偿已发生的相关成本费用或损失

这种情况下的会计处理包括以下两点:第一,企业在取得政府补助时直接计入当期损益(总额法)或冲减相关成本费用(净额法)。第二,总额法下,如果政府补助补偿的是日常活动的成本费用,则收到的政府补助应确认为其他收益;如果补偿的是营业外支出,则收到的政府补助应确认为营业外收入。

有时候,与收益相关的政府补助是对企业行为的奖励或纯粹的政府支持,并不试图弥补任何已经发生或将要发生的成本费用,这种情况下只能采用总额法。如果与收益相关的政府补助是对企业行为的奖励,则总额法下应根据受奖励行为的性质确定是否是日常活动,如果是日常活动,相关的政府补助应确认为其他收益,否则确认为营业外收入;如果与收益相关的政府补助是纯粹的政府支持(如前文中政府对可能失去"壳"资源上市公司进行财政补贴的例子),则总额法下应在收到补助款时直接确认为当期营业外收入。

**【例 14–5】**[①] 甲企业于 2×17 年 3 月 15 日与其所在地地方政府签订合作协议,根据协议约定,当地政府将向甲企业提供 1 000 万元奖励资金,用于企业的人才激励和人才引进奖励,甲企业必须按年向当地政府报送详细的资金使用计划并按规定用途使用资金。协议同时还约定,甲企业自获得奖励起 10 年内注册地址不得迁离本地区,否则政府有权追回奖励资金。甲企业于 2×17 年 3 月 31 日收到 1 000 万元补助资金,分别在 2×17 年 12 月、2×18 年 12 月、2×19 年 12 月使用了 400 万元、300 万元和 300 万元,用于发放给总裁级高管年度奖金。本例中不考虑相关税费等其他因素。

本例属于用于补偿企业以后期间相关成本费用的政府补助。甲企业应当在取得政府补助时先判断是否满足政府补助的确认条件。如果客观情况表明甲企业在未来 10 年内离开该地区的可能性很小,比如通过成本效益分析认为甲企业迁离该地区的成本远高于收益,则甲企业在收到补助资金时应当记入"递延收益"科目,实际按规定用途使用补助资金时,再计入当期损益。政府补助与职工薪酬有关,属于日常活动,与政府补助有关的

① 本例引自《企业会计准则第 16 号——政府补助》应用指南(2018)。

收益应计入营业利润之内。

若甲企业采用总额法，相关会计处理如下。

(1) 收到 1 000 万元奖励资金时：

借：银行存款 10 000 000

贷：递延收益 10 000 000

(2) 2×17 年 12 月、2×18 年 12 月、2×19 年 12 月发放高管奖金时：

借：递延收益 4 000 000

贷：其他收益 4 000 000

借：递延收益 3 000 000

贷：其他收益 3 000 000

借：递延收益 3 000 000

贷：其他收益 3 000 000

若甲企业采用净额法，相关会计处理如下：

(1) 收到 1 000 万元奖励资金时：

借：银行存款 10 000 000

贷：递延收益 10 000 000

(2) 2×17 年 12 月、2×18 年 12 月、2×19 年 12 月发放高管奖金时：

借：递延收益 4 000 000

贷：管理费用 4 000 000

借：递延收益 3 000 000

贷：管理费用 3 000 000

借：递延收益 3 000 000

贷：管理费用 3 000 000

本例中，如果甲企业在取得补助资金时暂时无法确定能否满足政府补助所附条件（即在未来 10 年内注册地址不得迁离本地区），则应当将收到的补助资金先记入“其他应付款”科目，待客观情况表明其能够满足政府补助所附条件后再转入“递延收益”科目。

**【例 14–6】** 敬贤公司生产的新能源汽车需要使甲种原材料，该种原材料在生产环节需要征收消费税。按国家相关政策，使用甲种原材料用于新能源汽车生产的，购买原材料成本中包含的消费税可以申请全额退回。公司当期一共投入甲种原材料 100 万元（其中包含消费税 20 万元）用于新能源汽车的生产。公司向税务部门提交退税申请，申请退税 20 万元，税务部门经审核后通过。

本例属于补偿已发生成本的政府补助，退回的消费税实际上是弥补生产新能源汽车的直接材料成本，属于日常活动。因此，税务部门审核通过公司的退税申请时，若公司采用总额法，其会计分录如下：

借：其他应收款 200 000

贷：其他收益 200 000

若公司采用净额法，其会计分录如下：

借：其他应收款 200 000

贷：生产成本　　200 000

【例 14-7】 2×20 年 1 月，敬贤公司因仓库火灾发生严重损失，2 月公司收到政府发放的灾害补助资金 100万元。

本例属于补偿已发生损失的政府补助，灾害损失是营业外支出，属于非日常活动。若公司采用总额法，其会计分录如下：

借：银行存款　　1 000 000

　贷：营业外收入　　1 000 000

若公司采用净额法，其会计分录如下：

借：银行存款　　1 000 000

　贷：营业外支出　　1 000 000

【例 14-8】 敬贤公司从事的新能源汽车产业属于国家重点支持的产业，按照国家有关政策，新能源汽车销售适用增值税即征即退政策，即先按规定征收增值税，然后按实际缴纳增值税税额的 70% 退税。2×20 年 1 月，公司实际缴纳增值税税额 100万元。2×20 年 2 月，公司向税务部门提交退税申请，申请退税 70 万元，税务部门经审核后通过。

首先，本例中的政府补助是对敬贤公司从事新能源汽车产业的鼓励或奖励，相关的增值税退税并无特定成本费用去弥补，因此本例只能采用总额法。其次，增值税与日常销售密切相关，属于日常活动，相关收益应确认为其他收益。因此，税务部门审核通过公司的退税申请时应做会计分录如下：

借：其他应收款　　700 000

　贷：其他收益　　700 000

## 四、政府补助的退回

已确认的政府补助需要退回的，应当在需要退回的当期根据实际情况按照以下规定进行会计处理：①初始确认时冲减相关资产账面价值的，调整资产账面价值；②存在相关递延收益的，冲减相关递延收益账面余额，退回政府补助款超出递延收益部分计入当期损益；③属于其他情况的，直接计入当期损益。

【例 14-9】 接例 14-4，假设 2×22 年 1 月，有关部门在对敬贤公司的检查中发现，敬贤公司不符合申请补助的条件，要求敬贤公司退回补助款。敬贤公司于当月退回了全部补助款 600万元。

本例中，若敬贤公司以前对政府补助采用的是总额法，则截至 2×22 年 1 月，敬贤公司已分摊递延收益金额 =10×12=120 万元，递延收益余额 =600-120= 480 万元。退回补助款时，敬贤公司应做会计分录如下：

借：递延收益　　4 800 000

　　其他收益　　1 200 000

　贷：银行存款　　6 000 000

若敬贤公司以前对政府补助采用的是净额法，则科研设备在购买时因政府补助被冲销 600 万元，同时，因科研设备被冲销 600 万元，敬贤公司 2×21 年少确认研发支出 120 万元。退回补助款时，敬贤公司应做会计分录如下：

借：固定资产　　4 800 000

　　研发支出　　1 200 000

　　贷：银行存款　　6 000 000

以上会计分录做过以后，固定资产的账面余额为 1 080 万元，已提折旧 120 万元，未来 4 年中，敬贤公司每年应计提折旧 240 万元，每月应计提折旧 20 万元。

【例 14-10】 接例 14-5，假设合作协议约定，如果甲企业自获得奖励起 10 年内注册地址迁离本地区，当地政府允许甲企业按照实际留在本地区的时间保留部分补贴，并按剩余时间追回补贴。甲企业于 2×17 年 3 月 31 日收到 1 000 万元补助资金时判断，未来 10 年内企业迁离该地区的可能性很小，因而确认了该笔政府补助。甲企业分别在 2×17 年 12 月、2×18 年 12 月、2×19 年 12 月使用了 400 万元、300 万元和 300 万元，用于发放给总裁级高管年度奖金。2×21 年 4 月 1 日，甲企业因重大战略调整，注册地址迁离了本地区。当地政府根据协议要求甲企业退回补贴款 600万元。

本例中，若甲企业以前对政府补助采用的是总额法，则迁离该地区时应做会计分录为：

借：其他收益　　6 000 000

　　贷：其他应付款　　6 000 000

若甲企业以前对政府补助采用的是净额法，则迁离该地区时应做会计分录为：

借：管理费用　　6 000 000

　　贷：其他应付款　　6 000 000

假定甲企业在迁离该地区时，仍未动用 1 000 万元奖励基金，则应做会计分录为：

借：递延收益　　6 000 000

　　贷：其他应付款　　6 000 000

## 五、特殊业务的会计处理

### （一）综合性项目政府补助

综合性项目政府补助是指同时包含与资产相关部分和与收益相关部分的政府补助。对于这类政府补助，企业应当将其进行分解，区分不同部分分别进行会计处理（分解法）；难以区分的，企业应当将其整体归类为与收益相关的政府补助进行会计处理（整体法）。

【例 14-11】 敬贤公司拟进行新能源汽车技术的研发攻关项目，项目预计总投资为 5 000 万元。其中，研发设备投资 2 000 万元，场地租赁费 500 万元，人员工资 1 000 万元，材料费 500 万元，外购专利费 500 万元，测试加工费 500 万元。2×19 年 8 月 1 日，敬贤公司向国家申请研究补助资金 1 000 万元；2×19 年 11 月 1 日，主管部门批准了敬贤公司的申请，并向公司拨付 1 000 万元补贴款。在政府与公司签订的补助协议中规定，1 000 万元的补助资金必须用于新能源汽车技术的研发攻关项目，但协议并未就补助资金如何用于各研发支出项目做出限定。2×20 年 1 月 1 日敬贤公司启动该研发攻关项目，项目预计 10 年完成。2×21 年 12 月 31 日，敬贤公司购入不需要安装的研发设备，并立即投入研发项目，设备价款 2 000 万元，预计使用年限为 8 年，预计净残值为 0。2×29 年 12 月 31 日，研发项目如期完成。假设公司按年确认各种收益费用，忽略增值税等相关税费。

方法一:整体法。本例中,国家拨付给敬贤公司的补助资金 1 000 万元既包括对研发设备的补助,也包括对研发项目其他支出的补助,前者属于与资产相关的政府补助,后者属于与收益相关的政府补助,但二者难以区分,可以考虑采用整体法视同与收益相关的政府补助进行会计处理。

若敬贤公司对该政府补助采用总额法,则相关会计处理如下。

(1) 2×19 年 11 月 1 日收到补助资金时:

借:银行存款　　10 000 000

　贷:递延收益　　10 000 000

(2) 2×20 年至 2×29 年每年年底分摊递延收益:

借:递延收益　　1 000 000

　贷:其他收益　　1 000 000

(3) 2×21 年 12 月 31 日购入研发设备时:

借:固定资产　　20 000 000

　贷:银行存款(或应付账款)　　20 000 000

(4) 2×22 年至 2×29 年每年年底计提研发设备折旧:

借:研发支出　　2 500 000

　贷:累计折旧　　2 500 000

若敬贤公司对该政府补助采用净额法,则相关会计处理如下。

(1) 2×19 年 11 月 1 日收到补助资金时:

借:银行存款　　10 000 000

　贷:递延收益　　10 000 000

(2) 2×20 年至 2×29 年每年年底分摊递延收益:

借:递延收益　　1 000 000

　贷:研发支出　　1 000 000

(3) 2×21 年 12 月 31 日购入研发设备时:

借:固定资产　　20 000 000

　贷:银行存款(或应付账款)　　20 000 000

(4) 2×22 年至 2×29 年每年年底计提研发设备折旧:

借:研发支出　　2 500 000

　贷:累计折旧　　2 500 000

方法二:分解法。观察研发项目的投资结构,5 000 万元的研发投资中,研发设备投资为 2 000 万元,占总投资的 40%。如果可以按照比例推算,则 1 000 万元政府补助中,400 万元用于科研设备,该部分政府补助属于与资产相关的政府补助,剩下 600 万元属于与收益相关的政府补助。因此,敬贤公司也可以对该笔政府补助采用分解法进行会计处理。

若敬贤公司对该政府补助采用总额法,则相关会计处理如下。

(1) 2×19 年 11 月 1 日收到补助资金时:

借:银行存款　　10 000 000

　贷:递延收益　　10 000 000

(2) 2×20 年至 2×29 年每年年底分摊与收益相关的政府补助的递延收益[6 000 000÷10=600 000(元)]:

借:递延收益　　600 000

　贷:其他收益　　600 000

(3) 2×21 年 12 月 31 日购入研发设备时:

借:固定资产　　20 000 000

　贷:银行存款(或应付账款)　　20 000 000

(4) 2×22 年至 2×29 年每年年底计提研发设备折旧,并分摊与资产相关的政府补助的递延收益(4 000 000 ÷ 8=500 000):

借:研发支出　　2 500 000

　贷:累计折旧　　2 500 000

借:递延收益　　500 000

　贷:其他收益　　500 000

若敬贤公司对该政府补助采用净额法,则相关会计处理如下:

(1) 2×19 年 11 月 1 日收到补助资金时:

借:银行存款　　10 000 000

　贷:递延收益　　10 000 000

(2) 2×20 年至 2×29 年每年年底分摊与收益相关的政府补助的递延收益[6 000 000 ÷ 10=600 000(元)]:

借:递延收益　　600 000

　贷:研发支出　　600 000

(3) 2×21 年 12 月 31 日购入研发设备时:

借:固定资产　　20 000 000

　贷:银行存款(或应付账款)　　20 000 000

借:递延收益　　4 000 000

　贷:固定资产　　4 000 000

(4) 2×22 年至 2×29 年每年年底计提研发设备折旧:

借:研发支出　　2 000 000

　贷:累计折旧　　2 000 000

**【例 14–12】** 接例 14–11,假定政府与敬贤公司签订的协议中规定,1 000 万元补助资金实行专款专用。其中,用于补助科研设备的资金为 400 万元,用于补助场地租赁费、人员工资、材料费、外购专利费、测试加工费的资金分别为 100 万元、200 万元、100 万元、100 万元、100万元。

本例中,由于协议中已经明确科研设备及其他研发支出项目的使用金额,且专款专用。因此,本例中的与资产相关的政府补助和与收益相关的政府补助是可以明确区分的,只能采用分解法。

采用分解法时,与资产相关的政府补助的会计处理与例 14–11 相同,但与收益相关的政府补助产生的递延收益不应在 10 年研发期内平均分摊,应在公司按规定用途使用补助资金时贷记“其他收益”科目(总额法)或“研发支出”科目(净额法)。

### (二)财政贴息

财政贴息是指政府为支持特定领域或区域发展,根据国家宏观经济形势和政策目标,对承贷企业的银行贷款利息给予的补贴。企业取得财政贴息的,应当区分财政将贴息资金拨付给贷款银行和财政将贴息资金直接拨付给企业两种情况,分别进行会计处理:

第一,对于财政将贴息资金拨付给贷款银行的财政贴息,企业可以选择以下两种方法之一进行会计处理:①以实际收到的借款金额(即借款本金)作为借款的入账价值,按照借款本金和财政贴息的优惠利率计算相关借款费用;②以借款的公允价值作为借款的入账价值并按照实际利率法计算借款费用[①],实际收到的金额与借款公允价值之间的差额确认为递延收益。递延收益在借款存续期内采用实际利率法摊销,冲减相关借款费用。企业选择了上述两种方法之一后,应当一致地运用,不得随意变更。

第二,对于财政将贴息资金直接拨付给企业的财政贴息,由于企业先按照同类贷款市场利率向银行支付利息,所以实际收到的借款金额通常就是借款的公允价值,因此应按实际收到的借款金额作为借款的入账价值,按实际利率(即同类贷款市场利率)计算借款费用,收到的财政贴息相应冲减相关借款费用。

**【例 14-13】** 2×20 年 12 月 31 日,敬贤公司向银行贷款 100 万元,期限 2 年,每月月末支付利息,到期一次还本。由于这笔贷款资金将被用于国家扶持产业,符合财政贴息的条件,所以贷款利率显著低于敬贤公司取得同类贷款的市场利率。假设敬贤公司取得同类贷款的年市场利率为 12%(实际利率),敬贤公司与银行签订的贷款合同约定的年利率为 6%,敬贤公司按年向银行支付贷款利息,财政按年向银行拨付贴息资金。贴息后实际支付的年利息率为 6%,贷款期间的利息费用满足资本化条件,计入相关在建工程的成本。

方法一:按优惠利率计算借款费用,并作会计分录。

(1) 2×20 年 12 月 31 日,敬贤公司取得银行贷款 100 万元时:

| | | |
|---|---|---|
| 借:银行存款 | 1 000 000 | |
| 　贷:长期借款——本金 | | 1 000 000 |

(2) 2×21 年 1 月起每月月末,敬贤公司按月支付利息,公司实际承担的利息费用为 1 000 000×(6%÷12)=5 000 元。

| | | |
|---|---|---|
| 借:在建工程 | 5 000 | |
| 　贷:银行存款 | | 5 000 |

方法二:按实际利率计算借款费用,并作会计分录。

借款的公允价值 $=1\ 000\ 000\times(P/F,1\%,24)+5\ 000\times(P/A,1\%,24)=787\ 566.13+106\ 216.94=893\ 783.07$(元)

利息调整 $=1\ 000\ 000-893\ 783.07=106\ 216.93$(元)

长期借款各期的利息费用、利息调整摊销额及期末账面价值如表 14-2 所示。

(1) 2×20 年 12 月 31 日,敬贤公司取得银行贷款 100 万元时:

---

① 注意,借款的初始入账价值为借款的公允价值并不意味着借款以公允价值计量,事实上借款是以摊余成本计量的,只不过在初始入账时,借款的摊余成本就是其公允价值。

借:银行存款　　1 000 000
　长期借款——利息调整　　106 216.93
　贷:长期借款——本金　　1 000 000
　　递延收益　　106 216.93

(2) 2×21 年 1 月 31 日:

借:在建工程　　8 937.83
　贷:银行存款　　5 000
　　长期借款——利息调整　　3 937.83

借:递延收益　　3 937.83
　贷:在建工程　　3 937.83

**表 14-2 利息调整分摊表**

2×20 年 12 月 31 日　　单位:元

| 月度 | 现金流出(A) | 利息费用(B= 上期 D×1%) | 利息调整摊销金额(C=B-A) | 借款期末账面价值(D= 上期 D+C) |
|---|---|---|---|---|
| 0 | | | | 893 783.07 |
| 1 | 5 000 | 8 937.83 | 3 937.83 | 897 720.90 |
| 2 | 5 000 | 8 977.21 | 3 977.21 | 901 698.11 |
| 3 | 5 000 | 9 016.98 | 4 016.98 | 905 715.09 |
| 4 | 5 000 | 9 057.15 | 4 057.15 | 909 772.24 |
| 5 | 5 000 | 9 097.72 | 4 097.72 | 913 869.96 |
| 6 | 5 000 | 9 138.70 | 4 138.70 | 918 008.66 |
| 7 | 5 000 | 9 180.09 | 4 180.09 | 922 188.75 |
| 8 | 5 000 | 9 221.89 | 4 221.89 | 926 410.64 |
| 9 | 5 000 | 9 264.11 | 4 264.11 | 930 674.75 |
| 10 | 5 000 | 9 306.75 | 4 306.75 | 934 981.50 |
| 11 | 5 000 | 9 349.82 | 4 349.82 | 939 331.32 |
| 12 | 5 000 | 9 393.31 | 4 393.31 | 943 724.63 |
| 13 | 5 000 | 9 437.25 | 4 437.25 | 948 161.88 |
| 14 | 5 000 | 9 481.62 | 4 481.62 | 952 643.50 |
| 15 | 5 000 | 9 526.44 | 4 526.44 | 957 169.94 |
| 16 | 5 000 | 9 571.70 | 4 571.70 | 961 741.64 |
| 17 | 5 000 | 9 617.42 | 4 617.42 | 966 359.06 |
| 18 | 5 000 | 9 663.59 | 4 663.59 | 971 022.65 |
| 19 | 5 000 | 9 710.23 | 4 710.23 | 975 732.88 |
| 20 | 5 000 | 9 757.33 | 4 757.33 | 980 490.21 |

续表

| 月度 | 现金流出(A) | 利息费用(B=上期D×1%) | 利息调整摊销金额(C=B-A) | 借款期末账面价值(D=上期D+C) |
|---|---|---|---|---|
| 21 | 5 000 | 9 804.90 | 4 804.90 | 985 295.11 |
| 22 | 5 000 | 9 852.95 | 4 852.95 | 990 148.06 |
| 23 | 5 000 | 9 901.48 | 4 901.48 | 995 049.54 |
| 24 | 5 000 | 9 950.46* | 4 950.46 | 1 000 000 |
| 合计 | 120 000 | 226 216.93 | 106 216.93 | |

* 尾差调整。

(3) 2×21 年 2 月 28 日：

借：在建工程　　8 977.21

　贷：银行存款　　5 000

　　长期借款——利息调整　　3 977.21

借：递延收益　　3 977.21

　贷：在建工程　　3 977.21

以后每月末以此类推。从方法一与方法二的比较看，方法一简单易操作，企业一般可能会选用方法一。

**【例 14-14】** 接例 14-13，假定敬贤公司与银行签订的贷款合同约定的年利率为 12%，公司按月支付利息，以付息凭证向财政申请贴息资金。财政按年与公司结算贴息资金。敬贤公司作会计分录如下。

(1) 2×20 年 12 月 31 日，敬贤公司取得银行贷款 100 万元时：

借：银行存款　　1 000 000

　贷：长期借款——本金　　1 000 000

(2) 2×21 年 1 月起每月月末，敬贤公司支付利息 10 000 元，同时可以向财政申请贴息 5 000 元：

借：在建工程　　10 000

　贷：银行存款　　10 000

借：其他应收款　　5 000

　贷：在建工程　　5 000

## 本章小结

政府补助是指企业从政府无偿取得货币性资产或非货币性资产，具体包括财政拨款、税收返还、财政贴息、无偿划拨非货币性资产等。政府补助是来源于政府的经济资源且具有无偿性。根据企业受益的形式，政府补助又可分为与资产相关的政府补助和与收益相关的政府补助。政府补助同时满足以下两个条件才能予以确认：第一，企业能够满足政府补助所附条件；第二，企业能够收到政府补助。在计量方面，政府补助为货币性资产的，应当按照收到或应收的金额计量。政府补助为非货币性资产的，应当按照公允价值计量。关于政府补助的会计处理，企业可以在总额法和净额法中进行选择，但企业对同类或类似政府补助业务只能选用一种方法；与企业日常活动相关的政府补助，应当按照经济业务实质，计入其他收益或冲减相关成本费用。与企业日常活动无关的政府补助，应计入营业外收入或冲减相关损失。

## 复习思考题

1. 什么是政府补助，其主要特征是什么，分为哪两种类型？
2. 简述与政府补助相关的会计问题主要包括哪些，谈谈你的认识。
3. 什么是总额法，什么是净额法？二者的理论依据分别是什么？
4. 简述与资产相关的政府补助会计处理。
5. 简述与收益相关的政府补助会计处理。
6. 简述综合性项目政府补助的会计处理。
7. 简述财政贴息的会计处理。

## 即测即评

请扫描右侧二维码，进行随堂测试。

# 第十五章　非货币性资产交换

## 学习目标

通过本章学习，应能够：了解非货币性资产及非货币性资产交换的概念；掌握非货币性资产交换的认定、确认和计量原则以及具体会计处理；理解商业实质的含义。

### 导读案例

#### 大东南关于非货币性资产交换会计处理的回复公告①

本公司全体董事、监事、高级管理人员保证公告内容真实、准确和完整，并对公告中的虚假记载、误导性陈述或重大遗漏负连带责任。

浙江大东南股份有限公司（以下简称“公司”）于近日收到深圳证券交易所发出的《关于对浙江大东南股份有限公司 2015 年年报的问询函》（中小板年报问询函〔2016〕第 143 号），公司对问询函中所列示的各项询问逐一进行了认真自查和核实分析，已按照要求向深圳证券交易所做出了回复，现将有关情况公告如下：

……

2. 报告期内，你公司实现非货币性资产交换损益 1.19 亿元，主要由于公司以土地资产对外投资，并按土地资产的公允价值 1.6 亿元作为取得长期股权投资的初始确认成本，同时将该项土地资产的公允价值与账面价值的差额 1.19 亿元计入营业外收入。该项营业外收入对你公司 2015 年业绩产生重大影响，请就以下事项进行说明：

……

(3) 请你公司 2015 年度的年审会计师对该项营业外收入的确认是否符合《企业会计准则》的相关规定出具专项意见。

对(3)的回复：

第一，关于非货币性资产交换情况的说明。根据浙江大东南股份有限公司（以

---

① 本案例中，大东南公司对非货币性资产交换的会计处理遵循的是 2006 年 2 月发布的《企业会计准则第 7 号——非货币性资产交换》，本章的内容是按照 2019 年 5 月修订的《企业会计准则第 7 号——非货币性资产交换》编写，因此，本章的内容与大东南公司对非货币性资产交换的会计处理并不完全一致，但差别不大。

下简称大东南股份公司)2015 年 12 月 20 日第六届董事会第六次会议决议，大东南股份公司之全资子公司杭州大东南高科包装有限公司(以下简称杭州高科公司)以位于杭州市余杭区东湖街道双林村的土地使用权(杭余出国用(2015)第 102—1812 号)对外投资，与合作方 Golden Overseas Holdings(HK) Limited(以下简称 Golden HK)共同设立杭州易商大东南实业发展有限公司。根据北京中企华资产评估有限公司出具的《资产评估报告》(中企华评报字(2015)第 3405 号)，该土地资产评估值为 16 056.70 万元。根据杭州高科公司与 Golden HK 签署的《杭州大东南高科包装有限公司与 Golden Overseas Holdings(HK) Limited 设立杭州易商大东南实业发展有限公司的合资经营合同》，杭州易商大东南实业发展有限公司注册资本 40 141.75 万元，其中：杭州高科公司以上述土地资产作价出资 16 056.70 万元，占 40%；Golden HK 以现金出资 24 085.05 万元，占 60%。

截至 2015 年 12 月 24 日，杭州高科公司实际已将土地资产投入杭州易商大东南实业发展有限公司，并办妥土地使用权过户手续，杭州易商大东南实业发展有限公司于 2015 年 12 月 24 日取得杭州市人民政府颁发的土地使用权证。杭州高科公司实际已于 2015 年 12 月 24 日取得对杭州易商大东南实业发展有限公司的长期股权投资，杭州易商大东南实业发展有限公司于 2015 年 12 月 29 日办妥工商变更登记手续。根据《企业会计准则第 7 号——非货币性资产交换》《企业会计准则第 2 号——长期股权投资》的相关规定，大东南股份公司按换出土地资产的公允价值 16 056.70 万元作为取得的长期股权投资的初始确认成本，同时将土地资产的公允价值与账面价值的差额 11 936.96 万元计入 2015 年度营业外收入。

第二，关于上述非货币性资产交换会计处理合规性的说明。《企业会计准则第 7 号——非货币性资产交换》第三条规定，“非货币性资产交换同时满足下列两个条件的，应当以公允价值和应支付的相关税费作为换入资产的成本，公允价值与换出资产账面价值的差额计入当期损益：(一) 该项交换具有商业实质；(二) 换入资产或换出资产的公允价值能够可靠地计量”；第四条规定，“满足下列条件之一的非货币性资产交换具有商业实质：(一) 换入资产的未来现金流量在风险、时间和金额方面与换出资产显著不同；(二) 换入资产与换出资产的预计未来现金流量现值不同，且其差额与换入资产和换出资产的公允价值相比是重大的”；第五条规定，“在确定非货币性资产交换是否具有商业实质时，企业应当关注交易各方之间是否存在关联方关系；关联方关系的存在可能导致发生的非货币性资产交换不具有商业实质”。

在上述非货币性资产交换事项中，大东南股份公司换入资产为杭州易商大东南实业发展有限公司 40% 的股权，换出资产为位于杭州市余杭区东湖街道双林村的土地使用权(杭余出国用(2015)第 102—1812 号)。换入的股权资产的未来现金流量在风险、时间和金额方面与换出的土地资产显著不同，且交易双方并无关联方关系，该非货币性资产交换具有商业实质。

杭州高科公司位于杭州市余杭区东湖街道双林村的土地使用权经过北京中企华资产评估有限公司评估并出具《资产评估报告》(中企华评报字(2015)第 3405 号)，

该土地资产评估值为16 056.70万元，其公允价值能够可靠地计量。杭州高科公司实际已于2015年12月24日将土地使用权过户至杭州易商大东南实业发展有限公司，并通过土地资产的投入取得对杭州易商大东南实业发展有限公司的长期股权投资。杭州易商大东南实业发展有限公司于2015年12月29日办妥工商变更登记。因此，截至2015年12月31日止，该非货币性资产交换交易已完成。大东南股份公司按换出土地资产的公允价值16 056.70万元作为取得的长期股权投资的初始确认成本；同时将土地资产的公允价值与账面价值的差额11 936.96万元计入2015年度营业外收入，符合《企业会计准则第7号——非货币性资产交换》的相关规定。

综上，我们认为大东南股份公司2015年度确认的上述非货币性资产交换损益1.19亿元，符合《企业会计准则》的相关规定。

资料来源：编者整理。

## 第一节 非货币性资产交换概述

### 一、非货币性资产的概念

资产按未来经济利益流入是否固定或可确定，分为货币性资产和非货币性资产。货币性资产，是指企业持有的货币资金和收取固定或可确定金额货币资金的权利，如库存现金、银行存款、应收账款、应收票据等。货币性资产以外的资产即非货币性资产，如预付账款、存货、固定资产、在建工程、无形资产、投资性房地产、长期股权投资等，其主要特征是未来为企业带来的经济利益流入是不固定的或不确定的。

### 二、非货币性资产交换的概念

非货币性资产交换是指企业主要以固定资产、无形资产、投资性房地产和长期股权投资等非货币性资产进行的交换，该交换不涉及或只涉及少量货币性资产（即补价）。从该定义可以看出，非货币性资产交换具有如下特征：

第一，非货币性资产交换的交易对象主要是非货币性资产，通俗地说，即以物换物。企业用货币性资产（一般为货币资金）来交换非货币性资产的交易最为普遍，这是以钱换物。但是在有些情况下，企业可能为了满足各自生产经营的需要，同时减少货币性资产的流入和流出，而进行以物换物的非货币性资产交换。如甲企业需要乙企业拥有的一项设备，乙企业需要甲企业的一项专利技术，双方就可能会出现非货币性资产交换的交易行为。

第二，非货币性资产交换是非货币性资产的双向流动，且是互惠的。非互惠的非货币性资产转让不属于本章所述的非货币性资产交换，如企业对外捐赠或接受捐赠非货币性资产、企业从政府无偿取得非货币性资产（适用于《企业会计准则第16号——政府补助》）；非货币性资产单向流动不属于本章所述的非货币性资产交换，如企业以非货币性资产作为职工薪酬向职工发放(适用于《企业会计准则第 9 号——职工薪酬》)。

如果企业用于交换的资产目前尚不存在或不属于本企业,则该交易也不属于非货币性资产交换。比如,甲企业从乙企业取得一项土地使用权,承诺未来三年内在该地块上建造写字楼,并待写字楼建造完成后向乙企业交付一幢写字楼。在这种情况下,由于甲企业用于交换的建筑物尚不存在,对于甲、乙企业而言,该交易都不属于非货币性资产交换。

第三,非货币性资产交换一般不涉及货币性资产,但有时也可能涉及少量的货币性资产。

需要注意的是,对非货币性资产交换进行判断,企业应基于交易的实质并从自身的角度出发,而不是基于对方的角度进行判断。因此,虽然大多数时候交易双方对于某项交易是否为非货币性资产交换的判断是一致的,但也会出现不一致的情况。如投资方以一项固定资产出资取得对被投资方的权益性投资,对投资方来说,换出资产为固定资产,换入资产为长期股权投资,属于非货币性资产交换;对于被投资方来说,只是接受对方实物形式的权益性投资,属于非货币性资产的单向流动(只有非货币性资产的流入,没有非货币性资产的流出),不属于非货币性资产交换。

另外,还有一种特殊情况是存货与其他非货币性资产的交换,比如甲企业以自己的库存商品交换乙企业的固定资产。虽然从交易双方来看,该交易都符合非货币性资产交换的定义,但只有乙企业按照非货币性资产交换会计准则处理,对于甲企业而言,换出的库存商品视同销售,应按《企业会计准则第 14 号——收入》进行处理。

## 三、非货币性资产交换的认定

非货币性资产交换一般不涉及货币性资产,或只涉及少量货币性资产,即补价。非货币性资产交换准则规定,认定涉及少量货币性资产的交换为非货币性资产交换,通常以补价占整个资产交换金额的比例是否低于 25% 作为参考比例。也就是说,从支付补价方看,支付的补价占换出资产公允价值与支付补价之和(或占换入资产公允价值)的比例低于 25% 的,视为非货币性资产交换;从收到补价方看,收到的补价占换出资产公允价值(或占换入资产公允价值与收到补价之和)的比例低于 25% 的,视为非货币性资产交换。如果上述比例高于 25%(含 25%),则不被视为非货币性资产交换,有关交易适用于收入等相关会计准则。

比如,甲企业以其公允价值为 50 万元的固定资产和公允价值为 30 万元的无形资产换取乙企业公允价值为 100 万元的投资性房地产,甲企业另向乙企业支付银行存款 20 万元。这个例子中,甲企业支付的银行存款 20 万元即为补价,总的交易金额为 100 万元,占比 20%,属于非货币性资产交换。又如,甲企业以其公允价值为 50 万元的固定资产和账面净值为 30 万元的应收账款(设账面净值等于其公允价值)换取乙企业公允价值为 100 万元的投资性房地产,甲企业另向乙企业支付银行存款 20 万元。这个例子中,甲企业的应收账款 30 万元及支付的银行存款 20 万元都属于货币性资产,二者共同构成补价 50 万元,占总交易金额 100 万元的比例为 50%,不属于非货币性资产交换。

# 第二节 非货币性资产交换的确认和计量

## 一、非货币性资产交换的确认原则

企业应当分别按照下列原则对非货币性资产交换中的换入资产进行确认，对换出资产终止确认：对于换入资产，应当在其符合资产定义并满足资产确认条件时予以确认；对于换出资产，应当在其满足资产终止确认条件时终止确认。

比如，某企业在非货币性资产交换中的换入资产或换出资产均为固定资产，换入的固定资产应当在与该固定资产有关的经济利益很可能流入企业，且成本能够可靠计量时确认；换出的固定资产应当以换入企业取得该固定资产控制权时点作为处置时点终止确认。又如，在非货币性资产交换中，如果换入资产为对联营企业的长期股权投资，企业应当在能够对被投资单位实施重大影响时确认该换入的长期股权投资；如果换出资产为对联营企业的长期股权投资，企业应当在处置长期股权投资时点区分处置是否使企业丧失对被投资单位的重大影响，分别按照金融工具会计准则和长期股权投资会计准则的相关规定进行会计处理。

通常情况下，换入资产的确认时点与换出资产的终止确认时点应当相同或相近。实务中，由于资产控制权转移所必需的运输或转移程序等方面的原因（如资产运输至对方地点所需的合理运输时间、办理股权或房产过户手续等），可能导致换入资产满足确认条件的时点与换出资产满足终止确认条件的时点存在短暂不一致，企业可以按照重要性原则，在换入资产满足确认条件和换出资产满足终止确认条件孰晚的时点进行会计处理。在换入资产的确认时点与换出资产的终止确认时点存在不一致的情形下，在资产负债表日，企业应当按照下列原则进行会计处理：换入资产满足资产确认条件，换出资产尚未满足终止确认条件的，在确认换入资产的同时将交付换出资产的义务确认为一项负债，如其他应付款；换入资产尚未满足资产确认条件，换出资产满足终止确认条件的，在终止确认换出资产的同时将取得换入资产的权利确认为一项资产，如其他应收款。

## 二、非货币性资产交换的计量原则

在非货币性资产交换的情况下，不论是一项资产换入一项资产、一项资产换入多项资产、多项资产换入一项资产，还是多项资产换入多项资产，对于换入资产，应当根据情况不同分别以公允价值为基础进行计量或以账面价值为基础进行计量。

### （一）以公允价值为基础计量

非货币性资产交换同时满足以下两个条件的，应当以公允价值为基础确定换入资产的成本，公允价值与换出资产账面价值的差额计入当期损益：①该项交换具有商业实质；②换入资产或换出资产的公允价值能够可靠计量。

若换入资产和换出资产公允价值均能可靠计量，应当以换出资产公允价值作为换入资产成本的基础。之所以这样规定，是因为取得资产的成本一般应当按照所放弃资产的对价来确定。而在非货币性资产交换中，换出资产就是取得换入资产所放弃的对价。当然，如果换出资产的公允价值不能可靠计量或有确凿证据表明换入资产的公允价值更加可靠，应当以换入资产公允价值为基础确定换入资产的成本。

对于非货币性资产交换中换入资产和换出资产的公允价值均能可靠计量的情形，企业在判断是否有确凿证据表明换入资产的公允价值更加可靠时，应当考虑确定公允价值所使用的输入值层次。具体来说，若换入资产的公允价值采用第一层次输入值，换出资产的公允价值采用第二层次或第三层次输入值；或者换入资产的公允价值采用第二层次输入值，换出资产的公允价值采用第三层次输入值，则就有确凿证据表明换入资产的公允价值更加可靠。当然，无论换入资产和换出资产的公允价值采用第几层次，在没有补价的情况下，换入资产的公允价值一般应等于换出资产的公允价值。

### （二）以账面价值为基础计量

非货币性资产交换不同时满足前述两个条件的，即交换不具有商业实质或换入资产与换出资产的公允价值均不能可靠计量的，应当以换出资产的账面价值为基础确定换入资产的成本，不得确认交易损益。如果存在补价，收到或支付的补价应当作为确定换入资产成本的调整因素，同样不得确认交易损益。

我国非货币性资产交换计量原则的变迁

## 三、商业实质的判断

在确定非货币性资产交换是以公允价值为基础计量还是以账面价值为基础计量时，需要判断交换是否具有商业实质。交换具有商业实质，是指企业持续使用换入资产带来的未来经济利益显著不同于企业持续使用换出资产带来的未来经济利益。比如，甲企业以其拥有的运输车交换乙企业的运输车，甲、乙企业拥有的运输车在型号、使用时间、行驶千米数上完全相同。在这个例子中，交换其实对甲、乙企业都毫无意义，换入的运输车与换出的运输车将给企业带来同样的未来经济利益。正因为没有商业实质的交换毫无意义，所以会计准则不允许这样的非货币性资产交换采用公允价值计量，并因此确认公允价值与账面价值差额产生的损益。

企业在确定交换是否具有商业实质时（即未来经济利益是否存在显著差异时），应当重点考虑由于发生了该项资产交换预期使企业未来现金流量发生变动的程度，通过比较换出资产和换入资产预计产生的未来现金流量或其现值，确定非货币性资产交换是否具有商业实质。只有当换出资产和换入资产预计未来现金流量或其现值相比发生较大变化时，才能表明交易的发生使企业经济状况发生了明显改变，非货币性资产交换因而具有商业实质。

### （一）判断条件

企业发生的非货币性资产交换，满足下列两个条件之一的，视为具有商业实质：

第一，换入资产的未来现金流量在风险、时间分布或金额方面与换出资产显著不同。企业应当对比考虑换入资产与换出资产的未来现金流量在风险、时间分布或金额的三个方面，对非货币性资产交换是否具有商业实质进行综合判断。通常情况下，只要换入资产和换出资产的未来现金流量在其中某个方面存在显著不同，即表明满足商业实质的判断条件。

例如，某企业以一项设备换入一批存货，设备作为固定资产将在较长时间内为企业带来现金流量，而存货流动性强，能够在较短时间内为企业带来现金流量。两者产生现金流量的时间相差较大，即使假定两者产生未来现金流量的风险和总额均相同，也可以认为上述固定资产与存货的未来现金流量显著不同，因而交换具有商业实质。又如，A企业以其用于经营出租的一幢公寓楼，与B企业同样用于经营出租的一幢公寓楼进行交换，两幢公寓楼的租期、每期租金总额均相同，但是A企业是租给一家财务及信用状况良好的企业（该企业租用该公寓是给其单身职工居住），B企业的客户则是单个租户，相比较而言，A企业取得租金的风险较小，B企业由于租给散户，租金的取得依赖于各单个租户的财务和信用状况。因此，两者现金流量流入的风险存在明显差异，则两幢公寓楼的未来现金流量显著不同，进而可判断该项资产交换具有商业实质。

第二，使用换入资产所产生的预计未来现金流量现值与继续使用换出资产所产生的预计未来现金流量现值不同，且其差额与换入资产和换出资产的公允价值相比是重大的。企业如按照上述第一个条件难以判断某项非货币性资产交换是否具有商业实质，则可根据第二个条件，通过计算换入资产和换出资产的预计未来现金流量现值，进行比较后判断。资产预计未来现金流量现值，应当按照资产在持续使用过程中和最终处置时预计产生的税后未来现金流量（不同企业所得税税率可能存在差异），根据企业自身而不是市场参与者对资产特定风险的评价，选择恰当的折现率对预计未来现金流量折现后的金额加以确定，即所谓的“主体特定价值”（资产对企业自身的特定价值）。

从市场参与者的角度分析，换入资产和换出资产预计未来现金流量在风险、时间分布或金额方面可能相同或相似，但是对于企业自身而言，鉴于换入资产的性质和换入企业经营活动的特征等因素，换入资产与换入企业其他现有资产相结合，能够比换出资产产生更大的作用，使换入企业受该换入资产影响的经营活动产生的现金流量，与换出资产明显不同，即换入资产对换入企业的使用价值与换出资产对该企业的使用价值明显不同，使换入资产预计未来现金流量现值与换出资产发生明显差异，因而表明该项资产交换具有商业实质。

例如，某企业以一项专利权换入另一企业拥有的长期股权投资。假定从市场参与者来看，该项专利权与该项长期股权投资的公允价值相同，两项资产未来现金流量的风险、时间分布或金额亦相似。通过上述第一项判断条件难以得出交易是否具有商业实质的结论。但是，根据第二项判断条件，对换入企业来讲，换入该项长期股权投资使该企业对被投资方由重大影响变为控制关系，从而对换入企业产生的预计未来现金流量现值与换出的专利权有较大差异，且其差额与换入资产和换出资产的公允价值相比是重大的；另一企业换入的专利权能够解决生产中的技术难题，从而对换入企业产生的预计未来现金流量现值与换出的长期股权投资有明显差异，且其差额与换入资产和换出资产的公允价值相比也是重大的，因而可认为该项交换有商业实质。

### （二）交换涉及的资产类别与商业实质的关系

企业在判断非货币性资产交换是否具有商业实质时，还可以从资产是否属于同一类别进行分析。因为一般来说，不同类非货币性资产产生经济利益的方式不同，其产生的未来现金流量风险、时间分布或金额也不相同，因而不同类非货币性资产之间的交换是否具有商业实质，通常较易判断。例如，企业以一项用于出租的投资性房地产交换一项固定资产自用，属于不同类非货币性资产交换。在这种情况下，企业将未来现金流量由每期产生的租金流，转化为固定资产独立产生现金流，或包括该项固定资产的资产组协同产生的现金流。通常情况下，由定期租金带来的现金流量与用于生产经营的固定资产产生的现金流量在风险、时间分布或金额方面有所差异，因此，该项资产交换应当视为具有商业实质。

同类非货币性资产交换是否具有商业实质，通常较难判断，需要根据上述两项判断条件综合判断。企业应当重点关注的是换入资产和换出资产为同类资产的情况。同类资产产生的未来现金流量既可能相同，也可能显著不同，其间的交换因而可能具有商业实质，也可能不具有商业实质。比如，A 企业将自己拥有的一幢建筑物，与 B 企业拥有的在同一地点的另一幢建筑物相交换，两幢建筑物的建造时间、建造成本等均相同，但两者未来现金流量的风险、时间分布或金额可能相同，也可能不同。如果其中一幢建筑物可以立即出售，企业管理层也打算立即出售，而另一幢建筑物难以出售或只能在一段较长的时间内出售，则可以表明两项资产未来现金流量的风险、时间分布或金额显著不同，因而该项资产交换具有商业实质。

## 第三节 非货币性资产交换的会计处理

### 一、以公允价值为基础计量的会计处理

#### （一）不涉及补价的情况

如前所述，非货币性资产交换具有商业实质且公允价值能够可靠计量的，应以公允价值为基础进行计量，在不涉及补价情况下，具体会计处理如下：

第一，换入资产的成本等于换出资产的公允价值加上取得换入资产的相关税费。如果换出资产的公允价值不能可靠计量或有确凿证据表明换入资产的公允价值比换出资产的公允价值更加可靠，则换入资产的成本等于换入资产的公允价值加上取得换入资产的相关税费。需要注意的是，这里的相关税费不仅包括应向税务部门缴纳的税款（如印花税、契税、不能抵扣增值税销项税额的进项税额等），还包括使换入资产达到预定可使用状态之前或目前状态之前所发生的其他各种费用，如运输费、装卸费、保险费、安装费、专业人员服务费、房地产交易过户费、股权交易手续费（手续费又包括交易佣金、印花税和过户费）等。

第二，换出资产公允价值与其账面价值的差额计入当期损益。具体来说：①换出资产为固定资产、在建工程、无形资产的，换出资产公允价值与其账面价值的差额计入资产处置损益；②换出资产为长期股权投资的，差额计入投资收益；③换出资产为投资性房地产的，按换出资产的公允价值确认其他业务收入，按换出资产的账面价值结转其他业务成本。

如果换出资产的公允价值不能可靠计量或有确凿证据表明换入资产的公允价值比换出资产的公允价值更加可靠，则应该把换入资产公允价值与换出资产账面价值的差额计

入当期损益。相应地，换出资产为投资性房地产的，应按换入资产的公允价值确认其他业务收入，按换出资产的账面价值结转其他业务成本。

**【例 15-1】** 敬贤公司以其一台不再使用的生产设备换取勤业公司一台不再使用的办公设备。资产交换日，敬贤公司生产设备账面原价 80 万元，已提折旧 20 万元，已提减值准备 10 万元，公允价值为 40 万元；勤业公司办公设备账面原价为 50 万元，已提折旧 20 万元，未提减值准备，公允价值为 40 万元。敬贤公司为换入的办公设备发生运输费及保险费共 1 万元（以银行存款支付），办公设备正好满足其办公使用；勤业公司为换入的生产设备发生运输费及保险费共 2 万元（以银行存款支付），生产设备正好满足其生产使用。生产设备和办公设备均未发生清理费用。敬贤公司和勤业公司均为增值税一般纳税人。按税法规定，换出的设备视同销售，增值税适用税率为 13%，计税价格为资产的公允价值。对于敬贤公司和勤业公司，假设都没有确凿证据表明换入资产的公允价值比换出资产的公允价值更加可靠。

本例中，敬贤公司换出的生产设备系不再使用的，如果不进行交换，公司只有立刻处置该设备以获取现金流，而换入的办公设备正好满足其办公需求，公司可以持续使用。因此，对于敬贤公司来说，至少换出资产未来现金流量的时间分布与换入资产不同，交换因而具有商业实质，应以公允价值为基础进行计量。同样的分析也适用于勤业公司。

敬贤公司的会计处理：

（1）终止确认换出资产，其中，增值税销项税额 =400 000×13%=52 000（元）。

| | | |
|---|---|---|
| 借：固定资产清理 | 552 000 | |
| 　累计折旧 | 200 000 | |
| 　固定资产减值准备 | 100 000 | |
| 　贷：固定资产——生产设备 | | 800 000 |
| 　　应交税费——应交增值税（销项税额） | | 52 000 |

（2）确认换入资产，其中，换入办公设备的成本 =400 000+10 000=410 000（元）。

| | | |
|---|---|---|
| 借：固定资产——办公设备 | 410 000 | |
| 　应交税费——应交增值税（进项税额） | 52 000 | |
| 　贷：固定资产清理 | | 452 000 |
| 　　银行存款 | | 10 000 |

（3）确认换出资产的损益：

| | | |
|---|---|---|
| 借：资产处置损益 | 100 000 | |
| 　贷：固定资产清理 | | 100 000 |

勤业公司的会计处理：

（1）终止确认换出资产：

| | | |
|---|---|---|
| 借：固定资产清理 | 352 000 | |
| 　累计折旧 | 200 000 | |
| 　贷：固定资产——办公设备 | | 500 000 |
| 　　应交税费——应交增值税（销项税额） | | 52 000 |

（2）确认换入资产，其中，换入生产设备的成本 =400 000+20 000=420 000（元）。

借：固定资产——生产设备　　420 000
　应交税费——应交增值税（进项税额）　　52 000
　贷：固定资产清理　　452 000
　　银行存款　　20 000

（3）确认换出资产的损益：

借：固定资产清理　　100 000
　贷：资产处置损益　　100 000

**【例 15-2】** 敬贤公司以其一台生产设备换取勤业公司一项专利技术。资产交换日，敬贤公司生产设备账面原价 80 万元，已提折旧 20 万元，已提减值准备 10 万元，公允价值为 40 万元；勤业公司的专利技术账面余额为 50 万元，累计摊销余额为 20 万元，未提减值准备，公允价值为 40 万元。敬贤公司换入的专利技术未发生其他费用，但为换出的生产设备发生了清理费用 1 万元(以银行存款支付)；勤业公司为换入的生产设备发生运输费及保险费共 2 万元（以银行存款支付），并仍将生产设备作为固定资产管理和使用。敬贤公司和勤业公司均为增值税一般纳税人。按税法规定，换出的设备与专利技术视同销售，其中，设备的增值税适用税率为 13%，专利技术的增值税适用税率为 6%，计税价格为资产的公允价值。勤业公司另以银行存款向敬贤公司支付增值税的差额款 2.8 万元（40 万元 × 7%）。对于敬贤公司和勤业公司，假设都没有确凿证据表明换入资产的公允价值比换出资产的公允价值更加可靠。

本例中，首先，换入资产与换出资产属于不同类别，可以认为交换具有商业实质。其次，勤业公司支付给敬贤公司 2.8 万元的款项不是补价，而是增值税的差额。

敬贤公司的会计处理：

（1）终止确认换出资产，其中，增值税销项税额 =400 000×13%=52 000（元）。

借：固定资产清理　　552 000
　累计折旧　　200 000
　固定资产减值准备　　100 000
　贷：固定资产——生产设备　　800 000
　　应交税费——应交增值税（销项税额）　　52 000

（2）确认换出资产的清理费用：

借：固定资产清理　　10 000
　贷：银行存款　　10 000

（3）确认换入资产及收到的增值税差额款，其中，增值税进项税额 =400 000×6%=24 000（元）。

借：无形资产——专利权　　400 000
　应交税费——应交增值税（进项税额）　　24 000
　银行存款　　28 000
　贷：固定资产清理　　452 000

（4）确认换出资产的损益：

借：资产处置损益　　110 000

贷：固定资产清理　　110 000

勤业公司的会计处理：

(1) 确认换入资产，并终止确认换出资产。

| | | |
|---|---|---|
| 借：固定资产——生产设备 | 400 000 | |
| 　累计摊销 | 200 000 | |
| 　应交税费——应交增值税（进项税额） | 52 000 | |
| 　贷：无形资产——专利权 | | 500 000 |
| 　　应交税费——应交增值税（销项税额） | | 24 000 |
| 　　银行存款 | | 28 000 |
| 　　资产处置损益 | | 100 000 |

(2) 把发生的运输费及保险费计入设备成本。

| | | |
|---|---|---|
| 借：固定资产——生产设备 | 20 000 | |
| 　贷：银行存款 | | 20 000 |

**【例 15–3】** 沿用例 15–1，假设敬贤公司换入的办公设备是勤业公司生产的产品，勤业公司生产该办公设备的成本为 30 万元，公允价值为 40 万元。其他条件不变。

本例中，非货币性资产交换具有商业实质，且公允价值能够可靠计量。但只有敬贤公司按照非货币性资产交换准则处理；对于勤业公司，换出的资产是其商品，应按收入准则的相关规定进行处理。

敬贤公司的会计处理与例 15–1 相同，不再赘述。勤业公司的会计处理如下：

(1) 确认销售收入。

| | | |
|---|---|---|
| 借：固定资产——生产设备 | 400 000 | |
| 　应交税费——应交增值税（进项税额） | 52 000 | |
| 　贷：主营业务收入 | | 400 000 |
| 　　应交税费——应交增值税（销项税额） | | 52 000 |

(2) 确认销售成本。

| | | |
|---|---|---|
| 借：主营业务成本 | 300 000 | |
| 　贷：库存商品 | | 300 000 |

(3) 把发生的运输费及保险费计入设备成本。

| | | |
|---|---|---|
| 借：固定资产——生产设备 | 20 000 | |
| 　贷：银行存款 | | 20 000 |

**【例 15–4】** 2×20 年 6 月 15 日，甲冰箱制造公司为了提高产品质量，需要乙公司的一项专利权。经协商，甲公司与乙公司签订合同，甲公司以其持有的对其联营企业丙公司的 20% 股权作为对价购买乙公司的专利权。合同开始日，甲公司长期股权投资和乙公司专利权的公允价值均为 650 万元。专利权的过户手续于 2×20 年 6 月 28 日完成，正式转移至甲公司。乙公司取得对丙公司的 20% 股权后，向丙公司派遣 1 名董事替代原甲公司派遣的董事，能够对丙公司实施重大影响，丙公司成为乙公司的联营企业。丙公司的股权过户、董事更换、相关董事会决议和章程修订于 2×20 年 6 月 30 日完成并生效。2×20 年 6 月 30 日，甲公司的长期股权投资的账面价值为 630 万元（其中投资成本 670 万元，损益

调整 -40 万元)；乙公司专利权的账面价值为 680 万元(其中账面原价为 800 万元，累计摊销额为 120 万元)。

假设甲公司和乙公司此前均未对上述资产计提减值准备。丙公司自成立以来未发生其他综合收益变动。对于甲公司和乙公司，均没有确凿证据表明换入资产的公允价值更加可靠。忽略增值税等相关税费。

本例中，对甲公司来说，换入的专利权能够大幅度改善产品质量，通过生产高质量的产品并对外销售而产生现金流量，与换出的对丙公司的长期股权投资通过获得股利产生现金流量相比，其预计未来现金流量的风险、时间和金额均不相同，因而交换具有商业实质；对乙公司来说，换入的对丙公司的长期股权投资，使丙公司成为其联营企业，可通过参与丙公司的财务和经营政策等方式，对其实施重大影响，由此从丙公司活动中获取现金流量，与换出的专利权预计产生的未来现金流量的风险、时间和金额均不相同，因而交换具有商业实质。同时，两项资产的公允价值都能够可靠地计量，符合以公允价值为基础计量的条件。由于甲、乙公司均没有确凿证据表明换入资产的公允价值更加可靠，二者均应以换出资产的公允价值为基础确定换入资产的成本，并确认换出资产产生的损益。

由于因专利权和股权过户等原因导致换入资产和换出资产满足确认条件和终止确认条件的时点存在短暂不一致，甲公司和乙公司应按照重要性原则在 2×20 年 6 月 30 日进行会计处理。

甲公司的会计处理如下：

| | | |
|---|---|---|
| 借：无形资产——专利权 | 6 500 000 | |
| 　长期股权投资——损益调整 | 400 000 | |
| 　贷：长期股权投资——投资成本 | | 6 700 000 |
| 　　投资收益 | | 200 000 |

乙公司的会计处理如下：

| | | |
|---|---|---|
| 借：长期股权投资——投资成本 | 6 500 000 | |
| 　累计摊销 | 1 200 000 | |
| 　资产处置损益 | 300 000 | |
| 　贷：无形资产——专利权 | | 8 000 000 |

### (二) 涉及补价的情况

非货币性资产交换具有商业实质且公允价值能够可靠计量的，应以公允价值为基础进行计量，在涉及补价情况下，具体会计处理如下：

(1) 支付补价方：①换入资产的成本等于换出资产的公允价值加上支付补价的公允价值和应支付的相关税费，换出资产的公允价值与其账面价值的差额计入当期损益。②如果换出资产的公允价值不能可靠计量或有确凿证据表明换入资产的公允价值比换出资产的公允价值更加可靠，则换入资产的成本等于换入资产的公允价值加上应支付的相关税费；换入资产的公允价值减去支付补价的公允价值，与换出资产账面价值的差额计入当期损益。

(2) 收到补价方：①换入资产的成本等于换出资产的公允价值减去收到补价的公允价值，再加上应支付的相关税费，换出资产的公允价值与其账面价值的差额计入当期损益。②如果换出资产的公允价值不能可靠计量或有确凿证据表明换入资产的公允价值比换出资产的公允价值更加可靠，则换入资产的成本等于换入资产的公允价值加上应支付的相关税费；换入资产的公允价值加上收到补价的公允价值，与换出资产账面价值的差额计入当期损益。

【例 15-5】 沿用例 15-1，假设敬贤公司的生产设备公允价值为 45 万元，勤业公司以银行存款向敬贤公司支付补价 5 万元。另外，勤业公司还以银行存款向敬贤公司支付增值税差额款 6 500 元（5 万元 ×13%）。其他条件不变。

本例中，补价 5 万元占总交易金额 45 万元的比例为 11.11%，低于 25%，该资产交换属于非货币性资产交换。

敬贤公司的会计处理：

(1) 终止确认换出资产，其中，增值税销项税额 =450 000×13%=58 500（元）。

| | | |
|---|---|---|
| 借：固定资产清理 | 558 500 | |
| 　累计折旧 | 200 000 | |
| 　固定资产减值准备 | 100 000 | |
| 　贷：固定资产——生产设备 | | 800 000 |
| 　　应交税费——应交增值税（销项税额） | | 58 500 |

(2) 确认换入资产及收到的补价与增值税差额款。

| | | |
|---|---|---|
| 借：固定资产——办公设备 | 400 000 | |
| 　应交税费——应交增值税（进项税额） | 52 000 | |
| 　银行存款 | 56 500 | |
| 　贷：固定资产清理 | | 508 500 |

(3) 把发生的运输费及保险费 10 000 元计入换入资产成本。

| | | |
|---|---|---|
| 借：固定资产——办公设备 | 10 000 | |
| 　贷：银行存款 | | 10 000 |

(4) 确认换出资产的损益：

| | | |
|---|---|---|
| 借：资产处置损益 | 50 000 | |
| 　贷：固定资产清理 | | 50 000 |

勤业公司的会计处理：

(1) 终止确认换出资产。

| | | |
|---|---|---|
| 借：固定资产清理 | 352 000 | |
| 　累计折旧 | 200 000 | |
| 　贷：固定资产——办公设备 | | 500 000 |
| 　　应交税费——应交增值税（销项税额） | | 52 000 |

(2) 确认换入资产及支付的补价与增值税差额款。

| | | |
|---|---|---|
| 借：固定资产——生产设备 | 450 000 | |
| 　应交税费——应交增值税（进项税额） | 58 500 | |
| 　贷：固定资产清理 | | 452 000 |
| 　　银行存款 | | 56 500 |

(3) 把发生的运输费及保险费 20 000 元计入换入资产成本。

借:固定资产——生产设备　　20 000

　贷:银行存款　　20 000

(4) 确认换出资产的损益。

借:固定资产清理　　100 000

　贷:资产处置损益　　100 000

【例 15-6】 沿用例 15-4,假设其他条件不变,丙公司是上市公司,按照合同开始日的股票价格计算,丙公司 20% 股权的公允价值为 700 万元。乙公司专利权的公允价值为 650 万元,系第三方报价机构使用乙公司自身数据通过估值技术确定的。由于甲公司迫切需要该专利权来提高产品质量,同意乙公司以银行存款支付补价 40 万元(注意:不是两种非货币性资产公允价值的差额 50 万元)。2×20 年 6 月 30 日,丙公司可辨认净资产公允价值为 3 200 万元。

本例中,首先,补价 40 万元占总交易金额的比例显然低于 25%(据后文分析,本例的总交易金额为 700 万元,而不是 690 万元),属于非货币性资产交换。其次,本例的特殊之处在于,由于甲公司迫切需要专利权,因此同意乙公司以 40 万元(低于两种非货币性资产公允价值的差额 50 万元)作为补价。本例需要确定丙公司 20% 股权的公允价值 700 万元与专利权的公允价值 650 万元哪一个更可靠。

由于丙公司是上市公司,其 20% 股权的公允价值是基于股票价格计算的,其公允价值输入值的层次为第一层次,即活跃市场上未经过调整的报价。乙公司专利权的公允价值是基于估值技术的评估值,其公允价值输入值的层次为第三层次。因此,对甲公司来说,应当以换出资产丙公司 20% 股权的公允价值(700 万元)减去收到的补价(40 万元)作为换入资产专利权的成本,换出资产的公允价值与其账面价值的差额计入当期损益(700 万元 -630 万元 =70 万元);对于乙公司来说,有确凿证据表明换入资产丙公司 20% 的公允价值更加可靠,应当以换入资产丙公司 20% 股权的公允价值(700 万元)作为其初始计量金额,换入资产的公允价值减去支付的补价,与换出资产专利权账面价值的差额计入当期损益(700 万元 -40 万元 -680 万元 =-20 万元)。

甲公司的会计处理如下:

借:无形资产——专利权　　6 600 000

　长期股权投资——损益调整　　400 000

　银行存款　　400 000

　贷:长期股权投资——投资成本　　6 700 000

　　投资收益　　700 000

乙公司的会计处理如下:

借:长期股权投资——投资成本　　7 000 000

　累计摊销　　1 200 000

　资产处置损益　　200 000

　贷:无形资产——专利权　　8 000 000

　　银行存款　　400 000

非货币性资产交换与利润操纵

其中，乙公司持有丙公司 20% 的股权，能够对丙公司施加重大影响，应采用权益法核算长期股权投资。按照权益法的要求，长期股权投资初始投资成本小于投资时应享有被投资单位可辨认净资产公允价值份额的，应调整初始投资成本；长期股权投资初始投资成本大于投资时应享有被投资单位可辨认净资产公允价值份额的，不调整初始投资成本。本例中，长期股权投资初始投资成本 700 万元大于应享有被投资单位可辨认净资产公允价值份额 640 万元（3 200 万元 ×20%），乙公司不需要调整初始投资成本。

### （三）涉及换入多项资产或换出多项资产的情况

非货币性资产交换可能涉及企业以一项非货币性资产交换多项非货币性资产，或以多项非货币性资产交换一项非货币性资产，或以多项非货币性资产交换多项非货币性资产，这些交换还可能涉及补价。涉及多项资产交换的非货币性资产交换，若交易具有商业实质且公允价值能够可靠计量，同样应以公允价值为基础进行计量，具体会计处理如下：

1. 以换出资产公允价值为基础计量的

①对于同时换入的多项资产，应当按照各项换入资产的公允价值的相对比例（换入资产的公允价值不能可靠计量的，可以按照各项换入资产的原账面价值的相对比例或其他合理的比例），将换出资产公允价值总额（涉及补价的，加上支付补价的公允价值或减去收到补价的公允价值）分摊至各项换入资产，以分摊额和应支付的相关税费作为各项换入资产的初始成本。如果同时换入的多项非货币性资产涉及金融资产，应当按照金融资产的相关规定进行会计处理，在确定换入的其他多项资产的初始成本时，应当将金融资产公允价值从换出资产公允价值总额中扣除（前提是金融资产属于非货币性资产，如果金融资产是货币性资产，应作为补价）。②对于同时换出的多项资产，应当将各项换出资产的公允价值与其账面价值的差额，在各项换出资产终止确认时计入当期损益。

2. 以换入资产的公允价值为基础进行计量的

①对于同时换入的多项资产，应当以各项换入资产的公允价值加上应支付的相关税费作为各项换入资产的初始成本。②对于同时换出的多项资产，应当按照各项换出资产公允价值的相对比例（换出资产的公允价值不能可靠计量的，可以按照各项换出资产的账面价值的相对比例），将换入资产的公允价值总额（涉及补价的，减去支付补价的公允价值或加上收到补价的公允价值）分摊至各项换出资产，分摊额与各项换出资产账面价值的差额，在各项换出资产终止确认时计入当期损益。如果同时换出的多项非货币性资产涉及金融资产，应当按照金融资产的相关规定进行会计处理，在确定其他各项换出资产终止确认的相关损益时，应当将终止确认的金融资产公允价值从换入资产公允价值总额中扣除（前提是金融资产属于非货币性资产，如果金融资产是货币性资产，应作为补价）。

**【例 15–7】** 敬贤公司与勤业公司均是增值税一般纳税人，敬贤公司以一台生产用的机器设备及一幢用于经营出租的公寓楼换取勤业公司的一块土地使用权及一台办公设备，交换后各项资产用途保持不变。交换日四项资产的有关资料如下：敬贤公司的机器设备公允价值 200 万元，账面原价 500 万元，已提折旧 200 万元，未提减值准备；敬贤公司的公寓楼自购入时就全部用于经营出租，因而作为投资性房地产核算，并一直采用成本模式计量，其公允价值为700万元，账面原价600万元，已提折旧100万元，未提减值准备。勤业公司的土地使用权公允价值为600万元，账面余额900万元，累计摊销额400万元，未提减值准备；勤业公司的办公设备公允价值400万元，账面原价700万元，已提折旧100万元，未提减值准备。

敬贤公司以银行存款向勤业公司支付补价100万元。机器设备与办公设备的增值税适用税率为13%，公寓楼与土地使用权的增值税适用税率为9%，计税价格皆为各项资产的公允价值。敬贤公司另以银行存款向勤业公司支付增值税差额款17（600×9%+400×13%−200×13%−700×9%）万元。交易过程中，敬贤公司以银行存款支付了土地使用权的契税及过户费用10万元，勤业公司以银行存款支付了公寓楼的契税及过户费用12万元。假定除以上所述外，没有发生其他相关税费，对于敬贤公司和勤业公司，均无确凿证据表明换入资产的公允价值更加可靠。

本例中，首先，补价100万元占总交易金额1 000万元的比例为10%，低于25%，该资产交换属于非货币性资产交换。其次，对于敬贤公司和勤业公司，换入资产与换出资产类别均不同，可以认为交换具有商业实质。而且，交换的各项资产公允价值均能可靠计量。因此，该交易符合以公允价值为基础的计量条件。

敬贤公司的会计处理如下：

首先，确定各项换入资产的初始成本。本例中，由于敬贤公司换出资产的公允价值总额加上支付的补价（200万元+700万元+100万元=1 000万元）与勤业公司换出资产的公允价值总额（600万元+400万元=1 000万元）相等，因此，对于双方来说，按照各项换入资产的公允价值的相对比例分摊换出资产公允价值总额后，各项换入资产的分摊额其实就是各项换入资产的公允价值。敬贤公司换入资产初始成本的计算如表15–1所示。

**表15–1　敬贤公司换入资产初始成本计算**

单位：万元

| 换入资产项目 | 公允价值 | 分摊额 | 相关税费 | 初始成本 |
|---|---|---|---|---|
| 土地使用权 | 600 | 600 | 10 | 610 |
| 办公设备 | 400 | 400 | 0 | 400 |
| 合计 | 1 000 | 1 000 | 10 | 1 010 |

其次，确定各项换出资产终止确认的相关损益，如表15–2所示。

**表15–2　敬贤公司换出资产处置损益计算**

单位：万元

| 换出资产项目 | 账面价值 | 公允价值 | 处置损益 |
|---|---|---|---|
| 机器设备 | 300 | 200 | −100 |
| 公寓楼 | 500 | 700 | 200 |
| 合计 | 800 | 900 | 100 |

敬贤公司有关会计分录如下：

(1) 终止确认换出的机器设备，转入固定资产清理。

借：固定资产清理　　3 260 000
　累计折旧　　2 000 000
　贷：固定资产——机器设备　　5 000 000
　　应交税费——应交增值税(销项税额)　　260 000

(2) 确认换入的土地使用权和办公设备，同时确认换出资产损益。

借：无形资产——土地使用权　　6 000 000
　固定资产——办公设备　　4 000 000
　应交税费——应交增值税(进项税额)　　1 060 000
　资产处置损益　　1 000 000
　贷：固定资产清理　　3 260 000
　　其他业务收入　　7 000 000
　　应交税费——应交增值税(销项税额)　　630 000
　　银行存款　　1 170 000

(3) 确认换入的土地使用权的相关税费。

借：无形资产——土地使用权　　100 000
　贷：银行存款　　100 000

(4) 终止确认换出的公寓楼，结转其他业务成本。

借：其他业务成本　　5 000 000
　投资性房地产累计折旧　　1 000 000
　贷：投资性房地产——公寓楼　　6 000 000

勤业公司的会计处理如下：

首先，确定各项换入资产的初始成本。勤业公司换入资产初始成本的计算如表 15-3 所示。

**表 15-3　勤业公司换入资产初始成本计算**

单位：万元

| 换入资产项目 | 公允价值 | 分摊额 | 相关税费 | 初始成本 |
|---|---|---|---|---|
| 机器设备 | 200 | 200 | 0 | 200 |
| 公寓楼 | 700 | 700 | 12 | 712 |
| 合计 | 900 | 900 | 12 | 912 |

其次，确定各项换出资产终止确认的相关损益，如表 15-4 所示。

表 15-4 勤业公司换出资产处置损益计算

单位:万元

| 换出资产项目 | 账面价值 | 公允价值 | 处置损益 |
|---|---|---|---|
| 土地使用权 | 500 | 600 | 100 |
| 办公设备 | 600 | 400 | -200 |
| 合计 | 1 100 | 1 000 | -100 |

勤业公司有关会计分录如下:

(1) 终止确认换出的办公设备,转入固定资产清理。

| | | |
|---|---|---|
| 借:固定资产清理 | 6 520 000 | |
| 　累计折旧 | 1 000 000 | |
| 　贷:固定资产——办公设备 | | 7 000 000 |
| 　　应交税费——应交增值税(销项税额) | | 520 000 |

(2) 确认换入的机器设备和公寓楼,同时确认换出资产损益。

| | | |
|---|---|---|
| 借:固定资产——机器设备 | 2 000 000 | |
| 　投资性房地产——公寓楼 | 7 000 000 | |
| 　应交税费——应交增值税(进项税额) | 890 000 | |
| 　银行存款 | 1 170 000 | |
| 　累计摊销 | 4 000 000 | |
| 　资产处置损益 | 1 000 000 | |
| 　贷:固定资产清理 | | 6 520 000 |
| 　　无形资产——土地使用权 | | 9 000 000 |
| 　　应交税费——应交增值税(销项税额) | | 540 000 |

(3) 确认换入的公寓楼的相关税费。

| | | |
|---|---|---|
| 借:投资性房地产——公寓楼 | 120 000 | |
| 　贷:银行存款 | | 120 000 |

**【例 15-8】** 沿用例 15-7,假设其他条件不变,敬贤公司用于交换的资产还包括一项对某公司的股票投资,敬贤公司将该项投资作为交易性金融资产核算。该股票投资在交换日的公允价值为 50 万元,账面价值为 40 万元。由于该股票有较好的前景,勤业公司同意敬贤公司支付 40 万元补价。

本例相对于例 15-7 有两个特殊之处。首先,资产交换中包含交易性金融资产,而交易性金融资产属于非货币性资产,按照前述的要求,如果同时换入的多项非货币性资产涉及金融资产,在确定换入的其他多项资产的初始成本时,应当将金融资产公允价值从换出资产公允价值总额中扣除。其次,敬贤公司换出资产的公允价值加上补价(200 万元 +700 万元 +50 万元 +40 万元 =990 万元)并不等于勤业公司换出资产的公允价值(600 万元 +400 万元 =1 000 万元),这时候交易双方都应该严格按照各项换入资产的公允价值的相对比例分摊换出资产公允价值总额,并以分摊额加上应支付的相关税费作为换入资产初始成本。注意,这时候换入资产的分摊额并不等于换入资产的公允价值(这一点与例 15-7 不同)。

敬贤公司的换入资产成本和换出资产处置损益计算如下：

首先确定各项换入资产的初始成本。其中，

换入土地使用权的分摊额 =990×（600÷1 000）=594（万元）

换入办公设备的分摊额 =990×（400÷1 000）=396（万元）

敬贤公司换入资产初始成本的计算如表 15–5 所示。

**表 15–5 敬贤公司换入资产初始成本计算**

单位：万元

| 换入资产项目 | 公允价值 | 分摊额 | 相关税费 | 初始成本 |
|---|---|---|---|---|
| 土地使用权 | 600 | 594 | 10 | 604 |
| 办公设备 | 400 | 396 | 0 | 396 |
| 合计 | 1 000 | 990 | 10 | 1 000 |

其次，确定各项换出资产终止确认的相关损益，如表 15–6 所示。

**表 15–6 敬贤公司换出资产处置损益计算**

单位：万元

| 换出资产项目 | 账面价值 | 公允价值 | 处置损益 |
|---|---|---|---|
| 机器设备 | 300 | 200 | –100 |
| 公寓楼 | 500 | 700 | 200 |
| 交易性金融资产 | 40 | 50 | 10 |
| 合计 | 840 | 950 | 110 |

敬贤公司有关会计分录略。

勤业公司的换入资产成本和换出资产处置损益计算如下：

首先，确定各项换入资产的初始成本。其中，

换入机器设备的分摊额 =（1 000–50–40）×（200÷900）=202.22（万元）

换入公寓楼的分摊额 =（1 000–50–40）×（700÷900）=707.78（万元）

勤业公司换入资产初始成本的计算如表 15–7 所示。

**表 15–7 勤业公司换入资产初始成本计算**

单位：万元

| 换入资产项目 | 公允价值 | 分摊额 | 相关税费 | 初始成本 |
|---|---|---|---|---|
| 机器设备 | 200 | 202.22 | 0 | 202.22 |
| 公寓楼 | 700 | 707.78 | 12 | 719.78 |
| 合计 | 900 | 910 | 12 | 922 |
| 交易性金融资产 | 50 | 不适用 | 0 | 50 |

其次，确定各项换出资产终止确认的相关损益，如表 15–8 所示。

表 15–8　勤业公司换出资产处置损益计算

单位:万元

| 换出资产项目 | 账面价值 | 公允价值 | 处置损益 |
|---|---|---|---|
| 土地使用权 | 500 | 600 | 100 |
| 办公设备 | 600 | 400 | –200 |
| 合计 | 1 100 | 1 000 | –100 |

勤业公司有关会计分录略。

## 二、以账面价值为基础计量的会计处理

以公允价值为基础计量的非货币性资产交换与货币性交易

### (一) 不涉及补价的情况

当非货币性资产交换不具有商业实质或换入资产与换出资产的公允价值均不能可靠计量时,则应当以账面价值为基础进行计量,在不涉及补价情况下会计处理如下:对于换入资产,应当以换出资产的账面价值与支付的相关税费之和作为换入资产的初始成本;对于换出资产,终止确认时不确认交易损益。

**【例 15–9】** 沿用例 15–1,假设生产设备与办公设备的公允价值均不能可靠计量,但税务部门确定的计税价格均为 40 万元,其他条件不变。

本例中,换出资产与换入资产的公允价值均不能可靠计量,应当以账面价值为基础进行计量。

敬贤公司的会计处理:

(1) 终止确认换出资产。其中,增值税销项税额 =400 000×13%=52 000(元)。

借:固定资产清理　552 000
　累计折旧　200 000
　固定资产减值准备　100 000
　贷:固定资产——生产设备　800 000
　　应交税费——应交增值税(销项税额)　52 000

(2) 确认换入资产。其中,换入办公设备的成本 =500 000+10 000=510 000(元)。

借:固定资产——办公设备　510 000
　应交税费——应交增值税(进项税额)　52 000
　贷:固定资产清理　552 000
　　银行存款　10 000

勤业公司的会计处理:

(1) 终止确认换出资产:

借:固定资产清理　352 000
　累计折旧　200 000
　贷:固定资产——办公设备　500 000
　　应交税费——应交增值税(销项税额)　52 000

(2) 确认换入资产，其中，换入生产设备的成本 =300 000+20 000=320 000（元）。

借：固定资产——生产设备　　320 000

　　应交税费——应交增值税（进项税额）　　52 000

　　贷：固定资产清理　　352 000

　　　　银行存款　　20 000

### （二）涉及补价的情况

当非货币性资产交换不具有商业实质或换入资产与换出资产的公允价值均不能可靠计量时，则应当以账面价值为基础进行计量，在涉及补价情况下会计处理如下：对于支付补价方，应当以换出资产的账面价值，加上支付补价的账面价值和应支付的相关税费，作为换入资产的初始成本，不确认交易损益；对于收到补价方，应当以换出资产的账面价值，减去收到补价的公允价值，加上应支付的相关税费，作为换入资产的初始成本，不确认交易损益。

需要说明的是，补价的账面价值与公允价值并不完全等同。如果补价是货币资金，则补价的账面价值与公允价值相等。但当补价不是货币资金时，则补价的账面价值与公允价值可能不等。比如，当补价为应收账款时，应收账款账面余额为 10 万元，已提坏账准备 1 万元，但该笔应收账款对外出售的公允价格为 8 万元，则应收账款的账面价值为 9 万元，公允价值为 8 万元，账面价值与公允价值不等。

综合以上以公允价值为基础计量以及以账面价值为基础计量的各种情况，非货币性资产交换的会计处理过程大体可以用图 15–1 表示。

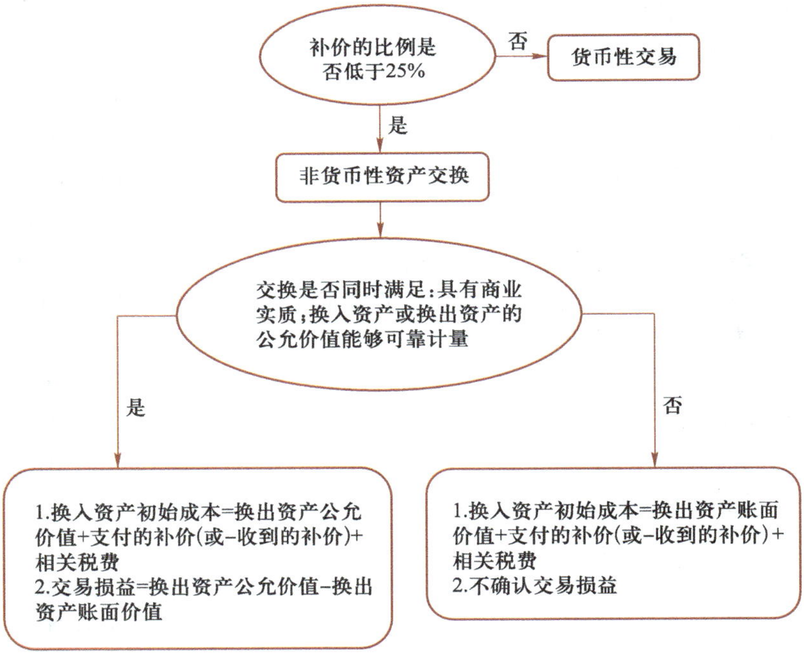


图 15–1　非货币性资产交换会计处理流程图

**【例 15–10】** 沿用例 15–2，假设生产设备与专利技术的公允价值均不能可靠计量，但税务部门确定生产设备的计税价格为 40 万元，专利技术的计税价格为 35 万元。勤业公司以银行存款向敬贤公司支付补价 5 万元，另以银行存款向敬贤公司支付增值税的差额款 3.1（40×13%–35×6%）万元，其他条件不变。

本例中，首先要判断该资产交换是否非货币性资产交换。由于换出资产与换入资产的公允价值均不能可靠计量，只能以换出资产的账面价值为基础进行判断。对于敬贤公司来说，收到的补价 5 万元占换出资产账面价值 50 万元的比例为 10%；对于勤业公司，支付的补价 5 万元占换出资产账面价值与支付补价之和 35（30+5）万元的比例为 14.3%，皆低于 25%，该资产交换属于非货币性资产交换。

其次，由于换出资产与换入资产的公允价值均不能可靠计量，该资产交换应当以账面价值为基础进行计量。

敬贤公司的会计处理：

（1）终止确认换出资产，其中，增值税销项税额 =400 000×13%=52 000（元）。

| | | |
|---|---|---|
| 借：固定资产清理 | 552 000 | |
| 累计折旧 | 200 000 | |
| 固定资产减值准备 | 100 000 | |
| 贷：固定资产——生产设备 | | 800 000 |
| 应交税费——应交增值税（销项税额） | | 52 000 |

（2）确认换出资产的清理费用。

| | | |
|---|---|---|
| 借：固定资产清理 | 10 000 | |
| 贷：银行存款 | | 10 000 |

（3）确认换入资产、收到的补价及增值税差额款，其中，增值税进项税额 =350 000×6%=21 000（元）。

| | | |
|---|---|---|
| 借：无形资产——专利权 | 450 000 | |
| 应交税费——应交增值税（进项税额） | 21 000 | |
| 银行存款 | 81 000 | |
| 贷：固定资产清理 | | 552 000 |

（4）确认换出资产清理费用的损益。

| | | |
|---|---|---|
| 借：资产处置损益 | 10 000 | |
| 贷：固定资产清理 | | 10 000 |

这里需要注意的是，以账面价值为基础进行计量时，不应确认非货币性资产交换的交易损益，但如果换出资产发生清理费用，换出企业仍需要把清理费用计入当期损益。

勤业公司的会计处理：

（1）确认换入资产，并终止确认换出资产。

| | | |
|---|---|---|
| 借：固定资产——生产设备 | 350 000 | |
| 累计摊销 | 200 000 | |
| 应交税费——应交增值税（进项税额） | 52 000 | |
| 贷：无形资产——专利权 | | 500 000 |

应交税费——应交增值税（销项税额） 21 000

银行存款 81 000

（2）把发生的运输费及保险费计入设备成本。

借：固定资产——生产设备 20 000

贷：银行存款 20 000

### （三）涉及换入多项资产或换出多项资产的情况

对于以账面价值为基础计量的非货币性资产交换，如涉及换入多项资产或换出多项资产，或者同时换入和换出多项资产的，应按照以下方式进行会计处理：

第一，对于换入的多项资产，应当按照各项换入资产的公允价值的相对比例（换入资产的公允价值不能可靠计量时，也可以按照各项换入资产的原账面价值的相对比例或其他合理的比例），将换出资产的账面价值总额（涉及补价的，加上支付补价的账面价值或减去收到补价的公允价值）分摊至各项换入资产，并加上应支付的相关税费，作为各项换入资产的初始成本。

第二，对于同时换出的多项资产，各项换出资产终止确认时均不确认交易损益。

**【例 15-11】** 沿用例 15-7，假设各项换入资产和换出资产的公允价值均不能可靠计量，但税务部门确定的计税价格与例 15-7 一致，敬贤公司仍以银行存款向勤业公司支付补价 100 万元及增值税差额款 17 万元，其他条件也与例 15-7 相同。

本例中，首先要判断该资产交换是否非货币性资产交换，由于各项换出资产与换入资产的公允价值均不能可靠计量，只能以换出资产的账面价值为基础进行判断。对于敬贤公司来说，支付的补价 100 万元占换出资产账面价值与支付补价之和 900（800+100）万元的比例为 11.1%；对于勤业公司，收到的补价 100 万元占换出资产账面价值 1 100 元的比例为 9.1%，皆低于 25%，该资产交换属于非货币性资产交换。

其次，由于各项换出资产与换入资产的公允价值均不能可靠计量，该资产交换应当以账面价值为基础进行计量。

敬贤公司的会计处理如下：

敬贤公司需要确定各项换入资产的初始成本，由于换入资产的公允价值不能可靠计量，敬贤公司应当以各项换入资产的原账面价值的相对比例，将换出资产账面价值总额加上支付的补价 900（300+500+100）万元分摊至各项换入资产。敬贤公司换入资产初始成本的计算如表 15-9 所示。

**表 15-9 敬贤公司换入资产初始成本计算**

单位：万元

| 换入资产项目 | 原账面价值 | 换出资产账面价值加支付补价 | 分摊额 | 相关税费 | 初始成本 |
|---|---|---|---|---|---|
| 土地使用权 | 500 | 不适用 | 409.090 909 | 10 | 419.090 909 |
| 办公设备 | 600 | 不适用 | 490.909 091 | 0 | 490.909 091 |
| 合计 | 1 100 | 900 | 900 | 10 | 910 |

敬贤公司有关会计分录如下：

（1）终止确认换出的机器设备，转入固定资产清理。

借：固定资产清理　3 260 000
　累计折旧　2 000 000
　贷：固定资产——机器设备　5 000 000
　　应交税费——应交增值税（销项税额）　260 000

（2）确认换入的土地使用权和办公设备。

借：无形资产——土地使用权　4 090 909.09
　固定资产——办公设备　4 909 090.91
　应交税费——应交增值税（进项税额）　1 060 000
　贷：固定资产清理　3 260 000
　　其他业务收入　5 000 000
　　应交税费——应交增值税（销项税额）　630 000
　　银行存款　1 170 000

这里需要注意的是，由于不能确认交换损益，公寓楼的其他业务收入按其成本（或账面价值）确认。

（3）确认换入的土地使用权的相关税费。

借：无形资产——土地使用权　100 000
　贷：银行存款　100 000

（4）终止确认换出的公寓楼，结转其他业务成本。

借：其他业务成本　5 000 000
　投资性房地产累计折旧　1 000 000
　贷：投资性房地产——公寓楼　6 000 000

勤业公司的会计处理如下：

勤业公司需要确定各项换入资产的初始成本，由于换入资产的公允价值不能可靠计量，勤业公司应当以各项换入资产的原账面价值的相对比例，将换出资产账面价值总额减去收到的补价 1 000（500+600−100）万元分摊至各项换入资产。勤业公司换入资产初始成本的计算如表 15-10 所示。

**表 15-10　勤业公司换入资产初始成本计算**

单位：万元

| 换入资产项目 | 原账面价值 | 换出资产账面价值减收到补价 | 分摊额 | 相关税费 | 初始成本 |
|---|---|---|---|---|---|
| 机器设备 | 300 | 不适用 | 375 | 0 | 375 |
| 公寓楼 | 500 | 不适用 | 625 | 12 | 637 |
| 合计 | 800 | 1 000 | 1 000 | 12 | 1 012 |

勤业公司有关会计分录如下：

（1）终止确认换出的办公设备，转入固定资产清理。

借：固定资产清理　6 520 000

累计折旧　1 000 000
贷：固定资产——办公设备　7 000 000
应交税费——应交增值税（销项税额）　520 000

（2）确认换入的机器设备和公寓楼。

借：固定资产——机器设备　3 750 000
投资性房地产——公寓楼　6 250 000
应交税费——应交增值税（进项税额）　890 000
银行存款　1 170 000
累计摊销　4 000 000
贷：固定资产清理　6 520 000
无形资产——土地使用权　9 000 000
应交税费——应交增值税（销项税额）　540 000

（3）确认换入的公寓楼的相关税费。

借：投资性房地产——公寓楼　120 000
贷：银行存款　120 000

## 本章小结

非货币性资产交换是指企业主要以固定资产、无形资产、投资性房地产和长期股权投资等非货币性资产进行的交换，该交换不涉及或只涉及少量货币性资产（即补价）。认定涉及少量货币性资产的交换为非货币性资产交换，通常以补价占整个资产交换金额的比例是否低于25%作为参考比例。企业发生非货币性资产交换时，对于换入资产，应当在其符合资产定义并满足资产确认条件时予以确认；对于换出资产，应当在其满足资产终止确认条件时终止确认。非货币性资产交换同时满足以下两个条件的，应当以公允价值为基础确定换入资产的成本，公允价值与换出资产账面价值的差额计入当期损益：①该项交换具有商业实质；②换入资产或换出资产的公允价值能够可靠计量。不同时满足以上两个条件的，应当以换出资产的账面价值为基础确定换入资产的成本，不得确认交易损益。满足下列两个条件之一的非货币性资产交换视为具有商业实质：①换入资产的未来现金流量在风险、时间分布或金额方面与换出资产显著不同；②使用换入资产所产生的预计未来现金流量现值与继续使用换出资产所产生的预计未来现金流量现值不同，且其差额与换入资产和换出资产的公允价值相比是重大的。

## 复习思考题

1. 什么是非货币性资产，什么是非货币性资产交换？非货币性资产交换的认定标准是什么，试举例说明。
2. 简述非货币性资产交换的确认原则和计量原则。
3. 什么是商业实质？如何判断某项交易是否有商业实质？

4. 试分别简述无补价和有补价情况下以公允价值为基础计量的具体会计处理。
5. 试分别简述无补价和有补价情况下以账面价值为基础计量的具体会计处理。

## 即测即评

请扫描右侧二维码，进行随堂测试。

# 第十六章　债务重组

## 学习目标

通过本章学习，应能够：了解债务重组的相关概念和适用范围；理解债务重组中涉及会计问题处理的基本原理；掌握采用不同债务重组方式下债权人和债务人的账务处理；了解债务重组业务的披露要求。

### 导读案例

#### 中国铁物350亿元债务解困，如何用两年救活濒死央企？

中国铁路物资股份有限公司（简称“中国铁物”）是经国务院国资委批准，由中国铁路物资总公司（其前身是铁道部物资管理局）整体重组改制设立的股份有限公司，主要从事铁路物资和钢铁、矿产品的特大型供应链服务。中国铁物2009年至2013年，盲目追求规模扩张，违规开展大量钢材、铁矿石、煤炭等大宗商品融资性贸易。2012年下半年开始，钢材贸易行业信用违约的风险逐渐扩散到与钢铁、煤炭相关的各类配套行业，中国铁物因参与钢铁贸易“托盘”和风险垫资，亏损达200亿元以上，信用风险也显露无遗。据其2013年年报，中国铁物净利润已亏损76.51亿元，资产负债率高达97.2%。所谓“托盘”，是指拥有资金优势的企业先帮助缺乏资金的钢铁贸易商订货，并且支付货款，钢材放在第三方仓库进行监管，货权暂时属于资金优势企业，一段时间后钢铁贸易商再通过加付一定的佣金或者利息费用偿还资金后，拿回钢材货权。

经与金融机构债权人和私募债券持有人艰苦谈判，2017年1月19日，中国铁物与银行债权人和私募债券持有人正式签署债务重组框架协议，标志着中国铁物银行债和私募债债务重组方案正式落地实施。以2016年4月5日为债务重组基准日，中国铁物应偿还债务350亿元，其中私募债100亿元、公募债68亿元、银行等金融机构债务178亿元。中国铁物公司与债权人达成了“本金安全＋部分还债＋留债展期＋利率优惠＋转股选择权”的一揽子债务重组方案，即：对于178亿元银行债务，在两年内偿还约30%本金，剩余债务展期5年；对于100亿元私募债，2017年偿还15%本金，部分展期2年，剩余到期后一次性偿还；综合利率下浮70%；银行债及私募债均预留了“债转股”选择权。2018 年 12 月 25 日，中国铁物与中国长城资产管理股份有限公司等七家投资机构签署共计 70.50 亿元的市场化债转股合作协议，标志着这家企业在历经两年多的债务重组后，可持续发展能力正全面恢复。

什么是债务重组？债务重组的方式有哪些？债权人与债务人应该如何在账簿系统中记录与债务重组相关的经济业务？债务重组对企业的利润和所有者权益产生怎样的影响？为寻求上述问题的答案，我们将开始本章内容的学习。

资料来源：编者整理。

# 第一节　债务重组概述

## 一、债务重组的定义

举债融资是企业经营过程中普遍采用的一种融资方式，根据债务契约的规定，债权人与债务人承担责任并履行义务。然而，在市场经济条件下，竞争日趋激烈，加之经营环境瞬息万变，债权人与债务人有可能需要对原债务契约进行重新修订。

### （一）债务重组的概念和特征

债务重组，是指在不改变交易对手方的情况下，经债权人和债务人协定或法院裁定，就清偿债务的时间、金额或方式等重新达成协议的交易。债务重组涉及债权人与债务人。就债权人而言，应称为“债权重组”；对债务人而言，则应称为“债务重组”。为便于阐述，现统称为“债务重组”。

与债务重组概念相关的特征主要包括以下两个方面：

1. 不改变交易对手方

债务重组是在不改变交易对手方的情况下进行的交易。实务中经常出现第三方参与相关交易的情形。例如，某公司以不同于原合同条款的方式代债务人向债权人偿债；又如，新组建的公司承接原债务人的债务，与债权人进行债务重组；再如，资产管理公司从债权人处购得债权，再与债务人进行债务重组。在上述情形下，无论是债权人还是债务人发生变更，均表明原债务契约的交易双方主体已经发生变化，企业首先应当考虑原债权和原债务是否终止确认，按照金融工具相关准则对其进行处理，再就发生变更后形成的债务关系考虑按照债务重组交易进行处理。

2. 就清偿债务的时间、金额或方式等重新达成协议

债务重组不强调在债务人发生财务困难的背景下进行，也不论债权人是否作出让步。也就是说，无论何种原因导致债务人未按原定条件偿还债务，也无论双方是否同意债务人以低于债务的金额偿还债务，只要债权人和债务人就债务条款重新达成了协议，就符合债务重组的定义。例如，债权人在减免债务人部分债务本金的同时提高剩余债务的利息，或者债权人同意债务人用等值库存商品抵偿到期债务等，均属于债务重组。

对债务重组定义的讨论

### （二）债务重组涉及金融工具的范围

债务重组涉及的债权和债务是指《企业会计准则第 22 号——金融工具确认和计量》规范的金融工具，不包括合同资产、合同负债、预计负债，但包括租赁应收款和租赁应付款。债务重组中涉及的债权、重组债权、债务、重组债务和其他金融工具的确认、计量和列报，适用与金融工具相关的准则，即《企业会计准则第 22 号——金融工具确认和计量》和《企业会计准则第 37 号——金融工具列报》。

### （三）关于债务重组的范围

通过债务重组形成企业合并的，适用《企业会计准则第 20 号——企业合并》。

债务重组构成权益性交易的，实质是债权人或债务人进行了权益性分配或接受了权益性投入，应当适用权益性交易的有关会计处理规定，债权人和债务人应当不确认构成权益性交易的债务重组相关损益。债务重组构成权益性交易的情形包括：

(1) 债权人直接或间接对债务人持股，或者债务人直接或间接对债权人持股，且持股方以股东身份进行债务重组。

(2) 债权人与债务人在债务重组前后均受同一方或相同的多方最终控制，且该债务重组的交易实质是债权人或债务人进行了权益性分配或接受了权益性投入。

在判断债务重组是否构成权益性交易时，应当遵循实质重于形式原则。例如，假设债权人对债务人的权益性投资通过其他人代持，债权人不具有股东身份，但实质上以股东身份进行债务重组，债权人和债务人应当认为该债务重组构成权益性交易。

**【例 16-1】** 芙蓉公司是勤业公司股东，为了弥补勤业公司临时性经营现金流短缺，芙蓉公司向勤业公司提供 1 000 万元无息借款，并约定于 6 个月后收回。借款期满时，尽管勤业公司具有充足的现金流，芙蓉公司仍然决定免除勤业公司部分本金还款义务，仅收回 200 万元借款。

分析：在此项交易中，如果芙蓉公司不以股东身份而是以市场交易者身份参与交易，在勤业公司具有足够偿债能力的情况下不会免除其部分本金。因此，芙蓉公司和勤业公司应当将该交易作为权益性交易，不确认债务重组相关损益。

债务重组中不属于权益性交易的部分仍然应当确认债务重组相关损益。例如，假设前例中债务人勤业公司确实出现财务困难，其他债权人对其债务普遍进行了减半的豁免，那么芙蓉公司如果与其他债权人一样作为市场主体应该豁免 500 万元，但是芙蓉公司实际豁免 800 万元，作为股东比其他债务人多豁免 300 万元债务的交易应当作为权益性交易。正常豁免 500 万元债务的交易应当确认债务重组相关损益。

## 二、债务重组的方式

一般而言，债务重组的方式主要包括，债务人以资产清偿债务、将债务转为权益工具、修改其他条款，以及前述一种以上方式的组合。这些债务重组方式都是通过债权人和债务人重新签订协定或者法院裁定达成的，与原来约定的偿债方式不同。

### （一）债务人以资产清偿债务

债务人以资产清偿债务，是指债务人转让其资产给债权人以清偿债务的债务重组方式。债务人用于偿债的资产通常是已经在资产负债表中确认的资产，如现金、银行存款、应收账款、长期股权投资、投资性房地产、固定资产、在建工程、生物资产、无形资产等。债务人以日常活动产出的商品或服务清偿债务的，用于偿债的资产可能体现为存货等资产。

在受让上述资产后，按照相关会计准则要求及本企业会计核算要求，债权人核算相关受让资产的类别可能与债务人不同。例如，债务人以作为固定资产核算的房产清偿债务，债权人可能将受让的房产作为投资性房地产核算；债务人以部分长期股权投资清偿债务，债权人可能将受让的投资作为金融资产核算；债务人以存货清偿债务，债权人可能将受让的资产作为固定资产核算等。

除上述已经在资产负债表中确认的资产外，债务人也可能以不符合确认条件而未予确认的资产清偿债务。例如，债务人以未确认的内部产生品牌清偿债务，债权人在获得的商标权符合无形资产确认条件的前提下作为无形资产核算。在少数情况下，债务人还可以一组资产和与这些资产直接相关的负债作为处置组用于清偿债务。

### （二）债务人将债务转为权益工具

债务人将债务转为权益工具，这里的权益工具，是指根据《企业会计准则第 37 号——金融工具列报》分类为“权益工具”的金融工具，会计处理上体现为股本、实收资本、资本公积等科目。

实务中，有些债务重组名义上采用“债转股”的方式，但同时附加相关条款，如约定债务人在未来某个时点有义务以某一金额回购股权，或债权人持有的股份享有强制分红权等。对于债务人，这些“股权”可能并不是根据《企业会计准则第 37 号——金融工具列报》分类为权益工具的金融工具，从而不属于债务人将债务转为权益工具的债务重组方式。债权人和债务人还可能协商以一项同时包含金融负债成分和权益工具成分的复合金融工具替换原债权债务，这类交易也不属于债务人将债务转为权益工具的债务重组方式。

### （三）修改债权和债务的其他条款

修改债权和债务的其他条款，是债务人不以资产清偿债务，也不将债务转为权益工具，而是改变债权和债务的其他条款的债务重组方式，如调整债务本金、改变债务利息、变更还款期限等。经修改其他条款的债权和债务分别形成重组债权和重组债务。

### （四）组合方式

组合方式，是采用债务人以资产清偿债务、债务人将债务转为权益工具、修改其他条款三种方式中一种以上方式的组合清偿债务的债务重组方式。例如，债权人和债务人约定，由债务人以机器设备清偿部分债务，将另一部分债务转为权益工具，调减剩余债务的本金，但利率和还款期限不变；再如，债务人以现金清偿部分债务，同时将剩余债务展期等。

主要包括以下可能的方式：

(1) 债务的一部分以资产清偿，另一部分则转为资本；

(2) 债务的一部分以资产清偿，另一部分则修改其他条款；

(3) 债务的一部分转为资本，另一部分则修改其他条款；

(4) 债务的一部分以资产清偿，一部分转为资本，另一部分则修改其他条款。

### 三、债务重组日的确定

《企业会计准则第 12 号——债务重组》新旧对比

企业应在债务重组日对债务重组事项作出账务处理，因此企业应首先对债务重组日进行确定。债务重组可能发生在债务到期前、到期日或到期后。债务重组日即为债务重组完成日。对于第一种重组方式，债务重组日为债务人将资产转移给债权人并办理有关债务解除手续的日期；对于第二种重组方式，债务重组日为债务人办妥增资批准手续并向债权人出具证明的日期；对于第三种重组方式，债务重组日为修改后的偿债条件开始执行的日期。

## 第二节 债务重组的会计处理

### 一、债权和债务的终止确认

FASB 发布借款人对债务重组的会计处理的教育材料

债务重组中涉及的债权和债务的终止确认，应遵循金融工具相关准则对金融资产和金融负债终止确认的有关规定。债权人在收取债权现金流量的合同权利终止时终止确认债权，债务人在债务的现时义务解除时终止确认债务。

只有在符合终止确认条件时才能终止确认相关债权和债务，并确认债务重组相关损益。由于债权人与债务人之间进行的债务重组涉及债权和债务的认定，以及清偿方式和期限等的协商，通常需要经历较长时间，例如，破产重整中进行的债务重组。在报告期间已经开始协商，但在报告期资产负债表日后完成的债务重组，不属于资产负债表日后调整事项。

对于终止确认的债权，债权人应当结转已计提的减值准备中对应该债权终止确认部分的金额。对于终止确认的分类为以公允价值计量且其变动计入其他综合收益的债权，应当将之前计入其他综合收益的累计利得或损失从其他综合收益中转出，记入“投资收益”科目。

#### （一）以资产清偿债务或将债务转为权益工具

对于以资产清偿债务或者将债务转为权益工具方式进行的债务重组，由于债权人在拥有或控制相关资产时，通常其收取债权现金流量的合同权利也同时终止，债权人一般可以终止确认该债权。同样地，由于债务人通过交付资产或权益工具解除了其清偿债务的现时义务，债务人一般可以终止确认该债务。

#### （二）修改其他条款

对于债权人，债务重组通过调整债务本金、改变债务利息、变更还款期限等修改合同条款方式进行的，合同修改前后的交易对手方没有发生改变，合同涉及的本金、利息等现金流量很难在本息之间及债务重组前后做出明确分割，即很难单独识别合同的特定可辨认现金流量。因此通常情况下，应当整体考虑是否对全部债权的合同条款做出了实质性修改。如果做出实质性修改，或者债权人与债务人之间签订协议，以获取实质上不同的新金融资产方式替换债权，应当终止确认原债权，并按照修改后的条款或新协议确认新金融资产。

对于债务人，如果对债务或部分债务的合同条款做出“实质性修改”形成重组债务，或者债权人与债务人之间签订协议，以承担“实质上不同”的重组债务方式替换债务，债务人应当终止确认原债务，同时按照修改后的条款确认一项新金融负债。其中，如果重组债务未来现金流量（包括支付和收取的某些费用）现值与原债务的剩余期间现金流量现值之间的差异超过 10%，则意味着新的合同条款进行了“实质性修改”或者重组债务是“实质上不同”的，有关现值的计算均采用原债务的实际利率。

### （三）组合方式

在组合方式下，对于债权人，与上述“修改其他条款”部分的分析类似，通常情况下应当整体考虑是否终止确认全部债权。由于组合方式涉及多种债务重组方式，一般可以认为对全部债权的合同条款做出了实质性修改，从而终止确认全部债权，并按照修改后的条款确认新金融资产。

对于债务人，组合中以资产清偿债务或者将债务转为权益工具方式进行的债务重组，如果债务人清偿该部分债务的现时义务已经解除，应当终止确认该部分债务。组合中以修改其他条款方式进行的债务重组，需要根据具体情况，判断对应的部分债务是否满足终止确认条件。

## 二、债务重组中涉及的主要会计问题

债务重组主要涉及以下会计问题：

（1）在以资产偿还债务的情况下，债务人是以资产的公允价值为基础来衡量重组损益，还是以资产的账面价值为基础来衡量重组损益。

（2）在债务转为权益工具重组方式下，债务人增加的所有者权益是以股票的公允市价来衡量，还是以应付债务的账面价值来衡量。

（3）重组损益是计入当期损益，还是绕过利润表直接计入资产负债表中的所有者权益。

（4）在修改其他条款重组方式下，重组后的债务是否应以未来现金流量的贴现值计量。

（5）对债权人而言，受让资产的初始确认金额是按资产取得时的公允价值计量，还是按照放弃债权的公允价值计量。

（6）如何处理债务重组中的或有事项。在以资产偿还债务时，有两种处理方法：①以资产的公允价值与应付债务的账面价值的差额作为重组损益，资产的公允价值和其账面价值的差额则作为资产处置损益处理；②以资产的账面价值与应付债务的账面价值的差额作为重组损益，不确认资产处置损益。上述第一种做法理论上更加可取，但缺点是资产的公允价值较难确定，容易引起企业对报表的操纵；第二种做法在账务处理上比较简单，也能在一定程度上遏制企业的报表操纵，但缺点是没有真正如实反映重组损益。

在债务转为权益工具重组方式下，债务人增加的所有者权益可以以股票的公允市价衡量，也可以以重组前债务的账面价值衡量。赞成前一种方法的人认为，在增加债务人所有者权益时，应考虑所转让权益带来的利益而不是应付债务的账面价值，因为应付债务的账面价值没有现实意义。而且报告股票公允市价与应付债务的账面价值之间的差额所形成的重组利得或损失也是有用的。赞成后一种方法的人认为，这是一项资本交易，而资本交易不会产生利得或损失。

对于重组损益，有两种观点：一种观点认为，重组损益属于企业的非常项目损益，应进入当期利润表；另一种观点认为，基于稳健性原则的考虑，重组利得应看作债权人给予债务人的捐赠而计入资本公积，重组损失则要直接计入当期损益。

在修改债务条件重组方式下，也存在两种处理方法：一种方法是以未来现金流量贴现值来计量重组后的应付债务，并以该金额与重组前应付债务的账面价值做比较，以得出重组损益。另一种方法是以未来现金流量总额与重组前应付债务的账面价值进行比较，如果未来现金流量总额低于重组前应付债务的账面价值，则二者的差额作为重组利得；如果未来现金流量总额高于重组前应付债务的账面价值，则不进行账务处理。

对债权人来说，受让资产的初始确认有两种处理方法：一种是以受让资产在取得日的公允价值计量；另一种是以放弃债权的公允价值为基础进行计量。支持第一种做法的人认为，取得受让资产从债权的角度出发，应将受让抵债资产视作收回债权，因此要求评估确定抵债资产的公允价值。支持第二种做法的人认为，取得受让资产从抵债资产的角度出发，应将受让抵债资产视作取得资产，对非金融资产，其成本应基于对价（放弃债权）的公允价值，而非其自身的公允价值。该处理方法与取得固定资产等并无本质区别。此外，由于资产种类较多，其公允价值获取难度较高，这可能给企业虚增资产提供了机会。

有时候，债务重组中会涉及或有事项。例如，甲企业对乙企业的应付票据已到期，应付票据面值为 10 000 元，利率为 10%，积欠利息 2 000 元。甲企业因连年亏损而无法偿付这笔债务，乙企业同意把债务偿还期限延长 3 年，并免除积欠的债务利息 2 000 元。同时重组条款规定，如果自重组日后甲企业继续亏损，则票据利率降为 4%；如果自重组日后甲企业在某年盈利，则利率应恢复为 10%。其中，甲企业可能支付的 6%（10% 与 4% 的差额）利息就是一种或有支出，对于乙企业来说，这笔利息属于或有利得。当债务重组中涉及或有事项时，会产生这样的问题：计算债务的未来现金流量时，应否考虑或有支出或或有利得？一种做法是，基于稳健性原则的考虑，对于债务人来说，计算债务的未来现金流量时包括或有支出；对于债权人来说，计算债权的未来现金流量时不包括或有利得。另一种做法是，债务重组中涉及的或有事项符合条件的按照预计负债处理，在计算债务的未来现金流量时不包括或有支出或或有利得。

## 三、债务人以资产清偿债务的会计处理

### （一）债权人的会计处理

采用以资产清偿债务方式进行债务重组的，债权人应当在相关资产符合其定义和确认条件时予以确认。

1. 债权人受让金融资产

债权人受让包括现金在内的单项或多项金融资产的，应当按照金融工具的相关规定进行确认和计量。金融资产初始确认时应当以其公允价值计量，金融资产确认金额与债

权终止确认日账面价值之间的差额，记入“投资收益”科目。公允价值通常为相关金融资产或金融负债的交易价格。

**【例 16-2】** 2×20 年 7 月 25 日，芙蓉公司向勤业公司销售一批商品，应收勤业公司款项的入账金额为 300 万元。芙蓉公司将该应收款项分类为以摊余成本计量的金融资产。勤业公司将该应付账款分类为以摊余成本计量的金融负债。2×20 年 11 月 6 日，双方签订债务重组合同，勤业公司以一项其持有的以公允价值计量且其变动计入其他综合收益的权益投资偿还该欠款。11 月 16 日，双方办理完成该金融资产的转让手续，芙蓉公司支付交易费用 4 万元。当日，芙蓉公司针对该应收款项已计提坏账准备 16 万元，该以公允价值计量且其变动计入其他综合收益的权益投资的公允价值为 267 万元。芙蓉公司将该权益投资划分为以公允价值计量且其变动计入当期损益的金融资产。假设不考虑相关税费。

2×20 年 11 月 16 日芙蓉公司取得该权益性投资的公允价值为 267 万元，应作为其初始确认金额，并划分为以公允价值计量且其变动计入当期损益的金融资产。账务处理如下：

| | | |
|---|---|---|
| 借：交易性金融资产 | 2 670 000 | |
| 　坏账准备 | 160 000 | |
| 　投资收益 | 210 000 | |
| 　贷：应收账款 | | 3 000 000 |
| 　　银行存款 | | 40 000 |

但是，收取的金融资产的公允价值与交易价格（即放弃债权的公允价值）存在差异的，应当区别下列情况进行处理：

(1) 在初始确认时，金融资产或金融负债的公允价值依据相同资产或负债在活跃市场上的报价或者以仅使用可观察市场数据的估值技术确定的，企业应当将该公允价值与交易价格之间的差额确认为一项利得或损失。

(2) 在初始确认时，金融资产或金融负债的公允价值以其他方式确定的，企业应当将该公允价值与交易价格之间的差额递延。初始确认后，企业应当根据某一因素在相应会计期间的变动程度将该递延差额确认为相应会计期间的利得或损失。该因素应当仅限于市场参与者对该金融工具定价时将予考虑的因素，包括时间等。

2. 债权人受让单项非金融资产

以资产清偿债务方式进行债务重组的，债权人初始确认受让的金融资产以外的资产时，应当按照下列原则以成本计量：

(1) 存货的成本，包括放弃债权的公允价值和使该资产达到当前位置和状态所发生的可直接归属于该资产的税金、运输费、装卸费、保险费等其他成本。

(2) 对联营企业或合营企业投资的成本，包括放弃债权的公允价值和可直接归属于该资产的税金等其他成本。

(3) 投资性房地产的成本，包括放弃债权的公允价值和可直接归属于该资产的税金等其他成本。

(4) 固定资产的成本，包括放弃债权的公允价值和使该资产达到预定可使用状态前所发生的可直接归属于该资产的税金、运输费、装卸费、安装费、专业人员服务费等其他成本。

(5) 生物资产的成本,包括放弃债权的公允价值和可直接归属于该资产的税金、运输费、保险费等其他成本。

(6) 无形资产的成本,包括放弃债权的公允价值和可直接归属于使该资产达到预定用途所发生的税金等其他成本。

放弃债权的公允价值与账面价值之间的差额,应当计入当期损益,记入“投资收益”科目。

**【例 16-3】** 2×20 年 1 月 8 日,芙蓉公司向勤业公司销售商品一批,应收勤业公司款项的入账金额为 190 万元。芙蓉公司将该应收款项分类为以摊余成本计量的金融资产。勤业公司将该应付账款分类为以摊余成本计量的金融负债。2×20 年 5 月 8 日,双方签订债务重组合同,勤业公司以一项作为无形资产核算的非专利技术偿还该欠款。5 月 12 日,双方办理完成该无形资产转让手续,芙蓉公司支付评估费用 4 万元。当日,芙蓉公司应收款项的公允价值为 174 万元,已计提坏账准备 14 万元。假设不考虑相关税费。

2×20 年 5 月 12 日,债权人芙蓉公司取得该无形资产的成本为债权公允价值 174 万元与评估费用 4 万元的合计 178 万元。芙蓉公司的账务处理如下:

| | | |
|---|---|---|
| 借:无形资产 | 1 780 000 | |
| 　坏账准备 | 140 000 | |
| 　投资收益 | 20 000 | |
| 　贷:应收账款 | | 1 900 000 |
| 　　银行存款 | | 40 000 |

3. 债权人受让多项资产

债权人受让多项非金融资产,或者包括金融资产、非金融资产在内的多项资产的,首先,应当按照金融工具的规定确认和计量受让的金融资产;其次,按照受让的各项非金融资产在债务重组合同生效日的公允价值比例,对放弃债权在合同生效日的公允价值扣除受让金融资产当日(重组合同生效日)公允价值后的净额进行分配,并以此为基础分别确定各项资产的成本。放弃债权的公允价值与账面价值之间的差额记入“投资收益”科目。

**【例 16-4】** 2×20 年 11 月 6 日,甲公司向乙公司赊购一批材料,含税价为 2 340 万元。2×21 年 1 月 10 日,甲公司因发生财务困难,无法按合同约定偿还债务,双方协商进行债务重组。乙公司同意甲公司用其生产的商品、作为固定资产管理的机器设备和一项债券投资抵偿欠款。当日,该债权的公允价值为 2 100 万元,甲公司用于抵债的商品市价(不含增值税)为 900 万元,抵债设备的公允价值为 750 万元,用于抵债的债券投资市价为 235.50 万元。

抵债资产于 2×21 年 1 月 20 日转让完毕,乙公司发生设备安装费用 15 万元。

乙公司以摊余成本计量该项债权。2×21 年 1 月 20 日,乙公司对该债权已计提坏账准备 190 万元,债券投资市价为 210 万元。乙公司将受让的商品、设备和债券投资分别作为低值易耗品、固定资产和以公允价值计量且其变动计入当期损益的金融资产核算。

甲、乙公司均为增值税一般纳税人,适用增值税税率为 13%,经税务机关核定,该项交易中商品和设备的计税价格分别为 900 万元和 750 万元。不考虑其他相关税费。

对债权人而言：

低值易耗品可抵扣增值税 =900×13%=117（万元）

设备可抵扣增值税 =750×13%=97.5（万元）

低值易耗品和固定资产的成本，应按照其在重组合同生效日的公允价值的比例（900 : 750）对合同生效日放弃债权的公允价值扣除受让金融资产在合同生效日的公允价值后的净额进行分配后的金额为基础确定。

低值易耗品的成本 =900 ÷（900 +750）×（2 100−235.5−117−97.5）=900（万元）

固定资产的成本 =750 ÷（900 +750）×（2 100−235.5−117−97.5）=750（万元）

金融资产的入账价值应按照取得日的公允价值计量 =210（万元）

2×21 年 1 月 20 日，债权人的账务处理如下：

（1）结转债务重组相关损益。

| | | |
|---|---|---|
| 借：低值易耗品 | 9 000 000 | |
| 　　在建工程——在安装设备 | 7 500 000 | |
| 　　应交税费——应交增值税 | 2 145 000 | |
| 　　交易性金融资产 | 2 100 000 | |
| 　　坏账准备 | 1 900 000 | |
| 　　投资收益 | 755 000 | |
| 　　贷：应收账款——甲公司 | | 23 400 000 |

（2）支付安装成本。

| | | |
|---|---|---|
| 借：在建工程——在安装设备 | 150 000 | |
| 　　贷：银行存款 | | 150 000 |

（3）安装完毕达到可使用状态。

| | | |
|---|---|---|
| 借：固定资产——×× 设备 | 7 650 000 | |
| 　　贷：在建工程——在安装设备 | | 7 650 000 |

4. 债权人受让处置组

债务人以处置组清偿债务的，债权人应当分别对处置组中的金融资产和负债进行初始计量，然后按照金融资产以外的各项资产在债务重组合同生效日的公允价值比例对放弃债权在合同生效日的公允价值以及承担的处置组中负债的确认金额之和，扣除受让金融资产当日（重组合同生效日）公允价值后的净额进行分配，并以此为基础分别确定各项资产的成本。放弃债权的公允价值与账面价值之间的差额，记入“投资收益”科目。

5. 债权人将受让的资产或处置组划分为持有待售类别

债务人以资产或处置组清偿债务，且债权人在取得日未将受让的相关资产或处置组作为非流动资产和非流动负债核算，而是将其划分为持有待售类别的，债权人应当在初始计量时，比较假定其不划分为持有待售类别情况下的初始计量金额和公允价值减去出售费用后的净额，以两者孰低计量。

**【例 16–5】** 2×20 年 3 月 8 日，石井公司向笃行公司销售商品一批，应收笃行公司款项的入账金额为 3 380 万元。2×20 年 7 月 20 日，双方签订债务重组合同，笃行公司以一项作为固定资产核算的房地产偿还该欠款。7 月 24 日，双方办理完成该房地产的转让手续，石井公司支付交易费用 12 万元。当日，石井公司对应收款项已计提坏账准备 169 万元，该房地产的公允价值为 3 228 万元，预计出售费用为 15 万元。石井公司管理层决议，受让该房地产后将在半年内将其出售。假设不考虑相关税费。

7 月 24 日，石井对该房地产进行初始确认时，按照固定资产入账价值 3 223（3 380−169+12=3 223）万元与公允价值减去出售费用后的净额 3 213（3 228−15=3 213）万元孰低计量。石井公司的账务处理如下：

| | | |
|---|---|---|
| 借：持有待售资产——固定资产 | 32 130 000 | |
| 　资产减值损失 | 100 000 | |
| 　坏账准备 | 1 690 000 | |
| 　贷：应收账款 | | 33 800 000 |
| 　　银行存款 | | 120 000 |

### （二）债务人的会计处理

以资产清偿债务方式进行债务重组的，债务人应当在相关资产和所清偿债务符合终止确认条件时予以终止确认，所清偿债务账面价值与转让资产账面价值之间的差额计入当期损益。

1. 债务人以金融资产清偿债务

债务人以单项或多项金融资产清偿债务的，债务的账面价值与偿债金融资产账面价值的差额，记入“投资收益”科目。偿债金融资产已计提减值准备的，应结转已计提的减值准备。对于以分类为以公允价值计量且其变动计入其他综合收益的债务工具投资清偿债务的，之前计入其他综合收益的累计利得或损失应当从其他综合收益中转出，记入“投资收益”科目。对于以指定为以公允价值计量且其变动计入其他综合收益的非交易性权益工具投资清偿债务的，之前计入其他综合收益的累计利得或损失应当从其他综合收益中转出，记入“盈余公积”“利润分配——未分配利润”等科目。

**【例 16–6】** 承【例 16–2】。11 月 16 日，芙蓉公司与勤业公司办理完成该金融资产的转让手续，勤业公司支付交易费用 2 万元。当日，勤业公司该应付款项的账面价值为 300 万元，该以公允价值计量且其变动计入其他综合收益的权益投资的账面价值为 290 万元，其中成本为 260 万元、公允价值变动为 30 万元。假设勤业公司按盈余的 10% 提取公积金，不考虑相关税费。

2×20 年 11 月 16 日勤业公司的账务处理如下：

| | | |
|---|---|---|
| 借：应付账款 | 3 000 000 | |
| 　贷：其他权益工具投资——成本 | | 2 600 000 |
| 　　　　　　　　　——公允价值变动 | | 300 000 |
| 　　银行存款 | | 20 000 |
| 　　投资收益 | | 80 000 |
| 借：其他综合收益 | 300 000 | |
| 　贷：盈余公积 | | 30 000 |
| 　　利润分配——未分配利润 | | 270 000 |

2. 债务人以多项资产清偿债务

债务人以单项或多项非金融资产清偿债务，或者以包括金融资产和非金融资产在内的多项资产清偿债务的，不需要区分资产处置损益和债务重组损益，也不需要区分不同资产的处置损益，而应将所清偿债务账面价值与转让资产账面价值之间的差额，记入“其他收益——债务重组收益”科目。偿债资产已计提减值准备的，应结转已计提的减值准备。

债务人以包含非金融资产的处置组清偿债务的，应当将所清偿债务和处置组中负债的账面价值之和，与处置组中资产的账面价值之间的差额，记入“其他收益——债务重组收益”科目。处置组所属的资产组或资产组组合分摊了企业合并中取得的商誉的，该处置组应当包含分摊至处置组的商誉。处置组中的资产已计提减值准备的，应结转已计提的减值准备。

债务人以日常活动产出的商品或服务清偿债务的，应当将所清偿债务账面价值与存货等相关资产账面价值之间的差额，记入“其他收益——债务重组收益”科目。

**【例 16-7】** 承【例 16-3】。勤业公司用于清偿债务的无形资产的账面余额为 200 万元，累计摊销金额为 20 万元，已计提减值准备 4 万元。5 月 12 日，双方办理完成该无形资产转让手续。当日，勤业公司应付款的账面价值为 190 万元。假设不考虑相关税费。

2×20 年 5 月 12 日，债务人勤业公司的账务处理如下：

| | | |
|---|---|---|
| 借：应付账款 | 1 900 000 | |
| 　累计摊销 | 200 000 | |
| 　无形资产减值准备 | 40 000 | |
| 　贷：无形资产 | | 2 000 000 |
| 　　其他收益——债务重组损益 | | 140 000 |

**【例 16-8】** 承【例 16-4】。甲公司以摊余成本计量该项债务。2×21 年 1 月 20 日，甲公司用于抵债的商品成本为 700 万元；抵债设备的账面原价为 1 500 万元，累计折旧为 400 万元，已计提减值准备 180 万元；甲公司以摊余成本计量用于抵债的债券投资，债券票面价值总额为 150 万元，票面利率与实际利率一致，按年付息。当日，该项债务的账面价值仍为 2 340 万元。抵债资产于 2×21 年 1 月 20 日转让完毕，甲公司发生设备运输费用 6.5 万元。甲乙公司均为增值税一般纳税人，适用增值税税率为 13%，经税务机关核定，该项交易中商品和设备的计税价格分别为 900 万元和 750 万元。不考虑其他相关税费。

债务人 2×21 年 1 月 20 日的账务处理如下：

| | | |
|---|---|---|
| 借：固定资产清理 | 9 200 000 | |
| 　累计折旧 | 4 000 000 | |
| 　固定资产减值准备 | 1 800 000 | |
| 　贷：固定资产——×× 设备 | | 15 000 000 |
| 借：固定资产清理 | 65 000 | |
| 　贷：银行存款 | | 65 000 |
| 借：应付账款 | 23 400 000 | |
| 　贷：固定资产清理 | | 9 265 000 |
| 　　库存商品 | | 7 000 000 |

应交税费——应交增值税

2 145 000（9 000 000×13%+7 500 000×13%）

债权投资——成本 1 500 000

其他收益——债务重组收益 3 490 000

## 四、债务人将债务转为权益工具的会计处理

### （一）债权人的会计处理

债务重组采用将债务转为权益工具方式进行的，债权人应当分以下情况分别处理：

1. 债权人将获得的权益投资划分为金融资产

债权人通过债务重组将债权转为权益投资，该权益投资被划分为金融资产的，应当按照金融工具的相关规定进行确认和计量，金融资产的初始确认金额应是其取得日的公允价值。金融资产确认金额与债权终止确认日账面价值之间的差额，记入“投资收益”科目。

【例 16-9】 2×20 年 2 月 25 日，芙蓉公司向勤业公司销售一批商品，应收勤业公司款项的入账金额为 100 万元。2×20 年 4 月 6 日，双方签订债务重组合同，勤业公司将该笔债务转为芙蓉公司对其投资。4 月 15 日，双方办理完成投资手续，芙蓉公司支付交易费用 1 万元。当日，芙蓉公司针对该应收款项已计提坏账准备 6 万元，并将项股权投资划分为以公允价值计量且其变动计入当期损益的金融资产，其公允价值为 110 万元。假设不考虑相关税费。芙蓉公司的账务处理如下：

借：交易性金融资产 1 100 000

坏账准备 60 000

贷：应收账款 1 000 000

银行存款 10 000

投资收益 150 000

2. 债权人获得的权益投资形成对联营企业或合营企业的投资，划分为长期股权投资

债务人将债务转为权益投资，转换后原债权人对债务人产生重大影响或形成对合营企业投资，其成本包括放弃债权的公允价值和可直接归属于该资产的税金等其他成本。放弃债权的账面价值与长期股权投资的初始确认金额之间的差额，应当计入当期损益，记入“投资收益”科目。

【例 16-10】 2×19 年 12 月 25 日，芙蓉公司向勤业公司销售一批商品，应收勤业公司款项的入账金额为 220 万元。2×20 年 2 月 6 日，双方签订债务重组合同，经商定勤业公司将该债务转为芙蓉公司对其投资。2 月 10 日，双方办理完成增资手续，芙蓉公司支付交易费用 1.5 万元，芙蓉公司持股占勤业公司总股本的 25%，对勤业公司具有重大影响。当日，芙蓉公司针对该应收款项已计提坏账准备 10 万元，该笔债权的公允价值为 205 万元。假设不考虑相关税费。

芙蓉公司应将该笔债权转权益性投资，转换后对勤业公司产生重大影响，应属于对联营企业或合营企业的投资。长期股权投资的入账金额等于放弃债权的公允价值加相关直接税费 =205+1.5=206.50（万元）。其账务处理如下：

借：长期股权投资——投资成本 2 065 000

坏账准备 100 000

投资收益 50 000

贷：应收账款 2 200 000

银行存款 15 000

3. 债权人获得的权益投资形成控股合并的投资，划分为长期股权投资

采用债务转为权益工具的债务重组，形成对债务人的控股合并，应该分以下情况处理：

（1）非同一控制下债务重组形成对被投资单位的控股合并。在非同一控制下债务重组形成企业合并，本质为市场化的购买，应当以放弃债权的公允价值作为长期股权投资的入账价值。债权人的直接相关费用，应计入当期损益，记入“管理费用”科目。放弃债权的账面价值与其公允价值之间的差额，应当计入当期损益，记入“投资收益”科目。

**【例16–11】** 2×19年11月11日，石鼓公司向笃行公司销售一批商品，应收笃行公司款项的入账金额为2 200万元。2×20年1月23日，双方签订债务重组合同，经商定笃行公司将该债务转为石鼓公司对其的投资。1月25日，双方办理完成增资手续，石鼓公司支付交易费用17万元，石鼓公司持股占笃行公司总股本的55%，对笃行公司形成控股合并。当日，石鼓公司针对该应收款项已计提坏账准备100万元，该笔债权的公允价值为2 005万元。石鼓公司与笃行公司在债务重组前不存在任何关联方关系，假设不考虑相关税费。

石鼓公司应以该长期股权投资取得日的放弃债权的公允价值作为长期股权投资的入账金额，即2 005万元。1月25日，石鼓公司账务处理如下：

借：长期股权投资 20 050 000

坏账准备 1 000 000

投资收益 950 000

贷：应收账款 22 000 000

借：管理费用 170 000

贷：银行存款 170 000

（2）同一控制下债务重组形成对被投资单位的控股合并。在同一控制下债务重组形成企业合并，应当在合并日按取得被合并方所有者权益在最终控制方合并财务报表中的账面价值的份额作为长期股权投资的初始投资成本。长期股权投资初始投资成本与放弃债权的账面价值之间的差额，应当调整资本公积（资本溢价或股本溢价），资本公积（资本溢价或股本溢价）的余额不足冲减的，应调整留存收益。

**【例16–12】** 承【例16–11】。假设石鼓公司与笃行公司在债务重组前受同一方控制，在合并日笃行公司所有者权益在最终控制方合并财务报表中的账面价值为4 200万元。石鼓公司的账务处理如下：

石鼓公司的长期股权投资入账金额为4 200×55%=2 310（万元）。

借：长期股权投资 23 100 000

坏账准备 1 000 000

贷：应收账款 22 000 000

资本公积——股本溢价　　2 100 000

### （二）债务人的会计处理

债务重组采用将债务转为权益工具方式进行的，债务人初始确认权益工具时，应当按照权益工具的公允价值计量；权益工具的公允价值不能可靠计量的，应当按照所清偿债务的公允价值计量。所清偿债务账面价值与权益工具确认金额之间的差额，记入“投资收益”科目。债务人因发行权益工具而支付的相关税费等，应当依次冲减资本（股本）溢价、盈余公积、未分配利润等。

**【例 16–13】** 承【例 16–9】。该权益工具的公允价值为 110 万元，取得勤业公司 20 万股，每股面值为 1 元，勤业公司发行该权益工具支付的手续费为 8 万元。勤业公司的账务处理如下：

借：应付账款　　1 000 000
　投资收益　　100 000　（1 100 000–1 000 000=100 000）
　贷：股本　　200 000　（200 000×1=200 000）
　　资本公积——股本溢价　　820 000
　　银行存款　　80 000

## 五、修改其他条款的会计处理

### （一）债权人的会计处理

债务重组采用以修改其他条款的方式进行的，如果修改其他条款导致全部债权终止确认，通常是指构成实质性修改，债权人应当按照修改后的条款以公允价值初始计量新的金融资产，新金融资产的确认金额与债权终止确认日账面价值之间的差额，记入“投资收益”科目。

当原债权协议存在修改时，需要考虑是否实质性的修改，应进行定量与定性分析，包括：

（1）现金流量折现值的变化。如果新条款下的未来现金流量现值（包括支付和收取的任何费用）与原债权剩余期间未来现金流量现值之间至少相差 10%，即为新旧条款存在实质上不同。有关现值的计算均采用原金融负债的实际利率。

（2）其他考虑。重大的展期、固定利率与浮动利率的转变、定价币种的改变、转换条款的变更、债转股等。

如果修改其他条款未导致债权终止确认，债权人应当根据其分类，继续以摊余成本、以公允价值计量且其变动计入其他综合收益，或者以公允价值计量且其变动计入当期损益进行后续计量。

对于以摊余成本计量的债权，债权人应当根据重新议定合同的现金流量变化情况，重新计算该重组债权的账面余额，并将相关利得或损失记入“投资收益”科目。重新计算的该重组债权的账面余额，应当根据将重新议定或修改的合同现金流量按债权原实际利率折现的现值确定，购买或源生的已发生信用减值的重组债权，应按经信用调整的实际利率折现。

对于修改或重新议定合同所产生的成本或费用，债权人应当调整修改后的重组债权的账面价值，并在修改后重组债权的剩余期限内摊销。

### （二）债务人的会计处理

债务人与债权人之间签订协议，以承担新债务方式替换原债务，且新债务与原债务的合同条款实质上不同的，企业应当终止确认原债务，同时确认一项新债务。债务人对原债务（或其一部分）的合同条款做出实质性修改的，应当终止确认原债务，同时按照修改后的条款确认一项新债务。

债务重组采用修改其他条款方式进行的，如果修改其他条款导致债务终止确认，债务人应当按照公允价值计量重组债务，终止确认的债务账面价值与重组债务确认金额之间的差额，记入“投资收益”科目。

当原债务存在修改或结算时，需要考虑是否是实质性的修改，应进行定量与定性分析，包括：

（1）现金流量折现值的变化。如果新条款下的未来现金流量现值（包括支付和收取的任何费用）与原债务剩余期间未来现金流量现值之间至少相差 10%，即为新旧条款存在实质上不同。有关现值的计算均采用原金融负债的实际利率。

（2）其他考虑。重大的展期、固定利率与浮动利率的转变、定价币种的改变、转换条款的变更、债转股等。

如果修改其他条款未导致债务终止确认，或者仅导致部分债务终止确认，对于未终止确认的部分债务，债务人应当根据其分类，继续以摊余成本、以公允价值计量且其变动计入当期损益或其他适当方法进行后续计量。

对于以摊余成本计量的债务，债务人应当根据重新议定合同的现金流量变化情况，重新计算该重组债务的账面价值，并将相关利得或损失记入“投资收益”科目。重新计算的该重组债务的账面价值，应当根据将重新议定或修改的合同现金流量按债务的原实际利率折现的现值确定。

对于修改或重新议定合同所产生的成本或费用，债务人应当调整修改后的重组债务的账面价值，并在修改后重组债务的剩余期限内摊销。

**【例 16-14】** 2×19 年 11 月 30 日，凌云银行对石井公司的贷款已到期，贷款本金为 1 000 000 元，利率为 8%，利息已支付。石井公司因连年亏损而无法偿付这笔贷款本金。2×19 年 12 月 31 日，双方达成协议，凌云银行同意把债务偿还期限延长到 2×20 年 12 月 31 日，重组后债务不再计息；凌云银行在 2×19 年 11 月 30 日已确定其对石井公司的贷款难以按期收回，因此计提了 100 000 元损失。设同期市场利率为 10%。

2×19 年 12 月 31 日，凌云银行该笔贷款到期，进行债务重组，修改其他条款导致债权现金流变化情况如下：

借款的现金流量 =1 000 000×（1÷1.08）=925 925.93（元）

现金流变化 =（1 000 000−925 925.93）÷1 000 000=7.41% <10%

因此针对 100 万元本金的合同条款的修改不构成实质性修改，不终止确认该部分债权。

修改其他条款未导致债权终止确认，凌云银行应当根据其分类继续以摊余成本计量，应当根据重新议定合同的现金流量变化情况，按债权原实际利率折现的现值，重新计算该重组债权的账面余额。

2×19 年 12 月 31 日，凌云银行的账务处理如下：

借：贷款——本金 925 925.93

　贷款损失准备 100 000

　贷：贷款——本金 1 000 000

　　投资收益 25 925.93

2×19 年 12 月 31 日，石井公司的账务处理如下：

借：长期借款——本金 1 000 000

　贷：长期借款——本金 925 925.93

　　投资收益 74 074.07

**【例 16-15】** 承【例 16-14】。石井公司的贷款逾期，尚未支付利息合计 200 000 元。2×19 年 12 月 31 日，双方达成协议，凌云银行同意把债务偿还期限延长到 2×20 年 12 月 31 日，并且免除未支付利息，重组后债务不再计息。变更后债权的公允价值为 920 000 元。其他条件不变。

2×19 年 12 月 31 日，凌云银行该笔贷款到期，进行债务重组，修改其他条款导致债权现金流变化情况如下：

借款的现金流量 =1 000 000×（1 ÷ 1.08）=925 925.93（元）

现金流变化 =（1 200 000−925 925.93）÷ 1 200 000=22.84%>10%

因此针对 100 万元本金的合同条款的修改构成实质性修改，应终止确认该部分债权。修改其他条款导致全部债权终止确认，应当按照修改后的条款以公允价值初始计量新的金融资产。

2×19 年 12 月 31 日，凌云银行的账务处理如下：

借：贷款——本金 920 000

　贷款损失准备 100 000

　投资收益 180 000

　贷：贷款——本金 1 000 000

　　应收利息 200 000

2×19 年 12 月 31 日，石井公司的账务处理如下：

借：长期借款——本金 1 000 000

　应付利息 200 000

　贷：长期借款——本金 920 000

　　投资收益 280 000

## 六、混合组合方式的会计处理

### （一）债权人的会计处理

债务重组采用以资产清偿债务、将债务转为权益工具、修改其他条款等方式组合进行的，一般可以认为对全部债权的合同条款做出了实质性修改，债权人应当按照修改后的条款，以公允价值初始计量新的金融资产（重组债权）和受让的新金融资产，按照受让的金融资产以外的各项资产在债务重组合同生效日的公允价值比例，对放弃债权在合同生效日的公允价值扣除受让金融资产和重组债权当日公允价值后的净额进行分配，并以此为基础分别确定各项资产的成本。放弃债权的公允价值与账面价值之间的差额，记入“投资收益”科目。

### （二）债务人的会计处理

债务重组以资产清偿债务、将债务转为权益工具、修改其他条款等方式的组合进行的：

（1）对于金融资产，按照债务人以金融资产偿付债务的相关要求处理，所清偿债务的账面价值与转让的金融资产的账面价值之间的差额，记入“投资收益”科目。

（2）对于非金融资产，按照债务人以非金融资产偿付债务的相关要求处理。

（3）对于权益工具，债务人应当在初始确认时按照权益工具的公允价值计量，权益工具的公允价值不能可靠计量的，应当按照所清偿债务的公允价值计量。

（4）对于修改其他条款的重组债务，债务人应当参照修改其他条款的内容，确认和计量重组债务。

（5）所清偿债务的账面价值与转让非金融资产的账面价值以及权益工具和重组债务的确认金额之和的差额，记入“其他收益——债务重组收益”科目。

**【例 16-16】** 芙蓉公司为上市公司，2×16 年 1 月 1 日，芙蓉公司取得笃行银行贷款 5 000 万元，约定贷款期限为 4 年（即 2×19 年 12 月 31 日到期），年利率 6%，按年付息，芙蓉公司已按时支付所有利息。2×19 年 12 月 31 日，芙蓉公司出现严重资金周转问题，多项债务违约，信用风险增加，无法偿还贷款本金。2×20 年 1 月 10 日，笃行银行同意与芙蓉公司就该项贷款重新达成协议，新协议约定：①芙蓉公司将一项作为固定资产核算的房产转让给笃行银行，用于抵偿债务本金 1 000 万元，该房产账面原值 1 200 万元，累计折旧 400 万元，未计提减值准备；②芙蓉公司向笃行银行增发股票 500 万股，面值 1 元 / 股，占芙蓉公司股份总额的 1%，用于抵偿债务本金 2 000 万元，芙蓉公司股票于 2×20 年 1 月 10 日的收盘价为 4 元 / 股；③在芙蓉公司履行上述偿债义务后，笃行银行免除芙蓉公司 500 万元债务本金，并将尚未偿还的债务本金 1 500 万元展期至 2×20 年 12 月 31 日，年利率 8%；如果芙蓉公司未能履行①②所述偿债义务，笃行银行有权终止债务重组协议，尚未履行的债权调整承诺随之失效。

笃行银行以摊余成本计量该贷款，已计提贷款损失准备 300 万元。该贷款于 2×20 年 1 月 10 日的公允价值为 4 600 万元，予以展期的贷款的公允价值为 1 500 万元。2×20 年 3 月 2 日，双方办理完成房产转让手续，笃行银行将该房产作为投资性房地产核算。2×20 年 3 月 31 日，笃行银行为该笔贷款补提了 100 万元的损失准备。2×20 年 5 月 9 日，双方办理完成股权转让手续，笃行银行将该股权投资分类为以公允价值计量且其变动计入当期损益的金融资产，芙蓉公司股票当日收盘价为 4.02 元 / 股。

芙蓉公司以摊余成本计量该贷款，截至 2×20 年 1 月 10 日，该贷款的账面价值为 5 000 万元。不考虑相关税费。

（1）债权人的会计处理。芙蓉公司与笃行银行以组合方式进行债务重组，同时涉及以资产清偿债务、将债务转为权益工具、包括债务豁免的修改其他条款等方式，可以认为对全部债权的合同条款做出了实质性修改，债权人在收取债权现金流量的合同权利终止时应当终止确认全部债权，即在2×20年5月9日该债务重组协议的执行过程和结果不确定性消除时，可以确认债务重组相关损益，并按照修改后的条款确认新金融资产。

债权人笃行银行的账务处理如下：

①1月10日：

投资性房地成本＝放弃债权公允价值4 600万元－受让股权公允价值2 000万元－重组债权公允价值1 500万元=1 100万元

| | | |
|---|---|---|
| 借：投资性房地产 | 11 000 000 | |
| 贷款损失准备 | 600 000 | |
| 贷：贷款——本金 | | 10 000 000 |
| 投资收益 | | 1 600 000 |

②3月31日：

| | | |
|---|---|---|
| 借：信用减值损失 | 1 000 000 | |
| 贷：贷款损失准备 | | 1 000 000 |

③5月9日：

受让股权的公允价值=4.02×500=2 010（万元）

| | | |
|---|---|---|
| 借：交易性金融资产 | 20 100 000 | |
| 贷款——本金 | 15 000 000 | |
| 贷款损失准备 | 3 400 000 | |
| 投资收益 | 1 500 000 | |
| 贷：贷款——本金 | | 40 000 000 |

(2) 债务人的会计处理。该债务重组协议的执行过程和结果不确定性于2×20年5月9日消除时，债务人清偿该部分债务的现时义务已经解除，可以确认债务重组相关损益，并按照修改后的条款确认新金融负债。

债务人芙蓉公司的账务处理如下。

①1月10日：

| | | |
|---|---|---|
| 借：固定资产清理 | 8 000 000 | |
| 累计折旧 | 4 000 000 | |
| 贷：固定资产 | | 12 000 000 |
| 借：长期借款——本金 | 10 000 000 | |
| 贷：固定资产清理 | | 8 000 000 |
| 其他收益——债务重组收益 | | 2 000 000 |

②5月9日：

借款的现金流量=1 500×（1+8%）÷（1+6%）=1 528.30（万元）

现金流变化=（1 528.30−1 500）÷1 500=1.9%<10%

因此针对1 500万元本金部分的合同条款的修改不构成实质性修改，不终止确认该部分负债。

| | | |
|---|---|---|
| 借：长期借款——本金 | 40 000 000 | |
| 贷：股本 | | 5 000 000 |

资本公积——股本溢价 15 100 000

长期借款——本金 15 283 000

其他收益——债务重组收益 4 617 000

注意本例中，即使没有"芙蓉公司未能履行①②所述偿债义务，笃行银行有权终止债务重组协议，尚未履行的债权调整承诺随之失效"的条款，债务人仍然应当谨慎处理，考虑在债务的现时义务解除时终止确认原债务。

## 第三节　债务重组的相关披露

债务重组中涉及的债权、重组债权、债务、重组债务和其他金融工具，应当按照金融工具列报的规定进行披露。此外，债权人和债务人还应当在附注中披露与债务重组有关的额外信息。

### 一、债权人应当在附注中披露与债务重组有关的下列信息

（1）根据债务重组方式，分组披露债权账面价值和债务重组相关损益。分组时，债权人可以按照以资产清偿债务方式、将债务转为权益工具方式、修改其他条款方式、组合方式为标准分组，也可以根据重要性原则以更细化的标准分组。

世纪星源"债务重组"案例

（2）债务重组导致的对联营企业或合营企业的权益性投资增加额，以及该投资占联营企业或合营企业股份总额的比例。

### 二、债务人应当在附注中披露与债务重组有关的下列信息

（1）根据债务重组方式，分组披露债务账面价值和债务重组相关损益。分组的标准与对债权人的要求类似。

（2）债务重组导致的股本等所有者权益的增加额。

报表使用者可能关心与债务重组相关的其他信息。例如，债权人和债务人是否具有关联方关系；再如，如何确定债务转为权益工具方式中的权益工具，以及修改其他条款方式中的新重组债权或重组债务等的公允价值；又如，是否存在与债务重组相关的或有事项等。企业应当披露相关信息。

## 本章小结

本章内容主要介绍了债务重组的相关概念，如定义、重组方式、重组日等，以及与债务重组业务相关的账务处理的原理和方法。对债权人而言，应根据取得资产的类型和重组方式，对受让的资产进行初始计量，放弃债权的公允价值与其账面价值的差额，计入当期损益。对债务人而言，不区分资产处置损益和重组损益，清偿债务的账面价值与转让资产的账面价值之间的差额，计入当期损益。此外，债权人和债务人应当在附注中披露与债务重组有关的信息。

## 复习思考题

1. 什么是债务重组？债务重组的方式有哪些？
2. 债务重组涉及的主要会计问题是什么？
3. 不同债务重组方式下，债权人与债务人的账务处理原则和方式是什么？

## 即测即评

请扫描右侧二维码，进行随堂测试。

# 第十七章 财务报告及其分析

## 学习目标

通过本章学习，应能够：了解财务报告系统的相关概念；熟悉资产负债表、利润表、现金流量表以及所有者权益变动表的内容、结构和作用；掌握报表的填写方法；了解关联方关系、分部报告、中期财务报告以及财务报表附注的相关概念和要求；掌握财务报表分析的基本方法。

## 导读案例

### 重塑财务报表的列报

2019年12月17日，国际会计准则理事会（以下简称理事会）发布了主要财务报表项目的重要阶段性成果——《一般列示和披露（征求意见稿）》（以下简称征求意见稿）。理事会最终将对该征求意见稿修改完善后发布一项新的国际财务报告准则，以替代现行《国际会计准则第1号——财务报表列报》。征求意见稿聚焦利润表的改进，提出了划分损益类别、增加小计项目、细化表内项目披露、规范管理层业绩指标披露等新要求，同时也提出了对现金流量表和资产负债表的有限修改建议，将可能对采用国际财务报告准则或与之趋同国家或地区的财务报表编报实务产生较大影响。

改进财务报表（尤其是反映企业财务业绩的利润表）所包含信息的列示和披露，一直是利益相关方关注的重点。由于国际财务报告准则对利润表的相关项目缺乏明确的列报规范，长期以来利益相关方提出了批评意见：一是不同企业在计算利润表小计项目的口径和列示方式等方面存在多样性；二是在利润表中允许选择不同的列示方式，导致相关信息缺乏有用性和可比性；三是国际财务报告准则对非经常性损益项目和“其他费用”项目缺乏相应披露规范；四是管理层披露的透明度和规范性有待提高。此外，国际财务报告准则对现金流量表中利息和股利现金流量的分类和列示选择权以及现金流量表间接法下经营活动现金流量的编制起点多样，降低了不同企业之间会计信息的可比性。为有效解决报表列报中存在的问题，理事会起草并发布了征求意见稿。

目前，我国的财务报告体系包含哪些内容？各部分之间的关系是怎样的？资产负债表、利润表、现金流量表等报表发挥着怎样的作用？包含了哪些内容？如何填列财务报表？带着这些问题，我们将开始本章内容的学习。

资料来源：会计准则委员会．国际会计准则理事会主要财务报表项目发展及其影响．国际会计动态，2020(2).

## 第一节 财务报表概述

财务
报告体系

财务会计是由确认、计量、记录和报告四个基本程序组成的。产生财务报告是财务会计的目的，也是其重点。通过初始确认、计量所编制的会计分录，只是为编报财务报告做准备。进入财务报表的信息，必须进行再确认和计量。财务报告，是指企业对外提供的反映企业某一特定日期的财务状况和某一会计期间的经营成果、现金流量等会计信息的文件。财务报告包括财务报表和其他应当在财务报告中披露的相关信息和资料。

### 一、财务报表的定义和构成

财务报表是对企业财务状况、经营成果和现金流量的结构性表述。财务报表至少应当包括下列组成部分：①资产负债表；②利润表；③现金流量表；④所有者权益（或股东权益，下同）变动表；⑤附注。财务报表的这些组成部分具有同等的重要程度。

财务报表可以按照不同的标准进行分类：

(1) 按财务报表编报期间的不同，可以分为中期财务报表和年度财务报表。中期财务报表是以短于一个完整会计年度的报告期间为基础编制的财务报表，包括月报、季报和半年报等。

(2) 按财务报表编报主体的不同，可以分为个别财务报表和合并财务报表。个别财务报表是由企业在自身会计核算基础上对账簿记录进行加工而编制的财务报表，主要用以反映企业自身的财务状况、经营成果和现金流量情况。合并财务报表是以母公司和子公司组成的企业集团为会计主体，根据母公司和所属子公司的财务报表，由母公司编制的综合反映企业集团财务状况、经营成果及现金流量的财务报表。

### 二、财务报表列报的基本要求

#### （一）依据遵循各项会计准则确认和计量的结果编制财务报表

企业应当根据实际发生的交易和事项，遵循《企业会计准则——基本准则》、各项具体会计准则的规定进行确认和计量，并在此基础上编制财务报表。企业应当在附注中对这一情况作出声明，只有遵循了企业会计准则的所有规定时，财务报表才应当被称为“遵循了企业会计准则”。同时，企业不应以在附注中披露代替对交易和事项的确认和计量，不恰当的确认和计量也不能通过充分披露相关会计政策而纠正。

此外，如果按照各项会计准则规定披露的信息不足以让报表使用者了解特定交易或事项对企业财务状况和经营成果的影响时，企业还应当披露其他的必要信息。

### （二）列报基础

持续经营是会计的基本前提，也是会计确认、计量及编制财务报表的基础。在编制财务报表的过程中，企业管理层应当利用其所有可获得信息来评价企业自报告期末起至少12个月的持续经营能力。评价时需要考虑的因素包括宏观政策风险、市场经营风险及企业目前或长期的盈利能力、偿债能力、财务弹性和企业管理层改变经营政策的意向等。评价结果表明对持续经营能力产生重大怀疑的，企业应当在附注中披露导致对持续经营能力产生重大怀疑的因素以及企业拟采取的改善措施。

企业在评估持续经营能力时应当综合考虑企业的具体情况。通常情况下，企业过去每年都有可观的净利润，并且易于获取所需的财务资源，则往往表明以持续经营为基础编制财务报表是合理的，而无须进行详细的分析即可得出企业持续经营的结论。反之，如果企业过去多年有亏损的记录等情况，则需要通过考虑更加广泛的相关因素来作出评价，比如目前和预期未来的获利能力、债务清偿计划、替代融资的潜在来源等。

非持续经营是企业在极端情况下呈现的一种状态。企业存在以下情况之一的，通常表明企业处于非持续经营状态：①企业已在当期进行清算或停止营业；②企业已经正式决定在下一个会计期间进行清算或停止营业；③企业已确定在当期或下一个会计期间没有其他可供选择的方案而将被迫进行清算或停止营业。

企业处于非持续经营状态时，应当采用其他基础编制财务报表。比如，企业处于破产状态时，其资产应当采用可变现净值计量、负债应当按照其预计的结算金额计量等。在非持续经营情况下，企业应当在附注中声明财务报表未以持续经营为基础列报，披露未以持续经营为基础的原因以及财务报表的编制基础。

### （三）权责发生制

除现金流量表按照收付实现制编制外，企业应当按照权责发生制编制其他财务报表。

### （四）列报的一致性

可比性是会计信息质量的一项重要质量要求，目的是使同一企业不同期间和同一期间不同企业的财务报表相互可比。为此，财务报表项目的列报应当在各个会计期间保持一致，不得随意变更。这一要求不只针对财务报表中的项目名称，还包括财务报表项目的分类、排列顺序等方面。

在以下规定的特殊情况下，财务报表项目的列报是可以改变的：①会计准则要求改变；②企业经营业务的性质发生重大变化或对企业经营影响较大的交易或事项发生后，变更财务报表项目的列报能够提供更可靠、更相关的会计信息。

### （五）依据重要性原则单独或汇总列报项目

关于项目在财务报表中是单独列报还是汇总列报，应当依据重要性原则来判断。总的原则是，如果某项目单个看不具有重要性，则可将其与其他项目汇总列报；如具有重要性，则应当单独列报。企业在进行重要性判断时，应当根据企业所处的具体环境，从项目的性质和金额两方面予以判断：一方面，应当考虑该项目的性质是否属于企业日常活动，是否显著影响企业的财务状况、经营成果和现金流量等因素；另一方面，判断项目金额大小的重要性，应当通过单项金额占资产总额、负债总额、所有者权益总额、营业收入总额、营业成本总额、净利润、综合收益总额等直接相关项目金额的比重或所属报表单列项目金额的比重加以确定。同时，企业对于各个项目重要性的判断标准一经确定，不得随意变更。具体而言：

(1) 性质或功能不同的项目，一般应当在财务报表中单独列报。比如，存货和固定资产在性质上和功能上都有本质差别，应分别在资产负债表上单独列报。但是不具有重要性的项目可以汇总列报。

(2) 性质或功能类似的项目，一般可以汇总列报，但是具有重要性的类别应该单独列报。比如，原材料、在产品等项目在性质上类似，均通过生产过程形成企业的产品存货，因此可以汇总列报，汇总之后的类别统称为“存货”，在资产负债表上列报。

(3) 项目单独列报的原则不仅适用于报表，还适用于附注。某些项目的重要性程度不足以在资产负债表、利润表、现金流量表或所有者权益变动表中单独列报，但是可能对附注而言却具有重要性，在这种情况下应当在附注中单独披露。

(4) 无论是财务报表列报准则规定单独列报的项目，还是其他具体会计准则规定单独列报的项目，企业都应当予以单独列报。

### (六) 财务报表项目金额间的相互抵销

财务报表项目应当以总额列报，资产和负债、收入和费用、直接计入当期利润的利得和损失项目的金额不能相互抵销，即不得以净额列报，但企业会计准则另有规定的除外。比如，企业欠客户的应付款不得与其他客户欠本企业的应收款相抵销，如果相互抵销就掩盖了交易的实质。

下列三种情况不属于抵销，可以以净额列示：

(1) 一组类似交易形成的利得和损失以净额列示的，不属于抵销。比如，汇兑损益应当以净额列报，为交易目的而持有的金融工具形成的利得和损失应当以净额列报等。但是，如果相关利得和损失具有重要性，则应当单独列报。

(2) 资产或负债项目按扣除备抵项目后的净额列示，不属于抵销。比如，对资产计提减值准备，表明资产的价值确实已经发生减损，按扣除减值准备后的净额列示，才反映了资产当时的真实价值。

(3) 非日常活动产生的利得和损失，以同一交易形成的收益扣减相关费用后的净额列示更能反映交易实质的，不属于抵销。非日常活动并非企业主要的业务，非日常活动产生的损益以收入扣减费用后的净额列示，更能有利于报表使用者的理解。比如，非流动资产处置形成的利得或损失，应当按处置收入扣除该资产的账面金额和相关销售费用后的净额列报。

### (七) 比较信息的列报

企业在列报当期财务报表时，至少应当提供所有列报项目上一个可比会计期间的比较数据，以及与理解当期财务报表相关的说明，目的是向报表使用者提供对比数据，提高信息在会计期间的可比性，以反映企业财务状况、经营成果和现金流量的发展趋势，提高报表使用者的判断与决策能力。列报比较信息的这一要求适用于财务报表的所有组成部分，即既适用于四张报表，也适用于附注。

通常情况下，企业列报所有列报项目上一个可比会计期间的比较数据，至少包括两期各报表及相关附注。当企业追溯应用会计政策或追溯重述，或者重新分类财务报表项目时，按照《企业会计准则第 28 号——会计政策、会计估计变更和差错更正》等的规定，企业应当在一套完整的财务报表中列报最早可比期间期初的财务报表，即应当至少列报三期资产负债表、两期其他各报表（利润表、现金流量表和所有者权益变动表）及相关附注。其中，列报的三期资产负债表分别指当期期末的资产负债表、上期期末（即当期期初）的资产负债表和上期期初的资产负债表。

在财务报表项目的列报确需发生变更的情况下，应当至少对可比期间的数据按照当期的列报要求进行调整，并在附注中披露调整的原因和性质，以及调整的各项目金额。但是，在某些情况下，对可比期间比较数据进行调整是不切实可行的，则应当在附注中披露不能调整的原因，以及假设金额重新分类可能进行的调整的性质。关于企业变更会计政策或更正差错时要求的对比较信息的调整，还应遵循《企业会计准则第 28 号——会计政策、会计估计变更和差错更正》。

#### （八）财务报表表首的列报要求

财务报表通常与其他信息（如企业年度报告等）一起公布，企业应当将按照企业会计准则编制的财务报告与一起公布的同一文件中的其他信息相区分。

财务报表一般分为表首、正表两部分。其中，企业应当在表首部分概括地说明下列基本信息：

（1）编报企业的名称，如企业名称在所属当期发生了变更的，还应明确标明。

（2）对资产负债表而言，应当披露资产负债表日，对利润表、现金流量表、所有者权益变动表而言，应当披露报表涵盖的会计期间。

（3）货币名称和单位。按照我国企业会计准则的规定，企业应当以人民币作为记账本位币列报，并标明金额单位，如人民币元、人民币万元等。

（4）财务报表是合并财务报表的，应当予以标明。

#### （九）报告期间

企业至少应当按年编制财务报表。根据《中华人民共和国会计法》的规定，会计年度自公历 1 月 1 日起至 12 月 31 日止。因此，在编制年度财务报表时，可能存在年度财务报表涵盖的期间短于一年的情况，比如企业在年度中间（如 3 月 1 日）开始设立等。在这种情况下，企业应当披露年度财务报表的实际涵盖期间及短于一年的原因，并说明由此引起财务报表项目与比较数据不具可比性这一事实。

从财务会计的边界审视财务报告的未来发展

## 第二节　资产负债表

### 一、资产负债表的内容及结构

资产负债表是根据“资产 = 负债 + 所有者权益”这一会计恒等式，按照一定的分类标准和次序，把企业特定日期的资产、负债、所有者权益三项要素的所属项目进行适当排列编制而成的报表。

### (一)资产负债表的内容

资产负债表还可以称为平衡表、财务状况表、财务情况表等，反映了企业在某一特定日期的财务状况。财务状况，是指企业在某一时点资产、负债、所有者权益的构成及其相互关系，即资源结构（资产的类别和数额）和财务结构（负债和所有者权益的主要类别和数额）的状况。具体来说，资产负债表可以提供某一日期资产的总额及其结构，表明企业拥有或控制的资源及其分布情况，使用者可以一目了然地从资产负债表上了解企业在某一特定日期所拥有的资产总量及其结构；可以提供某一日期的负债总额及其结构，表明企业未来需要用多少资产或劳务清偿债务以及清偿时间；可以反映所有者所拥有的权益，据以判断资本保值、增值的情况以及对负债的保障程度。此外，资产负债表还可以提供进行财务分析的基本资料，反映出企业的变现能力、偿债能力和资金周转能力，从而有助于报表使用者作出经济决策。

### (二)资产负债表的结构

在我国，资产负债表采用账户式结构，报表分为左右两方，左方列示资产各项目，反映全部资产的分布及存在形态；右方列示负债和所有者权益各项目，反映全部负债和所有者权益的内容及构成情况。资产负债表左右双方平衡，资产总计等于负债和所有者权益总计，即“资产 = 负债 + 所有者权益”。此外，为了呈现不同时点资产负债表的数据，资产负债表还按“期末余额”和“上年年末余额”两栏分别填列。资产负债表的具体格式如表17–1所示。

**表 17–1 资产负债表**

编制单位： 年 月 日 单位：元

| 资产 | 期末余额 | 上年年末余额 | 负债和所有者权益（或股东权益） | 期末余额 | 上年年末余额 |
|---|---|---|---|---|---|
| 流动资产： | | | 流动负债： | | |
| 货币资金 | | | 短期借款 | | |
| 交易性金融资产 | | | 交易性金融负债 | | |
| 衍生金融资产 | | | 衍生金融负债 | | |
| 应收票据 | | | 应付票据 | | |
| 应收账款 | | | 应付账款 | | |
| 应收款项融资 | | | 预收款项 | | |
| 预付款项 | | | 合同负债 | | |
| 其他应收款 | | | 应付职工薪酬 | | |
| 存货 | | | 应交税费 | | |
| 合同资产 | | | 其他应付款 | | |
| 持有待售资产 | | | 持有待售负债 | | |
| 一年内到期的非流动资产 | | | 一年内到期的非流动负债 | | |

续表

| 资产 | 期末余额 | 上年年末余额 | 负债和所有者权益（或股东权益） | 期末余额 | 上年年末余额 |
|---|---|---|---|---|---|
| 其他流动资产 | | | 其他流动负债 | | |
| 流动资产合计 | | | 流动负债合计 | | |
| 非流动资产： | | | 非流动负债： | | |
| 债权投资 | | | 长期借款 | | |
| 其他债权投资 | | | 应付债券 | | |
| 长期应收款 | | | 其中：优先股 | | |
| 长期股权投资 | | | 永续债 | | |
| 其他权益工具投资 | | | 租赁负债 | | |
| 其他非流动金融资产 | | | 长期应付款 | | |
| 投资性房地产 | | | 预计负债 | | |
| 固定资产 | | | 递延收益 | | |
| 在建工程 | | | 递延所得税负债 | | |
| 生产性生物资产 | | | 其他非流动负债 | | |
| 油气资产 | | | 非流动负债合计 | | |
| 使用权资产 | | | 负债合计 | | |
| 无形资产 | | | 所有者权益（或股东权益）： | | |
| 开发支出 | | | 实收资本（或股本） | | |
| 商誉 | | | 其他权益工具 | | |
| 长期待摊费用 | | | 其中：优先股 | | |
| 递延所得税资产 | | | 永续债 | | |
| 其他非流动资产 | | | 资本公积 | | |
| 非流动资产合计 | | | 减：库存股 | | |
| | | | 其他综合收益 | | |
| | | | 专项储备 | | |
| | | | 盈余公积 | | |
| | | | 未分配利润 | | |
| | | | 所有者权益（或股东权益）合计 | | |
| 资产总计 | | | 负债和所有者权益（或股东权益）总计 | | |

## 二、资产、负债和所有者权益的分类及列报

资产负债表格式的说明

资产负债表分类的目的

根据财务报表列报准则的规定，资产负债表上资产和负债应当按照流动性分别列示为流动资产和非流动资产、流动负债和非流动负债。流动性，通常按资产的变现或耗用时间长短或者负债的偿还时间长短来确定。

对于一般企业（如工商企业）而言，通常在明显可识别的营业周期内销售产品或提供服务，应当将资产和负债分别分为流动资产和非流动资产、流动负债和非流动负债列示，有助于反映本营业周期内预期能实现的资产和应偿还的负债。但是，对于银行、证券、保险等金融企业而言，有些资产或负债无法严格区分为流动资产和非流动资产或流动负债和非流动负债，而大体按照流动性顺序列示往往能够提供可靠且更相关的信息。

### （一）资产的流动性划分

资产满足下列条件之一的，应当归类为流动资产：

(1) 预计在一个正常营业周期中变现、出售或耗用，主要包括存货、应收票据、应收账款等资产。需要指出的是，变现一般针对应收票据、应收账款等而言，指将资产变为现金；出售一般针对产品等存货而言；耗用一般指将存货（如原材料）转变成另一种形态（如产成品）。

(2) 主要为交易目的而持有，比如交易性金融资产。但是，并非所有交易性金融资产均为流动资产，比如自资产负债表日起超过 12 个月到期且预期持有超过 12 个月的衍生工具应当划分为非流动资产或非流动负债。

(3) 预计在资产负债表日起一年内（含一年，下同）变现。

(4) 自资产负债表日起一年内，交换其他资产或清偿负债的能力不受限制的现金或现金等价物。

流动资产以外的资产应当归类为非流动资产。正常营业周期，是指企业从购买用于加工的资产起至实现现金或现金等价物的期间。正常营业周期通常短于一年，在一年内有几个营业周期。但是，因生产周期较长等导致正常营业周期长于一年的，尽管相关资产往往超过一年才变现、出售或耗用，仍应当划分为流动资产。当正常营业周期不能确定时，企业应当以一年（12 个月）作为正常营业周期。

### （二）负债的流动性划分

流动负债的判断标准与流动资产的判断标准相类似。负债满足下列条件之一的，应当归类为流动负债：①预计在一个正常营业周期中清偿。②主要为交易目的而持有。③自资产负债表日起一年内到期应予以清偿。④企业无权自主地将清偿推迟至资产负债表日后一年以上。但是企业正常营业周期中的经营性负债项目即使在资产负债表日后超过一年才予清偿的，仍应划分为流动负债。经营性负债项目包括应付票据及应付账款、应付职工薪酬等，这些项目属于企业正常营业周期中使用的营运资金的一部分。关于可转换工具负债成分的分类还需要注意的是，负债在其对手方选择的情况下可通过发行权益进行清偿的条款与在资产负债表日负债的流动性划分无关。

此外，企业在判断负债的流动性划分时，对于资产负债表日后事项的有关影响需要特

别加以考虑。总的判断原则是，企业在资产负债表上对债务流动和非流动的划分，应当反映在资产负债表日有效的合同安排，考虑在资产负债表日起一年内企业是否必须无条件清偿，而资产负债表日之后（即使是财务报告批准报出日前）的再融资、展期或提供宽限期等行为，与资产负债表日判断负债的流动性状况无关。具体而言：①对于在资产负债表日起一年内到期的负债，企业有意图且有能力自主地将清偿义务展期至资产负债表日后一年以上的，应当归类为非流动负债；不能自主地将清偿义务展期的，即使在资产负债表日后、财务报告批准报出日前签订了重新安排清偿计划协议，该项负债在资产负债表日仍应当归类为流动负债。②企业在资产负债表日或之前违反了长期借款协议，导致贷款人可随时要求清偿的负债，应当归类为流动负债。但是，如果贷款人在资产负债表日或之前同意提供在资产负债表日后一年以上的宽限期，在此期限内企业能够改正违约行为，且贷款人不能要求随时清偿的，在资产负债表日的此项负债并不符合流动负债的判断标准，应当归类为非流动负债。企业的其他长期负债存在类似情况的，应当比照上述规定处理。

### （三）所有者权益分类

所有者权益是指企业的投资者对企业净资产的要求权，亦称净权益。为了如实反映企业的各种净权益，有必要对它进行分类。一般地，在公司中，所有者权益的分类应有助于提供以下三方面的信息：①股东的投入资本以及享有不同权益股东的投资份额；②属于资本性质的资本公积；③可供分配股利的盈余公积。根据这三方面的信息要求，可根据所有者权益的永久性程度将其分为投入资本和留存收益两大类。

## 三、资产负债表的填列方法

### （一）资产负债表“期末余额”栏的填列方法

本表“期末余额”栏一般应根据资产、负债和所有者权益类科目的期末余额填列。

1. 根据总账科目的余额填列

（1）“其他权益工具投资”“递延所得税资产”“长期待摊费用”“短期借款”“应付票据”“持有待售负债”“交易性金融负债”“租赁负债”“递延收益”“递延所得税负债”“实收资本（或股本）”“其他权益工具”“库存股”“资本公积”“其他综合收益”“专项储备”“盈余公积”等项目，应根据有关总账科目的余额填列。

（2）自资产负债表日起一年内到期应予以清偿的租赁负债的期末账面价值，在“一年内到期的非流动负债”项目反映。

（3）长期待摊费用摊销年限（或期限）只剩一年或不足一年的，或者预计在一年内（含一年）进行摊销的部分，仍在“长期待摊费用”项目中列示，不转入“一年内到期的非流动资产”项目。

（4）“递延收益”项目中，摊销期限只剩一年或不足一年的，或预计在一年内（含一年）进行摊销的部分，不得归类为流动负债，仍在该项目中填列，不转入“一年内到期的非流动负债”项目。

（5）“货币资金”项目，须根据“库存现金”“银行存款”“其他货币资金”三个总账科目余额的合计数填列。

（6）“其他应付款”项目，须根据“其他应付款”“应付利息”“应付股利”三个总账科目余额的合计数填列。

2. 根据明细账科目的余额分析计算填列

(1) “开发支出”项目，应根据“研发支出”科目中所属的“资本化支出”明细科目期末余额填列。

(2) “应付账款”项目，应根据“应付账款”和“预付账款”科目所属的相关明细科目的期末贷方余额合计数填列。

(3) “预收款项”项目，应根据“预收账款”和“应收账款”科目所属各明细科目的期末贷方余额合计数填列。

(4) “交易性金融资产”项目，应根据“交易性金融资产”科目的明细科目期末余额分析填列，自资产负债表日起超过一年到期且预期持有超过一年的以公允价值计量且其变动计入当期损益的非流动金融资产，在“其他非流动金融资产”项目中填列。

(5) “其他债权投资”项目，应根据“其他债权投资”科目的明细科目余额分析填列，自资产负债表日起一年内到期的长期债权投资，在“一年内到期的非流动资产”项目中填列，购入的以公允价值计量且其变动计入其他综合收益的一年内到期的债权投资，在“其他流动资产”项目中填列。

(6) “应收款项融资”项目，应根据“应收票据”“应收账款”科目的明细科目期末余额分析填列，反映资产负债表日以公允价值计量且其变动计入其他综合收益的应收票据和应收账款等。这些款项不是销售或提供劳务产生的应收款，且计量模式也不是以摊余成本计量，而是以公允价值计量且其变动计入其他综合收益，其现金流模式除了收取应收款的本息之外，还有处置应收款或票据获得的现金流入。这样的融资性质应收款项，常常指在保理融资业务中取得的融资方应收款或应收票据，该款项在无法收回时，可以进行处置获取现金流入。

(7) “应交税费”项目，应根据“应交税费”科目的明细科目期末余额分析填列，其中的借方余额，应当根据其流动性在“其他流动资产”或“其他非流动资产”项目中填列。

(8) “一年内到期的非流动资产”“一年内到期的非流动负债”项目，应根据有关非流动资产或负债项目的明细科目余额分析填列。

(9) “应付职工薪酬”项目，应根据“应付职工薪酬”科目的明细科目期末余额分析填列。

(10) “预计负债”项目，应根据“预计负债”科目的明细科目期末余额分析填列。

(11) “未分配利润”项目，应根据“利润分配”科目中所属的“未分配利润”明细科目期末余额填列。

3. 根据总账科目和明细账科目的余额分析计算填列

(1) “长期借款”“应付债券”项目，应分别根据“长期借款”“应付债券”总账科目余额扣除“长期借款”“应付债券”科目所属的明细科目中将在资产负债表日起一年内到期，且企业不能自主地将清偿义务展期的部分后的金额计算填列。

(2) “其他流动资产”“其他流动负债”项目，应根据有关总账科目及有关科目的明细科目期末余额分析填列。

(3) “其他非流动负债”项目，应根据有关科目的期末余额减去将于一年内（含一年）

到期偿还数后的金额填列。

4. 根据有关科目余额减去其备抵科目余额后的净额填列

（1）“持有待售资产”“长期股权投资”“商誉”项目，应根据相关科目的期末余额填列，已计提减值准备的，还应扣减相应的减值准备。

（2）“在建工程”项目，应根据“在建工程”和“工程物资”科目的期末余额，扣减“在建工程减值准备”和“工程物资减值准备”科目的期末余额后的金额填列。

（3）“固定资产”项目，应根据“固定资产”和“固定资产清理”科目的期末余额，减去“累计折旧”和“固定资产减值准备”科目的期末余额后的金额填列。

（4）“无形资产”“投资性房地产”“生产性生物资产”“油气资产”项目，应根据相关科目的期末余额扣减相关的累计折旧（或摊销、折耗）填列，已计提减值准备的，还应扣减相应的减值准备，折旧（或摊销、折耗）年限（或期限）只剩一年或不足一年的，或者预计在一年内（含一年）进行折旧（或摊销、折耗）的部分，仍在上述项目中列示，不转入“一年内到期的非流动资产”项目，采用公允价值计量的上述资产，应根据相关科目的期末余额填列。

（5）“长期应收款”项目，应根据“长期应收款”科目的期末余额，减去相应的“未实现融资收益”科目和“坏账准备”科目所属相关明细科目期末余额后的金额填列。

（6）“使用权资产”项目，应根据“使用权资产”科目的期末余额，减去“使用权资产累计折旧”和“使用权资产减值准备”科目的期末余额后的金额填列。

（7）“长期应付款”项目，应根据“专项应付款”和“长期应付款”科目的期末余额，减去相应的“未确认融资费用”科目期末余额后的金额填列。

5. 综合运用上述填列方法分析填列

（1）“应收票据”项目，应根据“应收票据”科目的期末余额，减去“坏账准备”科目中相关坏账准备期末余额后的金额分析填列。

（2）“应收账款”项目，应根据“应收账款”科目的期末余额，减去“坏账准备”科目中相关坏账准备期末余额后的金额分析填列。

（3）“其他应收款”项目，应根据“其他应收款”“应收利息”“应收股利”科目的期末余额合计数，减去“坏账准备”科目中有关坏账准备期末余额后的金额填列。

（4）“预付款项”项目，应根据“预付账款”和“应付账款”科目所属各明细科目的期末借方余额合计数，减去“坏账准备”科目中相关坏账准备期末余额后的金额填列。

（5）“债权投资”项目，应根据“债权投资”科目的相关明细科目的期末余额，减去“债权投资减值准备”科目中相关减值准备的期末余额后的金额分析填列，自资产负债表日起一年内到期的长期债权投资，在“一年内到期的非流动资产”项目中填列，购入的以摊余成本计量的一年内到期的债权投资，在“其他流动资产”项目中填列。

（6）“合同资产”和“合同负债”项目，应根据“合同资产”科目和“合同负债”科目的明细科目期末余额分析填列，同一合同下的合同资产和合同负债应当以净额列示。其中净额为借方余额的，应当根据其流动性在“合同资产”或“其他非流动资产”项目中填列，已计提减值准备的，还应减去“合同资产减值准备”科目中相应的期末余额后的金额填列；其中净额为贷方余额的，应当根据其流动性在“合同负债”或“其他非流动负债”项目中填列。

（7）“存货”项目，应根据“材料采购”“原材料”“发出商品”“库存商品”“周转材料”“委托加工物资”“生产成本”“受托代销商品”等科目的期末余额及“合同履约成本”科目的明细科目中初始确认时摊销期限不超过一年或一个正常营业周期的期末余额合计，减去“受托代销商品款”“存货跌价准备”科目期末余额及“合同履约成本减值准备”科目中相应的期末余额后的金额填列。材料采用计划成本核算，以及库存商品采用计划成本核算或售价核算的企业，还应按加或减材料成本差异、商品进销差价后的金额填列。

(8)“其他非流动资产”项目，应根据有关科目的期末余额减去将于一年内(含一年)收回数后的金额，及“合同取得成本”科目和“合同履约成本”科目的明细科目中初始确认时摊销期限在一年或一个正常营业周期以上的期末余额，减去“合同取得成本减值准备”科目和“合同履约成本减值准备”科目中相应的期末余额填列。

### (二)资产负债表“上年年末余额”栏的填列方法

本表中的“上年年末余额”栏通常根据上年年末有关项目的期末余额填列，且与上年年末资产负债表“期末余额”栏相一致。如果企业发生了会计政策变更、前期差错更正，应当对“上年年末余额”栏中的有关项目进行相应调整。如果企业上年度资产负债表规定的项目名称和内容与本年度不一致，应当对上年年末资产负债表相关项目的名称和金额按照本年度的规定进行调整，填入“上年年末余额”栏。

## 四、资产负债表编制示例

**【例 17-1】** 囊萤股份有限公司 2×18 年 12 月 31 日的资产负债表及 2×19 年的科目余额表分别见表 17-2 和表 17-3。假设囊萤股份有限公司 2×19 年度的资产和负债项目的账面价值均等于其计税基础，适用的所得税税率为 25%。

**表 17-2 囊萤公司 2×18 年资产负债表**

编制单位：囊萤公司　　　　2×18 年 12 月 31 日　　　　单位：元

| 资产 | 期末余额 | 年初余额 | 负债和所有者权益(或股东权益) | 期末余额 | 年初余额 |
|---|---|---|---|---|---|
| 流动资产： | | | 流动负债： | | |
| 货币资金 | 14 063 000 | | 短期借款 | 3 000 000 | |
| 交易性金融资产 | 150 000 | | 交易性金融负债 | 0 | |
| 衍生金融资产 | 0 | | 衍生金融负债 | 0 | |
| 应收票据 | 2 460 000 | | 应付票据 | 2 000 000 | |
| 应收账款 | 2 991 000 | | 应付账款 | 9 538 000 | |
| 应收款项融资 | 0 | | 预收款项 | 0 | |
| 预付款项 | 1 000 000 | | 合同负债 | 0 | |
| 其他应收款 | 50 000 | | 应付职工薪酬 | 1 166 000 | |
| 存货 | 25 800 000 | | 应交税费 | 300 000 | |
| 合同资产 | 0 | | 其他应付款 | 510 000 | |
| 持有待售资产 | 0 | | 持有待售负债 | 0 | |

续表

| 资产 | 期末余额 | 年初余额 | 负债和所有者权益（或股东权益） | 期末余额 | 年初余额 |
|---|---|---|---|---|---|
| 一年内到期的非流动资产 | 0 | | 一年内到期的非流动负债 | 10 000 000 | |
| 其他流动资产 | 0 | | 其他流动负债 | 0 | |
| 流动资产合计 | 46 514 000 | | 流动负债合计 | 26 514 000 | |
| 非流动资产： | | | 非流动负债： | | |
| 债权投资 | 0 | | 长期借款 | 6 000 000 | |
| 其他债权投资 | 0 | | 应付债券 | 0 | |
| 长期应收款 | 0 | | 其中：优先股 | 0 | |
| 长期股权投资 | 2 500 000 | | 永续债 | 0 | |
| 其他权益工具投资 | 0 | | 租赁负债 | 0 | |
| 其他非流动金融资产 | 0 | | 长期应付款 | 0 | |
| 投资性房地产 | 0 | | 预计负债 | 0 | |
| 固定资产 | 11 000 000 | | 递延收益 | 0 | |
| 在建工程 | 15 000 000 | | 递延所得税负债 | 0 | |
| 生产性生物资产 | 0 | | 其他非流动负债 | 0 | |
| 油气资产 | 0 | | 非流动负债合计 | 6 000 000 | |
| 使用权资产 | 0 | | 负债合计 | 32 514 000 | |
| 无形资产 | 6 000 000 | | 所有者权益（或股东权益） | | |
| 开发支出 | 0 | | 实收资本（或股本） | 50 000 000 | |
| 商誉 | 0 | | 其他权益工具 | 0 | |
| 长期待摊费用 | 1 000 000 | | 其中：优先股 | 0 | |
| 递延所得税资产 | 0 | | 永续债 | 0 | |
| 其他非流动资产 | 2 000 000 | | 资本公积 | 0 | |
| 非流动资产合计 | 37 500 000 | | 减：库存股 | 0 | |
| | | | 其他综合收益 | 0 | |
| | | | 专项储备 | 0 | |
| | | | 盈余公积 | 1 000 000 | |
| | | | 未分配利润 | 500 000 | |
| | | | 所有者权益（或股东权益）合计 | 51 500 000 | |
| 资产总计 | 84 014 000 | | 负债和所有者权益（或股东权益）总计 | 84 014 000 | |

**表 17-3 囊萤公司 2×19 年科目余额表**

单位:元

| 科目名称 | 借方余额 | 科目名称 | 贷方余额 |
|---|---|---|---|
| 库存现金 | 20 000 | 短期借款 | 500 000 |
| 银行存款 | 7 809 590 | 应付票据 | 1 000 000 |
| 其他货币资金 | 73 000 | 应付账款 | 9 538 000 |
| 应收票据 | 460 000 | 其他应付款 | 500 000 |
| 应收账款 | 6 000 000 | 应付职工薪酬 | 2 866 000 |
| 坏账准备 | -18 000 | 应交税费 | 500 340 |
| 预付账款 | 1 000 000 | 应付利息 | 0 |
| 其他应收款 | 50 000 | 应付股利 | 322 158.50 |
| 材料采购 | 2 750 000 | 一年内到期的长期负债 | 0 |
| 原材料 | 450 000 | 长期借款 | 11 600 000 |
| 周转材料 | 380 500 | 股本 | 50 000 000 |
| 库存商品 | 22 124 000 | 盈余公积 | 1 349 087.50 |
| 材料成本差异 | 42 500 | 利润分配(未分配利润) | 2 156 004 |
| 长期股权投资 | 2 500 000 | | |
| 固定资产 | 24 010 000 | | |
| 累计折旧 | -1 700 000 | | |
| 固定资产减值准备 | -300 000 | | |
| 在建工程 | 5 780 000 | | |
| 工程物资 | 1 500 000 | | |
| 无形资产 | 6 000 000 | | |
| 累计摊销 | -600 000 | | |
| 其他非流动资产 | 2 000 000 | | |
| 合计 | 80 331 590 | 合计 | 80 331 590 |

根据资料,编制囊萤股份有限公司 2×19 年 12 月 31 日的资产负债表,如表 17-4 所示。

表 17-4 囊萤公司 2×19 年资产负债表

编制单位:囊萤公司　　2×19 年 12 月 31 日　　单位:元

| 资产 | 期末余额 | 年初余额 | 负债和所有者权益(或股东权益) | 期末余额 | 年初余额 |
|---|---|---|---|---|---|
| 流动资产: | | | 流动负债: | | |
| 货币资金 | 7 902 590 | 14 063 000 | 短期借款 | 500 000 | 3 000 000 |
| 交易性金融资产 | 0 | 150 000 | 交易性金融负债 | 0 | 0 |
| 衍生金融资产 | 0 | 0 | 衍生金融负债 | 0 | 0 |
| 应收票据 | 460 000 | 2 460 000 | 应付票据 | 1 000 000 | 2 000 000 |
| 应收账款 | 5 982 000 | 2 991 000 | 应付账款 | 9 538 000 | 9 538 000 |
| 应收款项融资 | 0 | 0 | 预收款项 | 0 | 0 |
| 预付款项 | 1 000 000 | 1 000 000 | 合同负债 | 0 | 0 |
| 其他应收款 | 50 000 | 50 000 | 应付职工薪酬 | 2 866 000 | 1 166 000 |
| 存货 | 25 747 000 | 25 800 000 | 应交税费 | 500 340 | 300 000 |
| 合同资产 | 0 | 0 | 其他应付款 | 822 158.50 | 510 000 |
| 持有待售资产 | 0 | 0 | 持有待售负债 | 0 | 0 |
| 一年内到期的非流动资产 | 0 | 0 | 一年内到期的非流动负债 | 0 | 10 000 000 |
| 其他流动资产 | 0 | 0 | 其他流动负债 | 0 | 0 |
| 流动资产合计 | 41 141 590 | 46 514 000 | 流动负债合计 | 15 226 498.50 | 26 514 000 |
| 非流动资产: | | | 非流动负债: | | |
| 债权投资 | 0 | 0 | 长期借款 | 11 600 000 | 6 000 000 |
| 其他债权投资 | 0 | 0 | 应付债券 | 0 | 0 |
| 长期应收款 | 0 | 0 | 其中:优先股 | 0 | 0 |
| 长期股权投资 | 2 500 000 | 2 500 000 | 永续债 | 0 | 0 |
| 其他权益工具投资 | 0 | 0 | 租赁负债 | 0 | 0 |
| 其他非流动金融资产 | 0 | 0 | 长期应付款 | 0 | 0 |
| 投资性房地产 | 0 | 0 | 预计负债 | 0 | 0 |
| 固定资产 | 22 010 000 | 11 000 000 | 递延收益 | 0 | 0 |
| 在建工程 | 7 280 000 | 15 000 000 | 递延所得税负债 | 0 | 0 |
| 生产性生物资产 | 0 | 0 | 其他非流动负债 | 0 | 0 |
| 油气资产 | 0 | 0 | 非流动负债合计 | 11 600 000 | 6 000 000 |
| 使用权资产 | 0 | 0 | 负债合计 | 26 826 498.50 | 32 514 000 |
| 无形资产 | 5 400 000 | 6 000 000 | 所有者权益(或股东权益) | | |

续表

| 资产 | 期末余额 | 年初余额 | 负债和所有者权益（或股东权益） | 期末余额 | 年初余额 |
|---|---|---|---|---|---|
| 开发支出 | 0 | 0 | 实收资本（或股本） | 50 000 000 | 50 000 000 |
| 商誉 | 0 | 0 | 其他权益工具 | 0 | 0 |
| 长期待摊费用 | 0 | 1 000 000 | 其中：优先股 | 0 | 0 |
| 递延所得税资产 | 0 | 0 | 永续债 | 0 | 0 |
| 其他非流动资产 | 2 000 000 | 2 000 000 | 资本公积 | 0 | 0 |
| 非流动资产合计 | 39 190 000 | 37 500 000 | 减：库存股 | 0 | 0 |
| | | | 其他综合收益 | 0 | 0 |
| | | | 专项储备 | 0 | 0 |
| | | | 盈余公积 | 1 349 087.50 | 1 000 000 |
| | | | 未分配利润 | 2 156 004.00 | 500 000 |
| | | | 所有者权益（或股东权益）合计 | 53 505 091.50 | 51 500 000 |
| 资产总计 | 80 331 590 | 84 014 000 | 负债和所有者权益（或股东权益）总计 | 80 331 590 | 84 014 000 |

# 第三节 利 润 表

## 一、利润表的内容及结构

### （一）利润表的内容

利润表是反映企业在一定会计期间的经营成果的报表。利润表的列报应当充分反映企业经营业绩的主要来源和构成，有助于使用者判断净利润的质量及风险，有助于使用者预测净利润的持续性，从而作出正确的决策。利润表可以反映企业一定会计期间的收入实现情况，如实现的营业收入、实现的投资收益、实现的营业外收入各有多少；可以反映一定会计期间的费用耗费情况，如耗费的营业成本、税金及附加、销售费用、管理费用、研发费用、财务费用、营业外支出各有多少；可以反映企业生产经营活动的成果，即净利润的实现情况，据以判断资本保值、增值情况等。将利润表中的信息与资产负债表中的信息相结合，可以提供进行财务分析的基本资料，如将销货成本与存货平均余额进行比较，计算出存货周转率；将净利润与资产总额进行比较，计算出资产收益率等；可以反映企业资金周转情况以及企业的盈利能力和水平，便于报表使用者判断企业未来的发展趋势，作出经济决策。

### （二）利润表的结构

常见的利润表结构主要有单步式和多步式两种。在我国，企业利润表采用的基本上是多步式结构，即通过对当期的收入、费用、支出项目按性质加以归类，按利润形成的主要环节列示一些中间性利润指标，分步计算当期净损益，便于使用者理解企业经营成果的不同来源。企业利润表对于费用列报通常应当按照功能进行分类，即分为从事经营业务发生的成本、管理费用、销售费用、研发费用和财务费用等，以有助于使用者了解费用发生的活动领域；与此同时，为了有助于报表使用者预测企业的未来现金流量，对于费用的列报还应当在附注中披露按照性质分类的补充资料，如分为耗用的原材料、职工薪酬费用、折旧费用、摊销费用等。

利润表主要反映以下几方面的内容：

（1）营业收入，由主营业务收入和其他业务收入组成。

（2）营业利润，营业收入减去营业成本（主营业务成本、其他业务成本）、税金及附加、销售费用、管理费用、研发费用、财务费用、资产减值损失、信用减值损失，加上其他收益、投资收益、净敞口套期收益、公允价值变动收益、资产处置收益，即为营业利润。

（3）利润总额，营业利润加上营业外收入，减去营业外支出，即为利润总额。

（4）净利润，利润总额减去所得税费用，即为净利润，按照经营可持续性具体分为“持续经营净利润”和“终止经营净利润”两项。

（5）其他综合收益，具体分为“不能重分类进损益的其他综合收益”和“将重分类进损益的其他综合收益”两类，并以扣除相关所得税影响后的净额列报。

（6）综合收益总额，净利润加上其他综合收益税后净额。

（7）每股收益，包括基本每股收益和稀释每股收益两项指标。

其中，其他综合收益，是指企业根据其他会计准则规定未在当期损益中确认的各项利得和损失。其他综合收益项目分为下列两类：

（1）不能重分类进损益的其他综合收益，主要包括重新计量设定受益计划变动额、权益法不能转损益的其他综合收益、其他权益工具投资公允价值变动、企业自身信用风险公允价值变动等。

（2）将重分类进损益的其他综合收益，主要包括按照权益法下可转损益的其他综合收益、其他债权投资公允价值变动、金融资产重分类计入其他综合收益的金额、其他债权投资信用减值准备、现金流量套期储备、外币财务报表折算差额、自用房地产或作为存货的房地产转换为以公允价值模式计量的投资性房地产在转换日公允价值大于账面价值部分等。

此外，为了使报表使用者通过比较不同期间利润的实现情况，判断企业经营成果的未来发展趋势，企业需要提供比较利润表，利润表还就各项目再分为“本期金额”和“上期金额”两栏分别填列。利润表具体格式见表17–5。

非常项目的列报

**表17–5 利 润 表**

编制单位：　　　　　　年　月　　　　　　单位：元

| 项目 | 本期金额 | 上期金额 |
|---|---|---|
| 一、营业收入 | | |
| 减：营业成本 | | |

续表

| 项目 | 本期金额 | 上期金额 |
|---|---|---|
| 税金及附加 | | |
| 销售费用 | | |
| 管理费用 | | |
| 研发费用 | | |
| 财务费用 | | |
| 其中:利息费用 | | |
| 利息收入 | | |
| 加:其他收益 | | |
| 投资收益(损失以"–"号填列) | | |
| 其中:对联营企业和合营企业的投资收益<br>以摊余成本计量的金融资产终止确认收益(损失以"–"号填列) | | |
| 净敞口套期收益(损失以"–"号填列) | | |
| 公允价值变动收益(损失以"–"号填列) | | |
| 信用减值损失(以"–"号填列) | | |
| 资产减值损失(以"–"号填列) | | |
| 资产处置收益(损失以"–"号填列) | | |
| 二、营业利润(损失以"–"号填列) | | |
| 加:营业外收入 | | |
| 减:营业外支出 | | |
| 三、利润总额(亏损总额以"–"号填列) | | |
| 减:所得税费用 | | |
| 四、净利润(净亏损以"–"号填列) | | |
| (一) 持续经营净利润(净亏损以"–"号填列) | | |
| (二) 终止经营净利润(净亏损以"–"号填列) | | |
| 五、其他综合收益的税后净额 | | |
| (一) 不能重分类进损益的其他综合收益 | | |
| 1. 重新计量设定受益计划变动额 | | |
| 2. 权益法下不能转损益的其他综合收益 | | |
| 3. 其他权益工具投资公允价值变动 | | |
| 4. 企业自身信用风险公允价值变动 | | |
| …… | | |

续表

| 项目 | 本期金额 | 上期金额 |
|---|---|---|
| （二）将重分类进损益的其他综合收益 | | |
| 1. 权益法下可转损益的其他综合收益 | | |
| 2. 其他债权投资公允价值变动 | | |
| 3. 金融资产重分类计入其他综合收益的金额 | | |
| 4. 其他债权投资信用减值准备 | | |
| 5. 现金流量套期储备 | | |
| 6. 外币财务报表折算差额 | | |
| …… | | |
| 六、综合收益总额 | | |
| 七、每股收益 | | |
| （一）基本每股收益 | | |
| （二）稀释每股收益 | | |

## 二、利润表的填列方法

### （一）利润表“本期金额”栏的填列方法

利润表中“本期金额”栏一般应根据损益类科目和所有者权益类有关科目的发生额填列。

(1)“营业收入”“营业成本”“税金及附加”“销售费用”“管理费用”“财务费用”“其他收益”“投资收益”“净敞口套期收益”“公允价值变动收益”“信用减值损失”“资产减值损失”“资产处置收益”“营业外收入”“营业外支出”“所得税费用”等项目，应根据有关损益类科目的发生额分析填列。

(2)“研发费用”项目，应根据“管理费用”科目下的“研发费用”明细科目的发生额，以及“管理费用”科目下的“无形资产摊销”明细科目的发生额分析填列。

(3)“利息费用”和“利息收入”项目，应根据“财务费用”科目所属的相关明细科目的发生额分析填列，且这两个项目作为“财务费用”项目的其中项以正数填列。

(4)“对联营企业和合营企业的投资收益”和“以摊余成本计量的金融资产终止确认收益”项目，应根据“投资收益”科目所属的相关明细科目的发生额分析填列。

(5)“其他综合收益的税后净额”项目及其组成部分，应根据“其他综合收益”科目及其所属明细科目的本期发生额分析填列。

(6)“营业利润”“利润总额”“净利润”“综合收益总额”项目，应根据本表中相关项目计算填列。

(7)“持续经营净利润”和“终止经营净利润”项目，应根据《企业会计准则第42号——持有待售的非流动资产、处置组和终止经营》的相关规定分别填列。

### (二) 利润表"上期金额"栏的填列方法

利润表中的"上期金额"栏应根据上年同期利润表"本期金额"栏内所列数字填列。如果上年同期利润表规定的项目名称和内容与本期不一致,应对上年同期利润表各项目的名称和金额按照本期的规定进行调整,填入"上期金额"栏。

## 三、利润表编制示例

**【例 17-2】** 囊萤股份有限公司 2×19 年度有关损益类科目本年累计发生净额如表 17-6 所示。

**表 17-6 囊萤股份有限公司 2×19 年度有关损益类科目本年累计发生净额**

单位:元

| 科目名称 | 借方发生额 | 贷方发生额 |
|---|---|---|
| 营业收入 | | 12 500 000 |
| 营业成本 | 7 500 000 | |
| 税金及附加 | 20 000 | |
| 销售费用 | 200 000 | |
| 管理费用(除研发费用外) | 1 571 000 | |
| 管理费用(研发费用) | 0 | |
| 财务费用 | 415 000 | |
| 利息费用 | 215 000 | |
| 利息收入 | | 0 |
| 其他收益 | | 0 |
| 投资收益 | | 315 000 |
| 对联营企业和合营企业的投资收益 | | 0 |
| 以摊余成本计量的金融资产终止确认收益 | | 0 |
| 净敞口套期收益 | | 0 |
| 公允价值变动收益 | 0 | |
| 信用减值损失 | 9 000 | |
| 资产减值损失 | 300 000 | |
| 资产处置收益 | | 500 000 |
| 营业外收入 | | 0 |
| 营业外支出 | 197 000 | |
| 所得税费用 | 775 750 | |

根据上述资料,编制囊萤股份有限公司 2×19 年度利润表,如表 17-7 所示。

**表 17-7 囊萤公司 2×19 年利润表**

编制单位:囊萤公司 2×19 年 单位:元

| 项目 | 本期金额 |
|---|---|
| 一、营业收入 | 12 500 000 |
| 减:营业成本 | 7 500 000 |
| 税金及附加 | 20 000 |
| 销售费用 | 200 000 |
| 管理费用 | 1 571 000 |
| 研发费用 | 0 |
| 财务费用 | 415 000 |
| 其中:利息费用 | 215 000 |
| 利息收入 | 0 |
| 加:其他收益 | 0 |
| 投资收益(损失以"–"号填列) | 315 000 |
| 其中:对联营企业和合营企业的投资收益 | 0 |
| 以摊余成本计量的金融资产终止确认收益(损失以"–"号填列) | 0 |
| 净敞口套期收益(损失以"–"号填列) | 0 |
| 公允价值变动收益(损失以"–"号填列) | 0 |
| 信用减值损失(以"–"号填列) | 9 000 |
| 资产减值损失(以"–"号填列) | 300 000 |
| 资产处置收益(损失以"–"号填列) | 500 000 |
| 二、营业利润(损失以"–"号填列) | 3 300 000 |
| 加:营业外收入 | 0 |
| 减:营业外支出 | 197 000 |
| 三、利润总额(亏损总额以"–"号填列) | 3 103 000 |
| 减:所得税费用 | 775 750 |
| 四、净利润(净亏损以"–"号填列) | 2 327 250 |
| (略) | (略) |

# 第四节 现金流量表

## 一、现金流量表的内容及结构

### （一）现金流量表的内容

现金流量表，是指反映企业在一定会计期间现金和现金等价物流入和流出的报表。从编制原则上看，现金流量表按照收付实现制原则编制，将权责发生制下的盈利信息调整为收付实现制下的现金流量信息，便于信息使用者了解企业净利润的质量。

现金流量表的编制基础应是现金和现金等价物。现金是指随时可以动用的货币资金，在现金流量表中它不仅包括企业的库存现金，也包括企业随时可以动用的存款。但是银行存款和其他货币资金中有些不能随时用于支付的存款，如不能随时支取的定期存款等，不能作为现金，应列为投资；提前通知金融企业便可支取的定期存款，则应包括在现金中。

现金等价物是一种易于转化为现金的、短期的、高流动性的投资，持有它只是为了满足其短期现金承付的需要，作为现金的替代物，而不是为了一般意义上的投资或其他目的。现金等价物一般应具备以下特征：①易于转化为已知金额的现金；②即将到期因而不存在因利率变动导致价值变动的重大风险。

一般而言，一项被视为现金等价物的投资，其持有期限较短。期限较短是指自购买日起三个月或更短的时间内到期。例如，企业购买的 3 个月到期的 3 月期债券和企业购买的 3 个月即将到期的 3 年期债券都可以看作现金等价物。但是企业 3 年前购买的，再过 3 个月即将到期的债券则不能作为现金等价物。

我国企业会计准则和企业会计制度将现金等价物定义为企业持有的期限短、流动性强、易于转化为已知金额的现金和价值变动风险较小的投资。这一定义与国际会计准则和美国的准则基本一致。

从内容上看，现金流量表被划分为经营活动、投资活动和筹资活动三个部分，每类活动又分为各具体项目，这些项目从不同角度反映企业业务活动的现金流入与流出，弥补了资产负债表和利润表提供信息的不足。通过现金流量表，报表使用者能够了解现金流量的影响因素，评价企业的支付能力、偿债能力和周转能力，预测企业未来现金流量，为其决策提供有力依据。

### （二）现金流量表的结构

在现金流量表中，现金及现金等价物被视为一个整体。企业现金形式的转换不会产生现金的流入和流出。例如，企业从银行提取现金，是企业现金存放形式的转换，并未流出企业，不构成现金流量。同样，现金与现金等价物之间的转换也不属于现金流量，例如，企业用现金购买三个月到期的国库券。根据企业业务活动的性质和现金流量的来源，现金流量表在结构上将企业一定期间产生的现金流量分为三类：经营活动产生的现金流量、投资活动产生的现金流量和筹资活动产生的现金流量。现金流量表的具体格式见表 17-8。

**表 17-8 现金流量表**

编制单位： 年 月 单位：元

| 项目 | 本期金额 | 上期金额 |
| --- | --- | --- |
| 一、经营活动产生的现金流量： | | |
| 销售商品、提供劳务收到的现金 | | |
| 收到的税费返还 | | |
| 收到其他与经营活动有关的现金 | | |
| 经营活动现金流入小计 | | |
| 购买商品、接受劳务支付的现金 | | |
| 支付给职工以及为职工支付的现金 | | |
| 支付的各项税费 | | |
| 支付其他与经营活动有关的现金 | | |
| 经营活动现金流出小计 | | |
| 经营活动产生的现金流量净额 | | |
| 二、投资活动产生的现金流量： | | |
| 收回投资收到的现金 | | |
| 取得投资收益收到的现金 | | |
| 处置固定资产、无形资产和其他长期资产收回的现金净额 | | |
| 处置子公司及其他营业单位收到的现金净额 | | |
| 收到其他与投资活动有关的现金 | | |
| 投资活动现金流入小计 | | |
| 购建固定资产、无形资产和其他长期资产支付的现金 | | |
| 投资支付的现金 | | |
| 取得子公司及其他营业单位支付的现金净额 | | |
| 支付其他与投资活动有关的现金 | | |
| 投资活动现金流出小计 | | |
| 投资活动产生的现金流量净额 | | |
| 三、筹资活动产生的现金流量： | | |
| 吸收投资收到的现金 | | |
| 取得借款收到的现金 | | |
| 收到其他与筹资活动有关的现金 | | |
| 筹资活动现金流入小计 | | |
| 偿还债务支付的现金 | | |
| 分配股利、利润或偿付利息支付的现金 | | |

续表

| 项目 | 本期金额 | 上期金额 |
|---|---|---|
| 支付其他与筹资活动有关的现金 | | |
| 筹资活动现金流出小计 | | |
| 筹资活动产生的现金流量净额 | | |
| 四、汇率变动对现金及现金等价物的影响 | | |
| 五、现金及现金等价物净增加额 | | |
| 加:期初现金及现金等价物余额 | | |
| 六、期末现金及现金等价物余额 | | |

## 二、现金流量表的填列方法

### (一) 经营活动产生的现金流量

经营活动是指企业投资活动和筹资活动以外的所有交易和事项。各类企业由于行业特点不同,对经营活动的认定存在一定差异。对于工商企业而言,经营活动主要包括销售商品、提供劳务、购买商品、接受劳务、支付职工薪酬、支付税费等。对于商业银行而言,经营活动主要包括吸收存款、发放贷款、同业存放、同业拆借等。对于保险公司而言,经营活动主要包括原保险业务和再保险业务等。对于证券公司而言,经营活动主要包括自营证券、代理承销证券、代理兑付证券、代理买卖证券等。企业实际收到的政府补助,无论是与资产相关还是与收益相关,均在"收到其他与经营活动有关的现金"项目填列。

在我国,企业经营活动产生的现金流量应当采用直接法填列。直接法,是指通过现金收入和现金支出的主要类别列示经营活动的现金流量。

1. 与经营活动相关的现金流入量

(1) 销售商品、提供劳务收到的现金,包括:

① 本期销售商品和提供劳务本期收到的现金;

② 前期销售商品和提供劳务(含应收账款和应收票据)本期收到的现金;

③ 本期预收的商品款和劳务款等;

④ 本期收回前期核销的坏账损失;

⑤ 本期发生销货退回而支付的现金(从本项目中扣除)。

(2) 收到的税费返还。

反映企业收到返还的各种税费。如收到的减免增值税退税、出口退税、减免消费税退税、减免所得税退税和收到的教育费附加返还等。

(3) 收到其他与经营活动有关的现金。

反映企业除上述各项目外,收到的其他与经营活动有关的现金流入。包括企业收到的罚款收入、属于流动资产的现金赔款收入、经营租赁的租金和押金收入、银行存款的利息收入、接受现金捐赠收入等。

2. 与经营活动相关的现金流出量

(1) 购买商品、接受劳务支付的现金，包括：

① 本期购买商品、接受劳务本期支付的现金；

② 本期支付前期购买商品、接受劳务的未付款项(含应付账款、应付票据等)；

③ 本期预付的购货款；

④ 本期发生购货退回而收到的现金(从本项目中扣除)。

(2) 支付给职工以及为职工支付的现金，不包括支付给离退休人员的工资和在建工程人员的工资。支付给离退休人员的工资在“支付其他与经营活动有关的现金”项目反映，支付给在建工程人员的工资在“购建固定资产、无形资产和其他长期资产支付的现金”项目反映。

(3) 支付的各项税费。反映企业实际支付的各种税金和支付的教育费附加、矿产资源补偿费等。包含当期支付当期的各项税费、当期支付前期的各项税费、当期预付的各项税费；不包括支付的计入固定资产价值的耕地占用税、支付的计入在建工程价值的增值税和消费税、各种税费返还。

(4) 支付其他与经营活动有关的现金。反映企业除上述各项目外，支付的其他与经营活动有关的现金流出。如罚款支出、支付的差旅费、经营租赁的租金、业务招待费、支付的保险费、支付给离退休人员的各种费用、现金捐赠支出等。

### (二) 投资活动产生的现金流量

投资活动是指企业长期资产的购建和不包括在现金等价物范围内的投资及其处置活动。长期资产是指固定资产、无形资产、在建工程、其他资产等持有期限在一年或一个营业周期以上的资产。这里所讲的投资活动，既包括实物资产投资，也包括金融资产投资。这里之所以将“包括在现金等价物范围内的投资”排除在外，是因为已经将包括在现金等价物范围内的投资视同现金。不同企业由于行业特点不同，对投资活动的认定也存在差异。例如，交易性金融资产所产生的现金流量，对于工商企业而言，属于投资活动现金流量，而对于证券公司而言，属于经营活动现金流量。

1. 与投资活动相关的现金流入量

(1) 收回投资收到的现金。反映企业出售、转让或到期收回除现金等价物以外的金融资产、长期股权投资等收到的现金。不包括债权性投资收回的利息、收回的非现金资产，以及处置子公司及其他营业单位收到的现金净额。债权性投资收回的利息，在“取得投资收益收到的现金”项目中反映。

(2) 取得投资收益收到的现金。反映企业因各种投资收到的现金股利、利润和利息等。包括在现金等价物范围的债权性投资，其利息收入在本项目反映。

(3) 处置固定资产、无形资产和其他长期资产收回的现金净额。反映企业处置固定资产、无形资产和其他长期资产而收到的现金，减去处置资产而支付的有关费用后的净额。如本项目为负数，则在“支付其他与投资活动有关的现金”项目反映。

(4) 处置子公司及其他营业单位收到的现金净额。反映企业处置子公司及其他营业单位收到的现金，减去相关处置费用、子公司及其他营业单位持有的现金及现金等价物以后的净额。如本项目为负数，则在“支付其他与投资活动有关的现金”项目反映。

(5) 收到其他与投资活动有关的现金。反映企业除上述各项目外，收到的其他与投资活动有关的现金流入。如收到购买股票和债券时，实际支付价款中包含的已宣告但尚未发放的现金股利或已到付息期但尚未领取的债券利息等。

2. 与投资活动相关的现金流出量

(1) 购建固定资产、无形资产和其他长期资产支付的现金。该项目不包括资本化的借款利息、融资租入固定资产所支付的租赁费、分期付款购建固定资产支付的款项。为购建固定资产、无形资产和其他长期资产而发生的借款利息资本化部分，在“分配股利、利润或偿付利息支付的现金”项目中反映。租入固定资产所支付的租赁费、分期付款购建固定资产支付的款项在“支付其他与筹资活动有关的现金”项目反映。

(2) 投资支付的现金。反映企业进行各种投资(除取得子公司及其他营业单位外)所支付的现金。不包括购买现金等价物支付的现金，以及购买股票和债券时，买价中所包含的已宣告但尚未发放的现金股利或已到付息期但尚未领取的利息(在投资活动中“支付其他与投资活动有关的现金”项目中反映)。

(3) 取得子公司及其他营业单位支付的现金净额。反映企业取得子公司及其他营业单位购买出价中以现金支付的部分，减去子公司及其他营业单位持有的现金及现金等价物以后的净额。如本项目为负数，则在“收到其他与投资活动有关的现金”项目反映。

(4) 支付其他与投资活动有关的现金。反映企业除上述各项目外，支付的其他与投资活动有关的现金。如购买股票和债券时，支付的买价中所包含的已宣告但尚未发放的现金股利或已到付息期但尚未领取的利息等。

### (三) 筹资活动产生的现金流量

筹资活动是指导致企业资本及债务规模和构成发生变化的活动。这里所说的资本，既包括实收资本(股本)，也包括资本溢价(股本溢价)；这里所说的债务，指对外举债，包括向银行借款、发行债券以及偿还债务等。通常情况下，应付票据、应付账款等商业应付款等属于经营活动，不属于筹资活动。

此外，对于企业日常活动之外的、不经常发生的特殊项目，如自然灾害损失、保险赔款、捐赠等，应当归并到相关类别中，并单独反映。比如，对于自然灾害损失和保险赔款，如果能够确定属于流动资产损失，应当列入经营活动产生的现金流量；如果属于固定资产损失，应当列入投资活动产生的现金流量。

1. 与筹资活动相关的现金流入量

(1) 吸收投资收到的现金。反映企业收到的投资者投入的现金。包括发行股票收到的款项净额(发行收入 - 券商直接从发行收入中扣除的发行费用)。企业发行股票时由企业直接支付的评估费、审计费、咨询费，不能从本项目中扣除，在“支付其他与筹资活动有关的现金”项目反映。

(2) 取得借款收到的现金。反映企业本期实际借入短期借款、长期借款所收到的现金，以及发行债券实际收到的款项净额(发行收入减去直接支付的佣金等发行费用后的净额)。

(3) 收到其他与筹资活动有关的现金。反映企业除上述各项目外，收到的其他与筹资活动有关的现金流入量。

2. 与筹资活动相关的现金流出量

(1) 偿还债务支付的现金。反映企业以现金偿还短期借款、长期借款和应付债券的本金。该项目仅指本金,不包括偿还的借款利息、债券利息,利息在“分配股利、利润或偿付利息支付的现金”项目反映。

(2) 分配股利、利润和偿付利息支付的现金。反映企业实际支付的现金股利、利润和支付的借款利息、债券利息等。

(3) 支付其他与筹资活动有关的现金。反映企业除上述各项目外,支付的其他与筹资活动有关的现金。如以发行股票、债券等方式筹集资金而由企业直接支付的审计、咨询等费用,融资租赁各期支付的现金,以分期付款方式购建固定资产、无形资产等各期支付的现金等。

### (四) 汇率变动对现金及现金等价物的影响

编制现金流量表时,应当将企业外币现金流量以及境外子公司的现金流量折算成记账本位币。外币现金流量以及境外子公司的现金流量,应当采用现金流量发生日的即期汇率或按照系统合理的方法确定的、与现金流量发生日即期汇率近似的汇率折算。汇率变动对现金的影响应当作为调节项目,在现金流量表中单独列报。

汇率变动对现金的影响,指企业外币现金流量及境外子公司的现金流量折算成记账本位币时,所采用的是现金流量发生日的即期汇率或按照系统合理的方法确定的、与现金流量发生日即期汇率近似的汇率,而现金流量表“现金及现金等价物净增加额”项目中外币现金净增加额是按资产负债表日的即期汇率折算的。这两者的差额即为汇率变动对现金的影响。

在编制现金流量表时,对当期发生的外币业务,也可不必逐笔计算汇率变动对现金的影响,可以通过现金流量表补充资料中“现金及现金等价物净增加额”与现金流量表中“经营活动产生的现金流量净额”“投资活动产生的现金流量净额”“筹资活动产生的现金流量净额”三项之和比较,其差额即为“汇率变动对现金及现金等价物的影响”。

### (五) 现金流量表补充资料

除现金流量表反映的信息,企业还应在附注中披露将净利润调节为经营活动现金流量、不涉及现金收支的重大投资和筹资活动、现金及现金等价物净变动情况等信息。具体格式见表 17–9。

表 17–9 现金流量表补充资料

| 补充资料 | 本期金额 | 上期金额 |
| --- | --- | --- |
| 1. 将净利润调节为经营活动现金流量: | | |
| 净利润 | | |
| 加:资产减值准备 | | |
| 信用损失准备 | | |
| 固定资产折旧、油气资产折耗、生产性生物资产折旧 | | |
| 无形资产摊销 | | |

续表

| 补充资料 | 本期金额 | 上期金额 |
|---|---|---|
| 长期待摊费用摊销 | | |
| 处置固定资产、无形资产和其他长期资产的损失(收益以“-”号填列) | | |
| 固定资产报废损失(收益以“-”号填列) | | |
| 净敞口套期损失(收益以“-”号填列) | | |
| 公允价值变动损失(收益以“-”号填列) | | |
| 财务费用(收益以“-”号填列) | | |
| 投资损失(收益以“-”号填列) | | |
| 递延所得税资产减少(增加以“-”号填列) | | |
| 递延所得税负债增加(减少以“-”号填列) | | |
| 存货的减少(增加以“-”号填列) | | |
| 经营性应收项目的减少(增加以“-”号填列) | | |
| 经营性应付项目的增加(减少以“-”号填列) | | |
| 其他 | | |
| 经营活动产生的现金流量净额 | | |
| 2. 不涉及现金收支的重大投资和筹资活动: | | |
| 债务转为资本 | | |
| 一年内到期的可转换公司债券 | | |
| 融资租入固定资产 | | |
| 3. 现金及现金等价物净变动情况: | | |
| 现金的期末余额 | | |
| 减:现金的期初余额 | | |
| 加:现金等价物的期末余额 | | |
| 减:现金等价物的期初余额 | | |
| 现金及现金等价物净增加额 | | |

1. 将净利润调节为经营活动现金流量

现金流量表采用直接法反映经营活动产生的现金流量;同时,企业还应采用间接法反映经营活动产生的现金流量。间接法,是指以本期净利润为起点,通过调整不涉及现金的收入、费用、营业外收支以及经营性应收应付等项目的增减变动,调整不属于经营活动的现金收支项目,据此计算并列报经营活动产生的现金流量的方法。在我国,现金流量表补充资料应采用间接法反映经营活动产生的现金流量情况,以对现金流量表中采用直接法反映的经营活动现金流量进行核对和补充说明。

采用间接法列报经营活动产生的现金流量时，需要对四大类项目进行调整：①实际没有支付现金的费用；②实际没有收到现金的收益；③不属于经营活动的损益；④经营性应收应付项目的增减变动。

2. 不涉及现金收支的重大投资和筹资活动

不涉及现金收支的重大投资和筹资活动，反映企业一定期间内影响资产或负债但不形成该期现金收支的所有投资和筹资活动的信息。这些投资和筹资活动虽然不涉及现金收支，但对以后各期的现金流量有重大影响。例如，企业融资租入设备，将形成的负债记入“长期应付款”账户，当期并不支付设备款及租金，但以后各期必须为此支付现金，从而在一定期间内形成了一项固定的现金支出。

企业应当在附注中披露不涉及当期现金收支但影响企业财务状况或在未来可能影响企业现金流量的重大投资和筹资活动，主要包括：①债务转为资本，反映企业本期转为资本的债务金额；②一年内到期的可转换公司债券，反映企业一年内到期的可转换公司债券的本息；③融资租入固定资产，反映企业本期融资租入的固定资产。

3. 现金及现金等价物净变动情况

企业应当在附注中披露与现金及现金等价物有关的下列信息：①现金及现金等价物的构成及在资产负债表中的相应金额；②企业持有但不能由母公司或集团内其他子公司使用的大额现金及现金等价物金额。企业持有现金及现金等价物但不能被集团使用的情形多种多样。例如，国外经营的子公司，由于受当地外汇管制或其他立法的限制，其持有的现金及现金等价物，不能由母公司或其他子公司正常使用。

## 三、现金流量表的编制方法及程序

### （一）直接法和间接法

编制现金流量表时，列报经营活动现金流量的方法有两种：一是直接法；二是间接法。在直接法下，一般是以利润表中的营业收入为起算点，调节与经营活动有关的项目的增减变动，然后计算出经营活动产生的现金流量。在间接法下，将净利润调节为经营活动现金流量，实际上就是将按权责发生制原则确定的净利润调整为现金净流入，并剔除投资活动和筹资活动对现金流量的影响。

采用直接法编报的现金流量表，便于分析企业经营活动产生的现金流量的来源和用途，预测企业现金流量的未来前景；采用间接法编报的现金流量表，便于将净利润与经营活动产生的现金流量净额进行比较，了解净利润与经营活动产生的现金流量差异的原因，从现金流量的角度分析净利润的质量。所以我国企业会计准则规定企业应当采用直接法编报现金流量表，同时要求在附注中提供以净利润为基础调节到经营活动现金流量的信息。

### （二）工作底稿法、T 形账户法和分析填列法

在具体编制现金流量表时，可以采用工作底稿法或 T 形账户法，也可以根据有关科目记录采用分析填列法。

1. 工作底稿法

采用工作底稿法编制现金流量表，是以工作底稿为手段，以利润表和资产负债表数据

为基础，对每一项目进行分析并编制调整分录，从而编制出现金流量表。在工作底稿法下，整个工作底稿纵向分成三段：第一段是资产负债表项目，其中又分为借方项目和贷方项目两部分；第二段是利润表项目；第三段是现金流量表项目。工作底稿横向分为五栏，在资产负债表部分：第一栏是项目栏，填列资产负债表各项目名称；第二栏是期初数，用来填列资产负债表项目的期初数；第三栏是调整分录的借方；第四栏是调整分录的贷方；第五栏是期末数，用来填列资产负债表项目的期末数。在利润表和现金流量表部分：第一栏也是项目栏，用来填列利润表和现金流量表项目名称；第二栏空置不填；第三栏、第四栏分别是调整分录的借方和贷方；第五栏是本期数，利润表部分这一栏数字应和本期利润表数字核对相符，现金流量表部分这一栏的数字可直接用来编制正式的现金流量表。工作底稿法的步骤是：

第一步，将资产负债表的期初数和期末数过入工作底稿的期初数栏和期末数栏。

第二步，对当期业务进行分析并编制调整分录。编制调整分录时，要以利润表项目为基础，从"营业收入"开始，结合资产负债表项目逐一进行分析。在调整分录中，有关现金和现金等价物的事项，并不直接借记或贷记现金，而是分别记入"经营活动产生的现金流量""投资活动产生的现金流量""筹资活动产生的现金流量"有关项目，借记表示现金流入，贷记表示现金流出。

第三步，将调整分录过入工作底稿中的相应部分。

第四步，核对调整分录，借方、贷方合计数均已经相等；资产负债表项目期初数加减调整分录中的借贷金额以后，也等于期末数。

第五步，根据工作底稿中的现金流量表项目部分编制正式的现金流量表。

2. T形账户法

采用T形账户法编制现金流量表，是以T形账户为手段，以资产负债表和利润表数据为基础，对每一项目进行分析并编制调整分录，从而编制现金流量表。T形账户法的程序是：

第一步，为所有的非现金项目（包括资产负债表项目和利润表项目）分别开设T形账户，并将各自的期末期初变动数过入各该账户。如果项目的期末数大于期初数，则将差额过入和项目余额相同的方向；反之，过入相反的方向。

第二步，开设一个大的"现金及现金等价物"T形账户，每边分为经营活动、投资活动和筹资活动三个部分，左边记现金流入，右边记现金流出。与其他账户一样，过入期末期初变动数。

第三步，以利润表项目为基础，结合资产负债表分析每一个非现金项目的增减变动，并据此编制调整分录。

第四步，将调整分录过入各T形账户，并进行核对，该账户借贷相抵后的余额与原先过入的期末期初变动数应当一致。

第五步，根据大的"现金及现金等价物"T形账户编制正式的现金流量表。

3. 分析填列法

分析填列法是直接根据资产负债表、利润表和有关会计科目明细账的记录，分析计算出现金流量表各项目的金额，并据以编制现金流量表的一种方法。其基本步骤如下：

(1) 准备现金流量表,列示其三个部分:经营活动产生的现金流量、投资活动产生的现金流量和筹资活动产生的现金流量。

(2) 计算会计期间内现金的净变化,就是现金流量表中的“目标”数字。

(3) 确定公司的净收益,并将其来自经营活动的净现金流量部分加以表述。

(4) 计算除现金账户以外的其他资产负债表账户余额增减数。

(5) 确定除现金账户以外账户余额变化是否同时引起现金的流入或流出。如果是,则分析现金流量是属于经营活动、投资活动还是筹资活动。

(6) 如果上述账户余额的变化并未引起现金流量的改变,则分析确定它们是由于非现金损益表项目造成的,还是投资或筹资活动的结果。如果是前者,则确定从净收益到来自经营活动净现金流量的调整额;如果是后者,则要认定与其同时发生的投资或筹资活动的组成部分。

(7) 通过上面的工作可完成现金流量表各部分的内容,然后对各部分进行小计,汇总计算现金净流量,最后核对其与现金账户余额变化数是否相符。

## 四、现金流量表编制示例

### (一) 编制基础资料

**【例 17-3】** 囊萤股份有限公司 2×19 年 12 月 31 日资产负债表有关科目的明细资料如下:

(1) 本期出售交易性金融资产,出售时点的公允价值仍然是 150 000 元,出售价格 165 000 元,形成投资收益 15 000 元。

(2) 存货中生产成本、制造费用的组成为:工资 2 850 000 元,福利费 399 000 元,折旧费 800 000 元,摊销长期待摊费用 900 000 元。

(3) 应交税费的组成:本期增值税进项税额 424 660 元,增值税销项税额 1 625 000 元,已交增值税 1 000 000 元。无其他应交税费。

(4) 应付职工薪酬的组成:应付工资期初和期末都是 1 000 000 元,应付福利费期初 100 000 元,期末 800 000 元,其他明细项目期初合计 66 000 元,期末合计 1 066 000 元。应付职工薪酬、应付福利费的期初数中无应付在建工程人员的部分,本期支付在建工程人员工资 2 000 000 元。应付福利费的期末数中应付在建工程人员的部分为 280 000 元。其他明细项目数变动额由在建工程负担的部分为 1 000 000 元。

(5) 应付利息本期计提利息 115 000 元,支付利息 125 000 元。

(6) 本期用现金购买固定资产 1 010 000 元,购买工程物资 1 500 000 元。购买工程物资的款项 1 500 000 元增加了公司的长期借款。

(7) 本期用现金偿还短期借款 2 500 000 元,偿还一年内到期的长期借款 10 000 000 元,借入长期借款 4 000 000 元。长期借款本期增加额为 5 600 000 元,其余部分有 1 500 000 元来自工程物资采购,有 100 000 元是计入财务费用的利息。

(8) 应收账款科目的期初余额为 3 000 000 元,期末余额为 6 000 000 元,坏账准备科目的期初余额为 9 000 元,期末余额为 18 000 元。

(9) 固定资产原价年初数为 15 000 000 元,累计折旧 4 000 000 元,减值准备为 0;年末原价 24 010 000 元，累计折旧 1 700 000 元，减值准备为 300 000 元。

(10) 应付利息科目期初贷方余额为 10 000 元，期末贷方余额为 0，应付股利科目期初贷方余额为 0，期末贷方余额为 322 158.50 元。

(11) 本期提取盈余公积 349 087.50 元。

囊萤股份有限公司 2×19 年利润表有关科目的明细资料如下：

(1) 管理费用的组成：工资 150 000 元，福利费 21 000 元，无形资产摊销 600 000 元，摊销长期待摊费用 100 000 元，折旧费 200 000 元，支付其他费用 500 000 元。

(2) 财务费用的组成：计提借款利息 215 000 元(包括本期短期借款增加的应付利息 115 000 元、长期借款增加的利息 100 000 元)，支付应收票据贴现利息 200 000 元。

(3) 信用减值损失的组成：坏账准备 9 000 元。资产减值损失的组成：固定资产减值准备 300 000 元。

(4) 投资收益的组成：收到股利 300 000 元，出售交易性金融资产形成的投资收益 15 000 元。

(5) 资产处置损益的组成：处置固定资产净收益 500 000 元(所处置固定资产的原价为 4 000 000 元，累计折旧为 1 500 000 元，收到处置收入 3 000 000 元)，不考虑与固定资产处置有关的税费。

(6) 营业外支出的组成：报废固定资产净损失 197 000 元(所报废的固定资产原价为 2 000 000 元，累计折旧 1 800 000 元，支付清理费用 5 000 元，收到残值收入 8 000 元)。

### (二) 按直接法计算经营活动现金流量

按直接法计算囊萤股份有限公司经营活动现金流量的过程如下：

(1) 销售商品、提供劳务收到的现金 = 营业收入 + 应交税费(应交增值税——销项税额)+(应收账款期初余额 − 应收账款期末余额)+(应收票据期初余额 − 应收票据期末余额)+(合同资产期初余额 − 合同资产期末余额)− 当期计提的坏账准备 − 票据贴现的利息 = 12 500 000+1 625 000+(2 991 000−5 982 000)+(2 460 000−460 000)+(0−0)−9 000−200 000=12 925 000(元)

(2) 购买商品、接受劳务支付的现金 = 营业成本 + 应交税费(应交增值税——进项税额)+(应付账款期初余额 − 应付账款期末余额)+(应付票据期初余额 − 应付票据期末余额)+(预付账款期末余额 − 预付账款期初余额)+(合同负债期末余额 − 合同负债期初余额)−(存货期初余额 − 存货期末余额)− 当期列入生产成本、制造费用的应付职工薪酬 − 当期列入生产成本、制造费用的折旧费用和长期待摊费用的摊销部分 =7 500 000+424 660+(9 538 000−9 538 000)+(2 000 000−1 000 000)+(1 000 000−1 000 000)+(0−0)−(25 800 000−25 747 000)−2 850 000−399 000−800 000−900 000=3 922 660(元)

(3) 支付给职工及为职工支付的现金 = 生产成本、制造费用、管理费用中应付职工薪酬 +(应付职工薪酬期初余额 − 应付职工薪酬期末余额)−[应付职工薪酬(在建工程)期初余额 − 应付职工薪酬(在建工程)期末余额]=2 850 000+399 000+150 000+21 000+(1 166 000−2 866 000)−[(0−280 000)+(66 000−1 066 000)]=3 000 000(元)

(4) 支付的各项税费 = 所得税费用 + 税金及附加 + 应交税费(应交增值税——已交税金)=775 750+20 000+1 000 000=1 795 750(元)

(5) 支付其他与经营活动有关的现金 = 销售费用 + 其他管理费用 =200 000+500 000=700 000(元)

根据上述结果,该公司经营活动现金流量直接法表述如表 17-10 所示。

表 17-10 囊萤股份有限公司经营活动现金流量直接法

编制单位:囊萤股份有限公司 2×19 年 单位:元

| 项目 | 本期金额 |
|---|---|
| 一、经营活动产生的现金流量: | |
| 销售商品、提供劳务收到的现金 | 12 925 000 |
| 收到的税费返还 | 0 |
| 收到其他与经营活动有关的现金 | 0 |
| 经营活动现金流入小计 | 12 925 000 |
| 购买商品、接受劳务支付的现金 | 3 922 660 |
| 支付给职工以及为职工支付的现金 | 3 000 000 |
| 支付的各项税费 | 1 795 750 |
| 支付其他与经营活动有关的现金 | 700 000 |
| 经营活动现金流出小计 | 9 418 410 |
| 经营活动产生的现金流量净额 | 3 506 590 |

### (三) 按间接法计算囊萤股份有限公司经营活动现金流量

间接法计算的经营活动现金流量的调整过程如下:

(1) 计提的资产减值准备 =300 000(元)

(2) 计提的信用减值准备 =9 000(元)

(3) 固定资产折旧 =200 000+800 000=1 000 000(元)

(4) 无形资产摊销 =600 000(元)

(5) 长期待摊费用减少 =(1 000 000-0)=1 000 000(元)

(6) 处置固定资产、无形资产和其他长期资产的损失(减:收益)=-500 000(元)

(7) 固定资产报废损失 =197 000(元)

(8) 财务费用 =415 000-200 000=215 000(元)

(9) 投资损失(减:收益)=-315 000(元)

(10) 存货的减少 =25 800 000-25 747 000=53 000(元)

(11) 经营性应收项目的减少 = 应收票据减少额 + 应收账款原值总额减少额 + 其他应收款(除应收利息、应收股利外)减少额 + 预付账款减少额 + 合同资产减少额 =(2 460 000-460 000)+(3 000 000-6 000 000)+(50 000-50 000)+(1 000 000-1 000 000)+(0-0)=-1 000 000(元)

(12) 经营性应付项目的增加 = 应付票据增加额 + 应付账款增加额 + 合同负债增

加额＋预收账款增加额＋其他应付款(除应付利息、应付股利外)增加额＋应付职工薪酬中工资部分的增加额＋应付职工薪酬中福利费的增加额＋应交税费的增加额＋应付职工薪酬中其他明细的增加额＝(1 000 000－2 000 000)＋(9 538 000－9 538 000)＋(0－0)＋(1 000 000－1 000 000)＋［(822 158.50－0－322 158.50)－(510 000－10 000)］＋［(800 000－280 000)－100 000］＋(500 340－300 000)＋［(1 066 000－1 000 000)－66 000］＝－379 660(元)

经营活动现金净流量＝本期净利润＋不减少现金的费用项目＋与经营活动有关的非现金流动资产的减少及流动负债的增加＋列于损益表但属于投资活动与筹资活动的费用及损失项目－不增加现金的收入－与经营活动有关的非现金流动资产的增加及流动负债的减少－列于损益表但属于投资活动与筹资活动的收益项目

根据上述计算，该公司经营活动产生的现金流量间接法表述如表 17-11 所示。

**表 17-11 囊萤股份有限公司经营活动现金流量间接法**

编制单位：囊萤股份有限公司 2×19 年 单位：元

| 补充资料 | 本期金额 |
|---|---|
| 净利润 | 2 327 250 |
| 加：资产减值准备 | 300 000 |
| 信用损失准备 | 9 000 |
| 固定资产折旧、油气资产折耗、生产性生物资产折旧 | 1 000 000 |
| 无形资产摊销 | 600 000 |
| 长期待摊费用摊销 | 1 000 000 |
| 处置固定资产、无形资产和其他长期资产的损失(收益以“－”号填列) | –500 000 |
| 固定资产报废损失(收益以“－”号填列) | 197 000 |
| 净敞口套期损失(收益以“－”号填列) | 0 |
| 公允价值变动损失(收益以“－”号填列) | 0 |
| 财务费用(收益以“－”号填列) | 215 000 |
| 投资损失(收益以“－”号填列) | –315 000 |
| 递延所得税资产减少(增加以“－”号填列) | 0 |
| 递延所得税负债增加(减少以“－”号填列) | 0 |
| 存货的减少(增加以“－”号填列) | 53 000 |
| 经营性应收项目的减少(增加以“－”号填列) | –1 000 000 |
| 经营性应付项目的增加(减少以“－”号填列) | –379 660 |
| 其他 | 0 |
| 经营活动产生的现金流量净额 | 3 506 590 |

### （四）工作底稿法

按工作底稿法编制囊萤股份有限公司正式现金流量表如下：

第一步，将资产负债表的期初数和期末数过入工作底稿的期初数栏和期末数栏。

第二步，编制调整分录。

（1）分析调整营业收入。

借：经营活动产生的现金流量——销售商品收到的现金 11 890 000
　应收账款 3 000 000
　贷：营业收入 12 500 000
　　应收票据 2 000 000
　　应交税费 390 000

增值税销项税额增加的经营活动现金流入是 1 625 000 元。其中，本期增加的应收账款带来的增值税是 390 000 元 =3 000 000×13%，其余部分是 1 235 000 元。

（2）分析调整营业成本。

借：营业成本 7 500 000
　应付票据 1 000 000
　贷：经营活动产生的现金流量——购买商品支付的现金 8 447 000
　　存货 53 000

（3）计算销售费用付现。

借：销售费用 200 000
　贷：经营活动产生的现金流量——支付其他与经营活动有关的现金 200 000

（4）调整本年税金及附加。

借：税金及附加 20 000
　贷：经营活动产生的现金流量——支付的各项税费 20 000

（5）调整管理费用。

借：管理费用 1 571 000
　贷：经营活动产生的现金流量——支付其他与经营活动有关的现金 1 571 000

（6）分析调整财务费用。

借：财务费用 415 000
　贷：经营活动产生的现金流量——销售商品收到的现金 200 000
　　应付利息 115 000
　　长期借款 100 000

（7）分析调整投资收益。

借：投资活动产生的现金流量——取得投资收益所收到的现金 300 000
　投资活动产生的现金流量——收回投资所收到的现金 165 000
　贷：投资收益 315 000

交易性金融资产 150 000

确认的投资收益中15 000元是由于处置交易性金融资产产生的损益，300 000元属于收到现金股利确认的投资收益。

(8) 分析调整所得税。

借：所得税费用 775 750

贷：应交税费 775 750

(9) 分析调整资产处置损益。

借：投资活动产生的现金流量——处置固定资产收到的现金 3 000 000

累计折旧 1 500 000

贷：资产处置损益 500 000

固定资产 4 000 000

(10) 分析调整营业外支出。

借：营业外支出 197 000

投资活动产生的现金流量——处置固定资产收到的现金 3 000

累计折旧 1 800 000

贷：固定资产 2 000 000

(11) 调整资产减值损失和信用减值损失。

借：资产减值损失 300 000

信用减值损失 9 000

贷：经营活动产生的现金流量——支付其他与经营活动有关的现金 9 000

投资活动产生的现金流量——构建固定资产支付的现金 300 000

(12) 调整坏账准备、固定资产减值准备。

借：经营活动产生的现金流量——支付其他与经营活动有关的现金 9 000

投资活动产生的现金流量——构建固定资产支付的现金 300 000

贷：坏账准备 9 000

固定资产减值准备 300 000

(13) 分析调整长期待摊费用。

借：经营活动产生的现金流量——支付其他与经营活动有关的现金 100 000

经营活动产生的现金流量——购买商品支付的现金 900 000

贷：长期待摊费用 1 000 000

(14) 分析调整固定资产。

借：固定资产 15 010 000

贷：投资活动产生的现金流量——购建固定资产支付的现金 1 010 000

在建工程 14 000 000

15 010 000=24 010 000-(15 000 000-2 000 000-4 000 000)

(15) 分析调整累计折旧。

借:经营活动产生的现金流量——支付其他与经营活动有关的现金 200 000

经营活动产生的现金流量——购买商品支付的现金 800 000

贷:累计折旧 1 000 000

(16) 分析调整在建工程。

借:在建工程 6 280 000

贷:投资活动产生的现金流量——购建固定资产支付的现金 3 500 000

长期借款 1 500 000

应付职工薪酬 1 280 000

6 280 000=7 280 000-(15 000 000-14 000 000)

1 280 000=1 000 000(其他明细)+280 000(福利费)

(17) 分析调整无形资产。

借:经营活动产生的现金流量——支付其他与经营活动有关的现金 600 000

贷:无形资产 600 000

(18) 分析调整短期借款。

借:短期借款 2 500 000

贷:筹资活动产生的现金流量——偿还债务所支付的现金 2 500 000

(19) 分析调整应付职工薪酬——工资。

借:应付职工薪酬——工资 3 000 000

贷:经营活动产生的现金流量——支付给职工以及为职工支付的现金 3 000 000

借:经营活动产生的现金流量——购买商品支付的现金 2 850 000

经营活动产生的现金流量——支付其他与经营活动有关的现金 150 000

贷:应付职工薪酬——工资 3 000 000

(20) 分析调整应付职工薪酬——福利费。

借:经营活动产生的现金流量——购买商品支付的现金 399 000

经营活动产生的现金流量——支付其他与经营活动有关的现金 21 000

贷:应付职工薪酬——福利费 420 000

420 000=(800 000-280 000)-100 000

(21) 分析调整应交税费。

借:应交税费 2 200 410

贷:经营活动现金流量——支付各项税费 1 000 000

经营活动现金流量——支付各项税费 775 750

经营活动现金流量——购买商品支付的现金 424 660

借：经营活动现金流量——销售商品收到的现金　　1 235 000
　贷：应交税费　　1 235 000

(22) 分析调整其他应付款。

借：其他应付款(应付利息)　　125 000
　贷：筹资活动现金流量——分配股利、利润或偿付利息所支付的现金　　125 000

(23) 分析调整长期借款。

借：一年内到期的非流动负债(长期借款)　　10 000 000
　贷：筹资活动现金流量——偿还债务所支付的现金　　10 000 000
借：筹资活动现金流量——借款所收到的现金　　4 000 000
　贷：长期借款　　4 000 000

(24) 结转净利润。

借：净利润　　2 327 250
　贷：利润分配——未分配利润　　2 327 250

(25) 调整盈余公积及分配股利。

借：利润分配——未分配利润　　671 246
　贷：盈余公积　　349 087.50
　　其他应付款(应付股利)　　322 158.50

(26) 调整现金净变化额。

借：现金净增加额　　6 160 410
　贷：货币资金　　6 160 410

第三步，将调整分录过入工作底稿，见表 17-12。

**表 17-12　编制现金流量表工作底稿**

单位：元

| 项目 | 期初数 | 调整分录 | | 期末数(本期金额) |
|---|---|---|---|---|
| | | 借方 | 贷方 | |
| **一、利润表项目：** | | | | |
| 营业收入 | | | (1) 12 500 000 | 12 500 000 |
| 营业成本 | | (2) 7 500 000 | | 7 500 000 |
| 税金及附加 | | (4) 20 000 | | 20 000 |
| 销售费用 | | (3) 200 000 | | 200 000 |
| 管理费用 | | (5) 1 571 000 | | 1 571 000 |
| 财务费用 | | (6) 415 000 | | 415 000 |
| 投资收益 | | | (7) 315 000 | 315 000 |
| 信用减值损失 | | (11) 9 000 | | 9 000 |
| 资产减值损失 | | (11) 300 000 | | 300 000 |

续表

| 项目 | 期初数 | 调整分录 | | 期末数（本期金额） |
|---|---|---|---|---|
| | | 借方 | 贷方 | |
| 资产处置收益 | | | （9）500 000 | 500 000 |
| 营业外支出 | | （10）197 000 | | 197 000 |
| 所得税费用 | | （8）775 750 | | 775 750 |
| 净利润 | | （24）2 327 250 | | 2 327 250 |
| **二、资产负债表项目：** | | | | |
| **借方项目：** | | | | |
| 货币资金 | 14 063 000 | | （26）6 160 410 | 7 902 590 |
| 交易性金融资产 | 150 000 | | （7）150 000 | 0 |
| 应收票据 | 2 460 000 | | （1）2 000 000 | 460 000 |
| 应收账款（原） | 3 000 000 | （1）3 000 000 | | 6 000 000 |
| 预付款项 | 1 000 000 | | | 1 000 000 |
| 其他应收款 | 50 000 | | | 50 000 |
| 存货 | 25 800 000 | | （2）53 000 | 25 747 000 |
| 长期股权投资 | 2 500 000 | | | 2 500 000 |
| 固定资产（原值） | 15 000 000 | （14）15 010 000 | （9）4 000 000<br>（10）2 000 000 | 24 010 000 |
| 在建工程 | 15 000 000 | （16）6 280 000 | （14）14 000 000 | 7 280 000 |
| 无形资产 | 6 000 000 | | （17）600 000 | 5 400 000 |
| 长期待摊费用 | 1 000 000 | | （13）1 000 000 | 0 |
| 其他非流动资产 | 2 000 000 | | | 2 000 000 |
| **借方项目合计** | **88 023 000** | | | **82 349 590** |
| **贷方项目：** | | | | |
| 坏账准备 | 9 000 | | （12）9 000 | 18 000 |
| 累计折旧 | 4 000 000 | （9）1 500 000<br>（10）1 800 000 | （15）1 000 000 | 1 700 000 |
| 固定资产减值准备 | 0 | | （12）300 000 | 300 000 |
| 短期借款 | 3 000 000 | （18）2 500 000 | | 500 000 |
| 应付票据 | 2 000 000 | （2）1 000 000 | | 1 000 000 |
| 应付账款 | 9 538 000 | | 0 | 9 538 000 |

续表

| 项目 | 期初数 | 调整分录 | | 期末数（本期金额） |
|---|---|---|---|---|
| | | 借方 | 贷方 | |
| 应付职工薪酬 | 1 166 000 | （19）3 000 000 | （16）1 280 000<br>（19）3 000 000<br>（20）420 000 | 2 866 000 |
| 应交税费 | 300 000 | （21）2 200 410 | （1）390 000<br>（8）775 750<br>（21）1 235 000 | 500 340 |
| 其他应付款 | 510 000 | （22）125 000 | （6）115 000<br>（25）322 158.50 | 822 158.50 |
| 一年内到期的非流动负债 | 10 000 000 | （23）10 000 000 | | 0 |
| 长期借款 | 6 000 000 | | （6）100 000<br>（16）1 500 000<br>（23）4 000 000 | 11 600 000 |
| 实收资本（或股本） | 50 000 000 | | | 50 000 000 |
| 盈余公积 | 1 000 000 | | （25）349 087.50 | 1 349 087.50 |
| 未分配利润 | 500 000 | （25）671 246 | （24）2 327 250 | 2 156 004 |
| **贷方项目合计** | 88 023 000 | | | 82 349 590 |
| **三、现金流量表项目：** | | | | |
| （一）经营活动产生的现金流量： | | | | |
| 销售商品、提供劳务收到的现金 | | （1）11 890 000<br>（21）1 235 000 | （6）200 000 | 12 925 000 |
| 收到的税费返还 | | | | 0 |
| 收到其他与经营活动有关的现金 | | | | 0 |
| 经营活动现金流入小计 | | | | 12 925 000 |
| 购买商品、接受劳务支付的现金 | | （13）900 000<br>（15）800 000<br>（19）2 850 000<br>（20）399 000 | （2）8 447 000<br>（21）424 660 | 3 922 660 |

续表

| 项目 | 期初数 | 调整分录 | | 期末数（本期金额） |
|---|---|---|---|---|
| | | 借方 | 贷方 | |
| 支付给职工以及为职工支付的现金 | | | （19）3 000 000 | 3 000 000 |
| 支付的各项税费 | | | （4）20 000 | 1 795 750 |
| | | | （21）775 750 | |
| | | | （21）1 000 000 | |
| 支付其他与经营活动有关的现金 | | （12）9 000 | （3）200 000 | 700 000 |
| | | （13）100 000 | （5）1 571 000 | |
| | | （15）200 000 | （11）9 000 | |
| | | （17）600 000 | | |
| | | （19）150 000 | | |
| | | （20）21 000 | | |
| 经营活动现金流出小计 | | | | 9 418 410 |
| 经营活动产生的现金流量净额 | | | | 3 506 590 |
| （二）投资活动产生的现金流量： | | | | |
| 收回投资收到的现金 | | （7）165 000 | | 165 000 |
| 取得投资收益收到的现金 | | （7）300 000 | | 300 000 |
| 处置固定资产、无形资产和其他长期资产收回的现金净额 | | （9）3 000 000 | | 3 003 000 |
| | | （10）3 000 | | |
| 处置子公司及其他营业单位收到的现金净额 | | | | 0 |
| 收到其他与投资活动有关的现金 | | | | 0 |
| 投资活动现金流入小计 | | | | 3 468 000 |
| 购建固定资产、无形资产和其他长期资产支付的现金 | | （12）300 000 | （11）300 000 | 4 510 000 |
| | | | （14）1 010 000 | |
| | | | （16）3 500 000 | |
| 投资支付的现金 | | | | 0 |

续表

| 项目 | 期初数 | 调整分录 | | 期末数（本期金额） |
|---|---|---|---|---|
| | | 借方 | 贷方 | |
| 取得子公司及其他营业单位支付的现金净额 | | | | 0 |
| 支付其他与投资活动有关的现金 | | | | 0 |
| 投资活动现金流出小计 | | | | 4 510 000 |
| 投资活动产生的现金流量净额 | | | | -1 042 000 |
| （三）筹资活动产生的现金流量： | | | | |
| 吸收投资收到的现金 | | | | 0 |
| 取得借款收到的现金 | | （23）4 000 000 | | 4 000 000 |
| 收到其他与筹资活动有关的现金 | | | | 0 |
| 筹资活动现金流入小计 | | | | 4 000 000 |
| 偿还债务支付的现金 | | | （18）2 500 000 | 12 500 000 |
| | | | （23）10 000 000 | |
| 分配股利、利润或偿付利息支付的现金 | | | （22）125 000 | 125 000 |
| 支付其他与筹资活动有关的现金 | | | | 0 |
| 筹资活动现金流出小计 | | | | 12 625 000 |
| 筹资活动产生的现金流量净额 | | | | -8 625 000 |
| （四）现金及现金等价物净增加额 | | （26）6 160 410 | | -6 160 410 |
| **调整分录借贷合计** | | 93 484 066.00 | 93 484 066.00 | |

第四步，核对调整分录。

第五步，根据工作底稿编制正式的现金流量表，略。

# 第五节 所有者权益变动表

## 一、所有者权益变动表的内容及结构

### （一）所有者权益变动表的内容

所有者权益变动表是指反映构成所有者权益各组成部分当期增减变动情况的报表。所有者权益变动表应当全面反映一定时期所有者权益变动的情况，不仅包括所有者权益总量的增减变动，还包括所有者权益增减变动的重要结构性信息，让报表使用者准确理解所有者权益增减变动的根源。

在所有者权益变动表中，综合收益和与所有者（或股东）的资本交易导致的所有者权益的变动，应当分别列示。企业至少应当单独列示反映下列信息的项目：①综合收益总额；②会计政策变更和前期差错更正的累积影响金额；③所有者投入资本和向所有者分配利润等；④提取的盈余公积；⑤所有者权益各组成部分的期初和期末余额及其调节情况。

### （二）所有者权益变动表的结构

为了清楚地表明构成所有者权益的各组成部分当期的增减变动情况，所有者权益变动表应当以矩阵的形式列示：一方面，列示导致所有者权益变动的交易或事项，改变了以往仅仅按照所有者权益的各组成部分反映所有者权益变动情况，而是从所有者权益变动的来源对一定时期所有者权益变动情况进行全面反映；另一方面，按照所有者权益各组成部分（包括实收资本、资本公积、其他综合收益、盈余公积、未分配利润和库存股等）及其总额列示交易或事项对所有者权益的影响。此外，企业还需要提供比较所有者权益变动表，所有者权益变动表还就各项目再分为“本年金额”和“上年金额”两栏分别填列。所有者权益变动表的具体格式如表 17–13 所示。

## 二、所有者权益变动表的填列方法

### （一）上年金额栏的填列方法

所有者权益变动表“上年金额”栏内各项数字，应根据上年度所有者权益变动表“本年金额”栏内所列数字填列。如果上年度所有者权益变动表规定的项目的名称和内容与本年度不一致，应对上年度所有者权益变动表各项目的名称和金额按照本年度的规定进行调整，填入所有者权益变动表“上年金额”栏内。

### （二）本年金额栏的填列方法

所有者权益变动表“本年金额”栏内各项数字一般应根据“实收资本（或股本）”“其他权益工具”“资本公积”“盈余公积”“专项储备”“其他综合收益”“利润分配”“库存股”“以前年度损益调整”等科目及其明细科目的发生额分析填列。

## 三、所有者权益变动表编制示例

**【例 17–4】** 根据囊萤股份有限公司 2×19 年的资产负债表、利润表，填列所有者权益变动表。如表 17–13 所示。

**表 17-13 囊萤股份有限公司**

编制单位：囊萤股份有限公司

2×19 年

| 项目 | 本年金额 | | | | | | | | |
|---|---|---|---|---|---|---|---|---|---|
| | 实收资本（或股本） | 其他权益工具 | | | 资本公积 | 减：库存股 | 其他综合收益 | 专项储备 | 盈余公积 |
| | | 优先股 | 永续债 | 其他 | | | | | |
| 一、上年年末余额 | 50 000 000 | 0 | 0 | 0 | 0 | 0 | 0 | 0 | 1 000 000 |
| 加：会计政策变更 | | | | | | | | | |
| 前期差错更正 | | | | | | | | | |
| 其他 | | | | | | | | | |
| 二、本年年初余额 | 50 000 000 | 0 | 0 | 0 | 0 | 0 | 0 | 0 | 1 000 000 |
| 三、本年增减变动金额（减少以“-”号填列） | | | | | | | | | 349 087.50 |
| （一）综合收益总额 | | | | | | | | | |
| （二）所有者投入和减少资本 | | | | | | | | | |
| 1. 所有者投入的普通股 | | | | | | | | | |
| 2. 其他权益工具持有者投入资本 | | | | | | | | | |
| 3. 股份支付计入所有者权益的金额 | | | | | | | | | |
| 4. 其他 | | | | | | | | | |
| （三）利润分配 | | | | | | | | | 349 087.50 |
| 1. 提取盈余公积 | | | | | | | | | 349 087.50 |
| 2. 对所有者（或股东）的分配 | | | | | | | | | |
| 3. 其他 | | | | | | | | | |
| （四）所有者权益内部结转 | | | | | | | | | |
| 1. 资本公积转增资本（或股本） | | | | | | | | | |
| 2. 盈余公积转增资本（或股本） | | | | | | | | | |
| 3. 盈余公积弥补亏损 | | | | | | | | | |
| 4. 设定受益计划变动额结转留存收益 | | | | | | | | | |
| 5. 其他综合收益结转留存收益 | | | | | | | | | |
| 6. 其他 | | | | | | | | | |
| 四、本年年末余额 | 50 000 000 | 0 | 0 | 0 | 0 | 0 | 0 | 0 | 1 349 087.50 |

**2×19 年所有者权益变动表**

单位:元

| | | 上年金额 | | | | | | | | | | |
|---|---|---|---|---|---|---|---|---|---|---|---|---|
| 未分配利润 | 所有者权益合计 | 实收资本(或股本) | 其他权益工具 | | | 资本公积 | 减:库存股 | 其他综合收益 | 专项储备 | 盈余公积 | 未分配利润 | 所有者权益合计 |
| | | | 优先股 | 永续债 | 其他 | | | | | | | |
| 500 000 | 51 500 000 | | | | | | | | | | | |
| | | | | | | | | | | | | |
| | | | | | | | | | | | | |
| | | | | | | | | | | | | |
| 500 000 | 51 500 000 | | | | | | | | | | | |
| 1 656 004 | 2 005 091.50 | | | | | | | | | | | |
| 2 327 250 | 2 327 250 | | | | | | | | | | | |
| | | | | | | | | | | | | |
| | | | | | | | | | | | | |
| | | | | | | | | | | | | |
| | | | | | | | | | | | | |
| | | | | | | | | | | | | |
| –671 246 | –322 158.5 | | | | | | | | | | | |
| –349 087.50 | 0 | | | | | | | | | | | |
| –322 158.50 | –322 158.5 | | | | | | | | | | | |
| | | | | | | | | | | | | |
| | | | | | | | | | | | | |
| | | | | | | | | | | | | |
| | | | | | | | | | | | | |
| | | | | | | | | | | | | |
| | | | | | | | | | | | | |
| | | | | | | | | | | | | |
| 2 156 004 | 53 505 091.50 | | | | | | | | | | | |

# 第六节 财务报表附注披露

## 一、附注披露的总体要求

### (一) 附注概述

附注是对在资产负债表、利润表、现金流量表和所有者权益变动表等报表中列示项目的文字描述或明细资料，以及对未能在这些报表中列示项目的说明等。《企业会计准则第30号——财务报表列报》对附注的披露要求是对企业附注披露的最低要求，应当适用于所有类型的企业。企业还应当按照各项具体会计准则的规定在附注中披露相关信息。

### (二) 附注披露的总体要求

附注相关信息应当与资产负债表、利润表、现金流量表和所有者权益变动表等报表中列示的项目相互参照，以有助于使用者联系相关联的信息，并由此从整体上更好地理解财务报表。

企业在披露附注信息时，应当以定量、定性信息相结合，按照一定的结构对附注信息进行系统合理的排列和分类，以便于使用者理解和掌握。

## 二、附注的主要内容

附注应当按照如下顺序至少披露下列内容：

### (一) 企业的基本情况

(1) 企业注册地、组织形式和总部地址。

(2) 企业的业务性质和主要经营活动。

(3) 母公司以及集团最终母公司的名称。

(4) 财务报告的批准报出者和财务报告批准报出日，或者以签字人及其签字日期为准。

(5) 营业期限有限的企业，还应当披露有关其营业期限的信息。

### (二) 财务报表的编制基础

略。

### (三) 遵循企业会计准则的声明

企业应当声明编制的财务报表符合企业会计准则的要求，真实、完整地反映了企业的财务状况、经营成果和现金流量等有关信息，以此明确企业编制财务报表所依据的制度基础。

如果企业编制的财务报表只是部分地遵循了企业会计准则，附注中不得作出这种表述。

### (四) 重要会计政策和会计估计

1. 重要会计政策的说明

企业应当披露采用的重要会计政策，并结合企业的具体实际披露其重要会计政策的确定依据和财务报表项目的计量基础。其中，会计政策的确定依据主要是指企业在运用会计政策过程中所作的重要判断，这些判断对在报表中确认的项目金额具有重要影响。比如，企业如何判断与租赁资产所有权相关的几乎全部风险和报酬已转移给企业从而符合融资租赁的标准，投资性房地产的判断标准是什么等。财务报表项目的计量基础包括历史成本、重置成本、可变现净值、现值和公允价值等会计计量属性等。

2. 重要会计估计的说明

企业应当披露重要会计估计，并结合企业的具体实际披露其会计估计所采用的关键假设和不确定因素。重要会计估计的说明，包括可能导致下一个会计期间内资产、负债账面价值重大调整的会计估计的确定依据等。例如，固定资产可收回金额的计算需要根据其公允价值减去处置费用后的净额与预计未来现金流量的现值两者之间的较高者确定。在计算资产预计未来现金流量的现值时需要对未来现金流量进行预测，并选择适当的折现率，企业应当在附注中披露未来现金流量预测所采用的假设及其依据、所选择的折现率为什么是合理的等。又如，对于正在进行中的诉讼提取准备，企业应当披露最佳估计数的确定依据等。

### （五）会计政策和会计估计变更以及差错更正的说明

企业应当按照《企业会计准则第 28 号——会计政策、会计估计变更和差错更正》及其应用指南的规定，披露会计政策和会计估计变更以及差错更正的有关情况。

### （六）报表重要项目的说明

企业应当以文字和数字描述相结合，尽可能以列表形式披露重要报表项目的构成或当期增减变动情况，并且报表重要项目的明细金额合计，应当与报表项目金额相衔接。在披露顺序上，一般应当按照资产负债表、利润表、现金流量表、所有者权益变动表的顺序及报表项目列示的顺序。

### （七）其他需要说明的重要事项

这主要包括或有和承诺事项、资产负债表日后非调整事项、关联方关系及交易等。

### （八）有助于财务报表使用者评价企业管理资本的目标、政策及程序的信息

略。

## 三、分部报告

### （一）经营分部的认定

经营分部是指企业内同时满足下列条件的组成部分：

(1) 该组成部分能够在日常活动中产生收入、发生费用。

(2) 企业管理层能够定期评价该组成部分的经营成果，以决定向其配置资源、评价其业绩。

(3) 企业能够取得该组成部分的财务状况、经营成果和现金流量等有关会计信息。

企业应当以内部组织结构、管理要求、内部报告制度为依据确定经营分部。

经济特征不相似的经营分部，应当分别确定为不同的经营分部。企业存在相似经济特征的两个或多个经营分部，例如，具有相近的长期财务业绩，包括具有相近的长期平均毛利率、资金回报率、未来现金流量等，将其合并披露可能更为恰当。具有相似经济特征的两个或多个经营分部，在同时满足下列条件时，可以合并为一个经营分部：

(1) 各单项产品或劳务的性质相同或相似，包括产品或劳务的规格、型号、最终用途等。通常情况下，产品和劳务的性质相同或相似的，其风险、报酬率及其成长率可能较为接近，一般可以将其划分到同一经营分部中。对于性质完全不同的产品或劳务，不应当将其划分到同一经营分部中。

(2) 生产过程的性质相同或相似，包括采用劳动密集或资本密集方式组织生产、使用相同或相似设备和原材料、采用委托生产或加工方式等。对于其生产过程的性质相同或相似的，可以将其划分为一个经营分部，如按资本密集型和劳动密集型划分经营部门。对于资本密集型的部门而言，其占用的设备较为先进，占用的固定资产较多，相应所负担的折旧费也较多，其经营成本受资产折旧费用影响较大，受技术进步因素的影响也较大；而对于劳动密集型部门而言，其使用的劳动力较多，相对而言，劳动力的成本即人工费用的影响较大，其经营成果受人工成本的高低影响较大。

(3) 产品或劳务的客户类型相同或相似，包括大宗客户、零散客户等。对于购买产品或接受劳务的同一类型的客户，如果其销售条件基本相同，如相同或相似的销售价格、销售折扣，相同或相似的售后服务，因而具有相同或相似的风险和报酬；而不同的客户，其销售条件不尽相同，由此可能导致其具有不同的风险和报酬。

(4) 销售产品或提供劳务的方式相同或相似，包括批发、零售、自产自销、委托销售、承包等。企业销售产品或提供劳务的方式不同，其承受的风险和报酬也不相同。比如，在赊销方式下，可以扩大销售规模，但发生的收账费用较大，并且发生应收账款坏账的风险也很大；而在现销方式下，则不存在应收账款的坏账问题，不会发生收账费用，但销售规模的扩大有限。

(5) 生产产品或提供劳务受法律、行政法规的影响相同或相似，包括经营范围或交易定价机制等。企业生产产品或提供劳务总是处于一定的经济法律环境之下，其所处的环境必然对其经营活动产生影响。对在不同法律环境下生产的产品或提供的劳务进行分类，进而向会计信息使用者提供不同法律环境下产品生产或劳务提供的信息，有利于会计信息使用者对企业未来的发展走向作出判断和预测；对相同或相似法律环境下的产品生产或劳务提供进行归类，以提供其经营活动所生成的信息，同样有利于明晰地反映该类产品生产和劳务提供的会计信息。比如，商业银行、保险公司等金融企业易受特别的、严格的政策监管，在考虑该类企业确定某组成部分的产品和劳务是否相关时，应当考虑所受监管政策的影响。

### （二）报告分部的确定

1. 重要性标准的判断

企业应当以经营分部为基础确定报告分部。经营分部满足下列条件之一的，应当确定为报告分部：

(1) 该分部的分部收入占所有分部收入合计的 10% 或者以上。分部收入是指可归属于分部的对外交易收入和对其他分部的交易收入。分部收入主要由可归属于分部的对外交易收入构成，通常为营业收入。可以归属分部的收入来源于两个渠道：一是可以直接归属于分部的收入，即直接由分部的业务交易而产生；二是可以间接归属于分部的收入，即将企业交易产生的收入在相关分部之间进行分配，按属于某分部的收入金额确认为分部收入。

分部收入通常不包括下列项目:①利息收入(包括因预付或借给其他分部款项而确认的利息收入)和股利收入(采用成本法核算的长期股权投资取得的股利收入),但分部的日常活动是金融性质的除外。②资产处置净收益,如处置固定资产、无形资产等产生的净收益。③营业外收入,如捐赠利得等。④处置投资产生的净收益,但分部的日常活动是金融性质的除外。⑤采用权益法核算的长期股权投资确认的投资收益,但分部的日常活动是金融性质的除外。

(2) 该分部的分部利润(亏损)的绝对额,占所有盈利分部利润合计额或者所有亏损分部亏损合计额的绝对额两者中较大者的 10% 或者以上。分部利润(亏损),是指分部收入减去分部费用后的余额。不属于分部收入和分部费用的项目,在计算分部利润(亏损)时不得作为考虑的因素。

分部费用是指可归属于分部的对外交易费用和对其他分部的交易费用。分部费用主要由可归属于分部的对外交易费用构成,通常包括营业成本、税金及附加、销售费用等。与分部收入的确认相同,归属于分部的费用也来源于两个渠道:一是可以直接归属于分部的费用,即直接由分部的业务交易而发生;二是可以间接归属于分部的费用,即将企业交易发生的费用在相关分部之间进行分配,按属于某分部的费用金额确认为分部费用。

分部费用通常不包括下列项目:①利息费用(包括因预收或向其他分部借款而确认的利息费用),如发行债券等,但分部的日常活动是金融性质的除外。②资产处置净损失,如处置固定资产、无形资产等产生的净损失。③营业外支出,如公益性捐赠支出、非常损失、盘亏损失等。④处置投资发生的净损失,但分部的日常活动是金融性质的除外。⑤采用权益法核算的长期股权投资确认的投资损失,但分部的日常活动是金融性质的除外。⑥与企业整体相关的管理费用和其他费用。

(3) 该分部的分部资产占所有分部资产合计额的 10% 或者以上。分部资产是指分部经营活动使用的可归属于该分部的资产,不包括递延所得税资产。如果与两个或多个经营分部共用资产相关的收入和费用也分配给这些经营分部,该共用资产应分配给这些经营分部。共用资产的折旧费或摊销在计量分部经营成果时被扣减的,该资产应包括在分部资产中。企业在计量分部资产时,应当按照分部资产的账面价值进行计量,即按照扣除相关累计折旧或摊销额以及累计减值准备后的金额计量。

通常情况下,分部资产与分部利润(亏损)、分部费用等之间存在一定的对应关系,即:①如果分部利润(亏损)包括利息或股利收入,分部资产中就应当包括相应的应收账款、贷款、投资或其他金融资产。②如果分部费用包括某项固定资产的折旧费用,分部资产中就应当包括该项固定资产。③如果分部费用包括某项无形资产或商誉的摊销额或减值额,分部资产中就应当包括该项无形资产或商誉。

2. 低于 10% 的重要性标准的选择

经营分部未满足上述 10% 的重要性标准的,可以按照下列规定确定报告分部:

(1) 企业管理层认为披露该经营分部信息对会计信息使用者有用的,可以将其确定为报告分部。在这种情况下,无论该经营分部是否满足 10% 的重要性标准,企业都可以直接将其指定为报告分部。

(2) 将该经营分部与一个或一个以上的具有相似经济特征、满足经营分部合并条件的其他经营分部合并，作为一个报告分部。对经营分部 10% 的重要性测试可能会导致企业存在大量未满足 10% 数量临界线的经营分部，在这种情况下，如果企业没有直接将这些经营分部指定为报告分部，可以将具有相似经济特征、满足经营分部合并条件的一个以上的经营分部合并成一个报告分部。

(3) 不将该经营分部直接指定为报告分部，也不将该经营分部与其他未作为报告分部的经营分部合并为一个报告分部的，企业在披露分部信息时，应当将该经营分部的信息与其他组成部分的信息合并，作为其他项目单独披露。

3. 报告分部 75% 的标准

企业的经营分部达到规定的 10% 的重要性标准认定为报告分部后，确定为报告分部的经营分部的对外交易收入合计额占合并总收入或企业总收入的比重应当达到 75% 的比例。如果未达到 75% 的标准，企业应增加报告分部的数量，将其他未作为报告分部的经营分部纳入报告分部的范围，直到该比重达到 75%。此时，其他未作为报告分部的经营分部很可能未满足前述规定的 10% 的重要性标准，但为了使报告分部的对外交易收入合计额占合并总收入或企业总收入的总体比重能够达到 75% 的比例要求，也应当将其确定为报告分部。

4. 报告分部的数量

根据前述确定报告分部的原则，企业确定的报告分部数量可能超过 10 个，此时，企业提供的分部信息可能变得非常烦琐，不利于会计信息使用者理解和使用。因此，报告分部的数量通常不应当超过 10 个。如果报告分部的数量超过 10 个，企业应当考虑将具有相似经济特征、满足经营分部合并条件的报告分部进行合并，以使合并后的报告分部数量不超过 10 个。

5. 为提供可比信息确定报告分部

企业在确定报告分部时，除应当遵循相应的确定标准，还应当考虑不同会计期间分部信息的可比性和一致性。对于某一经营分部，在上期满足报告分部的确定条件从而确定为报告分部，但本期可能并不满足报告分部的确定条件。此时，如果企业认为该经营分部仍然重要，单独披露该经营分部的信息能够更有助于会计信息使用者了解企业的整体情况，则不需考虑该经营分部确定为报告分部的条件，仍应当将该经营分部确定为本期的报告分部。

对于某一经营分部，在本期满足报告分部的确定条件从而确定为报告分部，但上期可能并不满足报告分部的确定条件从而未确定为报告分部。此时，出于比较目的提供的以前会计期间的分部信息应当重述，以将该经营分部反映为一个报告分部，即使其不满足确定为报告分部的条件。如果重述所需要的信息无法获得，或者不符合成本效益原则，则不需要重述以前会计期间的分部信息。不论是否对以前期间相应的报告分部信息进行重述，企业均应当在报表附注中披露这一信息。

### （三）分部信息的披露

企业披露的分部信息，应当有助于会计信息使用者评价企业所从事经营活动的性质和财务影响以及经营所处的经济环境。企业应当以对外提供的财务报表为基础披露分部信息；对外提供合并财务报表的企业，应当以合并财务报表为基础披露分部信息。企业应当在附注中披露报告分部的下列信息：

1. 描述性信息

(1) 确定报告分部考虑的因素，通常包括企业管理层是否按照产品和服务、地理区域、监管环境差异或综合各种因素进行组织管理。

(2) 报告分部的产品和劳务的类型。

2. 与每一报告分部的利润（亏损）总额相关的信息

该信息包括利润（亏损）总额组成项目及计量的相关会计政策信息。企业管理层在计量报告分部利润（亏损）时运用了下列数据，或者未运用下列数据但定期提供给企业管理层的，应当在附注中披露每一报告分部的下列信息：

(1) 对外交易收入和分部间交易收入。

(2) 利息收入和利息费用。但是，报告分部的日常活动是金融性质的除外。报告分部的日常活动是金融性质的，可以仅披露利息收入减去利息费用后的净额，同时披露这一处理方法。

(3) 折旧费用和摊销费用，以及其他重大的非现金项目。

(4) 采用权益法核算的长期股权投资确认的投资收益。

(5) 所得税费用或所得税收益。

(6) 其他重大的收益或费用项目。

企业应当在附注中披露计量每一报告分部利润（亏损）的下列会计政策：

(1) 分部间转移价格的确定基础。

(2) 相关收入和费用分配给报告分部的基础。

(3) 确定报告分部利润（亏损）使用的计量方法发生变化的性质，以及这些变化产生的影响。

3. 与每一报告分部的资产总额、负债总额相关的信息

该信息包括资产总额组成项目的信息，以及有关资产、负债计量相关的会计政策。企业管理层在计量报告分部资产时运用了下列数据，或者未运用下列数据但定期提供给企业管理层的，应当在附注中披露每一报告分部的下列信息：

(1) 采用权益法核算的长期股权投资金额。

(2) 非流动资产（不包括金融资产、独立账户资产、递延所得税资产）金额。

报告分部的负债金额定期提供给企业管理层的，企业应当在附注中披露每一报告分部的负债金额。

分部负债，是指分部经营活动形成的可归属于该分部的负债，不包括递延所得税负债。如果与两个或多个经营分部共同承担的负债相关的费用分配给这些经营分部，该共同承担的负债也应当分配给这些经营分部。

企业应当在附注中披露将相关资产或负债分配给报告分部的基础。

4. 除上述已经作为报告分部信息组成部分的披露内容外应当披露的信息

(1) 每一产品和劳务或每一类似产品和劳务的对外交易收入。但是，披露相关信息不切实可行的除外。企业披露相关信息不切实可行的，应当披露这一事实。

(2) 企业取得的来自本国的对外交易收入总额，以及企业从其他国家取得的对外交易收入总额。但是，披露相关信息不切实可行的除外。企业披露相关信息不切实可行的，应当披露这一事实。

(3) 企业取得的位于本国的非流动资产（不包括金融资产、独立账户资产、递延所得税资产）总额，以及企业位于其他国家的非流动资产（不包括金融资产、独立账户资产、递延所得税资产）总额。但是，披露相关信息不切实可行的除外。企业披露相关信息不切实可行的，应当披露这一事实。

(4) 企业对主要客户的依赖程度。企业与某一外部客户交易收入占合并总收入或企业总收入的 10% 或以上，应当披露这一事实，以及来自该外部客户的总收入和相关报告分部的特征。

5. 报告分部信息总额与企业信息总额的衔接

报告分部收入总额应当与企业收入总额相衔接；报告分部利润（亏损）总额应当与企业利润（亏损）总额相衔接；报告分部资产总额应当与企业资产总额相衔接；报告分部负债总额应当与企业负债总额相衔接。

6. 比较信息

企业在披露分部信息时，为可比起见，应当提供前期的比较数据。对于某一经营分部，如果本期满足报告分部的确定条件确定为报告分部，即使前期没有满足报告分部的确定条件未确定为报告分部，也应当提供前期的比较数据。但是，重述信息不切实可行的除外。

企业内部组织结构改变导致报告分部组成发生变化的，应当提供前期比较数据。但是，提供比较数据不切实可行的除外。企业未提供前期比较数据的，应当在报告分部组成发生变化的当年，同时披露以新的报告分部和旧的报告分部为基础编制的分部信息。不论企业是否提供前期比较数据，均应披露这一事实。

## 四、关联方披露

### （一）关联方关系的认定

关联方关系的存在是以控制、共同控制或重大影响为前提条件的。在判断是否存在关联方关系时，应当遵循实质重于形式的原则。从一家企业的角度出发，与其存在关联方关系的各方包括：

(1) 该企业的母公司，不仅包括直接或间接地控制该企业的其他企业，也包括能够对该企业实施直接或间接控制的单位等。

① 某一家企业直接控制一家或多家企业。例如，母公司控制一家或若干家子公司，则母公司与子公司之间存在关联方关系。

② 某一家企业通过一家或若干中间企业间接控制一家或多家企业。例如，母公司通过其子公司，间接控制子公司的子公司，表明母公司与其子公司的子公司存在关联方关系。

③ 一家企业直接地和通过一家或若干中间企业间接地控制一家或多家企业。例如，母公司对某一企业的投资虽然没有达到控股的程度，但由于其子公司也拥有该企业的股份或权益，如果母公司与其子公司对该企业的投资之和达到拥有该企业的控制权，则母公

司直接和间接地控制该企业，表明母公司与该企业之间存在关联方关系。

(2) 该企业的子公司，包括直接或间接地被该企业控制的其他企业，也包括直接或间接地被该企业控制的企业、单位、基金等特殊目的实体。

(3) 与该企业受同一母公司控制的其他企业。例如，A 公司和 B 公司同受 C 公司控制，从而 A 公司和 B 公司之间构成关联方关系。

(4) 对该企业实施共同控制的投资方。这里的共同控制包括直接的共同控制和间接的共同控制。对企业实施直接或间接共同控制的投资方与该企业之间是关联方关系，但这些投资方之间并不能仅仅因为共同控制了同一家企业而视为存在关联方关系。例如，A、B、C 三家企业共同控制 D 企业，从而 A 和 D、B 和 D、C 和 D 成为关联方关系。如果不存在其他关联方关系，A 和 B、A 和 C、B 和 C 之间不构成关联方关系。

(5) 对该企业施加重大影响的投资方。这里的重大影响包括直接的重大影响和间接的重大影响。对企业实施重大影响的投资方与该企业之间是关联方关系，但这些投资方之间并不能仅仅因为对同一家企业具有重大影响而视为存在关联方关系。

(6) 该企业的合营企业。合营企业包括合营企业的子公司。合营企业是以共同控制为前提的，两方或多方共同控制某一企业时，该企业则为投资者的合营企业。例如，A、B、C、D 企业各占 F 企业有表决权资本的 25%，按照合同规定，投资各方按照出资比例控制 F 企业，由于出资比例相同，F 企业由 A、B、C、D 企业共同控制。在这种情况下，A 和 F、B 和 F、C 和 F 以及 D 和 F 之间构成关联方关系。

(7) 该企业的联营企业。联营企业包括联营企业的子公司。联营企业和重大影响是相联系的，如果投资者能对被投资企业施加重大影响，则该被投资企业应被视为投资者的联营企业。

(8) 该企业的主要投资者个人及与其关系密切的家庭成员。主要投资者个人，是指能够控制、共同控制一个企业或者对一个企业施加重大影响的个人投资者。

① 某一企业与其主要投资者个人之间的关系。例如，张三是 A 企业的主要投资者，则 A 企业与张三构成关联方关系。

② 某一企业与其主要投资者个人关系密切的家庭成员之间的关系。例如，A 企业的主要投资者张三的儿子与 A 企业构成关联方关系。

(9) 该企业或其母公司的关键管理人员及与其关系密切的家庭成员。关键管理人员，是指有权力并负责计划、指挥和控制企业活动的人员。通常情况下，企业关键管理人员负责管理企业的日常经营活动，并且负责制定经营计划、战略目标、指挥调度生产经营活动等，主要包括董事长、董事、董事会秘书、总经理、总会计师、财务总监、主管各项事务的副总经理以及行使类似决策职能的人员等。

① 某一企业与其关键管理人员之间的关系。例如，A 企业的总经理与 A 企业构成关联方关系。

② 某一企业与其关键管理人员关系密切的家庭成员之间的关系。例如，A 企业的总经理张三的儿子张小三与 A 企业构成关联方关系。

(10) 该企业主要投资者个人、关键管理人员或与其关系密切的家庭成员控制、共同控制的其他企业。与主要投资者个人、关键管理人员关系密切的家庭成员，是指在处理与企业的交易时可能影响该个人或受该个人影响的家庭成员，例如，父母、配偶、兄弟姐妹和子女等。对于这类关联方，应当根据主要投资者个人、关键管理人员或与其关系密切的家庭成员对两家企业的实际影响力具体分析判断。

① 某一企业与受该企业主要投资者个人控制、共同控制的其他企业之间的关系。例如，A 企业的主要投资者 H 拥有 B 企业 60% 的表决权资本，则 A 和 B 存在关联方关系。

② 某一企业与受该企业主要投资者个人关系密切的家庭成员控制、共同控制的其他企业之间的关系。例如，A 企业的主要投资者 Y 的妻子拥有 B 企业 60% 的表决权资本，则 A 和 B 存在关联方关系。

③ 某一企业与受该企业关键管理人员控制、共同控制的其他企业之间的关系。例如，A 企业的关键管理人员 H 控制了 B 企业，则 A 和 B 存在关联方关系。

④ 某一企业与受该企业关键管理人员关系密切的家庭成员控制、共同控制的其他企业之间的关系。例如，A 企业的财务总监 Y 的妻子是 B 企业的董事长，则 A 和 B 存在关联方关系。

(11) 该企业关键管理人员提供服务的提供方与服务接受方。提供关键管理人员服务的主体（以下简称服务提供方）向接受该服务的主体（以下简称服务接受方）提供关键管理人员服务的，服务提供方和服务接受方之间是否构成关联方关系应当具体分析判断。

① 服务接受方在编制财务报表时，应当将服务提供方作为关联方进行相关披露。服务接受方可以不披露服务提供方所支付或应支付给服务提供方有关员工的报酬，但应当披露其接受服务而应支付的金额。

② 服务提供方在编制财务报表时，不应仅仅因为向服务接受方提供了关键管理人员服务就将其认定为关联方，而应当按照《企业会计准则第 36 号——关联方披露》判断双方是否构成关联方并进行相应的会计处理。

(12) 企业与其所属企业集团的其他成员单位（包括母公司和子公司）的合营企业或联营企业。

(13) 企业的合营企业与企业的其他合营企业或联营企业。

### (二) 不构成关联方关系的情况

(1) 与该企业发生日常往来的资金提供者、公用事业部门、政府部门和机构，以及因与该企业发生大量交易而存在经济依存关系的单个客户、供应商、特许商、经销商和代理商之间，不构成关联方关系。

(2) 与该企业共同控制合营企业的合营者之间，通常不构成关联方关系。

(3) 仅仅同受国家控制而不存在控制、共同控制或重大影响关系的企业，不构成关联方关系。

(4) 受同一方重大影响的企业之间不构成关联方关系。

### (三) 关联方交易的类型

存在关联方关系的情况下，关联方之间发生的交易为关联方交易，关联方的交易类型主要有：

(1) 购买或销售商品。购买或销售商品是关联方交易较常见的交易事项，例如，企业集团成员企业之间互相购买或销售商品，形成关联方交易。

(2) 购买或销售除商品以外的其他资产。例如,母公司出售给其子公司设备或建筑物等。

(3) 提供或接受劳务。例如,A 企业是 B 企业的联营企业,A 企业专门从事设备维修服务,B 企业的所有设备均由 A 企业负责维修,B 企业每年支付设备维修费用 300 万元,该维修服务构成 A 企业与 B 企业的关联方交易。

(4) 担保。担保包括在借贷、买卖、货物运输、加工承揽等经济活动中,为了保障其债权实现而实行的担保等。当存在关联方关系时,一方往往为另一方提供为取得借款、买卖等经济活动中所需要的担保。

(5) 提供资金(贷款或股权投资)。例如,企业从其关联方取得资金,或权益性资金在关联方之间的增减变动等。

(6) 租赁。租赁通常包括经营租赁和融资租赁等,关联方之间的租赁合同也是主要的交易事项。

(7) 代理。代理主要是依据合同条款,一方可为另一方代理某些事务,如代理销售货物或代理签订合同等。

(8) 研究与开发项目的转移。在存在关联方关系时,有时某一企业所研究与开发的项目会由于一方的要求而放弃或转移给其他企业。例如,B 公司是 A 公司的子公司,A 公司要求 B 公司停止对某一新产品的研究和试制,并将 B 公司研究的现有成果转给 A 公司最近购买的、研究与开发能力超过 B 公司的 C 公司继续研制,从而形成关联方交易。

(9) 许可协议。当存在关联方关系时,关联方之间可能达成某项协议,允许一方使用另一方商标等,从而形成了关联方之间的交易。

(10) 代表企业或由企业代表另一方进行债务结算。

(11) 关键管理人员薪酬。企业支付给关键管理人员的报酬,也是一项主要的关联方交易。关联方交易还包括就某特定事项在未来发生或不发生时所作出的采取相应行动的任何承诺,如(已确认及未确认的)待执行合同。

### (四) 关联方的披露

(1) 企业无论是否发生关联方交易,均应当在附注中披露与该企业之间存在直接控制关系的母公司和所有子公司有关的信息。母公司不是该企业最终控制方的,还应当披露企业集团内对该企业享有最终控制权的企业(或主体)的名称。母公司和最终控制方均不对外提供财务报表的,还应当披露母公司之上与其最相近的对外提供财务报表的母公司名称。

(2) 企业与关联方发生关联方交易的,应当在附注中披露该关联方关系的性质、交易类型及交易要素。关联方关系的性质,是指关联方与该企业的关系,即关联方是该企业的子公司、合营企业、联营企业等。交易要素至少应当包括:交易的金额;未结算项目的金额、条款和条件(包括承诺),以及有关提供或取得担保的信息;未结算应收项目坏账准备金额;定价政策。关联方交易的金额应当披露相关比较数据。

(3) 对外提供合并财务报表的,对于已经包括在合并范围内各企业之间的交易不予披露。合并财务报表是将集团作为一个整体来反映与其有关的财务信息,在合并财务报表中,企业集团作为一个整体看待,企业集团内的交易已不属于交易,并且已经在编制合并财务报表时予以抵销。因此,关联方披露准则规定,对外提供合并财务报表的,除了应按上述(1)(2)的要求进行披露外,对于已经包括在合并范围内并已抵销的各企业之间的交易不予披露。

# 第七节 中期财务报告

## 一、中期财务报告的定义及其构成

### (一)中期财务报告的定义

中期财务报告,是指以中期为基础编制的财务报告。中期,是指短于一个完整的会计年度(自公历1月1日起至12月31日止)的报告期间,它可以是一个月、一个季度或者半年,也可以是其他短于一个会计年度的期间,如1月1日至9月30日的期间等。因此,中期财务报告包括月度财务报告、季度财务报告、半年度财务报告,也包括年初至本中期末的财务报告。

### (二)中期财务报告的构成

中期财务报告至少应当包括以下部分:资产负债表;利润表;现金流量表;附注。其中:

(1)资产负债表、利润表、现金流量表和附注是中期财务报告至少应当编制的法定内容,对其他财务报表或者相关信息,如所有者权益(或股东权益)变动表等,企业可以根据需要自行决定。

(2)中期的资产负债表、利润表和现金流量表的格式和内容,应当与上年度财务报告相一致。但当年新施行的会计准则对财务报表格式和内容做了修改的,中期财务报表应当按照修改后的报表格式和内容编制;与此同时,在中期财务报告中提供的上年度比较财务报表的格式和内容也应当做相应的调整。

(3)中期财务报告中的附注相对于年度财务报告中的附注而言,是适当简化的。中期财务报表附注的编制应当遵循重要性原则。如果某项信息没有在中期财务报告附注中披露,会影响到投资者等信息使用者对企业财务状况、经营成果和现金流量判断的正确性,那么就认为这一信息是重要的。但企业至少应当在中期财务报告附注中披露中期财务报告准则规定的信息。

## 二、中期财务报告的编制要求

### (一)中期财务报告编制应遵循的原则

1. 与年度财务报告相一致的会计政策

企业在编制中期财务报告时,应当将中期视同为一个独立的会计期间,所采用的会计政策应当与年度财务报表所采用的会计政策相一致,包括会计要素确认和计量原则相一致。企业在编制中期财务报告时不得随意变更会计政策。

2. 重要性原则

重要性原则是企业编制中期财务报告的一项十分重要的原则,具体应注意以下几点:

(1) 重要性程度的判断应当以中期财务数据为基础，而不得以预计的年度财务数据为基础。这里所指的“中期财务数据”，既包括本中期的财务数据，也包括年初至本中期末的财务数据。

(2) 重要性原则的运用应当保证中期财务报告包括了与理解企业中期末财务状况和中期经营成果及其现金流量相关的信息。企业在运用重要性原则时，应当避免在中期财务报告中由于不确认、不披露或者忽略某些信息而对信息使用者的决策产生误导。

(3) 重要性程度的判断需要根据具体情况做具体分析和职业判断。通常，在判断某一项目的重要性程度时，应当将项目的金额和性质结合在一起予以考虑，而且在判断项目金额的重要性时，应当以资产、负债、净资产、营业收入、净利润等直接相关项目数字作为比较基础，并综合考虑其他相关因素。在一些特殊情况下，单独依据项目的金额或者性质就可以判断其重要性。例如，企业发生会计政策变更，该变更事项对当期期末财务状况或者当期损益的影响可能比较小，但对以后期间财务状况或者损益的影响却比较大，因此会计政策变更从性质上看属于重要事项，应当在财务报告中予以披露。

3. 及时性原则

为了体现企业编制中期财务报告的及时性原则，中期财务报告计量相对于年度财务数据的计量而言，在很大程度上依赖于估计。例如，企业通常在会计年度末对存货进行全面、详细的实地盘点，因此，对年末存货可以达到较为精确的计价。但是在中期末，由于时间上的限制和成本方面的考虑，有时不大可能对存货进行全面、详细的实地盘点，在这种情况下，对于中期末存货的计价就可在更大程度上依赖于会计估计。但是，企业应当确保所提供的中期财务报告包括了相关的重要信息。

### （二）中期合并财务报表和母公司财务报表编报要求

企业上年度编制合并财务报表的，中期期末应当编制合并财务报表。上年度财务报告除了合并财务报表，还包括母公司财务报表的，中期财务报告也应当包括母公司财务报表。具体而言：

(1) 上年度编报合并财务报表的企业，其中期财务报告也应当编制合并财务报表，而且合并财务报表的合并范围、合并原则、编制方法和合并财务报表的格式与内容等也应当与上年度合并财务报表相一致。但当年新企业会计准则有新规定的除外。

(2) 上年度财务报告包括了合并财务报表，但报告中期内处置了所有应纳入合并范围的子公司的，中期财务报告应包括当年子公司处置前的相关财务信息。

(3) 企业在报告中期内新增子公司的，在中期末应当将该子公司财务报表纳入合并财务报表的合并范围。

(4) 应当编制合并财务报表的企业，如果在上年度财务报告中除了提供合并财务报表，还提供了母公司财务报表，那么在其中期财务报告中除了应当提供合并财务报表之外，也应当提供母公司财务报表。

### （三）比较财务报表编制要求

为了提高财务报表信息的可比性、相关性和有用性，企业在中期末除了编制中期末资产负债表、利润表和现金流量表，还应当提供前期比较财务报表。中期财务报告应当按照下列规定提供比较财务报表：

(1) 本中期末的资产负债表和上年度末的资产负债表。

(2) 本中期的利润表、年初至本中期末的利润表以及上年度可比期间的利润表。其中,上年度可比期间的利润表包括:上年度可比中期的利润表和上年度年初至上年可比中期末的利润表。

(3) 年初至本中期末的现金流量表和上年度年初至上年可比中期末的现金流量表。

需要说明的是,企业在中期财务报告中提供比较财务报表时,应当注意以下几个方面:

(1) 企业在中期内按新准则规定,对财务报表项目进行了调整,则上年度比较财务报表项目及其金额应当按照本年度中期财务报表的要求进行重新分类,以确保其与本年度中期财务报表的相应信息相互可比。同时,企业还应当在附注中说明财务报表项目重新分类的原因及内容。如果企业因原始数据收集、整理或者记录等方面的原因,无法对比较财务报表中的有关项目及其金额进行重新分类,应当在附注中说明不能进行重新分类的原因。

(2) 对于在本年度中期内发生的调整以前年度损益事项,企业应当调整本年度财务报表相关项目的年初数;同时,中期财务报告中相应的比较财务报表也应当为已经调整以前年度损益后的报表。

### (四) 中期财务报告的确认与计量

1. 中期财务报告的确认与计量的基本原则

(1) 中期财务报告中各会计要素的确认和计量原则应当与年度财务报表所采用的原则相一致。即企业在中期根据所发生交易或者事项,对资产、负债、所有者权益(股东权益)、收入、费用和利润等各会计要素进行确认和计量时,应当符合相应会计要素定义和确认、计量标准,不能因为财务报告期间的缩短(相对于会计年度而言)而改变。

(2) 在编制中期财务报告时,中期会计计量应当以年初至本中期末为基础,财务报告的频率不应当影响年度结果的计量。也就是说,无论企业中期财务报告的频率是月度、季度还是半年度,企业中期会计计量的结果最终应当与年度财务报表中的会计计量结果相一致。为此,企业中期财务报表的计量应当以年初至本中期末为基础,即企业在中期应当以年初至本中期末作为中期会计计量的期间基础,而不应当以本中期作为会计计量的期间基础。

(3) 企业在中期不得随意变更会计政策,应当采用与年度财务报表相一致的会计政策。如果上年度资产负债表日之后按规定变更了会计政策,且该变更后的会计政策将在本年度财务报表中采用,中期财务报表应当采用该变更后的会计政策。对于会计估计变更,在同一会计年度内,以前中期财务报表项目在以后中期发生了会计估计变更的,以后中期财务报表应当反映该会计估计变更后的金额,但对以前中期财务报表项目金额不做调整。

2. 季节性、周期性或者偶然性取得的收入的确认和计量

企业取得季节性、周期性或者偶然性收入,应当在发生时予以确认和计量,不应当在中期财务报表中预计或者递延,但会计年度末允许预计或者递延的除外。

3. 会计年度中不均匀发生的费用的确认与计量

企业在会计年度中不均匀发生的费用,应当在发生时予以确认和计量,不应在中期

财务报表中预提或者待摊，但会计年度末允许预提或者待摊的除外。通常情况下，与企业生产经营和管理活动有关的费用往往是在一个会计年度的各个中期内均匀发生的，各中期之间发生的费用不会有较大差异。但是，对于一些费用，如员工培训费等，往往集中在会计年度的个别中期内。对于这些会计年度中不均匀发生的费用，企业应当在发生时予以确认和计量，不应当在中期财务报表中予以预提或者待摊。也就是说，企业不应当为了使各中期之间收益的平滑而将这些费用在会计年度的各个中期之间进行分摊。如果会计年度内不均匀发生的费用在会计年度末允许预提或者待摊，则在中期末也允许预提或者待摊。

### （五）中期会计政策变更的处理

企业在中期发生了会计政策变更的，应当按照《企业会计准则第 28 号——会计政策、会计估计变更和差错更正》规定处理，并在财务报表附注中作相应披露。会计政策变更的累积影响数能够合理确定，且涉及本会计年度以前中期财务报表相关项目数字的，应当予以追溯调整，视同该会计政策在整个会计年度一贯采用；同时，上年度可比财务报表也应当做相应调整。除非国家规定了相关的会计处理方法，一般情况下，中期会计政策变更时，企业应当根据中期财务报告准则的要求，对以前年度比较财务报表最早期间的期初留存收益和比较财务报表其他相关项目的数字进行追溯调整；同时，涉及本会计年度内会计政策变更以前各中期财务报表相关项目数字的，也应当予以追溯调整，视同该会计政策在整个会计年度和可比财务报表期间一贯采用。反之，会计政策变更的累积影响数不能合理确定，以及不涉及本会计年度以前中期财务报表相关项目数字的，应当采用未来适用法。同时，在财务报表附注中说明会计政策变更的性质、内容、原因及影响数。累积影响数不能合理确定的，也应当说明理由。

(1) 会计政策变更发生在会计年度内第一季度的处理。企业的会计政策变更发生在会计年度的第一季度，则企业除了计算会计政策变更的累积影响数并作相应的账务处理之外，在财务报表的列报方面，只需要根据变更后的会计政策编制第一季度和当年度以后季度财务报表，并对根据中期财务报告准则要求提供的以前年度比较财务报表最早期间的期初留存收益和比较财务报表的其他相关项目数字做相应调整。

在财务报表附注的披露方面，应当披露会计政策变更对以前年度的累积影响数（包括对比较财务报表最早期间期初留存收益的影响数和以前年度可比中期损益的影响数）和对第一季度损益的影响数。在当年度第一季度之后的其他季度财务报表附注中，则应当披露第一季度发生的会计政策变更对当季度损益的影响数和年初至本季度末损益的影响数。

(2) 会计政策变更发生在会计年度内第一季度之外的其他季度的处理。企业的会计政策变更发生在会计年度内第一季度之外的其他季度，如第二季度、第三季度等，其会计处理相对于会计政策变更发生在第一季度而言要复杂一些。企业除了应当计算会计政策变更的累积影响数并作相应的账务处理之外，在财务报表的列报方面还需要调整以前年度比较财务报表最早期间的期初留存收益和比较财务报表其他相关项目的数字，以及在会计政策变更季度财务报告中或者变更以后季度财务报告中所涉及的本会计年度内发生会计政策变更之前季度财务报表相关项目的数字。

在附注披露方面，企业需要披露会计政策变更对以前年度的累积影响数，主要有：①对比较财务报表最早期间期初留存收益的影响数；②以前年度可比中期损益的影响数，包括可比季度损益的影响数和可比年初至季度末损益的影响数；③对当年度变更季度、年初至变更季度末损益的影响数；④当年度会计政策变更前各季度损益的影响数。此外，在发生会计政策变更以后季度财务报表附注中也需要做相应披露。

## 三、中期财务报告附注的编制要求

### （一）中期财务报告附注编制的基本要求

（1）中期财务报告附注应当以年初至本中期末为基础披露。编制中期财务报告的目的是向报告使用者提供自上年度资产负债表日之后所发生的重要交易或者事项，因此，中期财务报告中的附注应当以“年初至本中期末”为基础进行编制，而不应当仅仅披露本中期所发生的重要交易或者事项。

（2）中期财务报告附注应当对自上年度资产负债表日之后发生的重要的交易或者事项进行披露。中期财务报告中的附注应当以年初至本中期末为基础编制，披露自上年度资产负债表日之后发生的，有助于理解企业财务状况、经营成果和现金流量变化情况的重要交易或者事项。此外，对于理解本中期财务状况、经营成果和现金流量有关的重要交易或者事项，也应当在附注中作相应披露。

### （二）中期财务报告附注至少应当包括的内容

（1）中期财务报表所采用的会计政策与上年度财务报表相一致的声明。企业在中期会计政策发生变更的，应当说明会计政策变更的性质、内容、原因及影响数；无法进行追溯调整的，应当说明原因。

（2）会计估计变更的内容、原因及影响数；影响数不能确定的，应当说明原因。

（3）前期差错的性质及其更正金额；无法进行追溯重述的，应当说明原因。

（4）企业经营的季节性或者周期性特征。

（5）存在控制关系的关联方发生变化的情况；关联方之间发生交易的，应当披露关联方关系的性质、交易类型和交易要素。

（6）合并财务报表的合并范围发生变化的情况。

（7）对性质特别或者金额异常的财务报表项目的说明。

（8）证券发行、回购和偿还情况。

（9）向所有者分配利润的情况，包括在中期内实施的利润分配和已提出或者已批准但尚未实施的利润分配情况。

（10）根据《企业会计准则第35号——分部报告》规定披露分部报告信息的，应当披露经营分部的分部收入与分部利润（亏损）。

（11）中期资产负债表日至中期财务报告批准报出日之间发生的非调整事项。

（12）上年度资产负债表日以后所发生的或有负债和或有资产的变化情况。

（13）企业结构变化情况，包括企业合并，对被投资单位具有重大影响、共同控制或者控制的长期股权投资的购买或者处置，终止经营等。

（14）其他重大交易或者事项，包括重大的长期资产转让及出售情况、重大的固定资产和无形资产取得情况、重大的研究和开发支出、重大的资产减值损失等。

企业在提供上述第(5)项和第(10)项有关关联方交易、分部收入与分部利润(亏损)信息时,应当同时提供本中期(或者本中期末)和本年度年初至本中期末的数据,以及上年度可比中期(或者可比期末)和上年度年初至上年可比中期末的比较数据。

# 第八节 财务报表分析

## 一、财务报表分析的概念、目的与功能

财务报表分析(financial statement analysis)的概念有狭义与广义之分。狭义的概念是指在财务报表及其相关资料的基础上,通过一定的方法和手段,审视财务报表数字之间的关系,同时对这些数字在较长时间内可能表现的趋势做出预测,从而向使用者提供更相关和全面深入的财务信息。广义的概念以此为基础,强调依据企业财务报表之外的其他信息来源(包括公开和不公开的财务信息与非财务信息),进行更广泛的分析,如企业战略制定与实施情况分析、发展前景与投资价值分析、企业竞争优势分析等。

我国企业会计准则与IAS、美国GAAP及英国GAAP关于中期财务报告的主要内容比较

随着对财务会计认识不断深入,财务报表所提供的财务会计信息对于使用者具有"决策有用性"已为越来越多的人士所认可。财务报表分析则是以财务报表为主要依据,通过一定的分析方法,使财务报表所提供的信息达到"决策有用性"的一种手段,其主要目的在于:第一,评价企业的财务状况和经营成果,揭示财务活动过程中存在的矛盾和问题,为改善经营管理提供方向和线索;第二,预测企业未来的报酬和风险,为债权人、投资者和经营者的决策提供帮助;第三,检查企业财务状况的完成情况,考核经营管理人员的业绩,为完善合理的激励机制提供帮助。在分析企业财务报表时,究竟什么信息比较重要,不能一概而论,而要看股东、债权人、潜在投资人、管理当局或职工等不同的内外部信息使用者的具体需求。例如,就企业外部信息使用者而言,短期债权人通常需要在一年内收回本金和利息,因此主要关心企业的偿债能力,考察企业的流动资产及与之相关的流动负债,评估企业的流动比率、速动比率和现金比率。相反,长期债权人由于在较长时间之后才需要收回本金和利息,更看重长期指标,如企业的资本结构、过去和预期的收益及财务状况的变化。至于投资人即股票持有人所关心的指标也像长期债权人一样,比较关注企业的未来收益和现金流量情况,因为收益和现金流量方面的变化对股票价格影响很大。同时,他们也会关心企业的财务状况,因为它间接地影响了收益和现金流量的稳定。

从企业内部信息使用者的角度看,公司的管理当局由于要参与企业实际管理工作的全过程,会涉及方方面面的问题,因而其财务报表分析的目的呈现出多样化的特点。为满足不同利益主体的需要,经营管理者必须对涉及企业财务状况的各个方面予以详尽了解和掌握,以便及时发现问题、采取对策,进行科学的投融资决策,规划和修订市场定位目标,制定和调整资源配置战略、资本引入战略等各方面战略,进一步挖掘潜力,为经济绩效的持续稳定增长奠定基础。同时,管理当局还需要借助财务报表分析对员工进行业绩评

价、全面预算以及内部控制等，进而实现高效的控制和监督。就会计师而言，财务信息主要有两个职能：①计量经济交易和事项；②向外部有利害关系的集团传递有关它们的经济信息。由于现行财务报表信息的日益复杂化，为了提高报表信息的可理解性，也需要对财务报表进行解释与分析。

而财务报表分析的作用在很大程度上取决于人们对财务报表分析结果的不同看法。一种观点认为，财务报表分析的结果是一种信号，对这些信号须作进一步研究以确定其原因。这样，财务报表的作用就在于提出问题供进一步调查研究，而不是提供答案。另一种看法是财务报表分析的结果是一种信息，分析所得的数据本身是有意义的，能够为报表信息使用者提供决策依据。随着实证会计的发展，业已证实财务报表分析的结果对确定企业的偿付能力、评价企业经营成果、投资者在资本市场上证券买卖决策及规避投资风险等方面都具有重要意义。

总之，财务报表分析可以使报表中历史性的数据变为有用的未来信息，从报表给出的数据资料中预测企业经济状况的发展趋势，以制定各种可能的未来发展方案，帮助投资者做出正确的决策。

## 二、分析方法

从财务报表中获得有用的信息，首先需要考察报表项目之间的关系并明确这种关系的变化趋势。报表项目之间的关系通常以比率和百分比的形式表述，而判明这种关系的变化趋势则需要通过比较分析方法。在报表中，各项目之间可能存在着数千种比率关系及变化趋势，如果仅仅知道如何计算这些比率和趋势，而不理解如何运用这些信息，就将一无所获。所以，运用一套合理的分析方法对于财务报表分析是相当重要的。这套分析方法应包括以下步骤：

第一步，明确分析目标。财务分析的目标随着使用者信息需要的不同而不同。投资者需要了解有关企业投资风险与报酬方面的信息；债权人需要了解企业偿债能力方面的信息。不同的分析目标所需要的资料及采用的分析方法也有所不同。因此，在进行财务分析前，必须明确分析目标。

第二步，制定分析方案。在财务分析目标确定以后，就要研究财务分析方案，包括财务分析的范围、方法选择、工作分工组织、进度安排、资料来源等。

第三步，收集资料。根据分析目标和方案的要求，收集各种相关的资料。一般来说，在进行财务分析时，需要收集以下几个方面的资料：①国民经济宏观运行信息；②行业发展信息；③竞争对手或同类企业的各种财务、非财务信息；④企业内部的各种财务、非财务信息。

第四步，整理、分析资料，回答分析问题。检查所收集的资料，核实其是否真实可靠，是否与分析目标相关；然后，联系企业的经营环境，探求数据之间的因果关系，揭示企业现行的财务状况与经营成果，并预测企业未来的经营前景，采用合理的分析方法，将定量分析与定性分析相结合，最后回答分析问题。

财务报表分析的主要方法有比率分析法、比较分析法、趋势分析法、时间序列分析法、综合分析及对有关数据的检验。以下将依次介绍这几种分析方法。需要说明的是，每一种分析方法与其他分析方法相比都不会显得更为优越，因为投资分析所面临的情况各不相同，令人满意的结论往往只有通过对所获数据之间的相互关系做进一步检验才能获得。

### （一）比率分析法

财务比率分析(financial ratio analysis)是把同一张财务报表中的相关的但不相同的项目或者两张不同的财务报表之间的相关项目进行比较，用比率的形式揭示存在相关关系的项目之间的逻辑关系，并以此来评价企业的财务状况、经营绩效和现金流量状况等。财务比率分析法是财务报表分析中运用最广泛的一种方法，许多比率甚至已成为一种基准，被人们普遍用作评价企业财务状况和经营成果的有用指标。这些指标也被企业内部或外部的使用者广泛用于经济决策。

在国际上，企业财务分析理论与实务中经常使用的财务比率不下 30 种，涉及企业经营管理的各个方面。它们大致上可分为四类：流动性比率(liquidity ratio)、经营效率比率(operating efficiency ratio)、获利能力比率(profitability ratio)和资本结构比率(capital ratio)。

1. 流动性比率

流动性比率是考察企业短期偿债能力的指标，企业为偿付流动负债的变现能力对评价企业的财务状况是非常重要的。反映企业短期偿债能力的比率有流动比率(current ratio)、速动比率(quick ratio)、现金比率(cash ratio)和速动资产够用天数(quick-interval ratio)等。

(1) 流动比率。流动比率是企业流动资产总额与流动负债总额的比率。它通常表现为企业流动资产可偿付流动负债的倍数。其计算公式为：

$$流动比率=\frac{流动资产总额}{流动负债总额}\times 100\%$$

流动比率是衡量企业短期偿债能力的一个重要财务指标。因为流动负债具有偿还期较短的特点，流动资产具有较容易变现的特点，正好满足流动负债的偿还需要。在实务中，营运资本有时也被用于反映企业资产的短期流动性。营运资本是流动资产与流动负债的差额。但在评价企业短期偿债能力方面，流动比率要比营运资本优越，因为营运资本只表示企业流动资产与流动负债之间的绝对差额，当两个企业规模相差较大时，它们之间无法进行比较。而流动比率则表示流动资产与流动负债之间的相对比例关系，所以，在使用时不受企业规模的限制。考察该比率是预测企业发生财务失败的一种比较有效的手段。

依照传统的观点，流动比率为 2 是比较合理的，这样既达到一定的安全性，又充分利用了可能利用的资金来源。该比率过低，意味着企业的短期支付能力不足，缺乏应有的安全性；该比率过高，则表明企业持有过多盈利能力不足甚至可能是闲置的流动资产。应该注意的是，流动比率只是表示企业在一定时点的流动资产与流动负债的静态关系的比率。但考察一个企业的财务状况如何，不能仅仅拘泥于该企业的流动比率，还要进一步关注企业的业务、经营周期的长短及流动资产的构成情况。在同一行业内，一家企业如果拥有太高的流动比率，可能预示着该企业流动资产管理水平低下，利用率较低。高流动比率虽可降低风险，但投资回报率也低。此外，经营周期较短的企业，它所需要营运资本的数量就较少，流动资产的构成情况也是影响流动比率的一个重要因素，因为不同的流动资产变现能力不同。在流动资产中，如果预付项目所占的比重较大，因其变现能力较差，虽然企业的流动比率较高，也只能说明其偿债能力不良。所以，在分析流动比率时，人们必须审慎核查流动资产和流动负债的明细构成项目，并需要考察另一个流动性比率指标——速动比率，也叫酸性测试比率（acid-test ratio）。

(2) 速动比率。速动比率是企业速动资产与流动负债的比率，它是对企业短期偿债能力更为严格的一种测试。由于流动资产包括变现能力差的存货和不能变现的预付费用，它在反映企业短期流动性方面有一定的局限性。而速动比率则能衡量企业在不涉及存货的情况下的短期偿债能力——速动资产，它是指可以随时变现的资产，包括货币资金（限制用途的货币资金除外）、交易性金融资产、应收账款和应收票据等。其计算公式为：

$$速动比率=\frac{速动资产}{流动负债}\times 100\%$$

由于在计算速动比率时应从流动资产中扣除变现能力较差的存货，而存货一般在流动资产中占有 50% 左右，所以通常认为速动比率为 1 是比较合适的，但在实际应用中还要考虑行业特点和企业经营的特殊性。像使用流动比率一样，在运用速动比率时，也应注意速动资产的构成项目。

(3) 现金比率。如果一家企业处于财务困境，它的存货和应收账款被抵押或者流动不畅，企业的偿债能力降低，则企业资产的流动性只有依靠现金和有价证券。因此评价企业的短期偿债能力的最佳指标就是现金比率。其计算公式为：

$$现金比率=\frac{现金+有价证券}{流动负债}\times 100\%$$

(4) 速动资产够用天数。不论是流动比率还是速动比率，都没有给企业的短期偿债能力一个满意的解释。流动资产与流动负债相比较，通常都假定流动资产全部用于偿付流动负债。但一些分析家认为，考察企业短期偿债能力的较好方法应该是速动资产的够用天数，它是指现有速动资产可以支持企业日常现金支出的天数。这个指标由速动资产与每日经营支出的比值构成。计算公式为：

$$速动资产够用天数=\frac{速动资产}{每日经营支出}$$

式中的每日经营支出是通过销售成本加上销售和管理费用及其他现金支出，计算只涉及现金支出的总成本费用，再除以 365 天后计算求得，即销售成本 + 销售费用 + 管理费用 + 其他现金支出 /365。

速动资产够用天数为投资者在决定企业满足日常经营支出的能力方面建立了一个安全范围，它反映企业可以用部分速动资产偿还短期债务而不会影响日常支付的能力。如果速动资产够用天数较高，一方面说明企业具有较强的短期偿债能力，另一方面也表明企业具有较高的自我保护能力。

2. 经营效率比率

经营效率比率也被称为周转比率，是反映企业资产运转快慢、评价企业资产流动性的一种方法。该比率用于考核企业利用经济资源的有效性。常用的经营效率比率主要有应收账款周转率（accounts receivable turnover）、存货周转率（inventory turnover）、应付账款周转率(accounts payable turnover)和总资产周转率(total assets turnover)等。

(1) 应收账款周转率。应收账款周转率是考察企业控制应收账款规模并将其转化为现金的效率。它是通过把产品销售收入除以会计期间内应收账款平均余额计算而来的,表现为应收账款周转的次数或周转天数。从理论上讲,这里的销售收入额应该是赊销净额,但是通常赊销净额只有内部人员才能够获得,外部报表使用者很难得到这个数据,所以实践中在计算时往往以产品销售收入净额来代替净赊销额。其计算公式为:

$$应收账款周转率=\frac{产品销售收入净额}{应收账款平均余额}$$

$$应收账款平均收账期=\frac{应收账款平均余额}{产品销售收入净额}\times 365$$

或

$$=\frac{365}{应收账款周转率}$$

一般而言,应收账款周转率越高、应收账款平均收账期(average collection period)越短,表明企业占用在应收账款上的资金越少,同时在财务分析中流动比率和速动比率也就具有较高的可信度。

需要指出的是,利用上述公式进行分析时应注意:第一,该公式假设企业的应收票据一般规模不大(因为应收票据也推动了赊销收入),在应收票据规模较大时,应改用商业债权周转率;第二,应收账款应该用减除坏账准备之前的“原值”金额(因为企业真正周转和回收的不是净值,而是原值);第三,在实施增值税的条件下,销售额的项目还应该乘以(1+增值税税率),这是因为债权中包含销项增值税。

(2) 存货周转率。存货周转率是确定存货销售快慢的比率。它是通过公司的产品销售成本除以存货平均余额计算的,表现为存货周转次数或周转天数。计算公式为:

$$存货周转率(次数)=\frac{产品销售成本}{平均存货}$$

$$存货平均周转天数=\frac{平均存货}{产品销售成本}\times 365$$

或

$$=\frac{365}{存货周转率}$$

一般而言,存货周转次数越多或存货平均周转天数越少,表明企业的存货管理水平越高,企业就可以在存货上投入较少的资金,而将有限的资金投入到其他的盈利项目中去,以便为企业带来更多的收益。但过高的存货周转率或过低的存货平均周转天数可能使企业因存货不足而增加缺货成本。

由于存货周转率是以产品销售成本计算的,因此,存货的计价方法将会影响到存货周转率和流动比率的计算。当两家企业进行比较分析时,应该使用相同的存货计价方法。

需要指出的是,平均存货可以是年平均存货、季平均存货或月平均存货;产品销售成本是对应的年销售成本、季销售成本和月销售成本。最常用的是年产品销售成本除以年平均存货来计算存货周转率,年平均存货由年初存货金额加上年末存货金额除以 2 得到。使用这个指标时做了如下假设:存货在一年当中是匀速使用的,不会发生波动。显然,这种假设对很多企业是不适用的，因为很多企业的存货存在季节性。比如，商业企业在年末是旺季，此时的存货比其他季节的存货要多，这样计算得到的存货周转率就会比实际的存货周转率要小，从而扭曲了该指标。

(3) 应付账款周转率。应付账款周转率是指年内应付账款的周转次数或周转天数。周转次数越高或平均周转天数越低，表明购买存货和现金支付之间的时间就越短，但是，过高的周转次数或过低的平均周转天数也会使企业因付款过快而失去应付账款所应享有的灵活性；反之，则表明企业可能陷入财务困境，其财务信息也可能受到影响。计算周转率时可以用购货成本作为分子，购货成本是销货成本加上期末存货成本减去期初存货成本。其计算公式为：

$$\text{应付账款周转率(次数)}=\frac{\text{购货成本}}{\text{应付账款平均余额}}$$

$$\text{应付账款平均周转天数}=\frac{\text{应付账款平均余额}}{\text{购货成本}}\times 365$$

或

$$=\frac{365}{\text{应付账款周转率}}$$

根据应收账款周转率、应付账款周转率和存货周转率，可以确定总周转期(total conversion period)。总周转期是指从获得存货到存货销售并取得现金的平均期限，它是存货周转天数与应收账款周转天数之和再减去应付账款周转天数。考察总周转期及其三个组成部分对判断企业之间经营效率差异是相当有用的，它也可用于同一企业不同年度之间的比较，以评价企业市场营销、信誉和收款政策的有效性。

(4) 总资产周转率。总资产周转率是用产品销售收入净额除以总资产平均余额得出的。计算公式为：

$$\text{总资产周转率}=\frac{\text{产品销售收入净额}}{\text{总资产平均余额}}$$

该指标用来考察企业资产的利用效率。如果周转率高，说明企业利用资产经营销售的效率较高；否则企业应该考虑提高资产的利用效率，或对闲置的资产进行及时处理。

这一比率在计算中遇到的一个问题是，由于旧资产的账面价值较低，旧资产较多的企业的资产周转率就可能被高估。企业选用的折旧方法也会对此比率有影响。此外，上述比率中的总资产平均余额是期初总资产和期末总资产的和除以 2 得到的。这个指标可以粗略地计算企业资产创造收入的能力，反映企业管理当局管理企业资产运营的能力。但是资产的组成很复杂(如投资性资产就不创造产品销售收入)，因此还需要考虑企业资产的具体构成情况才能做出合理细致的评价(例如采用经营性资产周转率)。总之，由于上述原因的存在，在评价企业资产利用效率时不应只考虑这一个指标。

3. 获利能力比率

获利能力比率也称收益比率，是考核企业利润目标，尤其是与投入资产相关的报酬实现效果的指标。该比率分为企业收益比率和股东收益比率。

(1) 企业收益比率。企业收益比率既可以收入为基础计算，也可以投资如总资产为基础计算。企业获利能力通常也是对管理效率的最好检验。

① 销售利润率。销售利润率(sales profit margin)也称边际利润率,是企业产品销售利润总额和产品销售收入净额的比率。计算公式为:

$$销售利润率=\frac{产品销售利润总额}{产品销售收入净额}\times100\%$$

该指标常用于衡量企业产品销售收入的获利能力,包括对销售过程成本和费用的控制能力。企业产品的销售成本和期间费用越低,企业销售收入的获利能力就越大。如果企业有非正常收入,那么公式中分子应只包括持续经营的收入。行业和国外分部信息报告允许企业的重要分部可以有各种各样的利润率。对于每一个分部,税前收益的边际利润率可通过分部的经营利润除以它的收入计算。该比率的缺点是不能考察投资所产生的销售和收益。而投资(总资产或股东权益)报酬率可以克服这个缺点。值得注意的是,销售利润率有时用企业利润总额或净额计算,但对多样化经营的企业来说,利用利润总额或净额计算的销售利润率不能反映产品销售收入的获利能力,因为在利润总额或净额中包括了其他业务收入和投资收益。

② 资产报酬率。资产报酬率(return on assets)是考察企业全部资产获利能力的指标。其计算方式为:

$$资产报酬率=\frac{息税前利润}{资产平均总额}\times100\%$$

在不考虑利息费用和纳税因素而只考虑经营情况时,上述指标反映了企业管理当局对企业所拥有资源优化配置与使用的效率。当一家企业的资产报酬率与另一家企业相比较时,应该考虑各个企业资产的使用期限。当企业资产老化时,企业的报酬率将越来越高,应该注意到,由于累计折旧的增加,资产平均余额每年将随之减少。而且,由于通货膨胀的影响,价格总是上涨,使用近期购买资产的企业,其资产报酬率相对较低。公式中的息税前利润应剔除非常项目、非持续经营项目和会计方法变化的影响,这是考虑到这些非经常事项的收益与应用于企业经营活动中的持续经营资产无直接关系。

③ 净资产报酬率。净资产报酬率(return on net assets)有时也称股东权益报酬率或所有者权益报酬率(return on equity,ROE),是利润净额除以所有者权益平均余额或股东权益平均余额后的比率。这一比率反映所有者权益或股东权益的剩余报酬。计算公式为:

$$净资产报酬率=\frac{利润净额}{股东权益平均余额}\times100\%$$

当企业实行举债经营,净资产报酬率高于资产报酬率时,说明该企业的财务杠杆运用良好。净资产报酬率的缺点是没有考虑实收资本的现值,因为财务报表主要是基于历史成本编制的。而有些公司则从净利润中扣除优先股股利,只采用普通股权益,它们认为优先股在本质上与长期负债更为相似。

④ 财务杠杆。财务杠杆(financial leverage)是指企业在安排资本结构时,合理安排借入资金与股东权益的比例。当借入资金的投资报酬率高于利息率时,借入资金对股东权益的比率越大,股东权益报酬率越高;反之亦然。这就是财务杠杆。根据财务杠杆原理,企业可以在不改变经营条件的情况下,采用举债经营的办法,提高股东权益报酬率。因为:

$$股东权益报酬率 = 投资报酬率 + \frac{负债}{股东权益} \times (投资报酬率 - 利息率)$$

由此可见，财务杠杆是一把双刃剑，既可给股东带来收益，也可能给股东带来损失。这种在不改变企业生产经营条件的情况下，只是通过改变贷入资金与股东权益比例而给企业收益带来的不确定性，称为财务风险。如果举债过度，企业就可能发生财务困难，严重时还可能导致破产。因此，企业在安排资本结构时，应充分权衡财务风险，合理确定负债对股东权益的比例关系。

(2) 股东盈利比率。股东盈利比率（stockholder profitability ratio）是反映公司满足所有者获利目标的指标。常用的股东盈利比率主要有每股盈利、市盈率（P/E）、股利支付率（dividend payout yield）。

① 每股盈利（收益）。每股盈利或每股收益是财务分析中最重要的比率之一，也是最具隐蔽性的比率之一。由于每股盈利指标的重要性，有些国家要求公司在收益表中专门披露这一比率。

每股盈利的计算相当复杂。如果公司资本结构中没有可能冲减每股收益的证券，每股收益可以简单地通过净利润减去优先股股利除以发行在外的普通股加权平均股数进行计算。计算公式为：

$$流通在外每股盈利(收益) = \frac{净利润 - 优先股股利}{普通股加权平均股数}$$

在分析每股盈利指标时，应注意公司利用回购库存股的方式减少发行在外的普通股股数，使每股收益简单增加。另外，由于公司将盈利用于派发股票股利或配售股票，就会使公司流通在外的股票数量增加，这样将会大量稀释每股收益，因此每股收益应该以发行股票计算。我国通常使用收益摊薄概念。在股票分割以后，应以流通在外的普通股数为基数计算。在分析公司公布的信息时，应注意区分公布的每股收益是按原始股股数或是按完全稀释后的股份计算的，以免误导投资者。投资者在进行财务分析时如果过分地依赖每股收益指标，则可能忽略对公司成长性和其他方面的分析。

② 市盈率。市盈率也称价格与收益比率，是指普通股每股市价与每股盈利（收益）额的比率。其计算公式为：

$$市盈率 = \frac{普通股每股市价}{普通股每股盈利}$$

该比率常被投资者作为判断股票价格是否具有吸引力的一种依据。它反映了股东每取得 1 元收益所需要付出的代价。在运用这一指标时，还要考虑公司的成长性。同时，这一比率也受投资者对公司经营质量的直觉、盈利增长趋势、投资风险、备选会计方法的应用和其他因素的影响。

③ 股利支付率。股利支付率是现金股利与净利润的比率。该比率不考虑发行在外的优先股，主要衡量在普通股的每股收益中有多大比例用于支付股利。计算公式为：

$$股利支付率 = \frac{现金净利}{净利润 - 优先股股利}$$

一般来说，大多数投资者希望有较高的股利支付率，但一些有眼光的投资者可能更看重公司股票的未来投资价值，他们愿意公司将更多的收益用于再投资，以期获得更高的资本收入。因此，究竟什么样的股利支付率比较适当，不能一概而论。一般而言，高成长性的公司股利支付率比较低，如美国微软公司几乎从未向股东发放过现金股利。

4. 资本结构比率

资本结构比率（capital structure ratio）也称企业稳定比率，是反映企业长期偿债能力和稳定性的指标。它向长期债券持有人、优先股股东和普通股股东提供其对企业投资的安全（风险）程度的信息。一家企业的资本结构中债务越多，普通股股东投资的回报就越不确定。

（1）资产负债率。资产负债率（debt to total assets）是企业负债总额与资产总额的比率，表明债权人提供的资产在企业总资产中所占的百分比。它可以向债权人提供关于企业在不损害债权人权益的情况下，规避损失的能力。其用公式表示为：

$$资产负债率=\frac{负债总额}{资产总额}\times 100\%$$
$$=1-股东权益比率$$

通常情况下，当企业经营处于下降趋势时，债权人希望企业的资产负债率越低越好，这样可以使他们的本金和利息收入得到保护。但就股票持有人而言，他们偏爱企业拥有较高的资产负债率，这样公司可以利用权益交易和财务杠杆获得超额报酬。然而，过高的资产负债率可能会动摇企业的资本基础，影响到企业吸收更多的外部资本的能力。债权人和股东一般都认为，过度运用财务杠杆将使得企业具有相对的不稳定性和更高的风险。

（2）已获利息倍数。已获利息倍数（times interest earned）是息税前利润总额除以利息费用得出的，常用于评价公司用所赚收益支付利息费用的能力和债权人在公司投资的安全性。其计算公式为：

$$已获利息倍数=\frac{息税前利润总额}{利息费用}$$

一般而言，已获利息倍数越高，公司支付利息的能力就越强。尽管支付利息费用是一种法定义务，但连续多期的低收益也会危及利息的连续支付。因为收益和利息费用确认都是基于权责发生制会计，已获利息倍数并不能完全准确反映企业支付利息的能力，因此在确认已获利息倍数时应该只包括支付利息的现金流出和来自收益的现金流入。然而，要精确计算这一指标几乎是不可能的。此外，在计算该指标时还可能存在一个问题，即企业的利息费用的数据难以得到（在上市公司合并财务报表的财务费用附注中有可能找到这项数据），这是因为我国的会计实务中将利息费用计入财务费用，而不单独记录（财务费用还包括利息收入、手续费以及汇兑损益等）。在这种情况下，分析人员通常用财务费用代替利息费用进行计算，但这样会存在一定的误差。

（3）每股面值。每股面值（book value per share）反映的是每股净资产，有时也被称为每股清算值。如果公司以资产负债表所报告的数量为基础进行清算，每股面值就是每股所收到的数额。如果资产的账面价值与其公允价值差距较大，那么这个比率在很大程度上就失去了相关性。计算公式为：

$$每股面值=\frac{普通股股东权益}{在外发行普通股股数}$$

出于多种原因，分析人员需要经常计算每股面值，但该指标对考察公司财务稳定性并不十分有用。首先，多数公司正在持续经营，与之相关的清算价值无太大意义；其次，尽管清算价值比较重要，但每股面值是以历史成本计价的资产原始记录为基础的，所以它与每股清算价值无关；再次，公司普通股的每股市价在评价公司稳定性方面是非常重要的，而每股面值是基于历史成本，它与每股市价无直接关系。当然，如果公司普通股的每股市价跌破每股面值，一些投资者对这种情况也会予以关注。

在计算每股面值时，分析人员必须知道如何掌握下列项目：额定和未发行股数；持有的库存股数；未发行股票的发行或库存股的重发承诺；各种额定股票的相应权利或特权等。

(4) 每股现金流量。每股现金流量（cash flow per share）是当今最流行也是最难理解的指标之一。它是用净利润加上非现金支出（如折旧和摊销）除以发行在外的普通股股数计算的。用公式表示为：

$$每股现金流量=\frac{净利润+非现金支出}{发行在外普通股股数}$$

目前，每股现金流量尚未被广泛披露在年报中，因为一般讨论的现金流量都过于简单化，没有按影响营运资本的应收账款、应付账款和其他流动资产与流动负债的变化进行调整。此外，单纯考虑每股现金流量而不考虑其他比率如每股盈利，可能会误导股东。

### （二）比较分析法

比较分析法是将报告期的某项指标与某些选定的基准数进行对比，确定其增减差异，分析事物之间的联系、结构和发展趋势，用以评价企业财务状况和经营成果好坏的方法。根据比较基数不同，比较分析法可分为若干对比形式，主要有实际与计划的对比、不同时期实际数的比较、同类企业之间的比较等。而依据比较范围来划分，则可以分为企业内部比较分析和企业之间比较分析。

比较分析法可以是绝对数的比较，也可以是相对数的比较；可以是某一项指标的比较，也可以是整个财务报表的比较。最常见的形式是编制比较财务报表。

1. 企业内部比较分析

企业内部比较分析（intra-company comparisons）是指将不同期间的企业内部有关数据进行对比分析，通过这种不同时期的数据比较，可以了解发展变化的趋势。

(1) 绝对数比较分析。绝对数比较分析是将企业现在与过去的历史资料相比较，以评价企业现在财务业绩和状况的一种方法。在这种比较过程中，可以发现企业的长期业绩状况是稳定的、发展的或是恶化的。美国财务会计准则委员会第 43 号会计研究公告指出：在年度和其他报告中列示的比较财务报表，提高了这些报告的使用价值，更清晰地揭示了当前影响企业各种变化的本质和趋势。一般地说，大多数公司在财务报表中至少列示 2 年以上的可比数据，有时列示 5 年、10 年或 15 年的主要财务数据。在我国，财政部颁发的《企业会计准则》也指出，会计报表可以采用前后期对比方式编制。

(2) 比较财务比率。比较财务比率就是将企业连续几期的财务比率进行对比,从而分析企业财务状况的发展趋势。这种方法更加直观地反映了企业各方面的财务状况的变动趋势。

(3) 比较结构分析。结构分析经常被称为纵向分析(vertical analysis),是以百分比的形式表述公司在一个特定期间内,财务报表项目与某一共同项目之间的关系。纵向分析可用于资产负债表、损益表和现金流量表的分析。在资产负债表、损益表和现金流量表中,分别以"资产总额""本年销售收入"和"现金增加额"为其他项目的对比基数,计算其余项目与之相比而得到的百分比。以百分比形式表述的报表称为共同比报表(common-size statements)。而把这种结构分析用于财务报表的多期比较时,可以更清晰地反映报表项目间的变化趋势。

2. 公司间的比较分析

公司间的比较分析(inter-company comparisons)是将公司的业绩与竞争对手的业绩比较、与整个行业比较或与相关的企业比较。在比较分析时,可以比较一期,也可以与过去多期相比较。比较的基础可以是比率、发展趋势或结构。

使用者在运用比较分析方法编制财务分析信息时,不仅要考虑跨期数据的一致性与可比性,还要注意公司间数据的可比性。可比性,是指比较指标与被比较指标之间的同质性。它包括以下几个方面的含义:第一,指标的性质相同,即指标所包含的内容和项目完全一致;第二,指标的时间范围相同,如年度、季度、月度指标以及反映时期水平的指标和反映时点水平的指标等都应彼此对应相符;第三,指标的计量单位相同。因此财务信息使用者必须尽可能考虑影响数据可比性的各种因素,诸如在财务比率分子分母中使用可比数字、行业分类及不同会计实务等(如加速折旧法与直线折旧法)对经营结果的影响,以得到更有实际意义的分析结果。

### (三) 趋势分析法

趋势分析法是对不同时期的财务指标进行对比以确定其增减差异和变动趋势的分析方法。从某种意义上来说,它是将比率分析法和比较分析法结合起来运用的一种方法。

趋势分析法的计算指标包括差异数、差异率和趋势比率。差异数是将不同时期的指标直接相减后的差数。它可以得到明确的增减概念,从而直观地表示某财务指标的变动幅度。

$$\text{差异数} = \text{报告期数} - \text{基期数}$$

差异率则是差异数与基期数的比值。它可以使使用者获得相对变动的概念,以此来表示某项财务指标的变动水平。它是以百分比的形式表述企业跨期经营成果和财务状况的变动情况。绝对数变化常常带有隐蔽性,百分比趋势分析法能够克服这种不足,因此这种方法特别适用于评价公司的发展趋势。

$$\text{差异率} = \frac{\text{差异数}}{\text{基期数}} \times 100\%$$

趋势比率是将不同时期的财务信息换算为同一时期的百分比,提供一项简明的趋势概念。它不但能单独表明该项指标的变动情况,而且能在一系列比率的横向联系中,显示未来的发展趋势。

$$趋势比率=\frac{报告期数}{基期数}\times100\%$$

在进行趋势分析时，确定好基期是至关重要的。在实际分析时可以有两种选择：一种是以某选定时期为基期，即固定基期，以后各期数均以该期数作为共同基数计算出的趋势比率，称为定比；另外一种则以上期为基期，各期数分别以前一期数作为基期数，基期不固定，且顺次移动，计算出的趋势比率也称环比。

因此趋势分析通常有两种方法可供选择：一是逐年分析法（year-to-year approach）。它是将前一年作为后一年的基年，变化百分比逐年显示出来，因此也被称为环比法。尽管这种方法具有明确反映逐年变化的优点，但由于不同年度都可以用作基年，因此无法反映逐年变化的累积影响。二是定基百分比分析法（base-year-to-date approach）。它是以第一年作为基年，以后各年与基年比较确定累积百分比变化。在使用这种方法时要特别注意初始年度的选择，如果基数较小，很小的金额变化可能会产生非常高的百分比；如果基数是零或负数，虽然存在数量的变化，但这种百分比也是无意义的。

### （四）时间序列分析

时间序列分析（time-series analysis）是指将某一现象所发生的数量变化，按时间的先后顺序排列，以揭示随着时间的推移这一现象的发展规律，从而预测现象发展的方向及数量。运用时间序列分析的目的在于：①预测序列的未来发展情况；②分析序列的基本趋势、季节和随机项的组成；③分析特定的数据集合、拟合理论模型，尤其是建立数学模型，进而进行模型结构分析和实证研究。

在投资分析和财务报表分析中，收益预测居于重要地位。因为收益是决定证券内在价值（intrinsic value）的重要因素，企业未来收益水平意味着管理当局的胜任程度和企业在行业中的竞争地位。财务分析人员在确定企业盈利水平或盈利能力时，主要依赖于预期的未来收益。西方国家早已发现会计收益的时间序列特性的证据，并已证实会计收益呈现随机游走（random-walk）状态。因此，在财务报表分析中运用时间序列分析的随机游走分析有来自实证分析的支持。而预测未来收益的平均收益法和趋势报表，目前尚缺乏充分的实证分析的检验。

### （五）综合分析

杜邦财务分析体系（Du Pont systerm）是利用各项财务指标之间的内在联系，对企业的综合经营管理和经济效益进行系统分析的一种综合分析方法。因该方法最初由美国的杜邦公司创立并加以成功运用而得名。杜邦分析法中几种主要的财务指标关系为：

净资产收益率＝总资产利润率（净利润÷总资产）×权益乘数（总资产÷总权益资本）

而：总资产利润率（净利润 ÷ 总资产）＝销售净利率（净利润 ÷ 总收入）× 资产周转率（总收入 ÷ 总资产）

即：净资产收益率＝销售净利率（NPM）× 资产周转率（AU，资产利用率）× 权益乘数（EM）

（1）净资产收益率在杜邦财务分析体系中，是综合能力最强的一个指标，因此它是杜邦财务分析体系的核心。其原因在于：第一，企业的目标是企业价值最大化，它等价于股东财富最大化（满足一定的条件）。而股东作为企业法定和终极意义上的所有者，其投入的资金属于自有资金，形成企业的净资产（所有者权益）。第二，企业经营的目标可以概括为生存、获利和发展，而净资产收益率浓缩地体现着企业的经营目标，对以营利为目的的企业尤其如此。净资产收益率由总资产利润率和权益乘数构成。

（2）总资产利润率体现为销售净利率和资产周转率的乘积，需要结合企业的营业活动和营运能力进行分析。权益乘数作为一个比率，体现为产权比率（产权比率 =1- 资产负债率）的倒数。

通过上述财务指标的层层分解，不仅可以揭示出企业各项财务指标之间的结构关系，查明各项指标变动的影响因素，而且可以揭示企业管理当局提高企业经营业绩的思路。

## 本章小结

本章内容主要介绍了财务报告的相关概念和体系。财务报表是财务报告系统的核心。围绕资产负债表、利润表、现金流量表以及所有者权益变动表，本章介绍了财务报表的内容、格式和编制方法。附注是对财务报表表内信息的补充，企业应当在附注中补充说明表内信息。此外，本章还介绍了关联方关系、分部报告以及中期财务报告的概念。最后，简要介绍了财务报表分析常用的方法。

## 复习思考题

1. 资产负债表的主要内容有哪些？资产负债表传递了什么信息？如何编制资产负债表？

2. 什么是利润表？利润表包含哪些内容？如何编制利润表？

3. 什么是现金及其等价物？现金流量表包含哪些内容？怎样编制现金流量表？

## 即测即评

请扫描右侧二维码，进行随堂测试。

# 第十八章　资产负债表日后事项

## 学习目标

通过本章学习，应能够掌握资产负债表日后事项的含义以及分类；区分调整事项和非调整事项；掌握调整事项的会计处理和非调整事项的处理。

### 导读案例

受新冠肺炎疫情影响，2020 年 2 月 1 日，中国人民银行、财政部、银保监会、证监会和国家外汇管理局共同发布了《关于进一步强化金融支持防控新型冠状病毒感染肺炎疫情的通知》，要求强化金融对疫情防控工作的支持。

2020 年 2 月 13 日，中国平安公布 2019 年年报。2019 年中国平安归属于母公司股东的营运利润同比增长 18.1% 至 1 329.55 亿元；净利润同比增长 36.5% 至 1 643.65 亿元，归属于母公司股东的净利润同比增长 39.1% 至 1 494.07 亿元。中国平安总经理表示，疫情短期影响显著，对平安有一定的负面影响。对寿险新业务发展、贷款业务会有影响，短期影响不容小视。

在 2019 年年报的资产负债表日后事项段中，中国平安披露，"肺炎疫情将对包括湖北省在内的部分省市和部分行业的企业经营，以及整体经济运行造成一定影响，从而可能在一定程度上影响公司信贷资产和投资资产的资产质量或资产收益水平，影响程度将取决于疫情防控的情况、持续时间以及各项调控政策的实施"。

资产负债表日后事项包括哪些类别？如何进行相应会计处理？不同类别将对财务报表产生哪些影响？这一系列问题都有待通过本章的学习予以解答。

资料来源：编者整理。

## 第一节　资产负债表日后事项概述

财务报告的编制需要一定的时间，因此，资产负债表日与财务报告的批准报出日之间往往存在时间差，这段时间发生的一些事项可能对财务报告使用者有重要影响。资产负债表日后事项是指资产负债表日至财务报告批准报出日之间发生的有利或不利事项，包括资产负债表日后调整事项和资产负债表日后非调整事项。

## 一、资产负债表日后事项有关概念

### （一）资产负债表日

资产负债表日是指会计年度末和会计中期期末。其中，年度资产负债表日是指公历12月31日；会计中期通常包括半年度、季度和月度等，会计中期期末相应地是指公历半年末、季末和月末等。

如果母公司或者子公司在国外，无论该母公司或子公司如何确定会计年度和会计中期，其向国内提供的财务报告都应根据我国《会计法》和会计准则的要求确定资产负债表日。

### （二）财务报告批准报出日

财务报告批准报出日是指董事会或类似机构批准财务报告报出的日期。通常是指对财务报告的内容负有法律责任的单位或个人批准财务报告对外公布的日期。

财务报告的批准者包括所有者、所有者中的多数、董事会或类似的管理单位、部门和个人。公司制企业的董事会有权批准对外公布财务报告，因此，公司制企业财务报告批准报出日是指董事会批准财务报告报出的日期。对于非公司制企业，财务报告批准报出日是指经理（厂长）会议或类似机构批准财务报告报出的日期。

### （三）有利或不利事项

资产负债表日后事项概念中所称“有利或不利事项”的含义是，资产负债表日后事项肯定对企业财务状况和经营成果具有一定影响（既包括有利影响也包括不利影响）。如果某些事项的发生对企业并无任何影响，那么，那些事项既不是有利事项也不是不利事项，也就不属于准则所称资产负债表日后事项。

## 二、资产负债表日后事项涵盖的期间

资产负债表日后事项涵盖的期间是自资产负债表日次日起至财务报告批准报出日止的一段时间，具体是指报告期下一期间的第一天至董事会或类似机构批准财务报告对外公布的日期。财务报告批准报出以后、实际报出之前又发生与资产负债表日后事项有关的事项，并由此影响财务报告对外公布日期的，应以董事会或类似机构再次批准财务报告对外公布的日期为截止日期。

**【例 18-1】** 甲公司 2×17 年的年度财务报告于 2×18 年 3 月 15 日编制完成，注册会计师完成年度审计工作并签署审计报告的日期为 2×18 年 4 月 12 日，2×18 年 4 月 20 日董事会批准财务报告对外公布，财务报告实际对外公布的日期为 2×18 年 4 月 25 日，股东大会召开日期为 2×18 年 5 月 6 日。

本例中，甲公司 2×17 年年报的资产负债表日后事项涵盖的期间为 2×18 年 1 月 1 日至 2×18 年 4 月 20 日。如果在 2×18 年 4 月 20 日至 25 日之间发生了重大事项，需要调整财务报表相关项目的数字或需要在财务报表附注中披露，经调整或说明后的财务报告再经董事会批准报出的日期为 2×18 年 4 月 28 日，实际报出的日期为 2×18 年 4 月 30 日，则资产负债表日后事项涵盖的期间为 2×18 年 1 月 1 日至 2×18 年 4 月 28 日。

## 第二节 资产负债表日后事项的性质与分类

资产负债表日后事项包括资产负债表日后调整事项（以下简称调整事项）和资产负债表日后非调整事项（以下简称非调整事项）两类。

### 一、资产负债表日后调整事项

资产负债表日后调整事项，是指对资产负债表日已经存在的情况提供了新的或进一步证据的事项。

如果资产负债表日及所属会计期间已经存在某种情况，但当时并不知道其存在或者不能知道确切结果，资产负债表日后发生的事项能够证实该情况的存在或者确切结果，则该事项属于资产负债表日后事项中的调整事项。调整事项能对资产负债表日的存在情况提供追加的证据，并会影响编制财务报表过程中的内在估计。

调整事项有两个特点：一是在资产负债表日或以前已经存在，资产负债表日后得以证实的事项；二是对按资产负债表日存在状况编制的财务报表产生重大影响的事项。下列事项属于调整事项：

(1) 资产负债表日后诉讼案件结案，法院判决证实了企业在资产负债表日已经存在的现时义务，需要调整原先确认的与该诉讼案件相关的预计负债，或确认一项新负债。

【例 18-2】 甲企业与丁企业签订的经济合同中订明，甲企业应于 2×19 年 8 月 2 日提供给丁企业一批商品，由于甲企业未按合同规定按时提供商品，丁企业发生经济损失。丁企业于 2×19 年 10 月提出起诉，要求甲企业赔偿违约经济损失 200 万元。由于案件尚在审理过程中，并未做出最终判决，甲企业于 2×19 年 12 月 31 日根据当时的资料判断很可能会败诉，估计赔偿金额为 120 万元，并按此估计金额计入了损益。但在 2×20 年 3 月 1 日财务报告批准报出前经一审判决，甲企业须赔偿丁企业经济损失 180 万元，甲企业和丁企业均接受此判决，不再上诉。这一事项表明，资产负债表日后至财务报告批准报出日之间有了最终的结果，因而对资产负债表日存在的状况提供了进一步证据，这一新的证据表明对资产负债表日所作估计需要调整的，应对资产负债表日编制的财务报表进行调整。

(2) 资产负债表日后取得确凿证据，表明某项资产在资产负债表日发生了减值或者需要调整该项资产原先确认的减值金额。

【例 18-3】 甲企业应收乙企业账款 156 万元，按合同约定应在 2×19 年 11 月 10 日前偿还。在 2×19 年 12 月 31 日结账时甲企业尚未收到这笔应收账款，并已知乙企业财务状况不佳，近期内难以偿还债务，甲企业对该项应收账款提取 2% 的坏账准备。2×20 年 2 月 10 日，在甲企业报出财务报告之前收到乙企业通知，乙企业已宣告破产，无法偿付部分欠款。

从这一例子可见，甲企业于 2×19 年 12 月 31 日结账时已经知道乙企业财务状况不佳，即在 2×19 年 12 月 31 日，乙企业财务状况不佳的事实已经存在，但未得到乙企业破产的确切证据。2×20 年 2 月 10 日甲企业正式收到乙企业通知，得知乙企业已破产，并且无法偿付部分货款，即2×20年2月10日对2×19年12月31日存在的情况提供了新的证据，表明根据2×19年12月31日存在情况提供的资产负债表所反映的应收乙企业账款中已有部分成为坏账，据此应对财务报表相关项目的数字进行调整。

(3) 资产负债表日后进一步确定了资产负债表日前购入资产的成本或售出资产的收入。

**【例18-4】** 2×19年某建筑公司对当年承建的合同总收入2 000万元、合同总成本1 600万元的一项建筑合同，在年度资产负债表日按估计的20%的完工进度确认报告的年度收入为400万元、毛利为80万元；2×20年2月根据修订后的工程进度报告书，该工程在2×19年12月31日已完成30%。这种情况下，该建筑公司应对根据2×19年12月31日估计确认的2×19年度的收益进行调整。

(4) 资产负债表日后发现了财务报表舞弊或差错。

## 二、资产负债表日后非调整事项

资产负债表日后非调整事项，是指表明资产负债表日后所发生情况的事项。非调整事项的发生不影响资产负债表日企业的财务报表数字，只说明资产负债表日后发生了某些情况。对于财务报告使用者来说，非调整事项说明的情况有的重要，有的不重要。其中重要的非调整事项虽然与资产负债表日的财务报表数字无关，但可能影响资产负债表日以后的财务状况和经营成果，所以应在附注中适当披露。非调整事项的特点是：第一，资产负债表日并未发生或存在，完全是期后才发生的事项；第二，对理解和分析财务报告有重大影响的事项。资产负债表日后非调整事项的主要例子有

(1) 资产负债表日后发生重大诉讼、仲裁、承诺。

(2) 资产负债表日后资产价格、税收政策、外汇汇率发生重大变化。

(3) 资产负债表日后因自然灾害导致资产发生重大损失。

(4) 资产负债表日后发行股票和债券以及其他巨额举债。

(5) 资产负债表日后资本公积转增资本。

(6) 资产负债表日后发生巨额亏损。

(7) 资产负债表日后发生企业合并或处置子公司。

(8) 资产负债表日后企业利润分配方案中拟分配的以及经审议批准宣告发放的现金股利和利润。

**【例18-5】** 债务人乙公司财务情况恶化导致债权人甲公司发生坏账损失。2×19年12月31日乙公司财务状况良好，甲公司预计应收账款可按时收回；乙公司一周后发生重大火灾，导致甲公司75%的应收账款无法收回。导致甲公司2×19年度应收账款损失的因素是火灾，应收账款发生损失这一事实在资产负债表日以后才发生，因此乙公司发生火灾导致甲公司应收款项发生坏账的事项属于非调整事项。

综上所述，调整事项和非调整事项的区别在于调整事项是事项存在于资产负债表日或以前，资产负债表日后提供了证据对以前已存在的事项所作的进一步说明；而非调整事项是在资产负债表日尚未存在，但在财务报告批准报出日之前发生或存在。这两类事项的共同点在于：调整事项和非调整事项都是在资产负债表日后至财务报告批准报出日

之间发生或存在的，对报告年度的财务报告所反映的财务状况、经营成果都将产生重大影响。如何确定资产负债表日后发生的某一事项是调整事项还是非调整事项，是运用资产负债表日后事项准则的关键。某一事项究竟是调整事项还是非调整事项，取决于该事项表明的情况在资产负债表日或资产负债表日以前是否已经存在。若该情况在资产负债表日或之前已经存在，则属于调整事项；反之，则属于非调整事项。

## 第三节 资产负债表日后调整事项的会计处理

### 一、资产负债表日后调整事项的会计处理原则

企业发生资产负债表日后调整事项，应当调整资产负债表日已编制的财务报表。这里的财务报表包括资产负债表、利润表以及所有者权益变动表，但不包括现金流量表正表。对于年度财务报表而言，由于资产负债表日后事项发生在报告年度的次年，报告年度的有关账目已经结转，特别是损益类科目在结账后已无余额。因此，年度资产负债表日后发生的调整事项，应分别按以下情况进行处理：

(1) 涉及损益的事项，通过“以前年度损益调整”科目核算。调整增加以前年度利润或调整减少以前年度亏损的事项，记入“以前年度损益调整”科目的贷方；反之，记入“以前年度损益调整”科目的借方。调整完成后，应将“以前年度损益调整”科目的贷方或借方余额，转入“利润分配——未分配利润”科目。需要注意的是，涉及损益的调整事项如果发生在资产负债表日所属年度（即报告年度）所得税汇算清缴前，应调整报告年度应纳税所得额和应纳所得税税额；如果发生在报告年度所得税汇算清缴后，应调整本年度（即报告年度的次年）应纳所得税税额。

由于以前年度损益调整增加的所得税费用，记入“以前年度损益调整”科目的借方，同时贷记“应交税费——应交所得税”等科目；反之亦然。调整完成后，将“以前年度损益调整”科目的贷方或借方余额，转入“利润分配——未分配利润”科目。

(2) 涉及利润分配调整的事项，直接在“利润分配——未分配利润”科目中处理。

(3) 不涉及损益以及利润分配的事项，调整相关科目。

(4) 通过上述账务处理后，还应同时调整财务报表相关项目的数字，包括资产负债表日编制的财务报表相关项目的期末余额或本年金额，当期编制的财务报表相关项目的期初余额数或上年数。经过上述调整后，涉及财务报表附注内容的，还应当调整报表附注相关项目的数字。

### 二、资产负债表日后调整事项举例

以下举例说明资产负债表日后调整事项的具体会计处理。假定甲公司财务报告批准报出日是次年 3 月 31 日，所得税税率为 25%，按净利润的 10% 提取法定盈余公积，提取法定盈余公积后不再作其他分配；调整事项按税法规定均可调整应交纳的所得税；涉及递延所得税资产的，均假定未来期间很可能取得用来抵扣暂时性差异的应纳税所得额。

(1) 资产负债表日后诉讼案件结案，法院判决证实了企业在资产负债表日已经存在现时义务，需要调整原先确认的与该诉讼案件相关的预计负债，或确认一项新负债。

这一事项是指导致诉讼的事项在资产负债表日已经发生，但尚不具备确认负债的条件而未确认，因此法院判决后应确认一项新负债；或者虽已确认，但需要调整已确认负债的金额。

**【例 18-6】** 甲公司因违约，于 2×17 年 12 月被乙公司告上法庭，要求甲公司赔偿 80 万元。2×17 年 12 月 31 日法院尚未判决，甲公司按或有事项准则对该诉讼事项确认预计负债 50 万元。2×18 年 3 月 10 日，经法院判决甲应赔偿乙 60 万元。甲、乙双方均服从判决。判决当日，甲向乙支付赔偿款 60 万元。甲、乙两公司 2×17 年所得税汇算清缴在 2×18 年 4 月 10 日完成（假定该项预计负债产生的损失不允许税前扣除，只有在损失实际发生时才允许税前抵扣）。

本例中，2×18 年 3 月 10 日的判决证实了甲、乙两公司在资产负债表日（即 2×17 年 12 月 31 日）分别存在现时赔偿义务和获赔权利，因此两公司都应将“法院判决”这一事项作为调整事项进行处理。

甲公司的账务处理如下：

① 2×18 年 3 月 10 日，记录支付的赔款，并调整递延所得税资产。

| | | |
|---|---|---|
| 借：以前年度损益调整 | 100 000 | |
| 　贷：其他应付款 | | 100 000 |
| 借：应交税费——应交所得税 | 25 000 | |
| 　贷：以前年度损益调整（100 000×25%） | | 25 000 |
| 借：应交税费——应交所得税 | 125 000 | |
| 　贷：以前年度损益调整 | | 125 000 |
| 借：以前年度损益调整 | 125 000 | |
| 　贷：递延所得税资产 | | 125 000 |
| 借：预计负债 | 500 000 | |
| 　贷：其他应付款 | | 500 000 |
| 借：其他应付款 | 600 000 | |
| 　贷：银行存款 | | 600 000 |

注：2×17 年年末因确认预计负债 50 万元时已确认相应的递延所得税资产，资产负债表日后事项发生后递延所得税资产不复存在，故应冲销相应记录。

② 将“以前年度损益调整”科目余额转入未分配利润。

| | | |
|---|---|---|
| 借：利润分配——未分配利润 | 75 000 | |
| 　贷：以前年度损益调整 | | 75 000 |

③ 因净利润变动，调整盈余公积。

| | | |
|---|---|---|
| 借：盈余公积（75 000×10%） | 7 500 | |
| 　贷：利润分配——未分配利润 | | 7 500 |

④ 调整报告年度报表。

A. 资产负债表项目的年末数调整。

调减递延所得税资产 125 000 元；调减预计负债 500 000 元；调增其他应付款 600 000 元；调减应交税费 150 000 元；调减盈余公积 7 500 元；调减未分配利润 67 500 元。

B. 利润表项目的调整。

调增营业外支出 100 000 元；调减所得税费用 25 000 元；调减净利润 75 000 元。

C. 所有者权益变动表的调整。

调减净利润 75 000 元；提取盈余公积项目中盈余公积一栏调减 7 500 元，未分配利润一栏调减 67 500 元。

乙公司的账务处理如下：

① 2×18 年 3 月 10 日，记录收到的赔款。

借：其他应收款　　600 000

　贷：以前年度损益调整　　600 000

借：以前年度损益调整（600 000×25%）　　150 000

　贷：应交税费——应交所得税　　150 000

借：银行存款　　600 000

　贷：其他应收款　　600 000

② 将“以前年度损益调整”科目余额转入未分配利润。

借：以前年度损益调整　　450 000

　贷：利润分配——未分配利润　　450 000

③ 因净利润增加，补提盈余公积。

借：利润分配——未分配利润　　45 000

　贷：盈余公积（450 000×10%）　　45 000

④ 调整报告年度报表。

A. 资产负债表项目的年末数字调整。

调增其他应收款 600 000；调增盈余公积 45 000 元；调增未分配利润 405 000 元；调增应交税费 150 000 元。

B. 利润表项目的调整。

调增营业外收入 600 000 元；调增所得税费用 150 000 元；调增净利润 450 000 元。

C. 所有者权益变动表项目的调整。

调增净利润 450 000 元；提取盈余公积项目中盈余公积一栏调增 45 000 元；未分配利润一栏调增 405 000 元。

(2) 资产负债表日后取得确凿证据，表明某项资产在资产负债表日发生了减值或者需要调整该项资产原先确认的减值金额。

**【例 18-7】** 2×17 年 4 月甲公司销售给乙公司一批产品，货款为 58 000 元(含增值税)，乙公司于 5 月份收到所购物资并验收入库，按合同规定，乙公司应于收到所购物资后一个月内付款。由于乙公司财务状况不佳，到 2×17 年 12 月 31 日仍未付款。甲公司于 12 月 31 日编制 2×17 年度财务报表时，已为该项应收账款提取坏账准备 2 900 元；12 月 31 日资产负债表上“应收账款”项目的金额为 76 000 元，其中 55 100 元为该项应收账款。甲公司于 2×18 年 2 月 2 日（所得税汇算清缴前）收到法院通知，乙公司已宣告破产清算，无力偿还所欠部分货款。甲公司预计可收回应收账款的 40%。适用的所得税税率为 25%。

本例中，甲公司在收到法院通知后，首先可判断该事项属于资产负债表日后调整事项；然后应根据调整事项的处理原则进行处理。其账务处理具体过程如下：

① 补提坏账准备。

应补提的坏账准备 =58 000×60%–2 900=31 900（元）

借：以前年度损益调整　　31 900

　贷：坏账准备　　31 900

② 调整递延所得税资产。

借：递延所得税资产　　7 975

　贷：以前年度损益调整（31 900×25%）　　7 975

③ 将"以前年度损益调整"科目的余额转入利润分配。

借：利润分配——未分配利润　　23 925

　贷：以前年度损益调整（31 900–7 975）　　23 925

④ 调整利润分配有关数字。

借：盈余公积　　2 392.50

　贷：利润分配——未分配利润（23 925×10%）　　2 392.50

⑤ 调整报告年度财务报表。

A. 资产负债表项目的调整。

调减应收账款年末数 31 900 元；调增递延所得税资产 7 975 元；调减盈余公积 2 392.50 元；调减未分配利润 21 532.50 元。

B. 利润表项目的调整。

调增信用减值损失 31 900 元，调减所得税费用 7 975 元，调减净利润 23 925 元。

C. 所有者权益变动表项目的调整。

调减净利润 23 925 元；提取盈余公积项目中盈余公积一栏调减 2 392.50 元；未分配利润一栏调减 21 532.50 元。

(3) 资产负债表日后进一步确定了资产负债表日前购入资产的成本或售出资产的收入。这类调整事项包括两方面的内容：①若资产负债表日前购入的资产已经按暂估金额等入账，资产负债表日后获得证据，可以进一步确定该资产的成本，则应该对已入账的资产成本进行调整。②企业在资产负债表日已根据收入确认条件确认资产销售收入，但资产负债表日后获得关于资产收入的进一步证据，如发生销售退回等，此时也应调整财务报表相关项目的金额。需要说明的是，资产负债表日后发生的销售退回，既包括报告年度或报告中期销售的商品在资产负债表日后发生的销售退回，也包括以前期间销售的商品在资产负债表日后发生的销售退回。

资产负债表所属期间或以前期间所售商品在资产负债表日后退回的，应作为资产负债表日后调整事项处理。发生于资产负债表日后至财务报告批准报出日之间的销售退回事项，可能发生于年度所得税汇算清缴之前，也可能发生于年度所得税汇算清缴之后，其会计处理分别为：

(1) 涉及报告年度所属期间的销售退回发生于报告年度所得税汇算清缴之前，应调整报告年度利润表的收入、成本等，并相应调整报告年度的应纳税所得额以及报告年度应缴纳的所得税等。

**【例 18-8】** 甲公司 2×17 年 12 月 20 日销售一批商品给丙企业，取得收入 100 000 元（不含税，增值税税率为 13%）。甲公司发出商品后，按照正常情况已确认收入，并结转成本 80 000 元。此笔货款到年末尚未收到，甲公司未对应收账款计提坏账准备。2×18 年 1 月 18 日，由于产品质量问题，本批货物被退回。企业于 2×18 年 2 月 28 日完成 2×17 年所得税汇算清缴。公司适用的所得税税率为 25%。

本例中，销售退回业务发生在资产负债表日后事项涵盖期间内，应属于资产负债表日后调整事项。

甲公司的账务处理如下：

① 2×18 年 1 月 18 日，调整销售收入。

借：以前年度损益调整　　100 000

　应交税费——应交增值税（销项税额）　　13 000

　贷：应收账款　　113 000

② 调整销售成本。

借：库存商品　　80 000

　贷：以前年度损益调整　　80 000

③ 调整应缴纳的所得税。

借：应交税费——应交所得税　　5 000

　贷：以前年度损益调整　　5 000

* 注：5 000=（100 000-80 000）×25%

④ 将“以前年度损益调整”科目余额转入未分配利润。

借：利润分配——未分配利润　　15 000

　贷：以前年度损益调整　　15 000

⑤ 调整盈余公积。

借：盈余公积　　1 500

　贷：利润分配——未分配利润　　1 500

⑥ 调整报告年度相关财务报表。

A. 产负债表项目的年末数调整。

调减应收账款 113 000 元，调增库存商品 80 000 元，调减盈余公积 1 500 元，调减未分配利润 13 500 元。

B. 利润表项目的调整。

调减营业收入 100 000 元，调减营业成本 80 000 元，调减所得税费用 5 000 元，调减净利润 15 000 元。

C. 所有者权益变动表项目的调整。

调减净利润 15 000 元；提取盈余公积项目中盈余公积一栏调减 1 500 元；未分配利润一栏调减 13 500 元。

(2) 资产负债表日后事项中涉及报告年度所属期间的销售退回发生于报告年度所得

税汇算清缴之后，应调整报告年度会计报表的收入、成本等，但按照税法规定在此期间的销售退回所涉及的应缴所得税，应作为本年度的纳税调整事项。

**【例 18-9】** 沿用【例 18-8】的资料，假定销售退回的时间改为 2×18 年 3 月 5 日即报告期所得税汇算清缴后。

甲公司的账务处理如下：

① 2×18 年 3 月 5 日，调整销售收入。

| | | |
|---|---|---|
| 借：以前年度损益调整 | 100 000 | |
| 　应交税费——应交增值税（销项税额） | 13 000 | |
| 　贷：应收账款 | | 113 000 |

② 调整销售成本。

| | | |
|---|---|---|
| 借：库存商品 | 80 000 | |
| 　贷：以前年度损益调整 | | 80 000 |

③ 将“以前年度损益调整”科目余额转入未分配利润。

| | | |
|---|---|---|
| 借：利润分配——未分配利润 | 20 000 | |
| 　贷：以前年度损益调整 | | 20 000 |

④ 调整盈余公积。

| | | |
|---|---|---|
| 借：盈余公积 | 2 000 | |
| 　贷：利润分配——未分配利润 | | 2 000 |

⑤ 调整报告年度相关财务报表。

A. 资产负债表项目的年末数调整。

调减应收账款 113 000 元；调增库存商品 80 000 元；调减盈余公积 2 000 元；调减未分配利润 18 000 元。

B. 利润表项目的调整。

调减营业收入 100 000 元；调减营业成本 80 000 元。

C. 所有者权益变动表项目的调整。

调减净利润 20 000 元；提取盈余公积项目中盈余公积一栏调减 2 000 元；未分配利润一栏调减 18 000 元。

(3) 资产负债表日后发现了财务报表舞弊或差错。这一事项是指资产负债表日后发现报告期或以前期间存在的财务报表舞弊或差错。企业发生这一事项后，应当将其作为资产负债表日后调整事项，调整报告期间财务报告相关项目的数字。

## 第四节 资产负债表日后非调整事项的会计处理

### 一、资产负债表日后非调整事项的会计处理原则

资产负债表日后发生的非调整事项，是表明资产负债表日后发生的情况的事项，与资产负债表日存在状况无关，不应当调整资产负债表日的财务报表。但有的非调整事项会对财务报告使用者产生重大影响，如不加以说明，将不利于财务报告使用者做出正确估计

和决策，因此，应在财务报表附注中披露重要的非调整事项的性质、内容，及对财务状况和经营成果的影响。

## 二、资产负债表日后非调整事项的处理方法

对于资产负债表日后发生的非调整事项，企业不必调整资产负债表日编制的年度财务报表中已确认的金额，但需要在财务报表附注中披露每项重要的资产负债表日后非调整事项的性质、内容，及对财务状况和经营成果的影响。无法做出估计的，应当说明原因。资产负债表日后非调整事项的主要例子有：

(1) 资产负债表日后发生重大诉讼、仲裁、承诺。资产负债表日后发生的重大诉讼等事项，对企业影响较大，为防止误导投资者及其他财务报告使用者，应当在报表附注中进行相关披露。

(2) 资产负债表日后资产价格、税收政策、外汇汇率发生重大变化。资产负债表日后发生的资产价格、税收政策和外汇汇率的重大变化，虽然不会影响资产负债表日财务报表相关项目的数据，但对企业资产负债表日后期间的财务状况和经营成果有重大影响，应当在报表附注中予以披露。

**【例 18–10】** 甲企业有一笔长期美元贷款，在编制 2×17 年 12 月 31 日的财务报表时已按 2×17 年年末的汇率进行折算（假设 2×17 年年末的汇率为 1 美元兑换 7.83 元人民币），假设国家规定从 2×18 年 1 月 1 日起进行外汇管理体制改革，外汇管理体制改革后人民币对美元的汇率发生重大变化。

本例中，甲企业在资产负债表日已经按照当天的资产计量方式进行处理，或按规定的汇率对有关账户进行调整，因此，无论资产负债表日后的资产价格和汇率如何变化，均不应影响资产负债表日的财务状况和经营成果。但是，如果资产负债表日后资产价格、外汇汇率发生重大变化，应对由此产生的影响在报表附注中进行披露。同样，国家税收政策发生重大改变将会影响企业的财务状况和经营成果，也应当在报表附注中及时披露该信息。

(3) 资产负债表日后因自然灾害导致资产发生重大损失。

**【例 18–11】** 甲企业拥有某外国乙企业 15% 的股权，无重大影响，投资成本为 400 万元。乙企业的股票在国外的某家股票交易所上市交易。在编制 2×19 年 12 月 31 日的资产负债表时，甲企业对乙企业投资的账面价值按初始投资成本反映。2×20 年 1 月，该国发生海啸，乙企业的股票市场价格大幅下跌，甲企业对乙企业的股权投资遭受重大损失。

本例中，自然灾害导致的资产重大损失对企业资产负债表日后财务状况的影响较大，如果不加以披露，有可能使财务报告使用者做出错误的决策，因此应作为非调整事项在报表附注中进行披露。本例中海啸发生在 2×20 年 1 月，属于资产负债表日后才发生或存在的事项，应当作为非调整事项在 2×19 年年度报表附注中进行披露。

(4) 资产负债表日后发行股票和债券以及其他巨额举债。企业发行股票、债券以及向银行或非银行金融机构举借巨额债务都是比较重大的事项。虽然这一事项与企业资产负债表日的存在状况无关，但这一事项的披露能使财务报告使用者了解与此有关的情况及可能带来的影响，故应披露。

(5) 资产负债表日后资本公积转增资本。企业以资本公积转增资本将会改变企业的资本(或股本)结构,影响较大,需要在报表附注中进行披露。

(6) 资产负债表日后发生巨额亏损。企业资产负债表日后发生巨额亏损将会对企业报告期以后的财务状况和经营成果产生重大影响,应当在报表附注中及时披露该事项,以便为投资者或其他财务报告使用者做出正确决策提供信息。

(7) 资产负债表日后发生企业合并或处置子公司。企业合并或者处置子公司的行为可以影响股权结构、经营范围等方面,对企业未来生产经营活动能产生重大影响,因此企业应在附注中披露处置子公司的信息。

(8) 资产负债表日后,企业利润分配方案中拟分配的以及经审议批准宣告发放的股利或利润。资产负债表日后,企业制定利润分配方案,拟分配或经审议批准宣告发放股利或利润的行为,并不会致使企业在资产负债表日形成现时义务,因此虽然发生该事项可导致企业负有支付股利或利润的义务,但支付义务在资产负债表日尚不存在,不应该调整资产负债表日财务报告,因此,该事项为非调整事项。但为便于财务报告使用者更充分地了解相关信息,企业需要在财务报告中适当披露该信息。

## 本章小结

资产负债表日后事项是指资产负债表日至财务报告批准报出日之间发生的有利或不利事项,包括资产负债表日后调整事项和资产负债表日后非调整事项。资产负债表日后调整事项,是指对资产负债表日已经存在的情况提供了新的或进一步证据的事项,因此应当调整资产负债表日已编制的财务报表。这里的财务报表包括资产负债表、利润表,以及所有者权益变动表,但不包括现金流量表正表。非调整事项是指表明资产负债表日后所发生情况的事项。非调整事项的发生不影响资产负债表日企业的财务报表数字,只说明资产负债表日后发生了某些情况,不应当调整资产负债表日的财务报表。但有的非调整事项会对财务报告使用者产生重大影响,因此应在财务报表附注中披露重要的非调整事项的性质、内容,及对财务状况和经营成果的影响。

## 复习思考题

1. 什么是资产负债表日后事项?
2. 资产负债表日后事项可以如何分类?
3. 资产负债表日后调整事项和非调整事项有何区别?
4. 试举资产负债表日后调整事项和重要非调整事项的例子。
5. 简述资产负债表日后调整事项的会计处理原则。
6. 简述资产负债表日后非调整事项的会计处理原则。

## 即测即评

请扫描右侧二维码，进行随堂测试。

# 第十九章　持有待售的非流动资产、处置组和终止经营

## 学习目标

通过本章学习，应能够：了解持有待售类别和终止经营有关的概念；理解持有待售类别的分类原则；掌握持有待售类别、终止经营的计量和列报。

## 导读案例

### 上市公司执行《企业会计准则第42号——持有待售的非流动资产、处置组和终止经营》存在的问题

中国证券监督管理委员会(简称证监会)于2018年8月3日发布的《2017年上市公司年报会计监管报告》对上市公司2017年年度报告中会计处理、财务信息披露情况及其存在的问题进行了分析和总结。其中，上市公司执行持有待售的非流动资产、处置组和终止经营会计准则存在问题主要有：①将尚未通过上市公司股东大会审议通过，或者未经买卖双方主管部门审批或备案同意的拟处置资产，不恰当地作为持有待售资产进行处理；②将已处置的不构成主要业务的子公司作为终止经营列报；③对于当期列报的终止经营，未在当期财务报表可比会计期间信息中将其相应损益调整为终止经营损益列报；④对于本期出售主要业务构成终止经营的，未在财务报表附注中披露终止经营相关损益、现金流量及可比期间信息；⑤固定资产等生产经营性资产相关处置损益未在资产处置损益项目中列报，仍作为营业外收支列报。

2019年7月26日，证券会发布了《2018年上市公司年报会计监管报告》。其中，再次列明年报中与持有待售和终止经营相关的列报和披露问题有：①部分上市公司已签订处置土地使用权及地上建筑物的合同，并于资产负债表日前收到部分交易价款，相关非流动资产符合持有待售的判断标准，但未被分类为持有待售资产，亦未披露相关处置费用及公允价值等信息；②部分上市公司在报告期内处置子公司构成终止经营，在利润表中列报终止经营净利润时，未包括处置该子公司的处置损益，亦未将可比期间相关信息重新列报为终止经营净利润。

由此可见，近年来，上市公司在执行持有待售的非流动资产、处置组和终止经营相关会计准则的过程中问题频现。为了解其中的缘由，我们首先需要掌握与之相关的概念、原则和方法。本章内容将对相关知识进行系统的介绍。在学习之后，值得深入思考的是，应该如何提升会计准则的执行效果和质量？

资料来源：编者整理。

## 第一节 持有待售类别

### 一、持有待售类别的概念

资产可以按照持有的目的划分类别并加以记录，如固定资产的持有目的是持续使用、存货的持有目的是为了销售等。对非流动资产而言，通常企业持有的主要目的是通过使用或者控制该非流动资产，从而给企业带来经济利益的流入。然而，有时企业持有一项非流动资产并非出于持续使用或控制的目的，而是希望通过出售该非流动资产收回其经济价值。因此，对不同持有目的（出售或持续使用）的非流动资产加以区分记录就显得格外重要。企业主要通过出售而非持续使用一项非流动资产或处置组收回其账面价值的，应当将其划分为持有待售类别。处置组，是指在一项交易中作为整体通过出售或其他方式一并处置的一组资产，以及在该交易中转让的与这些资产直接相关的负债。处置组中可能包含企业的任何资产和负债，如流动资产、流动负债、非流动资产和非流动负债。按照《企业会计准则第 8 号——资产减值》的规定，企业合并中取得的商誉应当按照合理的方法分摊至相关的资产组或资产组组合，如果处置组即为该资产组或者包括在该资产组或资产组组合中，处置组也应当包含分摊的商誉。

对于符合持有待售类别划分条件但仍在使用的非流动资产或处置组，由于通过该资产或处置组的使用收回的价值相对于通过出售收回的价值是微不足道的，资产的账面价值仍然主要通过出售收回，因此，不应当因持有待售的非流动资产或处置组仍在产生零星收入而不将其划分为持有待售类别。

### 二、持有待售类别的分类

#### （一）持有待售类别分类的基本原则

1. 初始划分为持有待售类别的分类原则

非流动资产或处置组划分为持有待售类别，应当同时满足两个条件：

(1) 可立即出售。根据类似交易中出售此类资产或处置组的惯例，在当前状况下即可立即出售。为满足该条件，企业应当具有在当前状态下出售该非流动资产或处置组的意图和能力。为了符合类似交易中出售此类资产或处置组的惯例，企业应当在出售前做好相关准备，例如，按照惯例允许买方在报价和签署合同前对资产进行尽职调查等。上文所述“出售”包括具有商业实质的非货币性资产交换。如果企业以非货币性资产交换形式换出非流动资产或处置组，且该交易具有商业实质，那么企业应当考虑相关非流动资产或处置组是否符合划分为持有待售类别的条件。

【例 19-1】 芙蓉公司在市区繁华地段拥有一栋办公大楼，企业的主要业务部门均在该大楼内办公。由于发展战略发生改变，芙蓉公司计划整体搬迁至其他城市。芙蓉公司与石鼓公司签订了办公大楼转让合同，附带约定条款。

情形一：芙蓉公司将在腾空办公大楼后将其交付给石鼓公司，且腾空办公大楼所需时间是正常且符合交易惯例的。

情形二：芙蓉公司将在其他城市兴建的新办公大楼竣工前继续使用现有办公大楼，要等项目竣工后将旧办公大楼交付石鼓公司。

分析：情形一，在出售建筑物前将其腾空属于出售此类资产的惯例，且腾空只占用常规所需时间，因此即使芙蓉公司的办公大楼当前尚未腾空，也并不影响其满足在当前状况下即可立即出售的条件。

情形二，芙蓉公司将在其他城市兴建的新办公大楼竣工前继续使用现有办公大楼，不属于类似交易中出售此类资产的惯例，使得办公大楼在当前状况下不能立即出售，在新大楼竣工前芙蓉公司虽然已取得确定的购买承诺，办公大楼仍然不符合持有待售类别的划分条件。

【例 19-2】 由于石井公司经营范围发生改变，企业计划将生产甲产品的全套生产线出售，石井公司尚有一批积压的未完成客户订单。

情形一：石井公司决定在出售生产线的同时，将尚未完成的客户订单一并移交给买方。

情形二：石井决定在完成所积压的客户订单后再将生产线转让给买方。

分析：情形一，由于在出售日移交未完成客户订单不会影响对该生产线的转让时间，可以认为该生产线符合了在当前状况下即可立即出售的条件。

情形二，由于生产线在完成积压订单后方可出售，在完成所有积压的客户订单前，该生产线在当前状态下不能立即出售，不符合划分为持有待售类别的条件。

(2) 出售极可能发生。出售极可能发生，是指企业已经就一项出售计划作出决议且获得确定的购买承诺，预计出售将在一年内完成。有关规定要求企业相关权力机构或者监管部门批准后方可出售的，应当已经获得批准。

具体来说，“出售极可能发生”应当包含以下三层含义：

一是企业出售非流动资产或处置组的决议一般需要由企业相应级别的管理层做出，如果有关规定要求企业相关权力机构或者监管部门批准后方可出售，应当已经获得批准。

二是企业已经获得确定的购买承诺，确定的购买承诺是企业与其他方签订的具有法律约束力的购买协议，该协议包含交易价格、时间和足够严厉的违约惩罚等重要条款，使协议出现重大调整或者撤销的可能性极小。

三是预计自划分为持有待售类别起一年内，出售交易能够完成。

2. (持有待售类别) 可延长一年期限的例外情况

有些情况下，由于发生一些企业无法控制的原因，可能导致出售未能在一年内完成。如果涉及的出售是关联方交易，不允许放松一年期限条件。如果涉及的出售不是关联方交易，且有充分证据表明企业仍然承诺出售非流动资产或处置组，允许放松一年期限条件，企业可以继续将非流动资产或处置组划分为持有待售类别。

企业无法控制的原因包括：

(1) 意外设定条件。买方或其他方意外设定导致出售延期的条件，企业针对这些条件已经及时采取行动，且预计能够自设定导致出售延期的条件起一年内顺利化解延期因素。即企业在初始对非流动资产或处置组进行分类时，能够满足划分为持有待售类别的所有条件，但此后买方或是其他方提出一些意料之外的条件，且企业已经采取措施应对这些条件，预计能够自设定这些条件起一年内满足条件并完成出售，那么即使出售无法在最初一年内完成，企业仍然可以维持原持有待售类别的分类。

**【例 19-3】** 勤业公司计划将整套钢铁生产厂房和设备出售给塘埔公司，两企业不存在关联关系，双方已于 2×19 年 9 月 16 日签订了转让合同。因该厂区的污水排放系统存在缺陷，对周边环境造成污染。

情形一：勤业公司不知晓土地污染情况，2×19 年 11 月 6 日，塘埔公司在对生产厂房和设备进行检查过程中发现污染，并要求勤业公司进行补救。勤业公司立即着手采取措施，预计至 2×20 年 10 月底环境污染问题能够得到成功整治。

情形二：勤业公司知晓土地污染情况，在转让合同中附带条款，承诺将自 2×19 年 10 月 1 日起开展污染清除工作，清除工作预计将持续 8 个月。

情形三：勤业公司知晓土地污染情况，在协议中标明勤业公司不承担清除污染义务，并在确定转让价格时考虑了该污染因素，预计转让将于 9 个月内完成。

分析：情形一，在签订转让合同前，买卖双方并不知晓影响交易进度的环境污染问题，属于符合延长一年期限的例外事项，在 2×19 年 11 月 6 日发现延期事项后，勤业公司预计将在一年内消除延期因素，因此仍然可以将处置组划分为持有待售类别。

情形二，虽然买卖成方已经签订协议，但在污染得到整治前，该处置组在当前状态下不可立即出售，不符合划分为持有待售类别的条件。

情形三，由于卖方不承担清除污染义务，转让价格已将污染因素考虑在内，该处置组于协议签署日即符合划分为持有待售类别的条件。

(2) 发生罕见情况。因发生罕见情况，导致持有待售的非流动资产或处置组未能在一年内完成出售，企业在最初一年内已经针对这些新情况采取必要措施且重新满足了持有待售类别的划分条件。即非流动资产或处置组在初始分类时满足了持有待售类别的所有条件，但在最初一年内，出现罕见情况导致出售将被延迟至一年之后。如果企业针对这些新情况在最初一年内已经采取必要措施，而且该非流动资产或处置组重新满足了持有待售类别的划分条件，也就是在当前状况下可立即出售且出售极可能发生，那么即使原定的出售计划无法在最初一年内完成，企业仍然可以维持原持有待售类别的分类。这里的“罕见情况”主要指因不可抗力引发的情况、宏观经济形势发生急剧变化等不可控情况。

**【例 19-4】** 笃行公司拟将一栋原自用的写字楼转让，于 2×19 年 12 月 6 日与集岑公司签订了房产转让协议，预计将于 10 个月内完成转让，假定该写字楼于签订协议当日符合划分为持有待售类别的条件。2×20 年市场状况迅速恶化，房地产价格大跌，集岑公司认为原协议价格过高，决定放弃购买，并于 2×20 年 9 月 21 日按照协议约定缴纳了违约金。笃行公司决定在考虑市场状况变化的基础上降低写字楼售价，并积极开展市场营销，于2×20年12月1日与尚南公司重新签订了房产转让协议，预计将于9个月内完成转让，笃行公司和集岑公司不存在关联方关系。

分析：笃行公司与集岑公司之间的房产转让交易未能在一年内完成，原因是发生市场恶化、买方违约的罕见事件。在将写字楼划分为持有待售类别的最初一年内，笃行公司已经重新签署转让协议，并预计将在2×20年12月1日开始的一年内完成，使写字楼重新符合了持有待售类别的划分条件。因此，笃行公司仍然可以将该资产继续划分为持有待售类别。

3. 不再继续符合持有待售类别划分条件的处理

持有待售的非流动资产或处置组不再继续满足持有待售类别划分条件的，企业不应当继续将其划分为持有待售类别。部分资产或负债从持有待售的处置组中移除后，如果处置组中剩余资产或负债新组成的处置组仍然满足持有待售类别划分条件，企业应当将新组成的处置组划分为持有待售类别，否则应当将满足持有待售类别划分条件的非流动资产单独划分为持有待售类别。

### （二）特定的持有待售类别的分类

1. 专为转售而取得的非流动资产或处置组

对于企业专为转售而新取得的非流动资产或处置组，如果在取得日满足“预计出售将在一年内完成”的规定条件，且短期（通常为3个月）内很可能满足划分为持有待售类别的其他条件，企业应当在取得日将其划分为持有待售类别。

这些“其他条件”包括：根据类似交易中出售此类资产或处置组的惯例，在当前状况下即可立即出售；企业已经就一项出售计划作出决议且获得确定的购买承诺。有关规定要求企业相关权力机构或者监管部门批准后方可出售的，应当已经获得批准。

2. 持有待售的长期股权投资

（1）有些情况下，企业出售对子公司的投资但不丧失对其控制权的，企业不应当将拟出售的部分对子公司投资或对子公司投资整体划分为持有待售类别。

（2）有些情况下，企业因出售对子公司的投资等原因导致其丧失对子公司的控制权，出售后企业可能保留对原子公司的部分权益性投资，也可能丧失所有权益，应当在拟出售的对子公司投资满足持有待售类别划分条件时：①在母公司个别财务报表中将对子公司的投资整体划分为持有待售类别，而不是仅将拟处置的投资划分为持有待售类别；②在合并财务报表中将子公司所有资产和负债划分为持有待售类别，而不是仅将拟处置的投资对应的资产和负债划分为持有待售类别。

但是，无论对子公司的投资是否划分为持有待售类别，企业始终应当按照《企业会计准则第33号——合并财务报表》的规定确定合并范围，编制合并财务报表。

（3）企业出售对子公司投资后保留的部分权益性投资，应当区分以下情况处理：

① 如果企业对被投资企业施加共同控制或重大影响，在编制母公司个别财务报表时，应当按照《企业会计准则第2号——长期股权投资》有关成本法转权益法的规定进行会计处理，在编制合并财务报表时，应当按照《企业会计准则第33号——合并财务报表》的有关规定进行会计处理。

② 如果企业对被投资企业不具有控制、共同控制或重大影响，应当按照《企业会计准则第 22 号——金融工具确认和计量》进行会计处理。

(4) 按照《企业会计准则第 2 号——长期股权投资》规定，对联营企业或合营企业的权益性投资全部或部分分类为持有待售资产的应当停止权益法核算，对于未划分为持有待售资产的剩余权益性投资，应当在划分为持有待售的那部分权益性投资出售前继续采用权益法进行会计处理。原权益法核算的相关其他综合收益等应当在持有待售资产终止确认时，按照《企业会计准则第 2 号——长期股权投资》有关处置长期股权投资的规定进行会计处理。

**【例 19-5】** 银亭公司拟出售持有的部分长期股权投资，假设拟出售的股权符合持有待售类别的划分条件。

情形一：银亭公司拥有子公司 100% 的股权，拟出售全部股权。

情形二：银亭公司拥有子公司 100% 的股权，拟出售 55% 的股权，出售后将丧失对子公司的控制权，但对其具有重大影响。

情形三：银亭公司拥有子公司 100% 的股权，拟出售 35% 的股权，出售后仍然拥有对子公司的控制权。

情形四：银亭公司拥有子公司 54% 的股权，拟出售 16% 的股权，出售后将丧失对子公司的控制权，但对其具有重大影响。

情形五：银亭公司拥有联营企业 32% 的股权，拟出售 28% 的股权，银亭公司持有剩余的 4% 股权，且对被投资方不具有重大影响。

情形六：银亭公司拥有合营企业 50% 的股权，拟出售 40% 的股权，银亭公司持有剩余的 10% 股权，且对被投资方不具有共同控制或重大影响。

分析：情形一，银亭公司应当在母公司个别财务报在中将拥有的子公司全部股权划分为持有待售类别，在合并财务报表中将子公司所有资产和负债划分为持有待售类别。

情形二，银亭公司应当在母公司个别财务报表中将拥有的子公司全部股权划分为持有待售类别，在合并财务报表中将子公司所有资产和负债划分为持有待售类别。

情形三，由于银亭公司仍然拥有对子公司的控制权，该长期股权投资并不是"主要通过出售而非持续使用收回其账面价值"的，因此不应当将拟处置的部分股权划分为持有待售类别。

情形四与情形二类似，银亭公司应当在母公司个别财务报表中将拥有的子公司 54% 的股权划分为持有待售类别，在合并财务报表中将子公司所有资产和负债划分为持有待售类别。

情形五，银亭公司应当将拟出售的 28% 的股权划分为持有待售类别，不再按权益法核算，剩余 4% 的股权在前边 28% 的股权处置前，应当采用权益法进行会计处理，在前边 28% 的股权处置后，应当按照《企业会计准则第 22 号——金融工具确认和计量》有关规定进行会计处理。

情形六与情形五类似，银亭公司应当将拟出售的 40% 的股权划分为持有待售类别，不再按权益法核算，剩余 10% 的股权在前边 40% 的股权处置前，应当采用权益法进行会计处理，在前述 40% 的股权处置后，应当按照《企业会计准则第 22 号——金融工具确认和计量》有关规定进行会计处理。

3. 拟结束使用而非出售的非流动资产或处置组

企业不应当将拟结束使用而非出售的非流动资产或处置组划分为持有待售类别。这是因为，企业对该非流动资产或处置组的使用实质上几乎贯穿了其整个使用寿命期，其账面价值并非主要通过出售收回，而是主要通过持续使用收回，例如，因已经使用至经济寿命期结束而将某机器设备报废，因技术进步而将某子公司关停或转产。请注意，对于暂时停止使用的非流动资产，不应当认为其拟结束使用，也不应当将其划分为持有待售类别。

【例 19–6】 尚南公司拥有一条生产电子芯片的生产线，由于市场需求变化，该类芯片的销量锐减，公司决定暂停该生产线的生产，但仍然对其进行定期维护，待市场转好时重启生产。

分析：由于生产线属于暂停使用，尚南公司不应当将其划分为持有待售类别。

## 第二节　持有待售类别的会计处理

### 一、持有待售类别会计处理的科目设置

企业应设置以下科目，正确记录和反映持有待售的非流动资产和处置组的相关交易或事项：

#### （一）“持有待售资产”科目

本科目核算持有待售的非流动资产和持有待售的处置组中的资产。本科目按照资产类别进行明细核算。企业将相关非流动资产或处置组划分为持有待售类别时，借记本科目，按已计提的累计折旧、累计摊销等，借记“累计折旧”“累计摊销”等科目，按各项资产账面余额，贷记“固定资产”“无形资产”“长期股权投资”“应收账款”“商誉”等科目，已计提减值准备的，还应同时结转已计提的减值准备。本科目期末借方余额，反映企业持有待售的非流动资产和持有待售的处置组中资产的账面余额。

#### （二）“持有待售资产减值准备”科目

本科目核算适用持有待售准则计量规定的持有待售的非流动资产和持有待售的处置组中资产计提的减值准备。本科目按照资产类别进行明细核算。初始计量或资产负债表日，持有待售的非流动资产或处置组中的资产发生减值的，按应减记的金额，借记“资产减值损失”科目，贷记本科目。后续资产负债表日，持有待售的非流动资产或处置组中的资产减值转回的，按允许转回的金额，借记本科目，贷记“资产减值损失”科目。本科目期末贷方余额，反映企业已计提但尚未转销的持有待售资产减值准备。

#### （三）“持有待售负债”科目

本科目核算持有待售的处置组中的负债。本科目按照负债类别进行明细核算。企业将相关处置组划分为持有待售类别时，按相关负债的账面余额，借记“应付账款”“应付职工薪酬”等科目，贷记本科目。本科目期末贷方余额，反映企业持有待售的处置组中的负债的账面余额。

### （四）“资产处置损益”科目

本科目核算企业出售划分为持有待售的非流动资产（金融工具、长期股权投资和投资性房地产除外）或处置组（子公司和业务除外）时确认的处置利得或损失，以及处置未划分为持有待售的固定资产、在建工程、生产性生物资产及无形资产而产生的处置利得或损失。本科目按照处置的资产类别或处置组进行明细核算。债务重组中因处置非流动资产产生的利得或损失和非货币性资产交换中换出非流动资产产生的利得或损失也在本科目核算。企业处置持有待售的非流动资产或处置组时，按处置过程中收到的价款，借记“银行存款”等科目；按相关负债的账面余额，借记“持有待售负债”科目；按相关资产的账面余额，贷记“持有待售资产”科目；按其差额借记或贷记本科目；已计提减值准备的，还应同时结转已计提的减值准备；按处置过程中发生的相关税费，借记本科目，贷记“银行存款”“应交税费”等科目。期末，应将本科目余额转入“本年利润”科目，本科目结转后应无余额。

需要注意的是，资产处置损益不包括金融工具、长期股权投资和投资性房地产的处置利得或损失，以及子公司和业务的处置利得或损失。金融工具、长期股权投资的处置利得或损失在“投资收益”核算；投资性房地产的处置利得或损失在“其他业务收入 / 支出”核算；子公司和业务的处置利得或损失在“投资收益”核算。

对于持有待售的非流动资产（包括处置组中的非流动资产）的计量，应当区分不同情况：①采用公允价值模式进行后续计量的投资性房地产，适用《企业会计准则第 3 号——投资性房地产》；②采用公允价值减去出售费用后的净额计量的生物资产，适用《企业会计准则第 5 号——生物资产》；③职工薪酬形成的资产，适用《企业会计准则第 9 号——职工薪酬》；④递延所得税资产，适用《企业会计准则第 18 号——所得税》；⑤由金融工具相关会计准则规范的金融资产，适用金融工具相关会计准则；⑥由保险合同相关会计准则规范的保险合同所产生的权利，适用保险合同相关会计准则；⑦除上述各项外的其他持有待售的非流动资产，按下文阐述的方法计量。

对于持有待售的处置组的计量，只要处置组中包含了上述第⑦项所述的非流动资产（以下简称适用本章计量规定的非流动资产），就应当采用下文所述的方法计量整个处置组。处置组中的流动资产、上述第①至⑥项所述的非流动资产（以下简称适用其他准则计量规定的非流动资产）和所有负债的计量适用相关会计准则。

## 二、划分为持有待售类别前的计量

企业将非流动资产或处置组首次划分为持有待售类别前，应当按照相关会计准则规定计量非流动资产或处置组中各项资产和负债的账面价值。例如，按照《企业会计准则第 4 号——固定资产》的规定，对固定资产计提折旧；按照《企业会计准则第 6 号——无形资产》的规定，对无形资产进行摊销。按照《企业会计准则第 8 号——资产减值》的规定，企业应当在资产负债表日判断资产是否存在可能发生减值的迹象，如果资产已经或者将被闲置、终止使用或者计划提前处置，表明资产可能发生了减值。对于拟出售的非流动资产或处置组，企业应当在划分为持有待售类别前考虑进行减值测试。

【例 19-7】 勤业公司拥有一座仓库，原价为 720 万元，年折旧额为 36 万元，至 2×19

年 12 月 31 日已计提折旧 180 万元。2×20 年 1 月 20 日，勤业公司与尚南公司签署不动产转让协议，拟在 6 个月内将该仓库转让，经减值测试发现该仓库在 2×20 年 1 月 20 日的可回收金额为 500 万元，假定该不动产满足划分为持有待售类别的其他条件。

分析：2×20 年 1 月 20 日，勤业公司应当将仓库资产划分为持有待售类别，并按照《企业会计准则第 4 号——固定资产》的规定对该固定资产计提 1 月份折旧 3 万元。此外，勤业公司还需要按照《企业会计准则第 8 号——资产减值》的规定计提该仓库的减值准备 37 万元。2×20 年 1 月 20 日，该仓库在划分为持有待售类别前的账面价值为 500 万元，此后不再计提折旧。

## 三、划分为持有待售类别时的计量

对于持有待售的非流动资产或处置组，企业在初始计量时，应当按照相关会计准则规定计量流动资产、适用其他准则计量规定的非流动资产和负债。

如果持有待售的非流动资产或处置组整体的账面价值低于其公允价值减去出售费用后的净额，企业不需要对账面价值进行调整；如果账面价值高于其公允价值减去出售费用后的净额，应当将账面价值减记至公允价值减去出售费用后的净额，减记的金额确认为资产减值损失，计入当期损益，同时计提持有待售资产减值准备。

企业应当参考所获得的确定的购买承诺中的交易价格，确定持有待售的非流动资产或处置组的公允价值，交易价格应当考虑可变对价、合同中存在的重大融资成分、非现金对价、应付客户对价等因素的影响。如果企业尚未获得确定的购买承诺，例如，对于专为转售而取得的非流动资产或处置组，企业应当对其公允价值做出估计，优先使用市场报价等可观察输入值。

出售费用是企业发生的可以直接归属于出售资产或处置组的增量费用。出售费用直接由出售引起，并且是企业进行出售所必需的，如果企业不出售资产或处置组，该费用将不会产生。出售费用包括为出售发生的特定法律服务、评估咨询等中介费用，也包括相关的消费税、城市维护建设税、土地增值税和印花税等，但不包括财务费用和所得税费用。有些情况下，公允价值减去出售费用后的净额可能为负值，持有待售的非流动资产或处置组中资产的账面价值应当以减记至零为限。是否需要确认相关预计负债，应当按照或有事项的规定进行会计处理。

**【例 19-8】** 芙蓉公司拟将下属子公司石井公司出售给勤业公司，双方已签订了转让协议，预计将在 5 个月内完成转让。石井公司满足划分为持有待售类别的条件。石井公司与工商银行之间存在未决诉讼，石井公司可能败诉。由于不符合预计负债的确认条件，芙蓉公司仅在报表附注中披露了或有负债。

分析：在确定子公司石井公司的公允价值减去出售费用后的净额时，需要考虑尚未确认的或有负债的公允价值，石井公司的账面价值未确认该项或有负债，因此石井公司的公允价值减去出售费用后的净额低于其账面价值，应当确认持有待售资产减值损失，计入当期损益。

对于取得日划分为持有待售类别的非流动资产或处置组，企业应当在初始计量时比较假定其不划分为持有待售类别情况下的初始计量金额和公允价值减去出售费用后的净额，以两者孰低计量。非同一控制下的企业合并中新取得的非流动资产或处置组划分为持有待售类别的，应当按照公允价值减去出售费用后的净额计量；同一控制下的企业合并中非流动资产或处置组划分为持有待售类别的，应当按照合并日在被合并方的账面价值与公允价值减去出售费用后的净额孰低计量。除企业合并中取得的非流动资产或处置组外，由以公允价值减去出售费用后的净额作为非流动资产或处置组初始计量金额而产生的差额，应当计入当期损益。

**【例 19-9】** 2×19 年 3 月 8 日，宝信公司购入一台设备 A，支付价款 2 400 万元。购入设备 A 之前，宝信公司的管理层已经做出决议，一旦购入设备 A，将在一年内将其出售给勤业公司，设备 A 在当前状况下即可立即出售。预计宝信公司还将为出售设备 A 支付 60 万元的出售费用。宝信公司与勤业公司计划于 2×19 年 7 月 14 日签署设备转让合同。情形一：宝信公司与勤业公司初步议定设备 A 转让价格为 2 464 万元。情形二：宝信公司尚未与勤业公司议定转让价格，购买日设备 A 的公允价值与支付价款一致。

情形一：设备 A 是专为转售而取得的，其不划分为持有待售类别情况下的初始计量金额应当为 2 400 万元，当日公允价值减去出售费用后的净额为 2 404 万元，按照二者孰低计量。宝信 2×19 年 3 月 8 日的账务处理如下：

| | | |
|---|---|---|
| 借：持有待售资产——固定资产 | 24 000 000 | |
| 　贷：银行存款 | | 24 000 000 |

情形二：设备 A 是专为转售而取得的，其不划分为持有待售类别情况下的初始计量金额为 2 400 万元，当日公允价值减去出售费用后的净额为 2 340 万元，按照二者孰低计量。宝信公司 2×19 年 3 月 8 日的账务处理如下：

| | | |
|---|---|---|
| 借：持有待售资产——固定资产 | 23 400 000 | |
| 　资产减值损失 | 600 000 | |
| 　贷：银行存款 | | 24 000 000 |

## 四、划分为持有待售类别后的计量

### （一）持有待售的非流动资产的后续计量

企业在资产负债表日重新计量持有待售的非流动资产时：

(1) 如果其账面价值高于公允价值减去出售费用后的净额，应当将账面价值减记至公允价值减去出售费用后的净额，减记的金额确认为资产减值损失，计入当期损益，同时计提持有待售资产减值准备。

(2) 如果后续资产负债表日持有待售的非流动资产公允价值减去出售费用后的净额增加，以前减记的金额应当予以恢复，并在划分为持有待售类别后非流动资产确认的资产减值损失金额内转回，转回金额计入当期损益，划分为持有待售类别前确认的资产减值损失不得转回。

持有待售的非流动资产不应计提折旧或摊销，这是因为这类资产以出售的方式收回其价值。

### （二）持有待售的处置组的后续计量

企业应当首先按照相关会计准则规定计量处置组中的流动资产、适用其他准则计量规定的非流动资产和负债的账面价值。

其次，企业应当比较持有待售的处置组整体账面价值与公允价值减去出售费用后的净额。

(1) 如果账面价值高于其公允价值减去出售费用后的净额，应当将账面价值减记至公允价值减去出售费用后的净额，减记的金额确认为资产减值损失，计入当期损益，同时计提持有待售资产减值准备。

对于持有待售的处置组确认的资产减值损失金额，如果该处置组包含商誉，应当先抵减商誉的账面价值，再根据处置组中适用本章计量规定的各项非流动资产账面价值所占比重，按比例抵减其账面价值。确认的资产减值损失金额应当以处置组中包含的适用本章计量规定的各项资产的账面价值为限，不应分摊至处置组中包含的流动资产或适用其他准则计量规定的非流动资产。

(2) 如果后续资产负债表日持有待售的处置组公允价值减去出售费用后的净额增加，以前减记的金额应当予以恢复，并在划分为持有待售类别后适用本章计量规定的非流动资产确认的资产减值损失金额内转回，转回金额计入当期损益，且不应当重复确认适用其他准则计量规定的非流动资产和负债按照相关准则规定已经确认的利得。

已抵减的商誉账面价值、适用本章计量规定的非流动资产在划分为持有待售类别前确认的资产减值损失不得转回。对于持有待售的处置组确认的资产减值损失后续转回的金额，应当根据处置组中除商誉外适用本章计量规定的各项非流动资产账面价值所占比重，按比例增加其账面价值。

【例 19-10】 芙蓉公司拥有一个销售门店，2×17 年 6 月 15 日，该门店的部分科目余额如表 19-1 所示。当日，芙蓉公司与勤业公司签订转让协议将该门店整体转让，转让初定价格为 19 000 000 元。转让协议同时约定，对于门店 2×17 年 6 月 10 日购买的一项作为其他权益工具投资核算的债券投资，其转让价格以转让完成当日市场报价为准。假设该门店满足划分为持有待售类别的条件，但不符合终止经营的定义。

**表 19-1 门店部分科目余额表(考虑持有待售会计处理前)**

2×17 年 6 月 15 日 单位:元

| 科目名称 | 借方余额 | 贷方余额 |
|---|---|---|
| 现金 | 3 100 000 | |
| 应收账款 | 2 600 000 | |
| 库存商品 | 3 000 000 | |
| 存货跌价准备 | | 1 000 000 |
| 其他权益工具投资 | 3 800 000 | |
| 固定资产 | 11 000 000 | |
| 累计折旧 | | 300 000 |
| 固定资产减值准备 | | 150 000 |
| 无形资产 | 9 500 000 | |

续表

| 科目名称 | 借方余额 | 贷方余额 |
| --- | --- | --- |
| 累计摊销 | | 140 000 |
| 无形资产减值准备 | | 50 000 |
| 商誉 | 2 000 000 | |
| 应付账款 | | 3 100 000 |
| 应付职工薪酬 | | 5 600 000 |
| 预计负债 | | 2 500 000 |

至2×17年6月15日，固定资产还应当计提折旧50 000元，无形资产还应当计提摊销10 000元，固定资产和无形资产均用于管理用途。2×17年6月15日，其他权益工具投资公允价值降至3 600 000元，固定资产可收回金额降至10 200 000元。2×17年6月15日，该门店的公允价值为19 000 000元，芙蓉公司预计为转让门店还需支付律师和注册会计师专业咨询费共计700 000元。假设芙蓉公司不存在其他持有待售的非流动资产或处置组，不考虑税收影响。

2×17年6月30日，该门店尚未完成转让，芙蓉公司作为其他权益工具投资核算的债券投资市场报价上升至3 700 000元，假设其他资产价值没有变化。勤业公司在对门店进行检查时发现一些资产轻微破损，芙蓉公司同意修理，预计修理费用为50 000元，芙蓉公司还将律师和注册会计师咨询费预计金额调整至400 000元。当日，门店处置组整体的公允价值为19 100 000元。

分析：(1) 2×17年6月15日，芙蓉公司首次将该处置组划分为持有待售类别前，应当按照适用的会计准则计量各项资产和负债的账面价值。其账务处理如下：

借：管理费用　　60 000
　贷：累计折旧　　50 000
　　累计摊销　　10 000
借：其他综合收益　　200 000
　贷：其他权益工具投资　　200 000
借：资产减值损失　　300 000
　贷：固定资产减值准备　　300 000

经上述调整后，2×17年6月15日该门店各资产和负债的账面价值见表19-2。

**表19-2 门店资产和负债账面价值**

2×17年6月15日　　单位：元

| 项目 | 账面价值 |
| --- | --- |
| 持有待售资产： | |
| 现金 | 3 100 000 |
| 应收账款 | 2 600 000 |

续表

| 项目 | 账面价值 |
| --- | --- |
| 存货 | 2 000 000 |
| 其他权益工具投资 | 3 600 000 |
| 固定资产 | 10 200 000 |
| 无形资产 | 9 300 000 |
| 商誉 | 2 000 000 |
| 持有待售资产小计 | 32 800 000 |
| 持有待售负债: | |
| 应付账款 | 3 100 000 |
| 应付职工薪酬 | 5 600 000 |
| 预计负债 | 2 500 000 |
| 持有待售负债小计 | 11 200 000 |
| 合计 | 21 600 000 |

(2) 2×17 年 6 月 15 日,芙蓉公司将该门店处置组划分为持有待售类别时,其账务处理如下:

借:持有待售资产——现金　　3 100 000
　　　　——应收账款　　2 600 000
　　　　——库存商品　　3 000 000
　　　　——其他权益工具投资　　3 600 000
　　　　——固定资产　　10 200 000
　　　　——无形资产　　9 300 000
　　　　——商誉　　2 000 000
　存货跌价准备　　1 000 000
　固定资产减值准备　　450 000
　累计折旧　　350 000
　累计摊销　　150 000
　无形资产减值准备　　50 000
　贷:持有待售资产减值准备——存货跌价准备　　1 000 000
　　现金　　3 100 000
　　应收账款　　2 600 000
　　库存商品　　3 000 000
　　其他权益工具投资　　3 600 000
　　固定资产　　11 000 000
　　无形资产　　9 500 000
　　商誉　　2 000 000

借:应付账款 3 100 000
　应付职工薪酬 5 600 000
　预计负债 2 500 000
　贷:持有待售负债——应付账款 3 100 000
　　　　　　　——应付职工薪酬 5 600 000
　　　　　　　——预计负债 2 500 000

(3) 2×17 年 6 月 15 日,由于该处置组的账面价值 21 600 000 元高于公允价值减去出售费用后的净额 19 000 000–700 000 = 18 300 000(元),芙蓉公司应当以 18 300 000 元计量处置组,并计提持有待售资产减值准备 21 600 000–18 300 000 = 3 300 000(元),计入当期损益。

持有待售资产的减值损失应当先抵减处置组中商誉的账面价值 2 000 000 元,剩余金额 1 300 000 元再根据固定资产、无形资产账面价值所占比重,按比例抵减其账面价值。2×17 年 6 月 15 日,各项资产和负债分摊持有待售资产减值损失及抵减减值损失后的账面价值见表 19–3。

**表 19–3 门店资产和负债抵减资产减值损失后的账面价值**

2×17 年 6 月 15 日　　　　单位:元

| 项目 | 2×17 年 6 月 15 日抵减资产减值损失前账面价值 | 减值损失分摊 | 2×17 年 6 月 15 日抵减资产减值损失后账面价值 |
|---|---|---|---|
| 现金 | 3 100 000 | | 3 100 000 |
| 应收账款 | 2 600 000 | | 2 600 000 |
| 存货 | 2 000 000 | | 2 000 000 |
| 其他权益工具投资 | 3 600 000 | | 3 600 000 |
| 固定资产 | 10 200 000 | –680 000* | 9 520 000 |
| 无形资产 | 9 300 000 | –620 000** | 8 680 000 |
| 商誉 | 2 000 000 | –2 000 000 | 0 |
| 应付账款 | –3 100 000 | | –3 100 000 |
| 应付职工薪酬 | –5 600 000 | | –5 600 000 |
| 预计负债 | –2 500 000 | | –2 500 000 |
| 合计 | 21 600 000 | –3 300 000 | 18 300 000 |

* 1 300 000 ÷ (10 200 000+9 300 000)×10 200 000 = 680 000

** 1 300 000 ÷ (10 200 000+9 300 000)×9 300 000 = 620 000

芙蓉公司的账务处理如下:

借:资产减值损失 3 300 000
　贷:持有待售资产减值准备——固定资产 680 000
　　　　　　　　　　　　——无形资产 620 000
　　　　　　　　　　　　——商誉 2 000 000

(4) 2×17 年 6 月 30 日，芙蓉公司按照适用的会计准则计量其他权益工具投资，账务处理如下：

借：持有待售资产——其他权益工具投资　　100 000

　贷：其他综合收益　　100 000

当日，该处置组的账面价值为 18 400 000 元（包含其他权益工具投资已经确认的利得 100 000 元），预计出售费用为 50 000+400 000=450 000（元），公允价值减去出售费用后的净额为 19 100 000−450 000 = 18 650 000（元），高于账面价值。

处置组的公允价值减去出售费用后的净额后续增加的，应当在原已确认的持有待售资产减值损失范围内转回，但已抵减的商誉账面价值 2 000 000 元和划分为持有待售类别前已计提的资产减值准备不得转回，因此，转回金额应当以 680 000+620 000 = 1 300 000（元）为限。根据上述分析，芙蓉公司可转回已经确认的持有待售资产减值损失（18 650 000−100 000）−18 300 000=250 000（元），根据固定资产、无形资产账面价值所占比重，按比例转回其账面价值。资产减值损失转回金额的分摊见表 19–4。

**表 19–4　门店资产和负债减值损失转回后的账面价值**

2×17 年 6 月 30 日　　单位：元

| 项目 | 2×17 年 6 月 15 日抵减资产减值损失后账面价值 | 2×17 年 6 月 30 日按照其他适用准则重新计量 | 2×17 年 6 月 30 日重新计量后的账面价值 | 减值损失转回的分摊 | 2×17 年 6 月 30 日减值损失转回后的账面价值 |
|---|---|---|---|---|---|
| 持有待售资产： | | | | | |
| 现金 | 3 100 000 | | 3 100 000 | | 3 100 000 |
| 应收账款 | 2 600 000 | | 2 600 000 | | 2 600 000 |
| 存货 | 2 000 000 | | 2 000 000 | | 2 000 000 |
| 其他权益工具投资 | 3 600 000 | 100 000 | 3 700 000 | | 3 700 000 |
| 固定资产 | 9 520 000 | | 9 520 000 | 130 769* | 9 650 769 |
| 无形资产 | 8 680 000 | | 8 680 000 | 119 231** | 8 799 231 |
| 商誉 | 0 | | 0 | | 0 |
| 持有待售资产小计 | 29 500 000 | | | | 29 850 000 |
| 持有待售负债： | | | 29 600 000 | | |
| 应付账款 | −3 100 000 | | −3 100 000 | | −3 100 000 |
| 应付职工薪酬 | −5 600 000 | | −5 600 000 | | −5 600 000 |
| 预计负债 | −2 500 000 | | −2 500 000 | | −2 500 000 |
| 持有待售负债小计 | −11 200 000 | | −11 200 000 | | −11 200 000 |
| 合计 | 18 300 000 | 100 000 | 18 400 000 | 250 000 | 18 650 000 |

* 250 000 ÷ (9 520 000+8 680 000)×9 520 000 = 130 769（元）

** 250 000 ÷ (9 520 000+8 680 000)×8 680 000 = 119 231（元）

借：持有待售资产减值准备——固定资产　　130 769
　　　　　　　　　　　　——无形资产　　119 231
　贷：资产减值损失　　250 000

芙蓉公司在 2×17 年 6 月 30 日的资产负债表中应当分别以“持有待售资产”和“持有待售负债”列示 29 850 000 元和 11 200 000 元。由于处置组不符合终止经营定义，持有待售资产确认的资产减值损失应当在利润表中以持续经营损益列示。企业同时应当在附注中进一步披露该持有待售处置组的相关信息。

持有待售的处置组中的非流动资产不应计提折旧或摊销，持有待售的处置组中的负债和适用其他准则计量规定的非流动资产的利息或租金收入、支出以及其他费用应当继续予以确认。

## 五、不再继续划分为持有待售类别的计量

非流动资产或处置组因不再满足持有待售类别划分条件而不再继续划分为持有待售类别或非流动资产从持有待售的处置组中移除时，应当按照以下两者孰低计量：①划分为持有待售类别前的账面价值，按照假定不划分为持有待售类别情况下本应确认的折旧、摊销或减值等进行调整后的金额；②可收回金额。

这样处理的结果是，原来划分为持有待售的非流动资产或处置组在重新分类后的账面价值，与其从未划分为持有待售类别情况下的账面价值相一致。由此产生的差额计入当期损益，可以通过“资产减值损失”科目进行会计处理。

## 六、持有待售类别的终止确认

持有待售的非流动资产或处置组在终止确认时，应将尚未确认的利得或损失计入当期损益。

**【例 19-11】** 沿用例 19-10，2×17 年 9 月 19 日，该门店完成转让，芙蓉公司以银行存款支付维修费用 50 000 元和律师、注册会计师专业咨询费 370 000 元。当日芙蓉公司作为其他权益工具投资核算的债券投资市场报价为 3 740 000 元，勤业公司以银行存款支付所有转让价款 19 140 000 元。

芙蓉公司 2×17 年 9 月 19 日账务处理如下：

借：资产处置损益　　50 000
　贷：银行存款　　50 000
借：资产处置损益　　370 000
　贷：银行存款　　370 000
借：银行存款　　19 140 000
　　持有待售资产减值准备——存货跌价准备　　1 000 000
　　持有待售资产减值准备——固定资产　　549 231
　　　　　　　　　　　　——无形资产　　500 769
　　　　　　　　　　　　——商誉　　2 000 000
　　持有待售负债——应付账款　　3 100 000

——应付职工薪酬 5 600 000
——预计负债 2 500 000
贷:持有待售资产——现金 3 100 000
——应收账款 2 600 000
——库存商品 3 000 000
——其他权益工具投资 3 700 000
——固定资产 10 200 000
——无形资产 9 300 000
——商誉 2 000 000
资产处置损益 490 000
借:资产处置损益 100 000
贷:其他综合收益 100 000

## 七、持有待售类别的列报

持有待售资产和负债不应当相互抵销。“持有待售资产”和“持有待售负债”应当分别作为流动资产和流动负债列示。

对于当期首次满足持有待售类别划分条件的非流动资产或划分为持有待售类别的处置组中的资产和负债,不应当调整可比会计期间资产负债表,即不对其符合持有待售类别划分条件前各个会计期间的资产负债表进行项目的分类调整或重新列报。

企业还应当在附注中披露有关持有待售的非流动资产或处置组的相关信息。非流动资产或处置组在资产负债表日至财务报告批准报出日之间满足持有待售类别划分条件的,应当作为资产负债表日后非调整事项进行会计处理,并在附注中披露相关信息。

CAS 42 要求,在资产负债表中单独列示:

✧ 持有待售的非流动资产或持有待售的处置组中的资产;

✧ 持有待售的处置组中的负债。

企业应当在附注中披露下列信息:

(1) 持有待售的非流动资产或处置组的出售费用和主要类别,以及每个类别的账面价值和公允价值;

(2) 持有待售的非流动资产或处置组的出售原因、方式和时间安排;

(3) 列报持有待售的非流动资产或处置组的分部;

(4) 持有待售的非流动资产或持有待售的处置组中的资产确认的减值损失及其转回金额;

(5) 与持有待售的非流动资产或处置组有关的其他综合收益累计金额。

对于当期首次满足持有待售类别划分条件的非流动资产或处置组,不应当调整可比会计期间资产负债表。

关于持有待售年报披露的示例:

福耀玻璃(600660)2016 年年报

**合并资产负债表**

2016年12月31日

编制单位:福耀玻璃工业集团股份有限公司 单位:元 币种:人民币

| 项目 | 附注 | 期末余额 | 期初余额 |
| --- | --- | --- | --- |
| 流动资产: | | | |
| 货币资金 | 七(1) | 7 211 178 987 | 5 918 845 168 |
| 结算备付金 | | | |
| 拆出资金 | | | |
| 以公允价值计量且其变动计入当期损益的金融资产 | 七(2) | 1 951 267 | |
| 衍生金融资产 | | | |
| 应收票据 | 七(4) | 871 597 857 | 569 748 367 |
| 应收账款 | 七(5) | 3 636 343 106 | 2 762 405 078 |
| 预付款项 | 七(6) | 150 956 724 | 178 812 459 |
| 应收保费 | | | |
| 应收分保账款 | | | |
| 应收分保合同准备金 | | | |
| 应收利息 | | | |
| 应收股利 | | | |
| 其他应收款 | 七(9) | 118 430 342 | 86 561 210 |
| 买入返售金融资产 | | | |
| 存货 | 七(10) | 2 785 865 099 | 2 494 920 809 |
| 划分为持有待售的资产 | 七(11) | | 320 467 619 |
| 一年内到期的非流动资产 | 七(12) | 16 936 288 | 14 065 004 |
| 其他流动资产 | 七(13) | 174 699 089 | 186 051 895 |
| 流动资产合计 | | 14 967 958 759 | 12 531 877 609 |
| 流动负债: | | | |
| 短期借款 | 七(31) | 4 255 037 518 | 2 636 462 068 |
| 向中央银行借款 | | | |
| 吸收存款及同业存放 | | | |
| 拆入资金 | | | |
| 以公允价值计量且其变动计入当期损益的金融负债 | 七(32) | | 925 435 |
| 衍生金融负债 | | | |

续表

| 项目 | 附注 | 期末余额 | 期初余额 |
|---|---|---|---|
| 应付票据 | 七(34) | 613 982 362 | 460 160 232 |
| 应付账款 | 七(35) | 1 300 220 344 | 909 111 745 |
| 预收款项 | 七(36) | 21 435 585 | 33 985 494 |
| 卖出回购金融资产款 | | | |
| 应付手续费及佣金 | | | |
| 应付职工薪酬 | 七(37) | 420 291 759 | 353 759 783 |
| 应交税费 | 七(38) | 558 062 870 | 335 339 211 |
| 应付利息 | 七(39) | 15 286 048 | 22 642 760 |
| 应付股利 | | | |
| 其他应付款 | 七(41) | 1 090 612 474 | 1 087 807 096 |
| 应付分保账款 | | | |
| 保险合同准备金 | | | |
| 代理买卖证券款 | | | |
| 代理承销证券款 | | | |
| 划分为持有待售的负债 | 七(42) | | 9 551 912 |
| 一年内到期的非流动负债 | 七(43) | 808 000 000 | 1 234 589 400 |
| 其他流动负债 | 七(44) | 608 604 575 | |
| 流动负债合计 | | 9 691 533 535 | 7 084 335 136 |

11. 划分为持有待售的资产

√适用 □不适用

其他说明：

金垦玻璃工业双辽有限公司(原名:“福耀集团双辽有限公司”,以下简称“双辽有限”)原为本集团的全资子公司,其中本公司持有其75%的股权,福耀香港持有其25%的股权。根据本公司原与独立第三方双辽市金源玻璃制造有限公司(以下简称“金源玻璃”)签订的协议,金源玻璃将向本集团收购双辽有限100%的股权,故本集团2015年12月31日资产负债表中将双辽有限的资产和负债划分为持有待售的资产和负债。于2016年度,本集团与金源玻璃、独立第三方吉林省华生燃气集团有限公司(以下简称“华生燃气”)签订了新的股权转让协议。根据该协议,双辽有限将注册资本自原50 028 000美元减资至30 028 000美元,减资后金源玻璃以人民币130 000 000元的价格向本公司收购双辽有限50%的股权,华生燃气以人民币65 000 000元的价格向本公司收购双辽有限25%的股权。上述股权转让已于2016年完成且本公司已收到全部股权转让款,股权转让款高于合并财务报表层面本集团享有双辽有限净资产份额的差额以及剩余股权公允价值与原账面价值的差额计入投资收益。股权转让完成后，本集团仍持有双辽有限25%的股权，对其有重大影响，按其公允价值人民币65 000 000元转入长期股权投资作为联营公司核算。

42. 划分为持有待售的负债

√适用 □不适用

单位：元 币种：人民币

| 项目 | 期末余额 | 期初余额 |
|---|---|---|
| 应付账款 | 0 | 1 885 924 |
| 预收款项 | 0 | 453 126 |
| 应付职工薪酬 | 0 | 319 279 |
| 应交税费 | 0 | 3 905 951 |
| 其他应付款 | 0 | 2 987 632 |
| 合计 | 0 | 9 551 912 |

其他说明：

详见附注七(11)。

## 第三节 终止经营

### 一、终止经营的概念

终止经营，是指企业满足下列条件之一的、能够单独区分的组成部分，且该组成部分已经处置或划分为持有待售类别：

(1) 该组成部分代表一项独立的主要业务或一个单独的主要经营地区。

(2) 该组成部分是拟对一项独立的主要业务或一个单独的主要经营地区进行处置的一项相关联计划的一部分。

(3) 该组成部分是专为转售而取得的子公司。

终止经营的定义包含以下三方面含义：

(1) 终止经营应当是企业能够单独区分的组成部分。该组成部分的经营和现金流量在企业经营和编制财务报表时是能够与企业的其他部分清楚区分的。企业组成部分可能是一个资产组，也可能是一组资产组合，通常是企业的一个子公司、一个事业部或事业群。

(2) 终止经营应当具有一定的规模。终止经营应当代表一项独立的主要业务或一个单独的主要经营地区，或者是拟对一项独立的主要业务或一个单独的主要经营地区进行处置的一项相关联计划的一部分。专为转售而取得的子公司也是企业的组成部分，但不要求具有一定规模。

并非所有处置组都符合终止经营的定义，企业需要运用职业判断确定终止经营。如果企业主要经营一项业务或主要在一个地理区域内开展经营，企业的一个主要产品或服务线也可能满足终止经营定义中的规模条件。有些专为转售而取得的重要的合营企业或联营企业，也可能因为符合有关组成部分的第(1)和(2)项条件而符合终止经营的定义。

例如，勤业公司是一家连锁超市企业，在全国拥有800家超市门店，勤业公司决定将其位于厦门市的20家超市门店中的一家门店出售，并于2×19年7月25日与芙蓉公司正式签订了转让协议，假设该超市门店符合持有待售类别的划分条件。尽管该超市门店是一个处置组，也符合持有待售类别的划分条件，但由于它只是一个零售点，不能代表一项独立的主要业务或一个单独的主要经营地区，也不构成拟对一项独立的主要业务或一个单独的主要经营地区进行处置的一项相关联计划的一部分，因此该处置组并不构成企业的终止经营。

(3) 终止经营应当满足一定的时点要求。符合终止经营定义的组成部分应当属于以下两种情况之一：

① 组成部分在资产负债表日之前已经处置，包括已经出售、结束使用(如关停或报废等)。多数情况下，如果组成部分的所有资产和负债均已处置，产生收入和发生成本的来源消失，这时确定组成部分"处置"的时点是较为容易的。但在有些情况下，组成部分的资产仍处于出售或报废过程中，仍可能发生清理费用，企业需要根据实际情况判断组成部分是否已经处置，从而符合终止经营的定义。

例如，芙蓉公司是一家集团公司，拥有一家经营药品批发业务的子公司——石鼓公司，药品批发构成芙蓉公司的一项独立的主要业务，且子公司石鼓公司在全国多个城市设立了营业网点。由于经营不善，芙蓉公司决定停止子公司石鼓公司的所有业务。至2×19年11月6日，已处置了该子公司所有存货并辞退了所有员工，但仍有一些债权等待收回，部分营业网点门店的租约尚未到期，仍需支付租金费用。由于子公司石鼓公司的原药品批发业务已经停止，收回债权、处置租约等尚未结算的未来交易并不构成子公司主业的延续，因此该子公司的经营已经终止，应当认为2×19年11月6日后该子公司符合终止经营的定义。

② 组成部分在资产负债表日之前已经划分为持有待售类别。有些情况下，企业对一项独立的主要业务或一个单独的主要经营地区进行处置的一项相关联计划持续数年，并非组成部分中所有的资产组或资产组组合能够同时满足持有待售类别的划分条件。随着处置计划的进行，组成部分中的一些资产组或资产组组合可能先满足持有待售类别划分条件且构成企业的终止经营，其他资产组或资产组组合可能在未来满足持有待售类别的划分条件，应当适时将其作为终止经营处理。

例如，芙蓉公司决定出售其专门从事酒店管理的下属子公司——集岑公司，酒店管理构成芙蓉公司的一项主要业务。子公司集岑公司管理一个酒店集团和一个连锁健身中心。为获取最大收益，芙蓉公司决定允许将酒店集团和连锁健身中心出售给不同买家，但酒店和健身中心的转让是相互关联的，即两者或者均出售，或者均不出售。芙蓉公司于2×19年1月8日与尚南公司就转让连锁健身中心正式签订了协议，此时连锁健身中心符合了持有待售类别的划分条件，但酒店集团尚不符合持有待售类别的划分条件。处置酒店集团和连锁健身中心构成一项相关联的计划，虽然酒店集团和连锁健身中心可能出售给不同买家，但分别属于对一项独立的主要业务进行处置的一项相关联计划的一部分，因此连锁健身中心符合终止经营的定义。酒店集团在未来符合持有待售类别划分条件时也符合终止经营的定义。

## 二、终止经营的列报

利润表应当分别列示持续经营损益和终止经营损益。

### (一)持续经营损益

下列不符合终止经营定义的持有待售的非流动资产或处置组所产生的相关损益,应当在利润表中作为持续经营损益列报:

(1) 企业初始计量或在资产负债表日重新计量持有待售的非流动资产或处置组时,因账面价值高于其公允价值减去出售费用后的净额而确认的资产减值损失。

(2) 后续资产负债表日持有待售的非流动资产或处置组公允价值减去出售费用后的净额增加,因恢复以前减记的金额而转回的资产减值损失。

(3) 持有待售的非流动资产或处置组的处置损益。

### (二)终止经营损益

终止经营的相关损益应当作为终止经营损益列报,列报的终止经营损益应当包含整个报告期间,而不仅包含认定为终止经营后的报告期间。相关损益具体包括:

(1) 终止经营的经营活动损益,如销售商品、提供服务的收入、相关成本和费用等。

(2) 企业初始计量或在资产负债表日重新计量符合终止经营定义的持有待售的处置组时,因账面价值高于其公允价值减去出售费用后的净额而确认的资产减值损失。

(3) 后续资产负债表日符合终止经营定义的持有待售处置组的公允价值减去出售费用后的净额增加,因恢复以前减记的金额而转回的资产减值损失。

(4) 终止经营的处置损益。

(5) 终止经营处置损益的调整金额,可能引起调整的情形包括:最终确定处置条款,如与买方商定交易价格调整额和补偿金;消除与处置相关的不确定因素,如确定卖方保留的环保义务或产品质量保证义务;履行与处置相关的职工薪酬支付义务等。

企业在处置终止经营的过程中可能附带产生一些增量费用,如果不进行该项处置就不会产生这些费用,企业应当将这些增量费用作为终止经营损益列报。

**【例 19-12】** 企业集团 A 拥有子公司 B,并为其专门租入一栋写字楼作为办公场所,现 A 决定将子公司 B 转让给企业 F,转让完成后,B 将整体搬迁至 F 的自有写字楼。由于 B 目前办公所在地的租期未满,A 必须承担将办公楼低于原租金转租或者提前终止租赁合同的损失。假设子公司 B 符合持有待售类别的划分条件和终止经营的定义。

分析:尽管如果不出售子公司 B,与租赁办公楼相关的损失就不会发生,但对于出售子公司 B 本身而言,该损失并不是必不可少的,不是与出售子公司 B 直接相关的增量成本。因此,在对子公司 B 以账面价值和公允价值减去出售费用后的净额孰低计量时,不应当将办公楼低于原租金转租或者提前终止租赁合同的损失作为出售费用处理,但应当在利润表中将其列示在“终止经营净利润”中,并在附注中作为终止经营费用的一部分披露。

拟结束使用而非出售的处置组,满足终止经营定义中有关组成部分的条件的,应当自停止使用日起作为终止经营列报。列报的终止经营损益应当包含整个报告期间,而不仅包含认定为终止经营后的报告期间。因出售对子公司的投资等原因导致企业丧失对子公司的控制权,且该子公司符合终止经营定义的,应当在合并利润表中列报相关终止经营损益。

从财务报表可比性出发,对于当期列报的终止经营,企业应当在当期财务报表中,将原来作为持续经营损益列报的信息重新作为可比会计期间的终止经营损益列报。这意味着对于可比会计期间的利润表,作为终止经营列报的不仅包括在可比会计期间即符合终止经营定义的处置组,还包括在当期首次符合终止经营定义的处置组。由于后者的存在,处置组在可比会计期间销售商品、提供劳务的收入和相关成本、费用以及相关资产按照《企业会计准则第 8 号——资产减值》的规定确认的资产减值损失等也应当作为终止经营损益列报。

企业还应当在附注中披露有关终止经营的相关信息。

终止经营不再满足持有待售类别划分条件的,企业应当在当期财务报表中,将原来作为终止经营损益列报的信息重新作为可比会计期间的持续经营损益列报,并在附注中说明这一事实。

## 三、特殊事项的列报

### (一) 企业专为转售而取得的持有待售子公司的列报

如果企业专为转售而取得的子公司符合持有待售类别的划分条件,应当按照持有待售的处置组和终止经营的有关规定进行列报,但适当简化了其资产负债表列示和附注披露。除非企业是投资性主体并将该子公司按照公允价值计量且其变动计入当期损益,否则应当按照《企业会计准则第 33 号——合并财务报表》的规定,将该子公司纳入合并范围。

在合并资产负债表中,允许采用简便方法处理,将企业专为转售而取得的持有待售子公司的全部资产和负债分别作为持有待售资产和持有待售负债项目列示。

在合并利润表中,企业专为转售而取得的持有待售子公司的列示要求与其他终止经营一致,即将该子公司净利润与其他终止经营净利润合并列示在"终止经营净利润"项目中。企业在附注中披露的信息也可以更为简化。

### (二) 不再继续划分为持有待售类别的列报

如果非流动资产或处置组不再继续划分为持有待售类别或非流动资产从持有待售的处置组中移除,在资产负债表中,企业应当将原来分类为持有待售类别的非流动资产或处置组重新作为固定资产、无形资产等列报,并调整其账面价值。在当期利润表中,企业应当将账面价值调整金额作为持续经营损益列报。企业还应在附注中披露相关信息。

对于企业的子公司、共同经营、合营企业、联营企业以及部分对合营企业或联营企业的投资,按照《企业会计准则第 2 号——长期股权投资》的规定,持有待售的对联营企业或合营企业的权益性投资不再符合持有待售类别划分条件的,应当自划分为持有待售类别日起采用权益法进行追溯调整。持有待售的对子公司、共同经营的权益性投资不再符合持有待售类别划分条件的,同样应当自划分为持有待售类别日起追溯调整。上述情况下,划分为持有待售类别期间的财务报表应当做相应调整。

关于终止经营的列报示例：

鑫茂科技 2016 年年报

其他说明：

如附注十一、4、(5) 所述，本公司将其持有圣君公司 70% 的股权、贝特维奥公司 100% 的股权及鑫茂科技园公司 90% 的股权转让给鑫茂集团，本公司停止工业厂房出租及出售业务。报告期来自已终止经营业务的经营成果如下：

① 贝特维奥公司终止经营业务的经营成果如下：

| 项目 | 本年发生额 | 上期发生额 |
|---|---|---|
| 一、营业收入 | | 9 571 992.13 |
| 减：成本及费用 | | 21 775 376.10 |
| 加：公允价值变动净收益及投资收益 | | |
| 加：营业外收支净额 | | −105 010.95 |
| 二、来自已终止经营业务的利润总额 | | −12 308 394.92 |
| 减：所得税费用 | | |
| 三、终止经营净利润 | | −12 308 394.92 |
| 其中：归属于母公司所有者的终止经营净利润 | | −12 308 394.92 |
| 加：出售业务的净收益（税后） | 4 295 118.47 | |
| 四、来自于已终止经营业务的净利润总计 | 4 295 118.47 | −12 308 394.92 |
| 其中：归属于母公司所有者的来自已终止经营业务的净利润总计 | 4 295 118.47 | −12 308 394.92 |

② 圣君公司终止经营业务的经营成果如下：

| 项目 | 本年发生额 | 上期发生额 |
|---|---|---|
| 一、营业收入 | | 9 550 361.37 |
| 减：成本及费用 | | 34 391 514.59 |
| 加：公允价值变动净收益及投资收益 | | |
| 加：营业外收支净额 | | −13 248.20 |
| 二、来自已终止经营业务的利润总额 | | −24 854 401.42 |
| 减：所得税费用 | | |
| 三、终止经营净利润 | | −24 854 401.42 |
| 其中：归属于母公司所有者的终止经营净利润 | | −17 398 080.99 |
| 加：出售业务的净收益（税后） | 7 890 418.44 | |
| 四、来自已终止经营业务的净利润总计 | 7 890 418.44 | −24 854 401.42 |
| 其中：归属于母公司所有者的来自已终止经营业务的净利润总计 | 7 890 418.44 | −17 398 080.99 |

③ 鑫茂科技园公司终止经营业务的经营成果如下：

| 项目 | 本年发生额 | 上期发生额 |
| --- | --- | --- |
| 一、营业收入 | 477 200.35 | 2 381 857.79 |
| 减:成本及费用 | 3 593 812.53 | 8 661 646.94 |
| 加:公允价值变动净收益及投资收益 | | |
| 加:营业外收支净额 | 820.00 | 2 718 987.18 |
| 二、来自已终止经营业务的利润总额 | −3 115 792.18 | −3 560 801.97 |
| 减:所得税费用 | 320 499.45 | |
| 三、终止经营净利润 | −3 436 291.63 | −3 560 801.97 |
| 其中:归属于母公司所有者的终止经营净利润 | −3 092 662.47 | −3 204 721.77 |
| 加:出售业务的净收益(税后) | 10 858 763.63 | |
| 四、来自已终止经营业务的净利润总计 | 7 422 472.00 | −3 560 801.97 |
| 其中:归属于母公司所有者的来自已终止经营业务的净利润总计 | 7 766 101.16 | −3 204 721.77 |

《CAS42——持有待售的非流动资产、处置组和终止经营》与《国际财务报告准则第5号——持有待售的非流动资产和终止经营》(IFRS5)的比较分析

## 本章小结

据《企业会计准则第42号——持有待售的非流动资产、处置组和终止经营》的相关规定，介绍了与持有待售类别和终止经营相关的概念和特征。企业应根据持有资产的目的，将符合持有待售类别的分类基本原则的非流动资产或处置组划分为持有待售类别，进而对各单项资产进行计量以反映持有待售类别资产和负债的特征。对满足划分为终止经营条件的，企业应当在利润表中列示与其相关的终止经营损益；对不满足划分为终止经营条件的，应当在利润表中列示与其相关的持续经营损益；同时在附注中披露相关信息。

## 复习思考题

1. 什么是持有待售类别？持有待售类别的分类基本原则是什么？

2. 如何对持有待售类别进行初始计量和后续计量？如何处理终止确认的持有待售类别？

3. 什么是终止经营？划分终止经营的条件有哪些？

4. 终止经营列报和披露的主要内容有哪些？

5. 笃行公司于2×19年12月16日作出董事会决议，拟将其与控股子公司共同持有的勤业公司100%的股权转让，并拟于2×20年1月初召开股东大会审议该事项。交易各

方已就该事项签订协议，并约定协议经双方有关权力机构批准后生效。2×19 年年报合并财务报表中，笃行公司将持有的勤业公司股权重分类至“持有待售资产”。

问题：笃行公司将上述股权划分为持有待售资产是否合适？请简要说明理由。

## 即测即评

请扫描右侧二维码，进行随堂测试。

# 第二十章　会计政策、会计估计变更和差错更正

## 学习目标

通过本章的学习，应能够：明确会计政策、会计估计及其变更和前期差错的概念；掌握会计变更处理的追溯调整法和未来适用法的基本原理和具体运用；掌握前期差错更正的会计处理方法；了解会计变更和前期差错更正的披露要求。

### 导读案例

#### 会计政策、会计估计变更的不同影响

会计准则中对会计政策变更和会计估计变更做了原则上的划分，明确了两者的基本区别，在实际应用中，会计政策变更和会计估计变更对企业尤其是上市公司的利润有很大的影响，明晰会计政策变更和会计估计变更的区别及影响，对于上市公司来说意义重大。

上市公司泰恩康于2018年2月26日披露关于变更及明确公司研发费用资本化公告，公告中提出对研发费用资本化会计政策进行调整，调整主要是针对一些类型的仿制药研发费用资本化时点推迟，使得公司药物研发费用中资本化的比例下降。此次会计政策变更的实施日期为2018年2月23日，变更涉及事项最早可追溯至2015年度，公司对2015年半年度、2015年年度、2016年半年度、2016年年度、2017年半年度财务报表有关项目进行了追溯调整。

上市公司中海远控于2019年4月27日披露会计估计变更报告，调整集团船舶及集装箱预计净残值，调整前为330美元每轻吨，调整后为366美元每轻吨。公司会计估计变更实施日期为2019年1月1日，会计估计变更不进行追溯调整，不会对2019年1月1日前已披露报表产生影响。

案例中，泰恩康进行的调整为会计政策变更，采用追溯调整法，并对前几期的报表都进行了追溯调整；而中海远控所作的调整为会计估计变更，采用未来适用法，只影响变更当年利润。

什么是会计政策变更，什么是会计估计变更？二者如何区分？其会计处理有何

不同？同时，如果前期报表出现了错误的会计处理，我们又该如何更正呢？通过本章的学习将明确以上问题，并了解不同会计处理所导致的经济后果。

资料来源：编者整理。[①]

## 第一节 会计政策及其变更

### 一、会计政策

#### （一）会计政策的概念

会计政策，是指企业在会计确认、计量和报告中所采用的原则、基础和会计处理方法。会计政策包括的会计原则、基础和处理方法，是指导企业进行会计确认和计量的具体要求。

原则，指按照企业会计准则规定的、适合于企业会计核算所采用的具体会计原则，如按或有事项准则的规定，预计负债必须同时满足3个条件才能确认，这就是确认预计负债要遵循的会计原则；基础，指为了将会计原则应用于交易或者事项而采用的基础，如计量基础（计量属性），包括历史成本、重置成本、可变现净值、现值和公允价值等；会计处理方法，指企业在会计核算中按照法律、行政法规或者国家统一的会计制度等规定采用或者选择的、适合于本企业的具体会计处理方法，如存货发出成本的计量方法、长期股权投资核算的成本法和权益法等。

#### （二）会计政策的特点

在我国，会计准则属于法规，会计政策所包括的具体会计原则、基础和具体会计处理方法由企业会计准则规定。企业基本上是在法规所允许的范围内选择适合本企业实际情况的会计政策。所以，会计政策具有选择性、强制性和多层次的特点。

1. 会计政策的选择性

会计政策是在允许的会计原则、计量基础和会计处理方法中做出指定或具体选择。由于企业经济业务的复杂性和多样化，某些经济业务在符合会计原则和计量基础的要求下，可以有多种会计处理方法，即存在不止一种可供选择的会计政策。例如，确定发出存货的实际成本时可以在先进先出法、加权平均法或者个别计价法中选择。

2. 会计政策的强制性

在我国，会计准则和会计制度属于行政规章，会计政策所包括的具体会计原则、计量基础和具体会计处理方法由会计准则或会计制度规定，具有一定的强制性。企业必须在法规所允许的范围内选择适合本企业实际情况的会计政策，即企业在发生某项经济业务时，必须从允许的会计原则、会计基础和会计处理方法中选择出适合本企业特点的会计政策。

---

① 资料摘编自：《泰恩康：关于变更及明确公司研发费用资本化会计政策的公告》，2018年2月26日；《中远海控监事会关于公司船舶及集装箱预计净残值会计估计变更的说明》，2019年4月27日。

3. 会计政策的层次性

会计政策的三个层次中，会计原则是指导企业会计核算的具体原则；会计基础是为将会计原则体现在会计核算中而采用的计量基础；会计处理方法是按照会计原则和基础的要求，由企业在会计核算中采用或者选择的、适合于本企业的具体会计处理方法。会计原则、会计基础和会计处理方法三者是一个具有逻辑性的、密不可分的整体，通过这个整体，会计政策才能得以应用和落实。

### （三）重要的会计政策

企业应当披露采用的重要会计政策，不具有重要性的会计政策可以不予披露。判断会计政策是否重要，应当考虑与会计政策相关项目的性质和金额。企业应当披露的重要会计政策包括：

（1）发出存货成本的计量，是指企业确定发出存货成本所采用的会计处理方法。例如，企业发出存货成本的计量是采用先进先出法，还是采用其他计量方法。

（2）长期股权投资的后续计量，是指企业取得长期股权投资后的会计处理。例如，企业对被投资单位的长期股权投资是采用成本法核算，还是采用权益法核算。

（3）投资性房地产的后续计量，是指企业对投资性房地产进行后续计量所采用的会计处理。例如，企业对投资性房地产的后续计量是采用成本模式，还是公允价值模式。

（4）固定资产的初始计量，是指对取得的固定资产初始成本的计量。例如，企业取得的固定资产初始成本是以购买价款为基础进行计量，还是以购买价款的现值为基础进行计量。

（5）生物资产的初始计量，是指对取得的生物资产初始成本的计量。例如，企业为取得生物资产而产生的借款费用，是应当予以资本化，还是计入当期损益。

（6）无形资产的确认，是指对无形项目的支出是否确认为无形资产。例如，企业内部研究开发项目开发阶段的支出是确认为无形资产，还是在发生时计入当期损益。

（7）非货币性资产交换的计量，是指非货币性资产交换事项中对换入资产成本的计量。例如，非货币性资产交换是以换出资产的公允价值作为确定换入资产成本的基础，还是以换出资产的账面价值作为确定换入资产成本的基础。

（8）借款费用的处理，是指借款费用的会计处理方法。例如，是采用资本化方法，还是采用费用化方法。

（9）合并政策，是指编制合并财务报表所采用的原则。例如，母公司与子公司的会计年度不一致的处理原则、合并范围的确定原则等。

（10）其他重要会计政策。

## 二、会计政策变更

会计政策变更，是指企业对相同的交易或者事项由原来采用的会计政策改用另一会计政策的行为。为保证会计信息的可比性，使财务报表使用者在比较企业一个以上期间的财务报表时，能够正确判断企业的财务状况、经营成果和现金流量的趋势，一般情况下，企业采用的会计政策，在每一会计期间和前后各期应当保持一致，不得随意变更。否则，势必削弱会计信息的可比性。企业只有在以下两种情况下才可以变更会计政策：

(1) 法律、行政法规或者国家统一的会计制度等要求变更。由于国家有关法律、行政法规以及国家统一的会计制度(含企业会计准则)的变更,企业应当按照法律、行政法规以及国家统一的会计制度的规定改变原会计政策,按照新的会计政策执行。例如,《企业会计准则第 8 号——资产减值》规定,已计提的固定资产减值准备不允许转回。这就要求执行企业会计准则体系的企业按照新规定改变原允许固定资产减值准备转回的做法,变更原有会计政策。

(2) 会计政策变更能够提供更可靠、更相关的会计信息。由于经济环境、客观情况的改变,使企业原来采用的会计政策所提供的会计信息,已不能恰当地反映企业的财务状况、经营成果和现金流量等情况。在这种情况下,应改变原有会计政策,按变更后新的会计政策进行会计处理,以便对外提供更可靠、更相关的会计信息。例如,企业一直采用成本模式对投资性房地产进行后续计量,如果企业能够从房地产交易市场上持续取得同类或类似房地产的市场价格以及其他相关信息,从而能够对投资性房地产的公允价值做出合理的估计,则企业可以将投资性房地产的后续计量方法由成本模式变更为公允价值模式,以便更好地反映其价值。

按规定,企业在以下两种情况下改变会计政策,不属于会计政策变更:

(1) 企业本期发生的交易或事项与以前相比具有本质的差别而采用新的会计政策。例如,企业以往租入的设备均为临时需要而租入,因此按经营租赁会计处理方法核算,但自本年度起租入的设备均采用融资租赁方式,则该企业自本年度起对新租赁的设备采用融资租赁会计处理方法核算。由于该企业原租入的设备均为经营性租赁,本年度起租赁的设备改为融资租赁,经营租赁和融资租赁有着本质差别,因而改变会计政策不属于会计政策变更。

(2) 对初次发生的或不重要的交易或者事项采用新的会计政策。例如,企业初次签订为另一企业建造三栋厂房的建造合同业务,对该项建造合同采用完工百分比法确认收入,由于该项交易是初次发生,所采用的方法不属于会计政策变更。又如,低值易耗品由一次摊销法改为五五摊销法,该低值易耗品在企业生产经营中所占的费用比例并不大,改变低值易耗品处理方法后,对损益的影响也不大,属于不重要的事项,会计政策在这种情况下的改变不属于会计政策变更。

## 三、会计政策变更的会计处理

发生会计政策变更时,有两种会计处理方法,即追溯调整法和未来适用法,两种方法适用于不同情形。

### (一) 追溯调整法

追溯调整法,是指对某项交易或事项变更会计政策,视同该项交易或事项初次发生时即采用变更后的会计政策,并以此对财务报表相关项目进行调整的方法。

采用追溯调整法处理会计政策变更时,应当按照以下步骤进行:

(1) 计算会计政策变更的累积影响数。会计政策变更累积影响数是指按照变更后的会计政策对以前各期追溯计算的列报前期最早期初留存收益应有金额与现有金额之间的差额。

会计政策变更累积影响数的计算步骤：

第一步，根据新会计政策重新计算受影响的前期交易或事项；

第二步，计算两种会计政策下的差异；

第三步，计算差异的所得税影响金额；

第四步，确定前期中的每一期的税后差异；

第五步，计算会计政策变更的累积影响数。

(2) 编制相关项目的调整分录。

(3) 调整列报前期最早期初财务报表相关项目及其金额。

(4) 在财务报表附注中进行披露说明。

采用追溯调整法时，对于比较财务报表期间的会计政策变更，应调整各期间净损益各项目和财务报表其他相关项目，视同该政策在比较财务报表期间内一直采用。对于比较财务报表可比期间以前的会计政策变更的累积影响数，应调整比较财务报表最早期间的期初留存收益，财务报表其他相关项目的数字也应一并调整。因此，追溯调整法，是用会计政策变更的累积影响数调整列报前期最早期初留存收益，而不计入当期损益。

**【例 20-1】** 甲公司与乙公司签订经营租赁合同，合同规定从 2×16 年 1 月 1 日起，甲公司将一幢办公楼出租给乙公司，租期为 3 年，每年租金 800 万元，于每年年初一次性收取。甲公司对该投资性房地产采用成本模式计量，出租时办公楼的原价为 15 000 万元，已提折旧 5 000 万元，预计尚可使用年限为 20 年，采用年限平均法提折旧，预计净残值为 0，假定甲公司计提折旧的方法及预计使用年限符合税法规定。从 2×15 年起，甲公司所在地有活跃的房地产交易市场，公允价值能够持续可靠取得，甲公司决定从 2×19 年 1 月 1 日起，对该投资性房地产由成本模式改为公允价值模式计量。甲公司对外出租的办公楼 2×15 年 12 月 31 日、2×16 年 12 月 31 日、2×17 年 12 月 31 日、2×18 年 12 月 31 日的公允价值分别为 10 000 万元、12 000 万元、13 000 万元、15 000 万元。假定按年确认公允价值变动损益，甲公司适用的所得税税率为 25%，按净利润的 10% 提取法定盈余公积。

根据上述材料，甲公司的账务处理如下：

1. 计算改变投资性房地产计量模式后的会计政策变更累积影响数（如表 20-1 所示）

**表 20-1 改变投资性房地产计量模式后的会计政策变更累积影响数计算**

单位：万元

| 年度 | 成本模式计量当期损益 | 公允价值模式计量当期损益 | 税前差异 | 所得税影响 | 税后差异 |
|---|---|---|---|---|---|
| 2×16 | 300 | 2 800 | 2 500 | 625 | 1 875 |
| 2×17 | 300 | 1 800 | 1 500 | 375 | 1 125 |
| 小计 | 600 | 4 600 | 4 000 | 1 000 | 3 000 |
| 2×18 | 300 | 2 800 | 2 500 | 625 | 1 875 |
| 合计 | 900 | 7 400 | 6 500 | 1 625 | 4 875 |

甲公司2×19年12月31日的比较财务报表列报前期最早期初为2×18年1月1日。

甲公司在2×16年、2×17年按公允价值模式计算的税前利润分别为2 800万元(租金收入800万元+公允价值变动损益2 000万元)和1 800万元(租金收入800万元+公允价值变动损益1 000万元);按成本模式计量的税前利润均为300万元(租金收入800万元-每年计提折旧500万元),两种方法税前差异合计为4 000万元,对所得税影响为1 000万元,税后差异为3 000万元,即为该公司2×19年1月1日投资性房地产由成本模式改为公允价值模式的会计政策变更累积影响数。

甲公司在2×18年按公允价值模式计算的税前利润为2 800万元(租金收入800万元+公允价值变动损益2 000万元),按成本模式计算的税前利润为300万元(租金收入800万元-当年计提折旧500万元),两种方法税前差异的合计为2 500万元,对所得税影响为625万元,两者的税后差异为1 875万元,应调整2×18年当期金额(即2×19年利润表的上年数额)。

2. 编制有关项目的调整分录

(1) 编制2×18年年初调整分录:

① 调整会计政策变更累积影响数。

| | | |
|---|---|---|
| 借:投资性房地产——成本 | 10 000 | |
| ——公允价值变动 | 3 000 | |
| 投资性房地产累计折旧(摊销) | 6 000(5 000+500+500) | |
| 贷:投资性房地产 | | 15 000 |
| 递延所得税负债 | | 1 000 |
| 利润分配——未分配利润 | | 3 000 |

② 调整利润分配。

| | | |
|---|---|---|
| 借:利润分配——未分配利润 | 300 | |
| 贷:盈余公积 | | 300 |

(2) 编制2×18调整分录:

① 调整投资性房地产。

| | | |
|---|---|---|
| 借:投资性房地产——公允价值变动 | 2 000 | |
| 投资性房地产累计折旧(摊销) | 500 | |
| 贷:递延所得税负债 | | 625 |
| 利润分配——未分配利润 | | 1 875 |

② 调整利润分配。

| | | |
|---|---|---|
| 借:利润分配——未分配利润 | 187.5 | |
| 贷:盈余公积 | | 187.5 |

3. 财务报表调整和重述(财务报表略)

甲公司在列报2×19年度的财务报表时,应调整资产负债表有关项目的年初余额;利润表有关项目的上年金额及所有者权益变动表有关项目的上年金额和本年金额也应做相应调整。以下分别列示资产负债表年初数栏调整数、利润表上年数栏调整数及所有者权益变动表上年金额栏和本年金额栏调整数。

(1) 资产负债表项目的调整。调增投资性房地产年初余额 6 500 万元；调增递延所得税负债年初余额 1 625 万元；调增盈余公积年初余额 487.5 万元；调增未分配利润年初余额 4 387.5 万元。

(2) 利润表项目的调整。调减营业成本上年金额 500 万元，调增公允价值变动收益上年金额 2 000 万元，则调增利润总额上年金额 2 500 万元；调增所得税费用上年金额 625 万元；调增净利润上年金额 1 875 万元。

(3) 所有者权益变动表项目的调整。调增会计政策变更项目中盈余公积上年金额 300 万元，未分配利润上年金额 2 700 万元，所有者权益合计上年金额 3 000 万元；调增会计政策变更项目中盈余公积本年金额 187.5 万元，未分配利润本年金额 1 687.5 万元，所有者权益合计本年金额 1 875 万元。

### （二）未来适用法

未来适用法，是指将变更后的会计政策应用于变更日及以后发生的交易或者事项，或者在会计估计变更当期和未来期间确认会计估计变更影响数的方法。

在未来适用法下，不需要计算会计政策变更产生的累积影响数，也无须重编以前年度的财务报表。变更之日仍保留企业会计账簿记录及财务报表上反映的原有金额，不因会计政策变更而改变以前年度的既定结果，并在现有金额的基础上再按新的会计政策进行处理。

**【例 20–2】** 乙公司原对发出存货采用后进先出法，由于采用新准则，按其规定，公司从 20×7 年 1 月 1 日起改用先进先出法。20×7 年 1 月 1 日(期初)存货的价值为 1 250 000 元，公司当年购入存货的实际成本为 9 000 000 元，20×7 年 12 月 31 日按先进先出法计算确定的存货价值为 2 250 000 元，当年销售额为 12 500 000 元，假设该年度其他费用为 600 000 元，所得税税率为 25%。20×7 年 12 月 31 日按后进先出法计算的存货价值为 1 100 000 元。

乙公司由于法律环境变化而改变会计政策，按规定对其采用未来适用法进行处理。

计算确定会计政策变更对当期净利润的影响数如表 20–2 所示。

**表 20–2　当期净利润的影响数计算表**

单位：元

| 项目 | 先进先出法 | 后进先出法 |
|---|---|---|
| 营业收入 | 12 500 000 | 12 500 000 |
| 减：营业成本 | 8 000 000 | 9 150 000 |
| 减：其他费用 | 600 000 | 600 000 |
| 利润总额 | 3 900 000 | 2 750 000 |
| 减：所得税费用 | 975 000 | 687 500 |
| 净利润 | 2 925 000 | 2 062 500 |
| 差额 | 862 500 | |

其中：

采用先进先出法的销售成本为：

期初存货+购入存货实际成本−期末存货=1 250 000+9 000 000−2 250 000=8 000 000（元）

采用后进先出法的销售成本为：

期初存货+购入存货实际成本−期末存货=1 250 000+9 000 000−1 100 000=9 150 000（元）

由以上可知，企业发出存货成本计量方法的变更导致企业净利润增加了 862 500 元。

### （三）会计政策变更会计处理方法的选择

对于会计政策变更，企业应当根据具体情况，分别采用不同的会计处理方法：

（1）按照法律、行政法规以及国家统一的会计制度等要求变更的情况下，企业应当分别按以下情况进行处理：①国家发布相关的会计处理办法的，则按照国家发布的相关会计处理规定进行处理。②国家没有发布相关的会计处理办法的，则采用追溯调整法进行会计处理。

（2）在会计政策变更能够提供更可靠、更相关的会计信息的情况下，企业应当采用追溯调整法进行会计处理，根据会计政策变更的累积影响数调整列报前期最早期间的期初留存收益，其他相关项目的期初余额和列报前期披露的其他比较数据也一并调整。

（3）确定会计政策变更对列报前期影响数不切实可行的，应当从可追溯调整的最早期间期初开始应用变更后的会计政策。

（4）在当期期初确定会计政策变更对以前各期累积影响数不切实可行的，应当采用未来适用法处理。例如，企业因账簿法定保存期限期满而销毁等，可能使当期期初确定会计政策变更对以前各期累积影响数无法计算，即不切实可行，在这种情况下，会计政策变更应当采用未来适用法进行处理。

## 四、会计政策变更的披露

企业应当在附注中披露与会计政策变更有关的下列信息：

（1）会计政策变更的性质、内容和原因，包括对会计政策变更的简要阐述、变更的日期、变更前采用的会计政策和变更后所采用的新会计政策及会计政策变更的原因。

（2）当期和各个列报前期财务报表中受影响的项目名称和调整金额，包括采用追溯调整法时，计算出的会计政策变更的累积影响数；当期和各个列报前期财务报表中需要调整的净损益及其影响金额，以及其他需要调整的项目名称和调整金额。

（3）无法进行追溯调整的，说明该事实和原因以及开始应用变更后的会计政策的时点、具体应用情况，包括无法进行追溯调整的事实、确定会计政策变更对列报前期影响数不切实可行的原因、在当期期初确定会计政策变更对以前各期累积影响数不切实可行的原因、开始应用新会计政策的时点和具体应用情况。

需要注意的是，在以后期间的财务报表中，不需要重复披露在以前期间的附注中已披露的会计政策变更的信息。

# 第二节　会计估计及其变更

## 一、会计估计

### （一）会计估计的概念

会计估计，是指企业对结果不确定的交易或者事项以最近可利用的信息为基础所作的判断。由于受经营活动中内在的不确定因素影响，许多财务报表中的项目不能精确地计量，而只能加以估计。估计涉及以最近可利用的、可靠的信息为基础所做的判断。例如，以下项目可能要求估计：坏账、陈旧过时的存货、应折旧资产的使用寿命和净残值，或者体现在应折旧资产中的未来经济利益的预期消耗方式、担保债务等。

### （二）会计估计的特点

(1) 会计估计的存在是由于经济活动中内在的不确定性因素的影响。由于一些经济业务本身具有不确定性（如坏账准备计提比例、固定资产折旧年限、固定资产残余价值、无形资产摊销年限、金融资产公允价值等），因此在进行会计核算时经常需要根据经验做出估计。也就是说在进行会计核算和相关信息披露的过程中，会计估计是不可避免的，它并不会削弱会计确认和计量的可靠性。

(2) 进行会计估计时，往往以最近可利用的信息或资料为基础。如上所述，由于经营活动内在的不确定性，企业在会计核算时不得不经常进行会计估计。其中，有些估计是为了确定资产或负债的账面价值，如坏账准备的计提比例、担保责任引起的负债；而另一些估计是为了确定将在某一期间记录的收益或费用的金额，如某一期间固定资产折旧、无形资产摊销的金额。企业通常应根据当时的情况和经验，以一定的信息或资料为基础来进行会计估计。然而因为时间与环境的变化，企业进行会计估计所依据的信息或者资料也不得不经常随着变化。由于最新的信息是最接近目标的信息，以其为基础所作的估计最接近实际，所以企业应以最近可利用的信息或资料为基础来进行会计估计。

(3) 进行会计估计并不会削弱会计确认和计量的可靠性。企业为了定期、及时地提供有用的会计信息，将延续不断的经营活动人为地划分为一定的期间，并在权责发生制的基础上对企业的财务状况和经营成果进行定期确认和计量。例如，在会计分期的情况下，许多企业的交易跨越若干会计年度，以至于需要在一定程度上做出决定：某一年度发生的开支，哪些可以合理地预期能够产生其他年度以收益形式表示的利益，从而全部或部分向后递延；哪些可以合理地预期在当期能够得到补偿，从而确认为费用。也就是说，需要在结算日决定，哪些开支可以在资产负债表中处理，哪些开支可以在损益表中作为当年费用处理。因此，由于会计分期和货币计量的前提，在确认和计量过程中，不得不对许多尚在延续中、其结果尚未确定的交易或事项予以估计入账。

### （三）会计估计的判断

企业会计估计的判断，应当考虑与会计估计相关项目的性质和金额。通常情况下，下列情况属于会计估计：

(1) 存货可变现净值的确定。

(2) 公允价值模式下的投资性房地产公允价值的确定。

(3) 固定资产的预计使用寿命、预计净残值和折旧方法、弃置费用的确定。

(4) 存货及消耗性生物资产可变现净值的确定，生产性生物资产的使用寿命、预计净残值和折旧方法的确定。

(5) 使用寿命有限的无形资产预计使用寿命与净残值和摊销方法的确定。

(6) 非货币性资产公允价值的确定。

(7) 固定资产、无形资产、长期股权投资等非流动资产可收回金额的确定。

(8) 职工薪酬金额的确定。

(9) 与股份支付相关的公允价值的确定。

(10) 与债务重组相关的公允价值的确定。

(11) 预计负债金额的确定。

(12) 收入金额的确定、提供劳务完工进度的确定。

(13) 合同完工进度的确定。

(14) 与政府补助相关的公允价值的确定。

(15) 一般借款资本化金额的确定。

(16) 应纳税暂时性差异和可抵扣暂时性差异的确定。

(17) 与非同一控制下的企业合并相关的公允价值的确定。

(18) 租赁资产公允价值的确定、最低租赁付款额现值的确定、承租人融资租赁折现率的确定、融资费用和融资收入的确定、未担保余值的确定。

(19) 与金融工具相关的公允价值的确定、摊余成本的确定、金融资产减值损失的确定等。

## 二、会计估计变更

会计估计变更，是指由于资产和负债的当前状况及预期经济利益和义务发生了变化，从而对资产或负债的账面价值或者资产的定期消耗金额进行调整。

会计估计变更，并不意味着以前期间会计估计是错误的，只是由于情况发生变化，或者掌握了新的信息，积累了更多的经验，变更会计估计能够更好地反映企业的财务状况和经营成果。如果以前期间的会计估计是错误的，则属于会计差错，应按会计差错更正的会计处理办法进行处理。

会计估计变更的依据应当真实、可靠。会计估计变更的情形包括：

(1) 赖以进行会计估计的基础发生了变化。企业进行会计估计，总是依赖于一定的基础。如果其所依据的基础发生了变化，则会计估计也应相应发生变化。例如，某企业的一项无形资产摊销年限原定为10年，以后发生的情况表明，该资产的受益年限已不足10年，相应调减摊销年限。

(2) 取得了新的信息、积累了更多的经验。企业进行会计估计是就现有资料对未来所做的判断。随着时间的推移，企业有可能取得新的信息、积累更多的经验，在这种情况下，企业可能不得不对会计估计进行修订，即发生会计估计变更。例如，某企业根据当时能够得到的信息，对应收账款计划每年按其余额的5%计提坏账准备，现在掌握了新的信息，判定不能收回的应收账款比例已达 15%，企业改按 15% 的比例计提坏账准备。

## 三、会计政策变更与会计估计变更的划分

企业应当正确划分会计政策变更与会计估计变更，并按照不同的方法进行相关会计处理。应当以变更事项的会计确认、计量基础和列报项目是否发生变更作为判断该变更是会计政策变更还是会计估计变更的划分基础。

### （一）会计确认发生变更

企业对会计确认的指定或选择是会计政策，其相应的变更是会计政策变更。会计确认的变更一般会引起列报项目的变更。如无形资产研究开发费用由费用化改为符合条件的资本化，不但涉及会计确认发生了变更，也引起报表项目发生了变更。

例如，某企业在前期将某项内部研发项目开发阶段的支出计入当期损益，而当期按照企业会计准则的规定，该项支出符合无形资产的确认条件，应当确认为无形资产。该事项的会计确认发生变更，即前期将开发费用确认为一项费用，而当期将其确认为一项资产，会计确认发生了变化，所以该变更属于会计政策变更。

### （二）计量基础发生变更

企业对计量基础的指定或选择是会计政策，其相应的变更是会计政策变更。如存货期末计量由成本改为成本与可变现净值孰低计量；固定资产初始计量由成本改为现值计量等。

例如，某企业在前期对购入的价款超过正常信用条件延期支付的固定资产初始计量采用历史成本，而当期按照企业会计准则的规定，该类固定资产的初始成本应以购买价款的现值为基础确定，其计量基础发生了变化，所以该变更属于会计政策变更。

### （三）列报项目发生变更

企业对列报项目的指定或选择是会计政策，其相应的变更是会计政策变更。例如，某商业企业在前期将商品采购费用列入营业费用，当期根据企业会计准则的规定，将采购费用列入成本，因列报项目发生了变化，所以该变更是会计政策变更。

需要特别注意的是，根据会计确认、计量基础和列报项目所选择的、为取得与资产负债表项目有关的金额或数值（如预计使用寿命、净残值等）所采用的处理方法，不是会计政策，而是会计估计，其相应的变更是会计估计变更。

例如，企业原采用双倍余额递减法计提固定资产折旧，根据固定资产使用的实际情况，企业决定改用年限平均法。该事项前后采用的两种计提折旧方法都是以历史成本作为计量基础，其会计确认和列报项目也未发生变更，只是对资产定期消耗金额进行调整，即固定资产折旧、固定资产净值等相关金额发生了变化。因此，该事项属于会计估计变更。

如果企业通过判断会计政策变更和会计估计变更的划分基础仍然难以对某项变更进行区分，应当将其作为会计估计变更处理。

## 四、会计估计变更的会计处理

企业对会计估计变更应当采用未来适用法处理，不改变以前期间的会计估计，也不调整以前期间的报告结果。其具体处理方法如下：

(1) 会计估计变更仅影响变更当期的，其影响数应当在变更当期予以确认。例如，某企业原按应收账款余额的 5% 提取坏账准备，由于企业不能收回应收账款的比例已达 10%，则企业改按应收账款余额的 10% 提取坏账准备。这类会计估计的变更，只影响变更当期，因此，应于变更当期确认。

(2) 既影响变更当期又影响未来期间的，其影响数应当在变更当期和未来期间予以确认。例如，某企业的一项可计提折旧的固定资产，其有效使用年限或预计净残值的估计发生变更，影响了变更当期及资产以后使用年限内各个期间的折旧费用，这项会计估计的变更，应于变更当期及以后各期确认，并将会计估计变更的影响数计入变更当期与前期相同的项目中。为了保证不同期间的财务报表具有可比性，如果会计估计变更的影响数以前包括在企业日常经营活动的损益中，则以后也应包括在相应的损益类项目中；如果会计估计变更的影响数以前包括在特殊项目中，则以后也相应作为特殊项目反映。

**【例 20-3】** 甲公司于 2×14 年 12 月 30 日购入一台设备，由管理部门使用，该设备从 2×15 年 1 月起计提折旧，该设备原值为 12 300 元，使用年限为 10 年，预计净残值为 1 200 元，按直线法计提折旧。至 2×18 年年初，由于新技术发展的原因，需要对原估计的使用年限和净残值进行修改，修改后该设备的使用年限为 8 年，净残值为 500 元。

首先对该变更进行判断，固定资产的预计使用寿命、预计净残值和折旧方法、弃置费用的确定属于会计估计，该变更属于会计估计变更，并且该变更既影响变更当期又影响未来期间，其影响数应当在变更当期和未来期间予以确认。

公司对上述估计变更的处理方式如下：

(1) 不调整以前各期折旧，不计算累积影响数。

(2) 变更日开始改按新估计的使用年限和净残值计提折旧。

根据资产原值为 12 300 元，预计净残值为 1 200 元，折旧年限为 10 年，按原估计每年折旧额为 1 110 元，已提折旧 3 年共计 3 330 元，固定资产净值为 8 970 元。改变估计使用年限后，2×18 年起每年计提的折旧费用为 1 694 [(8 970−500)÷(8−3)]元，2×18 年不必对以前年度已提折旧进行调整，须按重新预计的使用年限和净残值计算确定年折旧费用，2×18 年编制会计分录如下：

| | | |
|---|---|---|
| 借：管理费用 | 1 694 | |
| 　贷：累计折旧 | | 1 694 |

## 五、会计估计变更的披露

企业应当在附注中披露与会计估计变更有关的下列信息：

(1) 会计估计变更的内容和原因，包括变更的内容、变更日期以及会计估计变更的原因。

(2) 会计估计变更对当期和未来期间的影响数，包括会计估计变更对当期和未来期间损益的影响金额，以及对其他各项目的影响金额。

(3) 会计估计变更的影响数不能确定的，披露这一事实和原因。

# 第三节 前期差错及其更正

## 一、前期差错及其类型

前期差错，是指由于没有运用或错误运用下列两种信息，而对前期财务报表造成省略或错报：①编报前期财务报表时预期能够取得并加以考虑的可靠信息；②前期财务报告批准报出时能够取得的可靠信息。

会计差错产生于财务报表项目的确认、计量、列报或披露的会计处理过程中，如果财务报表中包含重要差错，或者差错不重要但是故意造成的（以便形成对企业财务状况、经营成果和现金流量等会计信息某种特定形式的列报），即应认为该财务报表未遵循企业会计准则的规定进行编报。在当期发现的当期差错应当在财务报表发布之前予以更正。当重要差错直到下一期间才被发现，就形成了前期差错。

前期差错通常包括计算错误、应用会计政策错误、疏忽或曲解事实以及舞弊产生的影响等。没有运用或错误运用上述两种信息而形成前期差错的情形主要有：

（1）计算以及账户分类错误。例如，企业购入的五年期国债，意图长期持有，但在记账时记入了交易性金融资产，导致账户分类上的错误，并导致在资产负债表上流动资产和非流动资产的分类也有误。

（2）采用法律、行政法规或者国家统一的会计制度等不允许的会计政策。例如，按照《企业会计准则第 17 号——借款费用》的规定，为购建固定资产的专门借款而发生的借款费用，满足一定条件的，在固定资产达到预定可使用状态前发生的，应予资本化，计入所购建固定资产的成本；在固定资产达到预定可使用状态后发生的，计入当期损益。如果企业固定资产已达到预定可使用状态后发生的借款费用，也计入该项固定资产的价值，予以资本化，则属于采用法律或会计准则等行政法规、规章所不允许的会计政策。

（3）对事实的疏忽或曲解，以及舞弊。例如，企业对某项建造合同收入应按某一时段内的履约进度确认收入，但该企业却按一般确认商品销售收入的原则确认收入。

（4）在期末对应计项目与递延项目未予调整。例如，企业应在本期摊销的长期待摊费用在期末未予摊销。

（5）漏记已完成的交易。例如，企业销售一批商品，商品已经发出，开出增值税专用发票，商品销售收入确认条件均已满足，但企业在期末未将已实现的销售收入入账。

（6）提前确认尚未实现的收入或不确认已实现的收入。例如，在采用委托代销商品的销售方式下，应在收到代销单位的代销清单时确认商品销售收入的实现，如果企业在发出委托代销商品时即确认收入，则为提前确认尚未实现的收入。

（7）资本性支出与收益性支出的划分差错等。例如，企业发生的管理人员的工资一般作为收益性支出，而发生的在建工程人员工资一般作为资本性支出。如果企业将发生的在建工程人员工资计入了当期损益，则属于资本性支出与收益性支出的划分差错。

**专栏 20-1**

### 区分会计估计变更与前期差错更正

就会计估计的性质来说，它是个近似值，随着更多信息的获得，估计可能需要进行修正，但是会计估计变更不属于前期差错更正。

企业应当严格区分会计估计变更和前期差错更正，对于前期根据当时的信息、假设等做了合理估计，在当期按照新的信息、假设等需要对前期估计金额做出变更的，应当作为会计估计变更处理，不应作为前期差错更正处理。

会计估计变更与前期差错更正有时难以区分，尤其是难以区分会计估计变更和由于会计估计错误导致的差错更正。区分这两者的关键是判定前期作出的会计估计是否存在错误。如果在作出会计估计的当时，没有考虑或没有正确运用编报财务报表时能够合理预计取得的可靠信息，那么这一会计估计就是错误的，属于前期差错，需要遵循差错更正的会计处理方法。反之，如果当时作出的会计估计是以当时存在的、预期能够取得的可靠事实为基础的，而后的会计估计变更又是由于资产和负债的当前状况及预期未来经济利益和义务发生了变化而作出的，那就属于会计估计变更，适用会计估计变更的处理方法。

## 二、前期差错更正的会计处理

### （一）前期差错重要性的判断

如果财务报表项目的遗漏或错误表述可能影响财务报表使用者根据财务报表做出的经济决策，则该项目的遗漏或错误是重要的。重要的前期差错，是指足以影响财务报表使用者对企业财务状况、经营成果和现金流量做出正确判断。不重要的前期差错，是指不足以影响财务报表使用者对企业财务状况、经营成果和现金流量做出正确判断的前期差错。

前期差错的重要性取决于在相关环境下对遗漏或错误表述的规模和性质的判断。前期差错所影响的财务报表项目的金额或性质，是判断该前期差错是否具有重要性的决定性因素。一般来说，前期差错所影响的财务报表项目的金额越大、性质越严重，其重要性水平越高。

### （二）不重要的前期差错的会计处理

对于不重要的前期差错，企业不需调整财务报表相关项目的期初数，但应调整发现当期与前期相同的相关项目。属于影响损益的，应直接计入本期与前期相同的净损益项目；属于不影响损益的，应调整本期与前期相同的相关项目。

**【例 20-4】** 2×19 年 12 月 31 日，A 公司发现 2×18 年度的一个销售部门使用的设备少计提折旧 3 500 元。这笔折旧相对于折旧费用总额而言金额不大，因此直接计入 2×19 年有关项目，其更正的会计分录为：

| | | |
|---|---|---|
| 借：销售费用 | 3 500 | |
| 贷：累计折旧 | | 3 500 |

【例 20-5】 A 公司发现 2×18 年漏记了一笔财务部门人员的工资 3 000 元，作为不重要的会计差错，则 2×19 年更正此差错的会计分录为：

借：管理费用　　3 000

　贷：应付职工薪酬　　3 000

【例 20-6】 A 公司在 2×19 年发现 2×18 年将管理人员工资 2 000 元计入了销售人员工资中，作为性质不严重的会计差错，则 2×19 年更正此差错的会计分录为：

借：管理费用　　2 000

　贷：销售费用　　2 000

【例 20-7】 A 公司 2×19 年发现，2×18 年从承租单位收到两个年度的房屋租金收入 3 300 元，账上借记银行存款 3 300 元，贷记预收账款 3 300 元，2×18 年年底未作调整分录，则 2×19 年发现时更正此差错的会计分录为：

借：预收账款　　1 650

　贷：其他业务收入　　1 650

### （三）重要的前期差错的会计处理

对于重要的前期差错，企业应当采用追溯重述法进行更正，但确定前期差错累积影响数不切实可行的除外。追溯重述法，是指在发现前期差错时，视同该项前期差错从未发生过，从而对财务报表相关项目进行更正的方法。

企业应当在其发现当期的财务报表中，调整前期比较数据。具体地说，企业应当在重要的前期差错发现当期的财务报表中，通过下述处理对其进行追溯更正：①追溯重述差错发生期间列报的前期比较金额；②如果前期差错发生在列报的最早前期之前，则追溯重述列报的最早前期的资产、负债和所有者权益相关项目的期初余额。

对于发生的重要前期差错，如影响损益，应将其对损益的影响数调整发现当期的期初留存收益，财务报表其他相关项目的期初数也应一并调整；如不影响损益，应调整财务报表相关项目的期初数。

在编制比较财务报表时，对于比较财务报表期间的重要的前期差错，应调整各该期间的净损益和其他相关项目，视同该差错在产生的当期已经更正；对于比较财务报表期间以前的重要的前期差错，应调整比较财务报表最早期间的期初留存收益，财务报表其他相关项目的数字也应一并调整。

确定前期差错影响数不切实可行的，可以从可追溯重述的最早期间开始调整留存收益的期初余额，财务报表其他相关项目的期初余额也应当一并调整，也可以采用未来适用法。当企业确定前期差错对列报的一个或者多个前期比较信息的特定期间的累积影响数不切实可行时，应当追溯重述切实可行的最早期间的资产、负债和所有者权益相关项目的期初余额；当企业在当期期初确定前期差错对所有前期的累积影响数不切实可行时，应当从确定前期差错影响数切实可行的最早日期开始采用未来适用法追溯重述比较信息。

【例 20-8】 丁公司在 2×19 年发现，2×18 年公司漏记一笔无形资产的摊销费用 1 000 000 元。所得税申报表中未扣除该项摊销费用，税法允许调整应交所得税。假设 2×18 年采用的所得税税率为 25%，无其他纳税调整事项。该公司按净利润的 10% 提取法定盈余公积，按净利润的 5% 提取任意盈余公积。公司 2×18 年发行在外的普通股加权平均数为 1 500 000 股。

(1) 分析前期差错的影响数。

丁公司于 2×18 年少计无形资产摊销费用 1 000 000 元，多计所得税费用 250 000（1 000 000×25%）元，多计净利润 750 000 元，多计应交税费 250 000（1 000 000×25%）元，多提法定盈余公积 75 000（750 000×10%）元，多提任意盈余公积 37 500（750 000×5%）元。

(2) 编制有关项目的调整分录。

补提无形资产摊销。

借：以前年度损益调整　　1 000 000

　　贷：累计摊销　　1 000 000

调整应交所得税。

借：应交税费——应交所得税　　250 000

　　贷：以前年度损益调整　　250 000

将“以前年度损益调整”科目的余额转入利润分配。

借：利润分配——未分配利润　　750 000

　　贷：以前年度损益调整　　750 000

调整利润分配有关数字。

借：盈余公积　　112 500

　　贷：利润分配——未分配利润　　112 500

(3) 财务报表调整和重述（财务报表略）。

丁公司在列报 2×19 年财务报表时，应调整 2×19 年年末资产负债表有关项目的年初余额、利润表有关项目的上年金额及所有者权益变动表有关项目的上年金额。

① 资产负债表项目的调整。调减无形资产 1 000 000 元，调减应交税费 250 000 元，调减盈余公积 112 500 元，调减未分配利润 637 500 元。

② 利润表项目的调整。调增营业成本上年金额 1 000 000 元，调减所得税费用上年金额 250 000 元，调减净利润上年金额 750 000 元，调减基本每股收益 0.5 元。

③ 所有者权益变动表项目的调整。调减前期差错更正项目中盈余公积上年金额 112 500 元，未分配利润上年金额 637 500 元，所有者权益合计上年金额 750 000 元。

## 三、前期差错更正的披露

企业应当在附注中披露与前期差错更正有关的下列信息：

(1) 前期差错的性质。

(2) 各个列报前期财务报表中受影响的项目名称和更正金额。

(3) 无法进行追溯重述的，说明该事实和原因以及对前期差错开始进行更正的时点、具体更正情况。

在以后期间的财务报表中，不需要重复披露在以前期间的附注中已披露的前期差错更正的信息。

专栏 20-2

**案例分析**

2×12 年 3 月，A 公司发布会计估计变更公告，将船舶预计净残值从 1 350 元 / 轻吨变更为 2 860 元 / 轻吨，变更后船舶的净残值自 2×12 年 1 月 1 日起执行。A 公司认为船舶净残值的变更属于会计估计变更，因此采用未来适用法进行会计处理，由此增加当年度净利润约 5.96 亿元。

根据公开市场的价格信息，从 2×10 年年初至 2×12 年年初，国内重型废钢价格由于铁矿石原料价格持续高升等原因基本维持在 2 900 元 / 轻吨左右。与 A 公司相同行业的两家上市公司根据重型废钢价格变动的事实，均在 2×11 年 1 月 1 日发布会计估计变更公告，变更船舶预计净残值，并自变更日起采用未来适用法进行会计处理。

问题：请问 A 公司对船舶净残值的变更是否属于会计估计变更？

## 本章小结

会计政策、会计估计贯穿了整个财务会计的学习过程。会计政策帮助企业确定在会计确认、计量和报告中采用的原则、基础和会计处理方法；会计估计帮助企业对结果不确定的交易或事项以最近可利用的信息进行判断；前期差错更正使得企业财务报告更加真实可靠；会计变更的追溯调整法和未来适用法的运用，保证了会计信息的可比性，使财务报表使用者在比较企业一个以上期间的财务报表时，能够正确判断企业的财务状况、经营成果和现金流量的趋势。通过本章的学习，结合之前的各个章节，能够更加深入地理解和掌握企业经济活动中各类交易和事项的会计处理方法。

## 案例分析

### 案件判决结果的变化是否应作为会计差错更正处理

一、案例资料

2×11 年 8 月 17 日，A 公司所在市人民检察院（以下简称市检察院）以欺诈发行股票罪对 A 公司提起公诉。2×11 年 12 月 2 日，A 公司所在市区级人民法院(以下简称区级法院)对 A 公司作出刑事判决，判定 A 公司犯欺诈发行股票罪，判处罚金 400 万元。

2×12 年 1 月 31 日，市检察院以原审法院量刑偏轻对区级法院的判决提出抗诉。2×12 年 3 月 29 日，A 公司所在市中级人民法院（以下简称中级人民法院）裁定撤销区级法院作出的刑事判决。

虽然区级法院的判决被中级人民法院撤销，但 A 公司的法律顾问（包括 A 公司的内部法律顾问和本案例中A公司聘请的代理律师)仍然认为,A公司因本次诉讼案被判处的罚金很可能为400万元。根据上述诉讼事实及法律顾问的意见,A公司在2×11年度财务报表中计提了预计负债400万元。

会计差错更正处理的案例解析

A公司2×11年度财务报表于2×12年4月24日经董事会批准对外披露。

2×12年4月26日,市检察院以欺诈发行股票罪、伪造金融票证罪、故意销毁会计凭证罪再次对A公司提起公诉。2×12年5月7日,中级人民法院对A公司所涉案件进行开庭审理。2×13年2月7日,中级人民法院对A公司作出刑事判决,判定A公司犯欺诈发行股票罪,判处罚金1 000万元;犯伪造金融票证罪,判处罚金20万元;犯故意销毁会计凭证罪,判处罚金20万元;共处罚金1 040万元。A公司在上诉期内未对上述判决进行上诉。根据上述判决结果,对于中级人民法院所处罚金超过原已计提预计负债的部分,A公司将其认定为前期差错,追溯调整了2×11年原已计提的预计负债,并在2×12年度财务报表中进行了重述。A公司2×12年度财务报表于2×13年4月22日经董事会批准对外披露。

我国会计准则与国际会计准则的比较分析——会计政策、会计估计变更和差错更正

二、思考的问题

A公司将中级人民法院所处罚金超过原已计提预计负债的部分作为前期差错更正进行会计处理是否正确?

## 复习思考题

1. 什么是会计政策,什么是会计政策变更?如何进行会计政策变更的会计处理?
2. 什么是会计估计,什么是会计估计变更?如何进行会计估计变更的会计处理?
3. 如何区分会计政策变更和会计估计变更?
4. 前期差错形成的原因有哪些?
5. 会计差错更正的会计处理方法有哪些?
6. 试分析会计变更和差错更正是否影响会计信息的可靠性和相关性?
7. 试述追溯调整法和未来适用法的联系和区别,并分析两种方法提供的会计信息对使用者决策的有利因素和不利因素?

## 即测即评

请扫描右侧二维码,进行随堂测试。

# 参考文献


[1] 企业会计准则(2022 年版). 上海:立信会计出版计,2021.
[2] 杜兴强,章永奎 . 财务会计理论[M]. 厦门:厦门大学出版社,2008.
[3] 杜兴强 . 会计信息的产权问题研究[M]. 大连:东北财经大学出版社,2002.
[4] 葛家澍,杜兴强 . 财务会计的基本概念、基本特征与基本程序[J]. 财会通讯,2003(07)-2004(04).
[5] 葛家澍,杜兴强 . 财务会计概念框架与会计准则问题研究[M]. 北京:中国财政经济出版社,2003.
[6] 葛家澍,杜兴强 . 中级财务会计学[M]. 北京:中国人民大学出版社,2007.
[7] 葛家澍 . 中级财务会计[M]. 沈阳:辽宁人民出版社,2000.
[8] 张维迎 . 企业理论与中国企业改革[M]. 北京:北京大学出版社,1999.
[9] IFRS. IFRS Standards 2021 [M]. IFRS Funndation, 2021.
[10] AAA. *A Statement of Basic Accounting Theory, 1996.*
[11] AICPA.*Improving Business Reports——A Customer Focus.*AICPA Inc, 1994.
[12] ASB. Statement of Principles For Financial Reporting.1999.
[13] Coase. The Nature of the Firm.*Economica*, IV, 1937.
[14] FASB. Objective of Financial Reporting by Business Enterprises. *Statements of Financial Accounting Concepts*, No. 1, 1978.
[15] FASB. Qualitative Characteristics of Accounting Information. *Statements of Financial Accounting Concepts*, No.2, 1980.
[16] Jensen, Meckling.Theory of The Firm: Managerial Behavior, Agency Cost and Ownership Structure [J]. *Journal of Law and Economics*, 1976 [3].
[17] Moonitz M. Basic postulates of accounting. *Accounting research study*, No. 01, 1961.
[18] Paton W. A, Littleton A C. An introduction to corporate accounting standards (No. 3). American Accounting Association, 1970.
[19] Peasnell, K V. The function of a conceptual framework for corporate financial reporting. *Accounting and Business Research*, 1982, 12(48), 243-256.
[20] Sprouse R T, Moonitz M. A tentative set of broad accounting principles for business enterprises (No. 3). American institute of CPAs, 1962.
[21] Wallman. The Future of Accounting and Financial Reporting, PartII: The Colorized Approach.*Accounting Horizon*, 1996.